戊戌變法的另面

「張之洞檔案」閱讀筆記

茅海建 著
Mao Haijian

圖書在版編目(CIP)數據

戊戌變法的另面:"張之洞檔案"閱讀筆記／茅海建著. —上海:上海古籍出版社,2018.11
ISBN 978-7-5325-8942-5

Ⅰ.①戊… Ⅱ.①茅… Ⅲ.①戊戌變法—史料 Ⅳ.①K256.506

中國版本圖書館 CIP 數據核字(2018)第 153452 號

戊戌變法的另面
"張之洞檔案"閱讀筆記
茅海建 著

上海古籍出版社出版發行

(上海瑞金二路 272 號 郵政編碼 200020)

(1) 網址:www.guji.com.cn
(2) E-mail:guji1@guji.com.cn
(3) 易文網網址:www.ewen.co

常熟新驊印刷有限公司印刷

開本 635×965 1/16 印張 33.5 插頁 5 字數 451,000
2018 年 11 月第 1 版 2018 年 11 月第 1 次印刷
印數:1—3,050

ISBN 978-7-5325-8942-5

K·2527 定價:138.00 元

如有質量問題,請與承印公司聯繫

目　錄

自　序 …………………………………………………………… 1

導　論 …………………………………………………………… 1
　一、張之洞、康有爲的初識與上海强學會、《强學報》 ……… 3
　二、從陳慶年日記看張之洞及其派系的内情 ………………… 23
　三、《勸學篇》與《正學報》 …………………………………… 35
　四、戊戌變法期間張之洞召京 ………………………………… 48

第一章　張之洞之子張權、之侄張檢、張彬的京中密信 …… 71
　一、李景銘與《張文襄公家藏手札·家屬類》 ……………… 73
　二、張權光緒二十四年六月十二日來信 ……………………… 75
　三、張權光緒二十四年六月二十二日來信 …………………… 95
　四、張權光緒二十四年來信兩殘件 …………………………… 104
　五、張檢光緒二十四年六月初二日來信 ……………………… 108
　六、張彬光緒二十四年正月來信及光緒二十一年一殘件 …… 112

第二章　張之洞與楊鋭 ………………………………………… 125
　一、楊鋭是張之洞的"坐京" ………………………………… 128
　二、光緒二十一年三月至二十二年正月楊鋭給張之洞的
　　　密電及光緒二十二年正月給張之洞的密信 ……………… 139
　三、戊戌變法期間張之洞給楊鋭下達的指令 ………………… 150

四、光緒二十四年楊鋭的兩件密信：孔祥吉發現的"百日
　　　　維新密札"作者應是楊鋭 ………………………………… 158
　　五、張之洞營救楊鋭的行動 ………………………………… 166

第三章　戊戌政變前後張之洞與京、津、滬的密電往來 ……… 177
　　一、張之洞給張權、張檢、黃紹箕等人的指令 …………… 179
　　二、江西試用道惲祖祁 ……………………………………… 185
　　三、奏調湖北差委分省補用知府錢恂 ……………………… 189
　　四、湖北按察使瞿廷韶 ……………………………………… 198
　　五、天津委員巢鳳岡 ………………………………………… 203
　　六、太常寺少卿盛宣懷 ……………………………………… 207
　　七、上海委員趙鳳昌與曾磐 ………………………………… 211
　　八、餘論 ……………………………………………………… 219

第四章　張之洞與《時務報》、《昌言報》
　　　　——兼論張之洞與黃遵憲的關係 ……………………… 223
　　一、相關背景：《時務報》的創辦與汪、梁矛盾 …………… 226
　　二、張之洞與黃遵憲的交誼 ………………………………… 231
　　三、黃遵憲對《時務報》內部分歧的態度及張之洞幕中反應 … 243
　　四、《時務報》改官報與汪康年、張之洞等人的對策 ……… 249
　　五、汪康年改《時務報》爲《昌言報》與光緒帝旨命黃遵憲
　　　　"查明""核議" ………………………………………… 258
　　六、黃遵憲對事件的處理 …………………………………… 264
　　七、戊戌政變之後 …………………………………………… 274

第五章　張之洞與陳寶箴及湖南維新運動 …………………… 283
　　一、張之洞與陳寶箴的早期交誼 …………………………… 286
　　二、湘鄂之間 ………………………………………………… 302

三、《湘學報》之爭 ………………………………………… 321

　　四、張之洞奉召進京與陳寶箴的建策 ……………………… 330

　　五、張之洞、陳寶箴聯銜上奏變科舉及與康有爲的間接交鋒
　　　　 …………………………………………………………… 334

　　六、陳寶箴與康有爲的直接交鋒與保舉張之洞 …………… 344

　　七、陳寶箴的罷免與保衛局的保全 ………………………… 351

　　八、尾聲 ……………………………………………………… 360

　附錄一　陳寶箴之死 ………………………………………… 362

　附錄二　張之洞與譚繼洵父子、于蔭霖的關係——羅惇曧對
　　　　　《抱冰弟子記》的誤讀 ……………………………… 367

　附錄三　康有爲一派對陳寶箴父子政治態度的誤解與誇張 …… 385

第六章　戊戌前後諸政事　　　　　　　　　　　　　　　401

　一、光緒十九年劉坤一查辦張之洞 ………………………… 403

　二、光緒二十年至二十一年起用容閎 ……………………… 409

　三、光緒二十一年李提摩太的"妙法" ……………………… 423

　四、光緒二十二年查驗劉鶚的假資産證明 ………………… 438

　五、光緒二十二年爲李鴻藻治病 …………………………… 448

　六、光緒二十四年清朝決策岳州自開通商口岸 …………… 458

　七、光緒二十四年康有爲香港談話、來信及"密詔"在上海
　　　發表與張之洞等人對此的反應 ………………………… 472

　八、光緒二十六、七年策反邱菽園 ………………………… 482

　九、光緒二十七年請獎梁慶桂等人赴西安報效事 ………… 497

　十、光緒二十七年請廢大阿哥 ……………………………… 502

徵引文獻 ………………………………………………………… 511

自　序

　　史料的發現真是讓人驚心動魄，在我研究戊戌變法已達十年之後，閱讀到中國社會科學院近代史研究所圖書館所藏"張之洞檔案"，不由又有了牖開思進之感受。

　　很長時間以來，戊戌變法史的研究，以康有爲、梁啓超留下的史料爲基礎，構建成當前戊戌變法史的基本觀點、述事結構和大衆認識。儘管也有一些歷史學家對康、梁的一些說法提出了質疑，但畢竟沒有新的大量的史料可供其另辟新途。歷史學家陳寅恪言及戊戌變法的思想源流，稱言：

> 當時之言變法者，蓋有不同之二源，未可混一論之也。咸豐之世，先祖亦應進士舉，居京師。親見圓明園干霄之火，痛哭南歸。其後治軍治民，益知中國舊法之不可不變。後交湘陰郭筠仙侍郎嵩燾，極相傾服，許爲孤忠閎識。先君亦從郭公論文論學，而郭公者，亦頌美西法，當時士大夫目爲漢奸國賊，羣欲得殺之而甘心者也。至南海康先生治今文公羊之學，附會孔子改制以言變法。其與歷驗世務欲借鏡西國以變神州舊法者，本自不同。故先祖先君見義烏朱鼎甫先生一新《無邪堂答問》駁斥南海公羊春秋之說，深以爲然。據是可知余家之主變法，其思想源流之所在矣。[1]

陳寅恪指出從實際經驗中得知須借重西法改舊法的陳寶箴，與從"今

---

[1]《讀吳其昌撰〈梁啓超傳〉書後》，《陳寅恪集·寒柳堂集》，生活·讀書·新知三聯書店，2001年，第167頁。"先祖"，湖南巡撫陳寶箴。"先君"，吏部主事陳三立，曾遊張之洞幕，戊戌時隨侍陳寶箴在長沙，對湖南的變法多有作用。

文"經、"公羊"學中推導出"孔子改制"之説的康有爲,有着思想淵源的不同。他的這一評論,具有指向性的意義,其基本史實方面當得自於其"先祖"與"先君"。然長久以來,學術界對陳寅恪的這一説法有過許多次引用和贊賞,但一直不能予以證明。這是因爲陳寶箴、陳三立父子留下的關於戊戌變法的材料太少。[1]

而與陳寶箴屬同一政治派系的張之洞,卻留下了相當完整的檔案。[2]

"張之洞檔案"的主體部分,是張之洞的幕僚許同莘編《張文襄公全集》時所據之原件或抄件,還留有許同莘的許多抄目與批注,上世紀五十年代由張之洞曾孫張遵驤贈送給近代史研究所;另有一些是近代史所圖書館歷年購置、收集而入藏的;總計 492 函,内有兩千餘册及數以千計的散頁。[3] 其中關於中法戰争、中日甲午戰争、庚子事變及清末新政的内

---

[1] 陳寶箴的部分檔案,現存於上海圖書館,已由許全勝、柳岳梅整理發表,見《陳寶箴遺文》(上海中山學社:《近代中國》第 11 輯,上海社會科學院出版社,2001 年)、《陳寶箴遺文(續)》(上海中山學社:《近代中國》第 13 輯,上海社會科學院出版社,2003 年);他們又整理發表了《陳寶箴友朋書札》,分四部分在《歷史文獻》第三至六輯連載(其中第三、四、五輯,上海科學技術文獻出版社,2000 年 4 月、2001 年 1 月、2001 年 8 月;第六輯,上海古籍出版社,2004 年 2 月)。汪叔子、張求會編《陳寶箴集》(中華書局,上册,2003 年,中册、下册,2005 年),搜集細心,彙録各説,是重要的史料。

[2] 與陳寅恪所言陳寶箴、陳三立之思想淵源大體相同,又可見之于張之洞的幕僚辜鴻銘的説法。他稱言,張之洞原本屬於清流,"尚知六經大旨,以維持名教爲己任。是以文襄在京曹時,精神學術無非注意於此。即初出膺封疆重任,其所措施亦猶是欲行此志也。洎甲申馬江一敗,天下大局一變,而文襄之宗旨亦一變。其意以爲非效西法圖富强無以保中國,無以保中國即無以保名教。雖然,文襄之效西法,非慕歐化也;文襄之圖富强,志不在富强也。蓋欲借富强以保中國,保中國即所以保名教……"(《張文襄幕府紀聞》,黄興濤等譯編:《辜鴻銘文集》,海南出版社,1996 年,上册,第 419 頁)從陳寶箴的最初起家而言,屬湘系集團,但他與張之洞的關係至少可以追溯到光緒十二年,張于兩廣總督任上奏調陳寶箴至廣東,委派各種差使。光緒十六年至二十年,陳任湖北按察使,爲張之洞的下屬;光緒二十一年升任湖南巡撫,名份上仍是湖廣總督張之洞的下屬。對於這一段經歷,《清史稿·陳寶箴傳》稱:"是時張之洞負盛名,司道咸屏息以伺。寶箴初緄鄂藩,遇事不合,獨與争無私撓,之洞雖不懌,無如何也。久之,兩人深相結,凡條上新政皆聯銜,而鄂撫譚繼洵反不與。"(《清史稿》,中華書局,1977 年,第 42 册,第 12741 頁。"藩"爲布政使,陳曾署理湖北布政使)從"張之洞檔案"及兩人留下的文獻來看,相互間電報書信往來甚密,政治見解大體一致,可以認爲是屬同一政治派系。具體的情況,可參見本書第五章及附録。

[3] 就我所知,最初系統利用這批檔案的是李細珠教授,見其著《張之洞與清末新政研究》,上海書店出版社,2003 年。還需説明的是,除了該部分檔案外,另外還有兩部分材料也很值得注意:一、中國社會科學院經濟研究所圖書館所藏抄本《張文襄公督楚公牘》,共計 17 册,抄本《張之洞電稿》,共計 47 册。其中《張文襄公督楚公牘》、《張之洞電稿》中的"發電"部分,已(轉下頁)

容相當豐富,然我所感興趣者,是涉及戊戌變法的史料——該類材料的數量雖不很多,但也有數百上千之譜。

儘管從廣義上說,戊戌變法作爲中國近代史上的重大事件,所包含的内容相當豐富,相關的史料也極多,一輩子都無法讀完;但若從嚴格的政治意義上去分析,戊戌變法大體上就是"百日維新",是一次時間非常短暫的政治事件。其主要活動在北京、在政治上層,且只有少數人參與其間,絶大多數人置身事外,聞其聲而不知其詳。又由於政變很快發生,相關的人士爲了避嫌,當時没有保留下完整的記録,事後也没有詳細的回憶,一些原始史料也可能因此被毁。也就是説,今天能看到的關於戊戌變法的核心史料仍是不充分的。

戊戌變法的主要推動者康有爲、梁啓超,政變後避往海外,完成一系列關於戊戌變法的著述,也成爲後來研究戊戌變法的重要史料。[1] 毫無疑問,康、梁是當事人,他們的著述自然有着很高的價值,但他們著述的目的,不是爲了探討歷史的真相,而是其政治鬥爭的需要,故在其著述中有着諸多作僞。康、梁作爲政治活動家,此類行動自有其合理性,但給今日歷史學家留下了疑難,若信之,必有誤,若不信,又從何處去找戊戌變法的可靠史料?

臺北中研院院士黄彰健研究員、中國人民大學清史研究所孔祥吉教授和故宫博物院圖書館館員陳鳳鳴先生分别在臺北故宫博物院圖文獻館、中研院近代史研究所圖書館和檔案館、中國第一歷史檔案館、北京故宫博物院圖書館,發現了大量檔案或當時的抄本,主要是康有爲等人當時的奏摺,揭示出康有爲等人在《戊戌奏稿》中的作僞,對戊戌變法的

(接上頁)由趙德馨主編:《張之洞全集》(武漢出版社,2008年,本書引用《張之洞全集》,凡未注明者,皆爲該版本)收録;而"來電"部分,因非張之洞本人之作,該全集因體例而未收録,其中也有一些關於戊戌變法的材料。二、《近代史資料》,第109期(中國社會科學出版社,2004年)發表了東方曉白:《張之洞(湖廣總督府)往來電稿》。據責任編輯劉萍女士告我,這批信件屬私人收藏,"東方曉白"是其筆名,且這批收藏中有價值者皆已發表。我曾試圖聯繫收藏者,以能過目,未能成功。

[1] 康、梁在這方面最重要的著作爲:梁啓超的《戊戌政變記》、康有爲的《戊戌奏稿》和後來發表的《康南海自編年譜》(又稱《我史》)。康、梁在其他著述中還有許多分散的關於戊戌變法的敍述。

研究起到了極大的推動作用。[1] 然而,當此項史料搜尋工作大體完成後,還有沒有新的材料——特別是康、梁一派以外的材料,可用來研究戊戌變法?

正因爲如此,當我讀到"張之洞檔案"中關於戊戌變法的一大批史料,一下子就感受到追尋多年的目標突然出現時那種心動加速、喜出望外,於是,我立即放下了手上的工作,改變研究計劃,專門來閱讀與研究這一批材料。

我在閱讀"張之洞檔案"的過程中,最爲突出的感受是,這批史料給今人提供了觀察戊戌變法的新角度:

其一、張之洞、陳寶箴集團是當時清政府內部最大的政治派系之一,也是最爲主張革新的團體。他們對康有爲、梁啓超的看法,對變法的態度,有着至關重要的意義。戊戌變法是體制內的改革,須得到體制內主要政治派系的參加或支持,方有可能得以成功。當人們從"張之洞檔案"中看到張之洞集團以及當時主要政治人物對康、梁所持的排斥乃至敵對態度,似可多維地了解變法全過程的諸多面相,並可大體推測康、梁一派的政治前景。

其二、以往的戊戌變法史研究,經常以康有爲、梁啓超的說法爲中心;而"張之洞檔案"中這批出自康、梁之外的材料,可以讓研究者站在康、梁之外的立場,來看待這次改革運動。[2] 兼聽者明。由此,易於察看到康、梁一派在戊戌變法中所犯的錯誤。

---

[1] 我在這裏特別強調以下學術貢獻:黃彰健:《戊戌變法史研究》,(臺北)中研院歷史語言研究所專刊之五十四,1970年,上海書店出版社,2007年;《康有爲戊戌真奏議》,(臺北)中研院歷史語言研究所史料叢刊,1974年;孔祥吉:《戊戌維新運動新探》,湖南人民出版社,1988年;《康有爲變法奏議研究》,遼寧教育出版社,1988年;《救亡圖存的藍圖:康有爲變法奏議輯證》,(臺北)聯合報系文化基金會叢書,1998年;《康有爲變法奏章輯考》,北京圖書館出版社,2008年;陳鳳鳴:《康有爲戊戌條陳彙錄——故宮藏清光緒二十四年内府抄本〈傑士上書彙錄〉簡介》,《故宮博物院院刊》,1981年第1期。

[2] 楊天石教授指出:"多年來,我們已經習慣了這樣的思維方式,凡進步人物說的話都可信;凡反面人物說的話都不可信","在戊戌政變史的研究和闡述上,我們被康、梁牽着鼻子走的時間已經夠長的了"。(《袁世凱〈戊戌紀略〉的真實性及其相關問題》,《近代史研究》1998年第5期)

其三、由於這批材料數量較多,準確度較高,許多屬當時的高層秘密,可以細化以往模糊的歷史細節,尤其是歷史關鍵時刻的一些關鍵內容。這有助於我們重建戊戌變法的史實,在準確的史實上展開分析,以能較爲客觀地總結戊戌變法的失敗原因。

也就是说,原先的戊戌變法史的研究,主要依靠康有爲、梁啓超留下的史料,並進行了多次辨僞識真,建立起當今戊戌變法史實結構的"正面"——儘管這個正面還有許多瑕疵和缺損;那麼,通過"張之洞檔案"的閱讀,又可以看到戊戌變法史實結構的"另面"——儘管這個另面也不那麼完整和清晰。任何事物都是立體的,多維觀察的重要意義,本來是不言而喻的;但對於歷史學家來說,對於閱讀歷史的讀者來說,由於史料的保存多有缺憾,能夠閱讀到歷史的"正面"同時又閱讀到歷史的"另面"的機會並不多。這是我的一種幸運。

我必須說明,本書只提供了戊戌變法的"另面",讀者若要建立起戊戌變法史的完整認識,當然還要去看看其"正面"。

我還需要說明,由於本書所引文獻皆用中國傳統紀年,時間又相對集中,爲避免過多換算而引起讀者的理解不便,本書使用中國傳統紀年,並在必要處夾注公元。

當我看到"張之洞檔案"中那些激動人心的史料,卻進入了奇妙弔詭的生活。我剛剛從北京大學返回上海的華東師範大學,去北京的近代史研究所看檔案,反而成了不太方便的事情。於是,我只能在課餘或假期飛北京,盡可能地躲開近代史所的各位師友,以節省時間,多看一點。在此向各位師友致歉。資料搜集工作進行近半,我又與《中華文史論叢》的老編輯蔣維崧先生商量,想做一件前所未有的事情——在刊物上進行論文連載。蔣先生聞此是一口應允。開場的鑼鼓敲響了,我又發現,每三個月結一次賬,實在是一樁讓人吃不消的力氣活。爲了按時交稿,又找了朋友,跑到政治大學,躲了五個多月,完成了本書三分之一的工作量。本書的主要部分曾作爲論文在《中華文史論叢》上連載,該刊精細的編校工作讓我想起來就感動不已——現在很少能見到如此認真的編輯與校對,且也不見這般柔中有剛的催稿手法。這批論文發表後,我又放了一段時間,以能發現錯誤,隨時進行修改。此次再跑到中央大學,爲的是再躲上三個星期,以進行最後一次修訂。寫下以上這些私人性的話語,是爲了感謝那些幫助過我的諸多人士——蔣維崧教授、林虞生老先生、胡文波先生、唐啓華教授、呂紹理教授、汪朝光教授、金以林教授、馬忠文教授、深町英夫教授、張玉萍博士……而我心中最爲感謝的,自然是中國社會科學院近代史研究所圖書館的管理人員,尤其是茹靜女士,我在那裏度過了許多陽光燦爛的美好時光。

茅海建
2013 年 6 月於永山

導論

中國社會科學院近代史研究所圖書館所藏"張之洞檔案",有着數百上千件史料,涉及戊戌變法。爲了使讀者能更多地了解、使研究者能更廣泛地利用這批史料,我采用了"閱讀筆記"的寫作方式,以能較多地發表史料,並加以詳細的注釋。

然而,這一寫作方式造成了兩個後果:一、各章敍事的時間順序會有重復,這與一般著作大體以時間爲序的寫作方式有所不同——其好處是方便閱讀,其缺點是有相當部分的內容需要互相參閱。我也將需要參閱的內容在注釋中加以說明。二、本書的一些內容,尤其是關於總體情況及相關背景的內容,難以融入于各章之中,需得另行說明。由此,在本書的敍述正式展開之前,爲了讀者閱讀理解之方便,我作此長篇的導論。

一、張之洞、康有爲的初識與
　　上海强學會、《强學報》

張之洞(1837—1909),字孝達,號香濤,直隸南皮人。道光三十年(1850,虛歲十四歲)中生員,入南皮縣學;咸豐二年(1852,虛歲十六歲)中順天府試舉人第一名(解元);同治二年(1863,虛歲二十七歲)中進士,殿試一甲三名(探花),入翰林院,授編修。科舉路上,凱歌猛進。同治六年,出任湖北學政,十二年,又任四川學政;光緒五年(1879)二月起,他先後任國子監司業、左春坊左中允、司經局洗馬、翰林院侍講、右春坊右庶子、翰林院侍講學士,至光緒七年六月,授内閣學士兼禮部侍郎。數月一遷,飛黃騰達。該年十一月,升任山西巡撫,成爲獨當一面的大員。光緒十年,他調任兩廣總督,十五年,改任湖廣總督。

張之洞是那個時代官場上的特例。他有着極高的天分,使之在極爲狹窄的科舉之途上脱穎而出,又在人才密集的翰林院中大顯才華。他深受傳統經典的浸潤,成爲光緒初年風頭十足的清流幹將。他尊崇當時的大儒、曾任同治帝師傅的清流領袖李鴻藻(亦是同鄉,直隸高陽人),而李鴻藻出任大學士、軍機大臣、總理衙門大臣、禮部尚書、吏部尚書等高官,又使之身爲疆臣而又"朝中有人"。[1] 曾國藩、李鴻章雖同爲詞臣出身,然以軍功卓著而封疆;張之洞的奏章鋒芒畢露,博得大名,竟然以文章發達而封疆,實爲異數。此中最爲關鍵者,是他得到了慈禧太后的青睞,從殿試名次的提前,到地方大員的出任,以及在其人生數次關鍵時刻,都可以感受到那種或顯或隱的"慈恩"。

梁鼎芬的"周旋" 張之洞的個人經歷,使得他特別關注文壇士林,尤其是有思想、敢作爲的官員士夫,幕中亦養着一大羣"能人",其中一位是廣東名士梁鼎芬。

梁鼎芬(1859—1919),廣東番禺人,字星海,號節庵。小張之洞二十二歲。光緒二年(1876,虛歲十八歲)中舉人,六年(虛歲二十二歲)中進士,入翰林院,九年散館,授編修,亦是一位科場青年得意者。光緒十一年(1885),即中法戰爭時,他因彈劾李鴻章而得罪慈禧太后,降五級調任,於是棄官回籍。此時他年僅虛歲二十七歲,張之洞恰在兩廣總督任上,邀入幕;並聘梁爲肇慶端溪書院山長,從"張之洞檔案"中可見,張爲這位青年才子安排一切,甚爲殷勤。[2] 廣雅書院開館後,又請梁主持。

---

[1] 張之洞與李鴻藻的關係,可參見本書第六章第五節。
[2] 光緒十三年四月至該年底,梁鼎芬聘爲肇慶端溪書院山長,時任兩廣總督的張之洞爲其安排一切。"張之洞檔案"中存有相關的電報 12 件:"致肇慶孔道、吳守、岑令、劉守備、黄江税(轉下頁)

張調任湖廣總督後,再請梁主講兩湖書院。從兩人交誼來看,梁儘管在年齡上是晚輩,卻是對張影響力極大的幕僚。而梁鼎芬的一個同鄉與朋友,即康有爲。

康有爲(1858—1927),廣東南海人,曾用名祖詒,字廣廈,號長素。小張之洞二十一歲,大梁鼎芬一歲。他數次科舉不第,先後以捐監生、蔭監生的資格參加鄉試。光緒十九年(1893,虛歲三十六歲)中舉人,二十一年(1895,虛歲三十八歲)中進士。雖説在當時科舉途中,康有爲還算

(接上頁)廠陳守:端溪梁太史,月内到館。可將山長所住宣教堂一院,迅速並工修理。院宇務須精潔,器具亦須整齊,齋房及講堂大門,一並修飾完好。經費在黄江税廠撥用。吴守在省,孔道督率岑令、劉守備速辦。約幾日可竣工? 即日覆。督署。願。"(光緒十三年三月十四日發,《張之洞電稿丙編》,第3函第11册,中國社會科學院近代史研究所圖書館藏,所藏檔號:甲182—82。本書所引"張之洞檔案",皆藏於該館,以下不再注明,僅注明所藏檔號)"致肇慶孔道、吴守、岑令:梁山長大約四月初七到館,前電飭修理書院,務於初五以前竣工。所費擬在千金外、二千金内,是否敷用? 現已動工否? 即覆。督署。嘯。"(光緒十三年三月十九日發,出處同上)"致肇慶孔道:先趕辦山長院,能於四月底先修好否? 齋舍陸續竣工亦可。諸生到,可暫租一兩處民房居之。住院舊額止四十人,房當易覓。器具開單,由省購運往。經費酌用,核實開報可也。督署。號。"(光緒十三年三月二十一日發,出處同上)"致肇慶肇羅道孔:端溪書院甄别,定期本月二十日,即委該道代考。出題、校閲、放榜,統交該道代辦。照籌章額數取録。可知梧、潯、平樂三府,有生童願考者,速來。督署。陽。"(光緒十三年四月初七日發,《張之洞電稿丙編》,第3函第12册,所藏檔號同上)"致肇慶端溪山長梁:兩書悉。興教釐弊,極佩。監院正、二月薪水照補。課題本署仍由省發,司道則聽之。明日臺從旋省,無便輪,即乘肇安,已告道府。余事面商。洞。佳。"(光緒十三年閏四月初九日發,出處同上)"致肇慶孔道、吴守:梁山長明日回省,若無便輪,即令肇安輪船專送。督署。佳。"(光緒十三年閏四月初九日發,出處同上)"致肇慶黄江税廠陳守、端溪書院監院、山長梁太史:官課加奬,悉照山長來原擬,自今年開課起。兩監院薪水、院科等九人工食米折,照新章支。每月書院零費,以前用過者,速由廠發還,以後約計若干,由廠員移解監院,按月移知肇慶府備案可也。督署。翰。"(光緒十三年六月十五日發,《張之洞電稿丙編》,第3函第13册,所藏檔號同上)"致肇慶山長梁太史:芧農事未悉,望詳示。洞。"(光緒十三年六月十五日發)"致肇慶端溪書院山長梁太史:函悉。題今日已刻,明日附輪送往。洞。翰。"(光緒十三年六月十五日發)"致肇慶黄江税廠陳守、肇慶府黄:端溪書院每月膏火、脩金、薪水及一切經費,徑由監院向該廠具領,按月報府,不必由府轉發,以免周折遲延。督署。魚。"(光緒十三年八月初七日發,《張之洞電稿丙編》,第3函第14册,所藏檔號同上)"致肇慶道、府、縣、黄江廠陳守:孔道稟:端溪書院不敷工料,並岑令墊項,共銀四百七兩七錢六分,准于黄江廠平余項下如數給還。除另檄外,即照辦。督署。沃。"(光緒十三年九月初三日發,出處同上)"致肇慶肇羅道孔、肇慶府黄:前飭催各屬解端溪書院地租,已催否? 解到若干? 速電覆。督署。庚。"(光緒十三年十月初九日發,出處同上)以上電報的内容涉及修繕居所講堂、代爲選定生員、書院經費及梁鼎芬的個人生活多項。我在"張之洞檔案"中從未發現他對其幕僚有如此細密周到,故將之全録,以説明兩人之親密關係。"道",道員。"守",知府。"令",知縣。"黄江税廠",設在肇慶府的税關,張之洞曾進行改革。相關的情況可見《抱冰堂弟子記》,《張之洞全集》,第12册,第509頁。

是成功者，年齡也不算太大，但他是一個極富才華又相當自負的人，多次應試未中，引發其改科舉的心思，對未取其的考官，也極其不滿。[1] 康在科舉仕途上不如張之洞、梁鼎芬那般順風順水，但在中進士之前已經創立了自己的學説，並開堂講學（後來稱"萬木草堂"），收在賬下的門徒此時已有數十人，其中最重要的，是後來名聲大振的梁啓超。

康有爲與梁鼎芬，本是同鄉，且多有交誼。[2] 康有爲稱其受翰林院編修張鼎華的賞識，而張鼎華恰是梁鼎芬之舅，對梁的學術有所指導。[3] 劉聖宜作《梁慶桂傳略》，稱言：

> 梁慶桂與梁鼎芬、康有爲"時相往來，爲蘭契交。據康氏近親所述，康有爲讀書勤奮，常自南海縣西樵鄉到廣州西關下九甫梁

---

[1] 康有爲在《我史》中稱，他于同治十年(1871)、十一年應童試未果，光緒二年(1876)應鄉試未果（似爲捐監生），光緒八年應順天府試未果（當爲蔭監生），光緒十五年再應順天府鄉試；並稱："順天試已列第三名，以吾經策瑰偉，場中多能識之。侍郎孫詒經曰，此卷當是康某，大學士徐桐銜吾前書，乃謂'如此狂生，不可中！'抑置副榜，房官王學士錫蕃爭之，徐更怒，抑置謄錄第一。"（翦伯贊等編：《中國近代史資料叢刊·戊戌變法》，神州國光社，1953年，第4冊，第122—123頁，以下簡稱《叢刊·戊戌變法》）從現有的材料來看，光緒十五年康未中是否爲徐桐有意抑之，似可存疑。

[2] 康、梁之相交，直接史料甚多：一、康有爲在《延香老屋詩集》中有《梁星海編修免官寄贈》、《寄梁大編修》，《星海自京還，話京華舊遊，而崔夔典編修淪謝矣。夔典聞吾將復入京，掃室以待，追念厚意，傷舊感懷》，其最後一首稱："一別三年京國秋，冬殘相見慰離憂"。（上海市文物保管委員會文獻研究部：《康有爲遺稿·萬木草堂詩集》，上海人民出版社，1996年，第19—20頁）二、查《我史》手稿本，光緒十三年，在"十一月adhe遊七星巖"後，康自刪去"與梁星海刻石題名焉"一語。此即梁任端溪書院山長之時。三、梁鼎芬於光緒十八年二月十八日致函康有爲稱："長素長兄：別五年，此心如遊絲，時與足下牽惹。屢得書未覆。吾二人情緒亦非紙墨可罄也……政事學問，與兄言者，不止數千言，今未暇及。惟吾長素，珍重千萬。"（蔣貴麟編：《萬木草堂遺稿外編》，（臺北）成文出版社，1978年，下冊，第840頁）四、《穗石閒人讀梁節庵太史駁叛逆書書後》稱："太史入翰林後，初識康，恒有往還。時康在西山鑽研故紙，不聞世事。不特不談西學，亦未治公羊學也。及太史上書劾某中堂六大罪，時相皆惡之，必欲重治其罪，皇太后、皇上寬恩，僅交部嚴議，鐫級歸里，康贈長篇五古，又七律一首……"（葉德輝輯：《覺迷要錄》，光緒三十一年刊本，錄三，第7頁）該文似爲梁鼎芬托名"穗石閒人"而作，言及梁、康交往諸多常人不知的私事。"西山"，西樵山。

[3] 康有爲在《我史》中記：光緒五年"居樵山時，編修張延秋先生（諱鼎華），與朝士四五人來遊樵山，張君素以文學有盛名于京師者，至是見之，相與議論，不合，則大聲呵詆，拂衣而去，然張君盛稱之，語人曰：'來西樵但見一土山，惟見一異人。'自是粵中士夫，咸知余而震驚之。吾感其雅量，貽書予之，張君盛譽，謂粵人無此文，由是訂交焉。……自是來城訪張君，談則竟夕申旦，盡知京朝風氣，近時人才及各種新書，道咸同三朝掌故，皆得諮訪焉。"（《叢刊·戊戌變法》，第4冊，第114頁）康有爲很少稱贊他人，但對張鼎華評價甚高，後又稱，光緒十四年他入京是"張延秋頻招遊京師"，"既至而延秋病重，遂視其歿，營其喪"。（同上書，第120頁）

慶桂家借書閱讀,有時在梁家住下讀書。而且康有爲入京考試的費用也常由梁家供應。梁家晚輩猶記幼時呼梁鼎芬、康有爲爲大叔公、二叔公。"[1]

最能説明康有爲、梁鼎芬兩人關係的材料,係黄遵憲所言;他後來在張之洞與康有爲、梁啓超之間也扮演了重要的角色。[2] 黄稱,他之所以認識康有爲,是梁鼎芬的介紹,"聞梁與康至交,所贈詩有南陽卧龍之語。"[3] "南陽卧龍",即在野時期的諸葛亮,梁對康有如此之高的評價,不僅説明他對康才識的欣賞,更説明兩人的密切關係。

儘管康有爲稱他與張之洞的交往始於光緒十二年,即張之洞任兩廣總督時期,但現在還找不到任何材料,可以證明這一點。[4] 張之洞、康

---

[1] 黄啓臣、梁承鄴編著:《廣東十三行之一:梁經國天寶行史迹》,廣東高等教育出版社,2003年,第52頁。梁慶桂(1856—1931),字伯揚,號小山。廣東番禺人。祖上是廣東十三行的天寶行商。其祖父梁同新,道光進士,入翰林院,後任湖南學政、内閣侍讀學士、通政使司副使、順天府尹;父親梁肇煌,隨父進京讀書,咸豐進士,入翰林院,後任翰林院侍講、雲南學政、順天府尹(任職爲 1870—1879)、江寧布政使等職。梁慶桂,光緒二年舉人,任内閣中書,京中多有熟人。他與梁鼎芬、康有爲交善。此段回憶,其中似有小誤,稱康從西樵鄉來下九甫讀書,康此時經常住在廣州,另有祖父康贊修所遺菊香書屋,且梁鼎芬年歲小於康有爲,似也不能稱爲"大叔公"。又,梁慶桂事略,可參見本書第六章第九節。

[2] 相關的内容,可參見本書第四章。

[3] 陳錚編:《黄遵憲全集》,中華書局,2005年,上册,第 161—162 頁,並參見本書第四章第三節。康有爲與梁鼎芬兩人關係的研究,可參見李吉奎:《因政見不同而影響私交的近代典型:康有爲、梁鼎芬關係索隱》,《廣東社會科學》,2006年第2期。梁鼎芬曾有《贈康長素布衣》詩云:"牛女星文夜放光,樵山雲氣鬱青蒼。九流混混誰真派,萬木森森一草堂。豈有疏才尊北海,空思三顧起南陽。搴蘭攬茝夫君意,蕉萃行吟太自傷。"詩中把康有爲比作卧龍南陽的諸葛亮。(錢仲聯主編:《中國近代文學大系(1840—1919)·詩詞集一》,上海書店,1991年,第 771—772 頁。在該詩後,編者又注:"此詩何藻翔《嶺南詩存》注曰:'此壬午、癸未間梁、康贈答也,後以政見不合,幾成隙末。'……《嶺南詩存》所載,字有小異。'青蒼'作'蒼蒼','豈有疏才'作'但有羣倫','空思'作'更無',第七句作'芰衣蘭佩夫君笑'。"

[4] 康有爲在《我史》光緒十二年記:"時張之洞督粤,春間令張延秋(鼎華)編修告之曰:'中國西書太少,傅蘭雅所譯西書,皆兵、醫不切之學,其政書甚要,西學甚多新理,皆中國所無,宜開局譯之,爲最要事。'張香濤然之,將開局托吾與文芸閣任其事,既而不果。吾乃議以商力爲之,事卒不成。張香濤乃欲以三湖書院、學海堂聘吾掌教,既有人言,皆卻之。"(《叢刊·戊戌變法》,第4册,第 119 頁)"文芸閣",文廷式。張之洞確在廣州開設廣雅書局,但宗旨與辦局人士皆與康説不同。(見《開設書局刊布經籍摺》,《張之洞全集》,第2册,第35頁)"張之洞檔案"中也不見張鼎華的建議與康有爲、文廷式之委任諸節;且張之洞、文廷式及張鼎華對此皆未有記録,在康的著述中,也僅有此處言之。"三湖書院"位於南海西樵山,"學海堂"位於廣州越秀山,皆是當時有名的書院。光緒十二年,康有爲僅是一名蔭監生,很難想象張之洞會聘其來"掌教"。又查《我史》手稿本,此一段有一些修改,但其内容似康在日本所寫。

有爲初次相識,應該在光緒二十一年的秋天,地點在南京。此時張之洞、康有爲的情況都有一些變化。

光緒二十年(1894),中日甲午戰爭爆發,日軍很快占據了戰場上的優勢,清軍在朝鮮、黃海的陸、海戰皆敗。清廷先是於九月初十日(1894年10月8日)下旨:"張之洞著來京陛見",很可能會讓其入值軍機處[1];後又於十月初五日(11月2日),調湘系首領、兩江總督劉坤一到山海關一帶督師,改命張之洞署理兩江總督,負責東南一帶的海防。光緒二十年秋十月,張之洞抵南京接任。此後戰爭的局勢繼續惡化,清軍在遼東、山東繼續戰敗。光緒二十一年春,清廷派李鴻章前往日本議和,簽訂了極其喪權辱國的《馬關條約》。張之洞本是清流出身,對李鴻章有惡感,對此次議和,尤其是《馬關條約》持堅決反對的態度,多次電奏,要求廢約。[2] 當和約被清廷批准後,張亦多次尋找李鴻章的劣迹,並上奏清廷要求進行改革。[3] 而甲午戰敗後,原在政壇上充當主帥的直隸總督、北洋大臣李鴻章,地位急劇下降,其龐大的派系也漸漸散去。他後以大學士入京閑賦,光緒二十二年九月出任總理衙門大臣,權勢亦大減。

---

[1] 張之洞此次召京,因翰林院編修徐世昌之上奏,該摺稱:"觀中外諸臣,可與決大計者,莫如湖廣總督張之洞,其慮事之周,任事之勇,求之今日,已罕其匹……湖北雖長江要衝,然尚居腹地,非沿海嚴疆可比,伏math皇上飛召張之洞,兼程來京,諮詢大計,必能仰補高深,裨益時局。"(徐世昌:《退耕堂政書》卷一,沈雲龍主編:《近代中國史料叢刊》,第1輯,文海出版社,1968年,第225册,第19—23頁)翁同龢在日記中亦稱召張之洞進京是徐世昌上奏所請。(陳義傑整理:《翁同龢日記》,第5册,中華書局,1997年,第2737頁)

[2] 參見張之洞此期多次電奏(《張之洞全集》,第4册,第434—440頁)和此期與朋僚的電牘(同上書,第8册,第294—314頁)。

[3] 張之洞在馬關條約換約後,即上奏要求改革。(參見《張之洞全集》,第3册,第256—262頁)而他查找李鴻章之劣迹,可見兩份電報:一、光緒二十一年四月,《馬關條約》互換後不久,張之洞發電山東巡撫李秉衡:"萊州李撫臺:聞公在煙臺查出合肥致丁汝昌、龔照璵、威海各統領電信多件,大率俱令勿戰。已錄稿進呈。究竟其電信內有何支離之語?祈密示。威海駐兵八千,附骨之疽矣。洞。馬。"(光緒二十一年四月二十一日午刻發,《張文襄公電稿墨迹》,第1函第6册,所藏檔號:甲182-219;抄件又見《張之洞電稿乙編》,第8函第41册,所藏檔號:甲182-69)二、光緒二十二年四月,已回到湖廣本任的張之洞發電其幕僚王秉恩:"上海晉升棧王雪岑觀察:《新聞報》云,該報館有合肥去年在馬關與日本議約真本原稿,閣下可速赴《新聞報》館索一看,如有異同處,及緊要關鍵,煩照錄帶來。閣下亦發速來鄂。壺。洽。"(光緒二十二年四月十八日子刻發,《張文襄公電稿墨迹》,第2函第9册,所藏檔號:甲182-219;抄件又見《張之洞電稿乙編》,第10函第49册,所藏檔號:甲182-71)

繼起的政壇領袖是劉坤一和張之洞，分守南京與武昌，率領着兩個最大的政治派系。而張之洞又是清朝高官中最具新思想的，門生故吏半天下，幕中亦多有新派之士，也爲衆多有志於社會與政治變革的士子官員所矚目。

康有爲於光緒二十年（1894）入京參加會試，雖未登第，也與京中的高官如總理衙門大臣張蔭桓等人拉上了關係，與京中的官員士子建立起人脈。光緒二十一年春，康再次入京參加會試，正值馬關議和，他與梁啓超等人，多次發動公車（參加會試的舉人）聯名上書，其中最爲著名的，即是他於是年四月發動的"聯省公車上書"（即"上清帝第二書"），雖未上達天聽，卻於閏五月間在上海刊行了《公車上書記》，傳聞一時。[1] 是年五月十一日（1895年6月3日），康有爲主張戰後改革的上書（即"上清帝第三書"）由都察院代奏，甚得光緒帝重視，閏五月二十七日（7月19日），光緒帝將該上書同胡燏棻等人的摺、片共計九件下發各省，並下旨：

> 著各直省將軍督撫，將以上諸條，各就本省情形，與藩、臬兩司暨各地方官悉心籌劃，酌度辦法，限文到一月內，分晰覆奏。當此創巨痛深之日，正我君臣臥薪嘗膽之時，各將軍督撫受恩深重，具有天良，諒不至畏難苟安，空言塞責。原摺片均著鈔給閱看。[2]

---

[1] "公車上書"及康有爲發動的"聯省公車上書"，可參見拙文《"公車上書"考證補》、《"公車上書"考證再補》，《戊戌變法史事考二集》，生活·讀書·新知三聯書店，2011年，第1—127頁。

[2] 軍機處《洋務檔》，光緒二十一年閏五月二十七日。並參見張海榮：《關於引發甲午戰後改革大討論的九件摺片》，《廣東社會科學》2009年第5期；《甲午戰後改革大討論考述》，《歷史研究》2010年第4期。光緒帝於閏五月二十七日下發的九件摺、片是：一、光緒二十一年五月初六日（1895年5月29日），軍機章京、户部員外郎陳熾：《請一意振作變法自强呈》（又稱《上清帝萬言書》）；二、五月十一日（6月3日），廣東進士康有爲：《爲安危大計乞及時變法而圖自强呈》（又稱《上清帝第三書》，都察院代遞）；三、五月十七日（6月9日），廣西按察使胡燏棻（此時正在天津小站練兵）：《因時變法力圖自强條陳善後事宜摺》；四、閏五月初七日（6月29日），南書房翰林張百熙：《和議雖應急圖自强並陳管見摺》；五、閏五月初七日（6月29日），委散秩大臣、一等侯信恪：《時事艱難請開辦礦務以裕利源而圖經久摺》；六、閏五月初九日（7月1日），御史易俊：《釐金積弊太深請飭妥定章程摺》；七、閏五月十六日（7月8日），翰林院侍讀學士畢良：《富强之策鐵路爲先敬陳管見摺》；八、閏五月十九日（7月11日），協辦大學士、吏部尚書徐桐：《奏爲遵籌償款興利裁費補抽洋貨加稅等八條敬陳管見摺》；九、同日，徐桐：《槍炮宜製造一律片》。以上共計八摺一片，以上奏時間爲序。

也就在此時,康會試中式,爲第五名,殿試爲二甲第四十六名,朝考爲二等第一百零二名,奉旨分發工部,爲學習主事。六月,康與梁啓超在京創辦《萬國公報》。七月起,康又參預發起强學會,在京城士大夫中引起了很大的震動,張之洞捐銀五千兩。[1] 在此期間,康有爲也結識了張之洞之子張權。[2] 以上諸事,特别是光緒帝下發康的改革上書(即"上清帝第三書"),使之如同初升的政治明星,燦爛眩目。

兩人正是在這樣的背景下,於光緒二十一年秋在南京相會,其中梁鼎芬"力爲周旋"。[3]

南京相會 康有爲於光緒二十一年八月底離開北京,由天津、山海關、上海,於九月二十日(1895年11月6日)至南京,他此行的主要目的,是説服湖廣總督署理兩江總督張之洞支持開辦强學會的南方各分會。[4] 光緒二十四年底(戊戌政變之後),康避居日本,寫作《我史》,對此回憶稱:

> 入江寧,居二十餘日,説張香濤開强學會。香濤頗以自任。隔日一談,每至夜深。

光緒二十六年(1900),值庚子事變,避居海外的康有爲致函張之洞,談起此事,稱言:

> 昔者遊秣陵,過承縶維,爲平原十日之歡,效孟公投轄之雅,隔

---

[1] 軍機章京陳熾致康有爲信中稱:"……譯書印字機已再催購買逕寄,並函懇香帥、蓮珊先撥五千矣。"(《萬木草堂遺稿外編》,下册,第844頁)很可能即是此事。"蓮珊",經元善。

[2] 康有爲在《我史》中稱:"先是自六月創報,吾獨自捐款爲之。後陳次亮、張君立皆來相助……"(《叢刊·戊戌變法》,第4册,第134頁)張君立,張權(1862—1930),字君立,一字柳卿,號聖可。直隸南皮人,舉人,張之洞之子。日本駐華公使館書記官中島雄在《清國政變前後見聞一斑》中稱:"現任湖廣總督張之洞之子張權,是最早向我介紹康有爲的人"。(轉引自孔祥吉、村田雄二郎:《一個日本書記官見到的康有爲與戊戌維新:讀中島雄〈隨使述作存稿〉與〈往復文信目録〉》,《廣東社會科學》2009年第1期)

[3] 黄遵憲於《人境廬詩草》卷九《己亥雜詩》的一段注文稱:"然乙末九月,余在上海,康有爲往金陵謁南皮制府,欲開强學會。□力爲周旋。"(《黄遵憲全集》,上册,第161頁)此中的□,即爲梁鼎芬。

[4] 康有爲到達南京的時間是九月二十日,繆荃孫該日日記稱:"康長素(有爲)主政自京來住書院。"(《藝風老人日記》,北京大學出版社,1986年,第2册,第785頁)夏曾佑在江寧遇康有爲,其信中稱:"康長素到寧,弟于出城上船時遇之,立談少頃。知京都强學會甚昌,去年□渠之人均已歸教,刻下長素南歸,而此局則子培主之,□可喜也。"(夏曾佑致汪康年,上海圖書館編:《汪康年師友書札》,第2册,上海古籍出版社,1986年,第1318頁)

日張宴,申旦高談,共開強學,竊附同心。[1]

"隔日一談,每至夜深"、"十日之歡"、"申旦高談",表明兩人有着很長且很熱烈的談話。而張于此時花大量時間與康交談,實則另有隱情。[2] 兩人在馬關議和期間皆主張廢約再戰,在換約之後皆主張變法自強,在此性情志向大體相投之下,雙方的相談也很成功,張當時對康的評價很高。[3] 由此,張決定開辦上海、廣東兩處強學會。其中上海一處,張之洞派其幕僚汪康年辦理,廣東一處交由康有爲辦理;而汪康年此時尚在湖北武昌,在其未到上海前,上海一會由黄紹箕、梁鼎芬、康有爲等人先辦。[4] 黄紹箕(1854—1908),字仲弢,浙江瑞安人,張之洞的門

---

[1] 《康有爲書牘》,《叢刊·戊戌變法》,第2册,第522頁。"平原"指平原君趙勝,"平原十日"表示歡迎客人暫住歡宴,即"寡人聞君之高義,願與君爲布衣之友,君幸過寡人,寡人願與君爲十日飲。"(《史記·范睢蔡澤列傳》)"孟公"指西漢豪俠陳遵(字孟公)。轄,車軸上穿着的小鐵棍。"孟公投轄"指陳遵爲留住客人,把客人車上的轄取下投到井裏去。

[2] 梁鼎芬此時給張之洞的兩信,道出了康所不知之内情:"比聞公傷悼不已,敬念無既(斷斷不可如此,憂能傷人,況涕泣乎。)今思一排遣之法,長素健譚,可以終日相對。計每日午後,案牘少清,早飯共食,使之發揮中西之學,近時士大夫之論,使人心開。蘇卿遺札,檢之淒然,親知若此,何況明公。然已判幽冥,悼惜何益,尚乞放懷。""長素於世俗酬酢,全不理會,不必拘拘於招飲。鼎芬亦可先道尊意與近事,渠必樂從。如可行,今日先辦。或欲聞禪理,兼約禮卿,使之各樹一義,粲花妙論,人人解頤。連日皆如此。康、蒯二子,深相契合,兩賓相對,可以釋憂。比仲弢病苦,鼎芬忙苦。此舉可支五日,五日之後,仲弢可愈,鼎芬卷可少清,便能接續矣。"(楊敬安輯:《節庵先生遺稿》,香港自印本,1962年,第64—65頁)"禮卿",蒯光典,時爲翰林院檢討。"蘇卿",即張之洞之次子張仁頲,光緒二十年九月十九日夜半,賞月覓句而誤墮江寧總督府園池,未久身亡,年僅二十四歲,夫人爲前任湖南巡撫吴大澂之女(參見光緒二十一年十月十八日《申報》第2版《詳述公子溺水事》)。張之洞爲此傷悼實深,梁鼎芬因此建議他每日與康有爲、蒯光典等人談話,以稍舒心愁。

[3] 蔡元培在《自寫年譜》中稱:光緒二十一年"赴南京訪張香濤氏,適康長素之房師余誠格氏亦在座。張氏盛稱康氏才高學博,膽大識精,許爲傑出的人才。"(中國蔡元培研究會:《蔡元培全集》,第17卷,浙江教育出版社,1998年,第432頁)余誠格(1856—1926),光緒十五年進士,時任翰林院編修,派爲光緒二十一年會試同考官,選中康有爲(即爲房師)。中國社會科學院近代史研究所圖書館藏"李鴻藻檔案"中,有余誠格給李鴻藻開列的名單:"謹將誠格分校呈薦取中名次,開單呈鑒:第五名康祖詒,廣東省南海縣蔭生……"(《李鴻藻存札》,第五函,所藏檔號:甲70-4)從余誠格所開名單來看,該科他共薦中18人,康居首位。而蔡元培所言此事,當在康有爲出版《强學報》之前。吴德瀟是年十月中旬見康有爲,給汪康年信有同樣的説法:"康君自金陵來同寓,昨夜同公度往訪,略談刻許。南師極傾倒之……"(《汪康年師友書札》,第1册,上海古籍出版社,1986年,第381—382頁)"公度",黄遵憲。"南師",張之洞。

[4] 光緒二十一年九月三十日(11月16日),康有爲在南京致函此時尚在湖北的汪康年:"不見經年,知欲開會,萬里同心,百折不回,沈勁鬱拔之氣,安得如穰卿者哉?……南皮頃已許辦上海、廣東兩會,知所樂聞,故先馳報。僕急須還粤,滬上事待之穰卿矣。明年乃始暇來……"(轉下頁)

生、侄女婿,時任翰林院侍講,恰在張之洞幕中。[1]他當時不可能親往上海。梁鼎芬是張的重要幕僚,此時亦準備臨時回湖北。黃、梁皆是遠程操控,上海強學會實際由康有為一人主持。

康有為在南京時,與張之洞也發生了思想上的衝突。對此,康在《我史》中稱:

> 香濤不信孔子改制,頻勸勿言此學,必供養。又使星海來言。吾告以:孔子改制,大道也,豈為一兩江總督供養易之哉?若使以供養而易所其學,香濤奚取焉!

此中所言,便是本書《自序》中所引陳寅恪提及的"今文公羊"、"孔子改制"的學說,而"使星海來言"一事,"穗石閑人"後來亦言及於此,並談辦強學會之事:

> 康得進士,北歸來訪,留住十數日,(梁鼎芬)勸康議論宜平正,做事勿誇張,講西學得其益,無流其弊,乃有用。康贈詩有:"海內名山泰華高,南梁北盛並人豪"云云。盛謂宗室伯希祭酒也。於是商開強學會于上海,時黃仲弢侍講紹箕同客白下,並聞斯舉,意在正人心,開風氣,用意甚正……[2]

此處梁有勸言,但康是否有駁語,未見記載。以常理分析,康此時得張之助,辦上海強學會,似未必會以言詞頂張;不然的話,張當時即有可能與康分裂,更不會有後來上海停報之事。而兩人學術取向的不同,埋下此

(接上頁)(湯志鈞編:《康有為政論集》,中華書局,1981年,上冊,第168頁)吳德瀟給汪康年信中稱:"康君已承南師允撥三千金在滬立會。會章南皮制序,黃漱翁列名……公不可不早到白下,見南師商定一切。傳聞康主粵,公主滬。康現租張園,規模恢張。長素魄力之雄,公心思之誠篤,皆會中聖手,從此號召,必有可觀,甚慰甚慰。"(原件無日期,據其內容,當發於光緒二十一年十月,《汪康年師友書札》,第1冊,第381—382頁)"黃漱翁",黃體芳,黃紹箕父。"白下",南京。"允撥三千兩",當為誤。時任雲南學政的姚文倬稱:"康君申、粵二局,志閎力絀,始基既太恢張,將來恐虞不繼,惟尊人究較他處尚義,振臂一呼,或易集事,俟有章程,乞即寄示。"(致汪康年,光緒二十二年三月初一日,同上書,第2冊,第1238頁)也說明辦理滬、粵兩會。

[1] 黃紹箕的父親黃體芳,與張之洞同榜進士,同為清流"四諫",交甚密。黃紹箕其妻去世後,繼娶張之洞之兄張之淵之女。

[2] 《穗石閑人讀梁節庵太史駁叛犯逆書書後》,《覺迷要錄》,錄三,第8頁。"盛伯希",前任國子監祭酒盛昱,亦因彈劾奕訢等引發"甲申易樞",即慈禧太后罷免以奕訢為首的全班軍機大臣與總理衙門大臣,另以醇親王奕譞當政。

後決裂的種子。

光緒二十一年十月初十日(1895年11月26日),由黄紹箕、梁鼎芬、康有爲聯名的電報通過兩江總督署發出:

> 詒在京師,與洪右丞、沈子培、楊叔嶠諸君開强學會,專講中國自强之學,朝士集者百數。今來金陵,與南皮言,南皮力主之。頃分設滬局,集天下賢士夫,刊布公啓,必欲得公名,以光此舉。立候電覆。金陵督署紹箕、鼎芬、祖詒。[1]

"洪右丞",洪良品,時任給事中。"沈子培",沈曾植,時任總理衙門章京。"楊叔嶠",楊鋭,張之洞的親信,時任内閣中書。[2] 該電文是抄件,無擡頭,即未注明收電方。[3] 此電説明康有爲南京之行的結果,也表明張之洞當時的態度。同日下午九點,正在南通的張謇收到梁鼎芬電報:

> 張狀元:現與中弢、長素諸君子在滬開强學會,講中國自强之學,南皮主之,刊布公啓,必欲得大名共辦此事,以雪國恥,望速覆。鼎芬。蒸。[4]

此電由張謇録於日記中,内容與上一電大體相同,很可能是上一電的另一個版本。

上海强學會與《强學報》 康有爲到達上海後,立即著手上海强學

---

[1] 光緒二十一年十月初十日未刻發,《張之洞電稿乙編》,第9函第45册,所藏檔號甲182-70。又,康有爲此時的名字爲"祖詒"。
[2] 楊鋭、沈曾植事迹及其與張之洞的關係,參見本書第二章。
[3] "張之洞檔案"中有陳寶琛的回電:"誰主誰師?在滬何意?幸示章程,必當列名。琛。"(陳閩學致梁太史,自福州來,光緒二十一年十月十二日午刻發,酉刻到。《張之洞存各處來電》,第32函,所藏檔號:甲182-134)由此可見,以黄、梁、康具名的電報發給了陳寶琛,但陳較謹慎,希望先看章程。陳寶琛後來未在《上海强學會章程》的"同人公啓"中列名。又,陳寶琛後來又有信給梁鼎芬:"别來欻八九年,世事陸沉至此,吾輩杞憂痛心而已。南皮忠勤弗衰,有掣肘而無助臂,可敬可憐。强學會得公提倡,足以鼓舞才俊。摯及賤名,固所願也。求示章程,欲推之於閩中耳……街南舊雨聚于白門,輒爲神往……十月十二。"(陳星整理,陳絳校注:《陳寶琛遺墨》,上海圖書館歷史文獻研究部編:《歷史文獻》,第16輯,上海古籍出版社,2012年,第106—107頁)其中又提到了先看章程,再在福建推廣之意。"街南",似指京城宣武門之南,當時京官聚居活躍之處。"白門",南京。
[4] 張謇研究中心、南通市圖書館編:《張謇全集》,江蘇古籍出版社,1994年,第6卷,日記,第374—375頁。張謇又注:"啓原訛作宅,譯局作憑,改作啓。"

會的各項工作。[1] 他所遇到的最大困難,自然是銀錢。光緒二十一年十月十六日(1895年12月2日),康有爲發電南京張之洞:

> 會章刻,待名。張園租,待款。並電上海道。爲。銑。[2]

"會章"似指上海强學會章程,"待名"似指由張之洞領銜;"張園"是當時上海最爲著名的公共場所,康在此旁邊租房,作爲上海强學會的辦公處所。[3] 上海道,即蘇松太道,駐上海,兼江海關事務(即辦理海關與對外事務),此時爲蔡鈞。康有爲要求張之洞發電上海道,以能得到支持。十月十八日,上海《申報》第四版刊出以"南皮張之洞孝達"署名、由康有爲起草的《上海强學會序》。[4] 十月二十二日(12月8日),張之洞發電經元善,支付上海强學會的款項:

> 致上海經守元善:助强學會,捐款五百金,又籌撥公款一千金,已交百川通匯。即交該守收存應用。並轉告康主事。兩江。養。[5]

十月二十六日,經元善回電張之洞:"奉養電諭,敬悉。百川通款昨交到,遵諭收存。並告康主事,憑伊手支用。"[6] 由此可見,張之洞撥銀共計

---

[1] 上海强學會與《强學報》的研究,可參見湯志鈞:《上海强學會和〈强學報〉》,《康有爲與戊戌變法》,中華書局,1984年,第172—189頁;《上海强學會人物》,《戊戌變法人物傳稿》(增訂本),中華書局,1982年,下册,第713—724頁。

[2] 光緒二十一年十月十六日午刻發,申刻到,抄本《張之洞電稿》,第10册,《上海來電八》,中國社會科學院經濟研究所圖書館藏。

[3] 上海張園位於今上海南京路以南、石門一路以西,占地約60畝,園中建有上海當時的最高建築"安塏第"(Arcadia Hall),爲上海最大的公衆活動場所。康有爲在《我史》中稱:"……乃開會,賃屋于張園旁,遠近回應",即租房在張園的旁邊。上海强學會出版的《强學報》,自稱"上海强學會書局現住跑馬場西首王家沙第一號",即在張園附近。又,鄭官應致汪康年信稱:"强學局之屋,乃怡和洋行唐傑臣兄經手,當囑與屋主商之逕覆。尊處所存傢具,弟無處可置,請商經蓮翁可也。"(《汪康年師友書札》,第3册,上海古籍出版社,1987年,第2977頁)説明當時租房的情況。"唐傑臣",唐榮俊,留美學童,時任怡和洋行買辦。"經蓮翁",經元善。

[4] 光緒二十一年十月十五日,鄭觀應致王韜信中稱:"康長素主政,奉南皮命到滬,設立强學總局,約弟午後兩點鐘同謁,先生邀往格致書院一遊,冗次匆匆乎?" "昨晚已將南皮《序》送昕伯先生察報,不知已閱否?"(轉引自湯志鈞:《戊戌變法人物傳稿》,下册,第722頁)"昕伯",似爲錢征,《申報》主筆,王韜的女婿。此中可見《上海强學會序》在《申報》刊發的細節。

[5] 光緒二十一年十月二十二日亥刻發,《張之洞電稿乙編》,第9函第45册,所藏檔號:甲182-70。經元善此時是張之洞在上海的賬房。"百川通",山西主要票號之一,張之洞常用該號進行電匯等業務。

[6] 光緒二十一年十月二十六日酉刻發,二十七日巳刻到,《張之洞存來往電稿原件》,第20函,所藏檔號:甲182-391;另見抄本《張之洞電稿》,第10册,《上海來電八》,中國社會科學(轉下頁)

一千五百兩,其中五百兩是他個人的捐款。這筆錢是上海强學會最爲重要的經費來源,占捐款總額的六成强,且有着倡導和風向的意義。[1]十月二十九日(12月15日),梁鼎芬又發電康有爲:

  上海泰安棧康長素:羣才薈萃,不煩我,請除名。捐費必寄。日内往鄂。一切函電可由中發商壺公。節。[2]

"壺公",張之洞。梁鼎芬此電當是對康有爲來信或來電的回復,梁表示其不日將臨時前往湖北,上海强學會的事務,讓康有爲與黃紹箕聯絡,由黃負責上報張之洞。其中"羣才薈萃,不煩我,請除名,捐費必寄"一句,很可能是張之洞本人的態度,即對康電中"會章刻,待名"的回復。[3]

  光緒二十一年十一月二十八日(1896年1月12日),由康有爲主持的《强學報》第一號在上海刊行。該號共八張十六版。首載《本局告白》;次録光緒二十一年閏五月二十七日之"上諭"(廷寄),並刊文對該廷寄進行評説;再載"論説":《開設報館議》、《孔子紀年説》、《論會即荀子羣學之義》;最後列《京師强學會序》、《上海强學會序》(署名張之洞,

---

(接上頁)院經濟研究所圖書館藏。此筆款項另有一小插曲,張之洞幕中因工作錯誤,再撥放該款項一次。經元善發電稱:"昨接樊委員棻函,交到籌防局奉憲諭捐强學會款規銀五百兩,又洋務局撥款一千兩。是否重出,抑係另款? 候憲電示,告康主事。元善禀。"(經守來電,自上海來,光緒二十一年十一月初六日未刻發、戌刻到,《張之洞存往來電稿原件》,第6函,所藏檔號:甲182-377;抄件見《張之洞存各處來電》,第32函,所藏檔號:甲182-134。)張之洞親筆在該抄件上批示:"係重出,即前已交百川通匯寄之款。不可誤交。當告籌防局更正。"據此批示,以兩江總督署名義的覆電稱:"致上海經守元善。電悉。洋務局揚州銀一千兩,係重出,即前已交百川通匯寄之款,不可誤交。當告籌防局更正。兩江。語。"(光緒二十一年十一月初七日子刻發,《張之洞存往來電稿原件》,第11函,所藏檔號:甲182-382;抄件又見《張之洞電稿丙編》,第13册第63函,所藏檔號:甲182-92)

[1] 光緒二十二年三月十一日,《申報》第4版刊出《强學局收支清單》:"收張香帥來銀七百兩,收張香帥來銀八百兩申洋一千零三十元六角四分,收鄒殿書來銀五百兩申洋六百六十六元,收陸春江觀察來銀二百兩申洋二百六十五元三角八分,收黃公度觀察來銀一百兩申洋一百三十一元三角,收朱閬樨翁來銀一百兩申洋一百三十二元五角,收孫玉仙翁來銀十兩申洋十三元一角,收華盛口(頓)公司來銀三十兩……共收銀七百三十兩,共收洋二千二百四十七元九角二分。"由此可見,强學會共收到捐款銀2 440兩,張之洞提供者爲其總數的61.4%。"鄒殿書",鄒凌瀚。"陸春江",陸元鼎。"朱閬樨",朱祖榮。"孫玉仙",孫鏘。"觀察",道員。

[2] 光緒二十一年十月二十九日午刻發,《張之洞電稿乙編》,第9函第45册,所藏檔號:甲182-70。

[3] 據許同莘編《張文襄公年譜》,稱張之洞有覆康有爲:"羣才薈集,不煩我,請除名,捐費必寄。"(《張文襄公年譜》,商務印書館,1946年,第96頁)該電我在"張之洞檔案"中未見。且"請除名"似不屬梁鼎芬的行動,梁在《上海强學會章程》的"同人共啓"中列名。

實爲康有爲撰)、《上海强學會章程》(以黄體芳、黄紹第、屠仁守、汪康年、康有爲、鄒代鈞、梁鼎芬、黄遵憲、黄紹箕、左孝同、蒯光典、志鈞、張謇、沈瑜慶、喬樹楠、龍澤厚等十六人"同人共啓")、《上海强學會後序》(署名康有爲)。其中《上海强學會章程》,決定要辦"最要者四事":"譯印圖書"、"刊布報紙"、"開大書藏"(圖書館)、"開博物院","皆本會開辦視款多寡陸續推行"。《强學報》第一册的首頁,用"孔子卒後二千三百七十三年、光緒二十一年十一月二十八日"爲紀年。[1] 從今天我們對康有爲、張之洞政治思想的理解來看,《强學報》第一號所刊内容,與張之洞所遵從的政治學説是有所差别的。

在《强學會》第一號刊出之前,康有爲與梁鼎芬(包括在其背後的張之洞)已經有了猜隙。光緒二十一年十一月十二日(1895 年 12 月 27 日),正在上海的黄遵憲致函梁鼎芬稱:

> 强學會之設,爲平生志事所在,深願附名其末。長素聰明絶特,其才調足以鼓舞一世,然更事尚少,比日時相過從。昨示大函,爲之駭詫,延致諸君,遵憲居海外日久,多不悉其本末。惟此會之設,若志在譯報刻書,則招羅名流十數人,逐漸擴充,足以集事;乃欲設大書藏、開博物館,不能不集款,即不能不兼收並蓄。遵憲以爲,當局者當慎簡,入會者當博取,固不能如康公之所自出,亦不能如梁子之不因入熱。遵憲居間其中,爲嶺南二妙作一調人,君意何如?

未久,黄再致函梁:

> 强學會事,頃語心蓮甚詳。公有何言語告心蓮告我?康郎之堂堂乎張,乃殊覺酸楚可憐也。[2]

從黄遵憲的信中内容來分析,他認爲梁鼎芬與康有爲之間的矛盾,在於

---

[1] 《强學報·時務報》,中華書局影印本,1991 年,第 1 册。
[2] 《黄遵憲全集》,上册,第 358—359、366 頁。"不因入熱",似爲"不因人熱"之誤。"心蓮",不詳其人。黄遵憲後來稱,他此期之所以認識康有爲,是梁鼎芬的介紹,相關的背景,可參見本書第四章第三、七節。

康有意"博取"會衆,有意"集款";梁對康有爲"延致諸君"不滿,黃遵憲表示"不悉其本末"一語,亦有可能指康有爲門徒徐勤、何樹齡,由康從廣東召來上海辦理《强學報》。雖説黃在信中表示在"嶺南二妙作一調人",但從該信文字的基本態度來看,黃似已站在康一邊。

《强學報》第一號刊出後,雙方的矛盾立即激化了。從張之洞一派後來的指責來看,主要是兩項,一是刊發廷寄,二是使用孔子紀年。

《强學報》第一號刊發的光緒二十一年閏五月二十七日上諭,雖是倡導改革,也有"當此創巨痛深之日,正我君臣卧薪嘗膽之時"之語,但康在該上諭後,又加説明:

> 此和議成後,發廷臣奏摺:一、廣西按察使胡燏棻,二、工部主事康有爲,三、軍機章京工部員外郎陳熾,四、協辦大學士徐桐,五、翰林院侍讀張百熙,六、御史易俊,七、侍讀學士準良,八、侯爵信恪,交督撫議之。

表明他的上書(即"上清帝第三書")也是光緒帝交議的摺片之一,這多少有點自重之意。又按當時制度,此上諭不屬可以公開的"明發"(即"内閣奉上諭",張之于宫門鈔);而屬"廷寄",即"軍機大臣字寄某某",屬保密的,不可以公開刊布。雖説當時的廷寄經常外傳,也無密可保,但在制度上仍可以抓抓小辮子。

康有爲用孔子紀年,乃仿效基督教用基督誕生紀年。這是"康學"的主要特徵之一,康於此也表現出有立孔教的政治企圖。張之洞與康有爲之間最重要的學術分歧乃在於此。然以當時的政治觀念而言,奉正朔用紀年當屬政治表態,立教會更有謀反之嫌,康此時雖絶無與清朝決裂之意,但此舉必引來許多不利議論。此在康似尚屬理念,在張則是政治。

就在《强學報》第一號刊發之日,十一月二十八日(1896年1月12日),康有爲發電給張之洞:

> 聞邊鎮舊楚,爲之短氣。欲來相視,適病未能。母壽當歸,朔前必行。局事粗定,捐者漸至。章條、報紙寄呈,稍乏書局書,乞公留

意提倡。明歲見公於漢上。爲。[1]
"還鎮舊楚",指張之洞回湖廣總督本任,劉坤一回兩江總督原任之事,康對此不滿,稱爲"短氣"。"欲來相視",指從上海赴南京,康又自稱生病。"局事"指上海強學會,當時亦稱強學局、強學總局;"捐者"爲強學會捐款者,除張之洞外,當時另有鄒淩瀚、陸元鼎、黃遵憲、朱祖榮、孫鏘等人;"章條"指《上海強學會章程》;"報紙"即《強學報》第一號。康表示因"母壽"即將回廣東,並稱明年再到武昌去見張之洞。在這份電報中,康顯示了那種傲視權貴的派頭,他本來是汪康年未到達之前的代理,此時執意先將事情一做到底,隨即便告辭再會。他也知道與張之間矛盾已深,沒有再提廣東強學會之事。

光緒二十一年十二月初三日(1896年1月17日),《強學報》的第二號出版,該號僅四張七版,載文《毀淫祠以尊孔子議》、《變法當知本源說》、《論回部諸國何以削弱》、《欲正人心必先修法度說》、《論中國之敗壞於老氏、楊氏之學》,並刊出《強學報正誤》,改正第一號中的錯字。而《強學報》的第三號,當時已刊印,因奉到電令,而未派發。今不存世。[2]

張之洞與康有爲的決裂　　光緒二十一年十二月初四日(1896年1月18日),張之洞發電武昌汪康年,"請速來寧,商強學會事。切盼。"[3]此時張似仍準備以汪代康。然幾天之後,情況大變。十二月初八日(1896年1月22日),黃紹箕從南京趕赴上海,準備與康有爲相談;然康已於初五日離開上海回粵,爲其母親祝壽。黃紹箕不得已於十二月

---

[1] 康主事來電,自上海來,光緒二十一年十一月廿八日亥刻發、到,《張之洞存各處來電》,第32函,所藏檔號:甲182-134。

[2] 《強學報・時務報》,中華書局影印本,1991年。又,據《申報》光緒二十二年三月十一日刊登的《強學局收支清單》"支本局第三號報紙一千洋七元(已刊,諸公電止,未派)",《強學報》第三號已印而未發,現亦未存世。相關的研究可參見湯志鈞:《戊戌時期的學會和報刊》(臺灣商務印書館,1993年)第三章;《上海強學會和〈強學報〉》,《康有爲與戊戌變法》,第172—189頁。

[3] 光緒二十一年十二月初四日辰刻發,《張之洞來往電稿原件》,第11函,所藏檔號:甲182-382。在該電稿中,張之洞刪去"星海想已到鄂"一句。其抄件又見於《張之洞電稿乙編》,第9函第48冊,所藏檔號:甲182-71。此後,張之洞又發電:"漢口督銷局志道臺:梁星海何日到鄂? 已動身回寧否? 係何日動身? 祈即電覆。〇。語。"(十二月初六日未刻發,出處同上)原件無年份,根據內容,當發於光緒二十一年。從原件筆跡來看,很可能是楊銳起草的。

初九日致信康有爲：

  ……報紙二葉已誦訖。首列孔子卒後年月日，此爲學西法，仍未畢肖，則責以違國制，已無可辭。於事實無絲毫之益，而於吾黨恐有邱山之損。推尊孔子諸論，執事可著書，不必入報。前議章程略及之，覆電亦既允從之矣。廷寄之件，止可云得之傳聞。今直書某日軍機字寄云云，一似有所受之者。家君在都每聞人述時政，自詡爲秘密消息，輒深惡之，況此竟列入會報，將來果有秘密消息，亦誰復肯以告我，以重其逼近漏泄之咎乎？至於報中全不翻譯西報，並不譯列中事，而但發空言，與局刊章程顯然不符。執事術學，素所欽仰，豈敢妄議高深，惟既在同會之列，即有共主之權。家君係老病乞退之身，素性耿介，不能隨人俯仰，又豈肯違心曲從，重累斯會，兼以累執事乎？已告局中停報勿出，並議暫廢此會，日內當即有公函奉達……[1]

"報紙二葉"，當指《強學報》第一、二號。"家君"，黃紹箕之父黃體芳，曾在"同人公啓"中列名。黃紹箕的指責，共有三點，一是孔子紀年，二是發表廷寄，三是《強學報》上的文章爲"發空言"。他指出"推尊孔子諸論，執事可著書，不必入報"，即康有爲個人的學術見解，可以自行刻書，不應刊行於以多人名義發行的公衆報刊。這也是張之洞的一貫主張。[2] 而"前議章程略及之，覆電亦既允從之矣"一句，似又說明此事先前有討論，康有爲也在覆電中表示"允從"。黃紹箕雖然用了"家君"的名義，但所表達的，卻是張之洞的意思。"停報勿出"、"暫廢此會"、"公函奉達"等語，表示張已決定停報廢會。《穗石閑人讀梁節庵太史駁

---

[1] 《萬木草堂遺稿外編》，下册，第845頁。黃紹箕在信中稱："弟昨晚侍行抵滬，聞從者已於初五日回粵，爲老伯母大人六十壽，弟未得登堂拜謁，一進咒祝，悵歉無似。弟在金陵瘧疾未愈，又患頭暈氣逆之證，比稍差，聞執事將歸，於廿九日電請少留，即發函並改定章程奉覽。嗣奉覆電覆書，略不一及，豈竟未接到耶？"由此可見，黃紹箕曾於光緒二十一年十一月二十九日發電康有爲，請其"少留"，此次來上海欲與康面商，然康已於十二月初五日離開上海。

[2] 光緒二十三年七月，張之洞給湖南學政江標的電報中，再次強調了《湘學報》"宗師立教，爲學校準的，與私家著述不同"。"素王改制"之類的學說，不可入報。參見本書導論第二節、第五章第三節。

叛犯逆書書後》對此亦稱：

> 詎料康到滬後，任意出報發議，絶不商量，太史與黃公屢書爭之，且詆之。最可駭者，不以大清紀年而以孔子紀年，名爲尊聖，實則輕慢。太史與黃公深惡之。即日停報。自是與康不合。[1]

十二月十二日(1896年1月26日)，《申報》第二版刊出消息《强學停報》：

> 昨晚七點鐘，南京來電致本館云：自强學會報章，未經同人商議，遽行發刊，內有廷寄及孔子卒後一條，皆不合。現時各人星散，此報不刊，此會不辦。同人公啓。

"同人公啓"，似指《强學會章程》所列名的十六人，但實際上的決定者是張之洞。"各人星散"，也説明了康有爲離開之後强學會與《强學報》的情形。

也正在此時，光緒二十一年十二月初七日，御史楊崇伊參劾京師强學會，光緒帝當日下令封禁。[2] 十二月十四日，經元善聞封禁該會的消息，立即發電張之洞：

> 《新聞報》登京電，强學會奉旨封禁。憲臺撥銀一千五百兩，康主事已支用過八百兩，尚存七百兩，應否止付？速候憲示。元善稟。[3]

---

[1]《覺迷要録》，録三，第8頁。"太史"，梁鼎芬。"黄公"，黄紹箕。
[2] 御史楊崇伊的奏摺"京官創設强學會大干法禁據實糾參摺"，見《軍機處録副·光緒朝·内政類·職官項》，3/99/5333/35，光緒二十一年十二月初七日，中國第一歷史檔案館藏。當日諭旨可見《清實録》，中華書局，1987年，第56册，第986—987頁。相關的情況可參見拙著：《從甲午到戊戌：康有爲〈我史〉鑑注》，生活·讀書·新知三聯書店，2009年，第146—149頁。
[3] 經守來電，自上海來，光緒二十一年十二月十四日申刻發，亥刻到。《張之洞存各處來電》，第32函，所藏檔號：甲182-134。經元善於光緒二十二年春覆信康有爲稱："去冬兩次辱承顧談，始知强學會事，吾公孤立，岌岌可危，弟又久病，如將熄殘燈，不克相助爲理，故函覆臺端，約宜速招汪穰卿來滬夾輔之語，弟一面據實稟辭南皮，冀或垂念，准待鶴諸君勖襄，不致功敗垂成。今聞爲言路所劾，此雖關乎氣數，然細思之，亦由吾公未能應天以實，感召麻祥所致。弟初讀《長興學記》及《僞經考》諸書，深佩足下之學。去冬忽承南皮先生作介，幸接光儀，良用欣慕。惟采諸輿論，清濁兩途，皆有大不滿意於吾公之處，靜觀默察，方知吾公尚少閲歷，且於謙、恕、慎三字，未能真切體驗躬行，又不免偏長好名……撥款一節，已由敝局同人代擬電稟，旋接南皮覆電，均録呈鑑。"經元善於光緒二十六年八月對此信另有按語："原稿'謙恕'下本是'誠字'，誠能開金石……"(虞和平編：《經元善集》，華中師範大學出版社，1988年，第166—167頁) 經元善信中指責康有爲過ది"好名"。

由此可見，康有爲辦《强學報》等事，已支用張之洞所捐銀八百兩，占其支出總數約一半。[1] 對此，張之洞回電，對該款項表示"不便與聞"，以擺脫干係。[2] 而從後來的情況來看，經元善也停止了付款。[3]

光緒二十一年九月二十日至十二月初五日，康有爲與張之洞之間有着兩個多月的交往。在此期間，南京的十多天大約是他們的蜜月期，康到上海後，平靜的日子還維持了一段，梁鼎芬、黄紹箕奉張之洞之命還在勸康；大約從十一月起，裂縫越來越大，以致最後破裂。從此兩人再無合作。

從事情本身來探討，兩人破裂主要原因有二：其一是兩人性格，康

---

[1] 據《申報》光緒二十二年三月十一日刊登的《强學局收支清單》，强學會共"支洋二千一百七十二元七角八分"，"存銀七百三十兩，存洋七十五元一角四分"。其中我認爲最重要或有意思的開支爲："支本局兩季租銀三百五十兩申洋四百五十九元三角二分，支泰安棧租八位一百六十八天由寧來滬開局共洋五十一元九角七分"，"支主筆何易一、徐君勉另跟人一在粤由公司船來滬川資五十元，支主筆何、徐兩位泰安棧租五元五角，支鯤昌點石章程一萬本洋一百六十五元，支楊葵園儀器共洋二百六十五元三角八分，支找金陵刊書處善書籍一單洋五十九元，支點石齋分局書一單洋三十二元五角，支真賞齋地圖一單洋四元，支鄧石言手買地圖一單洋十四元九角，支文緣堂書籍一單連稅共洋七十五元二角"，"支天文鐘一個洋六元二角，支地球一個洋二元二角"，"支大小書架二十三個計三單共洋七十二元"，"支棕床十四張共洋十八元"，"支本局第一號報紙二千五百張洋十九元一角，支本局第二號報紙一千張洋十元六角，支本局第三號報紙一千洋七元（已刊，諸公電止，未派）"，"支初到開局廚房未舉司事往海天春用膳洋四元六角，支開會賃花鋪墊費洋八角，支開會點心餅食二單共洋十二元"，"支十二月十二日、十六日因公電報費十一元零八角六分，支長素十五日因公來電費洋十元零三角"，"支十一月初七日至十二月廿五日自來水三單共收洋八元一角五分，支十一月初七日至至十二月廿五日自來火公司收洋十二元三角"，"支十一月初七日至十二月初六日伙食銀洋四十元，支十二月初七日至十五日伙食共洋十七元六角二分，支電廣西龍積之來滬盤川三十川元三角，支主筆何易一脩金四十元，支主筆徐君勉脩金四十元，支賬房楊葵園脩金五十元，支書寫楊子勤脩金十五元，支翻譯馬善子脩金十四元，支鄧仲果□□□南京洋十元，支廚子陳貴池工銀計四十九天共洋八元零三分，支什三顏林工銀四十九天共洋九元八角，支門房工銀四十九天共洋四元九角，支跟人三□□工錢七元，支茶房工銀四十天共洋四元一角，支主筆何、徐二君跟人一名回東川資共三十元"。從以上賬單來看，强學會正式租房對外開辦，似爲光緒二十一年十一月初七日至十二月二十五日，康有爲的門徒徐勤（君勉）、何樹齡（易一）充主筆，鄧仲果也參預其事。然在此兩個月中，開支達二千多元，按當時的消費水準，是排場比較大的。

[2] 張之洞電稱："上海電報局經守：强學會存款七百金，款久已發出，此時本衙門不便與聞，可問梁星海太史，應如何用法，聽其酌辦。梁係同局之人也。梁現在金陵，已面告之。兩江。馬。"（光緒二十一年十二月二十一日申刻發，《張文襄公電稿墨迹》，第2函第9册，所藏檔號：甲182-219，抄本又見《張之洞電稿乙編》，第9函第48册，所藏檔號：甲182-71）

[3] 據《申報》光緒二十二年三月十一日刊登的《强學局收支清單》，"除香帥餘款七百兩函經蓮珊太繳回外，餘款交汪穰卿進士"，可見經元善奉到梁鼎芬之命，停止支付款項。

有爲、張之洞皆是自我意志堅強的人,康不願屈從權貴,而自認爲是後臺老闆的張絕不會允許康如此自行其是;其二是"孔子改制",即所謂"康學",這本是學術之爭,然到了此時,已成了政治鬥爭,張也不允許將《強學報》變爲宣揚"康學"的陣地。光緒二十一年十二月十二日,回到廣州的康有爲,致信其正在上海的弟子何樹齡、徐勤,稱言:

> 寄來星信悉。覽鄧仲果書,乃知爲學術不同,疑我借局以行其經學,故多方排沮(中國亡無日,生民無噍類,而彼尚如此,可哀可痛)。我向不知此意,則尚相敬也,不過意見不同,不能容耳……紀年事,南皮原面許,今一切全翻,亦不足計。今不過主筆二人待面商後,去留乃定未遲。以忌我之故,並排及孔子,奇甚,孔教其衰矣!既排孔子紀年,則報不宜發,以重增其怒。若遽不書紀年,自我改之亦不可,宜停後再舉,乃可改也。吾不能力爭,吾亦作孔子罪人。嗚呼!豈料攻孔子不談經學者,乃出於所謂清流者乎!孔子已矣。……幸彼疑專爲托局以行其經學,尚可解。死亡無日,此輩見地如此,大奇大奇……仲弢云,十二出滬。接信此時想已過。此君通達實心,惜二子不能與之談,不能自白也。堅守數日,以此事累子,相見不遠。[1]

由此可見當時分歧之所在。"既排孔子紀年,則報不宜發,以重增其怒。若遽不書紀年,自我改之亦不可,宜停後再舉,乃可改也"一句,指《強學報》第三號若排孔子紀年則不發,以免增對方的怒氣,若自行不排孔子紀

---

[1] 上海市文物保管委員會編:《康有爲遺稿·戊戌變法前後》,上海人民出版社,1986年,第236—237頁,標點略有調整。該信稱:"……閱其章程,排斥甚至,其書亦含嘲訕。此事非面商不可,即當來滬。今日遷鄉和不改期,然十七恐不能候,恐久則生變。十七、八必來(南京前已電告,二十前到,十二、三行)。二十間到滬。至二十日可電告星海,接我信,因病遲至十八來(章程帶來面訂)。電仲果轉告亦可。一切俟我到滬乃商。一到滬,即當入江寧矣。"由此可見,梁鼎芬等人亦有章程、書信給康有爲,康也電告南京,二十日前將到上海,繼續"面商"。他準備十七、八日北上,並關照徐勤至時將消息告梁鼎芬或由鄧仲果轉告。該信又稱:"星後電欲登報、除名、停辦,前電請電仲果、公力力持。若能轉移,不除名,不停辦,可急電來,俾我遲遲而行,此極要事,此與京師同。一言以蔽之,彼有不辦之心,我有必挽之意,自爲所挾制也。""星"指星海,梁鼎芬,即梁鼎芬後一電表示要"登報、除名、停辦",康有爲從梁電早知上海強學會與《強學報》將停,梁鼎芬前一電仍表示請鄧仲果、黃遵憲"主持"即調解;如果梁鼎芬有所轉移,即"不除名,不停辦",讓徐勤等人立即發急電,康有爲將會晚一點到上海,以免被"挾制"。

年"亦不可",只能將《強學報》停辦,以後另辦報可不用孔子紀年。"仲弢云,十二出滬"一句,説明他離開上海時知道黄紹箕將於十二日到上海與之面商。"幸彼疑專爲托局以行其經學,尚可解"一句,即張之洞一派只是認爲康有爲打算以上海強學會推行其學説,雙方的矛盾"尚可解",這似乎也透露出康此時還另有"不可解"的"經學"以外的目的。

光緒二十三年春,康有爲等人在廣西省城桂林辦聖學會,命其辦會門人:"創辦聖學會,爲粵西開未有之風氣,甚盛舉也。必須詳籌經久辦法,可爲南皮諸公愧,勿爲南皮諸公笑。"[1]所言的"南皮諸公"一語,即張之洞、梁鼎芬等人,可見時隔一年半,康内心尚未從上海強學會事件中解脱。

二、從陳慶年日記看張之洞及其派系的内情

康有爲回到廣東後不久,光緒二十二年正月十七日(1896年2月29日),署理兩江總督張之洞向回任的劉坤一送交關防、印信、王命旗牌等件後,於二十日返回武昌的湖廣總督本任。從此之後,張與康天各一方,再也没有見過面。

雖説湖廣總督本是地方官,兩湖地面以外的事件,與張之洞並無關連;然他以儒臣之心而懷天下,憂天下,注視着天下的學術與思潮。隨着梁啓超因《時務報》聲名鵲起,康有爲在廣東、廣西講學及《孔子改制考》等書籍的刊行,康、梁等人在政治思想及學術理念上影響力急劇增大,張之洞及其派系對此非常警惕。而當康有爲於光緒二十三年冬進京,在政治上一展身手時,張之洞及其派系對此由警惕轉向擔憂。

---

[1]《與某君書》光緒二十三年五月初八日,姜義華等編校:《康有爲全集》,中國人民大學出版社,2007年,第2集,第272頁。

儘管從"張之洞檔案"能夠看到許多相關的記載,但大多是間接的材料;此時在張之洞幕中的陳慶年,有寫日記的習慣,留下了許多直接且生動活潑的記錄。

陳慶年(1862—1929),字善餘,江蘇丹徒人。光緒十四年(1888)爲優貢生,選授江浦縣教諭。他是一個讀書勤奮的人,有文名。光緒二十三年初,他被張之洞聘至兩湖書院,授兵法史。他在張的幕中處於比較邊緣的地位,所知者並不多,故能將每次與張的交往,或與張的核心幕僚如梁鼎芬、王秉恩、錢恂的交往都在日記中記錄下來。由此可以看出張之洞及其派系對康有爲一派的警惕、擔憂乃至於無奈。

以下大體以陳慶年日記的時間爲序,摘其內容,並進行説明。

《湘學報》刊出"素王改制"　光緒二十三年七月十一日(1897年8月8日),陳慶年記:

> 薄暮,南皮師招赴八旗會館談,宴散後,在小亭觀月,同人圍座。
> 南皮師説:康長素輩主張素王改制,自謂尊孔,適足誣聖。平等、平權,一萬年做不到,一味囈語云云。反復詳明。三更始散。[1]

張之洞之所以大發脾氣,以至言及"三更始散",是因爲《湘學報》中刊出了"素王改制"內容。七月十二日,即陳記"談宴"的次日,張發電當時的湖南學政江標:

> ……《湘學報》卷首即有"素王改制"云云,嗣後又復兩見。此説乃近日公羊家新説,創始于四川廖平,而大盛於廣東康有爲。其説過奇,甚駭人聽……湘報係閣下主持刊播,宗師立教,爲學校準的,與私家著述不同。竊恐或爲世人指摘,不無過慮。方今時局多艱,橫議漸作,似尤以發明"爲下不倍"之義爲亟……如報館主筆之人,有精思奧義,易致駭俗者,似可藏之篋衍,存諸私集,勿入報章,則此報更易風行矣。

從電報的內容可見,張的言詞已是十分激烈,大發脾氣。與此同時,張又

---

[1] 明光整理,陳慶年:《〈横山鄉人日記〉選摘》,《近代史資料》,第76號,中國社會科學出版社,1989年,第201頁。

發電湖南巡撫陳寶箴,照錄給江標電報的全文,並稱:"此節于世道學術甚有關係,伏望婉商建霞學使"。[1] 張之洞對湖南的報刊與學術思想,一直予以密切關注,也不時進行直接的干預。[2] 陳慶年所記張之洞對"素王改制"的指責,即光緒二十一年張之洞、康有爲初交時便出現的學術分歧,也是在後來《時務報》時期汪康年與梁啓超的主要分歧。[3] 值得注意的是,陳慶年又記錄了張之洞涉及"平等"、"平權"的言論,這就涉及張之洞及其派系對康有爲的政治學說的解讀和康的政治企圖的判斷。我個人認爲,康有爲"上清帝第三書"提到了"議郎",但只是用中國傳統經典去理解西方議會制度,以說明在中國是"古已有之"。他此時對西方的"民權"思想,尚未有充分地了解和準確的認識。在他的學生中,也有將"民權"與種族革命混爲一談的。我個人以爲,康有爲及其一派此時雖也用"民權"之類的名詞,但其政治思想與西方式的民主政治仍有着很大的差別,康對於清朝的忠誠程度雖遠不如張之洞等人,但似還無推翻清朝的思想。[4] 張之洞及其派系對康有爲及"康學"的批判,始終圍繞着"素王改制"和"平等、平權"這兩點。在此後不久,光緒二十三年十月,梁鼎芬與康有爲在上海有一次相會,梁後來稱:

　　……論學術、治術益不合。康主民權,意在散君權,而托名西學,飾詞變法,以愚大衆。太史則言:法制已壞者,修之不足者,采西法補之;要在行之以漸,不可孟浪。且勸康曰:君才如此,宜恭謹遜順,乃能有濟。我但謹守六字,"大清國、孔子教",如有欲叛者,吾必口誅筆伐之。[5]

---

[1] 致長沙陳撫臺,光緒二十三年七月十二日亥刻發,《張之洞電稿甲編補遺》,第5冊,所藏檔號:甲182-61。"建霞",江標。
[2] 引文及更多的細節,可參見本書第五章第三節。
[3] 相關的內容,可參見本書第四章第一、三節。
[4] 黃彰健認爲,康有爲、梁啓超原"保中國不保大清"的思想,後因見重於光緒帝而策略轉變。見黃彰健:《戊戌變法史研究》,(臺北)中研院歷史語言研究所專刊之五十四,1970年,上海書店出版社,2007年。又,關於康有爲及其派系在戊戌變法期間的政治思想與政策設計,我將進行專門研究,另文發表。
[5] 《穗石閑人讀梁節庵太史駁康逆書書後》,《覺迷要錄》,錄三,第8頁。

其中的"大清國"針對"民權","孔子教"針對"素王改制"。此文作於戊戌政變後,可能不那麼準確,但可注意到康的"主民權"是針對"散君權"而言。[1]

陳慶年作文駁"康學" 光緒二十四年三月初五日(1898年3月26日),陳慶年在日記中記:

> 燈後,已翻閱康有爲《春秋董氏學》,取《繁露》重加編次,別標題目,並下己意,以其旨趣,亦時有一孔之論,不足憑也。

三月十五日又記:

> 作《衛經答問》四條,駁康長素《新學僞經考》也。彼以西漢今文諸經原無殘缺,古文各學並劉歆僞造,欲廢《毛詩》、《周禮》、《左傳》諸書,主張《公羊》,以暢其改制之説。故作此以衛之。

閏三月初三日又記:

> 作《衛經答問》二條。

陳慶年很可能是主動撰寫批評"康學"的著述,這也似乎說明,此時在張之洞的幕中,以能作文批康爲時尚。也恰在此時,張之洞奉旨進京(後將詳述),陳慶年等人爲張送行。閏三月十八日午刻,張之洞臨行前面見陳慶年,當面"謂余《衛經》、《衛教》二書能作成最佳。"[2]作爲一個處於邊緣地位的幕僚,張之洞的稱許是一個很大的鼓勵。而這些著述很有可能與張之洞擬辦的《正學報》"報稿"有關。(後將詳述)

是年閏三月二十五日(1898年5月15日),陳慶年在日記中記:

> 閱康有爲《讀書分月日程》,專以速化誘新學,謂六個月即可成通儒。後附每月讀書表,分經、史、子、理學、西學爲五格。首二月僅讀《公羊》及《釋例》、《繁例》、《穀梁》、《王制》,第三月即讀其《僞經考》並及劉氏《左傳考證》、《禮經通論》、《詩古斷》諸書。原經尚未

---

[1] 皮錫瑞曾問梁啓超:"何以香帥不信素王改制,云學派不同,且似恐犯時忌。"(《師伏堂未刊日記》,《湖南歷史資料》1958年第4期,湖南人民出版社,第74頁)"學派不同",指張之洞不喜公羊,而注重《左傳》。"恐犯時忌",似指"民權"。

[2] 明光整理,陳慶年:《戊戌己亥見聞錄》,《近代史資料》,第81期,中國社會科學出版社,1992年,第107—110頁。

及寓目,遽以臧否之言先入其胸中,此尤可笑可惡者也。第四月讀《五經異義》、《白虎通》。第五月讀《禮記》。第六月讀《大戴禮記》。此外,羣經皆不列目,惟子書略備。《孟子》亦列入子書中,誠可恨也。

《讀書分月日程》,似爲《讀書分月課程》,由康有爲囑梁啓超作,時在光緒二十二年之後,康有爲作序。[1] 是月二十七日,又記:"晤朱强甫,與言康有爲《僞經考》,謂《毛詩》有十五僞,其説多襲魏默深,無一出心得者,則其人之淺躁可知。欲定此大案,而自家不一思索,全賴抄取以了此事,尚得謂有心得哉?强甫亦鄙之。"[2] "朱强甫",朱克柔,此時亦在張之洞幕中,幫辦《實學報》(後將詳述)。由此又可見,張之洞幕中人物時常議論"康學"之非。

保國會 光緒二十四年四月十八日(1898年6月6日),陳慶年在日記中記:

> 下晚,南皮師來書院少談,言康有爲、梁啓超立"保國會",每人收銀二兩,復散給票布,仿哥老會辦法。浙江人孫灝作駁文三十條,痛快淋漓云云。當訪得一閲也。

四月二十一日(6月9日),又記:

> 詣節庵,見浙江孫灝駁"保國會"章程三十條,頗發康、梁罪狀。節庵尚擬排印散送云。[3]

保國會是康有爲、梁啓超、李盛鐸等人在京師發起的組織。光緒二十四年三月二十七日在粵東新館舉行第一次集會,康發表了演説;閏三月初一日在崧雲草堂舉行第二次集會,梁發表了演説。在保國會的第一次集會中,由康擬定《保國會章程》三十條,其中第十二條規定"會中公選總理某人、值理某人、常議員某人、備議員某人、董事某人,以同會中人多推薦者爲之";第十三條規定"常議員公議會中事";第十四條規定"總理以

---

[1] 梁啓超:《飲冰室合集》,中華書局,1989年,第10册,專集之69。
[2] 《戊戌己亥見聞録》,《近代史資料》,第81號,第110—111頁。
[3] 《戊戌己亥見聞録》,《近代史資料》,第81號,第110—112頁。"魏默深",魏源。

議員多寡決定事件推行";第二十條規定"欲入會者,須會中人介之,告總理、值理,察其合者,予以入會憑票";第二十三條規定"入會者人捐銀二兩,以備會中辦事諸費";第二十七條規定"來會之人,必求品行心術端正明白者,方可延入。本會中應辦之事,大衆隨時獻替,留備采擇。倘別存意見,或誕妄挾私,及逞奇立異者,恐其有礙,即由總理、值理、董事諸友公議辭退。如有不以爲然者,到本會申明,捐銀照例充公,去留均聽其便。"[1]若完全按照些這規定,保國會將是一個相當嚴密的政治組織。然京師士大夫對保國會多爲觀熱鬧,真正感興趣者很少,保國會也僅召開了兩三次集會,並没有成立相應的組織機構。孫灝作《駁保國會議》,是根據《保國會章程》逐條進行批駁,其中第二十條稱:"入會須憑介紹,與各邪教有引進無異,發給憑票,極似哥匪放票";第二十一條稱:"紋銀二兩,輕而易舉,誘人犯法,藉以肥私"。[2]細觀孫灝通篇所論,以"聚衆謀反"的舊詞爲主旨,並無新意。此時張之洞還没有看到康有爲的《保國會章程》,所見者僅是孫灝的《駁議》,然其激烈的反康言論,卻得到了張之洞及其派系的喝彩。[3]張之洞稱保國會"散給票布,仿哥老會辦法",不是根據保國會的實情,而是依據孫灝的説法;張又稱"痛快淋漓",顯然出乎意氣而不究事理。"節庵",梁鼎芬。湖北並無保國會的活動,梁鼎芬卻要排印散送孫灝的《駁保國會議》,其用意不在於非保國會,而明顯是爲了非康。梁鼎芬後來作《康有爲事實》,送給日本政府,要求在日本發表,稱言:"康有爲在京開保國會,每人派出銀二兩,意在誆騙人財。所出章程奇謬者至多,即如各府州縣皆設一局,

---

[1]《保國會章程》,姜義華等編校:(標黄處刪去)《康有爲全集》,中國人民大學出版社,2007年,(標黄處刪去)第4集,第54—56頁。

[2]《覺迷要録》,録四,第4—9頁。又,《穗石閑人讀梁節庵太史駁康逆書書後》對此稱言:"今年春,康開保國會于京師,太史在鄂聞之大駭,即發電汪穰卿進士云,康開保國會,章程奇謬,閱入會姓名將刻入《時務報》,千萬勿刻。汪覆云:康會姓名斷斷不刻。"(《覺迷要録》,録三,第8—9頁)康、梁曾將參加保國會兩次聚會者及保國會會員名單刊于光緒二十四年閏三月二十三、二十四日《國聞報》。

[3]光緒二十四年四月十五日,張之洞發電其侄張檢:"康有爲有《保國會章程》三十條,速交郵政局寄鄂。"(亥刻發,《張文襄公電稿墨迹》,第2函第11册,所藏檔號:甲182-219)從發電内容來看,張尚未見《保國會章程》;從發電時間來看,至此僅僅三天,張當未能收到該章程。

每人皆要領該會字據一條,直學哥老會放飄無異,如此行徑,尤爲膽大可駭。"[1]梁將保國會比作哥老會,完全根據章程,並非依據實情,而他是了解實情的。

葉德輝與《輶軒今語》 光緒二十四年四月二十一日(1898年6月9日),陳慶年在日記中記:

> 湖南學臣徐研甫作《輶軒今語》,以張康學。長沙葉焕彬(名德輝)作評語條駁之,現已印出。子威得一册持示,大意甚善,惜義據不詳,間有游移,未甚精也。

是年七月三十日,陳慶年又記:

> 過朱強甫,其案頭有葉德輝《明辨錄》,皆斥康學各書札,筆鋒頗廉悍,與《輶軒語評》合訂一册。[2]

"子威",湖南經學家胡元儀,此時在張之洞幕中,任兩湖書院分教。"徐研甫",徐仁鑄(1863—1900),翰林院侍讀學士徐致靖之子。光緒十五年進士,入選庶吉士,時以翰林院編修出爲湖南學政,在政治思想上受康有爲、梁啓超影響極大。[3]《輶軒今語》是徐仁鑄仿張之洞的《輶軒語》,寫給湖南學子"讀書爲學之法"的文章,其中的言論與"康學"相合。[4] 該文刊於光緒二十四年初出版的《湘學報》第三十册,並由梁啓

---

[1] 《清國戊戌政變與亡命客渡來之件》,《日本外交文書》,第31卷,第1分册,(東京)日本國際連合協會,1954年,第732頁。梁鼎芬作《康有爲事實》送日本政府一事,參見本書第六章第七節。

[2] 《戊戌己亥見聞録》,《近代史資料》,第81號,第112、120頁。"《輶軒語評》"當爲《《輶軒今語》評》之誤。又,胡元儀任教兩湖書院事,參見本書第五章第二節。

[3] 曾任國子監祭酒的湘紳領袖王先謙致信徐仁鑄稱:"閣下主持康教,宗風所扇,使承學之士望景知歸。此次敝郡歲試,弟之親友以南海聖人獲雋者不下十人,以南海先生入選者則指不勝屈。兩次面論生童,贊揚康學,大衆皆點頭領會……"(陳同等標點,蘇輿編:《翼教叢編》,上海書店出版社,2002年,第162頁)王先謙指責徐仁鑄以"康學"取士,影響士風。

[4] 皮錫瑞於光緒二十四年二月十五日日記稱:"徐研甫送來《輶軒今語》,多與康、梁說合。"(《師伏堂未刊日記》,《湖南歷史資料》1958年第4期,第107頁)賓鳳陽稱該書由梁啓超代筆,其致葉德輝信中稱:"惟近聞《輶軒今語》一書乃廣東梁啓超所作,並非出自公手筆,則是推崇異學、煽惑人心者,其罪當有專責。梁啓超以平等、民權之説,乖悖倫常……"(《翼教叢編》,第157頁)蔡元培也認爲《輶軒今語》很可能由梁啓超代筆。其於光緒二十五年二月的日記中稱:"梁氏雖持康學,而劇能愛好,文章較道,持論較實,如春秋、孟子《界説》、《變法通議》及爲徐宛平代作《輶軒今語》,多可取者。"(《蔡元培全集》,第15卷,第214頁)

超列入《中西學門徑書七種》，由上海大同譯書局刊印。張之洞雖未對《輶軒今語》直接表態，但對《湘學報》和徐仁鑄多有不滿，曾發電徐仁鑄，停止湖北各書院訂閱《湘學報》。[1] 葉德輝(1864—1927)，湖南湘潭人。光緒十八年中進士，分發吏部爲主事，到部不久即以乞養請假回鄉居住。他是大藏書家，精於版本目錄，經史亦多有研究，在湖南甚有文名。葉德輝不喜"康學"，也反對梁啓超在時務學堂所作所爲。他爲此撰寫《〈輶軒今語〉評》以駁斥徐仁鑄。[2] 葉德輝的《明辨錄》，是其此期多篇書信與文章合刻，刊行於光緒二十四年閏三月，內容皆是批駁康有爲、梁啓超乃至皮錫瑞的學術思想，其中大多數文章後刊行於《翼教叢編》。[3] 從陳慶年的日記可以看到，葉的著述在張幕中流傳。儘管葉德輝的政治思想與張之洞還有一定的差距，但共同的敵手拉近了他們之間的距離。

光緒帝召見康有爲 光緒二十四年四月三十日(1898年6月18日)，陳慶年在日記中記：

> 朱强甫見過，知康有爲等爲侍講學士徐致靖所保，著於二十八日照(召)見。下晚，王雪臣招飲，知是二十五日諭旨。或謂學士之子仁鑄主張康學。康黨如梁啓超，譚嗣同並尊康，黃遵憲亦附之，故均見保。翁同龢喜康，徐以是深結于翁。二十七日忽有硃諭罪狀，翁著開缺回籍。二十四日上諭，保舉宗室近支，又改爲由朕親自查看，懿旨復令所用新進大員須于奉旨後至太后前謝恩。以是知二十三日有上諭變法，殆亦翁主康說而然也。康之命意在解散君權，以

---

[1] 《張之洞全集》，第9册，第315頁。相關的情況，可參見本書第五章第三節。
[2] 葉德輝所作《〈輶軒今語〉評》，刊於《翼教叢編》卷四，見上海書店版第70—88頁。
[3] 《明辨錄》有葉德輝自序一篇，《與南學會皮鹿門孝廉書》、《與南學會某君(皮錫瑞)書》附來書、《與戴宣翹校官書》、《與劉先端、黃郁文兩生書》、《與邵陽石醉六書》、《明教》、《西醫論》。除《西醫論》外，皆刊於《翼教叢編》卷六、卷三，見上海書店版第65—69、162—177頁。相關的研究，可參見鄺兆江：《湖南新舊黨爭淺論並簡介〈明辨錄〉》，《歷史檔案》1997年第2期。此外，葉德輝還撰寫《正界篇》以駁斥梁啓超的《春秋界說》、《孟子界說》；撰寫《〈長興學記〉駁義》以駁斥康有爲；寫撰《〈讀西學書法〉書後》、《非〈幼學通議〉》以駁斥梁啓超，亦刊於《翼教叢編》卷四，見上海書店版第89—137頁。

便其改制之邪説。如朝廷知是保之由來,恐不免於罷斥。數日之間,能鼓動翁老至此,其勢力甚大,令人生畏。彼固不料甫逾一日,失其所倚也。南皮師知康學之爲邪説,而不敢公發難端,作書與梁節庵云:"康學大興,可謂狂悍。如何,如何!"梁答之云:"賊猖悍,則討之,不當云如何也"。[1]

"王雪臣",王秉恩,張之洞的核心幕僚,負責財政與洋務諸事務。康有爲在京師的活動,一直是張之洞及其幕中關注的重點。四月二十五日,翰林院侍講學士徐致靖上奏保舉康有爲、梁啓超、黄遵憲、譚嗣同、張元濟五人,當日奉旨康有爲、張元濟於二十八日召見,其餘皆召京。[2] 四月二十七日,翁同龢被罷免。此二事爲當時政壇的重大事件,然僅僅幾天之後,四月三十日,張之洞幕中已經對此展開了詳細的討論,以當時的通訊條件,必是京中有電報來。儘管他們稱四月二十三日變法上諭爲"翁主康説而然",與今天可以看到材料相比較,不那麼準確;但分析康有爲、翁同龢、徐致靖、徐仁鑄之間的關係,分析"保舉宗室近支"出洋的諭旨變化,分析"新進大員"至太后前謝恩,皆屬對京中政治動態的準確把握。從上引陳慶年日記還可以看出,張之洞及其幕僚對康有爲在政治上開始發迹,極爲擔心;"南皮師知康學之爲邪説,而不敢公發難端"一語,恰是張此時心態的真實寫照;張在給梁鼎芬的私信中稱"康學大興,可謂狂悍。如何,如何!"更可看出其憂憤且無奈之情狀。相同的記載,又見於《穗石閑人讀梁節庵太史駁康逆書書後》,稱梁鼎芬"見徐致靖薦康等數人,太史與張制府書言:'禍在眉睫!'"[3]此後不久,張之洞發電其姪時任吏部主事的張檢,要求查清康有爲召見的情況及任用的情況:"康有爲召對詳情如何?政府諸公賞識否?康與榮有交情否?派在總署,想係章京,上諭係何字樣?到總署後是否派充總辦?有主持議事之

---

[1]《戊戌己亥見聞録》,《近代史資料》,第81號,第113頁。
[2] 參見拙文《戊戌變法期間的保舉》,《戊戌變法史事考二集》,生活·讀書·新知三聯書店,2011年,第152—159頁。
[3]《覺迷要録》,録三,第9頁。

權否？"[1]

康有爲向光緒帝進呈書籍　光緒二十四年五月十二日（1898 年 6 月 30 日），陳慶年在日記中記：

　　　　過梁節庵，知康有爲近奉旨修書，擬大張其學。余謂彼十餘年間，銳其偏解，時出撰述，海内士夫不著一字以爲匡救，故彼得猖狂至此。譬之西人日夜製造，到處行銷，以（吞）我之財，而我無一廠以與之抵制。雖撫膺湧氣，無益於事。故制彼無他術，在我輩造貨而已，何畏彼我！[2]

康有爲於四月二十八日召見後，當面奉旨進呈其編寫的各國改制書籍，同時他也獲得了通過軍機大臣廖壽恒代遞其條陳的權力。[3] 康有爲在光緒帝召見前，已進呈其著《俄彼得變政記》、《日本變政考》（初次進呈本）和他人所著《泰西新史攬要》、《列國變通興盛記》，召見後又進呈其著《孔子改制考》（抄本，9 卷）、《日本變政考》（第二次進呈本）、《波蘭分滅記》、《日本書目志》以及《光緒二十三年列國政要比較表》、《日本地產一覽表》。這些時呈書籍對光緒帝的思想產生了一定的影響，其中《波蘭分滅考》進呈後，光緒帝特別賞銀兩千兩。[4] 這一情報也很快傳到了張之洞處。[5] 陳慶年從梁鼎芬那裏得知此事，"大張其學"一語，也顯示了張之洞及其派系的擔心。陳慶年對此建議"我輩造貨"，即編寫反對"康學"的著述，以能與之競爭。但陳慶年的方法只能是流傳於士

---

[1]　引文及相關的背景，可參見本書第一章第五節。
[2]　《戊戌己亥見聞錄》，《近代史資料》，第 81 號，第 114 頁。"何畏彼我"，似爲"何畏彼哉"之誤。
[3]　康有爲召見後的第三天即五月初一日的謝恩摺，稱言："臣自顧何人，過承知遇，並蒙聖恩，許令將面對未詳者，准具摺陳條，並將著書進上。"（"請御門誓衆開制度局以統籌大局摺"，《傑士上書彙錄》卷二，《康有爲全集》，第 4 集，第 87—89 頁）可見康有爲上書與進呈書籍是奉旨行事。而廖壽恒爲康有爲代遞上書一事，可參見本書第一章第二節。
[4]　相關的情況，可參見拙著：《從甲午到戊戌：康有爲我史鑑注》，第 306—308、328—335、445—454、502—512、650—654 頁。
[5]　楊銳給張之洞的密報稱："康封奏皆交軍機大臣直上，不由堂官代奏，聞係上面諭如此。"（參見本書第二章第四節）張之洞之子張權的密報稱："然上交派，凡渠有條陳，專交廖與之呈遞，並不拘奏摺體制，即以說帖封進，隨時交來。"（參見本書第一章第二節）然兩密報皆發於六月，所言又皆是上條陳之事，梁鼎芬於五月十二日已有康進呈書籍之言，可見張之洞另獲有情報。

子及官場,並不能進呈光緒帝,而後者又是當時政治生活中最爲重要的。

許應騤奉旨回奏　光緒二十四年五月二十五日(1898 年 7 月 13 日),陳慶年在日記中記:

> 南海康有爲嗾御史宋伯魯劾禮部尚書許應(騤)阻撓新政。本月初二日有旨,令應騤明白回奏。(奏文略)本月初四日奉旨,既據陳明並無阻撓等情,著即無庸置議。[1]

禮部尚書許應騤(1832—1903),廣東番禺人,他對康有爲久爲不滿,對康在京的活動也有阻止。五月初二日,康有爲指使御史宋伯魯、楊深秀聯名上奏彈劾許應騤,稱其"守舊迂謬,阻撓新政",要求"以三四品京堂降調整,退出總理衙門"。光緒帝下旨命許"按照所參各節,明白回奏"。[2] 許應騤即於初四日回奏,一一否認了宋、楊的指控,且直接攻擊康有爲:

> 該御史謂臣仇視通達時務之士,似指工部主事康有爲而言。蓋康有爲與臣同鄉,稔知其少即無行,迨通籍旋里,屢次構訟,爲衆論所不容。始行晉京,意圖僥倖,終日聯絡臺諫,貪緣要津,托詞西學,以聳觀聽。即臣寓所,已干謁再三,臣鄙其爲人,概予謝絶。嗣又在臣省會館私行立會,聚衆至二百餘人,臣恐其滋事,復爲禁止,此臣修怨於康有爲之所由來也。比者飭令入對,即以大用自負,向鄉人揚言,及奉旨充總理衙門章京,不無觖望。因臣在總署,有堂屬之分,亟思中傷,捏造浮辭,諷言官彈劾,勢所不免……今康有爲逞厥橫議,廣通聲氣,襲西報之陳説,輕中朝之典章,其建言既不可行,其居心尤不可問,若非罷斥驅逐回籍,將久居總署,必刺探機密,漏言生事;長住京邸,必勾結朋黨,快意排擠,摇惑人心,混淆國事,關係非淺。[3]

---

[1]　《戊戌己亥見聞録》,《近代史資料》,第 81 號,第 115 頁。
[2]　國家檔案局明清檔案部編:《戊戌變法檔案史料》,中華書局,1958 年,第 5—6 頁。光緒帝諭旨見中國第一歷史檔案館編:《光緒宣統兩朝上諭檔》,廣西師範大學出版社,1996 年,第 24 册,第 203 頁。
[3]　"許筠庵尚書明白回奏摺",《翼教叢編》,第 26—28 頁。原摺見《軍機處録副·補遺·戊戌變法項》,3/168/9447/9,中國第一歷史檔案館藏。

許應騤的回奏,指摘康有爲的品德,要求光緒帝驅康。若按當時的官規,光緒帝也應當對康進行追究,但他並没有這麼做。[1] 陳慶年日記中的"奏文略"是編者所加,即"略"去了許應騤奏摺的内容。這說明張之洞幕中人士僅在二十天後就看到了許的回奏,也知道了光緒帝明顯袒護康的處理方式。陳在日記中對此雖未作評論,但似乎爲許未被康攻倒而暗暗感到慶幸。當時批責康有爲的許應騤奏摺和文悌奏摺,在張之洞幕中廣爲流傳,以至在戊戌政變之前,梁鼎芬等人就將之刊刻,廣爲散發。[2]

從陳慶年日記可以清楚地看出,張之洞幕中人士經常非議康有爲的人品與學術,任何反對康有爲的做法都得到了贊許,也看不到保守派對變法運動的阻撓。由此似可說明,陳慶年以及他所屬的張之洞陣營已將康有爲當作自己最重要的敵人。還需要說明的是,陳慶年本人還是主張變法的。戊戌政變後,他與時在張之洞幕中幫辦《正學報》的陳衍相見談論,八月十七日(10月2日)日記中稱:

> 陳衍言"康以變法執朝政,思抑太后以便己,其罪至大。余言康宜誅,法宜變,惟不能如康之浸欲變本,且漫無次序。宜入告我皇太后、皇上,不可因噎廢食也。惜無入言之者,爲之太息。"[3]

陳慶年所盼求的,是一場沒有康有爲的變法。從日記來看,陳慶年的思想在當時算不上深刻,也沒有具體的變法方案或政治設計,但始終與張之洞保持政治思想與學術理念上的一致。

---

[1] 光緒帝當日由內閣明發上諭:"該尚書被參各節,既據逐一陳明,並無阻撓等情,即著毋庸置議。禮部有總司貢舉學校之責,總理衙門辦理交涉事件,均關緊要。該尚書嗣後遇事,務當益加勉勵,與各堂官和衷商榷,用副委任。"(《光緒宣統兩朝上諭檔》,第24冊,第205頁)然到了七月二十日,光緒帝以王照條陳事,罷免了許應騤等禮部六堂官。

[2] 梁鼎芬致王先謙信中稱:"此間刻有許尚書師、文御史奏稿,奉上數本,望以湘刻酬我。"(《翼教叢編》,第155頁)。文御史,文悌,他於光緒二十四年五月二十日上奏彈劾康有爲、宋伯魯、楊深秀。《穗石閒人讀梁節庵太史駁康逆書書後》稱:梁鼎芬"以許尚書、文御史皆以劾康得罪,疏内所言,大旨在以正人行西學則有益,其言忠切,遂合刻千本,分散人士。此皆在康逆未叛前之事。"(《覺迷要錄》,錄三,第9頁)又,梁鼎芬刊刻文悌奏摺事,又見於黃遵憲《人境廬詩草》自注。(《黃遵憲全集》,上冊,第161—162頁)

[3] 《戊戌己亥見聞錄》,《近代史資料》,第81號,第121頁。

三、《勸學篇》與《正學報》

對於康有爲學說的傳播與影響擴大，張之洞也有主動的行動。這就是他主持撰寫的《勸學篇》和準備開辦的報刊《正學報》。陳慶年日記繼續提供了許多内情。

《勸學篇》 毫無疑問，《勸學篇》是張之洞幕中多人參預的著作，同樣毫無疑問的是，該書反映的是張之洞政治思想與學術思想。該書寫於光緒二十四年春。查陳慶年日記，光緒二十四年三月二十七日（1898年4月17日）記：

> 南皮師近著《勸學篇》二卷。其上卷九篇：曰同心，曰教忠，曰明綱，曰知類，曰宗經，曰正權，曰循序，曰守約，曰去毒。下卷十五篇：曰益智，曰遊學，曰設學，曰學制，曰廣譯，曰閱報，曰變法，曰變科舉，曰農工商學，曰兵學，曰礦學，曰鐵路，曰會通，曰非弭兵，曰非攻教。在念劬處見其目如此。原稿尚未寫定，故未借來。

"念劬"，奏調湖北分省補用知府錢恂，張之洞的親信幕僚。由此可見，該書篇目已全，"原稿尚未寫定"，說明寫作工作已經進行了一段時間。閏三月初九日（4月27日），陳慶年又記：

> ……晤梁節庵。知徐中堂奏上，上意未決，呈皇太后乃定，意召南皮陛見。然則南皮師入京以後或有大用，能否回任尚未能必。其所著《勸學篇》即發寫樣石印，聞多派寫官。擬于十日内印成。余從節庵處取來一閱，二更始畢。其說犁然當于人心。爲之大快。[1]

"徐中堂奏上，上意未決"等語，即張之洞奉旨入京一事（後將詳述），然

---

[1]《戊戌己亥見聞録》，《近代史資料》，第81號，第108—109頁。

该書至此已經寫畢,正準備刊刻印行,以隨同張之洞帶往北京。

然陳慶年畢竟處於張幕的外圍,對該書的寫作背景及內幕知之不多。而此時進入張之洞幕僚核心層的辜鴻銘,在其後來的英文著作《中國牛津運動故事》中,談及《勸學篇》的寫作目的:

> 在這最危急的關頭,張之洞要扮演一個非常困難的角色。康有為的雅各賓主義已然脫離了他的革新方案……馬太·阿諾德所言的那種追求優雅與美好的牛津情感,使張之洞憎恨康有為雅各賓主義的兇暴、激烈和粗陋。於是,在康有為及其雅各賓主義處於最後關頭時,張之洞便舍棄他們,折了回去……我曾經親自出席過張之洞總督召集的一次幕僚議事會,討論如何對付康有為的雅各賓主義問題。當時康有為正以皇帝的名義大肆頒發改革法令。我非常清楚地記得那個場景,因為這是總督第一次准我參加他心腹幕僚的內部會議……這個議事會在武昌棉紡廠的樓頂召開。總督非常激動。我至今依然清楚地記得老總督在月光下來回踱步的情景,他一遍一遍地重復著:"不得了!不得了!"我們的會議沒有做出任何決議……或許比我的反駁更為有力的證據,是他自己那本著名的"小冊子",就是外國人所知的題為"學習"(Learn),或更確切地應譯為"教育之必要"的書(即《勸學篇》)。外國人認為此書證明了張之洞贊成康有為的改革方案,其實大謬不然。這本著名的書,是在我們于武昌棉紡廠召開那次議事會之後立即寫出來的——它是張之洞反對康有為雅各賓主義的宣言書,也是他的"自辯書"。該書告誡他的追隨者和中國所有文人學士,要反對康有為的改良方法……[1]

辜鴻銘的這本書發表於宣統二年(1910),由於用英文寫作,為吸引外國讀者而較多藝術筆法,似有形象的誇張。而他在同年出版的中文著作《張文襄幕府紀聞》中亦有相同的說法:

---

[1] 《辜鴻銘文集》,上冊,第318—320頁。"雅各賓主義",指法國大革命時期雅各賓派所奉行的激進主義。馬太·阿諾德(Matthew Arnold,1822—1888),英國詩人,文學評論家,曾任牛津大學英詩教授。"武昌的棉紡廠",即湖北紡紗局。

……文襄之圖富强，志不在富强也。蓋欲借富强以保中國，保中國即所以保名教……厥後文襄門下如康有爲輩誤會宗旨，不知文襄一片不得已之苦心，遂倡言變法行新政，卒釀成戊戌、庚子之禍……此張文襄《勸學篇》之所由作也。嗚呼，文襄之作《勸學篇》，又文襄之不得已也，絶康、梁並以謝天下耳。[1]

辜鴻銘(1856—1928)，名湯生，以字行，祖籍福建同安，生於馬來西亞檳榔嶼。畢業于愛丁堡大學，獲文學碩士學位。光緒八年(1882)回中國，十一年入張之洞幕，爲洋文案。後又兼任自强學堂講習。從辜鴻銘的記録中可以看出，張之洞爲寫《勸學篇》，特召其入"心腹幕僚的内部會議"。他是一個知情者。而協助張之洞完成此書的主要幕僚，似爲梁鼎芬、錢恂、辜鴻銘等人。[2]

　　張之洞《勸學篇》當然是其奉行已久的政治主張的宣示，"舊學爲體，新學爲用"也是他倡導的文化觀。然選擇在這一時機寫作並大力發行，很大程度上是針對康有爲學説的。張之洞在《勸學篇》序言中指出：

　　……而恢詭傾危、亂名改作之流，遂雜出其説，以蕩衆心。學者摇摇，中無所主，邪説暴行，横流天下……吾恐中國之禍，不在四海之外，而在九州之内矣。[3]

此語正有所指。兩年後，光緒二十六年十一月初三日(1900年12月24日)，張之洞寫信給新任浙江按察使世傑，隨信贈送其《勸學篇》。在由其幕僚起草的信件中，張之洞在《勸學篇》的内容上親筆修改，特録於下，下加重點號者爲張之洞親筆：

　　附上拙作《勸學篇》□部，此書成於戊戌之春。其時因末流波靡，邪説紛出，大有犯上作亂之憂，又以迂謬書生，食古不化，亦將有神州陸沈之禍。爰酌中持平，抒其管見，冀杜横風，而棄迂説。乃未

---

[1]　《辜鴻銘文集》，上册，第419頁。稱康爲張之洞"門下"，似指前節所叙張、康光緒二十一年之交往。
[2]　參見李細珠：《張之洞與清末新政研究》，第53—54頁。
[3]　《張之洞全集》，第12册，第157頁。

> 及數月而康黨逆爲亂階,馴致今年,而拳匪又開巨釁,各執一偏之謬論,遂致大局之幾危,不幸言中,可爲浩嘆。[1]

張之洞稱其作《勸學篇》主旨有二:其一是針對康有爲的"邪說";其二是針對保守派的"迂說",並認爲義和團("拳匪")及利用義和團的保守官員屬"迂說"。兩派皆"各執一偏之謬論"。這是少見的張之洞對《勸學篇》主旨的説明。而到了張之洞的晚年,其《抱冰堂弟子記》中亦稱:

> 自乙未後,外患日亟,而士大夫頑固益深。戊戌春,僉壬伺隙,邪說遂張,乃著《勸學篇》上、下卷以辟之,大抵會通中西,權衡新舊。有人以此書進呈,奉旨頒行天下。秋間果有巨變。[2]

此中的"僉壬"即指康有爲,"邪說"即指"康學"。檢視張之洞的《勸學篇》,其針對康有爲的內容主要是兩項:其一是批評從今文經、《公羊傳》中引申出來的"康學",即新學僞經、孔子改制等内容。其二是批評"民權"。張之洞在《勸學篇》中並沒有直接道明,而是作《同心》、《教忠》、《正權》等諸篇以進行"正面闡述"。[3] 若將《勸學篇》中的非康言論一一摘錄並加以評論,將會是篇幅很大的文章,此處似無必要去細論;但在當時許多"反康"人士的心中,張之洞此舉屬衛經翼教。

---

[1] "致新任浙江按察使司世",十一月初三日,《張之洞函稿》(一函四册),所藏檔號:甲182-213。原件無年份,根據内容及世傑的任職時間,當寫於光緒二十六年。其中"之春"由"變政之前"改;"邪說"由"橫議"改;"犯上作亂"由"人心世道"改;"冀杜橫風"由"冀挽頹風"改;"未及數月"由"未幾"改;"逆爲亂階"由"倡亂於前"改。張之洞的修改,皆加重了語氣。發此信爲賀其新任,並將其親戚浙江候補道大使石沅托其照料,該信由張之洞的侄子張彬帶去,亦有請其關照之意。然在此時保守派仍有勢力,一些人還在臺上,張之洞覺得不必對世傑過分説明,便删去了上引這段話,並親筆注明"此信《勸學篇》以下可删去",也沒有送《勸學篇》,而是改送張之洞此時所作《曉諭會匪告示稿》、《勸戒國會文》兩文。("會匪",指唐才常的自立軍。"國會",指此期唐才常、容閎、嚴復等人在上海召開的"中國國會")

[2] 《張之洞全集》,第12册,第512頁。張之洞在《抱冰堂弟子記》中亦稱:"平生學術最惡公羊之學。每與學人言,必力詆之,四十年前已然,謂爲亂臣賊子之資。至光緒中年,果有奸人演公羊之説以煽亂,至今爲梗。"(同上書,第517頁)

[3] 從現有的材料來看,《勸學篇》刊布後,康有爲、梁啓超很可能忙於自己的政治事務,沒有對此發表評論,更沒有批評性的意見。他們逃亡日本之後,尤其是"庚子勤王運動"失敗後,似乎才意識到《勸學篇》中的"非康"之意。1920年,梁啓超作《清代學術概論》,稱湖南舊派葉德輝等人"痛斥"康、梁學説,又稱:"而張之洞亦著《勸學篇》,旨趣略同。"(梁啓超著、朱維錚導讀:《清代學術概論》,上海古籍出版社,1998年,第85頁)

《勸學篇》寫完之後,張之洞也有着很大的宣傳計劃,首先是送往北京。[1] 光緒二十四年六月初三日(1898年7月21日),張之洞發電其侄吏部主事張檢、其子新任刑部主事張權:"摺差寄《勸學篇》三百本,以百本交仲韜、百本交叔喬,百本自留,親友願看者送之。"[2] "摺差",湖廣總督派往北京遞送奏摺的差弁。"仲韜",黃紹箕,字仲弢,張之洞一般寫作仲韜,"叔喬",楊鋭,字叔嶠,張之洞經常寫作叔喬,兩人皆爲張在京最爲親信之人。一次即送書三百本,這在當時是一個很大的數字。

恰恰於此前的六月初一日,黃紹箕因浙江巡撫廖壽豐保舉其爲"使才",由光緒帝召見,他在召見中向光緒帝推薦了該書。六月初五日,黃紹箕通過翰林院向軍機處致送《勸學篇》二本並副本四十本。六月初七日(7月25日),軍機處正式呈遞,光緒帝當日下旨:

《勸學篇》"内外各篇,朕詳加披覽,持論平正通達,于學術人心大有裨益。著將所備四十部由軍機處頒發各省督、撫、學政各一部,俾得廣爲刊布,實力勸導,以重名教而杜厄言。"[3]

這是百日維新期間得到光緒帝認可的兩部政治指導性著作之一(另一部是孫家鼐推薦的馮桂棻《校邠廬抗議》)[4],《勸學篇》由此奉旨在全國各地刊印,成爲晚清印量最大的著作之一。陳慶年得知這一消息後,在六月十三日日記稱:

惟本月初七日上諭:以《勸學篇》頒發各督撫刊行,謂其于學術

---

[1] 光緒二十四年五月二十六日,張之洞發電其侄張檢、其子張權:"前交郵政局寄《勸學篇》一本,當早接到。有何人見過? 議論如何?"(《張之洞電稿》光緒二十五年五月至七月,五月二十六日辰刻發,所藏檔號:甲182-456。原整理者有誤,根據内容,該電發於光緒二十四年)

[2] 六月初三日戌刻發,《張之洞電稿》光緒三十年六至七月,所藏檔號:甲182-470。原整理者有誤,根據内容,該電發於光緒二十四年。該電相關的情况,參見本書第一章第二節。

[3] 《光緒宣統兩朝上諭檔》,第24册,第257頁。"張之洞檔案"中有該諭旨的電報:"京局來電。初七日戌刻發,初八日午刻到。初七日上諭:本日翰林院侍講黃紹箕……"(《張之洞存來信電稿原件》,第14册,所藏檔號:甲182-385)可見張之洞第二天便知上諭内容。盛宣懷於初八日收到上諭的電報,當日轉發給張之洞:"上海盛京堂。初八日午刻發,初九日午刻到。上諭:本日翰林院侍講黃紹箕……"(出處同上)

[4] 相關的情况可參見李侃、龔書鐸:《戊戌變法時期對〈校邠廬抗議〉的一次評論》,《文物》1978年第7期;拙著《京師大學堂的初建:論康有爲派與孫家鼐派之爭》,《戊戌變法史事考二集》,第247—248頁。

人心大有裨益。南皮師此書糾正康黨之論極多,詔書褒嘉,是可喜也。[1]

然而,《勸學篇》之"非康",僅是該書的目的之一,其相當篇幅且相當重要的内容,是呼應當時的變法,其中許多政策或政治設計也與康有爲、梁啓超的主張大體相同。在一些人眼中,特別是保守人士,難以分清張之洞與康有爲的差別。前引辜鴻銘稱"外國人認爲此書證明了張之洞贊成康有爲的改革方案",是指不了解内情、尤其是無法讀懂孔子改制之類内容的外國人;而戊戌政變後,張之洞也擔心本國人尤其是當政者未識其意而不辨其異,主動站出來予以説明。光緒二十四年九月初二日(1898年10月16日),陳慶年在日記中稱:

> 梁節庵以字見邀,云有事要商。及去,朱强甫、陳叔伊均在,乃南皮師囑將《勸學篇》中暗攻康、梁者一一檢注,分我三人分任之。歸後,檢書爲之。[2]

九月二十六日,上海《申報》以《讀南皮張制軍〈勸學篇〉書後》爲題,刊出此文:

> 偉哉!此篇。殆綜中西之學,通新舊之郵,今日所未有,今日所不可無之書也……然僕服膺之意,尤有進也。當大逆無道之康有爲邪學倡行之日,無所忌憚,而靦然人間,始則鴟張於其鄉,漸且流毒於天下,從未有著書立説以斥之者。制軍勞心國事,寢食未遑,獨于康書康教康徒康黨,灼知其奸,先防其弊,不憚再三指斥。讀之者事前或不盡覺,事後無不曉然。試舉數條,以知旨趣。

該文共舉出《勸學篇》中刺康言論共計十四條。其中最爲明顯的,是《外篇・非弭兵第十四》一節,稱言:

> 今世智計之士,睹時勢之日棘,慨戰守之無具,於是創議入西國弭兵會,以冀保東方太平之局。此尤無聊而召侮者也……奧國之立弭

---

[1] 《戊戌己亥見聞録》,《近代史資料》,第81號,第116頁。
[2] 《戊戌己亥見聞録》,《近代史資料》,第81號,第122頁。

兵會有年矣,始則俄攻土耳其,未幾而德攻阿洲,未幾而英攻埃及,未幾而英攻西藏,未幾而法攻馬達加斯加,未幾而西班牙攻古巴,未幾而土耳其攻希臘,未聞奧會中有起而爲魯連子者也……[1]

此處所言,直指一事,即光緒二十三年十一月十九日給事中高燮曾上奏保薦康有爲入"瑞士弭兵會",光緒帝下發總理衙門"酌核辦理"。[2]《讀南皮張制軍〈勸學篇〉書後》一文對此評論稱:"此詆康有爲去年欲誆騙金錢,即銜妄議遊歷外洋,入弭兵會之笑柄也。"此後,湖南經學家蘇輿編輯《翼教叢編》,作爲"批康"的專集,又收入了《勸學篇》中的《教忠》、《明綱》、《知類》、《正權》、《非弭兵》共五篇。

《正學報》 甲午戰敗後,學會與報刊盛行,張之洞一開始對此是支持的,如前節所述,他對京師與上海的强學會以及《强學報》都給予了實際的幫助;上海的《時務報》、湖南的《湘學報》以及上海的《農學報》,張之洞皆下令用官款訂閱,分送湖北省內的官衙、書院,以能在湖北輸入新思想。[3] 然當時的《時務報》以梁啓超爲主筆,《湘學報》又深感康、梁的影響,張之洞對此也頗有不滿[4],由此打算在武昌辦一份能完整表達自己意志的報刊,並取名爲《正學報》。[5] 光緒二十四年二月二十六日(1898年3月18日),陳慶年在日記中記:

> 過官報局,晤朱强甫,報稿久呈南皮師,尚未發出。王幹臣《實學報》改名《正學報》,亦歸南皮師出報,尚無付印之日也。

閏三月十八日(5月8日)日記,陳慶年又記:

> ……午刻始見,師(張之洞)意在以《正學報》辟諸報謬論,謂余

---

[1] 《張之洞全集》,第12册,第190—191頁。
[2] 參見拙文《戊戌變法期間的保舉》,《戊戌變法史事考二集》,第147—152頁。
[3] 參見張之洞:《札善後局籌發〈時務報〉價》光緒二十二年七月二十五日(《張之洞全集》,第5册,第506—507頁),《通飭湖北各屬州縣購閱〈湘學〉、〈農學〉各報》光緒二十三年七月初三日(同上書,第6册,第76頁)。
[4] 與《時務報》、《湘學報》相關的內容,可參見本書第四章第一、三節及第五章第三節。
[5] 與《正學報》相關的研究,可參閱湯志鈞所撰《正學報》一節,見《戊戌時期的學會和報刊》,第557—567頁。

《衛經》、《衛教》二書能作成最佳。[1]
由此可見,《正學報》以《實學報》改,其目的是"辟諸報謬論",其主要矛頭是對準康有爲及其"康學"的。四月初八日(5月27日),張之洞又親筆下令:

> 武昌兩湖書院梁太史、紡紗局王幹臣、陳叔伊、朱强甫三君:《正學報》請梁節庵太史總理,早經議定奉達,一切館内事宜,凡選刻各報及各人撰述文字,均須節翁核定,方可印行。切要。洞。庚。[2]

由此可見,《正學報》以梁鼎芬、王仁俊、陳衍、朱克柔爲班底,由梁鼎芬負總責。

王仁俊(1866—1913),字捍鄭、幹臣,江蘇吴縣人,俞樾弟子,光緒十八年(1892)進士,入翰林院,散館後授吏部主事。光緒二十三年八月,他在上海創辦《實學報》,旬刊,自任總理,章太炎爲總撰述,另有撰述、翻譯、理事多人,館址設于上海英大馬路泥城橋鴻文局隔壁。至十二月,該報共出了14册。[3] 王仁俊曾在《實學報》上曾發表《實學平議》,内含《民主駁議》(在該報第3、5、13、14册上發表)、《改制辟謬》(在該報第14册上發表)兩文,批評"民權"論及"素王改制"論,矛頭是針對康有爲的。[4] 張之洞接手《實學報》,改爲《正學報》,很可能出於此因。陳慶年稱新的《正學報》"尚無付印之日",似可説明張之洞此時對《正學報》的創辦情況或擬刊内容不太滿意。

陳衍(1856—1937),字叔伊,號石遺,福建侯官人(今福州),光緒八年舉人,曾入劉銘傳幕。光緒二十三年九月,陳季同、陳壽彭兄弟在上海

---

[1] 以上陳慶年日記,見《戊戌己亥見聞録》,《近代史資料》,第81號,第107、110頁。
[2] 《張之洞全集》,第9册,第316頁;張之洞親筆原件見《張文襄公電稿墨迹》,第2函第10册,所藏檔號:甲182-219。此時張之洞剛從上海返回湖北,該電在漢口寫,發往武昌。此事用電報,很可能張之洞聽到《正學報》内部有不同意見,故下令由梁負總責。
[3] 相關的研究,可參閲湯志鈞所撰《實學報》一節,見《戊戌時期的學會和報刊》,第439—455頁。湯志鈞稱:"《實學報》見到最後一期爲第十四册,一八九八年一月三日(光緒二十三年十二月十一日)出版。"(同上書,第455頁)
[4] 王仁俊該兩文,後編入《翼教叢編》,見上海書店版第52—61頁。

創辦《求是報》,以陳衍任主編。[1] 而他在《求是報》上的文字,引起了張之洞的注意。光緒二十三年十二月二十七日(1898年1月19日),梁鼎芬發電上海陳衍:

> 上海製造局福州陳叔伊印行:別友願見,南皮知君才名,亟思一談。明正初五前請來鄂。盼覆。鼎芬。[2]

爲了加大這一邀請的分量,同一天,張之洞又發電上海鄭孝胥,托其婉商:

> 上海鐵路公司鄭蘇盦:《求是報》載有陳君衍文字,才識傑出,文章俊偉,近今罕見。欲邀來鄂一談,可否?望婉商,速示覆。洞。感。[3]

由此,陳衍被張之洞邀至武昌。而從梁鼎芬、張之洞發電時間來看,張之洞自行辦報的設想於光緒二十三年底便形成了。

朱克柔(1871—1902),字强甫,浙江嘉興人。光緒二十三年七月在上海創辦《萃報》,週刊,他任主筆,館址在上海泥城橋新馬路。《萃報》是一種文摘報,摘錄當時各種報刊,在上海先後共出版了二十册。光緒二十三年十月二十一日(1897年11月15日),梁鼎芬代張之洞發電,邀朱克柔至武昌:"上海新馬路《萃報》朱强甫:南皮約君來鄂,有要事相商。能來否?速覆。芬。"[4]該報此後移至武昌出版,改爲半月刊,第二十一册出版於光緒二十四年閏三月十八日,最後一册爲第二十四册,於光緒二十四年四月二十五日出版。[5]

以梁鼎芬、王仁俊、陳衍、朱克柔此時及此後的個人經歷來看,皆頗具才華;王、陳、朱又有在上海辦報刊的個人經歷,可以説,張之洞已經爲《正學報》安排一個强大的陣容。而他們還請來了此時才華已露、後來

---

[1] 相關的研究,可參閲湯志鈞所撰《求是報》一節,見《戊戌時期的學會和報刊》,第456—461頁。
[2] 光緒二十三年十二月二十七日巳刻發,《張之洞電稿丙編》,第73册,所藏檔號:甲182-94。
[3] 《張之洞電稿乙編》,第11函54册,所藏檔號:甲182-72。鄭孝胥是陳衍的同鄉。
[4] 光緒二十三年十月廿一日午刻發,《張之洞電稿丙編》,第73册,所藏檔號:甲182-94。
[5] 相關的研究,可參閲湯志鈞所撰《萃報》一節,見《戊戌時期的學會和報刊》,第437—438頁。

名聲大振的章太炎任主筆。

章太炎(1869—1936),名炳麟,字枚叔,號太炎,浙江餘杭人。光緒十七年,入杭州詁經精舍,師從俞樾、譚獻。甲午戰敗後,他關注于時政,也爲康、梁參預的強學會捐款。光緒二十二年,他來到上海,任《時務報》的撰述。然因學術分歧,於光緒二十三年三月十三日(1897年4月14日)在上海被康有爲弟子所毆,狼狽不堪,避走杭州。[1] 此後,章太炎在給其師譚獻的私信中表達了對康黨的不滿:

> 麟自與梁、麥諸子相遇,論及學派,輒如冰炭……康黨諸大賢,以長素爲教皇,又目爲南海聖人,謂不及十年,當有符命;其人目光炯炯如岩下電……嘗謂鄧析、少正卯、盧杞、吕惠卿輩,咄此康瓠,皆未能爲之奴隸。若鍾伯敬、李卓吾,狂悖恣肆,造言不經,乃真似之。私議及此,屬垣漏言,康黨銜次骨矣。會譚復笙來自江南,以卓如文比賈生,以麟文比相如,未稱麥君,麥忮忌甚。三月十三日,康黨麕至,攘臂大哄。梁作霖復欲往毆仲華,昌言於衆曰:昔在粵中,有某孝廉詆諆康氏,於廣坐毆之,今復毆彼二人者,足以自信其學矣。噫嘻! 長素有是數子,其果如仲尼得由,惡言不入於耳耶?[2]

"梁",梁啟超。"麥",麥孟華。"復笙",復生,譚嗣同。"梁作霖",梁啟超弟子。"仲華",孫榮枝。章因被毆,信中言詞自然有一些意氣,但可見康黨在《時務報》館中氣焰之盛。譚獻收到此信時,正在武昌。[3] 他與梁鼎芬、錢恂等交善,此事必告張之洞。很可能經錢恂介紹,張邀章太

---

[1] 孫寶瑄在光緒二十三年三月十四日日記稱:"章枚叔過談。枚叔以酒醉失言,詆康長素教匪,爲康黨所聞,來與枚叔鬥辨。至揮拳。"十五日日記稱:"送章枚叔行。"(孫寶瑄:《忘山廬日記》,上海古籍出版社,1983年,上册,第89—90頁)鄭孝胥在光緒二十三年四月初二日日記亦稱:"傍晚,譚復生來,談《時務報》館中黄公度欲逐汪穰卿。汪所引章枚叔者與粵黨麥孟華等不合,章頗詆康有爲,康門人共驅毆,狼狽而遁。"(勞祖德整理:《鄭孝胥日記》,中華書局,1993年,第2册,第598頁)

[2] 章太炎致譚獻,光緒二十三年三月十九日,該信由錢基博所藏,發表於《復堂日記跋記》中,見范旭侖、牟曉朋整理,譚獻:《復堂日記》,河北教育出版社,2001年,第415頁。

[3] 譚獻在日記稱,光緒二十三年三月二十七、二十九日兩得章太炎信,"此我所豫料,嘗尼其行";"亂離瘼矣,士人不圖樹立,無端爲門户之爭,竭心力而成戰國世界"。(《復堂日記》,第387頁)譚獻此時應張之洞之邀,主講武昌經心書院。

炎到武昌。[1] 章太炎在《自定年譜》中稱：

> 余持春秋左氏及周官義，與言今文者不相會。清湖廣總督南皮張之洞亦不熹公羊家。有以余語告之者，之洞屬余爲書駁難。余至武昌，館鐵政局。之洞方草《勸學篇》。出以示余，見其上篇所説，多效忠清室語，因答曰：下篇爲翔實矣……[2]

章又在《自述學術次第》中稱：

> 余昔在南皮張孝達所，張嘗言國學淵微，三百年發明已備，後生但當蒙業，不須更事高深。張本好疏通，不暇精理，又見是時怪説流行，懼求深適以致妄，故有是語。時即答曰：經有古、今文，自昔異路；近代諸賢，始則不別，繼有專治今文者作，而古文未有專業，此亦其缺陷也。[3]

由於張之洞、章太炎的學術宗旨有相同相通之處，皆主古文經、左氏傳；張邀章的目的，是請章寫文駁康的"素王改制"。而章被康黨所毆的經歷，更使張之洞、梁鼎芬希望其能激發討康的強烈意志。章太炎到武昌後，撰《〈正學報〉緣起》，並作《〈正學報〉例言》；《正學報緣起》稱言：

> ……南海梁鼎芬、吳王仁俊、侯官陳衍、秀水朱克柔、餘杭章炳麟有憂之，於是重趼奔走，不期同時相見于武昌……冀就其疆域，求所以正心術、止流説者，使人人知古今之故，得以涵泳聖涯，化其顓蒙而成其懇惻……[4]

由此可見，此期辦報者爲五人，且也沒有明顯的批康言論。

張之洞精心籌辦的《正學報》，最後未能刊行，其原因未詳。以我個人的揣度，其未刊的原因大體有二：其一、《正學報》的班底皆有較深的學術功力，以此似可辦一所學園式書院（或近代學院），各自講學研究，

---

[1] 參見湯志鈞：《戊戌時期的學會和報刊》，第557—559頁。又，姜義華稱此中起重要作用的是陳衍，見其著《章太炎思想研究》，上海人民出版社，1985年，第62—63頁。
[2] 《章太炎先生自定年譜》，上海書店影印，清稿本（手迹），1986年。
[3] 陳平原編：《中國現代學術經典·章太炎卷》，河北教育出版社，1996年，第654頁。
[4] 湯志鈞：《章太炎政論選集》，中華書局，1977年，上册，第58—63頁。

千妍萬豔；而若要同心協力共辦一份政論性的報刊，未必如梁啓超、麥孟華、徐勤等康門弟子那般真能力行果效。作爲負總責的梁鼎芬，其對學術精神的追求，可能會過於雅致而細碎，這作爲學者當屬極其自然與正當；而主持定期出版的刊物，字字處處計較，將大大不利於各位撰述的自由寫作。作爲後臺老闆張之洞，對報刊文論時有苟求，往往揪其一點而不及其餘，且手頭事務極多，呈上稿件經常不能及時返回，這一作派明顯不利於刊物的定期發刊。其二、光緒二十四年四月"百日維新"開始之後，京師的政治局勢變動極快，這本是各類報刊充分成長的最好時機，可隨時發布評論或消息，且有衆多讀者而市場擴大；而《正學報》作爲代表張之洞政治觀念與立場的政論性刊物，企圖對全國的思想與學術進行正確的指導，很難在紛亂的政局中，找到並堅持那種恰如其分的政治立場與學術態度。從前引陳慶年日記中可以看出，張之洞及其幕中人物雖在武昌，但關注的是京師，任何景象與氣溫的變幻，都會在他們的心中激起重重漣漪。政治家與政治評論家不同。政治家需要那種平靜的態度和適度的言論，以能在政治風波中保持其穩固的地位，而不能像政治評論家那樣，在政治動盪中指引人們的前進方向。而到了秋天，政變發生了，變法中止了，此類刊物也頓然失去存在的條件和原有的意義。

從甲午到戊戌，以上海爲中心，全國各地辦起了許多學會與刊物，大多是由志同道合的學人士子倉促爲之，其絢麗的色彩來自於思想者的摸索與探究，不成熟，多變化，是突出的表徵，也引出了衆多青年讀者的精神開放。這是那個時代的召喚。《正學報》的目的如同《勸學篇》，企圖以一種唯一正確的思想，通過政治的力量，來指導人們的思想與學術，即便是刊行了，恐怕也很難像康有爲、梁啓超所做的那樣，在青年人中獲得大的反響。思想與政治不同，不存在惟一正確性，且只能以浸潤的方法而不能施之指導的手段。這恐怕也是張之洞、梁鼎芬等人躊躇爲難的地方，他們在"康學"的步步進逼之下，取節節防守之勢。以梁鼎芬、吳兆泰、沈曾植、周樹模、姚晉圻、曹元弼、王仁俊、胡元儀、陳衍、陳慶年、紀鉅維、朱克柔等十二人"題名"的《正學報序例》，因該刊未發，成了一篇歷

史文獻,述説着張之洞等人曾經有過的設想:

> ……蒙等被服儒術,薄遊江漢,同氣相求,不期而遇。寓公什七,邦産什三,相與攬江山之信美,感王室之多艱。外患日亟,內憂未弭。人倫漸斁,人類將絶。輒爲之掐膚摯涕,腐心切齒。思惟昌明正學,庶有以救之。痛迂謬者之誤我國家,惡狂恣者之畔我聖道,爰取海外諸國之報章,我中土賢士大夫之述作,凡可資法戒者,搜譯甄録而傳布之,野言碎事概從芟棄。取轅固生告公孫弘之語,題曰《正學報》。吾聞古之爲國者,必定國是。六書之義,是者,正也。無新無舊,惟其是而已矣,惟其正而已矣……

可見《正學報》的主旨與《勸學篇》相同,其對敵者爲"迂謬者"和"狂恣者"。在這篇《序例》中,還有一段話:

> ……廢棄五經,主張民權,謂君臣父子爲平等,謂人人有自主之權,謂孔子爲教王,不用國家建元之號紀年,創爲化貧富界之説以誨盜,創爲化男女界之説以誨淫,創爲化中外界之説以誨叛亂,創爲弭兵之説以誨分裂,逞韓非、李斯焚書坑儒之凶,襲張角、孫恩、王則、徐鴻儒諸妖賊之實,而妄冀謨罕默忒、羅馬教王之非分,三光不臨,四海不受,吾將以此義正之。[1]

這明擺是針對康有爲及其"康學"的。還需注意的是,在《序例》"題名"的十二人中,已經沒有了章太炎。他因此時流露出種族革命的思想,而被梁鼎芬等人禮送。[2]

---

[1] 《張之洞全集》,第12册,第381—383頁。其中"邦産什三"之"産",據《張文襄公函牘未刊稿》(所藏檔號:甲182-393)所載該文改。"謨罕默忒",今譯穆罕默德。該序例當然經過張之洞修改,從文辭來看,似爲梁鼎芬的手筆。

[2] 章太炎在《自定年譜》中稱:"……一日聚語,鼎芬頗及左氏、公羊異同。余曰:内中國外夷狄,春秋三家所同……他日又與儕輩言及光復。鼎芬慙焉。未幾,謝歸。"《章太炎先生自訂年譜》清稿本(手迹)。而各種筆記中則各有其説法,值得注意者爲:馮自由:《中華民國開國前革命史》第14章《壬寅支那亡國紀念會》,《民國叢書》,第2編,第76册,上海書店出版社,1990年;劉禺生:《章太炎被杖》,《世載堂雜憶》,中華書局,1960年,第126—127頁。湯志鈞所著《章太炎年譜長編》對此有着具體的史料排列和分析。(見該書,中華書局,1979年,上册,第63—70頁)姜義華所著《章太炎思想研究》,對章氏此一段經歷亦有詳細述説與分析。(見該書,第62—70頁)

四、戊戌變法期間張之洞召京

"百日維新"之前,清朝中樞還有一項重大政治舉動,即召湖廣總督張之洞入京輔政。此事還必須從頭說起。

中樞的情況與慈禧太后的態度 先是在咸豐十一年(1861)咸豐帝去世前,安排肅順等人爲"贊襄政務王大臣",主持朝政;咸豐帝的弟弟恭親王奕訢與慈禧太后聯手發動政變,殺肅順,以兩宮皇太后"垂簾聽政",恭親王任議政王,並主持軍機處和總理衙門。這位年青的近支王公在桂良、文祥、曾國藩等人的支持下,有所振作,開創了"同治中興"的新局面,洋務運動由此而興。然而,慈禧太后與恭親王的矛盾始終不斷。同治四年(1865),慈禧太后罷去奕訢"議政王"名銜。光緒十年(1884),即中法戰爭時,慈禧太后更以"委靡因循"爲名,罷免奕訢爲首的軍機處和總理衙門的全體班子,以禮親王世鐸領銜軍機處,以奕劻(後封慶親王)領銜總理衙門,相關的朝政又命軍機處與光緒帝的本生父、恭親王的弟弟醇親王奕譞商議,實際上是以奕譞當政。該年是甲申年,史稱"甲申易樞"。奕譞作爲當今皇上的本生父,自要避嫌,而軍機大臣孫毓汶,內靠奕譞,外聯李鴻章,完全聽命于慈禧太后,在軍機處漸漸占據主導地位。光緒十六年,醇親王去世後,孫毓汶更是權重一時,也是清流黨人最爲敵視的政客。光緒二十年(1894),中日甲午戰爭爆發,慈禧太后在朝野的壓力下再度起用恭親王奕訢,重領軍機處和總理衙門。然奕訢此時已無三十多年前的那股朝氣,爲政平和,一切以慈禧太后的旨意爲歸。

"甲申易樞"時,光緒帝的師傅翁同龢亦罷去軍機大臣一職,仍任工部尚書,並奉命繼續在毓慶宮行走(即仍任師傅)。此後不久,翁改任户部尚書,光緒二十年再次出任軍機大臣、督辦軍務處會辦大臣,光緒二十一年出任總理衙門大臣。這些重要職位加上光緒帝的師傅,使之地位大升。英國傳教士李提摩太(Timothy Richard)此時拜訪以文華殿大學士名義在京閑賦的李鴻章,李鴻章建議他直接去找翁同龢,方可解決問題;而李鴻章的幕僚、曾任美國駐天津副領事畢德格(W. N. Pethick),更是直截了當地稱:"實際上,翁同龢(總理大臣)才是中華帝國的皇帝"。同爲軍機大臣的剛毅在與李提摩太的秘書私下交流中竟稱:

> 他(剛毅)對皇帝没有任何影響力,因爲翁同龢一手遮天;在內閣(應譯爲"軍機處")裏,漢族官員獨行其是,甚至恭親王與禮親王都無足輕重。他聲言,翁同龢把皇帝引進了一團黑暗裏,"蒙蔽了他的雙眼"。[1]

需要説明的是,李提摩太的言論經常有不準確之處,但以大勢而言,稱翁同龢權重,應是事實。[2]

慈禧太后雖不是開明的政治家,卻是精明的權術家。她始終認爲,只能有一個人對光緒帝具有影響力,而這個人只能是她本人。翁同龢身爲師傅,每天可在毓慶宮與光緒帝單獨相見,造膝進言。光緒二十年十一月初八日(1894年12月4日),慈禧太后下令撤書房,後因光緒帝派恭親王奕訢説項,而只撤滿文及洋文書房,保留漢書房。光緒二十二年正月十三日(1896年2月25日),慈禧太后再次下令撤漢書房。是日翁同龢在日記中稱:

> 懋勤殿首領傳旨曰書房撤。余問長撤耶抑暫撤也? 答曰長撤。
> 余入見時,奏此事想懿旨所傳,上領之。[3]

慈禧太后此次行動,是有預謀的,很可能另有罷免翁的設想。[4] 翁從此

---

[1] 李憲堂、侯林莉譯,李提摩太:《親歷晚清四十五年:李提摩太在華回憶錄》,天津人民出版社,2005年,第224—226、240—241頁。
[2] 此一時期李提摩太的情況,可參見本書第六章第三節。
[3] 《翁同龢日記》,第5册,第2878頁。"懋勤殿首領",係管理上書房事務的太監。
[4] 軍機大臣李鴻藻的孫子、臺灣大學教授李宗侗在《我的先世與外家》一文中稱:"……另一件與此相類的事情,就是撤銷毓慶宫書房的事,據説那一次李欽的原意不止撤銷書房,並且將翁文恭驅逐回籍,如戊年的情形一樣。這是聽見我父親説的,這件事發生的時期,榮文忠(禄)恰好奉命到東陵去,他回來以後就來看我祖父,恰我祖父病了,不能到客廳去,就在卧房接見他,(轉下頁)

失去了在毓慶宮與光緒帝單獨相見的機會,只能在早朝"叫起"時隨軍機大臣一同與光緒帝相見。慈禧太后的目的,是削減翁的權勢。[1]當時的人們對此類舉動的意義也是看得很清楚的。[2]

　　光緒二十年恭親王奕訢重入總理衙門、軍機處之後,孫毓汶及其同黨徐用儀先後退出;至光緒二十二年六月,軍機處由奕訢、世鐸、翁同龢、李鴻藻、剛毅、錢應溥六人組成,總理衙門由奕訢、奕劻、户部侍郎張蔭桓、户部尚書敬信、兵部尚書榮禄、翁同龢、李鴻藻、吏部侍郎吴廷芬八人組成,此後,李鴻章也入值總理衙門。奕訢是這兩個最高機構的首領。此後不久,情況發生變化。光緒二十三年七月,李鴻藻去世,八月,吴廷芬罷值,恭親王的身體開始出現了問題,錢應溥也經常因病請假;軍機處經常只剩下世鐸、翁同龢、剛毅。世鐸爲好好先生,與世無爭,剛毅雖常與翁對立,然終不是翁的對手。總理衙門中雖仍有奕劻、李鴻章、榮禄、張蔭桓等人,但在許多方面仍須向"翁師傅"讓步。[3] 翁的地位再度大升。光緒二十四年二月,恭親王以軍機處缺人,經慈禧太后批准,召總理衙門大臣、刑部尚書廖壽恒入軍機處"學習行走"。然廖壽恒秉性肫誠,

---

(接上頁)我父親就陪着他進去侍立在旁邊,所以聽見他們倆的談話。文忠説:'這件事情太便宜了常熟,四哥爲什麽幫助他説話?'因我祖父同文忠是盟兄弟,所以稱他爲四哥。我祖父就回答説:'無論如何常熟總是一個多年的老臣,我覺得對老臣不應該如此,所以我幫他説話。'文忠就嘆息説:'四哥真是君子人也!'這是聽我父親親口説的。"(臺北:《傳記文學》,第5卷第4期,1964年)"孝欽",慈禧太后。"常熟",翁同龢,江蘇常熟人。並可參見拙著《從甲午到戊戌:康有爲〈我史〉鑑注》,第119—121、165—167頁。

[1] 在此前後,慈禧太后于光緒二十一年十月十七日罷免總理衙門大臣、户部侍郎長麟和總理衙門大臣、吏部侍郎汪鳴鑾;光緒二十二年二月十六日罷免翰林院侍讀學士文廷式。這些舉動也是針對翁同龢的,汪鳴鑾、文廷式被稱爲"翁門六子"。

[2] 吴樵於光緒二十二年正月二十五寫信給汪康年稱:"三、常熟近甚危,廿日撤去毓慶宮,疑太夫人與本宫甚和睦,蓋所謂以計取也……常熟結主甚深,第三條非上意,而僚官多不合。"二月二十一日信又稱:"自毓慶撤後,盤遊無度,太上每謂之曰:咱們天下自做乎,抑教姓翁的做?……常熟日内皇自危(伯唐言),恐將來獲咎,必更甚芸閣"。(《汪康年師友書札》,第1册,第466—467、480—481頁)"太上",慈禧太后。"伯唐",汪大燮。"芸閣",文廷式。

[3] 此時總理衙門大臣又增加了前熱河都統崇禮(後任刑部尚書)、工部尚書許應騤(後任禮部尚書);倉場侍郎廖壽恒回京任左都御史(後任刑部尚書),也重新入值總理衙門;而這些人的地位是無法與翁同龢相抗的。還需説明的是,奕劻爲慈禧太后的親信,時任頤和園工程處大臣、御前大臣,主要在慈禧太后身邊;張蔭桓最爲光緒帝所重,經常受光緒帝召見,但爲慈禧太后所疾恨。

持躬端謹,無大作爲。由此,在慈禧太后及朝廷中一班老臣的眼中,恭親王奕訢一旦去世,朝中將無人可遏制翁的權勢。[1] 需要說明的是,他們如此思考的出發點是自身權力與地位的穩固,而不是政治的革新。

正是在此情況下,光緒二十四年三月二十九日(1898年4月19日),大學士徐桐出奏"請調張之洞來京面詢機宜摺"。光緒帝收到該摺後,未簽署意見,當日將之上呈慈禧太后。[2] 徐桐的建議讓慈禧太后足足考慮了三天,至閏三月初三日(4月23日),清廷發出電旨:

> 奉旨:張之洞著來京陛見,有面詢事件。湖廣總督著譚繼洵兼署。[3]

這是一個重大的決定,意味着張之洞很可能入京輔政。而徐桐的這一奏摺,是由張之洞的親信內閣候補侍讀楊銳與其友刑部候補主事劉光第商議起草的。

楊銳、劉光第的密謀 楊銳的門人黃尚毅在《楊叔嶠先生事略》中稱,袁世凱的幕僚徐世昌致信楊銳,稱日本下野首相伊藤博文來華,而李鴻章坐困,"欲求抵禦之策,非得南皮入政府不可",楊銳遂與喬樹楠"說大學士徐桐,並代作疏薦張,得旨陛見。"[4] 黃尚毅的這一說法,背景並不準確,第三次伊藤博文內閣的時間是1898年1月12日至6月30日(光緒二十三年十二月二十日至二十四年五月十二日),而其倒臺而後來華的時間是光緒二十四年七月,是後來的事情。但黃的説法也有很大

---

[1] 光緒二十四年四月十一日,慈禧太后在奕訢去世後的懿旨中稱:"……二月之杪,舊疾舉發,予率皇帝疊次親臨看視,方冀安心調理,可即就痊。不意本月初十日遽爾長逝……"光緒帝的諭旨稱:"……二月之杪,痰喘頻作,猶力疾視事,經朕再三慰諭,始肯請假調理。閏月中旬,疾勢增劇,朕奉皇太后三次親臨邸第看視,王氣息僅屬,殷殷以國事爲憂……"(《光緒宣統兩朝上諭檔》,第24冊,第159頁)由此可見,恭親王的身體自光緒二十四年二月底開始,一蹶不振。

[2] 軍機處《上諭檔》有該日軍機處給慈禧太后的奏片:"……徐桐奏請召張之洞來京面詢機宜摺,俟發下,再行請旨辦理……"(《光緒宣統兩朝上諭檔》,第24冊,第124頁)"俟發下",指等慈禧太后發下該摺,"再行請旨"雖是向光緒帝請旨,但按照當時的工作程式,慈禧太后發下時會向光緒帝表示其意,實際上是慈禧太后的旨意。

[3] 見該日軍機處《電寄檔》,中國第一歷史檔案館藏。翁同龢對此在日記中稱:"令湖督來京陛見,從徐桐請也,蓋慈覽後,聖意如此。"同一天,翁還致信正在病中的恭親王奕訢,告知此事。(陳義傑整理:《翁同龢日記》,第6冊,中華書局,1998年,第3116頁)

[4] 見《楊叔嶠先生文集》,《續修四庫全書》,上海古籍出版社,1995年,第1568冊,第261頁。

的提示意義。

由此可看當時的國際形勢。光緒二十三年十月德國藉故占領膠州灣（青島）之後，俄、法、英、日本先後提出了各自的要求，清朝受到了極大的壓力。士大夫不再像甲午時力主戰議，而是對國家的前途感到了擔心，其中的一些人，感到中樞無力。楊銳與劉光第正是在此背景下密謀對策的。光緒二十三年十一月初四日（1897年11月27日），劉光第在私信中道出了此中的內情，稱言：

……事到於今，然後我軍機大臣、總理大臣等，始皆面面相覷，束手無策，坐待分裂而已。

前月刑部主事吳某（蔭生，提督吳長慶之子，號燕甫）遞一條呈，乞堂官代奏，不過諫止辦慶典之事，而各堂官變色伸舌，以爲語有違礙，斷不敢代奏。吳君遂具呈，力請開缺還家。（兄不愧此人多矣）數日來，工部主事南海康有爲亦作有條呈欲遞，但不知彼部堂官曾肯與代奏否？（其意痛發"兼弱攻昧、取亂侮亡"八字）吾鄉綿竹楊叔嶠內閣亦作有奏摺，現尚與兄商訂，意欲請徐蔭軒相國奏上，不知何如。

總之，此時下手工夫，總在皇帝一人爲要，必須力除諂諛蒙蔽，另行換一班人，從新整頓，始有起色轉機。然識者以爲此決無可望之理。然則爲之奈何耶？惟有發長嘆已耳，積肝氣已耳，吞淚珠切齒握爪而已耳，如兄之不肖無似，有何補哉，有何補哉，有何補哉！

……兄近于古文頗有進境。今秋八月湖督張公六秩壽辰，同鄉京官因張公於川東賑捐甚得其力，故爾公同作壽屏一架，請楊叔嶠舍人撰文（須駢文），而公門下士之官京外者，另爲壽屏，請兄撰文（係散文）。張公於其他概不肯收，惟于川人士及其門人所送者皆收（川人之作湖北官者則多不收）。叔嶠赴鄂祝壽歸，言香翁頗欣賞兄所作序文。此文大意，欲其入京來作軍機大臣，訏謨遠猷，匡誨吾君，用以延我聖清之休命，且能使吾周孔之教流出海外，覃及敷天,尤爲不朽盛事云云。且又以衛武公能文章、聽規戒爲況。蓋聞其頗有自是之心,故藉此以規也。[1]

劉光第(1859—1898),字裴村,四川富順人。光緒六年(1880)爲生員,八年爲舉人,九年中進士,連捷而至,以主事發禮部學習。張之洞爲四川學政(1874—1876)時,劉雖未入學,但也可以此爲淵源;他曾於光緒二十二年(1896)在武昌面見張之洞,"痛談時事"。[2] 劉中進士時,正考官恰是禮部尚書徐桐,爲門生關係。楊鋭與劉光第爲同鄉,兩人多有交往。[3] 從上引劉光第的信中,可以看出幾點:一、張之洞六十壽辰,劉光第代表四川京官等撰壽屛,其文表達"欲其入京來作軍機大臣,訏謨遠猷,匡誨吾君"之意,很得張之洞之心,楊鋭爲此特告之。[4] 二、德國占

---

[1] 劉光第致劉慶堂,光緒二十三年十一月初四日,劉光第集編輯組:《劉光第集》,中華書局,1986年,第275—280頁。徐蔭軒,徐桐。香翁,張之洞。楊鋭此時的官職爲内閣中書舍人,故稱其"內閣"或"舍人"。劉光第官居北京,然以家貧,廉直而不貪,生活大不易。宗叔劉舉臣爲自貢鹽商,每年接濟其銀200兩,劉光第在給其的信中也多言京城政情。劉慶堂,劉舉臣之子,是他的族弟,故其在信中乃以實情真語告之。

[2] 劉光第稱:"光第少愚鄙,未獲列公門,然由公故,知讀書,時時想聞風采。去歲,以遊東南山水過鄂,乃一謁之,縱談名山及當世人事,公不以爲狂,且出過許之語"。(《湖廣總督張公六十壽序》,見《劉光第集》,第67頁)劉光第在私信中又稱:"……復在武昌與張香濤制府痛談時事……"(劉光第致劉慶堂,光緒二十二年六月初七日,同上書,第265頁)可見張之洞與劉光第的關係。

[3] 光緒二十一年馬關議和時,劉光第致劉慶堂信中稱:"昨於同年楊叔嶠處,見鈔有此回和議條款一紙……"(《劉光第集》,第264頁)

[4] 劉光第所作《湖廣總督張公六十壽序》,稱言:"光緒十九年三月,俄太子來遊歷中國,轉海入江,履粵及鄂。湖廣總督張公,迓以軍艦,聲炮致敬,而出會於舟次。太子年少英武,見則叩兩湖治具民風甚悉。公一一對之,乃大驚服。言吾聞公文章政事,震爍中外,爲國家幹事之臣,今益知不虛;然地狹不能盡公才,内公政府,豈不更善?……中日之役,以無謀主之故,軍實失機,中外咸引領望公入政府,上亦有旨促公北來,忽中止,命公督西江。公仍不以得保一隅自幸,先後奏密計甚多,皆關大局,然亦往往格不行。於是復移兩湖,則舉一切維新之政……今之世,視周成王、宣王時何如?如是而望有進規、補袞格非心、引當道,自比於召公、衛武、仲山甫之倫,舍公其誰哉?一旦吾天子念禍亂之萌,鑑讒毀之興,慨然思得忠誨之士爲畫策臣,訏謨遠猷,用以延我聖清之命,舍公其誰哉?……以明公雖在外,不忘王室,王室其終賴以振焉。而俄太子之言,將與延陵同信,斯則吾人所朋祝者爾。抑猶有説焉,今時瀛海大通,萬國咸會,有能贊輔吾君,力行周孔之教,修明禮樂,使吾仁讓居敬之學,遂以流出中國,而化及敷天,尤爲不朽盛業。其壽與天無極者,公亦儻有意歟?"(《劉光第集》,第65—67頁)以俄皇太子之言辭,以周召公、衛武公、仲山甫之比附,以周孔之教化及敷天之期許,此等捧壽之言論,對於有着匡扶濟世之志且有飾華虛榮之心的張之洞,自然頗爲喜好而承受之。召公,周文王之子,周公之弟,輔周成王、周康王。衛武公,衛國國君,犬戎殺周幽王,衛武公派兵"佐周平戎"。仲山甫,周宣王時賢大臣,詩經多有記事。延陵,春秋時吳王壽夢之第四子季札,以信義聞世,以此喻俄太子。

領膠州灣之後,劉光第對軍機處、總理衙門之處置,頗有不滿,心情也十分憂慮。[1] 三、楊銳此時擬有奏摺,前來與劉商訂,兩人一拍即合。劉在信中也概略披露了該摺的內容,即"此時下手工夫,總在皇帝一人爲要,必須力除詔諛蒙蔽,另行換一班人,從新整頓,始有起色轉機";也就是說,要讓新人來主持朝政,儘管劉光第也聽到了反對意見,即"識者以爲此決無可望之理"。楊銳、劉光第出於維護清朝的長遠利益,以微員的身份,直接干預朝政。

徐桐的用意 楊銳、劉光第所運動的徐桐,其出發點當然與楊、劉大不相同。徐桐(1820—1900),字豫如,號蔭軒,漢軍正白旗人。道光三十年進士,入翰林院,同治帝師傅。此時以體仁閣大學士管理吏部事務,兼翰林院掌院學士。他在當時屬思想守舊一派,在政治上與李鴻章、翁同龢、張蔭桓等趨新趨洋派人士格格不入,思想上又能認可清流黨。此時的中樞,以徐桐的眼光來看,已是大成問題:他所認可的李鴻藻已去世,他可依賴的奕訢將不久于人世,世鐸力弱且少見識,剛毅、廖壽恒難與翁同龢相敵。也就是說,奕訢若一旦去世,權力將落在翁的手中,由此需要一位新人以抵消翁的力量。徐桐此時不滿翁同龢外,更嫉恨當時的權臣總理衙門大臣、户部侍郎張蔭桓。張蔭桓雖未入軍機,但頻頻入見,對光緒帝的影響力極大。在多人出奏參劾張蔭桓未果後,徐桐又於光緒二十四年閏三月二十七日(1898年5月17日)親上"請將張蔭桓嚴譴摺",明言攻張仍暗中稍

---

[1] 劉光第給劉慶堂的信中亦稱:"聞其一親王統兵船,已於冬月十七日在彼邦動身,大約正月初可到中國,或和或戰,再爲定奪。而我國之王大臣等乃決意不敢與戰,總之向其哀求而已……總理衙門之大臣,德國指名要翁同龢、張蔭桓二人,徑乎連李鴻章亦不要。蓋此次李相尚有一二據理力爭之語,翁、張則甘爲人奴而已,恭王、慶王則更無主意矣。……至我中朝舉動,則更駭人聽聞,皇太后、皇上尚在閑日聽戲爲樂,每日召見軍機時,比平時尤速完事(不過一刻工夫)。似此動作,不能不生外人之心……嗚呼,無相無將,並無人心,此禍不知何日發? 此事不知何日收拾? 徒令袖手無權者,吞聲忍淚,閉氣墜心已耳!"(《劉光第集》,第279—280頁)德國"親王",即德國皇帝威廉二世的弟弟亨利親王,他于光緒二十四年閏三月到達北京。"李相",李鴻章。而劉的這一換相的思想,早已有之。甲午戰爭時他曾欲上書,稱言:"至於十年來,軍機大臣貽誤國家,中外臣民咸所深憤,已蒙聖明洞鑒,添換大臣;然胎誤之尤者,仍廁其間,未聞屏黜,中外惶惑,頗以爲憂……"(《甲午條陳》,同上書,第3頁)此爲攻擊當時的軍機大臣孫毓汶。

涉及翁。[1] 然此摺上後,張未能撼動,光緒帝依舊優寵有加。在徐桐看來,奕訢過世後而翁、張聯手,政治局勢的發展更不知伊于胡底。徐桐正是在這種背景下,推出張之洞的,其目的在於平衡政治。而這一用意,慈禧太后自然是知情的。

由楊銳起草、與劉光第商訂的徐桐薦張之洞奏摺,已在檔案中撿出,其文曰:

爲時局日亟,請召洞悉洋情疆臣來京面詢機宜,以裏危局恭摺具仰祈聖鑒事。

臣竊見數月以來,俄、德兩國日益恣橫,強踞北洋海口,要脅情形,層見疊出。英、法各國羣起效尤,或相爭競,皆爲我切膚之患。此次德人占踞膠澳各情,實中外通商以來所未有之變,只以勢處萬難,不得不隱忍完事。然謂德人並不侵占土地,則非也,且俄人並無端可藉而亦索我旅大矣。將來俄人西伯利亞鐵路造成,禍有不堪設想者。

此正求賢共治之秋,而並非萬無可爲之日也。臣思待外國之道,但可令有均沾之利益,不可使有獨占之利權。在樞廷、譯署諸臣躬任艱難,固已心力交瘁,然事機至危,變幻莫測,尤當虛懷博訪,庶幾共濟時艱。

查湖廣總督張之洞久膺沿江沿海疆寄,深悉交涉情形。聞昔年在湖北晴川閣上宴俄太子,禮儀不卑不亢。去年四月,德人遣人遊歷湖北,皆意存尋釁,張之洞悉察其來意,從容遣之。皇上軫念目前艱危,可否電召該督迅速來京,面詢機宜。現在交涉情形頃刻萬變,多一洞悉洋情之人,庶於折衝禦侮之方,不無小補。[2]

這篇奏摺說得很圓滑,並無直接點出讓張之洞入值軍機處與總理衙門,

---

[1] 徐桐參張蔭桓摺見《軍機處錄副·光緒朝·內政類·職官項》,3-99-5359-82,中國第一歷史檔案館藏。又據軍機處《上諭檔》,該摺當日呈慈禧太后。(《光緒宣統兩朝上諭檔》,第24冊,第152頁)

[2] 徐桐摺,光緒二十四年三月二十九日,《軍機處錄副·光緒朝·內政類·職官項》,3/99/5358/71,中國第一歷史檔案館藏。

但"在樞廷、譯署諸臣躬任艱難,固已心力交瘁"一語,也隱隱道出對當任軍機大臣、總理衙門大臣的不滿,也暗含了其中"求賢共治"的意思。

此時以總理衙門大臣留在北京的李鴻章,當然有其消息來源,閏三月初十日(4月30日),即徐桐奏摺上奏後十一天,給其子李經方的信中稱:

> ……徐蔭軒以時事日棘,疏薦張香濤熟悉洋務,請備顧問。兩宮密商,迭有電旨,催令北上。恭邸病篤,恐不能久,香濤必兼樞、譯,空談無補,況彼素不滿意於汝耶。樵野恃寵而驕,聞香來,岌岌不自保矣。[1]

李鴻章指出調張進京,是"兩宮密商"的結果,並以他的政治經驗,判斷張將入軍機處與總理衙門,以替代此時病重的恭親王奕訢。

張之洞的反應 楊銳與劉光第的密謀,當時並没有告訴張之洞;楊銳等人也知道,若先告之,張必阻之。由此,張之洞奉到閏三月初三日朝廷召其入京的電旨後,一頭霧水,最初將"面詢"之"事件",竟當作此時正在興起的學堂教育之事,下令正在日本考察的姚錫光等人立即回國。[2] 閏三月初五日(4月25日),他發電給楊銳:

> 急。京。喬:此次入覲,兩宮意若何?政府有何議論?速示。僕衰病不堪,所言必不能行,且亦不能盡言,此行於時局毫無益處。瞻覲後即乞罷矣。鈍。歌。[3]

---

[1] 顧廷龍等主編:《李鴻章全集》,安徽教育出版社,2008年,第36冊,第177頁。"彼素不滿意於汝",指張之洞長期對李經方不滿,此時李經方欲復出,謀得一專使出訪各國,將由此中止。"樵野",張蔭桓,他與張之洞屬不同派系,此時與翁同龢聯手辦事,權勢甚大,"恃寵",指此時甚得光緒帝所重。

[2] 光緒二十四年閏三月初四日,張之洞得到召京電旨後,第一份電報是發給正在日本東京厚生館的湖北官員姚錫光、張彪、徐鈞溥:"奉旨進京陛見。速將士農工商各種堂大略一看,即速回國。"(《張之洞全集》,第9冊,第309頁)在此之前,張之洞派姚錫光等人前往日本考察各類學校及槍炮製造等項,大約在光緒二十四年二月到達日本。相關的情況,可參見張之洞:《札委姚錫光等前往日本遊歷詳考各種學校章程》光緒二十四年正月十八日,《札委徐鈞溥會同姚錫光等前往日本遊歷詳考各種學校章程》光緒二十四年正月二十三日,同上書,第6冊,第108—109頁;張之洞致姚錫光等人的多份電報,同上書,第9冊,第294、297、299、302、306—307頁。

[3] 閏三月初五日戌刻發,《張之洞電稿》光緒二十五年三月至四月,所藏檔號:甲182-456。原整理者有誤,根據內容,該電發於光緒二十四年。

"兩宮",指慈禧太后與光緒帝。"政府",指軍機處。電文中的"衰病不堪",當然不是真話;但張之洞卻因此感到危機,並準備覲見後以病乞休,退出政壇。與此同時,張之洞又發電時在北京的其侄張彬:

> 急。京。樓:奉旨陛見,聞慈聖意及上意若何?政府有何議論?衆人有何議論?速電聞。經手要事太多,擬二十日後行。初到京時,西苑門外附近有何處可住?速看定。事畢後,住化石橋宅。我衰病日甚,此行於時局必無益。擬事畢後即告病。權、檢、彬同覽,並告仲韜、叔喬。壺。歌。[1]

在這份電報中,張之洞也讓張彬打探京城上層的消息,雖表示二十日以後方動身,並預定在京時的住處,但其不願來京的傾向,又是十分明顯的。"權",張權,張之洞之子。"檢",張檢,吏部主事,張之洞之侄。[2] 他還讓張彬將該電傳給張權、張檢、黃紹箕、楊銳同看。第二天,閏三月初六日(4月26日),張之洞再次發電楊銳和其侄張彬:

> 急。京。樓、喬:聞徐相奏請召僕入京,接待德王,怪極,原奏究何措施,務速確詢詳示。覆電務加急字,不然須四、五日方到。壺。(喬。鈍)[3]

直到此時,張之洞還不知道徐桐奏摺的內容及清廷調其入京的用意,而聽到了由其負責接待來訪的德國亨利親王的傳聞。[4] 楊銳與張彬的回電,在"張之洞檔案"中皆未見。

---

[1] 閏三月初五日戌刻發,《張之洞電稿》光緒二十五年三月至四月,所藏檔號:甲182-456。原整理者有誤,根據內容,該電發於光緒二十四年。"樓",張彬,字黃樓。
[2] 張權、張檢、張彬的個人經歷,參見本書第一章。
[3] 光緒二十四年閏三月初六日亥刻發,《張文襄公電稿墨迹》,第2函第11冊。所藏檔號:甲182-219。該電同時寫上"樓"、"喬",說明該電同時發給兩人。電文中"喬。鈍"的字樣,說明另給楊銳電文中署名有所不同。具體的署名情況,參見本書第一章第六節與第二章第一節。
[4] "接待德王"的消息,張之洞得聞于盛宣懷,他於閏三月初六日給盛宣懷電報稱:"屢電悉。德王赴閩,乃看中國有說話,欲兼要三沙、金門耳,斷不舍膠以換閩也。接待之說可怪。此間緊要事太多,須二十外方能行。語電想已達。"(《張之洞全集》,第9冊,第310頁)再查張之洞親筆原件,在"屢電悉"後,刪去"接待德王之說,真可尼可笑"一段。(《張文襄公電稿墨迹》,第2函第10冊,所藏檔號:甲182-219)"三沙",三沙灣,即三都澳,位於福建寧德,德國占領膠州灣之前曾有意於此處。"二十外",指二十日之後。

也就在此時,安徽布政使于蔭霖上奏彈劾李鴻章、翁同龢、張蔭桓。[1] 于氏此摺的背景今天還不能説得很清楚,但非爲個人的舉動。光緒帝於閏三月初八日(4月28日)收到,將此摺留中,也未上呈慈禧太后。[2] 此時光緒帝正與慈禧太后同住於頤和園,于蔭霖奏摺的内容有無向慈禧太后當面報告,今限於材料,無法得知。[3] 當日,光緒帝再發電旨給張之洞:"奉旨:昨諭令張之洞即日來京陛見。該督何日起程,著即電聞,毋得遲滯。"[4] 這一道催張入京的電旨,很可能經由慈禧太后批准。

張之洞收到後一道電旨後,於閏三月初九日(4月29日)小心翼翼地發電總理衙門代奏:

> 電旨恭悉。奉旨陛見,亟應欽遵,迅速起程。惟湖北現奉新章,開辦之事甚多,紛紜艱難,驟少一百數十萬巨款,衆情惶急。減營、籌餉兩端,尤爲棘手。必須與撫臣、司、道等籌酌大概辦法,務求地方安帖。而洞自冬臘以來,即患咳喘、不寐,頗類怔忡,精神疲敝,闔城僚屬共見。以時勢艱難,不敢請假休息。現在部署一切,尤爲艱苦,實無一毫欺飾。惟有力疾晝夜趕辦,將經手事件略爲清理,大約十數日後即可起程,不敢遲延。再洞愚昧,本無所知,朝廷既有垂詢事件,如有急辦而可宣示者,可否先爲諭知一二條,以便隨時豫爲籌擬上陳。不勝惶悚。請代奏。[5]

張之洞此電在字面上有三層意思,其一是湖北事務甚重,其責任甚大,脱

---

[1] 中國第一歷史檔案館編:《光緒朝硃批奏摺》,中華書局,1995年,第120輯,第664—671頁。于蔭霖與張之洞的關係,可參見本書第五章附錄二。

[2] 軍機處《隨手檔》、《上諭檔》、《洋務檔》光緒二十四年閏三月初八日,中國第一歷史檔案館藏。又見《翁同龢日記》,第6册,第3117頁。

[3] 《清代起居注册》光緒朝,《聯合報》文化基金會國學文獻館,1987年,第60册,第30651頁。據記,閏三月初七日至十一日(4月27日至5月1日)在頤和園與慈禧太后同住。

[4] 軍機處《電寄檔》,該件無日期,該電發出日期據軍機處《隨手檔》。又,此電中的"昨"字,當作"以前"解。

[5] 《張之洞全集》,第4册,第469頁;張之洞親筆原件見《張文襄公電稿墨迹》,第2函第10册,所藏檔號:甲182-219。當時軍機處未設電報房,電旨及各地電報均由總理衙門代轉,故張之洞發電總理衙門,請代奏。

不開身;其二是身體欠佳,難承重任;其三是試探朝廷命其入京的真實意圖。也就在這一天,張之洞的幕僚陳慶年在日記稱:

> ……粥後,過錢念劬,知南皮師入覲,係因徐中堂(名桐)奏請,並非出於特旨,亦非政府之意。徐亦不過言國事艱難,南皮公忠,請飭陛見,以備顧問,上亦循例俞允而已。飯後,過書院,晤梁節庵。知徐中堂奏上,上意未決,呈皇太后乃定,意召南皮陛見。然則南皮師入京以後或有大用,能否回任尚未能必……[1]

張之洞幕中此時已經得到了具體情報,即張入京後"或有大用";由此可見,張之洞前引電奏的真實意思是對入京後的前景感到沒有把握,而有點不想入京。而光緒帝收到張這一明顯推脫的電報,十分氣憤,閏三月十一日(5月1日)再電張之洞:

> 奉旨:張之洞電悉。前諭該督迅速來京陛見,自當聞命即行,何得托故遷延,致稽時日。至面詢事件,豈有豫為宣播之理?所奏毋庸議。[2]

張之洞奉此嚴旨,不敢怠慢,第二天即閏三月十二日(5月2日)再電總理衙門代奏,完全換了一副腔調:

> 電旨恭悉。瞻望闕廷,亟思趨赴,以申瞻覲之忱。謹當迅速料理,擬於二、三日內起程。無論病癒與否,至遲十七日亦必力疾起程,不敢稽延。請代奏。[3]

同日,張之洞還分別發電湖南巡撫陳寶箴、署理湖南按察使黃遵憲,詢問其政治見解。[4] 閏三月十五日(5月5日),張之洞再發電清朝駐法國公使慶常和此時正在彼得堡的前清朝駐德公使許景澄,以了解當時的國

---

[1] 《戊戌己亥見聞錄》,《近代史資料》,第81號,第109頁。"中堂",大學士。
[2] 軍機處《電寄檔》光緒二十四年閏三月十一日。
[3] 《張之洞全集》,第4冊,第469頁;張之洞親筆原件見《張文襄公電稿墨跡》,第2函第10冊,所藏檔號:甲182-219。
[4] 陳寶箴、黃遵憲很早便了解徐桐奏摺的內容,而且很有可能參與了楊銳等人的密謀,故於閏三月初四日即發電祝賀。張之洞決定北上後,發電詢問北上後的對策,陳寶箴、黃遵憲對此皆有認真的回電。相關的情況,參見本書第四章第二節、第五章第四節。

際情況及外國對他本人的評論[1]；並電兩江總督劉坤一，路過南京時將與之會面，共討大計。[2] 而進京的一切準備工作都在緊張進行着，啓行時間也一推再推。[3] 隨行的人員選定爲錢恂、辜鴻銘、梁敦彥、張曾疇、梁敦教、王家槐，此後又增加鄭孝胥。[4] 從人選來看，更側重於外交。閏三月十九日（5月9日），張之洞發電張彬，預定京中的臨時住處。[5] 閏三月二十三日（5月13日），張之洞到達蕪湖，與其門生蕪湖道袁昶會

---

[1] 許景澄已卸駐德公使任，由於當時俄國迫清朝租借旅順、大連，清朝命其爲頭等公使赴俄，與駐俄公使楊儒一同辦理對俄交涉。張電稱："奉旨陛見，有面詢事。時局危迫，實深惶悚。歐洲真消息及要論之注重鄰人者亟願知其確情，以備應付傳言。張家口有遊騎，確否？閣下久知敵情，如有籌備良策，祈電示。"（《張之洞全集》，第9册，第314頁。張之洞親筆修改原件，見《張之洞電稿》，所藏檔號：甲182-406）致駐法公使慶常的電報稱："電注感愧。時局危急，此時歐洲真消息及報論及鄰人者，亟願知其端倪。此非真通外情徧通西文者不能得。專盼閣下電示以作指南。"（出處同上。張之洞親筆修改原件，出處亦同上）從張之洞修改原件上，被删去"輕才何補危局"一句，慶常的電報很可能提到張之洞召京之事。張之洞在途中還發電慶常："弟廿五六可到滬，覆電請趕寄上海，自當秘密。"（同上書，第316頁）

[2] 光緒二十四年閏三月十六日，張之洞發電："江寧劉制臺：咸電悉。既承電召，過寧當停輪領教。官輪行緩，到寧當在二十外，前一兩日當電達。"（《張之洞全集》，第9册，第314頁。張之洞親筆修改原件見《張之洞電稿》，所藏檔號：甲182-406）

[3] 光緒二十四閏三月十五日，湖廣總督署發電："京。湖北長塘轉交郭長勝：帥節十七日啓行，奉諭速赴滬，勿來鄂。督署。十五。"（光緒二十四年閏三月十五日亥刻發，《張之洞電稿》，所藏檔號：甲182-406）次日發電盛宣懷："上海督辦憲：急。香帥擬坐'江孚'，大餐房及房艙全留用，須十九晚開行，沿蕪湖、安慶、南京均有耽擱。查'江妥'已定十七開期，務請飭令該輪在漢等候至十九。並飭請船主沿途耽誤，隨時聽候帥示。倘商局因已有客貨，或多窒礙，帥意即另租用'江孚'十日，照給船價亦可。即乞電示。昌稟。"（光緒二十四年三月十六日午刻發，出處同上）同時又另有相關內容的三電。（出處同上）陳慶年在日記中稱：閏三月"二十二日，陰有小雨，是日南皮師大早開輪。"（《戊戌己亥見聞錄》，《近代史資料》，第81號，第110頁）《申報》光緒二十四年閏三月二十五日第二版以"大帥行程"爲題報導："湖廣總督張香濤制軍奉召入都，於本月十七日啓節，前已歷紀報端。兹得鄂中采訪友人手書云：香帥既登'楚材'官輪船，小泊江岸，本擬閱勘漢皋鐵路後，於二十日鼓輪東下。嗣接沙市民人滋事之電，須與譚敬甫中丞籌商辦法，是以稍緩行期。二十三日午後五點鐘時始就道，沿江各防營皆站隊江幹，時適大雨滂沱，軍士植立泥淖中，殊形困憊。"此中關於沙市事件的內容，可見張之洞於閏三月二十六日在上海發給總理衙門的電報："二十申到據道、府回稟：十八晚，沙埠……容即查究。"（《張之洞全集》，第9册，第316頁）

[4] 《札關、局支給隨轅北上委員錢恂等三個月薪水並各給川資銀兩》光緒二十四年閏三月十五日，《張之洞全集》，第6册，第129頁；張之洞致鄭孝胥、盛宣懷電，光緒二十四年閏三月十九日，同上書，第9册，第315頁。

[5] 張之洞電稱："京。樓：急。勘電悉。此次同行幕友及隨從人等較多。茶葉鋪六七間，恐不敷住。能否另覓，敞潔尤佳。如不能，務在附近添租數間，爲要。壺。效。"（閏三月十九日申刻發，《張之洞電稿》光緒二十五年三月至四月，所藏檔號：甲182-456。原整理者有誤，根據內容，該電當發於光緒二十四年）

面,並發電北京:

> 急。京。喬、樓:《申報》言鑑園有事,恐不確。速電覆。回電加急字,寄金陵、上海兩處。李木齋因其父事,與僕有隙,故造謠傾軋。祈廣爲布告,萬勿信。僕今晚駐蕪湖。鈍。漾。[1]

"鑑園",係恭親王奕訢在北京後海南岸小翔鳳胡同另建的別邸,此處指奕訢,已病重。《申報》光緒二十四年閏三月十六日刊出消息:"賢王薨逝",稱:"昨日上海某西字報云,刻接京師電信,驚悉恭親王已于某日薨逝……"張之洞對此雖表示不信,但要求查明內情。"李木齋",李盛鐸,時任江南道監察御史,並在督辦軍務處任職;其父李明墀,曾任福建、湖南巡撫。電文中"造謠傾軋"一語,似指楊銳等人來電中的內容。此後,張之洞與劉坤一在南京會見[2],於二十五日到達上海,立即發電北京:

> 京。樓:急。靜默寺距西苑門甚近,望速租定。電覆。林次煌世燾如未出京,並囑其稍候,並送叔嶠閲。壺。有。[3]

電文的內容是租定其召見時的臨時住房。該電原署"敬",即二十四日的代日,後改爲"有",即二十五日的代日,當是早已擬定,到上海再發出。張之洞此時還不知道,還有一份電旨已經到達上海,將命其折回湖北。

翁同龢的阻撓與歷史的結局 光緒二十四年閏三月十九日,沙市招商局更夫與湖南船幫發生械鬥,船幫放火點着了海關,沿燒到日本領事住宅等處。這本是一個不大的事件,但在前一年德國藉口曹州教案出動軍艦占領膠州灣後,俄國派艦到旅順、大連,法國派艦至廣州灣(今湛江),清朝上下已成驚弓之鳥,惟恐日本乘機發作。二十一日,總理衙門

---

[1] 《張之洞電稿》光緒二十五年三月至四月,閏三月二十三日未刻發。所藏檔號:甲182-466。原整理者有誤,根據內容,該電發於光緒二十四年。該電在"喬"上劃圈,不像刪去,而是發給楊銳、張彬兩人的,電文是給楊銳的,若改發給張彬,還須改"僕"、"鈍"等字。

[2] 據光緒二十四年四月初二日《申報》第二版的消息"鄂督過寧",劉坤一率南京各官員相迎于南京下關官碼頭,相關的禮儀結束後,張之洞、劉坤一在船上單獨密談"一點二刻鐘之久"。張送劉上岸後,即命"起椗下駛"。

[3] 閏三月二十五日酉刻發,《張之洞電稿》光緒二十五年三月至四月,所藏檔號:甲182-456。原整理者有誤,根據內容,該電當發於光緒二十四年。"靜默寺",位於紫禁城西門外北長街。"西苑門",指西苑(今中南海與北海)的東門。張之洞準備在宮中或西苑召見。"林世燾",字次煌,舉人,此時已與張之洞姪女訂親。後中進士。

收到湖北荆州將軍祥亨的電報，報告沙市事件，清廷下令祥亨迅速查明情況，並命署理湖廣總督、湖北巡撫譚繼洵派員"迅速辦理"；[1]日本駐華公使矢野文雄亦到總理衙門進行交涉，清廷再電譚繼洵"力遏亂萌，嚴懲首要各犯"。[2] 二十二日，譚繼洵、祥亨連續三電，報告辦理情況，稱沙市外國人皆安恙；日本公使矢野文雄照會總理衙門，表示對事件處理的不滿；[3]而清朝駐日本公使裕庚此時又發來一電：

> 沙市滋事甚重，日領署、郵局燒盡。日派"高雄"、"諏城"兩兵艦往沙，必藉事要脅。[4]

軍艦的出動，可能引發大事件。二十三日，清廷發電譚繼洵、祥亨和兩江總督劉坤一，轉告裕庚電報的內容，提醒他們"日謀不可不慮"。[5] 閏三月二十四日(5月14日)，很可能經過慈禧太后的批准，光緒帝發下一道電旨到上海：

> 奉旨：前據張之洞電奏，於十七日起程，嗣後尚無交卸來京之奏，此時計程當抵上海。惟現在湖北有沙市焚燒洋房之案，恐湘、鄂匪徒勾結滋事。長江一帶呼吸相連，上游情形最為吃重。著張之洞即日折回本任，俟辦理此案完竣，地方一律安清，再來京。欽此。[6]

此電的內幕雖不是十分清楚，但有迹象表明，翁同龢在此施展了手段，他不願意張之洞入京。楊銳在後來的報告中明確說明："公入對之舉，前沮於常熟"。[7] 而張彬收到張之洞二十五日的電報後，次日也從北京發

---

[1] 故宮博物院編：《清光緒朝中日交涉史料》，1932年故宮印本，卷51，第28頁上。
[2] 《清光緒朝中日交涉史料》，卷51，第28頁下。
[3] 《閏三月二十二日收日本國公使矢野文雄信一件：沙市匪徒滋鬧請飭實力辦理由》，"湖北沙市土匪燒毀日本洋房獲犯賠款及沙市專章岳州劃界各案"，《總理衙門清檔》77－85－1，臺北中研院近代史研究所檔案館藏。
[4] 《清光緒朝中日交涉史料》，卷51，第30頁上。該電是二十一日由東京發出的。
[5] 《清光緒朝中日交涉史料》，卷51，第30頁上、下。
[6] 軍機處《電寄檔》光緒二十四年閏三月二十四日。又，閏三月二十至二十二日，光緒帝陪慈禧太后在京西檢閱八旗營伍，此後一直住在頤和園，直到二十六日才回到紫禁城。而在這段時間，光緒帝每日向慈禧太后請安，若有重大事件也在請安時報告。
[7] 李宗侗：《楊叔嶠光緒戊戌致張文襄函跋》，(臺北)《大陸雜誌》第19卷第5期，1959年9月15日出版。相關的情況，參見本書第二節第四節。從當時的政治派系來分析，翁同龢、張蔭桓、李鴻章都不會歡迎張之洞到京主政。

來回電:"有電悉。念四有電旨寄上海,命叔回鄂辦沙市案,辦畢再來京。收到否?……"[1]

光緒二十四年閏三月二十六日(1898年5月16日),張之洞到上海的第二天,發電北京張彬等人:

> 急。京。樓:昨在滬奉電旨,因沙市事,飭令折回,俟此案辦竣,地方安靜,再行來京。接鄂電,沙市現已無事,譚已屢奏。我到京於時局無益,回鄂甚願,滬上有要事,兩三天後即回鄂。日來都下係何情形,鑑園病如何?速覆。並告韜、嶠諸君。覆電加急字寄滬。壺。宥。[2]

張之洞再次表示了不願入京的心情,也很關心恭親王的病情。他命張彬將此電內容告訴黃紹箕、楊銳。而黃紹箕、楊銳、張彬收到該電後,立即回電:

> 電悉,即告韜、嶠。既奉旨,祈速回鄂,遲必有謠言。回鄂日期速電奏。事畢速請旨,令來京。否,勢成騎虎,能來方好。法因粵西教案要梧州。德王昨覲見,動靜未聞。鑑園病痊。韜、嶠、樓。宥。[3]

從電文的內容來看,黃紹箕、楊銳、張彬已經聽聞了阻張入京的內部消息,故讓其儘快回鄂,並儘快電奏回鄂日期,以防止京中的"謠言"。"鑑園病痊",即恭親王的病情好轉,黃紹箕人等供了不確的消息。次日,閏三月二十七日,張之洞發電北京張彬:"京。樓:急。廿八日自滬回鄂。壺。宥。"[4]同時發電總理衙門代奏,表示將於二十八日開行,並告日

---

[1] 光緒二十四年閏三月二十六日巳刻發、到,《張之洞存來往電稿原件》,第7函,所藏檔號:甲182-378。又,該電後稱:"尚令次煌出京否?東海四月初九八旬壽,應酬否?侄擬初三出京,先到鄂。樓。宥。"又,"念四",二十四之意。

[2] 《張之洞電稿》光緒二十五年三月至四月,閏三月二十六日辰發。所藏檔號:甲182-466。原整理者有誤,根據內容,該電發於光緒二十四年。"譚",署理湖廣總督湖北巡撫譚繼洵。

[3] 光緒二十四年閏三月二十六日戌刻發,亥刻到,《張之洞存來往電稿原件》,第7函,所藏檔號:甲182-378。

[4] 閏三月二十七日寅刻發,《張之洞電稿》光緒二十五年三月至四月,所藏檔號:甲182-456。原整理者有誤,根據內容,該電當發於光緒二十四年。

本不會因沙市事件使用軍艦動武。[1]

根據上海《申報》的報導,張之洞在上海會見了各國領事,與盛宣懷、志鈞、蔡鈞等清朝官員商談交往,並參觀了巡捕房、西學堂、榨油廠、造紙局。[2] 閏三月二十九日,張之洞乘"楚材"兵輪離開上海,途中與長江水師提督黃少春進行了兩小時的會談。[3] 四月初四日(5月23日),張之洞在回鄂途中發了三份電報。其一給楊銳:

　　京。喬:密。此時且回鄂,再看。凡事聽其自然。黃樓出京否? 鈍。支。[4]

楊銳的來電雖未見,但細繹張的電文,"凡事聽其自然"一語似表明,楊銳已有詳細的電報或密信説明内情;"此時且回鄂"一語似又表明,由於沙市事件已平息,也符合諭旨中"地方一律安清"的要求,楊銳希望張據情請旨再入京;而張謹慎地表示了"再看"的態度。其二給湖北布政使

---

[1] 閏三月二十七日寅刻發,《張之洞全集》,第4册,第469頁。張在電報中稱:"昨晚奉到二十四日電旨","擬二十八日即自滬行"。張還在該電報中説明,關於日本派軍艦一事,已與日本領事相談,其一艦是到漢口的例行訪問,另一艦可函阻,即解除了清廷此時最爲擔心的日本藉此事件動武的憂慮。

[2]《申報》光緒二十四年閏三月二十九日第三版以"憲舟紀事"爲題報導:"湖廣總督張香帥前日赴滬北洋務局,接見各國駐滬領事、翻譯各官。午後五點鐘,仍回舟次。昨日午前,正大雨時,各官咸詣金利源碼頭'楚材'兵輪船呈遞手版,香帥概不接見……"同版以"名園盛宴"爲題報導:"湖廣總督張香帥於昨日午後兩點鐘時,偕英界公廨讞員張賡三直刺往巡捕房,歷覽一周,捕頭戎服佩刀伺候。旋至梵王渡西學塾,詳考章程。復至靜安寺附近愚園,蓋礦務局總辦志觀察鈞筵宴也。筵座者屬江關道蔡和甫觀察諸員,水陸紛陳,東南盡美,直至夕陽西下,始席散而回。"《申報》光緒二十四年四月初一日第三版以"憲舟紀事"爲題報導:"盛杏蓀京卿於昨晨赴張香帥舟次拜謁,晤談良久,始興辭而出。午後,香帥乘馬車至楊樹浦,閲視榨油廠、造紙局。三點鐘時,復赴梵王渡,看新馬路。旋赴教堂,由教士延入,遍閲學舍,直至五點鐘時,始回舟次。"此中的"昨",可以當"以前"講。"英界公廨讞員",指上海公共租界會公廨清朝審判官員。"蔡和甫",蔡鈞。"盛杏蓀",盛宣懷。

[3] 光緒二十四年閏三月二十八日,張之洞發電張彬:"……明晨始能開輪。壺。勘。"(閏三月二十八日辰刻發,《張之洞電稿》光緒二十五年三月至四月,所藏檔號:甲182-456。原整理者有誤,根據内容,該電當發於光緒二十四年)《申報》光緒二十四年四月初五日第二版以"帥旌過潤"爲題,報導了四月初三日張之洞座船"楚材"號過鎮江時官員迎送的情況,其中稱:"'楚材'就象山下碇,長江水師提督黃芍岩宮保先乘小舟往謁,商議要公,約歷二點鐘時,始辭别……""黃芍岩",黃少春。

[4] 四月初四日申刻發,《張之洞電稿》光緒二十五年三月至四月,所藏檔號:甲182-466。原整理者有誤,根據内容,該電發於光緒二十四年。

王之春：

> 武昌王藩臺：清。密。屢電悉。凡事當聽其自然，且回鄂再看。名心泐。支。[1]

王之春是張之洞任兩廣總督時的屬員，跟隨張已十多年，關係甚深。他的來電雖未見，但可以推測，其内容大體與楊鋭相同。張之洞對他的回電也大體與楊鋭相同。其三是給梁鼎芬：

> 武昌兩湖書院梁太史：藏。密。屢電悉。汲黯、富弼，未聞强欲入都。回鄂爲是。來電甚勇二字上有誤，祈再示。壺。支。[2]

汲黯（？—公元前112年），西漢名臣，忠賢直諫。富弼（1004—1083），北宋名臣，清賢中正。很可能梁鼎芬來電中以汲、富相期許，而張卻稱兩人亦未"强欲入都"。四月初八日（5月27日），張之洞回到漢口，十二日，張之洞發電，稱其"已遵旨回任"。[3] 儘管如此，仍有一些官員仍希望能再次推舉張之洞入京。[4]

恰於此時，北京的政情大變。光緒二十四年四月初十日（1898年5月29日），恭親王奕訢去世。[5] 同日，御史王鵬運上奏"大臣誤國請予

---

[1] 光緒二十四年四月初四日發，《張文襄公電稿墨迹》，第2函第11册，所藏檔號：甲182-219。

[2] 光緒二十四年四月初四日發，《張文襄公電稿墨迹》，第2函第11册，所藏檔號：甲182-219。

[3] 《張之洞全集》，第4册，第470頁。

[4] 光緒二十四年四月二十七日，沈曾植給丁立鈞的信中稱："（前缺）惟視政府過深嚴，著著皆有用意，此則法眼尚差，未免自縛手脚耳。都中諸公遂不能再作推衾之舉，此殊不解，現在尚有可圖，過是恐無餘望矣。（壺有電致叔喬諸公，言不願入，此自文章節次應爾耳。辭者自辭，推者自推，寧可死煞句下乎?）"（許全勝整理：《沈曾植與丁立鈞書》，上海圖書館歷史文獻研究所編：《歷史文獻》，第16輯，上海古籍出版社，2012年，第147頁）"推袁"似爲推舉袁紹爲盟主，此處喻推舉張之洞入京輔政。"壺"，張之洞。"叔喬"，即叔嶠，楊鋭。沈曾植寫信的當天，恰是慈禧太后罷免翁同龢之日，他可能還沒有得到消息，故稱"現在尚有可圖，過是恐無餘望矣"，並主張"推者自推"。次日，四月二十八日，沈曾植致信汪康年："……熟思世事，自非壺帥入都，殆於更無他法。顧朝命中變，何以臺評輿議，乃竟寂無一言。魏闕情形，真不可思議，如何如何……"（《汪康年師友書札》，第1册，第1143頁）"朝命中變"，指命張之洞返回湖北。

[5] 《申報》光緒二十四年五月初九日第一版以"聖怒有由"刊出消息："天津采訪友人云：户部尚書翁叔平大司農開缺回籍，已將電論恭列報端。按大司農在毓慶宫行走有年，聖眷優隆，固非百僚之所可比擬。此次恭忠親王抱疾之時，皇上親臨省視，詢以朝中人物，誰可大用者? 恭忠親王奏稱：除合肥相國積毀銷骨外，京中惟榮協揆家，京外張制軍之洞及裕軍帥祿，可任艱危。皇上問：户部尚書翁同龢如何? 奏稱：是所謂聚九州之鐵，不能鑄此錯者。甲午之役，當軸者力主和議，曾建三策，一、收高麗爲行省，封韓王如衍聖公，優給俸禄，世襲罔替。二、遴派重兵，代守其國，以備不虞。三、以高麗爲各國公共之地，俾互相箝制，以免强鄰得所措手。時翁大（轉下頁）

罷斥摺",彈劾翁同龢、張蔭桓,該摺當日上呈慈禧太后。[1]四月二十一日,給事中高燮曾上奏"海關增加經費有失政體",指責翁同龢,該摺片當日呈送慈禧太后。[2] 四月二十二日(6月10日),即百日維新的前一天,慈禧太后進行第一次人事調整:榮祿升大學士(後補文淵閣)管理户部,剛毅升協辦大學士、接任兵部尚書,崇禮接任刑部尚書。該次調整幾乎全是針對翁同龢。[3] 四月二十七日(6月15日),百日維新的第五天,翁同龢六十九歲(虛歲)的生日,慈禧太后進行第二次人事調整:翁同龢被"開缺回籍";[4]直隸總督、北洋大臣王文韶"來京陛見",榮祿署理直隸總督、北洋大臣;清廷還發出電報:"四川總督裕祿現在行抵何處?迅速來京陛見。"[5]該次人事調整直到五月二十三日才結束。王文韶接替翁出任軍機大臣、户部尚書、總理衙門大臣,裕祿調任軍機大臣,榮

(接上頁)司農已入軍機,均格不得行,惟一味誇張,力主開戰,以致十數年之教育、數千萬之海軍覆於旦夕,不得已割地求和。外洋乘此機會,德踞膠澳,俄租旅、大,英索威海、九龍,法貰廣州灣,此後相率效尤,不知何所底止? 此皆大司農階之厲也。於是向不滿意于大司農者,至此咸不甘以仗馬貽譏,交章劾奏。皇上保全晚節,遂令解組歸田。"這是一傳聞,可靠性很難確定,其中關於朝鮮處置三策,當屬和平時期的對策而非臨戰前的手段,翁同龢尚未重任軍機大臣。在此録之,僅備一説。

[1] 王鵬運摺見《軍機處録副·光緒朝·内政類·職官項》,3/99/5360/45,中國第一歷史檔案館藏。當日翁日記稱:"王鵬運封奏,大臣誤國。見起三刻,語多,王劾余與張蔭桓朋謀納賄也,薰蕕同器,涇渭雜流,元規汙人,能無嗟詫。"(《翁同龢日記》,第6册,第3129頁)並參見軍機處《隨手檔》,光緒二十四年四月初十日;《光緒宣統兩朝上諭檔》,第24册,第158頁。
[2] 高燮曾:"户部籌撥巨款增加海關經費大失政體摺",《軍機處録副·光緒朝·軍務類·軍需項》,3/124/6145/33,中國第一歷史檔案館藏。該摺片雖未直言攻翁,但翁已看出其意,日記中稱:"高摺意斥余而未明言,但指張某(蔭桓)爲主,户部不敢駁耳。"(《翁同龢日記》,第6册,第3132頁)並參見軍機處《隨手檔》、《洋務檔》光緒二十四年四月二十一日。
[3] 翁同龢當時的職位是協辦大學士、軍機大臣、總理衙門大臣、户部尚書。榮祿原爲協辦大學士、督辦軍務處會辦大臣、總理衙門大臣、兵部尚書、步軍統領,與翁地位相等;此時以大學士管户部,正好在户部事務上管着翁;剛毅與翁同屬軍機,此時升協辦大學士、調兵部尚書,在地位上完全與翁平起平坐;剛毅空出來的刑部尚書,留給了總理衙門大臣崇禮,使之不再用鑲白旗蒙古都統名銜,即可在總理衙門與翁對敵,更壓制張蔭桓一頭。
[4] 該日軍機處《上諭檔》,有硃筆上諭:"協辦大學士、户部尚書翁同龢,近來辦事多未允協,以致衆論不服,屢經有人參奏。且每于召對時諮詢事件,任意可否,喜怒見於詞色,漸露攬權狂悖情狀,斷難勝樞機之任。本應查明究辦,予以重懲,姑念其在毓慶宫行走有年,不忍遽加嚴譴。翁同龢著即開缺回籍,以示保全。特諭。"(《光緒宣統兩朝上諭檔》,第24册,第181—182頁)由此可見,放逐翁同龢的上諭,出自光緒帝硃筆,然作出該決定的仍是慈禧太后。
[5] 軍機處《電寄檔》、《洋務檔》,光緒二十四年四月二十七日;《光緒宣統兩朝上諭檔》,第24册,第182—183頁。

禄調任直隸總督、北洋大臣。[1] 儘管慈禧太后罷免翁同龢有着多種原因，今人對此也有多種分析；[2]但我以爲，其中最重要的是權力鬥爭，慈禧太后絕不允許"翁師傅控制光緒帝把持朝政"的局面出現。五月二十七日(7月17日)，清廷又發來電旨：

> 奉旨：前經諭令張之洞折回本任，俟沙市之案辦竣，再行來京。現在案雖就緒，惟湖北地方緊要，張之洞著即毋庸來京陛見。[3]

中樞的調整至此已經完成，再召張之洞入京已無必要。[4]

如果不是沙市事件，如果不是翁同龢的阻撓，張之洞將於四月初，即恭親王奕訢去世之前到達北京，很可能由此入值軍機處、總理衙門。若是如此，政局還會有如此之大的變動？

---

[1] 四月二十九日清廷電王文韶："王文韶迅即來京，於初四日請安。"(軍機處《電寄檔》光緒二十四年四月二十九日)同日王文韶回電："豔電諭旨敬悉。現趕緊照料一切，准于初三日乘輪車進京，遵旨於初四日請安。"(《總理衙門清檔·收發電》，01-38，臺北中研院近代史研究所檔案館藏)五月初四日、初五日王文韶兩次召見(《光緒二十四年外官召見單》，《宮中雜件》[舊整]第915包，中國第一歷史檔案館藏)，並於初五日被命爲軍機大臣、總理衙門大臣、户部尚書。四月二十九日，總理衙門收到裕禄的電報："裕禄四月二十八日行抵宜昌，接奉電旨，於五月初一日折回上海，航海入都陛見。請代奏。"(軍機處《電報檔》光緒二十四年四月份)，五月十九日裕禄召見(《光緒二十四年外官召見單》)，二十三日被命爲軍機大臣、署理鑲藍旗漢軍都統。翁同龢遺下的協辦大學士由孫家鼐升補。七月十九日，禮部六堂官被革後，裕禄補爲禮部尚書。

[2] 關於探討翁同龢開缺原因的著述很多，其中最重要的有：楊肅獻譯，蕭公權：《翁同龢與戊戌維新》，(臺北)聯經出版事業公司，1983年，第117—124頁；黄彰健：《戊戌變法史研究》，第128—141頁；孔祥吉：《光緒與戊戌維新運動》，見《戊戌維新運動新探》，第245—262頁；戴逸：《戊戌變法時翁同龢罷官原由辨析》，《故宫博物院院刊》1995年第1期；侯宜傑：《略論翁同龢開缺原因》，《清史研究》1995年第4期；舒文：《翁同龢開缺原因新探》，《清華大學學報》(哲學社會科學版)1998年第3期；俞炳坤：《翁同龢罷官緣由考辨》，《歷史檔案》1995年第1期；以上4篇論文皆收録於翁同龢紀念館編：《二十世紀翁同龢研究》，蘇州大學出版社，2004年；楊天石：《翁同龢罷官問題考察》，《近代史研究》2005年第3期。上述論文的分析各有獨到見解，然以戴逸一語爲最精闢，即光緒帝自己都承認他没有罷黜高官之權力。而最爲重要的證據，是光緒帝罷免翁的硃諭。俞炳坤稱："光緒的硃諭現在尚存我館。人們看了這道硃筆諭旨就可以發現，它同現存光緒的其他多數硃諭的字體、字迹和形式都有所不同。它每個字的一筆一劃都寫得規則矩矩、工工整整，每一行字都寫得很直，行距和字數完全相等，一點都没有勾劃改動的痕迹，根本不像是自己邊想邊寫的，而很像是臨帖照抄的。"然此説只是一種分析，光緒帝若自己起草硃諭，如此重大之事，草稿過於零亂，自己再抄一遍也是有可能的。

[3] 軍機處《電寄檔》光緒二十四年五月二十七日。

[4] 楊鋭稱，這一道諭旨是出自剛毅之意。參見本書第二章第四節。

如果張之洞入值軍機處、總理衙門，必不會聽命于翁同龢，這也是慈禧太后、徐桐等人所樂意看到的，成爲政治上的牽制力量。若是如此，慈禧太后還有必要驅逐翁同龢嗎？

如果張之洞與翁同龢同在樞廷爲官，會否大起黨爭？在"張之洞檔案"《張文襄公函牘未刊稿》所録張之洞致翁同龢信的抄件旁，有一貼條，稱言：

> 常熟極修邊幅，與文襄行徑本不甚同。然作京曹時，雖蹤迹較疏，而同在清流，未嘗不互相引重。迨文襄開府粵、楚，興作繁多，規模宏大，常熟局量較隘，視文襄舉動不無揮霍之疑。及漢陽鐵廠開端，中國創舉，事事借重客卿，糜費所不能免。常熟時笾度支，文襄請款動遭駁詰，賴醇賢親王一意維持，廠事得不中輟。卒以預估之數一再追加，仍不足用（已用至六百餘萬），始奉旨招商接辦，非文襄本意。兩人嫌隙由此積而愈深。此函詞意雖極推崇，實望其維持到底，不得不屈意爲之。筱山傳述之言，蓋以撙節爲規，故篇末云云，即申明無可撙節之意耳。此事始末，文襄親爲余言之。要之，事皆因公，初無私怨，則可一言決也。瀛注。[1]

"瀛"，很可能是汪鳳瀛，張之洞的重要幕僚。他的這段注語説明，翁、張之間只是政策分歧，並無不可排解的恩怨。同爲清流的見解，也有可能使他們互爲推重，力治弊端。若是如此，清朝的官場是否會有大的風氣變化而不那麽腐敗不堪，清朝會否因此也延長生命？

---

[1] 《張文襄公函牘未刊稿》，所藏檔號：甲 182－393。"文襄"，張之洞，其謚號爲"文襄"。"筱山"，翁同龢之侄、翁同書之子翁曾桂，此次他與張之洞的相會，當爲新任江西按察使進京觀見後，上任時經過南京。張之洞該信也已發表，見《張之洞全集》，第 12 册，第 68 頁。而汪鳳瀛所記，亦有誤記之處，醇親王于光緒十六年去世，漢陽鐵廠恰於此年終建，當不能有"一意維持"之事。但醇親王對張之洞的事業"一意維持"，卻是確有其事。張之洞晚年的《抱冰弟子記》中也有相關的記載，稍有不同："己丑、庚寅間，大樞某、大司農某立意ася難，事事詰責，不問事理，大抵粵省政事無不翻駁者，奏諮字句無不吹求者。醇賢親王大爲不平，乃於晷所議奏各事，一一皆奏請特旨准行，且事事皆極口稱獎……並作手書與樞廷諸公，曰：公等幸勿藉樞廷勢恐喝張某。又與大司農言，曰：如張某在粵有虧空，可設法爲之彌補，不必駁斥。"（《張之洞全集》，第 12 册，第 517 頁）"己丑、庚寅"，光緒十五、六年，而所言内容皆是張在兩廣總督任上之事。"大樞"，似指孫毓汶。"大司農"，指翁同龢。

如果張之洞入京輔政,他在《勸學篇》中提出的"中學爲體、西學爲用"的主張,很可能成爲此期朝政的綱領;而他對康有爲及其學說的敵視,將會全力阻止康有爲一派的政治企圖。他對"迂謬"理念的反感,也將會全力阻止極端保守派的政治反動。若是如此,清朝的歷史之中是否就會沒有戊戌變法和戊戌政變,沒有義和團和庚子事變,而提前進行清末新政?

……

……

歷史沒有"如果",也容不下太多的假設。於是,治史者與讀史人又有了百般的思緒、萬般的感嘆和那種不由自主的暗自神傷……

第一章 張之洞之子張權、之侄張檢、張彬的京中密信

一、李景銘與《張文襄公家藏手札·家屬類》

在數量極其龐大的"張之洞檔案"之中,有數以百計的文件涉及戊戌變法,而能讓我眼前一亮、怦然心動者,是其中一件精心製作的摺冊,木板夾封,封面的簽條寫"張文襄公家藏手札·家屬類·石芝所藏"(以下稱《張文襄公家藏手札·家屬類》)。[1] 其中的一些信件透露了戊戌變法中的重要内幕。

正當我爲"石芝"其人感到極爲困惑時,近代史研究所圖書館的茹靜女士向我提供了情况:"石芝"很可能是李景銘,該館另藏有"李景銘檔案"八册,裝訂樣式大體相同,也有三册亦署名"石芝";其中一册題名已脱落、封套題爲《李景銘存清室信札》者,頁内有紅色鉛筆所寫字樣:"信札共9册,56、4、27萃文齋,共價60.00,總59號"。[2] 由此看來,《張文襄公家藏手札·家屬類》原是李景銘所收藏,於1956年4月27日由近代史所圖書館購自北京琉璃廠舊書店"萃文齋";又由於該册題簽爲《張文襄公家藏手札》而從"李景銘檔案"中抽出,屬入"張

---

[1] 《張文襄公家藏手札·家屬類》,所藏檔號:甲182-264。
[2] 近代史所圖書館所藏有"李景銘檔案",所藏檔號:甲279,共計摺册8册,皆精心製作、木板夾封,形式與《張文襄公家藏手札·家屬類》極爲相似。該8册的簽條爲:《閩中五書院試卷》、《朋僚手札》、《師友函牘》、《朋僚手札》、《崇舊集》、《適園題詠集》,以上《朋僚手札》兩册、《師友函牘》的貼條皆書"石芝"字樣,另兩册簽條已脱落,函套上寫"李景銘存札·第二函一册"、"李景銘存清室信札"。以上8册加上《張文襄公家藏手札·家屬類》,恰好是9册。茹靜還稱,李景銘後人還來過近代史所圖書館,説明其家族在美國另藏有相當多的材料,歡迎利用研究。

之洞檔案"。

李景銘,字石芝,福建閩侯人,光緒三十年(1904)進士,清末任度支部員外郎;北洋政府時期任財政部賦稅司司長、印花稅處總辦等職。他對清朝歷史較爲熟悉,著有《三海見聞錄》、《閩中會館志》等書。[1] 然他又是從何處搜得這些信札,情況不詳。臺灣大學歷史系李宗侗教授的經歷,可能對此會有所幫助。李宗侗曾著文稱:

> 昔在北平,頗喜購名人信札,所積至萬餘件,帶至臺者不過數百札耳。此劫餘之一也。吾所注意與收藏家不同,收藏家偏重人與字,而吾則重內容,若內容重要,即片簡斷篇亦所不計。文襄遺物多經後門外估人之手,以其故宅在白米斜街,去諸肆甚近。憶曾購得兩木箱,雜有諸人致文襄信札及文襄所批文件與親筆電稿若干件,現回憶之,皆可謂爲至寶矣。[2]

李宗侗爲晚清重臣李鴻藻之孫,他從地安門外舊物店收購了兩木箱的張之洞遺物,李景銘是否亦是如此?而李宗侗於1935年因故宫盗寶案離開過北京,他的收藏是否另有出讓?

《張文襄公家藏手札·家屬類》貼有李景銘所寫的五張簽條:一、"張權,字君立,直隸南皮人,文襄公長子。戊戌進士。户部主事,禮部郎中,四品京堂。"二、"此三紙係楊銳號叔嶠所寫。"三、"張檢,字玉叔,直隸南皮人,文襄公胞侄。庚寅進士,吏部文選司郎中,外放江西饒州府知府,升巡警道,署按察使。"四、"張瑞蔭,字蘭浦,直隸南皮人。文達公子,官□□道監察御史。"[3]五、"石鎮,字叔冶,直隸滄州人。爲文襄公內侄,官安徽候補道。"由此看來,李景銘對張家的情況亦有初步的了解。

《張文襄公家藏手札·家屬類》共粘貼張之洞家屬書信計二十四

---

[1] 參見楊之峰、李誠:《〈三海見聞志〉前言》,李景銘:《三海見聞志》,北京古籍出版社,2005年,第1—3頁。李景銘本人自1920年開始記日記,有日記33函,數百萬字,並從日記中删削出《六二記憶》,其中部分内容以《一個北洋政府官員的生活實錄》爲題刊於《近代史資料》,第67號(中國社會科學出版社,1987年)。

[2] 《楊叔嶠光緒戊戌致張文襄函跋》,《大陸雜誌》,第19卷第5期。"後門",指地安門。

[3] "文達公",張之萬。又據紀果庵:《清史世家略記》,張瑞蔭曾官山西道監察御史。(《古今》半月刊第57期,1944年10月)

件,另有其門生楊鋭來信一件。我之所以對其感興趣,是因爲其中的七件,即張之洞之子張權來信四件(一件爲全,一件缺一頁,二件爲殘)、侄張檢來信一件、侄張彬來信二件(一件稍全,一件爲殘)。[1] 這些密信寫於光緒二十四年(1898,張彬的一殘件寫於光緒二十一年),皆是向張之洞報告京中的政治情況,涉及戊戌變法中許多鮮爲人知的核心機密!

以下逐件介紹張之洞收到的這批密信,並結合"張之洞檔案"中親筆電報,加以背景的説明。

二、張權光緒二十四年六月十二日來信

《張文襄公家藏手札·家屬類》所貼第二十二件,是張權的來信。張權,張之洞長子,字君立,生於同治元年(1862),光緒五年(1879)中舉。光緒二十一年,與康有爲等人在京發起强學會。光緒二十四年二月,他進京參加會試。[2] 張之洞對此十分關心,親筆寫了大量的電報[3];亦曾

---

[1] 除了張權、張檢、張彬的來信外,該摺册還粘貼有其侄張榮泉信3件、其侄張永鎮信2件、其侄張叔鶴信1件、其侄張樟信1件、族侄張瑞蔭信1件、其侄孫張守誠信1件、其侄孫張元震信1件、其内侄石鎮信3件、其内侄石鐏信1件、其侄孫(未具名)信1件、其侄媳胡氏信1件。另有楊鋭的密信1件(寫於光緒二十二年)。楊鋭一信也十分重要,將在本書第二章第二節中介紹。

[2] 光緒二十四年二月初八日,張之洞發電駐守清江的漕運總督松椿:"小兒權入京會試,日内當已到清江,祈派馬隊護送。感禱。洞。陽。"與此同時另發電張權:"致清江電局,譯出探交張君立:何日到,何日行?電聞湖北署翁。陽。"(光緒二十四年二月初八日子刻發,《張之洞電稿丙編》,第15函第74册,所藏檔號:甲182-94)

[3] 從"張之洞檔案"中可以看出,他對於張權的行程、會試、朝考及分部學習諸事,無不發電予以詳細指示。其中閏三月十二日電報稱:"急。京。化石橋,吏部張玉叔轉張君立:真電悉。來電語意,似是已中,但未明言。悶極!中式第幾名?房師爲誰?速即刻覆。贊敬房師一百,座二十,已飭匯毛詩。彬侄及叔嶠、林次煌豐此外熟人有中者否?並覆。壺。文。"(閏三月十二日申發,《張之洞電稿》光緒二十五年三月至四月,所藏檔號:甲182-456。原整理者有誤,根據内容,該電發於光緒二十四年)"毛詩",指銀三百兩。閏三月十六日電稱:"京。化石橋吏部張玉叔交張君立:電悉。覆試贊見每人十六金。覆試閲卷係何人?即覆。壺。銑。"(閏三月十六日亥發,出處同上)四月三十日電稱:"京。張玉叔:急。權朝考名次,速告。壺。"(四月三十(轉下頁)

於四月十八日發電指示其殿試之策略。[1]張權此次會試,中三甲第63名進士,五月十三日光緒帝旨命"分部學習",任戶部學習主事。

張權到京後,除了應試外,張之洞也命其報告京中密情。光緒二十四年閏三月初一日(1898年4月21日),張之洞發電:

> 京。化石橋。張玉叔轉張君立:四數已匯,到否?場作速鈔,即日交郵政局寄。勿延。近事可詳告。壺。卅。[2]

"張玉叔",張檢,後將詳説。"壺"爲張之洞發電給親屬及密友的自稱。四月初七日(5月26日)又發電:

> 京。化石橋。吏部張玉叔轉交張君立:榜後何以總無信來,奇極。即日寫一函,交郵政局寄鄂。行書即可,不必作楷。壺。陽。[3]

"近事可詳告"、"即日寫一函"等語,説明了張之洞交待的任務。五月二十六日(7月14日),即會試、引見各項結束後,張之洞發電張檢、張權:

> 京。張玉叔、張君立:急。分何司?即電告。前交郵政局寄《勸學篇》一本,當早接到。有何人見過?議論如何?康、梁近日情形如何?仲韜、叔嶠與之異乎?同乎?衆論有攻擊之者否?即覆。壺。宥。[4]

"仲韜",黄紹箕,時任翰林院侍講。"叔嶠",楊鋭,時任內閣候補侍讀。

(接上頁)日巳刻發,出處同上)五月二十一日電稱:"京。化石橋吏部張宅,張君立:急。簽分何部?速覆。壺。"(五月二十一日巳刻發,《張之洞電稿》光緒二十五年五月至七月,所藏檔號:甲182-456。原整理者有誤,根據內容,該電發於光緒二十四年)

[1] 張之洞電稱:"急。京。化石橋,張玉叔轉張君立:今年殿試,若空衍泛活,太不好看。每段可引名臣議論一兩條,名臣奏議一兩條,周秦諸子精粹語一兩條,史事一兩條。較爲切實。務遵照。即覆。壺。嘯。"(光緒二十四年四月十八日辰刻發,《張文襄公電稿墨迹》,第2函第11册,所藏檔號:甲182-219)張之洞後又發電:"急。京。張玉叔:閏權兒殿試患病,必在三甲後,囑其朝考用心可也。甲第名次仍即電知。鼎甲有異才否?並聞。壺。敬。"(四月二十四日巳刻發,《張之洞電稿》光緒二十五年三至四月,所藏檔號:甲182-456;原整理者有誤,根據內容,此電發於光緒二十四年)

[2] 《張之洞電稿》光緒二十五年三月至四月,閏三月初一日子刻發。所藏檔號:甲182-456。原整理者有誤,根據內容,該電發於光緒二十四年。"四數",指銀四百兩。"場作",指會試之作。

[3] 《張之洞電稿》光緒二十五年三月至四月,四月初四日申自九江發。所藏檔號:甲182-456。原整理者有誤,根據內容,該電發於光緒二十四年。此時張之洞正從上海返回武昌。

[4] 《張之洞電稿》光緒二十五年五月至七月,五月二十六日辰發,所藏檔號:甲182-456。原整理者有誤,根據內容,該電發於光緒二十四年。

兩人皆是張之洞在京最親信的人。這封電報中開列出張之洞所需了解的情報內容。除了私人性質的張權分户部後又掣何清吏司外,主要有三項:一、《勸學篇》在京的反應;二、康有爲、梁啓超在京的活動;三、黄紹箕、楊鋭與康、梁的關係。至於第三項,很可能是張聽説黄、楊等人參加了康有爲等人組織的保國會的部分活動。[1] 六月初三日(7月21日),張之洞再電張檢、張權:

> 京。化石橋,張玉叔、張君立:急。摺差寄《勸學篇》三百本,以百本交仲韜、百本交叔喬,百本自留,親友願看者送之。康氣焰如何?黄、喬、楊與康有異同否?户部難當,只可徐作改圖。堂官已見否?前電久未覆,悶極。速覆。壼。[2]

由此可知,張之洞爲《勸學篇》在京發動了巨大的宣傳攻勢。[3] "黄"指黄紹箕,"喬"指喬樹楠,"楊"指楊鋭。張之洞再問此事,仍是保國會的傳聞,他還没有收到張權的回電。

張權的這封密信,正是在這一背景下寫的。

張權此信,署日期爲"六月十二日"(1898年7月30日),寫於紅紙上,標有頁碼,共二十頁,中缺第二頁。其信全文爲:

> 男權跪請父親大人萬福金安。
>
> 敬稟者。五月二十日由摺差寄呈一稟,想入慈覽。接署中信,欣悉又得一十二弟,不勝歡忭。近想福躬康健,闔署平安,定如孺頌。兹謹將都(中缺第二頁)
>
> ……向政府諸公言,除備副本四十部外,當多送數部,以備諸公翻閲。剛相言,吾輩要之何用。進呈日,適有丁立瀛請開議院之奏李玉坡言其意專爲籌款而設。剛出,謂:上覽丁奏後云,吾變法並非要變成洋鬼子,幸今日已見張某之書,方始明白君權之要。不然,如丁立

---

[1] 楊鋭等人參加保國會活動的具體情況,可參見本書第二章第三節。
[2] 六月初三日戌刻發,《張之洞電稿》光緒三十年六至七月,所藏檔號:甲182-470。原整理者有誤,根據内容,該電發於光緒二十四年。
[3] 與此相關的情況,參見本書導論第三節。

瀛此奏，吾又幾乎上他當矣。此李玉坡親聞剛言之。

徐蔭老數月來，氣悶極矣，自言：自見《勸學篇》後，爲之一快。

康有爲本意願出使日本，其次大學堂總教習。梁卓如曾向合肥言，如以渠南海先生使日本，必能聯絡日人，于中國大有裨益。廖仲山師向孫燮老言數次，請派康大學堂總教習。孫未允。

總教習先擬請盛伯羲。盛言：若朝來請則午死，午來請則夕死。又擬請王益梧，王亦辭。始改請許。

大學堂所派教習，除黃仲弢_{黃係提調}、壽伯符外，多不愜人望。知之者，熟人有朱益齋妹丈、余壽平誠格，並有新庶常數人，大約新進不知名者居多。最招物議者，以內有壽州之婿劉某。益齋言，壽州自云求派之條子太多_{益齋言渠之派}，出於意外，並未往求。壽、黃、朱三人或就或辭，主意尚未定。

昨傳言，宋伯魯又有奏劾孫，係爲康而發。問李玉坡，尚未之知，恐係謠傳耳。

楊深秀、宋伯魯與康最密。聞人言，楊有悔心，宋則五體投地到底，心悅誠服。宋對人言，自覺與之當學生，尚屬不配，惟有叩頭而已。

文侍御參康摺，句句確實。有所謂不敢出口之言者，係康向楊深秀言，當今時勢，非禪代不可。康又令楊向文言，令其覓一帶兵之都統，借兵八千，圍頤和園，劫兩宮，要以變法。此是其二三月間之語，先以爲或係言者之過。及文仲恭劾渠獲譴後，在戶部署中聞多人皆如此說。又言所云洋字信件，係日本人與彼所立合同亦不知是何等合同及私書也。又謂其寫一紙，條列各洋行，數十萬金可立辦此大約必無之事。此皆是帶見堂官時，在廣東司從旁聞得諸人所說，當時未便細詢究，未知確否也。

三月間，權曾與康相見。渠忽問現在王、貝中有一人才，知之否？答以不知。渠又言，試猜猜？答以全然不知，無從猜起。渠鄭重再三，然後悄言，此人即溥侗也。天資如何高，心地如何好，如何有識見，有志向，如何好學。並言待渠極其尊禮，每坐必居下位，每言必稱先生，娓娓不絕。當時未甚答之，渠亦未竟其說，但言勿告他人而已。此真叵測，而又卑鄙，因遂不敢近之。渠召見後，即日又來拜，亦未與相見。此後遂不通聞問，渠事俱得之傳聞，轉不能知其詳細矣。

有人謂，上設有待詔房爲康、梁入直之所；又謂渠寫一紙條，不由軍機即可遞進。李玉坡言，或不至此。然上交派，凡渠有條陳，專交廖與之呈遞，並不拘奏摺體制，即以說帖封進，隨時交來。廖不敢不與之遞。此則不誣也。

康近對人言，吾始主民權之說，及召見，見今天子聖明英武，始知民權之說不可行也。

近日哄傳康在曾剛甫習經廣東人座中爲人所毆。因其論中國婦女必須廣交遊。一人言，汝家婦女何不先出與吾輩交遊？康無以應，因詈其人混賬，遂至相毆。先傳其人爲浙人鄒壽祺。後有人言鄒中後未殿試，即回南，恐非其人。然此事則非無因也。

今上病，或言係張蔭桓進藥所致，並謂其每見必有進物。于晦若言，或不至此，惟其與人書謂：上有高禖之慶。渠何以知之，人不能無疑耳。于晦若來，渠住賢良寺，出入不便。言明不往回拜。

劉博丈言懷少仙塔布面奏慈聖，言上病，太醫院諸人不能治，請令外省督撫保送。慈聖不答。現係太醫院莊守和診治。莊言，如百日內可愈即愈，百日不愈即不易爲矣。

仲弢聞王大舅言：張蔭桓尚不甚妥，陰有退志，經濟特科渠亦不保人矣。大舅謂：其一身不自保，焉能保人。然有謂其已保者，不知確否。李玉坡謂，其自受驚後，破費二百三十萬。三十萬係應酬近侍者。玉坡言，渠先未知應酬內監，彼等頗有與之爲難者，經此事後方知。於是大加津潤，其位遂愈固矣。每召見一次，賞賜千餘金。王大舅之語，恐尚非真情也。

李苾老保十七人，係梁啓超主稿，大約康徒爲多。苾老又保康、梁，謂可置之左右，以備顧問。

或言上海道蔡鈞私賣米與日本，爲赫德所劾。

劉博丈言，請大人將策論、四書經義各題出一樣子寄來，博丈將以示諸執政。大約日來諸大老議論紛紛，頗覺爲難，尚未知題目如何出法也。

《勸學篇》叔嶠托何雲帆部郎兆熊在總署排印，尚未成。端午橋帶津石印，擷華書局亦將排印，均尚未成。直隸同鄉議提公款刻一板，李牧皋主其事。板價六十金已定，即日開刻，然更遲緩，必須一月餘方成。現要者紛紛，帶來者俱已散盡。仲發共取去一百七十餘本。除親友至熟處俱已分送外，本科、同年及同部諸人，幾于人人欲得一本。有便請再賞寄一二百部。

《勸學篇》外篇第十六頁閱報第六之左第七行"始知有時局"，"知"字誤刻作"之"。外篇第五十一頁非攻教篇末頁之右第六行"如此狂夫"，"如"字誤刻作"知"。初刻本此二字並不誤，改本始刻誤也。

權掣江西司，初九日到署，只見敬、王、溥三堂，其餘俱尚未見。詢人，據云：見不見亦無關緊要。分部亦無所欲，惟在張蔭桓下，最爲難堪。幸此時與彼尚無關涉耳。擬當一月以後，即請假南旋。帶呈老米二十斤，玫瑰露酒十斤。上次所帶係天津者，此係本京者雷震咯嗤一簍，不知能不壞否？跪請福安！虔叩大喜！恭請姨太太福安！姨奶奶福安！並叩大喜！

男權謹稟　六月十二日

這封信由張權自己分節，儘管中缺一頁，爲敍說的方便，我仍按順序之節數說明其背景。

該信第一、二節雖是禮儀套話，但從中可知張權的通信方式。當時的奏摺由上奏人派摺差送京，摺差又成爲張之洞與京中人士聯繫之介。[1]

---

[1] 此期"張之洞檔案"中抄有當時摺差的四次來電，稱言："摺八到、九遞。白文炳、張正德稟。戊戌六月初一日午刻發，初七日子刻到。""摺二到，順遞。柏禄生、王正泰稟。戊戌六月十二日戌刻發，十四日酉刻到。""摺六到、七遞。盛稟。戊戌七月初六日酉刻發，初十日酉刻到。""摺十出京。盛稟。戊戌七月初九日戌刻發，初十日丑刻到。"(《張之洞存各處來電》，第34函第3、4册，所藏檔號：甲182-136)"摺"即摺差。"八"、"九"、"二"、"六"、"七"、"十"，分別代表日期二十八、二十九、十二、初六、初七、初十。由此可知五位摺差的姓名或姓。如此看來，(轉下頁)

第一章　張之洞之子張權、之侄張檢、張彬的京中密信　81

　　五月二十日,張權已帶回一信,僅過二十二天,又乘摺差之便,再次報告諸多京中情報。此時百日維新已漸入高潮,張之洞急需知道朝廷政情。

　　該信第三、四節說明張之洞《勸學篇》進呈後引起的反應。也是張之洞五月二十六日電報中的主要內容之一。

　　前節已述,翰林院侍講黃紹箕因被保舉"使才"受光緒帝召見,他向光緒帝推薦張之洞的《勸學篇》,旨命其進呈。光緒帝收到該書後,大加贊賞,下旨各省推廣。[1]信中"向政府諸公言",指向軍機大臣言,言者似爲黃紹箕。"剛相",指軍機大臣、兵部尚書剛毅(1837—1900),滿洲正黃旗人,筆帖式出身,"相"指其新授協辦大學士之位。剛毅表示不需此書。"丁立瀛",江蘇丹徒人,同治十年進士,時任順天府府丞。丁立瀛該摺我雖未從檔案中檢出,但查軍機處《隨手檔》,六月初七日記:"府丞丁立瀛摺:請設議院由";又查該日軍機處《上諭檔》,有軍機處給慈禧太后的奏片:

　　　　本日順天府府丞丁立瀛奏請暫設議院摺,奉旨存。再,初六日侍郎李端棻摺,一並恭呈慈覽。[2]

從時間來看,與張權所言完全吻合。"奉旨存"一語說明了光緒帝的處理方式,一般說來,命"存"之奏摺大多束之高閣。"李玉坡",李蔭鑾(1853—?),字玉坡,直隸景州人,光緒九年進士,時任軍機處漢二班領班軍機章京。[3]"剛出,謂",指軍機大臣剛毅在御前見面後,由光緒帝寢

────────

(接上頁)張權此信很可能由摺差白文炳、張正德帶回。又,"張之洞檔案"中有一件電報:"京。廣東提塘。告差弁陳耀邦,即速回粵。迅到車輦店工科劉、老牆根總署章京户部袁、下斜街通政司黄、拴馬樁翰林院黄、北半截胡同南書房李、南半截胡同工科張人駿此數處一問,有信即帶回。勿延。先電覆。費粵出。督署。歌。八月初五日午發。"(原件無年份,《張之洞存來往電稿原件》,第5函,所藏檔號:甲182-376)此爲張之洞在兩廣總督任上的電報,可知此舉由來已久。"劉"爲劉恩溥;"袁"爲袁昶;"通政司黄"爲黄體芳;"翰林院黄"似爲黄紹箕;"南書房李"似爲李文田。

[1]　相關的情況,可參見本書導論第三節。
[2]　《光緒宣統兩朝上諭檔》,第24册,第257頁。
[3]　李蔭鑾當時的官銜記為:"三品銜候補五品京堂升四品後換二品頂戴刑部員外郎"。又,張之洞曾發電其侄張彬:"京。樓。李玉坡蔭鑾住何處,速覆。壺。"(五月廿二巳刻發)。"樓",張黃樓,張彬。(《張之洞電稿》光緒二十五年五月至七月,所藏檔號:甲182-456。原整理者有誤,根據內容,該電似發於光緒二十三年)

宫出來對李蔭鑾所言,而軍機章京是不能参加見面的。從張權的消息來源來看,光緒帝"方始明白君權之要"這段話,應當是相當可靠的。

"徐蔭老",徐桐,號蔭軒。前節已敍,光緒二十四年三月二十九日,楊銳、劉光第等人密謀,由徐桐出面上奏,請調張之洞入京輔政。[1]他本屬思想保守一派,但在此形勢下,對《勸學篇》的内容是能接受的。此後,他對《勸學篇》的態度又有變化。[2]

該信第五、六、七節,談到康有爲欲出使日本、欲任大學堂總教習之事。

先是清朝駐日本公使裕庚因任期已滿,且患有腿疾,要求派出新任,至六月二十四日,光緒帝派湖南長寶鹽法道黄遵憲爲新任駐日本公使。在我看到的文獻中,與康有爲欲出使日本有關的記録爲:一、康在《我史》中稱"又留黄公度勿出",即將黄遵憲留下,主持維新運動。然康未稱其有意於出使日本。[3] 二、康廣仁致何易一信稱:"……弟無如何,乃與卓如謀,令李苾老奏薦伯兄出使日本,以解此禍。乃皇上别放公度,而留伯兄,真無如何也。"[4]康廣仁指出其中的關鍵人物爲李端棻。三、王慶保、曹景郕《驛舍探幽録》稱:"張(蔭桓)云:七月間,皇上有硃筆諭條,令我向日使言中國擬派頭等欽差駐日本。又擬派康有爲赴日坐探變法事宜,我恐日廷不允接待,即至總署與廖仲山言諭。"[5]此中提到派康有爲赴日,與康廣仁的説法相同,其性質不是出使,而是"坐探變法事宜"。然《驛舍探幽録》多有添油加醋處,此説僅可備爲一説。四、周傳儒當年受學於梁啓超,1925年夏與梁相會天津,聽梁講戊戌掌

---

[1] 相關的情況,參見本書導論第四節。
[2] 張謇於光緒二十六年二月十三日日記中稱:"晤張君立權。君立,南皮子。言徐相詆南皮《勸學篇》盡康説。"(《張謇全集》,第6卷,第432—433頁)此爲"己亥立儲"之後,徐的政治權力達於最高峰,其思想保守亦達於最高峰。
[3] 《康南海自編年譜》,《叢刊·戊戌變法》,第4册,第158頁。又可參見拙著《從甲午到戊戌:康有爲〈我史〉鑑注》,第704—706頁。
[4] 張元濟編:《戊戌六君子遺集》,商務印書館,1926年,第6册,《康幼博茂才遺文》,第1頁。此信爲由康有爲提供給張元濟的抄件,可能會有所竄改。
[5] 《叢刊·戊戌變法》,第1册,第503頁。其中關於派黄遵憲"頭等欽差"一事,又可參見孔祥吉、村田雄二郎:《罕爲人知的中日結盟及其他》,巴蜀社,2004年,第68—73頁。

故,撰文稱:

> 在外交路線上,維新派是親日的,以日本明治維新爲師。其中牽線人物是黃公度……1898年陰曆六月二十三日(陽曆八月上旬)雖有以黃公度爲三品京堂出使日本之命,其意在厚結日本爲外援以自固。尚未成行,北京事變日急。有人建議以公度與南海相對調,故德宗三詔敦促,有無論行抵何處,著張之洞、陳寶箴傳令攢程迅速來京之諭……[1]

此中的"有人",指李端棻。然李端棻上奏乃是七月以後之事。[2] 何以六月十二日張權信中即有"康有爲本意願出使日本"一語?看來康有爲對駐日本公使一職,久有關注。"梁卓如",梁啓超。他由徐致靖所保,經總理衙門查看,光緒帝於五月十五日(7月3日)召見,旨命"著賞給六品銜,辦理譯書局事務。"[3] "合肥",李鴻章,時以文華殿大學士任總理衙門大臣,住在賢良寺(今北京東城金魚胡同一帶)。張權所言梁啓超對李鴻章之語,很可能聞自于李的幕僚于式枚(後將述及)。

"廖仲山",廖壽恒(1839—1903),字仲山,江蘇嘉定人。同治二年進士,入翰林院,時任軍機大臣、總理衙門大臣、刑部尚書。"孫燮老",孫家鼐(1827—1909),字燮臣,安徽壽州人,咸豐九年狀元。他是光緒帝的師傅之一,時任協辦大學士、吏部尚書。五月十四日,軍機處、總理衙門上奏辦理京師大學堂諸事宜。十五日,光緒帝經慈禧太后批准後下旨,派孫家鼐管理大學堂事務,並命大學堂總教習、教習及辦事各員由孫奏派。康有爲有意于京師大學堂總教習一職,當時多有説法,我亦有文

---

[1] 周傳儒:《戊戌政變軼聞》,《遼寧大學學報》(哲學社會科學版)1980年第4期。此處"二十三日",爲二十四日之誤。

[2] 查軍機處《隨手檔》七月初三日記:"倉場侍郎李端棻摺:一、保黃遵憲以備顧問由;片一、保庶吉士熊希齡等請擢用由。"李端棻的"保黃遵憲以備顧問摺"、"保熊希齡等請擢用片"皆未從檔案中檢出。查軍機處《上諭檔》,當日軍機處給慈禧太后的奏片稱:"倉場侍郎李端棻奏黃遵憲堪勝重任摺,奉旨'存';又奏保庶吉士熊希齡、江蘇試用道譚嗣同片……"由此可知摺、片的大致内容。由於黃遵憲、譚嗣同已奉旨召京,當日軍機處電寄陳寶箴旨:"湖南在籍庶吉士熊希齡,著陳寶箴傳知該員,迅速來京,預備召見。"(軍機處《隨手檔》、《上諭檔》、《電寄檔》,光緒二十四年七月初三日;《光緒宣統兩朝上諭檔》,第24册,第304頁)

[3]《光緒宣統兩朝上諭檔》,第24册,第228頁。

論證此事。[1] 然康有爲在《我史》中稱:"時李合肥、樞臣廖仲山、陳次亮皆勸孫中堂請吾爲總教習。"[2] 根據李鴻章此期致其子李經方兩信,我以爲李鴻章不太可能推薦康。[3] "陳次亮",陳熾,軍機章京,此時正丁母憂,有可能不在北京。此處張權稱:"廖仲山師向孫燮老言數次,請派康大學堂總教習",證實了康的說法。依廖壽恒的性格,若其主動言此,很可能另有背景,甚至出自光緒帝之授意,可惜張權未詳細説明這一消息之來源。

"盛伯羲",盛昱(1850—1900),字伯熙,宗室,光緒二年進士,光緒十年任國子監祭酒。"王益梧",王先謙(1842—1914),字益吾,同治四年進士,光緒六年任國子監祭酒。孫家鼐請兩位祭酒出任總教習之事,又可見張檢六月初二日致張之洞的信(參見本章第五節)。《國聞報》於光緒二十四年六月初三日以"京師大學堂擬請總教習"爲題,刊出相關消息,提到嚴復、盛昱、王先謙、丁韙良、許景澄五人選。[4] 然孫家鼐已於五月二十九日上了三摺兩片一單,奏明大學堂諸事,其中提議工部左侍郎、前駐俄駐德公使許景澄任大學堂總教習,並提出大學堂辦事各員的名單,光緒帝當日予以批准。[5] "壽伯符",壽富(1865—1900),字伯

---

[1] 參見拙文:《京師大學堂的初建:論康有爲派與孫家鼐派之爭》,《戊戌變法史事考二集》,第242—261頁。
[2] 《叢刊·戊戌變法》,第4册,第151頁。
[3] 李鴻章致李經方,光緒二十四年五月二十八日、六月二十九日,《李鴻章全集》,第36册,第184、188頁。並參見拙著《從甲午到戊戌:康有爲〈我史〉鑑注》,第530—531頁。
[4] 該報稱:"堂事之舉否,全視教習之得失,而各教習之得力與否,尤全視總教習之得人與否。北京大學堂總教習,初議有延聘天津水師學堂總辦嚴復之説。京師講求新學之士大夫,莫不以此舉爲得人。後主其事者,不知何故,忽易前議。因之又欲延聘前國子監祭酒宗室盛伯熙及湖南黃益吾,然二公均不通西文。因又商請美國之丁韙良,但丁在同文館爲總教習,時其薪水且倍于大學堂之總教習,是以不願俯就。聞復近日又擬電請許竹筼侍郎回華,奏請簡授此職。然許侍郎雖歷充使臣,在外洋十餘年,其究否通曉洋文,亦不得而知。可見中國創辦一事,欲得人而理,有如此之難。其實中國未嘗無人,仍不過以資格二字,拘泥困計而已。"又,"黃益吾","王益吾"之誤。
[5] 北京大學、中國第一歷史檔案館編:《京師大學堂檔案選編》,北京大學出版社,2001年,第43—47頁;《光緒宣統兩朝上諭檔》,第24册,第247頁。孫家鼐提出的名單為:刑部候補主事張元濟任總辦;翰林院修撰駱成驤、編修黃紹箕、朱祖謀、余誠格、李家駒任稽查功課提調;詹事府左庶子李昭煒任藏書樓兼官書局提調;工部候補郎中周暻任儀器院提調;户部候補員外郎涂國盛任支應所提調;工部員外郎楊士燮、户部候補郎中王宗基任雜務提調;翰林院編修朱延熙、田庚、田智枚、段友蘭,翰林院庶吉士壽富、章際治、胡濬,內閣候補中書王景沂任分教習;翰(轉下頁)

弗,宗室。其父寶廷,爲清流四諫,與張之洞交密,此時已去世。壽富在京組織"知恥學會",與張權同年中進士,剛剛入翰林院爲庶吉士。"朱益齋",翰林院編修朱延熙。[1]"余壽平誠格",名誠格,字壽平,翰林院編修。張權稱"新庶常數人",指翰林院庶吉士壽富、章濟治、胡濬。"壽州之婿劉某",似指任大學堂文案處差使、刑部學習郎中劉體乾,他是淮系大將劉秉璋之子,但不是孫家鼐的女婿,孫的女婿是劉體乾的弟弟劉體智。關於孫家鼐以條子派大學堂之差事,楊銳給張之洞的密信亦言及:孫家鼐"奏派許竹篔爲大教習,張菊生元濟總辦,黃仲弢等提調,壽伯福等分教習,均極愜當。然其中亦有以請托得者,如涂國盛、楊士燮、余誠格諸人,頗招物議。"[2]

該信第八、九節談及康黨的重要成員宋伯魯與楊深秀。宋伯魯(1853—1932),字芝棟,陝西醴泉人,光緒十二年進士,入翰林院,散館後授編修,此時任掌山東道監察御史。楊深秀(1849—1898),字漪村,山西聞喜人,光緒十五年進士,此時任山東道監察御史。宋伯魯、楊深秀皆於光緒二十三年與康有爲交,很快成爲康黨最重要的成員。他們作爲御史,有直接上奏權,戊戌變法期間替康有爲代奏的奏摺、附片共計約33件。[3]

張權稱"昨傳言,宋伯魯又有奏劾孫,係爲康而發"一語,查軍機處

(接上頁)林院侍讀學士瑞洵、刑部學習郎中劉體乾,比照提調,在許景澄未到任前,在堂協助孫家鼐"斟酌學務,查考事宜",即任文案處差使。光緒帝對此下旨:"依議。"又,孫家鼐奏摺稱黃紹箕爲翰林院編修,誤,黃爲翰林院侍講。張之洞在接到張權此信及楊銳密信前,已獲電報,得知許景澄爲大學堂總教習。他于六月初九日發電許稱:"俄京。許欽差:急。(由美東歸,慰甚。)聞派京城大學堂總教習。還朝有日,欣慰。洞。佳。"(光緒二十四年六月初九日戌刻發,《張文襄公電稿墨迹》,第2函第10册,所藏檔號:甲182-219;其抄件又見《張之洞電稿丙編》,第15函第75册,所藏檔號:甲182-94)

[1] 此一條是陳曉平告訴我的。
[2] 此段引文及相關的背景,可見本書第二章第四節。
[3] 孔祥吉對此有研究,認爲宋伯魯于光緒二十四年二月初八日、十七日、四月二十六日、二十九日、五月十二日、五月二十九日、六月十一日、七月二十八日、八月初六日共代康有爲上了摺片19件;楊深秀於光緒二十三年十二月初九日、二十四年四月十三日、五月初十日、六月二十三日、七月二十九日、八月初五日共代康有爲上了摺片13件;此外宋、楊聯銜代康有爲上摺片1件。(見其著《康有爲變法奏章輯考》,北京圖書館出版社,2008年)

《隨手檔》六月十一日記:"御史宋伯魯摺:……片一、大學堂派辦各員請開去別項差使片"。該片的主要内容是孫家鼐所奏派的大學堂各員須開去別項差使,以專職專任;其中有一段話是針對孫的:

> ……蓋變法之始,自當早作夜思,異常奮勉,斷非平常闒冗酬應、請托營求之輩所能勝任。該大臣自宜格外振刷精神,虛心延攬,方冀有濟。此何時也?此何事也?若仍以官常舊法,瞻徇情面行之,鮮不貽笑外人矣。[1]

宋伯魯此片由康有爲起草,張權的情報相當準確;軍機章京李蕯鑾稱其"尚未之知",很可能恰未當值,或未去檢看該片。

張權稱楊深秀"有悔心",當爲不確,楊此後還爲康代奏許多重要奏摺;稱宋伯魯對康"五體投地到底",是很有意思的説法,透露出宋對康的服膺。

該信第十節談及文悌彈劾康有爲之事。文悌,瓜爾佳氏,字仲恭,滿洲正黄旗人,曾任户部郎中、河南開封知府等職。光緒二十三年底改湖廣道監察御史。他與康有爲初交於光緒二十三年,兩人關係前後變化很大。他最初與康交往甚密,代奏康起草的奏摺。光緒二十四年五月初二日(1898年6月20日),宋伯魯、楊深秀聯銜彈劾禮部尚書許應騤。初四日,許應騤復奏,爲己洗刷,並直言攻擊康有爲。五月二十日(7月8日),文悌上遞長達四千餘言的奏摺,彈劾康有爲,稱其有結交臺諫、把持詞訟、勾結外洋等數罪,並宣稱"康有爲歷次致奴才信函、所擬摺底,如有應行考核之處,奴才當呈交都察院堂官,諮送軍機處備查",以示其證據確鑿。然光緒帝並未因此查辦康,而是下旨:"文悌不勝御史之任,著回原衙門行走。"[2]文悌彈康奏摺由此在京中傳開。然該摺中尚有兩語並未直接言明:

> ……奴才與楊深秀初次一晤,楊深秀竟告奴才以萬不敢出口之言,是則楊深秀爲康有爲浮詞所動概可知也。

---

[1] "御史宋伯魯奏請將大學堂派辦各員開去別項差使片",《京師大學堂檔案選編》,第49—50頁。
[2] 《光緒宣統兩朝上諭檔》,第24册,第233頁。即讓文悌回户部再任郎中。

文悌"遂於初八日至康有爲寓所。其家人因奴才問病，引奴才至其卧室，案有洋字股信多件，不暇收拾。康有爲形色張惶，忽坐忽立，欲延奴才出坐别室，奴才隨僕又聞其弟怨其家人，不應將奴才引至其内室……"[1]

張權於此點明了這兩項内容，並説明其消息來源是户部人員之傳説。"康又令楊向文言，令其覓一帶兵之都統，借兵八千，圍頤和園，劫兩宫，要以變法"，即文悌摺中"萬不敢出口之言"，然此舉近于謀反，楊深秀何以對並無兵權的文悌説？"日本人與彼所立合同"、"條列各洋行，數十萬金可立辦"，即文悌摺中"洋字股信"，張權自己對此都不太相信。

該信第十一節稱張權與康有爲的交往及康有爲與皇族溥侗的交往。這也是該信中最可靠的部分。

張權與康有爲的交往，始於光緒二十一年同辦强學會時期。[2] 至光緒二十三年底，張之洞與康有爲已在政治上分道揚鑣，但張權入京後，最初並没有迴避。"王、貝"，指親王、郡王、貝勒、貝子，即皇族。溥侗（1877—1952），字後齋，號西園，别號"紅豆館主"。其父載治，係乾隆帝第十一子成親王永瑆之曾孫，過繼給道光帝長子奕緯，襲封貝勒，晉郡王，光緒六年去世。溥侗此時二十一歲，封鎮國將軍。他在政治上一無作爲，至民國年間成爲著名的票友，以"侗五爺"享名于京城，"文武昆亂不擋"。從溥侗的身世來看，極富藝術細胞，政治上卻無可贊賞之處。[3] 他與康有爲的交往，似由李盛鐸爲之牽綫。[4] 康也似乎更看重

---

[1] 文悌該摺見《翼教叢編》，上海書店出版社，2002年，第28—35頁。
[2] 日本駐華公使館書記官中島雄在《清國政變前後見聞一斑》中稱："現任湖廣總督張之洞之子張權，是最早向我介紹康有爲的人"。（轉引自孔祥吉、村田雄二郎：《一個日本書記官見到的康有爲與戊戌維新：讀中島雄〈隨使述作存稿〉與〈往復文信目録〉》，《廣東社會科學》2009年第1期）
[3] 溥侗的哥哥溥倫，曾在清末任資政院總裁。溥侗1934年任國民政府的蒙藏委員會委員，國民黨中央候補監察委員；抗戰期間任汪僞政權的"國府委員"、汪記國民黨"中央執行委員"。1952年去世。關於溥侗演戲諸情節，可參見許姬傳：《許姬傳七十年見聞録》，中華書局，1985年，第100—102頁。
[4] 參見孔祥吉：《李盛鐸與京師大學堂》，《晚清史探微》，巴蜀書社，2001年，第79—80頁；馬忠文：《戊戌時期李盛鐸與康、梁關係補正：梁啓超未刊書札釋讀》，《江漢論壇》2009年第10期。

他於己尊禮的一面。外臣與皇室結交,仍屬當時政治的大忌。康所燒的雖是清皇室中的冷竈,但亦有其用心,自己都知道"勿告他人"。張權稱其"真叵測"而不敢交,自是從傳統政治的原則出發。張權還透露,康在四月二十八日光緒帝召見後,還曾拜訪過他,以後兩人未見。

該信第十二節談"待詔房"和康有爲奏摺遞呈渠道。後者是該信中最重要的内容。"待詔房"似爲"待詔所"。康有爲在戊戌政治改革綱領"上清帝第六書"中,提出三項建策:其一是設"制度局",決定政策;其二是設"待詔所",收轉上書;其三是設十二局,實行新政。關於"待詔所"一節,康有爲稱:

> 日本維新之始……設待詔所,許天下人上書,日主以時見之,稱旨則隸入制度局……(中國宜)其午門設待詔所,派御史爲監收,許天下人上書,皆與傳達,發下制度局議之。以通天下之情,盡天下之才……[1]

按照康的這一設計,"待詔所"只是一個上書收轉機構,並無實際政治權力。由於康的"上清帝第六書"此時交軍機處、總理衙門議覆;"上設待詔房",即光緒帝有意設立待詔所以安置康、梁,很可能只是當時的一種傳説,並無實際的根據。

戊戌變法期間,光緒帝僅於四月二十八日召見康有爲一次,康與光緒帝之間的交往渠道由此顯得十分重要;已發現的内府抄本《傑士上書彙録》共收入康的摺片十八件,其中八件由總理衙門代奏,另有十件從檔案中查不出其進呈的方式。康本人稱,軍機大臣廖壽恒爲其進呈條陳:

> 初三日,總理大臣代遞謝恩摺,上命曰:"何必代遞,後此康有爲有摺,可令其直遞來。"又令樞臣廖壽恒來,令即將所著《日本變政考》、《波蘭分滅記》、《法國變政考》、《德國變政考》、《英國變政考》,立即抄寫進呈。
>
> 時吾遞書遞摺,及有所傳旨,皆軍機大臣廖仲山爲之。京師謡

---

[1]《康有爲變法奏章輯考》,第138頁。

言,皆謂廖爲吾筆帖式,甚至有謂爲康狗者……[1]
楊鋭給張之洞的密信中有相同的説法:

> 康封奏皆徑交軍機大臣直上,不由堂官代奏,聞係上面諭如此而已。[2]

但楊鋭没有説明其消息來源,也没有説明由誰代遞。此次張權來信透露出的信息尤其重要:一、説明其消息來源是軍機處漢二班領班軍機章京李蔭鑾,這是相當可靠的;二、"上交派,凡渠有條陳,專交廖與之呈遞"一語,説明是光緒帝下達的旨命,由廖壽恒爲康代遞;三、"不拘奏摺體制,即以説帖封進,隨時交來"一句,值得注意的是"封"和"隨時",前者爲秘密,後者爲時效;四、"廖不敢不與之遞"一語,又説明了廖本人無奈的態度。

該信第十三節説明康有爲當時以君權行改革的政治態度。前已敍及,康有爲及其一派時有"民權"的提法,但他們此時對西方的"民權"思想,未有充分地了解和準確的認識;而張之洞最爲擔心者,即是康有爲一派的"民權"思想,其著《勸學篇》很大程度上也是針對於此。然康在戊戌變法期間宣稱"放棄"民權思想,曾在光緒二十四年五月二十八日《國聞報》發表"答人論議院書"以作公開的宣示。[3] 戊戌政變後,康又多次有相類似的説法。

該信第十四節説明康有爲在京被毆事。康確有改變婦女地位的思想,這表現在對其女兒康同薇、康同璧的教育上,且讓其弟康廣仁在上海參與發起組織"不纏足會"和中國女學堂。曾習經(1867—1926),字剛甫,廣東揭陽人,光緒十四年入廣雅書院,十六年中進士,此時任户部主

---

[1] 《康南海自編年譜》,《叢刊·戊戌變法》,第4册,第148、152—153頁。又,康稱"初三日",似爲不確,總理衙門五月初四日代奏康有爲條陳兩件,由此推斷光緒帝命廖壽恒代遞奏摺當於五月初四日之後。

[2] 參見本書第二章第四節。康摺由廖壽恒代遞,當時也有傳言。蘇繼祖《清廷戊戌朝變記》稱:"(光緒帝)召見(康有爲)以後,仍引嫌不敢隨時召見,凡有顧問之事,由總署代傳,或有章奏條陳,亦由總署呈進,特派廖公專司之,朝中呼之爲'廖蘇拉'。"(《叢刊·戊戌變法》,第1册,第335頁)王慶保等《驛舍探幽録》據張蔭桓語稱:"此後凡有條奏,徑交軍機處命廖大司寇專司其事,大司寇夙知康之荒謬,謂常熟(翁同龢)多事,而亦無法辭卻。"(同上書,第1册,第492頁)

[3] 參見孔祥吉:《關於康有爲的一篇重要佚文》,《戊戌維新運動新探》,第52—63頁。

事。戊戌變法期間,他與康、梁交善,參加保國會的第一次集會。康亦在《我史》中提到約他同去都察院投"上清帝第五書"。"鄒壽祺"(1864—1940),字景叔,號適廬,浙江海寧人,他確實中貢士後即回,至光緒二十九年補行殿試,中進士,後任江蘇丹陽知縣。

該信第十五、十六節談到了光緒帝的病情。光緒帝的醫案今天已公布。[1]從其醫案來看,除了身體虛弱外,主要是遺精病。這一隱疾雖大傷身體,但不影響思維。"張蔭桓"(1837—1900),字樵野,廣東南海人,曾任駐美公使,時任户部侍郎、總理衙門大臣。他是當時的能臣,深受光緒帝的信任,經常被召見,光緒二十四年正月到戊戌政變,光緒帝先後召見其十八次。[2]他也是一個貪吏,名聲不太好,多次被劾。"于晦若",于式枚(1853—1916),字晦若,廣西賀縣人,光緒六年進士,時任禮部員外郎。他長期充李鴻章幕僚,李的奏摺多出自其手,此時隨李鴻章住在賢良寺;而李又與張之洞有隙,故張權稱"出入不便,言明不回拜"。[3]前引梁啟超對李鴻章所言,有可能是于式枚告訴張權的。"高禖",主婚配與生育的神。[4]于式枚稱張蔭桓私信中有"上有高禖之慶",指光緒帝的後宮有懷孕之事,對照光緒帝的醫案,此說甚不可靠;又稱張蔭桓"進藥",也只是一種傳説而已。張之洞收到此信後,於六月二十三日發電張權詢問光緒帝病況。[5]

---

[1] 參見陳可冀主編:《清宮醫案研究》,中醫古籍出版社,2006年;盧經、陳燕平編選:《光緒帝被囚瀛臺醫案》,《歷史檔案》2003年第2期。

[2] 據《光緒二十四年京官召見單》,《宮中雜件》(舊整),第915包,中國第一歷史檔案館藏。光緒帝於正月初九日、二十一日、二月初七日、三月初一日、初二日初十日、十四日、十七日、十八日、二十八日、閏三月初十日、五月初一日、初六日、十六日、七月初五日、二十日、二十五日、八月初四日召見張蔭桓。他是召見次數最多的官員。王照稱:"是時張蔭桓蒙眷最隆,雖不入樞府,而朝夕不時得參密沕,權在軍機王大臣以上。"(《叢刊·戊戌變法》,第2册,第356頁)

[3] 張之洞後發電張權:"……于晦若須答拜,聽其有何議論,賢良寺何妨到耶?"(七月十一日戌刻發,《張之洞電稿》光緒二十五年二月至八月,所藏檔號:甲182-457。原整理者有誤,根據内容,該電發於光緒二十四年)此時張權準備離京。

[4] 《禮記·月令》稱,仲春二月"玄鳥至,至之日,以大牢祠于高禖。"

[5] 張之洞電稱:"急。京。張君立:聞聖躬偶有違和,已大愈否?……壺。漾。"(六月二十三日西刻發,《張之洞電稿》光緒二十五年五月至七月,所藏檔號:甲182-456。原整理者有誤,根據内容,該電發於光緒二十四年)據該電似可判斷,張權此信於六月二十三日到達武昌,這是相當快的速度。

"劉博丈",劉恩溥(？—1908),字博泉,直隸吳橋人,同治四年進士,入翰林院。他與張之洞同屬清流健將,也是張之洞的親戚。時任太僕寺卿。太僕寺被裁撤後,於光緒二十四年七月二十二日遷倉場侍郎。懷塔布(1831—1900),字紹先,滿洲正藍旗人,時任禮部尚書、總管内務府大臣。從清宫檔案可知,懷塔布經常帶領御醫入内,御醫的醫案也例交總管内務府大臣們審閲。"慈聖",慈禧太后。劉恩溥聽説懷塔布要求慈禧太后下令各省派醫一事,我尚未見任何與之相關史料。然戊戌政變後,慈禧太后于八月初十日迫光緒帝明發諭旨,命各地調醫入京。[1] 莊守和,時任花翎二品頂戴太醫院院使,即太醫院的正堂官。從光緒帝醫案可知,光緒帝得的不是急性病,稱"如百日内可愈即愈,百日不愈即不易爲矣",既未説病況,也與光緒帝的醫案不相符,似屬當時的諸多傳言之一。[2]

該信第十七節談到張蔭桓的近況。慈禧太后甚不喜張蔭桓,且對這位能影響光緒帝思想的人物十分警惕。五月初三日,御史胡孚辰彈劾張蔭桓辦理英德借款時,受賄銀二百六十餘萬兩,與翁同龢平分。該摺當日呈慈禧太后。慈禧太后見之大怒,初四日命步軍統領衙門左翼總兵英年查抄拿問張蔭桓,後未執行。[3] 五月初五日(6月23日),慈禧太后與光緒帝共同見軍機,再發雷霆。楊鋭給張之洞的密報中稱:

上月初四日,胡公度侍御奏劾張蔭桓,有借款得賄二百餘萬,七口改歸税司經管,有私改合同事。又議增赫德薪水,每年驟至百廿

---

[1] 該諭旨稱:"朕躬自四月以來,屢有不適,調治日久,尚無大效。京外如有精通醫理之人,即著内外臣工切實保薦候旨。其現在外省者,即日馳送來京,毋稍延緩。"(《光緒宣統兩朝上諭檔》,第24册,第424頁)這一道由内閣明發的諭旨,除了求醫外,更重要的是詔告天下,光緒帝從"四月"起即處於病中,有關政策皆是在病中決定的。

[2] 此時關於光緒帝病情的傳説各異。袁世凱七月上旬在天津,見到榮禄;袁寄信給徐世昌稱:"惟内廷政令甚蹐(糟)……今上病甚沉,有云爲百日癆,殊爲□念。"(天津市博物館:《袁世凱致徐世昌函》,《近代史資料》,總37期,中華書局,1978年,第13頁)李鴻章七月二十七日寫信給其子李經方稱:"兩宫意見甚深,聖躬多病,有謂便血不止,將成癆療。"(《李鴻章全集》,第36册,第193頁)

[3] 英年此時任工部侍郎、步軍統領左翼總兵,因修建頤和園,常在慈禧太后身邊。他奉慈禧太后之命後,告步軍統領崇禮,並提醒須聽軍機處旨意。此事詳細經過,可參見張蔭桓日記。(王貴忱整理:《張蔭桓戊戌日記手稿》,(澳門)尚志書舍,1999年,第173—181、184—186頁)

萬等語。慈聖大怒。次日面諭英年查抄拿問。崇禮故緩之。旋有立山出爲懇求，其事遂解。聞廖仲山亦若求於上前，尚未允。立一人最得力也。[1]

後流亡至日本的王照與犬養毅筆談時稱：

張亦南海人，兩官不合，半係此人離間。太后于去歲二月（誤記，當爲五月）遣步軍統領抄其家，伊納銀二十萬於中官，免。[2]

"王大舅"，王懿榮（1840—1900），字正儒，號廉生，張之洞第三位夫人之兄，光緒六年進士，入翰林院。他與張之洞同屬清流黨，時任國子監祭酒，入值南書房。[3] 他稱張蔭桓"有退志"，"一身不自保"，顯然只觀外相，對其內心思想不太了解。然李蔭鑾稱張蔭桓用於消災免禍的賄賂達到了銀"二百三十萬"兩，其中銀三十萬兩用於太監，那可真是一個驚人的數字。

該信第十八節談到李端棻保舉諸事。"李苾老"，李端棻（1833—1907），字信臣、苾園，貴州貴筑（今貴陽）人，同治二年進士，入翰林院。時任倉場侍郎。張之洞出生於貴州，與李端棻會試同年，更爲清流同黨，兩人私交甚好。然李端棻於光緒十五年爲廣東鄉試正考官，選中梁啓超，並將其堂妹李惠仙相嫁；從此在政治上多聽梁謀，梁亦爲起草奏摺。戊戌變法期間，李是康黨的重要成員。光緒帝罷免禮部六堂官後，於七月二十二日升禮部尚書。

保舉經濟特科的檔案，我至今尚未能發現。胡思敬的《戊戌履霜錄》卷四，錄有保薦經濟特科表，共十七案二百三十五員。其中李端棻薦十六員，名單爲：

直隸編修嚴修；江蘇知縣狄保賢，助教崔朝慶，舉人宋夢槐；安徽舉人程先甲；湖南庶吉士熊希齡、唐才常，附生戴修鯉；廣東主事曾習經，附生徐勤，監生羅普，附生歐榘甲，監生韓文舉；浙江知縣夏

---

[1] 引文出處及相關背景，參見本書第二章第四節。
[2]《關於戊戌政變之新史料》，《叢刊·戊戌變法》，第4冊，第332頁。
[3] 張之洞兩位正妻先後去世，又於光緒二年娶四川龍安知府王祖源之女、王懿榮之妹爲其繼室。王夫人于光緒五年去世。張之洞此後不娶正妻而僅納妾。王懿榮是中國商周時代甲骨文的發現者。

曾佑、湯壽潛；滿洲庶吉士壽富。[1]
其中的人員多爲康黨或與康黨有關係的人士。張權稱李"保十七人、係梁啓超主稿"，與此能大體對應。

張權說李"保康、梁，謂可置之左右"一語，雖有此事，但不準確。六月初六日，李端棻上有"敬陳管見摺"，光緒帝命孫家鼐、奕劻議覆。李的原摺雖未見，但從孫、奕的議覆說帖來看，共有四策：一、御門誓羣臣；二、開懋勤殿，選人才以備顧問；三、派京官紳士回本籍辦學堂；四、刪減各部則例，以杜胥吏之奸。其中最重要的是開懋勤殿一事，從孫、奕議覆說帖來看，李端棻在奏摺中似未提到請康、梁入値懋勤殿，但旁人一眼即可看清，這個機構是爲康、梁等人量身定製的。[2] 張權聽到"置之左

---

[1] 《叢刊·戊戌變法》，第1册，第391—395頁。該表稱兩江總督劉坤一薦24員；湖廣總督張之洞薦18員，河南巡撫劉樹堂薦2員；福建學政戴鴻慈薦3員；前任福建學政王錫蕃薦5員；湖北學政王同愈薦6員；漕運總督松椿薦2員；宗人府丞葛寶華薦3員；順天府尹胡燏棻薦11員；通政使李端棻薦6員；内閣學士徐百熙薦17員；禮部侍郎唐景崇薦7員；左都御史裕德薦5員；兵部尚書徐郙薦3員；户部尚書敬信薦2員。又稱："右經濟特科表，凡二百三十五人，重薦者十二人。外張之洞續保一案、陳寶箴、瞿鴻禨、任道鎔、徐仁鑄各一案均佚。"其中没有張蔭桓的保舉。《國聞報》光緒二十四年五月二十九日以"保薦經濟人才"爲題刊出消息："……昨據京友告知，李芯園侍郎日前具摺，保舉十五人，其中有前安徽青陽縣知縣湯壽潛，廣東三水徐勤，南海歐榘甲。此外述者忘其姓名，俟探訪確實後再行登録。"《國聞報》六月二十二日以"新保特科名單"爲題刊出消息："李芯園侍郎保舉十五人：翰林院編修嚴修（直隸天津）、户部主事曾習經（廣東揭陽）、候選知縣夏曾佑（浙江錢塘）、候選知縣湯壽潛（浙江山陰）、庶吉士熊希齡（湖南鳳凰）、庶吉士壽富（宗室鑲黄）、監生韓文舉（廣東番禺）、附生徐勤（廣東三水）、附生歐榘甲（廣東歸善）、拔貢唐才常（湖南瀏陽）、監生羅普（廣東順德）、候選知縣狄葆賢（江蘇溧陽）、廩生戴修禮（湖南武陵）。"《國聞報》七月十四日刊出消息稱"倉場總督李制軍保送十五人："助教崔朝慶、舉人程先甲（江蘇）、舉人宋夢槐，餘十二人已録前報"。又，我在軍機處檔案中僅找到一件保薦經濟特科的檔案，乃是一清單，與正摺分離，未具保舉者姓名，共保二十一人：吏部主事陳三立、工部主事屠寄、工部主事夏震武、内閣中書曹廣權、前山東沂州府知府丁立鈞、前安徽青陽縣知縣湯壽潛、前山西即用知縣汪崇沂、直隸候補知縣張美翊、候選知縣鄒代鈞、舉人孫詒讓、舉人沈惟賢、舉人王舟瑤、拔貢華世芬、優貢陳爲鑑、監生江瀚、附生趙寬、附生馮澂、附生張東烈、廩生金楸林、廩生潘敦先、廩生裴熙琳。上有光緒帝硃批"覽"。（《軍機處録副·補遺·戊戌變法項》，3/168/9448/57）該條與胡思敬《戊戌履霜記》的記録相比較，皆不吻合，被保薦的人選中，没有康黨的成員。又查得周育民整理：《瞿鴻禨奏稿選録》，有《保舉經濟特科片》，知是瞿氏所上，該片亦開有詳細的保語。（《近代史資料》，總83號，中國社會科學出版社，1993年，第31—32頁。該條是王應憲告訴我的）

[2] 對於李摺中懋勤殿之設，奕劻稱："第二條請皇上選博通時務之人以備顧問。奴才以爲，如令各部院擇優保薦，召對時察其品學純正、才具明敏者，俾朝夕侍從，講求治理，誠是有裨聖治；然品類不齊，亦薰猶異器，必嚴加選擇，慎之又慎。蓋此非如南齋之徒，以詞章供奉也。且（轉下頁）

右"的消息,仍屬一種分析,而這種分析顯然又是知內情者相告的。

該信第十九節談蔡鈞私賣米事,由於此事與戊戌變法無涉,我未去注意相關的材料。

該信第二十節談到科舉新制事。先是五月初五日光緒帝下旨:"自下科爲始,鄉、會試及生童歲科各試,向用四書文者,一律改試策論。"[1] 該年又恰是優、拔貢朝考之年,優貢朝考於六月初六日在保和殿進行,拔貢朝考的初試於六月初四日在貢院舉行,覆試於六月十七日在保和殿進行。五月十八日,禮部上奏請示拔貢考試是否改用策論,光緒帝令"均著改爲一論一策"。[2] 出題判卷此時又成了京中大老的難題,故劉恩溥請張之洞先行出題,以供這些人參考之用。

該信第二十一、二十二節談《勸學篇》在京推廣的情況。何兆熊(1845—1906),字雲帆,四川蓬溪人,同治十三年進士,時任總理衙門署理幫總辦章京,故可安排在總理衙門排印。"端午橋",端方(1861—

(接上頁)以聖祖仁皇帝之天亶聰明,而高士奇猶能招搖納賄,聲名狼藉,則君子小人之辨,不可不嚴也。至於湯若望、南懷仁者,聖祖特以其精于天文測算、製造儀器,偶一召問而已。至內外大臣開館辟賢一節,政事既有司官,督撫亦延幕友,且各公事紛繁,亦恐無此閒晷,與諸人講求,況自行延請,自行保薦,亦恐開黨援奔競之風。"孫家鼐稱:"第二條請皇上選擇人才在南書房、懋勤殿行走,此親近賢人之盛意也。惟朝夕侍從之臣,不專選取才華,尤須確知心術。方今講求西法,臣以爲若參用公舉之法,先采鄉評,博稽衆論,則賢否易於分辨。至大臣開館延賓一節,誠恐公事傍午,暇日無多,且亦無此經費,較之胡林翼等爲督撫蓋難並論。且胡林翼等之開賓館,自有照料賓館委員,非真終日與賓客周旋也。惟在各大員休休有容,集思廣益,果有好賢之雅,亦不必以接納爲高。"("慶親王奕劻説片",六月初十日遞,"孫家鼐説片",六月初十日遞,《軍機處錄副·補遺·戊戌變法項》,3/168/9447/74、75,中國第一歷史檔案館藏。又,前引軍機處奏片可知,李端棻奏摺與丁立瀛奏摺於六月初七日呈送慈禧太后)從奕、孫兩人的"説片"來看,李摺中似未有保康、梁的內容;但到了七月,李端棻先後保舉了黃遵憲、譚嗣同、熊希齡和康有爲。(參見拙文:《戊戌變法期間的保舉》,《戊戌變法史事考二集》,第182—184頁)又,關於李端棻奏摺第三條請派京官紳士回本籍辦理學堂一事,李鴻章也對此作出了反應。光緒二十四年六月初七日,李鴻章致李經方信中稱:"……昨廬州文守過謁,屬其回任後將廬陽書院與紳董議改學堂。此事關係地方文教(有人奏,每省派一巨紳與督撫料理此事間,閻者准行),各地方官諮商,應幫同主持擘畫,若經費不足,酌量湊捐。吾家一鄉之望,義不容辭,便中稟知伯父,暨與各房兄弟商之。"(《李鴻章全集》,第36冊,第168頁)李鴻章在李端棻上奏後的第二天就有消息,並稱"聞將准行",說明其有內部的情報。

[1]《光緒宣統兩朝上諭檔》,第24冊,第206頁。
[2]《光緒宣統兩朝上諭檔》,第24冊,第231—232頁。先前的考試爲時文(八股)一篇,五言八韻詩一首。

1911），字午橋，舉人，時任直隸霸昌道，七月初五日出任新設立的農工商總局大臣。"李牧皋"，李念玆，直隸鹽山人，光緒二年進士，時任掌江南道監察御史，未久外放四川雅州知府。他與張之洞關係亦密。[1]

該信第二十三節談張權到户部任職一事。這也是對前引張之洞五月二十六日、六月初三日電報詢問的回答。"掣江西司"，指張權掣簽分江西清吏司。"敬、王、溥三堂"，指户部尚書敬信、王文韶、户部侍郎溥良。相比之下，張權尚未見者爲户部侍郎立山、張蔭桓、陳學棻。立山兼任總管内務府大臣，常在頤和園，不常到部；陳學棻時派浙江學政（下節將提及）。張權實際未見者，僅是張蔭桓。張之洞素與張蔭桓不合，故張權稱"最爲難堪"。他對此十分憂慮，有意請假回南。

張權此信的核心内容圍繞着康有爲，並流露出對康在政治上發迹的擔心。張權之所以寫上這些内容，當然是隨其父張之洞的目光而轉。

三、張權光緒二十四年六月二十二日來信

《張文襄公家藏手札·家屬類》所貼第二件，是張權光緒二十四年六月二十二日（1898年8月9日）來信。旁有簽條。[2] 該信爲全，寫在紅紙上，標有頁碼，共八頁，不分節。我根據内容將之分節如下：

男權跪請父親大人萬福金安。

敬禀者。六月内摺差寄呈一稟，想已邀慈覽矣。此次摺差到

---

[1] 張之洞曾發電："京。樓。急。速告李牧皋，萬勿議論新寧。人必疑我。且新寧究係好人，若他人更不如矣。切禱。即覆。壺。咸。七月十五日酉刻發。"（七月十五日酉刻發，《張文襄公電稿墨迹》，第2函第11册，所藏檔號：甲182-219。原電無年份，似爲光緒二十三年發）"樓"，張彬。"新寧"，劉坤一。

[2] 簽條寫"張權，字君立，直隸南皮人，文襄公長子。戊戌進士。户部主事，禮部郎中，四品京堂"，貼在該件之側。

京，詢悉福躬康健，闔署平安，孺懷深慰。

劉博丈言，今上變法甚急，慈聖頗不以爲然。每日諭旨，慈聖俱不看，但云：隨他鬧去罷。

聖躬違和，外間傳言太過。大舅云：雖無大礙，卻係舊日有此病根。症係不能存食，每行動五局俱從。時時思食，旋食旋遺，或多食則嘔。別無他症，惟瘦弱特甚。現又往復頤和園數次，想已大愈矣。

博丈電言大學堂章程，事先未有所聞，不知變相與博丈如何説法。及大人來電，當即往詢博丈。據云，俟詢明變相再覆。過數日，無信，又往詢問。博丈云：大學堂事，一字不知。且云：變相毫無主見，一味徇私。觀其色似大有不豫，然當亦未便細詢，大約與變相必有違言也。

博丈言，有人見康有爲，問其何日出京？康云：並不出京。其人謂其現奉諭旨辦官報局。康云：吾不過騙渠明發而已，實不出京也。

李玉坡言，《勸學篇》聖心甚以爲然，面諭樞臣，令各直省書院均以此篇課士。

玉坡又云：陳伯潛閣學、盛伯羲祭酒、崇文山尚書及梁星海丈，此四人皆未易起用，如張幼樵丈，更無論矣也。

李苾園丈奏請將康有爲、梁啟超置之懋勤殿，以備顧問。劉博丈、李玉坡皆如此説。有廣東人言，苾老保康南書房。康在家日日盼望，云：何以諭旨還不見下來？此大約與前係一事，懋勤殿訛爲南書房也。

玉坡又言：六月中旬內，有一人闖入景運門。當時拿獲交刑部。後少頃，有旨叫廖仲山師令放此人。廖親到刑部，將此人要出帶去。據云，係有洋人爲之請，故即刻釋放也。鄉間來人亦謂，現今凡與教民有爭訟，不論曲直，即行打押。或請其罪，官則云：汝去問教堂，教堂言如何便如何耳。以致鄉民紛紛入教者極多。都下謠言百出，有謂八金捐一洋監生，即可橫行無忌者。此外離奇不經之語，不一而足。

陳桂生侍郎奏言，取士不用八股，愈無把握，以此召回。

大人與仲弢電，當即送交。是日渠正與其伯母開弔，未及細談。日來亦尚未得渠回信。

王漢輔表弟有信求薦盛京卿處，將其原函收放迷失，不及尋覓也。

李玉坡囑先代渠請安，渠稍暇再作函也。

匆肅。跪請福安！並請姨太太、姨奶奶福安！

男權謹稟　六月二十二日

寄呈頂好老米五十斤、玫瑰露二斤

以下參考"張之洞檔案"中的親筆電報，分節說明該信的背景。

該信第一、二節依舊是禮儀套話，但可知張權發信僅十天之後，即再給張之洞發密信。就此頻率來看，張權發出的密信數量，應當是相當多的。

該信第三節談及慈禧太后對變法的態度，也是此信中最值得注意的內容。劉恩溥作爲太僕寺卿，平時並不能見到慈禧太后。他所稱太后"隨他鬧去罷"一語，非爲太后親口對其言，而是當時京城內高官之間的傳說，很可能是有根據的；且此類傳說對京城內高官的政治態度將會起很大的作用。[1]

該信第四節談及光緒帝的身體情況。"大舅"王懿榮作爲南書房行走，平時能夠見到光緒帝，但畢竟沒有密切接觸，也不能爲光緒帝診病。光緒帝確有腸胃病，然王懿榮對病情的描述，與現存醫案不符。至於稱

---

[1] 京城電報局總辦馮敦高此期致盛宣懷函中稱："近來新政聞慈聖均不過問，所有摺件亦不閱，頗有不以爲然之説，然又不禁止，聖意正不可測也。近來諭旨大半皆康有爲之條陳，聖上急於求治，遂偏信其言，然閱康君之心術不正，都人士頗切杞憂也……榮相保人才卅一人，姓名無從探聽，聞説武多於文。日本使臣放黄遵憲（公度）；朝鮮使臣放張亨嘉（錫鈞），須明日方揭曉，故亦密聞。"（《盛宣懷檔案》，上海圖書館藏，檔號：061139 - 16。原件無日期，然榮禄的保舉爲光緒二十四年六月初二日，命黄遵憲駐日本公使爲六月二十四日，此信似寫於光緒二十四年六月二十三日）此件是張海榮代爲查找的。

光緒帝經常去頤和園而病情"大愈",也僅是一種皮相的觀察。[1]

該信第五節談及大學堂章程。光緒二十四年五月初四日(1989年6月22日)由總理衙門上奏的《京師大學堂章程》,是康有爲策劃、梁啓超起草的,其中包含着"康學"的内容。楊鋭給張之洞的密信稱:

> 現派梁啓超辦理譯書局事務,分編、譯兩門,所編各書,必將刪削諸經,以就康學。將來科舉,即由大學堂中出,人將講王氏之新學矣。[2]

張之洞之侄張檢曾郵寄梁啓超起草的《大學堂章程》給張之洞(詳見本章第五節)。由此,張之洞對《大學堂章程》十分關注,曾發電詢問孫家鼐;很可能遲遲未得孫的覆電,繼而又電詢劉恩溥。[3] 孫家鼐亦有意修改該章程,於六月二十二日上奏"籌辦大學堂大概情形摺",將康、梁在大學堂章程中所埋設的内容,一一清除乾淨。[4] 張權信中談到了張之洞的電報,談到了劉恩溥與孫家鼐之間的往來(孫不願向劉交底),然他此時還不知道孫家鼐二十二日所上奏摺的内容。

該信第六節談到康有爲是否離京赴上海之事。先是五月二十九日

---

[1] 查《清代起居注册》光緒朝,至六月二十二日,光緒帝最近五次去頤和園的時間是:五月初四日至初九日、十四日至十七日、二十二日至二十七日、三十日至六月初三日、六月十三日至十六日。六月間光緒帝去頤和園較少的原因是,慈禧太后兩次來城内西苑小住:六月初八日至初九日(初九日是咸豐帝生日)、六月二十一日至二十九日(二十六日爲光緒帝生日)。

[2] 引文見本書第二章第四節。"王氏之新學",指王安石于變法時所倡導的"托古改制"之"新學",以其所著《周官新義》、《詩經新義》、《書經新義》(通稱《三經新義》)和《字説》爲代表,頒以各學官,並作爲科考依據。皮錫瑞在六月十八日日記中稱:"卓如定章雖佳,必欲人人讀其編定之書,似有王荆公《三經新義》之弊。"(《師伏堂未刊日記》,《湖南歷史資料》,湖南人民出版社,1959年第2期,第131頁)

[3] 張之洞去電雖未見,但可見孫家鼐覆電:"京。孫中堂來電:鼐薄德鮮能,謬充管學。章程新定,未能詳備,尚須覆奏。我公才望,幸祈賜教。鼐。"(光緒二十四年六月十七日戌刻發,二十二日午刻到,《張之洞存各處來電》,第34函第4册,所藏檔號:甲182-136)這份電報發與收的相隔時間,實在太長,未明其原因。而"章程新定,未能詳備"一語,也説明孫有意再擬章程。

[4] 孫家鼐摺見《叢刊·戊戌變法》,第2册,第435—437頁。相關的情形,可參見拙文:《京師大學堂的初建:論康有爲派與孫家鼐派之爭》,《戊戌變法史事考二集》,第233—246、263—270頁。又,馮敦高此期致盛宣懷函中稱:"創設大學堂,孫協揆所派提調教習,即不滿人意,聞所定章程有類乎義塾,此事係中國興善關鍵,如辦不好,從此休矣。故有心人恒爲惜之。"(《盛宣懷檔案》,上海圖書館藏,檔號:061139-16。原件無日期,從内容來看,寫於光緒二十四年六月二十三日)也是值得注意的評價。

(7月17日)御史宋伯魯上奏由康有爲代擬的"請將《時務報》改官報摺",要求派梁啓超"實力辦理",意在驅逐汪康年。光緒帝命孫家鼐"酌核妥議辦理"。六月初八日(7月26日),孫家鼐上奏,同意將《時務報》改爲官報,提議由康有爲督辦,順勢將康請出北京。光緒帝當日批准。[1] 張之洞爲此於六月十七日(8月4日)發電張權:

> 急。京。張君立:致博翁兩電已交否?博翁云何?速覆。宋伯魯請將《時務報》改官報摺及孫變相請派康辦摺,大意如何?館中款項須歸康否?言明汪康年辦理不善否?速摘要電告。即覆。壺。洽。[2]

該電報的前半,即是前段所言大學堂章程,其後半談到《時務報》改官報之事,張之洞對此十分關心。[3] 第二天,六月十八日,張之洞發電張權,問道:"康肯出京否?"[4] 看來張之洞也已識出孫家鼐之用意,故有此問。康有爲先是同意離京,至此態度已變。[5] 劉恩溥聽人説康有"吾不過騙渠明發"一語,"明發"似指六月初八日由内閣明發的諭旨,"騙渠"似指騙孫家鼐,即他曾對孫家鼐稱同意離京去上海;"實不出京",指康無意離京。此後,康以"編書未竟"等理由繼續留在北京,並發動楊深

---

[1] 宋伯魯摺見《康有爲變法奏章輯考》,第297—299頁;孫家鼐摺見《叢刊·戊戌變法》,第2册,第432—433頁;光緒帝旨見軍機處《隨手檔》、《上諭檔》、《洋務檔》,光緒二十四年五月二十九日、六月初八日;《光緒宣統兩朝上諭檔》,第24册,第246—247、260頁。

[2] 六月十七日巳刻發,《張之洞電稿》光緒二十五年五月至七月,所藏檔號:甲182-456。原整理者有誤,根據内容,該電發於光緒二十四年。

[3] 關於《時務報》改官報的情況以及張之洞一派的活動,參見本書第四章。

[4] 該電稱:"急。京。張君立:初六日頒發《勸學篇》之上諭,首句云'翰林院侍講黃'云云,'院'字下'侍'字上似當有一奏字,文義方明,蓋此翰林院代仲韜奏也。速查京報,是否脱,此事即刻覆。鄂擬將此旨刊入新印本卷首。康肯出京否?"(六月十八日辰刻發,《張之洞電稿》光緒二十五年五月至七月,所藏檔號:甲182-456。原整理者有誤,根據内容,該電發於光緒二十四年)

[5] 六月初十日康有爲致信汪康年,稱言:"昨日忽奉上諭,命弟督辦報事,實出意外。殆由大臣相愛,慮其喜事太甚,故使之居外,以斂其氣……報事本足下與公度、卓如承强學而起。弟連年在粵,一無所助,館中諸事仍望足下相助爲理,凡百皆擬仍舊。前經進達,想已洞鑑……聞卓如與足下曾小有意見,然我輩同舟共濟,想足下必不因此而芥蒂也。頃因進呈書籍尚未告成,須十日外乃可成行,或先奏派一、二人出滬商辦……"(《汪康年師友書札》,第2册,第1664—1665頁)汪康年的堂兄汪大燮也聽到消息,告汪康年:"聞康二十邊(便)動身赴申"。(同上書,第1册,第788—789頁)

秀等人上摺,要求開懋勤殿。[1] 除了此信外,張權似已另用電報報告了康不出京的動向,六月二十五日(8月12日),張之洞發電張權,問道:"康不出京,係何策?"[2]七月十一日(8月27日),張之洞再發電張權:"⋯⋯孫燮相係座師,臨行前須一見。贊其維持聖經,道我欽佩,問其如何處康⋯⋯"[3]張權此時準備離開北京(後未行),張之洞命其臨行前拜見孫家鼐,拉攏關係,並了解孫家鼐處置康有爲之設想。

該信第七、八節談到軍機處漢二班領班章京李蔭鑾所言兩事。其一是光緒帝對《勸學篇》的看法。除了前引六月初七日的諭旨外,光緒帝後又於七月初六日命總理衙門印《勸學篇》三百部。[4] 但我未見軍機處下發令各直省書院"以此篇課士"的諭旨。其二是清流黨人的政治前景。"陳伯潛",陳寶琛(1848—1935),字伯潛,福建閩縣(今福州)人。同治七年進士,光緒八年任內閣學士。中法戰爭時主戰,擢會辦南洋事宜,因其所薦唐炯、徐廷旭兵敗,降五級處分。光緒二十四年六月初一日,張之洞保舉"使才",第一位即是陳寶琛,但光緒帝並未下旨。[5] 張

---

[1] 參見拙著《從甲午到戊戌:康有爲〈我史〉鑑注》,第607—608、648—649、708—714頁。關於懋勤殿一事,最近又讀一則史料,姚文棟爲其母九十大壽而作《啓文》,稱言:"⋯⋯德宗親政,仁和王相國告余曰:帝意開懋勤殿,選十友居之,諮詢中外要政,其姓名出御筆硃書,已交軍機處,君亦與列。叩之,則李公端棻舉首,黃君紹箕列第三,賤名列第五也。明發有期,衆尼後緩。慈禧回鑾訓政,遂停前議。"(戴海斌整理,姚明輝編撰:《姚文棟年譜》,《近代史資料》總125號,中國社會科學出版社,2012年,第211頁)"仁和王相國",軍機大臣王文韶。其中最重要的是,光緒帝已寫"御筆硃書"的名單下發軍機處,"衆尼後緩",似指軍機大臣有進言相勸,光緒帝然後緩辦。然姚文棟作此時爲民國七年(1918),時隔二十年,政治上的禁忌雖不存在,但時間過長,很難驗證。
[2] 六月二十五日酉刻發,《張之洞電稿》光緒二十五年五月至七月,所藏檔號:甲182-456。原整理者有誤,根據內容,該電發於光緒二十四年。該電前稱"敬電悉",指收到張權二十四日發來的電報。
[3] 七月十一日戌刻發,《張之洞電稿》光緒二十五年二月至八月,所藏檔號:甲182-457。原整理者有誤,根據內容,該電發於光緒二十四年。
[4] 《光緒宣統兩朝上諭檔》,第24冊,第312頁。
[5] 《張之洞全集》,第3冊,第499頁。其中對陳寶琛的評語稱:"才品兼長,學端志遠,辦事沈毅有爲,向來講求洋務,於兵輪、商務、工作等事,並皆熟悉。中外大局,皆屬了然,能見其大,不同侈談西學皮毛者。"最後的一句,很可能是針對康有爲及其黨人的。張之洞此摺共保舉5人,另4員是黃遵憲、傅雲龍、錢恂、鄭孝胥,由於黃遵憲、傅雲龍已有旨命召見,六月十四日光緒帝收到該摺,當日下旨:錢恂、鄭孝胥"該二員來京預備召見。"(軍機處《電寄檔》,光緒二十四年六月十四日)

之洞爲此於六月二十三日發電張權：

　　……鄂省保薦舉使才數人。有二人已奉旨進京，惟陳伯潛閣學一員，不知下文，或奉召，或報罷，速覆。壺。漾。[1]

然陳寶琛後又由陳寶箴保舉，七月十三日光緒帝命"預備召見"。[2] "盛伯羲"，盛昱。"崇文山"，崇綺(1829—1900)，同治四年狀元，曾任户部、吏部尚書。他是大學士賽尚阿之子，其女爲同治帝的皇后。光緒十二年以病免。"梁星海"，梁鼎芬，張之洞的心腹幕僚之一。張之洞此時正設法通過黃紹箕，請禮部侍郎唐景崇出奏保舉梁鼎芬。(後將詳述)"張幼樵"，張佩綸(1848—1903)，直隸豐潤人，同治十年進士，後任翰林院侍讀學士、總理衙門大臣。光緒十年任福建軍務會辦，署理船政大臣。馬江之敗後被革職充軍，李鴻章欣賞其才華，招爲女婿。陳寶琛等人皆是清流黨人，與張之洞關係極爲密切，此時多已倒臺。[3] 張之洞非常關心這些同黨，尤其是關係最密切的陳寶琛、梁鼎芬，能否東山再起。

　　該信第九節談到張之洞最爲關心的康有爲會否進入政治中樞之事。前節已敍，張權六月十二日來信談到李端棻六月初六日上有"敬陳管見摺"，提出"開懋勤殿，選人才以備顧問"一策，但未稱其消息來源；此次

---

[1] 六月二十三日酉刻發，《張之洞電稿》光緒二十五年五月至七月，所藏檔號：甲182-456。原整理者有誤，根據内容，該電發於光緒二十四年。

[2] 六月十八日，湖南巡撫陳寶箴保薦人才，其中第一位仍是陳寶琛。七月十三日，光緒帝收到此摺，下令陳寶琛入京"預備召見"。(《戊戌變法檔案史料》，第160—163頁；《光緒宣統兩朝上諭檔》，第24册，第328頁)參見本書第五章第二節。

[3] 清流黨(北清流)奉李鴻藻爲首領，以張之洞、張佩綸、陳寶琛、黃體芳、寶廷、鄧承修、吳大澂、劉恩溥等人爲核心。其中陳寶琛、張佩綸、黃體芳(黃紹箕之父)、寶廷被稱爲"清流四諫"。("清流四諫"有着多種説法。參見林文仁：《南北之爭與晚清政局1861—1884：以軍機處漢大臣爲核心的探討》，中國社會科學出版社，2005年，第103—113頁)劉成禺稱："清流黨者，呼李鴻藻爲青牛(清流同音)頭，張佩綸、張之洞爲青牛角，用以觸人，陳寶琛爲青牛尾，寶廷爲青牛鞭，王懿榮爲青牛肚，其餘牛皮、牛毛甚多。張樹聲之子，爲牛毛上之跳蚤。"(《世載堂雜憶》，第90頁)張之洞族孫張達驤稱："當時南方人嫉視清流黨並嘲笑説：清流黨是青牛黨(諧音)。張之洞與張佩綸爲李鴻藻抨擊異己，動則觸人，是牛角；王懿榮博學多聞，是牛腹；劉恩溥好拜客，爲之廣通聲氣，是牛足；黃體芳、陳寶琛是江南人而附該黨，是牛尾；寶廷狎妓好色，是爲牛鞭；張華奎慫恿盛昱奏劾全樞，以後導致清流黨徒解體，是青牛背上的跳蚤；其餘朝中翰詹科道黨于李者，皆爲牛毛。"(《南皮張氏兄弟事述述聞》，《天津文史資料選輯》，第35輯，天津人民出版社，1986年，第103—104頁)由此可見張權交往者、張之洞關心者仍是清流一黨。

張權又稱劉恩溥、李蔭鑾兩處消息來源。廣東人所言"南書房"一事,據孫家鼐的"説片",在李端棻奏摺中是與"懋勤殿"並稱的;而稱康"在家日日盼望"等語,又可知當時的京中傳言。

該信第十節談到闖入景運門及民教衝突兩事。"景運門",位於紫禁城乾清門內之西側,臨近軍機處,已屬"門禁森嚴"之最的處所。又查六月初三日軍機處《上諭檔》,有着兩條記錄:

内閣奉上諭:本日道旁叩閽之山東民人高春風,著交刑部嚴行審訊。

高春風,年五十七歲,山東恩縣人,因街道督令拆卸攤子,心懷不平,爲此叩閽。[1]

"叩閽",即宫門訴冤。上引兩條記錄不知是否與此事相關。"鄉間來人"一語,似指張之洞家鄉直隸南皮一帶的來人,此時直隸乃至京城內外的民教衝突已是相當嚴重。兩年後,義和團進入北京,釀成巨大風暴。

該信第十一節談到浙江學政陳學棻反對廢八股之事。"陳桂生",陳學棻(1837—1901),字桂生,湖北安陸人。同治元年進士,入翰林院,時任户部右侍郎,外放浙江學政。五月初五日光緒帝旨命科舉改新章,陳學棻對此上奏"命題參用四子六經廿三史片",稱言:

……惟是袪弊必以漸,爲學必有師。政令新頒,下通民志,人心默化,全系士心。自制義取士以來,父師以是教,子弟以是率。一旦猝改,子弟無所師承,士心爲之渙散……近日民情浮動,藉端生事,不一而足。若使此等無業之士簧鼓煽惑,下愚之民搖動附和,勢必釀爲不測之禍。蓋改試之成就人才、挽回氣運者,關係誠大而遠,而浮言之變亂黑白搖惑人心者,禍患實隱而深也。臣愚以爲此後命題宜飭部臣妥議章程,於貴州學政臣嚴修所請經濟特科内政、邦交、理財、經武、格致、考工之外,仍參用四子六經廿三史,分別先後。仍禁不准引用近時書名人名,以崇體制而杜一切標榜攻許之弊竇……[2]

---

[1]《光緒宣統兩朝上諭檔》,第24册,第253頁。
[2]《軍機處録副·光緒朝·内政類·戊戌變法項》,3/108/5617/76,中國第一歷史檔案館藏。

該摺於五月二十九日遞到御前,光緒帝甚爲不喜。兩天後,六月初一日,光緒帝經慈禧太后批准後明發諭旨:"陳學棻著來京供職,浙江學政著唐景崇去。"[1]這是光緒帝廢八股後第一個處理的高級官員。從陳學棻的原片來看,張權所稱的"取士不用八股,愈無把握"一語,並不十分準確。[2]

該信第十二節談到張之洞給黃紹箕的電報,查"張之洞檔案"中此期有兩電,要求張權轉給黃紹箕等人。其六月十三日電稱:

京。張君立:轉韜、嶠。急。佳、蒸、眞三電未覆。昨有電旨催黃遵憲、譚嗣同迅速來京,係辦何事?必康秘謀。速覆。鈍。元。[3]

"佳"、"蒸"、"眞",分別初九日、初十日、十一日的代日,可見張之洞接連三日發電給黃紹箕等人,以了解京中政情。此電中張之洞讓黃紹箕、楊銳去查黃遵憲、譚嗣同來京的背景,以及此中康有爲的秘謀。其六月十九日電稱:

京。張君立:轉仲韜。急。大用有期,欣賀。梁節庵忠悃長才,閒廢可惜。請轉商唐春卿侍郎,可否切實薦達。節庵近年講求時務,絕不爲迂謬守舊之談,論事通達,才力敏果,而識趣極爲純正。方今朝廷銳意變法,若用此等人則有變通之利,無悖道之害,實于時局世道有益。徐致靖尚可保人,況名望如春卿?不能不以大臣薦賢之意望之也。但必以通達時務爲言乃可。是否可行?速示覆。壺。效。[4]

"唐春卿",即禮部侍郎唐景崇,此時剛替代陳學棻出任浙江學政。張之洞見其聖眷正隆,故讓黃紹箕與之商議,出面保舉梁鼎芬。然以上兩事皆非易易,黃紹箕未能及時作覆。

---

[1] 《光緒宣統兩朝上諭檔》,第24冊,第250頁。
[2] 張之洞接到楊銳密報稱:"陳學棻奏報歲考事,附片論時文不宜輕廢,忤上意。次日撤回。陳在浙最不喜言時務,所出觀風題,即分詠西湖八景。至爲塵陋,浙人士皆非笑之。"(參見本書第二章第四節)
[3] 六月十三日戌刻發,《張之洞電稿》光緒二十五年五月至七月份,所藏檔號:甲182-456。原整理者有誤,根據內容,該電發於光緒二十四年。
[4] 六月十九日亥刻發,《張之洞電稿》光緒二十五年五月至七月份,所藏檔號:甲182-456。原整理者有誤,根據內容,該電發於光緒二十四年。從此電原稿可見,張之洞原擬發給楊銳,後改發給張權。在該電中,張之洞還刪去了"楊叔嶠才品□□超卓,似亦可薦"一句。

该信第十三节谈王汉辅求荐差使事。"王汉辅表弟",即王懿荣之次子王崇烈,字汉辅。"盛京卿",盛宣怀,时以太常寺少卿督办中国铁路总公司。王崇烈有意通过张之洞的关系去盛宣怀处任差。

该信第十四节谈到军机处汉二班领班章京李葆鑾与张之洞之间的私下交往,并称"稍暇再作函",即给张之洞写信。这明显违反军机章京不得结交外臣之规定,由此又可知,张之洞在京中有着多处情报渠道。

四、张权光绪二十四年来信两残件

《张文襄公家藏手札·家属类》还贴有张权来信的两残件。一件为该摺册所贴第四件,注明页码"一"、"二",其内容为:

男权跪请父亲大人万福金安。

敬禀者。摺差来,询悉福躬康健,阖署平安,孺怀至慰。

都中自康祸作后,人心惶惶,谣言百出。近始稍觉安定。八月十三日之事,午前尚毫无信息。十二日见乔茂萱,渠尚云杨、刘二人或可无虞。缘杨曾在上前面劾康,欲令其速出。谭保康有为及其弟康广仁,刘不署名。此二事可站得住也。传言军机大臣承旨时,太后谕以分别办理。王、廖俱重听,未之闻也。

相传林示谭一诗云:青蒲伏泣知无补,慷慨何曾答主恩,原为公歌千里草,本初健者莫轻言。后不知如何,渠……(下缺)

另一件为该摺册所贴第三件,注明页码"十",其内容为:

(上缺)……博丈向人颇说鄂中闲话,想当因刘祖桂事,心有芥蒂也。敬禀。叩请福安!并请姨太太、姨奶奶大人福安。

男权谨禀　九月初二日

诸弟妹均告。

從内容來看,前者是起首,内容爲八月十三日(9月28日)"六君子"就義事,後者是末尾,署"九月初二日"(10月16日),時間相隔近二十天。從五月二十日、六月十二日、二十二日張權三次發信的情況來看,此兩殘件有可能是一信,也有可能是兩信。若是一信的話,中缺七頁;若是兩信的話,似更爲合理。

以下説明張權來信兩殘件的背景。

張權的前一殘件所言,爲八月十三日"六君子"就義事,並對楊鋭、劉光第之死感到十分痛惜。楊鋭本是張之洞的親信,劉光第與張亦有密切的聯繫。他們由陳寳箴所薦,七月二十日(9月5日)旨命爲軍機章京,"參預新政"。張之洞聞楊鋭被捕後,進行了大規模的營救。[1]

"喬茂萱",喬樹柟(1850—1917),時任刑部主事。他是楊鋭、劉光第的同鄉,且交好;與張之洞及張幕中的王秉恩等人關係亦密。[2] 劉任軍機章京時,與林旭不合,萌有退意,喬曾力勸之。[3] 楊、劉就義後,喬亦爲之收尸。此處喬樹柟所言楊鋭、劉光第之事,屬相當可靠。

喬樹柟言"楊、劉二人或可無虞"一語,指楊鋭、劉光第很可能脱罪;喬亦有電報發至武昌。喬樹柟言"楊曾在上前面劾康,欲令其速出"一

---

[1] 參見本書第二章第五節。
[2] 光緒二十九年喬樹柟履歷單記:"喬樹柟,現年五十三歲。係四川華陽縣人。由癸酉科拔貢,奉旨以七品小京官用,簽分刑部。同治十三年七月到部。光緒二年丙子科本省鄉試中式舉人。十年禮部尚書徐桐、刑部左侍郎薛允升前往奉天查辦事件,充隨帶司員。十年八月期滿,奏留。十一年捐免歷俸二次期滿,奏留,作爲額外主事。十二年因纂修《順天府志》出力,保加五品銜。十五年三次期滿,奏留,作爲候補主事。二十年丁母憂回籍,經前任四川總督鹿傳霖奏派辦理商務團防等事。起復後,二十四年到部。二十五年充提牢廳主事……"(《清代官員履歷檔案全編》,第7册,第208頁)張之洞於同治十二年充四川鄉試副考官,出闈後任四川學政;喬樹柟恰於此年選拔貢,不知是否與張之洞有關。
[3] 唐烜在光緒二十四年八月二十八日日記中稱:"喬爲乙酉同年,四川人,與楊鋭、劉光第均同鄉至好。聞陳右銘中丞之薦楊、劉,皆喬君爲之慫恿而吹噓者,劉與薦主固不識也。比劉派充軍機章京後,因新政初行,事多武斷,劉又非素習西學者,與同班之林旭不甚水乳,意欲具疏力辭。喬君又力阻之,並云當此時勢,能有一分利益,不可自便身圖云云。劉遂遲延不發,而及於難。知其事者,咸咎之。喬亦無詞以解也。談次嘆云:如劉某、楊某稍知康逆奸謀,喬úe徇私回護者,天日在上,必遭雷霆之誅。席未終,喬先去……"(《唐烜日記》光緒二十四年,中國社會科學院近代史研究所圖書館藏,所藏編號:甲143)唐烜與喬樹柟雖爲同部官僚,但僅是在酒席間相交,喬如此出言,屬對劉、楊之死深痛。

語,似指光緒帝於七月三十日召見楊銳一事。光緒帝於七月二十九日從宮中去頤和園,爲開"懋勤殿"之事,與慈禧太后發生了很大的衝突。三十日,光緒帝在頤和園召見楊銳,發下密詔,詢兩全之計。[1] 楊銳"在上前面劾康",當屬在此次召見時;"令其速出",又見於八月初二日光緒帝明發諭旨,令康有爲"迅速前往上海"。[2]

喬樹楠言"譚保康有爲及其弟康廣仁,劉不署名"一語,似可指兩事。其一,此處的"保",若作"擔保"來解,似指湖南舉人曾廉上奏彈劾康、梁事。梁啓超《戊戌政變記·劉光第傳》記:

> 七月二十六日,有湖南守舊黨曾廉上書請殺南海先生及余,深文羅織,謂爲叛逆,皇上恐西后見之,將有不測之怒,乃將其摺交裕祿,命轉交譚君按條詳駁之。譚君駁語云:臣詞(嗣)同以百口保康、梁之忠,若曾廉之言屬實,臣嗣同請先坐罪。君(劉光第)與譚君同在二班,乃並署名,曰:臣光第亦請先坐罪。譚君大敬而驚之。[3]

但梁啓超的記載與喬樹楠所言,有着很大的差別,且曾廉條陳也未涉及康廣仁。其二,此處的"保",若作"保舉"來解,譚嗣同的行動似與開"懋勤殿"有關。光緒二十四年七月二十九日(1898年9月14日)徐致靖、楊深秀、王照先後上奏,要求開懋勤殿並保舉人員,其中有康有爲與康廣仁。康有爲在《我史》中稱:

> 時復生力欲薦吾入軍機,吾自避。徐學士力欲薦吾直懋勤殿,吾因爲行新法,不爲富貴,又以觸西后之忌,辭之極力,而兩君者猶

---

[1] 該密詔稱:"……但必欲朕一旦痛切降旨,將舊法盡變,而盡黜此輩昏庸之人,則朕之權力實有未足。果使如此,則朕位且不能保,何況其他?今朕問汝,可有良策俾舊法可以全變,將老謬昏庸之大臣盡行罷黜,而登進通達英勇之人,令其議政,使中國轉危爲安,化弱爲強,而又不致有拂聖意。爾其與林旭、劉光第、譚嗣同及諸同志等,妥速籌商,密繕封奏,由軍機大臣代遞,候朕熟思,再行辦理……"(趙炳麟:《光緒大事彙鑑》,見黃南津等點校:《趙柏巖集》,廣西人民出版社,2001年,上册,第239—240頁)

[2] 該諭旨稱:"工部主事康有爲前命其督辦官報局,此時聞尚未出京,實堪詫異!朕深念時艱,思得通達時務之人,與商治法,閱康有爲素日講求,是以召見一次。令其督辦官報,誠以報館爲開民智之本,職任不爲不重,現在籌有的款,著康有爲迅速前往上海開辦,毋得遷延觀望。"(《光緒宣統兩朝上諭檔》,第24册,第407頁)

[3] 梁啓超:《戊戌政變記》,《續修四庫全書》,上海古籍出版社,1995年,第446册,第261頁。以下簡稱《戊戌政變記》續四庫版。

強牽不已。[1]

然譚是否有保舉之事,我在檔案中尚未見過記載。然若譚真有保舉之奏摺,而劉光第僅是未在上面簽名,似與楊銳"劾康"大不相同,是否真能作爲劉"無虞"的"站得住"的理由?

八月十三日"六君子"不審而誅,是給事中高燮曾等七人於八月十一日聯銜上奏、御史黃桂鋆於八月十二日上奏、國子監司業貽穀於八月十三日上奏,要求迅速定案,以防外人干涉。[2] 由於英國與日本公使已對張蔭桓一案進行了干預,慈禧太后恐外國干涉接踵而至,不顧先前的諭旨,下令立即處死六人,並派軍機大臣剛毅監刑。張權稱"太后諭以分別辦理",因軍機大臣"王(文韶)、廖(壽恒)俱重聽,未之聞也",屬當時的傳言,非爲事實。

林旭給譚嗣同一詩,言及"千里草"、"本初",梁啓超在《戊戌政變記·林旭傳》中稱:

……既奉密諭,譚君等距踊椎號,時袁世凱方在京,謀出密詔示之,激其義憤,而君不謂然,作一小詩代簡致之譚等,曰:伏蒲泣血知何用,慷慨何曾報主恩,願爲公歌千里草,本初健者莫輕言。蓋指東漢何進之事也。及變起,同被捕……[3]

由此而推知,林旭此詩當作於譚嗣同見袁世凱之後、其被捕之前。而林旭的同鄉陳衍,此期正在張之洞幕中,幫助辦理《正學報》(後未能出版),很可能從張權此信中得知林旭此詩。他此後爲林旭作傳,稱言:

……相傳旭獄中有絕句云:青蒲飲泣知何補,慷慨難酬國士恩,欲爲君歌千里草,本初健者莫輕言。千里草,指董福祥,蓋少懋也……[4]

陳因張權來信未説明其來源,而認爲該詩作於獄中。以上梁、陳的兩種

---

[1] 《叢刊·戊戌變法》,第4册,第158頁。
[2] 高燮曾等人、黃桂鋆、貽穀的奏摺,見《戊戌變法檔案史料》,第466—469頁。
[3] 梁啓超:《戊戌政變記》續四庫版,第260頁。
[4] 《閩侯縣志·列傳》,《叢刊·戊戌變法》,第4册,第58頁。

説法，我以爲梁説更爲準確。張權這一殘件中稱其得知該詩是"相傳"，沒有説明具體來源。林旭此詩的梁啓超、陳衍、張權三個版本，文字雖稍有不同，大意仍是清楚的，即康、梁等人想運動軍隊發動政變。康、譚主張策動袁世凱，而林主張策動董福祥。

張權的後一殘件，內容很少，只是説明劉恩溥對湖北的舉措稍有不滿。劉祖桂，劉恩溥之侄，浙江候補知府，曾任湖北槍炮局提調、織布局提調，此時由張之洞派往北洋，考察槍炮、鐵路。[1] 張之洞也因此進行了補救工作，即對劉祖桂保獎，"張之洞檔案"中有五份電報，似與張權此信有關。[2]

五、張檢光緒二十四年六月初二日來信

《張文襄公家藏手札·家屬類》所貼第十八件，是張檢來信，共兩

---

[1] 劉祖桂，直隸吳橋人，由附貢生報捐候選同知，後經張曜、李瀚章保奏爲候選知府，光緒二十年捐他省試用，掣分浙江。(參見《清代官員履歷檔案全編》，第5册，第372—373頁；《張之洞全集》，第5册，第456、459頁，第6册，第48頁；黎仁凱等：《張之洞幕府》，中國廣播電視出版社，2005年，第134頁)

[2] 張之洞的幕僚曾發電給劉祖桂："急。德州電局，專差飛送吴橋縣城内劉仲慕太守，即祖桂。漢廠獎案即日待發，不能再緩。閣下速將履歷詳細電達，以便隨摺諮送。無履歷不能出奏。重要緊要字樣，如年歲，出身，捐案、保案年月，何案，至省奏調年月，現在官階、花樣。不能過三百字。電費不過數十金，萬不可惜。遲恐有誤。遵示轉達。祈即日電覆。錫周。諫。"(戊戌年九月十六日辰刻發，《張之洞電稿》光緒二十四年九月至十月，所藏檔號：甲 182-455；抄件又見《張之洞電稿丙編》，第16函第76册，所藏檔號：甲 182-95) 劉祖桂覆電稱："督憲鑒：奉電悉。桂年卅八歲，附貢……廿二年委槍炮局兼布局提調，五月廿七奏留鄂差委，現嫁女來京。此次懇賞保道員，仍留原省補用，加二品銜，出自鴻慈。祖桂叩謝。"(光緒二十四年九月十八日巳刻發，亥刻到，《張之洞存各處來電》，第35函第7册，所藏檔號：甲 182-137) 張之洞發電劉恩溥："急。京，通州倉場侍郎劉部堂鈞。令侄履歷已電到，惟捐案無月分、局名。保知府案是否有免選免補同知字樣？議准無奉旨日期，請速敍明電覆。壼。養。"(九月二十二日戌刻發，《張之洞電稿》光緒二十四年九月至十月，所藏檔號：甲 182-455) 劉恩溥覆電："武昌總督張：桂侄全履歷廿日交郵政局寄呈，另有稟。廿四發。"(光緒二十四年九月二十四日巳刻發，二十五日午刻到，《張之洞存各處來電》，第35函第7册，所藏檔號：甲 182-137) 張再電劉恩溥："令侄寄來履歷，未開三代，祈速電示。洞。鹽。"(十月十四日巳刻發，《張之洞電稿》光緒二十五年十至十二月，所藏檔號：甲 182-457。原整理者有誤，根據内容，該電發於光緒二十四年)

第一章　張之洞之子張權、之侄張檢、張彬的京中密信　109

頁,很完整。旁有簽條。[1] 張檢(1864—?),字玉叔,張之洞長兄張之灝之長子。[2] 光緒十六年(1890)進士,分發吏部,時爲吏部候補主事,家住在化石橋(今北京西城和平門內)。[3] 現存"張之洞檔案"親筆電報中,許多是發給他的。光緒二十四年四月十五日(1898年6月3日)張之洞發電:

> 急。京。張玉叔:康有爲有《保國會章程》三十條,速交郵政局寄鄂。康學之謬,衆人知否?鄂臬放何人?速覆。壺。咸。[4]

康有爲等人先後於三月二十七日、閏三月初一日在京兩次發起保國會集會,並制定章程三十條。張之洞聞此事後,欲知其詳。[5] "康學之謬,衆人知否"一語,即與保國會在京大盛有關,也與其《勸學篇》有關。五月初二日(6月20日),即光緒帝召見康有爲後四日,張之洞再發電:

> 京。張玉叔:急。速詢仲弢、叔嶠,康有爲召對詳情如何?政府諸公賞識否?康與榮有交情否?派在總署,想係章京,上諭係何字樣?到總署後是否派充總辦?有主持議事之權否?現議變法,所急欲變者何事?張元濟用何官?都下諸公、湖南京官有議論否?速覆。壺。沃。[6]

---

[1] 簽條寫"張檢,字玉叔,直隸南皮人,文襄公胞侄。庚寅進士,吏部文選司郎中,外放江西饒州府知府,升巡警道,署按察使",貼在該件之側。
[2] 張遵逵:《南皮雙廟太僕寺卿張公諱鐄家譜世系表》,未刊。
[3] 光緒二十九年張檢履歷單稱:"張檢,現年四十歲,係直隸南皮縣人。由庚寅進士,于光緒十六年五月奉旨:以部屬用。簽掣吏部,學習行走。六月到部。二十二年學習期滿,奏留。二十七年十二月,補授主事。二十八年二月留京辦事案內,保奏'賞加四品銜'。二十八年五月,補授員外郎。六月,報捐花翎。是月,派掌驗封司印鑰。十一月,調掌文選司印鑰。是月,補授郎中。二十九年京察,保列一等,經吏部帶領引見。奉旨:准其一等加一級,著交軍機處記名,以道府用。"(《清代官員履歷檔案全編》,第7冊,第312頁)張檢光緒三十年履歷單,又見同上書,第477—478頁。
[4] 光緒二十四年四月十五日亥刻發,《張文襄公電稿墨迹》,第2函第11冊,所藏檔號:甲182-219。"康學之謬,衆人知否"一句,由"目前康、梁聲名若何"改。"鄂臬",湖北按察使,原任馬恩培病免後,光緒帝恰於四月十五日改派張之洞親信漢口海關道瞿廷韶接任。此中似有張的暗中活動,張欲知其確情。
[5] 此時張之洞幕中關於保國會頗多議論,可參見本書導論第二節。
[6] 《張之洞電稿》光緒二十五年五月至七月,五月初二日已刻發。所藏檔號:甲182-456。原整理者有誤,根據內容,該電發於光緒二十四年。此外張之洞亦有電張檢:"急。京。化石(轉下頁)

據原稿,"召對詳情如何"一句後,刪"□上意□語稱贊否"數字。"政府諸公",指軍機大臣。"榮",係榮禄,因謝出任直隸總督之恩,與康有爲同日召見,張之洞由此欲知兩人之間關係。"有交情否"由"親密否"改。康有爲召見後,當日發下諭旨"工部主事康有爲,著在總理衙門章京上行走",張之洞聞知後,欲得其詳,即康有爲在總理衙門是否擔任權力較大的總辦章京,是否有相當於總理衙門大臣的議事權。張元濟與康有爲同由翰林院侍讀學士徐致靖保舉,同日召見,由於張已是總理衙門章京,當日未有諭旨下達。他與張之洞之間也有聯繫。[1]"都下諸公、湖南京官有議論否"一句,似指禮部尚書許應騤、左都御史徐樹銘、御史黃均隆等人對於保國會及湖南學術紛爭的指責。[2] 這一份電報充分顯示了張之洞對康有爲政治崛起的極度擔心,也顯示了對張檢十分信任,命其打探最重要的政治情報。張權此期入京會試,張之洞給張權的電報最初也多由張檢轉交。除此之外,張之洞也派其辦理其他事務:

> 京。張玉叔:總署章京内有總辦、幫總辦共五人,每年終俱有公送節敬一分,共二百金。去臘托送之有錯誤,未收到,茲補匯二百金。望轉交分致。又匯去紀鉅容引見費二百金,亦即傳送。均即電覆。

> 京。張玉叔:總署章京年終公分,總辦、幫總辦須全送,人數既多,可共送三百金。向百川添取。速交。壺。豔。[3]

(接上頁)橋,張玉叔:密。十五日電想達,速覆。再黄仲弢近時聞有人指摘之否,並用急電確覆。慎。敬。"(二月二十四日辰刻發,《張之洞電稿》光緒二十四年一月至八月,所藏檔號:甲182-455,此電的發電年份可能有誤)命其查黃紹箕的傳聞,可見對其之信任程度。

[1] 張元濟曾爲其所辦通藝學堂事發電張之洞:"通藝學堂來電:特科命下,亟思展拓學堂,惠助歲款求撥寄通藝學堂。張元濟等叩。"(光緒二十四年二月二十日午刻發,二十一日子刻到,抄本《張之洞電稿》,第十九册,《北京來電二》,中國社會科學院經濟研究所圖書館藏)

[2] 許應騤等人曾阻康有爲在廣東會館續開保國會。湖南京官徐樹銘於光緒二十四年閏三月二十三日上奏"請遵崇聖道摺"、"湘省保衛局章程請禁止片"、"請飭湖南學政崇尚正學片"(軍機處《隨手檔》光緒二十四年閏三月二十三日,《軍機處録副·光緒朝·内政類·戊戌變法項》,3/108/5615/28、29,中國第一歷史檔案館藏),湖南京官黄均隆於四月二十五日上奏"湖南講求時務有名無實摺"(《戊戌變法檔案史料》,第253頁),均對湖南的變法有微詞。張之洞發電詢問,很可能已得到來自湖南的情報,要求予以證實。

[3] 前電三月十二日辰刻發,後電三月三十日丑刻發,皆見《張之洞電稿》光緒二十五年三月至四月,所藏檔號:甲182-456。"紀鉅容",似爲張之洞家中塾師。光緒二十四年八月,張之洞已寄引見費銀一百兩。參見本書第三章第一節。

此是張之洞派其補送給總理衙門總辦章京、幫總辦章京的"年終公分"，即"炭敬"。

張檢此信署日期"六月初二日"（1898年7月20日），時間上比前引張權數信爲早。該信全文爲：

> 侄檢跪稟叔父大人膝下。
>
> 敬稟者。前月交摺差寄上安稟，刻下想早蒙慈鑒矣。
>
> 《勸學篇》遍傳日下，一時都人士無不擊掌折服。叔嶠托人排印千部，尚未見。值此異學爭鳴之日，實足正人心、固士氣、杜僞學、遏亂萌。有便請賜寄數十册。如能在京再刻一板，則出書較多，校對亦可精審，以廣傳布，尤爲勝事。伏望裁示。
>
> 大學堂總教習，壽州先請盛伯希祭酒，拒之甚力。聞已函請王益吾。今將其奏定章程暨文悌劾康黨摺，謹交郵政局速爲寄呈。其近日瑣事，俟摺差回時詳陳。
>
> 侄現派拔貢朝考闈差，初十日方克回寓。肅請福安！
>
> 侄檢謹稟　六月初二日

以下簡單説明該信之背景。

該信第一、二節，依舊儀式套話，可知張檢五月之信，也是由摺差帶回。而從後面的内容可知，張檢此信是通過開辦未久的郵政局寄送。

該信第三節談《勸學篇》在京推廣之情況。從張權六月十二日信中可知，楊鋭通過章京何兆熊在總理衙門排印，此處稱"排印千部"，這在當時已經是一個很大的數字；張權六月十二日信中還提到了端方、擷華書局、直隸同鄉等三處刻印之事，張檢在此提出"再刻一板"的建議，或許即與上引三處有關。至張檢所言"值此異學爭鳴之日，實足正人心、固士氣、杜僞學、遏亂萌"一語，自然是針對康有爲一派及"康學"的。

該信第四節談及大學堂、寄《大學堂章程》、文悌奏摺諸事。前節已敘，康有爲有意于京師大學堂總教習一職，孫家鼐未予之。張權六月十二日來信中稱，孫家鼐邀前國子監祭酒盛昱、王先謙爲總教習，盛、王力辭之，其消息來源很可能是張檢。（詳見第二節）孫已于五月二十九日上奏薦許景澄爲總教習，而張檢六月初二日信中仍稱"聞已函請王益吾"，又説明張之洞派與孫家鼐派之間交流渠道並不暢通。該信中所言"奏定章程"，當屬五月初四日軍機處、總理衙門上奏大學堂事務附呈的《大學堂章程》，該章程由梁啓超等人起草，內容有"康學"的成分；"文悌劾康黨摺"，即五月二十日文悌所上彈劾康有爲、楊深秀、宋伯魯等人之摺；兩份文件十分重要且緊急，張檢不待摺差返回，即"交郵政局速爲寄呈"。摺差帶回是免費的，當時郵政局的費用很高，這很可能是根據張之洞的電令。張檢又稱"俟摺差回時詳陳"一語，據張權六月十二日信，張檢出闈後似在六月十二日另有信給張之洞。

該信第五節談及張檢爲"拔貢朝考"同考官一事。前節已敘，光緒二十四年恰是優、拔貢朝考之年，也是廢八股後第一次按新制進行的考試。其中拔貢朝考的初試於六月初四日（7月22日）在貢院進行。張檢稱"初十日方克回寓"，即指初試閱卷。[1] 此次朝考，其中的出題、閱卷皆有新的難處，故前引張權六月十二日信中稱劉恩溥請張之洞"出一樣子寄來"。

六、張彬光緒二十四年正月來信及光緒二十一年一殘件

《張文襄公家藏手札·家屬類》中第十六、十七、二十三件，所貼是自稱爲"侄"的來信，未署名，也未署日期，共計十三頁，分貼三處。筆迹

---

[1]《申報》六月十五日以"朝考紀事"報導："京師友人來信云：本月初四日，爲拔貢朝考之期。初三夜十下鐘時，即有題紙頒下，至次日未刻，諸生咸交卷出場。欽命策、論題爲：'天下得人難論'、'通籌互市情形策'。十（初）七日揭曉，松江府屬應試者共若干人，惟青浦蔣君壽祺名列一等第七，餘尚未詳。十七日在保和殿復試。"（轉引自《叢刊·戊戌變法》，第3冊，第388頁）

爲一人,用紙亦相同。我仔細閱讀後,發現所貼順序相當混亂。李景銘似不明白該信作者爲何人,也不太明白信中的內容。根據其所言內容,我又將之一一進行拼接,發現其爲一信(爲第二十三、十六件,有缺頁,所貼順序亦有顛倒)和一殘件(爲第十七件)。

以下是一信(由第二十三、十六件拼合,有缺頁)的內容:

侄恭請叔父大人尊前。

敬稟者。摺差到京,詢悉福躬康泰,閤署清平,恰如孺祝。昭產金丹五十粒,係在同仁堂購得,特遣差帶呈。小丫頭當即領看,侄出京時必攜之赴鄂。

二兄來京,當在二月初。經濟、制藝兩科,究竟應何項?

昨叔嶠來言,前接梁星翁電,詢子培何日赴湘。詳此電語氣,子培鄂館,自係尚未定局。子培學問、筆下均好,在鄂幕甚屬相宜。雖與常熟係親戚,然與吾家既係世交,長者待渠家昆仲,可謂至厚。此次到鄂,相處必能融洽。將來回京,必不至向常熟處播弄是非。矧前接鄂中定館電後,湘即有電來延,束脩千金,伊登時辭卻。京中諸友詢及館地,皆告以已與鄂中定局。伊頗以在鄂幕中爲榮,故決辭湘館。鄂館定局已遍告于同人,此時若再變計,無館尚屬細故,見拒于清流,伊實難以爲情,必爲都人所笑,伊當深銜鄂中矣。此電尚未送伊閱云云。屬侄代陳於慈座,並懇仍將館局定議。(此處似有缺頁)

……尊意以爲可否?嶠並言,幼霞近來頗得力,伊之爲人,與高理翁有別,非心照不可。應如何辦?祈酌度。

伊又言,前聞容鐵路可不辦,近又聞雖南北電阻,仍無益,定擬舉辦。伊擬一文,尚未脫稿,成時覓人陳達,但恐當道之計甚堅,無能挽回了。

聞王侍御枚臣摺,係條陳七道,有裁釐金、預杜《會典》保舉之濫、請交涉事件須密、日蝕係廷臣蒙蔽之故等語。七條畢後,一大段劾張侍郎,言李文正之加病,係伊因交涉事與高陽頂撞,因而動氣之故。德事出,張未奉旨意,即私往德使館。如所言皆可以告人之語,何不到總署議？何必到使館私語？其居心不可聞。請將伊立正典刑。摺上後，邱云：我病，即當旋邸，所有事，領班某可請常熟示。錢、剛向常熟言，中堂上去，須爲伊求。答云：汝等不必說，上頭是不答應的。因有交議之旨。王前摺言，加賦係李文正阻止，以後斷不可加。常熟即深惡之。故蘇人皆言王劾李文正，欲以此誣之。此摺但言張，雖係半面，而全神已見，故與之不兩立矣。都人皆言王公甚愚，既劾德事有張矣，所餘一半，亦當指明某人。若指明，即應回避，雖欲報復，而不能矣。況其所推許者，僅一城北，伊爲親家作鷹犬，顚倒是非，尚得爲正人耶？欽佩者爲此等人，可謂謬極矣。

侄本月驗八驗看，二月引見。出都當在三月初間。到鄂請安後，即到省矣。慈親康強。祈紓慈廑。肅此。伏乞垂鑒。

侄謹稟津南炭數已送，單附呈

敬再稟者。壽伯符孝廉、同鄉王筱航儀部、蔣藝圃侍御、李子丹名桂林編修暨李玉坡、李慕皋諸君，擬立一八旗直隸西學堂。請漢教習二人，洋文教習二人，招學生三、四班。漢文教習教經、史、經濟各書，改論說。洋教習教泰西語言文字。學堂內附一漢文西學館，有願應經濟科鄉試、能作四書文者，入此處學習。所學即諭旨所試諸條。惟款項無出，擬寫公信，各處募捐，已有公函致小帆，托伊轉懇叔父酌捐款項，並懇代募宦鄂諸同鄉公同酌算，每歲此學堂須用四五千金。仍請將畿輔先哲祠除辦祭外，所餘經費每歲數百金，允撥歸學堂用，其每歲均攤租上斜街宅四十餘間，請司事一二人。一面又托三兄與侄稟懇叔父。此係同鄉公舉，又係實心辦事，爲開八旗風……（後缺）

與此相同筆迹、相同紙張的還有一殘件（第 17 件）。以下是該殘件的內容：

……尚有可轉托之處否，侄未敢擅請。敬祈慈酌。

聞新撫任浙藩時，頗鋒厲，與中峰爭柄。性情如此，無人先容，恐伊以爲看不起伊也。頑軀犒適，祈紓專注。肅此。敬乞垂鑒。

侄謹稟

第一章　張之洞之子張權、之侄張檢、張彬的京中密信　115

以上兩件，首先需要考證的是該信的作者。

對於考證作者來說，兩信中以下幾處值得注意：一、從信中內容來看，他曾長期住京，但對京中政情之了解不如張檢、張權那麼清澈。二、信中稱"二兄來京，當在二月初。經濟、制藝兩科，究竟應何項？"此是指張權入京會試之事，張權是其二兄；信中又稱"一面又托三兄與侄稟懇叔父"，此中的三兄，似指吏部主事張檢；即他是張權、張檢之弟。三、殘件中稱"聞新撫任浙藩時，頗鋒厲，與中峰爭柄。性情如此，無人先容，恐伊以爲看不起伊也"；此處的新撫似爲陝西巡撫胡聘之。[1]四、信中稱"侄本月驗八驗看，二月引見。出都當在三月初間"，此指捐班人員驗看、由吏部帶領引見之事。五、也是最直接的，該信有"津南炭數已送"的字樣，而張之洞對此有親筆電報。根據以上線索，我以爲，該信的作者爲張之洞三兄張之淵的次子張彬（1869—？），字黃樓。[2] 由此再查其履歷單，知張彬中舉後，先後捐內閣中書、兵部郎中，至光緒二十一年，捐知府，指陝西補用。[3] 此時陝西巡撫胡聘之剛從浙江布政使調任，張彬認爲與之不能相合，故向張之洞抱怨，由此又可知前引一殘件寫於光緒二十一年。光緒二十二年，他奉張之洞之命陪江南名醫陳秉鈞進京給李鴻藻看病，後陳未行，獨自進京。[4] 光緒二十三年，他加捐改

---

[1]　此期由浙江布政使升任巡撫者爲三人，其一是劉樹堂，後任河南巡撫；其二是趙舒翹，升任江蘇巡撫；其三是胡聘之，光緒二十一年三月由山西布政使改任浙江布政使，七月爲升任陝西巡撫，八月改任山西巡撫。

[2]　張遵逵：《南皮雙廟太僕寺卿張公諱鎂銜公諱鏌家譜世系表》，未刊。由此而論，長兄似爲前任江蘇嘉定縣知縣張樞。（見《張之洞全集》，第3冊，第225頁）

[3]　光緒二十四年張彬履歷單稱："張彬，現年三十歲，係直隸南皮縣人，由附生中式。光緒己丑恩科順天鄉試舉人。遵例報捐內閣中書，到署當差。復遵例報捐郎中。二十年四月經欽派大臣驗看，簽分兵部行走。五月到署當差。復遵例報捐花翎同知，分發省分試用。又因勸辦順天賑捐案內出力，保俟補缺後以知府用。經吏部核准覆奏，二十一年十二月奉旨：依議。報捐指省浙江。本年正月二十八日經欽派大臣驗看，二月十六日經吏部帶領引見，奉旨：照例發往。"（《清代官員履歷檔案全編》，第6冊，第278頁）此中尚有若干情節在時間上還不太清楚。再查光緒二十八年張彬履歷單："……二十一年改捐同知，分省試用。嗣因勸辦順天義賑案內出力，奏保俟補缺後以知府用。遵例捐指陝西，並捐免補本班，以知府仍留原省補用。二十三年捐離陝西，改指浙江。二十四年五月到省，七月委辦衢州府釐局差。二十六年捐升道員……"（同上書，第7冊，第76—77頁）

[4]　參見本書第六章第五節。

爲指分浙江。此信中"驗看"、"引見"的時間,與其履歷單及軍機處《引見檔》相吻合。[1]

張彬是張之洞關係最密切之侄,常派其在京辦理各種重要事務,可看以下兩例。光緒二十二年十月初一日,張之洞發電:

> 京。張黃樓:知到京,全愈,慰甚。墊款及電費三百金、秋節五十金,百川已匯。以後如有必需用款,可向百川取。日內可往謁高陽,看可望全愈否。電告。壼。東。[2]

"百川",即"百川通",以辦理電報匯款而著名的山西票號。"高陽",李鴻藻,時任軍機大臣、總理衙門大臣、禮部尚書。張之洞允許在其賬上自取所需之資,並命其看望李鴻藻,皆是極其信任方可辦理之事。光緒二十四年閏三月初五日,張之洞又發電:

> 京。樓:奉旨陛見,聞慈聖意及上意若何?政府有何議論,衆人有何議論,速電聞。經手要事太多,擬二十日後行。初到京時,西苑門外附近有何處可住?速看定。事畢後,住化石橋宅。我衰病日甚,此行於時局必無益。擬事畢後即告病。權、檢、彬同覽,並告仲韜、叔喬。壼。歌。[3]

此是徐桐在楊銳、劉光第等人的密謀下,奏請調張之洞進京輔政。張之洞不明其意,讓張彬打探京中上層的消息,並委托其辦理前站事務。[4]

從張彬一信(有缺頁)的內容來看,該信發於光緒二十四年正月十二日(1898年2月2日,即御史王廷相上奏之日)之後、二十八日(2月18日,即張彬驗看之日)之前;而從後引張之洞正月二十日電報來看,可

---

[1] 軍機處《引見檔·光緒二十四年春夏季分》錄:"光緒二十四年二月十六日吏部帶領引見",分發"浙江補用知府張彬","旨俱照例發往"。(臺北故宮博物院圖書文獻館藏)該件是由李文杰提供的。又,張之洞此期亦有一電給張彬:"京。樓。會試期近,汝宜過會場,再辦驗看引見。到浙遲早,不在一兩月。差事全看上臺知遇,不在同班人多少也。壼。沃。"(二月初三日子刻發,《張之洞存來往電稿原件》,第14函,所藏檔號:甲182-385)

[2] 十月初一日辰刻發,《張之洞電稿》光緒二十四年九月至十月,所藏檔號:甲182-455。原整理者有誤,李鴻藻於光緒二十三年六月世去,此電當發於光緒二十二年。

[3] 閏三月初五日戌刻發,《張之洞電稿》光緒二十五年三月至四月,所藏檔號:甲182-456。原整理者有誤,根據內容,該電發於光緒二十四年。

[4] 張之洞戊戌入京一事,詳見本書導論第四節。

能發於十三日。[1] 原信不分節，是我按其內容分的。儘管似有缺頁，以下仍依順序按節注明相關的背景。

該信第一、二節，仍是禮儀套話及家中瑣事，但可知張彬此信也用摺差帶回。

該信第三節談及張權來京參加戊戌科的會試。"經濟"指"經濟特科"。光緒二十三年十一月，貴州學政嚴復上奏，建議設立"經濟"科，光緒帝命總理衙門會同禮部"妥議具奏"；光緒二十四年正月初六日（1898年1月27日），總理衙門與禮部上奏"遵議開設經濟科摺"，光緒帝當日批准。然經濟特科須保舉滿百人之後，方可奏請舉行。直至八月戊戌政變，該科未開而不了了之。張彬不明"經濟、制藝"張權"應何項"，說明他對京中政情已是稍有隔膜。

該信第四節談及沈曾植至湖北入張之洞幕府事。"星翁"，梁鼎芬。"子培"，沈曾植（1850—1922），浙江嘉興人，光緒六年進士，分發刑部，此時任刑部郎中、總理衙門章京。沈曾植於光緒二十三年八月丁母憂，張之洞邀其至湖北任兩湖書院史席。[2] "常熟"，翁同龢。從翁同龢、張蔭桓日記中可以看出，沈在京中與翁、張兩人交善，很可能由此原因，時主兩湖書院的梁鼎芬對此稍有異詞。楊銳察覺此事，請張彬出面向張之洞說項。"長者待渠家昆仲"一語，"長者"指張之洞，"昆仲"指沈曾植、沈曾桐兄弟。很可能是這封信的作用，四月十六日，張之洞親發電報給沈曾植：

---

[1] 從當時的交通條件下來看，北京到武昌的最快通信時間亦爲七八天，張之洞能在二十日發電，該信當在十三日即發出。

[2] 沈曾植於光緒二十三年十一月二十二日給丁立鈞的信中稱："遭變以來，家徒四壁，幸藉師友之力，人情摯厚，得以粗完局面……現定以明歲開河航海南返，年向如利，安葬當在冬間。詢諸更事之人，僉謂至遭變以至安葬，中人之家，非三千金不辦……祖塋本有穴地，則較他人略易。用及千金，逆計歸柩辦葬，自必在千金以外。南歸後不能廬墓，麥舟之助，仍將謀之四方。植已應南皮之招（館脩歲千金。湘中亦見招，請以封代，未知能如願否也）。五弟尚未有定向，謀館之難，不殊謀缺，可嘆息也。"（許全勝整理：《沈曾植與丁立鈞書》，《歷史文獻》，第 16 輯，第 143 頁）由此可見，沈曾植此時家境困難，已將兩湖書院的脩金算計在內。"封"，沈曾植之弟沈曾桐，字子封，此時任翰林院編修，將一同丁憂。

揚州。嘉興館,沈子培部郎:湖院開館在即,盼速駕。何日行,搭何輪?即電覆。洞。諫。[1]

沈曾植於光緒二十四年五月至武昌,任教兩湖書院;七月去湖南,主講校經書院;八月回揚州;十一月再赴武昌。[2] 沈接受了湖北、湖南的兩聘。[3]

該信第五節之前,似有缺頁,可能與高燮曾保康有爲之摺有關。從內容來看,既然請示"應如何辦?"似應還有與"幼霞"、"高理翁"相關的內容;且該信第七節又稱"王前摺言,加賦係李文正阻止,以後斷不可加"一句,查王廷相正月十二日之摺中並無此內容,當指在此之前另有一摺,似也應在信中有所反映。"幼霞",王鵬運(1849—1904),號幼霞,廣西臨桂人。同治九年舉人,此時任掌江西道監察御史。光緒二十一年,他與康有爲走得相當近,爲康代奏了許多奏摺。[4] 光緒二十三年十二月十九日(1898年1月11日),王鵬運上奏"膠州不可借德宜密結英、日以圖抵制摺"、"結倭聯英並緩償倭款片",該摺片亦由康有爲起草。[5] "高理翁",高燮曾(1839—1917),字理臣,湖北孝感人。同治十三年進

---

[1] 光緒二十四年四月十六日戌刻發,《張之洞存來往各處電稿原件》,第5函,所藏檔號:甲182-376。

[2] 沈曾植於光緒二十四年六月二十三日的家信中稱:"鄙在此患熱痾,此兩日太陽旁一顆最大而痛……制軍月送百金,筆墨編書皆如原約,間三五日輒以馬車來迎乘涼夜談,王雪岑、梁星海均大以爲苦,鄙卻不覺,惟言論往往不合,亦無如我何。"(許全勝整理:《海日樓家書》,上海圖書館歷史文獻研究所編:《歷史文獻》,第6輯,上海古籍出版社,2004年,第213頁)七月十九日,沈由武昌赴長沙,二十三日抵達,二十八日,沈在其家信中談到了他在長沙的情況。(同上書,第207頁)又,是年夏沈曾植給丁立鈞的信中稱:"……弟節後至此(寓紡紗局中),已屆四旬,無日不病,無病不出於意外。推其原故,深疑此間風土於賤體不甚相宜。思爲廬阜之遊,顧又窘於資力。薌老在署中新修客舍,云爲弟(後缺)"(許全勝整理:《沈曾植與丁立鈞書》,《歷史文獻》,第16輯,第136頁)"紡紗局",湖北紡紗局,位於長江邊,當時經常作爲張之洞的客舍。該信有"長夏何以遣日",可知該信作於夏天。

[3] 湖南聘請沈曾植的情況,可見此期湖南學政江標給陳寶箴之兩信。柳岳梅整理:《陳寶箴友朋書札》(三),上海圖書館歷史文獻研究所編:《歷史文獻》,第5輯,上海科學技術文獻出版社,2001年,第187頁。

[4] 參見孔祥吉:《康有爲變法奏章輯考》,第91—105頁。

[5] 青島市博物館、中國第一歷史檔案館、青島市社會科學研究所編:《德國侵占膠州灣史料選編1897—1898》,山東人民出版社,1986年,第315—317頁;並參見拙文:《康有爲及其黨人所擬戊戌奏摺之補篇》,《戊戌變法史事考二集》,第386—388頁。

士,入翰林院,此時任兵科掌印給事中。光緒二十三年十月二十七日(1897年11月21日),他上奏"德人踞膠不宜允許摺",聲稱德國占領膠州灣一事"公請西洋一小國評論曲直",與康有爲當時的思想相當接近。[1] 十一月十九日(12月12日),高又上奏一摺兩片,其中一片保舉康有爲參加"弭兵會",光緒帝當日命總理衙門"酌核辦理"。[2] 對此,康有爲在《我史》中稱:

> 適膠州案起,德人踞之,乃上書言事。工部長官淞淮讀至"恐偏安不可得"語,大怒,不肯代遞。又草三疏,交楊叔嶠分交王幼霞、高理臣上之。[3]

康此處談到其"又草三疏",由楊銳交王鵬運、高燮曾上奏,即楊銳是此事的中間人。梁啓超亦稱,高燮曾保舉康參加"弭兵會",楊銳大有作用。[4] 張彬該信此處因有缺頁而內容亦有失漏,其稱"嶠並言,幼霞近來頗得力,伊之爲人,與高理翁有別,非心照不可"一語,內容可能很重要,但無法全解其意,不知是否與康有爲所稱交"三疏"請楊銳轉王鵬運、高燮曾代奏有關。光緒二十四年正月二十六日(1898年2月16日),張之洞發電楊銳,予以警示。[5]

該信第六節談及容閎擬開辦津鎮鐵路一事。光緒二十三年十月,江蘇特用道容閎上條陳至總理衙門,要求由其主持修建津鎮鐵路。這一方

---

[1] 轉引自黃彰健《戊戌變法史研究》,臺北中研院歷史語言研究所專刊之五十四,第61—62頁,黃彰健認爲該摺由康代擬;原摺藏臺北故宮博物院圖書文獻館,《軍機處檔》,142597。
[2] 《軍機處錄副·光緒朝·內政類·戊戌變法項》,3/108/5617/51,中國第一歷史檔案館藏;《光緒宣統兩朝上諭檔》,第23冊,第325頁。
[3] 《叢刊·戊戌變法》,第4冊,第137頁。"上書言事"指康的"上清帝第五書"。
[4] 梁啓超在《楊銳傳》中稱:"丁酉冬,膠變起,康先生至京師上書,君乃日與謀,極稱之于給事高君燮曾,高君之疏薦康先生,君之力也。"(梁啓超:《戊戌政變記》續四庫版,第259頁)楊銳於光緒二十三年十一月二十六日給汪康年信中稱:"長素條陳,透切時弊,昨因高理臣給諫奏請派其出洋,入萬國弭兵會,亦近事之差強人意者。"(《汪康年師友書札》,第3冊,第2408頁)可見此中的聯繫。
[5] 張之洞電稱:"急。京。喬:康長素與僕有隙,意甚險惡。凡敝處議論舉動,務望秘之,不可告康。切禱。王廷相處分如何? 鈍。宥。"(光緒二十四年正月二十六日午刻發,《張文襄公電稿墨跡》,第2函第10冊,所藏檔號:甲182-219)與康、楊關係相關的內容,可參見本書第二章第三節。王廷相處分一事,後將敘述。

案對正在設計中的蘆漢鐵路有利益上的衝擊。此中的"南北電阻",指在盛宣懷、張之洞的謀劃下,張之洞於光緒二十四年正月初八日、劉坤一於十二日、王文韶於十三日分別發電總理衙門,要求阻止。湖南巡撫陳寶箴也於十七日發電總理衙門,表示質疑。[1] 此中的"定擬舉辦",指容閎在總理衙門大臣翁同龢、張蔭桓、許應騤的支持下,其計劃將會獲准。該計劃於正月二十一日由總理衙門上奏,當日獲得光緒帝的批准。[2] 張彬稱楊銳"擬一文,尚未脱稿,成時覓人陳達"一語,指楊銳擬摺準備托臺諫上奏阻止。這是楊銳根據張之洞於光緒二十四年正月初五日、初九日兩次電令而采取的行動。楊雖照辦,然已感到"無能挽回了"。[3]

該信第七節談及王廷相上奏事。王廷相(1851—1911),字枚臣,直隸承德人,光緒十二年進士,入翰林院,曾放山西學政,時任江南道監察御史。光緒二十四年正月十二日(1898年2月2日),王廷相上奏"時局增艱請振皇綱摺",稱"元旦日食",須"及時修省,勵精自強",要求光緒帝利除弊端:一、裁釐金;二、開采之黃金禁售於外人;三、官督商辦"易更張";四、多造江寧製造的後膛擡槍;五、稻米、銅錢不准出口;六、杜絕京城"西遷之意";七、朝廷奏章須保密。然王廷相由此筆鋒大轉,直攻張蔭桓:

……近來洋學盛行,士大夫學無根柢者,豔羨其利權自主之言,將聖賢禮教視之蔑如。大臣中張蔭桓尤甚。該侍郎沈染西術,罔識尊親。李鴻藻與議法使入覲事,其言非臣子所忍聞,因之憤極而病加劇,遂使中國大體無復能持。前此辱命倭邦,既有乖於臣節;昨歲徑遊俄國,復顯悖乎王章。向來外洋交涉事宜,例應在總署會議,乃該侍郎辦理德事,專在使館秘商,朝夕往來,頗駭聽睹。惟其甘心卑

---

[1] 《清代軍機處電報檔彙編》,中國人民大學出版社,2005年,第19册,第20—24、33—16頁;第36册,第216、222頁。
[2] 相關的研究可參見張海榮:《津鎮鐵路與蘆漢鐵路之爭:甲午戰後中國政治的個案研究》,北京大學碩士論文,2008年。
[3] 相關的內容,可參見本書第二章第三節。

賤，人故樂與親暱，藉肆要求，及和議一成，膠澳仍與外人，封守諸臣皆被譴責。舉天下臣子痛心之事，竟爲該侍郎一人快意之端，迹其罪惡昭彰，有一於斯，必不容於祖宗之世。應請特伸乾斷，立正典刑，庶可彰國威而寒姦膽……[1]

此時在朝廷的決策層中，光緒最信任者爲兩人，即翁同龢與張蔭桓。王廷相奏摺雖僅攻張，未牽涉到翁，但當時人大多心知所攻者爲何人，即張彬信中所稱"雖係半面，而全神已見"。"邸"，似指軍機大臣禮親王世鐸。他是個好好先生，見該摺勢頭甚猛恐引起廷爭而躲閃。"錢"，軍機大臣錢應溥；"剛"，軍機大臣剛毅。他們兩人知道王廷相之摺必不爲光緒帝所喜，故托翁爲之求情。"交議之旨"指光緒帝當日的明發上諭，將王廷相"交部議處"。張之洞看到此信，尤其是言及李鴻藻之死，激起當年清流的性情，於光緒二十四年正月二十日發電楊銳："京。喬：急。聞王廷相劾南海被斥，所劾何事？得何處分？速覆。鈍。號。"[2]該電也可見他與翁、張兩人的間隙。"城北"，指徐姓。王廷相該摺稱：

　　大臣中忠直之選，首推徐致祥。浙江差滿，改調安徽，外似優隆，實則屏絕，必欲蒙蔽聖聰，使無聞見而後已。似此舉措似不由皇上操其權，此正陽德蔽虧之象。自來變不虛生，元旦日食，尤爲災異。[3]

徐致祥（1838—1899），江蘇嘉定人（今屬上海），咸豐十年進士，歷任翰林院侍讀學士、左副都御史等職，時任大理寺卿。他是兵部尚書徐郁的侄子。其一生最引人注目的事件之一，即光緒十九年上奏彈劾張之洞。[4] "浙江差滿，改調安徽"，指徐致祥於光緒二十年出爲浙江學政，二十三年期滿後改調安徽學政，當時屬極罕見的現象，王廷相將之與"元

---

[1]《軍機處錄副·光緒朝·綜合類》，3/151/7432/3，中國第一歷史檔案館藏。該奏摺是陳先松找到的。
[2] 光緒二十四年正月二十日巳刻發，《張文襄公電稿墨迹》，第2函第10册，所藏檔號：甲182-219。"南海"，張蔭桓。
[3]《軍機處錄副·光緒朝·綜合類》，3/151/7432/3，中國第一歷史檔案館藏。
[4] 徐致祥彈劾張之洞之事，可參見本書第六章第一節。

旦日食"相連;而將王廷相"交部議處"的諭旨中,對此重責。[1] 由於徐致祥與張之洞有過節,故張彬評論道:"伊爲親家作鷹犬,顛倒是非,尚得爲正人耶?欽佩者爲此等人,可謂謬極矣。"

該信第八節談張彬驗看、引見、出京之事。信中"本月驗八驗看"中的前一"驗"字,似爲"念"字誤。署名時附言"津南炭數已送",即"炭敬",指張之洞送給天津同鄉官員的冬令"節敬"。張之洞對此有兩電報予以指示。[2]

該信又另附一信,爲新成立的八旗直隸西學堂向張之洞等人勸捐。八旗直隸西學堂,又稱八旗奉直小學堂,位於宣武門南橫街。"王筱航",王照(1859—1933),直隸寧河人,光緒二十年進士,時任禮部主事。"蔣藝閣",蔣式芬(1851—1922),直隸蠡縣人,光緒三年進士,時任吏科給事中。李桂林,直隸臨榆人,光緒二年進士,翰林院裏的老編修。"小帆",張曾敭,直隸南皮人,前福建按察使,此時病休在京。壽富於光緒二十四年四月中進士,此時尚是舉人,故稱"孝廉"。(參見第二節)"李慕皋",即"李牧皋",李念玆。張之洞收到信後,對該學堂的事務至少發過三份電報。光緒二十四年閏三月初一日(1898年4月21日),張之洞發電給張彬:

> 京。樓:場作速交郵政局寄。奉直開學堂甚好,我當籌助。必須約壽伯符經理,若不邀壽君,我即不管。鄉祠款,俟章程議妥,方可動。並告小帆。即覆。壺。卅[3]

---

[1] 該諭旨稱:"本日御史王廷相條奏陳時務一摺,臚列七條,語多臆度,不切事情。即如所奏,徐致祥浙江差滿改調安徽,外似優隆,實則屏絕等語,朝廷用人行政,一秉大公,權操自上,本非臣下所能干預。該御史以偏見窺測,尤屬冒昧。王廷相著交部議處。"(《光緒宣統兩朝上諭檔》,第24冊,第15頁)王廷相該摺當日呈送慈禧太后。

[2] 張之洞於十二月二十九日發電張彬:"京。樓:節費已寄。各親友均交百川,便中告知往取。津南同鄉,查明人數,每人二十,向百川取。外間從未諮過生日,光緒十三年,不知上邊如何想起,未詳其所以然,只可聽之。壺。豔。"(十二月二十九日戌刻發)"京。樓:天津闔府同鄉,緣須送炭敬,每人二十金。壺。豔。"(十二月三十日卯刻發,兩電皆見《張之洞電稿》光緒二十五年十月至十二月,所藏檔號:甲182-457。兩件皆無年份,所貼時間亦有誤,具體時間難以確定,但其中有一件當發於光緒二十三年)

[3] 閏三月初一日子刻發,《張之洞電稿》光緒二十五年三月至四月,所藏檔號:甲182-456。原整理者有誤,根據內容,該電發於光緒二十四年。"場作",指張彬此次參加會試之場作。"卅"指三月三十日,張之洞是日寫電,子刻發出。

張之洞提出由壽富管理此學堂，並作爲助款之條件。四月二十一日（6月9日），張之洞發電張檢：

> 京。張玉叔：急。聞奉直學堂請一敎習，係廣東人，速詢明何姓名？係康有爲門人否？若係康徒，乃邪敎會匪，與廣東逆匪孫文勾通，確有實據，將來恐受累。萬不可請。同鄕諸君不深悉康學之謬，我深知之，外省亦無不知之，不敢不以奉告。再，壽伯符進士已請定否。若不請壽，是我所言，全不采納，我不便管此學堂事。會館公款亦不敢撥動。再，速問李玉坡，鄂省捐款想已到，若請康徒，鄂捐款萬不可交。並送小帆同閱。壺。馬。[1]

張之洞聽到學堂請廣東人爲敎習，十分擔憂，再次要求由壽富主持，並以個人助款、會館公款、鄂省捐款三項來威脅。張彬此時已離京，張之洞改發電給張檢。五月初四日（6月22日），張之洞再發電給張檢：

> 京。張玉叔：學堂敎習，先傳聞有粵人，今粵中康黨甚熾，故問是否康徒，乃過慮耳。今旣無粵人，甚善，甚慰。章程均妥。惟休息日萬不可用禮拜之期，旣無洋人，或十日、或五日放假一日均可，似不必七日也。另有學堂管見，續電奉商，望轉交。壺。支。[2]

從以上電文中可以看出，張之洞對該學堂事務多有插手，而最爲關切者，是恐其成爲康有爲學說的講習之所。[3]

---

[1] 四月二十一日午發，《張之洞電稿》光緒二十五年三月至四月，所藏檔號：甲182-456。原整理者有誤，根據內容，該電發於光緒二十四年。

[2] 五月初四日戌刻發，《張之洞電稿》光緒二十五年五月至七月，所藏檔號：甲182-456。原整理者有誤，根據內容，該電發於光緒二十四年。

[3] "張之洞檔案"中有三件來電，向張之洞報告該學堂情況：一、"京來電：頭班學生閏二十已肄業，二班亦多挂號，需款甚急。先祠款望速托小驄酌撥。伯福遵，試竣出。南橫街八旗奉直小學堂。"光緒二十四年閏（三）月二十九日辰刻發，四月初二日酉刻到；二、"京來電：直學生二班挂號將滿，款無著，未敢增入祠款，無阻撓，亦無主見。捐助若何？均乞速示。"光緒二十四年四月初八日酉刻發，初九日酉刻到。以上兩電見抄本《張之洞電稿》，第19冊，《北京來電二》，中國社會科學院經濟研究所圖書館藏；三、"京來電：現肄業三十八名。黃樓函稱尊意云云。放學日係徇洋文敎習之請。去夏照於敝村所立朔望放學。伯福再至學堂，現無暇。少帆始現謀畫。前云未通知，詑也。疊議止二三人。目前買書添班，無款，再援爲幸。擬大開水田，爲二三年後接濟無窮之計。看。小學堂。泰。"光緒二十四年六月初九日巳刻發，十四日未刻到；《張之洞存各處來電》，第34函，戊戌第3冊，所藏檔號：甲182-136。"小驄"，（轉下頁）

讀了以上張權、張檢、張彬的密信，並結合"張之洞檔案"中的親筆電報，我最突出的感受是，張之洞一派與康有爲一派在政治上的對立，而到了戊戌變法的關鍵時刻——"百日維新"階段，張已視康爲政敵。張之洞及其一派與保守的徐桐、剛毅之間的距離，遠遠短於與康有爲一派的距離；張似還能與徐、剛在政治上合作，而決不可能與康合作，這不僅是學見、政見的差別之所致，更是政治力量對比的強弱之所致——他們並不看好康有爲一派的政治前景。

（接上頁）"少帆"，皆即"小帆"，張曾畝，管理鄉祠款；"伯福"，即壽福，"試竣出"，指其參加殿試後即出任學堂一職。"看"，不詳其人。

第二章 張之洞與楊銳

張之洞與楊鋭之間的親密關係,當時就爲人所熟知。梁啓超在《戊戌政變記》中撰《楊鋭傳》,對此有着相當具體的述説,後來的史家多引用之。臺灣大學歷史系李宗侗教授曾發表兩文,披露楊鋭給張之洞密信兩件,以説明張、楊關係之詳情。[1] 我曾作《戊戌年徐桐薦張之洞及楊鋭、劉光第之密謀》,對張、楊關係進行過考察,也暗暗自以爲是。[2] 但是,當我看到中國社會科學院近代史研究所圖書館藏"張之洞檔案"中的相關文件時,仍不免大爲吃驚。

無論是張之洞還是楊鋭,生前都没有直接説明兩人關係之詳情,時人與後人的記載,除了李宗侗兩文外,皆缺乏具體的事例。然我在檔案中所看到的,絶大多數是張、楊親筆所寫的原件。觸摩於斯,亦不免神思往矣,感到了兩人之間的那種情感。

我見到的這批張之洞文件,多是其親筆所寫電報原稿。由於這批電報原稿雖注明月、日,甚至標明發報的時辰,但無具體年份,原整理者因對其内容不清楚,大多貼錯年份,在檔案中分存各處,十分散亂。很可能因爲如此,這些電報過去没有被人系統利用過。我見到的楊鋭文件,數量很少,其中我所關心的從甲午至戊戌時期的,只有九封電報(其中兩電與他人聯名)及兩封密信。楊鋭的密信無日期、無署名,而其中最重要的一封,已由孔祥吉教授發表,但將其作者誤爲李鴻藻之子李焜瀛(符

---

[1] 《楊叔嶠光緒戊戌致張文襄函跋》,《大陸雜誌》,第19卷第5期;《楊鋭致張文襄密函跋——高陽李氏所藏清代文獻跋之一》,臺北:《大陸雜誌》第22卷第4期(1961年2月28日出版)。
[2] 刊于《中華文史論叢》2002年第1輯,總69輯。

曾)。這些電報和密信不僅説明了張之洞與楊鋭的關係,更可從中窺視從甲午到戊戌期間的清朝政治内情。

一、楊鋭是張之洞的"坐京"

梁啓超在《楊鋭傳》中稱:
> 張有子在京師,而京師事不托之子,而托之君(楊鋭),張于京師消息,一切藉君,有所考察,皆托之於君,書電絡繹,蓋爲張第一親厚之弟子,而舉其經濟特科,而君之旅費,亦張所供養也。[1]

梁是根據他與楊鋭的交往,寫下這段話的,雖稍有不完備之處,但大體説明了楊鋭在京的任務——辦理張之洞的交待事件,主要是探聽政治情報。[2] 李宗侗稱:
> 楊鋭"後至北京遂擔任文襄(張之洞)的'坐京'。坐京者,等於民國初年之各省駐京辦事處,不過後者爲公開挂牌之辦事處,而前者爲秘密的,各省督撫皆有之。'坐省'爲府縣派駐省城的人,見於雍正硃批諭旨,則'坐京'一名稱亦必甚早。'坐省'、'坐京'皆指其人而言,並無機關,其職務以向省中報告京中政府的動態爲主。文襄的坐京現可知者,除楊叔嶠外,尚有黄仲弢紹基,吴菊農敬修,皆文襄侄婿,張黄樓彬則其侄也。"[3]

李宗侗是晚清重臣李鴻藻之孫、李焜瀛之子,對清代掌故極爲熟悉。他

---

[1] 梁啓超:《戊戌政變記》續修四庫版,第259頁。
[2] 張之洞之子張權,光緒二十一年進京參加會試,曾與康有爲等人發起强學會,此後離京返回武昌,光緒二十四年再次進京參加會試,中進士,簽分户部。他中間有一段時間不在北京,且比楊小五歲,政治經驗也不如楊;張之洞依賴楊鋭,主要是張權不在京;而到了百日維新時期,張之洞與張權的電報往來十分密切,交給張權辦理的事務,並不少於楊鋭。除了張權外,張之洞也有大量電報給其侄張檢、張彬,委托其辦事。詳情可參見本書第一章。
[3] 《楊叔嶠光緒戊戌致張文襄函跋》,《大陸雜誌》,第19卷第5期。"紹基",即爲"紹箕"。

稱楊銳是張之洞的"坐京"之一,是看到了楊寫給張的密信。

張之洞的大量親筆電報,可以坐實以上兩人的説法。

楊銳(1857—1898),字叔嶠,號鈍叔,四川綿竹人。光緒八年(1882)優貢,十一年中順天府舉人。張之洞任四川學政時發現這一人才,從此對楊銳一直很關心,包括其個人生活與仕途。"張之洞檔案"中存有一些兩人早期關係的電報。光緒十三年四月初八日(1887年4月30日),時任兩廣總督的張之洞發電給四川布政使崧蕃:

> 錫侯仁兄鑒:昨奉惠函,知履新綏吉。欣頌。粵事繁冗緊急。綿竹孝廉楊銳,乃弟門人,昨屢電催其來粵,襄理筆墨,藉資臂助。渠因老母七旬,無人侍養。其胞兄楊聰,係隆昌教官,地僻事簡。可否將其調省,無論何職,俾得歸家奉母,則楊銳可即時赴粵。曷勝感禱。並請囑首縣遣人述鄙意,催楊銳速來。敬賀大喜。洞啓。四月初八。[1]

張之洞爲調楊銳入其幕,轉求熟人安頓楊銳之家事。"張之洞檔案"中另有一紙,張在上親筆寫了兩封電報:

> 京。温州館,翰林黄仲韜:立候回電。春榜有名士熟人?速電示。四川楊銳中否?洞。

> 車:請將榜中直系及熟人電示。楊叔嶠住何處?洞。[2]

"黄仲韜",即黄仲弢,張之洞一般寫作"韜",翰林院侍講黄紹箕。"車",似爲劉恩溥,張之洞的清流同黨,住在京城車輦店胡同,時任工部給事中。該紙上僅署"四月十二日亥刻發",未署年份,很可能發於光緒十二年(1886)。[3] 另有一件張的親筆電報:

---

[1] 光緒十三年四月初八日發,《張之洞電稿丙編》,第3函第12册,所藏檔號:甲182-82。"首縣",指省城所在地的知縣。
[2] 兩電寫於一紙上,四月十二日亥刻發,《張文襄公電稿墨迹》,第1函第1册,所藏檔號:甲182-219。
[3] 楊銳於光緒十一年中舉,此後可參加的各科會試爲:光緒十二年(丙戌科)、光緒十五年(己丑科)、光緒十六年(庚寅恩科)、光緒十八年(壬辰科)、光緒二十年(甲午恩科)……其中光緒十六年三月其母病故,楊參加會試後,接唁電即回,並未參加以後的覆試與殿試。光緒二十一年以後,張之洞知楊銳在京地址,不會發問。我推斷該電發於光緒十二年,主要證據有二:(轉下頁)

京。伏魔寺,楊叔嶠:大喜奉賀。速來。勿過七月。記名有何
　　熟人。(新編加九馬)[1]
原件記"六月十四日申刻發",未記年份。原整理者將之歸入光緒十三年,似為誤。從内容來看,該電似發於光緒十五年,是年楊鋭考中内閣中書。光緒十六年三月,楊鋭參加庚寅恩科會試,忽聞其母病逝,立即出京,經河南、陝西於五月回到家鄉。[2] 八月十二日,楊鋭有一電給張之洞的幕中,説明情況。[3] 十月二十二日,張之洞發電楊鋭:

　　函悉。葬事臘、正月能辦否? 事畢盼即日來鄂。兩湖書院請足
　　下當分教。明年二月即須開課,一切調考及籌定院規諸事,待商甚
　　殷,務望早來。令兄想無大病,如能偕來尤佳。即電覆。
　　洞。養。[4]

此時楊鋭已守制,張之洞發電邀其出任兩湖書院分教習,這是地位和待遇都很高的職位。楊鋭此後於光緒十六年十一月、十七年二月、三月三次發電,説明其行程。[5] 光緒十七年,楊鋭在張之洞幕中,"張之洞檔案"存有他與廖平、錢保塘、王秉恩之間的電報。[6] 光緒十八年張的一

―――――――――――

(接上頁)一是電文中稱"四川楊鋭",即黄紹箕對楊鋭尚不熟悉,可見此電不會晚於光緒十五年,此年楊鋭考中内閣中書;二是《張文襄公電稿墨迹》由張的幕僚許同莘所編,許亦將該電文編入第1冊,並推斷該電發於光緒十二年。

[1]　《張之洞存來往電稿原件》,第5函,所藏檔號:甲182-376。"新編加九馬",指約定的電碼。
[2]　國家圖書館善本部編:《趙鳳昌藏札》,北京圖書館出版社,2009年,第5册,第271―273頁。
[3]　楊鋭電稱:"電謹悉。葬在春。兄往隆昌,歸即覆。鋭稟。"("楊中翰來電",光緒十六年八月十二日酉發,十三申到。抄本《張之洞電稿》,第4册,"四川來電",中國社會科學院經濟研究所圖書館藏)從電文來看,此前張之洞幕中亦有一電給楊鋭,但未見。
[4]　"致四川百川通專足送綿竹縣城小西街楊叔嶠",光緒十六年十月二十二日發,趙德馨主編:《張之洞全集》,武漢出版社,2008年,第8册,第77頁。"令兄",似指楊鋭的長兄楊聰。另,張之洞檔案中還有一電:"成都青石橋義盛公綢鋪轉綿竹楊宅:帥諭:速來。何日行? 即覆。履。十二月廿八申發。"(《張之洞電稿》光緒二十四年十二月,館藏檔號:甲182-455)原注日期有誤,但不能確定該電何年發。"履",為鄒履和,張之洞親信幕僚,時任文巡捕。
[5]　"楊中翰來電:明正事畢,即來。鋭稟。"(光緒十六年十一月初三日巳刻發,申刻到)"四川楊中翰來電:聰病未痊,鋭十九行。"(光緒十七年二月十二日亥刻發,十三日申刻到)"四川楊中翰來電:賜費祗領,已上船,即行。鋭稟。歌。"(光緒十七年三月初九日申刻發,戌刻到;該件是抄件,"歌"、"初九日"皆原文如此)以上見《張之洞存四川來電稿·光緒十五年至十七年》,《張之洞存各處來電稿》,所藏檔號:甲182-415。
[6]　"四川廖進士致楊中翰電:書五十册,玉賓寄。請速匯二百金。平。"光緒十七年十一月初二日午刻發,未刻到。"四川廖進士致楊中翰電:匯領。書初十交岑秋寄矣。父病重,余百(轉下頁)

則電報,說明楊銳仍在其幕中。[1]光緒二十年冬,甲午戰爭最激烈期,清廷調兩江總督劉坤一北上督師,調張之洞署理兩江。張之洞偕楊銳赴南京,楊是其戰爭期間的主要幕僚之一。[2]

光緒二十一年三月,楊銳再到北京(詳見後節),從此之後,楊以居京爲主。光緒二十二年秋,楊以舉人、內閣額外中書報考總理衙門章京,張聞訊後,即於八月二十一日(1896年9月27日)發電:

> 京。喬:密。聞考取總署章京。欣賀。何時可傳到?示慰。鈍。馬。[3]

"喬",是張之洞對楊銳號叔嶠的簡寫,張後期電報皆以該字代表楊銳。"鈍",楊銳字鈍叔,此是張後期發給楊電報的專用自署。[4] 張發給不

(接上頁)金千急速寄。平。"光緒十七年十一月二十日酉刻發,戌刻到。(以上兩電見《張之洞存四川來電稿·光緒十五年至十七年》,《張之洞存各處來電稿》,所藏檔號:甲182-415)"致成都純化街王家試館廖季平:匯寄纂書銀三百兩,希查收。書速寄。洞。"(該件原無日期,很可能與下引楊銳的電報同時發送。)"楊中翰致成都會府東街鍾公館前大足縣錢:鐵江夫子鑑:張香帥在鄂省新建兩湖書院,分經、史、理、文四門,每門請分教一位。聞吾師擬乞病,不知確否?如果欲回里,擬奉請來鄂分教經學,脩火共八百金。香帥命轉達切盼惠臨,並速賜電覆。楊銳叩。效。"光緒十七年十一月十九日發。(以上兩電見《張之洞存來往電稿原件》,第3函,所藏檔號:甲182-374;又見抄本《張之洞電稿》,第4冊,"四川來電",中國社會科學院經濟研究所圖書館藏;後一電又見《張之洞電稿丙編》,第29冊,所藏檔號:甲182-85。武漢版《張之洞全集》錄此兩電,年份誤爲光緒十六年,錢保塘誤爲錢江)"成都錢楊中翰電:乞病,未能遽允,請先稟香帥。俟函詳。塘覆。"光緒十七年十一月二十日申刻發,酉刻到。(《張之洞存四川來電稿·光緒十五年至十七年》,《張之洞存各處來電稿》,所藏檔號:甲182-415)此外,還另有兩件楊銳親筆的簡短電文,其時間難以確定:"廣州。王雪澄:洪疏訛傳,彥臣乞致慰。銳。"(《張之洞存來往電稿原件》,第1函,所藏檔號:甲182-372)"上海海防廳署汪穰卿:聞臺從到滬,南皮師擬請來鄂一行,以速爲盼。銳。養。九月二十二日已發。"(《張之洞存來往電稿原件》,第5函,所藏檔號:甲182-376)

[1] 光緒十八年十二月十四日,張之洞發電鎮江,交焦山梁鼎芬:"知已回焦山,望速來鄂,萬勿游移。令弟可攜之同來,到此後從容設法。盼甚。開春叔嶠即須回蜀。洞。鹽。"(《張之洞存來往電稿原件》,第3函,所藏檔號:甲182-374)

[2] 參見劉禺生:《世載堂雜憶》,第55—56頁。楊銳的職責是張的文案。"張之洞檔案"中還有一件以其名義發出的電報:"武昌自强學堂顧印伯:南皮師命轉致閣下,請速來金陵。即示覆。銳。文。"(光緒二十年十一月十二日亥刻發,《張之洞電稿丙編》,第43冊,所藏檔號:甲182-88)

[3] 八月二十一日午刻發,《張之洞電稿》光緒二十五年二月至八月,所藏檔號:甲182-457。原整理者有誤,從內容判斷,該電發於光緒二十二年。

[4] 可注意張之洞先前給楊銳的電報,擡頭寫"楊叔嶠",自署爲"壺"。此中的變化,可能發生於光緒二十一年年底。

同的人電報使用不同的自署。總理衙門章京一職,由京中各衙門司官考方式補充。考中後即按名次記名,遇有章京額缺空出後,按記名順序傳補,即張電文中的"傳到"。光緒二十二年總理衙門章京考試,是晚清規模最大也是最後一次,考試共分兩次,先是各部院的初試,然後送總理衙門參加正式考試;總理衙門的漢章京正式考試日期是八月二十九日,帶領引見的日期是十月初三日。此次考中者共計一百名,楊銳名不在前。[1] 若按名次"傳到",根據以往的慣例,楊銳還須等上數年。張之洞於八月二十一日即正式考試之前發報,很可能是聽到楊在内閣初試中式(即獲送考資格)的消息而誤解,其關切之心由此可見。光緒二十三年二月十五日(1897年3月17日),國子監祭酒、南書房行走張百熙上奏保舉楊銳,獲旨軍機處記名。[2] 不知此中是否有張之洞的暗中操作。光緒二十三年七月十九日(1897年8月16日),張之洞發電楊銳:

> 京。喬:閲致肖巖信,有擬捐同知之説,萬萬不可。足下譽望甚矣,綸閣清華,譯署機要。若會典館保候補侍讀,總署數年例保,可至郎中,京官外官頭頭是道。萬勿左計。鈍。效。[3]

"肖巖"是楊銳之四弟楊悦的號,光緒二十二年以湖北試用府經歷由張之洞札委爲湖北繅絲局監工。[4] 他長期在湖北當差。"同知"是知府的佐貳官,"綸閣"指内閣,"譯署"指總理衙門。楊銳因長期任内閣候補

---

[1] 參見李文杰:《晚清總理衙門的章京考試——兼論科舉制度下外交官的選任》,《近代史研究》2011年第2期。
[2] 張百熙該摺是一殘件,可見部分記録,保舉刑部候補主事喬樹柟、内閣額外中書楊鋭、甘肅西寧道聯魁、前臺灣道顧肇熙。(《軍機處檔》,137330,臺北故宫博物院圖書文獻館藏)張百熙的保摺稱楊鋭:"記名總理衙門章京、内閣額外中書楊鋭,四川綿竹人。博學多通,有獻有守。少歲受知於前四川學政今兩湖督臣張之洞。該督臣自外任山西巡撫,洊升兩廣總督及兩江、兩湖總督任内,楊鋭皆在其幕中,辦理文案,事無巨細,悉與籌商。平日講求經濟,於書無所不窺。洎廁碩果幕僚,諳練既深,性尤忠愛。前年倭事吃緊之際,該員毅然渡海來京供職,足見其不避艱危。"特别强調了楊與張之洞的關係。從軍機處存記檔册中可知,楊鋭奉旨爲軍機處記名。(《軍機處簿册》,第58號第一盒,中國第一歷史檔案館藏)
[3] 《張之洞電稿》光緒二十五年二月至八月,七月十九日午刻發。所藏檔號:甲182-457。原整理者有誤,從内容判斷,該電發於光緒二十三年。
[4] 《張之洞全集》,第5册,第482頁。楊悦每月薪水銀三十兩。

中書，閑散無事，有意加捐地方官銜，另謀發展。且楊於光緒二十二年充會典館協修官，二十三年充纂修官，直至二十四年初，即張發此電的半年之後，方以"會典館書成過半，奏保以侍讀遇缺即補，並賞加四品銜"[1]；總署章京一職須傳到兩年後才可以例保，楊尚未傳到，保至"郎中"官職，將不知何年。然張之洞爲打消其出京發展的念頭，卻描繪了"京官外官頭頭是道"的美好前景。至於楊銳的生活費，"張之洞檔案"中有一封日期爲"十二月二十七日"的電報：

> 京。喬：帥賜三百金，由百川電匯，係作春季用。悦。[2]

"帥"指張之洞，"悦"可能就是楊悦。這一封電報經過張之洞，其中的"係"字，是張的親筆。雖從內容來看，還分不清該電具體年份，但用"喬"字，當在光緒二十一年年底之後。從後節所引楊銳於光緒二十二年正月初二日給張之洞的密電來看，此電似發於光緒二十一年。每月銀一百兩的"供養"，也使在京城百物騰貴中生活的楊銳，絕無衣食之憂。

從張之洞親筆電報來看，他交給楊銳辦理的事務是多種多樣的。光緒二十一年四月十一日（1895年5月5日），張之洞發電：

> 京。伏魔寺，楊叔嶠：蒸電悉。王爵堂在法甚得力，外部一切向王傾吐，立派兵輪赴臺；並爲我畫策，告以雖批准，法可作不算等語。是法絕無厭王意，惟慮龔忌撓沮，來電早已料及，乃龔使果於日內亦赴法。頃王電，龔多疑忌，不令參贊慶常幫王辦事，致令外部生疑，停議兩日。現已電奏，請總署電法及龔。足下來電所言，必是龔造言毀阻，希冀王去法，則助華之說散。無非別有成見，恐和局翻動而已。試思法果厭王，肯與商密謀乎？請轉致少宰，勿墮龔計，力爲主持，萬勿令王離法，至禱。法兵若出，雖換約亦能更改，俄亦如此說也。壼。真。[3]

---

[1]《楊銳履歷單》，《清代官員履歷檔案全編》，華東師範大學出版社，1997年，第6冊，第488頁。
[2]《張之洞電稿》光緒二十五年十月至十二月，十二月二十七日丑發。所藏檔號：甲182-457。
[3] 光緒二十一年四月十一日申刻發。《張文襄公電稿墨迹》，第1函第6冊。所藏檔號：甲182-218。原件首頁右上角有注："不抄電冊"。"伏魔寺"，位於京城宣武門南繩匠胡同，大學士李鴻藻亦住在該胡同。

此電發於甲午戰爭後期,《馬關條約》已簽,尚未互換,"三國干涉還遼"亦在緊鑼密鼓中。"王爵堂",王之春,字爵棠,湖北布政使,光緒二十年底赴俄國致唁並賀新主登位,此時正在法國。他是張之洞下屬,關係密切,正執行張之洞的外交指令,與法國政府進行秘密外交。[1]"張之洞檔案"留有大量的兩人往來電報。[2]"龔",龔照瑗,駐英公使,兼任駐法、意大利、比利時公使。他是李鴻章的親信。"慶常",駐法參贊,當時沒有專任駐法公使,由慶常代理。"少宰",一般指吏部侍郎,此處似指廖壽恒。[3] 張之洞為阻止馬關條約的批准,命楊銳去找總理衙門大臣廖壽恒,以讓王之春繼續留在法國;在此之後,張又命其幕僚惲祖祁發電其同鄉軍機大臣、總理衙門大臣翁同龢,他本人則發電總

---

[1] 光緒二十一年四月初三日,張之洞發電胡燏棻:"天津東征糧臺胡:急。密。兹有電奏一件,萬分緊要,必須秘密。天津姦細太多,恐漏泄,只可用尊處電本寄呈。請照錄,專差飛速送呈總署。切禱。洞。""總署:前洋電言法、俄阻倭割地,適王使之春抵法,特電囑與外部密商,探其欲,告以必有酬謝。頃據覆電云:奉豔電,屬密商外部。春當浼勘界西友往商,西以事可商,不須酬謝。問奉旨否,春以洞意浼。再往,據覆:'俄、法聯繫水師,兵力已厚,自可脅倭滅約,俄已不許遼東,法應續阻臺灣,倭未必遂從,法、俄擬約德合力詰責,無慮英人袖手。此事至密,告華政府勿稍泄漏,恐不利於華……外部尚未晤談,一切不能盡商,須有旨方便登答……'王之春機警敏捷,亦有決斷,長於應對,龔使較為和緩,且現不在法國。可否請旨密飭王之春就近切托外部,囑其力阻倭割臺遼,並探其所欲,許以厚謝。一面延宕,力托各國展限換約,庶可挽回……"(光緒二十一年四月初三日戌刻發,《張之洞電稿》光緒二十一年,所藏檔號:甲 182-482) 初六日,張之洞再電:"初三日電奏計已進呈,頃王使之春江電云:'頃赴外部,約言……隨問奉旨否,對未,但不便再商等語……'仰懇朝廷熟籌全域,一面飭總署迅速與各公使商,一面電許、龔兩使迅與俄德英商,電王使迅與法商,或有轉機……"(四月初六日子刻發,《張之洞電稿》光緒二十一至二十二年,所藏檔號:甲 182-483) 初七日,張之洞收到電旨:"總署來電:密。奉旨:'張之洞電奏已悉,著即派王之春將來電所言各節遽與法外部切實商辦。如有頭緒,即電覆。此旨由張之洞轉電。欽此。'陽。"(光緒二十一年四月初七日酉刻發,亥刻到,《張之洞存各處來電》,第 30 函,乙未第 12 册,所藏檔號:甲 182-132) 張之洞收到此電旨後,即刻轉發給龔照瑗、王之春。(四月初七日亥刻發,《張之洞電稿》光緒二十一年四月,所藏檔號:甲 182-481) 此後,張之洞又將王之春的電報及自己的意見發給總理衙門大臣汪鳴鑾,請其轉呈總署代奏。(四月初九日申刻發,出處同上)

[2] 王之春此時與張之洞有很多電報往來,已有數件已發表,可參見《張之洞全集》,第 8 冊,第 302、309、312-314 頁。

[3] 此時總理衙門大臣中,徐用儀為吏部左侍郎,並為軍機大臣;然徐與孫毓汶一黨,與張之洞無甚關係,此處當指廖壽恒。直至是年六月初十日,廖壽恒由吏部右侍郎改倉場侍郎,汪鳴鑾方由工部左侍郎改吏部右侍郎。汪與張亦有關係,"張之洞檔案"中有一條簽記:"汪柳門口徒住京都東安門內南池子中間箭廠胡同東頭路北",該條貼在光緒二十一年四月初九日電報之後。(《張之洞電稿》光緒二十一至二十二年,所藏檔號:甲 182-483)

理衙門大臣汪鳴鑾,以讓龔離開法國。[1] 是年五月初七日(5月30日),張發電:

> 京。伏魔寺,楊叔嶠:濟寧請假派署,必有故。確情速示。致節函閱悉。所云發出公閱之件,係老秦之筆,指何人。壼。陽。[2]

"濟寧",軍機大臣、兵部尚書孫毓汶,山東濟寧人,咸豐六年榜眼。前已敍及,光緒十年"甲申易樞",慈禧太后盡罷以恭親王領銜的軍機處,孫毓汶入值軍機處,背靠醇親王奕譞,外聯李鴻章,漸成勢力,柄政近十年。他是清流黨最爲敵視的政客。光緒二十年甲午戰爭起,恭親王、李鴻藻、翁同龢重入軍機處,孫乃不安于位。[3] 光緒二十一年四月十九日,他連續請假。五月初四日,又請假一個月,光緒帝批准,其兵部尚書由徐桐署理。此即張電中"請假派署"一事。張之洞看出孫有可能下臺,故請楊銳查明底細。[4] 光緒二十二年十月初六日(1896年11月10日),張發電:

> 京。喬:記名大喜。欣賀。馬恩培升鄂臬,聞人言,其漕運遲誤處分甚重。此時曾否到京?究竟有何處分?務速確查電覆。鈍。[5]

"記名"指楊銳考中總理衙門章京後記名一事。"鄂臬",湖北按察使,張

---

[1] 光緒二十一年四月十三日,惲祖祁發電翁同龢:"京都。户部,翁。急。密。南洋得王使電知,龔、王往法外部,王之要語及懇法實力相助辦法,龔不令翻譯言,意在散保靈之局。龔本李黨,似應請旨飭龔回英乞援,專以法事交王,以免掣肘。事機至急,祈登膝面陳速辦。祁稟。元。"(四月十三日午刻發,《張之洞電稿》光緒二十一年四月,所藏檔號:甲182-481;抄件又見《張之洞電稿丙編》,第52册,所藏檔號:甲182-90)光緒二十一年四月十八日,張之洞發電汪鳴鑾:"京。南池子箭廠胡同,汪侍郎:急。密。龔有意延宕,俟至换約,然此時尚有一線生機,龔必欲將臺灣送脱,不知是何居心。惟望由總署催其速回英。叩禱。洞。嘯。"(光緒二十一年四月十八日戌刻發;《張文襄公電稿墨迹》,第1函第6册,所藏檔號:甲182-218)
[2] 五月初七日巳刻發,《張之洞存來往電稿原件》,第5函,所藏檔號:甲182-376。原件右上角有注:"此件不抄入電册"。原整理者將之歸入光緒十三年,誤。"節函",指給梁鼎芬函。
[3] 關於光緒十年、光緒二十年的兩次中樞調整的背景,可參見本書導論第四節。
[4] 孫毓汶後於閏五月初四日以病請求開缺,光緒帝給假一個月,六月初四日再以病請求開缺,光緒帝批准。
[5] 十月初六日戌刻發,《張之洞電稿》光緒二十四年九月至十月,所藏檔號:甲182-455。該件由張之洞幕僚起草,張親筆改。删去了臺頭"繩匠胡同楊叔嶠",改爲"喬"。原整理者有誤,從"記名"和馬恩培任職兩事來看,該電發於光緒二十二年。

讓楊查一下新派官員的來歷。同年十一月二十日(12月24日),張又發電:

  京。喬:轉交黃公度。彼族誤聽傳言,致阻乘槎,深爲悵悶。譯署必另籌位置。祈示。洞。號。[1]

"黃公度",黃遵憲。"譯署",總理衙門。黃於光緒二十二年十月由總理衙門派爲駐德國公使,然爲德所拒。張之洞聞訊後通過楊銳來安慰黃。[2] 光緒二十三年正月初三日(1897年2月4日)、二月二十日(3月22日)和三月十一日(4月12日),張發給楊三電:

  京。喬:徐菊人太史,素所佩仰,如願遊鄂,必當位置一席。惟兩湖、經心久已請定,到時自有辦法。壺。江。[3]

  京。喬:密。徐菊人太史現想在京,鄂省兩湖、經心各書院(各書院)去臘久已訂妥,星海皆知。前電言徐君來必有位置者,謂請至署內,由敝處送脩金耳,並無他席也。望婉商。如不來鄂,亦當每年寄送乾脩六百金,似可省跋涉之費。如願來,亦照此局面。祈與仲韜商酌,速覆。鈍。號。[4]

  京。喬:密。徐菊人如願來鄂一遊,亦甚好,不必阻,但言明非書院耳。望即覆。洪(右丞)給諫乾脩事,已告督銷局劉道,照舊支給,付其家屬,劉已允。鈍。真。[5]

"徐菊人",徐世昌,時任翰林院編修,曾於甲午戰爭初期上奏薦舉張之洞,請清廷召京諮詢大計。[6] 光緒二十二年十一月丁母憂,張之洞欲籠絡之,每年送乾脩六百兩。"星海",梁鼎芬,張之洞大幕僚。從

---

[1] 十一月廿日酉刻發,《張文襄公電稿墨迹》,第2函第11冊,所藏檔號:甲182-219。原件無年份,根據其內容,該電發於光緒二十二年。

[2] 相關的情況,可參見本書第四章第二節。

[3] 正月初三日巳刻發,《張文襄公電稿墨迹》,第2函第11冊,所藏檔號:甲182-219。原件無年份,據徐世昌經歷,當發於光緒二十三年。

[4] 二月二十日午刻發,《張之洞電稿》光緒二十四年一月至八月,所藏檔號:甲182-455。原整理者有誤,原件無年份,據徐世昌經歷,當發於光緒二十三年。括號內爲原稿衍字。

[5] 三月十一日巳刻發,《張之洞電稿》光緒二十五年三月至四月,所藏檔號:甲182-456。原整理者有誤,原件無年份,據徐世昌經歷,當發於光緒二十三年。括號內原刪去。

[6] 參見本書導論第一節。

電文中來看，徐世昌欲入兩湖或經心書院，但位席已滿，只能"請至署中"。張請楊銳與黃紹箕商酌辦理。"洪右臣"，洪良品，時任户科給事中，張之洞也予以籠絡，例送乾脩。六月初五日（7月4日），張之洞又發電：

> 京。喬：徐菊人回京否？何時來鄂？仲韜高取，欣盼。高陽步履漸好否？鈍。歌。[1]

由此電可知，徐世昌曾答應赴武昌一行（後未行）。"仲韜高取"，指黃紹箕考差一事。六月十二日，即此電的七天後，黃被派爲湖北鄉試正考官。"高陽"，李鴻藻，此時病重，張之洞對此十分關心。[2] 光緒二十三年七月十六日（1897年8月13日），張之洞發一長電給楊銳：

> 致京。喬：歐陽棟、朱道濂兩人，勾串陳季同，擅將湖南常寧縣鉛礦，私與法國商戴馬德立約：全歸該法商承買，礦歸我開，開出售與法商；每一百零五斤爲一石，每石定價一兩二錢，無論提銀若干，永不准長價；每年必須交付法商五萬石，永遠不能缺數，不准封禁，不准售與他人。並將湖南全省之礦，統歸此法商。並未奉湖南院、司、局札文。法領事已畫押。經僕查知，諮湘撫及南洋查辦，勒令將此約銷毀。湖南亦查知不合，飭此兩人赴滬廢約。陳季同因僕揭破係伊所爲，責之甚嚴，稍懼，允將此約作廢。領事尚未議妥。此事萬分可駭可怪。查開鉛礦、銀礦之費，全在開采，不在提煉，更不在銷售；其難亦在開采，不在提煉、銷售。今我出開礦之費，彼收賤價之礦，有害無利。貪圖洋商重賄，聽陳季同詭謀，遂將湖南全省地利賣與法人。彼約定三個月開辦，幸查出尚早，若遲一月，不可救矣。此事湘人應怒歐、朱而感僕，何以反爲歐、朱緩頰，不可解。僕只欲將此約勒廢，保全湖南，至此人應懲究與否，聽之湘

---

[1] 六月初五日辰刻發，《張之洞電稿》光緒三十年六至七月，所藏檔號：甲182－470。原整理者有誤，根據內容，此電發於光緒二十三年。據原稿，"仲韜高取"，由"仲韜考差聞甚高"改；"高陽步履漸好否"，由"高陽病癒否"改。
[2] 相關的情況，可參見本書第六章第五節。

撫,絕不過問也。論理此三人應置重典,然今日豈能辦到哉? 望轉致前途。鈍。諫。[1]

陳季同曾任清朝駐法國、比利時使館翻譯,寫有多種法文著述,在法國小有文名。他與歐陽棟、朱道瀍擅與上海華利公司戴馬德所立合約一事,張之洞有信函及諮文給陳寶箴;陳即將歐、朱嚴辦,並令廢約。[2] 此時張發電給楊銳,關鍵在於最後一句"望轉致前途",即在京中作一鋪墊。"前途"當是京中某高官,惜不知其人是誰。[3] 楊銳是他們兩人之間的聯絡渠道。"張之洞檔案"中還有一封電報署日期爲四月初五日:

京。喬:江孝通至今未到,究係何日出京。即覆。鈍。歌。[4]

"江孝通",江逢辰,廣東歸善(今惠州)人。他是張之洞的"廣雅"弟子,光緒十八年中進士,分發户部,任主事。此一類平常事件,張都讓楊去查明。

從以上電文來看,李宗侗將"坐京"比作"駐京辦事處",還是蠻恰當的。楊銳的工作性質,確實如此。

---

[1] 七月十六日酉刻發,《張之洞存來往電稿原件》,第14函,所藏檔號:甲182-385。原件無年份,根據內容,該電發於光緒二十三年。

[2] 此事件的詳細情節可參見:《張之洞全集》,第6册,第30—31頁;第12册,第70—71頁;汪叔子等編:《陳寶箴集》,上册,中華書局,2003年,第620—621頁;中册,中華書局,2005年,第1077—1087頁。關於前任駐法使館翻譯陳季同,張之洞致陳寶箴函稱:"……至所列見議陳季同者,其人著名荒唐,罪惡極大極多,海内海外皆知。前經薛叔耘星使參辦,尤非差類。戴瑪德與陳季同相比久矣,不可不防。上年陳、戴同赴漢口,變幻招搖,意欲攬辦湖北礦務,動輒許以重賄,其許賄動以數十萬計。經弟飭江漢關查傳禁止,旋即循去……""薛叔耘星使",指清朝駐英公使薛福成。又,陳季同本人的事迹,可參見桑兵:《陳季同述論》,《近代史研究》1999年第4期。

[3] "前途"似爲當時的官場用語,指掌事、掌權之官員。如,光緒二十一年四月十九日張之洞發電:"京。立:諫電悉。洋款已借妥,昨日奉旨,銀已提到一半矣。和局已成,巨款放債,斷無如此重利。速告前途,如願借,息須再減,亦無扣。至多九九扣,每萬扣一百兩。天、源兩號作保,每家可保五六十萬至百萬,已與滬上兩號言明矣。即作爲票商傳借,不提官借可也。但須確有是事,不可爲他人空言弄。百川、日升乃西商,斷不管此等事,此間未與議過,何以知其肯保。各節均速詢覆。壺。嘯。"(四月十九日丑刻發,《張之洞電稿》光緒二十一年四月,所藏檔號:甲182-481)此電的内容是張之洞署理兩江時辦理借款,以供戰爭及善後之用。"立",似爲張君立,即張之洞之子張權。從該電內容來看,此處的"前途"或有可能是指總税務司赫德。而從楊銳在京城中的關係而言,"前途"有可能指徐桐。

[4] 《張之洞電稿》光緒二十五年三月至四月,所藏檔號:甲182-456。這一封電報未説明具體年份,但我所見張自署爲"鈍"的電報,在光緒二十二年之後,此電似發於光緒二十二、三年。

二、光緒二十一年三月至二十二年正月楊鋭給張之洞的密電及光緒二十二年正月給張之洞的密信

然楊鋭最重要的工作,是在京中向張之洞提供政治情報,具體的情況又是如何呢?

我在"張之洞檔案"中,發現了楊鋭給張之洞的電報八封(其中一封與沈曾植聯名)及楊鋭代發的沈曾植電報一封,張之洞給楊鋭的電報一封,可説明楊鋭情報工作的内情,時間是從光緒二十一年三月至二十二年正月。

光緒二十一年三月初四日(1895年3月29日),即甲午戰爭最爲困難、李鴻章正在馬關議約時,楊鋭來到北京。[1] 楊此行奉署理兩江總督張之洞之命,以探京中秘情;也有可能是爲了參加乙未科的會試。[2] 但從他的情報工作來看,關注點甚多,花費的心思也多,若真參加會試也無情緒,自無好的結局。

光緒二十一年三月二十三日(1895年4月17日),楊鋭發電南京張之洞:

---

[1] 光緒二十一年二月趙鳳昌在上海發電:"……津口未凍,叔喬二十三行,昨聞津口外有倭船十艘,搜查商輪。此可慮。昌。"(二月二十六日子刻發,寅刻到,《張之洞存各處來電》,乙未第7册,所藏檔號:甲182-131)三月初二日,北京發電張之洞:"張家灣人已來,俟商有成説,即刻電聞。送卷價,條已貼,七屬共六十餘人,連本家約需不及百金。請飭百川照付。叔嶠來否?柳。蕭。"(京,三月初二日戌刻發,初三日申刻到,《張之洞存來往電稿原件》,第14函,所藏檔號:甲182-385)三月初八日,又發電:"卷價已送。叔嶠初四到。餘遵辦,續達。柳。陽。"(京,三月初八日午刻發,申刻到,出處同上)"柳",很可能是張權,其有一字爲"柳卿"。

[2] 按照科試的規定,貢院會試三場的時間是三月初八日入場,初十日出場,十一日入場,十三日出場,十四日入場,十六日出場。楊鋭此次是否入場,未見記載。

　　　　和約有交俘一層，鑑帥、伊、宋皆在俘內。子口稅減三成，爲各國均沾。津、威駐兵，每年供餉百萬。所有尾約，如不實力奉行，兵即永遠不撤。廿天後煙臺畫押，方定局。此事孫、徐及李經方專主，慶、翁、廖、汪且有異議。翰林、譯署公呈爭最力。聞英、俄不允割地。英使昨已面責城北。內意頗悔，約似可廢。赫德云：合肥十七已故。銳稟。漾。[1]

楊銳發電之日，正是李鴻章與伊藤博文簽訂《馬關條約》的日子，此電向張之洞透露了條約的內容及京中之政情。以該電的文字對照李鴻章給清廷的電報及《馬關條約》的條款，楊銳的情報不太及時與準確，且有一些理解上的錯誤。[2]"孫"，軍機大臣孫毓汶，"徐"，軍機大臣徐用儀；"慶"，慶親王奕劻，"翁"，軍機大臣翁同龢，"廖"，總理衙門大臣廖壽恆，"汪"，總理衙門大臣汪鳴鑾。政治高層對《馬關條約》有着兩種不同的意見。"譯署"，總理衙門。翰林院官員、總理衙門官員此時正醞釀着發起多起聯名上書，即"公呈"，爲此相爭，並引發了後來公車們的上書。[3]"城北"，指徐姓，此處似指徐用儀。"內意頗悔"，似指光緒帝。楊銳此電的基本傾向是主張廢約的。三月二十六日（4月20日），楊再發電：

---

[1]　京，三月二十三日酉刻發，二十五日子刻到；《張之洞存來往電稿原件》，第14函，所藏檔號：甲182-385。抄件又見《張之洞存各處來電》，第29函，乙未第11冊，所藏檔號：甲182-131。

[2]　"鑑帥"，山東巡撫李秉衡，號鑑堂。"伊"，盛京將軍伊克唐阿。"宋"，毅軍統領、四川提督宋慶，此時率部駐守遼東，爲"幫辦軍務"。《馬關條約》第九款規定了雙方各交還戰俘，然電文中"鑑帥、伊、宋皆在俘內"一語，意甚不清，從字面上理解，李秉衡、伊克唐阿、宋慶將作爲"戰俘"（即戰犯）交給日本，很可能是楊銳對"俘"一字的誤解。"子口稅減三成"，爲日方最初條約，子口稅"輸納每百值二抵代稅"，經談判後，《馬關條約》中所未有。"津、威駐兵，每年供餉百萬。所有尾約，如不實力奉行，兵即永遠不撤"一段，日方原要求在奉天（瀋陽）、威海駐兵，並要求清朝支付費用，經談判後，《馬關條約》及《另約》改爲威海一處駐兵，每年兵費50萬，直至賠款交清、中日通商條約訂立。"廿天後煙臺畫押，方定局"，指條約經兩國皇帝批准後，於四月十四日在煙臺互換，並非爲"畫押"，楊銳對國際條約批准的程式不了解。"合肥"，李鴻章，稱其"十七已故"，指其二月二十八日在馬關被槍擊案，當是一則不確的消息。楊銳只是聽到傳聞，未必親聽赫德說。

[3]　其中三月二十九日翰林院代奏編修李桂林等條陳署名達八十三人，四月初六日總理衙門代奏章京舒文等條陳署名達五十六人。詳情可參見拙文《"公車上書"考證補》、《"公車上書"考證再補》，《戊戌變法史事考二集》，第1—127頁。

薇帥電，臺民忠義，求不屬倭。昨廖少宰召見，請俟李回，據實
　　告彼，以冀免割，上深以爲然，肯告，且堅持力爭，並備惡戰。設局製
　　造兼通商，各口在內，鐵路未聞，洋稅免減。繳械、交俘二層，文、沈
　　云甚確而秘。炮臺專指前敵。英、俄阻割地，係傳聞。賄以拒倭，未
　　聞此策。廷議請廢約，庶僚甚多，難望得力。大殿避客，高陽未見。
　　銳。宥。[1]

楊銳此電仍是報告北京的政情與《馬關條約》的條款，許多內容是答覆張之洞的。此中對張最重要的情節，當是"英、俄阻割地"，即正在進行的三國干涉還遼，楊銳僅聽到傳聞，未能確定；而"賄以拒倭"，指當時同意給予俄、法等國的一些利益，以助清朝拒絕《馬關條約》，楊銳未聽到朝廷有此決策。張之洞由此而命王之春在法國進行交涉，許以對法有所酬謝。（詳見前節）楊亦知張傾向於廢約，爲此報告，主張廢約的多爲下級"庶僚"，高層或避客或不見。三月二十七日（4月21日），李鴻章簽訂的《馬關條約》已送到北京，楊銳代發總理衙門章京沈曾植一電：

　　　嘯使密告，俄決不許倭割遼。德減司密電，德力邀俄、法出議，
　　約不可遽批定，皆三五日回音。秘不告，云恐英聞。愚見廢約爲上；
　　次則宜具凌侮無理、勢難守約各情，請英、法、俄、德、美五國公斷。
　　可否以此上陳，請鈞裁。植電，銳代。[2]

沈曾植請求張之洞出面上奏：上策爲廢約，其次請五國公斷。四月初二

---

[1] 光緒二十一年三月二十六日酉刻發，二十七日申刻到，《張之洞存來往電稿原件》，第14函，所藏檔號：甲182-385；抄件見《張之洞存各處來電》，第29函，乙未第11冊，所藏檔號：甲182-131。"薇帥"，臺灣巡撫唐景崧，字維卿。"廖少宰"，廖壽恒。"李"，李鴻章。"告彼"，指告訴日本方面。"文"，文廷式，此時是翁同龢門下的主要人物，清流健將。"沈"，總理衙門章京沈曾植，頗得翁同龢、張蔭桓人的信任，在京城中有較大的影響力。"大殿"，似指徐桐。
[2] 光緒二十一年三月二十七日酉刻發，二十八日辰刻到，《張之洞存來往電稿原件》，第14函，所藏檔號：甲182-385。抄件見《張之洞存各處來電》，第29函，乙未第11冊，所藏檔號：甲182-131。此電中似有錯字，該抄件在"嘯使"之"嘯"字、"德減司密電"的"減司"兩字上皆有記號，說明可能有誤。該電後有請轉發沈曾植給唐景崧之電："京電請薇帥：德法俄並阻批准約，英尤惜臺，有質臺之議。樞不受也，詔：合肥有畫押以後，臺即歸倭，臺或不從，與中無涉之語。然則，臺能自保，不累中矣。庇英自立，以保民爲緩，守口聘英將，巡海乞英船。士意自緝，事當有濟，不必驟怒。倭襲彭慎舉勝可無守。植。感。""倭襲彭慎舉勝可無守"一句，"彭慎"、"勝可"上有記號，即疑爲錯字。

日(4月26日),張之洞發一長電給楊銳:

  和約除割臺灣、遼之旅順等處外,一、賠款二萬萬,一年內交一萬萬,餘六年內交清,加息五釐。一、通商條內,添沙市、重慶、蘇、杭四處;又,口岸城邑,日本臣民任便往來,從事商業、工藝製造;又,將各機器任便製造;又,倭在內地製造之貨,完稅不完釐;又,進出口貨暫存行棧,勿庸輸納稅鈔;又,倭輪駛入以上各口。一、威海劉公島抵押,駐兵數千,每年供兵費五十萬兩;如和約不實力奉行,兵即永遠不撤。一、中日聯合備戰守,確有此條,大略是經營中國製造軍火局及運兵鐵路。看此各條,割臺灣尚是小事矣。何人議論最中肯?有動聽者否?有轉機否?要人有力爭者否?速示。名心叩。沃。[1]

張之洞的這一道密電,説的是他所聽聞的《馬關條約》條款,多有不確之處,而告訴楊銳這些內容,明顯是指使其在京發動更大的拒約再戰的上奏、上書熱潮,聯繫到此時京城的官員上奏與"公車上書",可見背後的推手。四月初八日(5月2日),楊銳又發電:

  昨詔許使,密商俄,許以利益,不知有濟否?公電奏,悉交李斟酌,多格不行。銳。陽。[2]

"許使",駐俄兼駐德公使許景澄,此時在聖彼德堡。"許以利益",即前電中的"賄以拒倭"。楊銳還稱,張之洞的電報皆交給李鴻章斟酌。查此時軍機處、總理衙門與李鴻章之間的電報,楊的説法並不屬實。也就在楊發電的這一天,光緒帝批准了《馬關條約》。四月十二日(5月6日),沈曾植與楊銳聯名發電:

  三國扼倭,將成戰事。倭謀自免,必畫分中之策,以啖歐人。事變方生,諸老夢夢。公能詳陳此情否?洋報電呈,尋而不斷,必得

---

[1] 光緒二十一年四月初二日巳刻發,《張之洞存各處電稿原件》,第13函,所藏檔號:甲182-384。該年注明"未鈔入簿子"。同日,張之洞給北京的"米"(很可能是劉恩溥)發了內容相同的電報,只在"割臺灣尚是小事矣"之後,僅一句"諸公但爭臺,何也?"

[2] 光緒二十一年四月初八日巳刻發,酉刻到,《張之洞存來電稿原件》,第20函,所藏檔號:甲182-391。抄件見《張之洞各處來電》,第30函第12冊,所藏檔號:甲182-132;乙未第13冊,所藏檔號:甲182-135。

共。植、銳。真。[1]

此時離《馬關條約》在煙臺換約只有兩天,沈曾植、楊銳請求張之洞再度出面上奏,以能作最後的努力。[2] 四月十七日(5月11日),楊銳再發電:

> 昨戌刻換約。遼旅全退。法保護臺,尚有曲折,須許界務、商務利益,方有濟。性惡通内,仇視言官,尤忿三國助華,攪散和局,恐以鼓動各國爲讒。前電請公勿爭,即是此意。文請假,沈力孤,無大效。公呈未遞,承問感悚。月底出京。銳稟。哨。[3]

"文"爲文廷式,"沈"爲沈曾植。楊銳已感到無力來阻止《馬關條約》了,於是,他請張之洞不要再爭,其擬定的"公呈"(即聯名上書)也未遞交。

甲午戰爭結束後,光緒二十一年六月二十六日(1895年8月16日),楊銳發電張之洞:

> 公奏陳九事,上均嘉納,鈔呈西佛。鐵路一條,交督辦處。餘須會議。恭、李惟不以陪都爲然。翁並稱贊。錢入樞,係慈意。譯署電皖,起吴廷芬入都。雲閣假將滿,請促早回,内意甚盼其來。鈍。有。[4]

此電的主要内容是關於張之洞戰後改革奏摺在中樞的反映,兼及報告朝廷政情。[5] 十月初九日(11月25日),楊又發電:

---

[1] 光緒二十一年四月十二日酉刻發,十四日未刻到,《張之洞存來往電稿原件》,第20函,所藏檔號:甲182-391。抄件見《張之洞存各處來電》,第30函第13册,所藏檔號:甲182-132。

[2] 關於此時的楊、沈關係,孔祥吉教授曾有一文予以説明,並披露楊銳給沈曾植密信一件,考證該信寫於四月十四日,惜未説明該信真迹之藏處。(《關於楊鋭的歷史評價》,《史學月刊》1989年第4期;又收入《晚清史探微》,巴蜀書社,2001年,第108—110頁)

[3] 光緒二十一年四月十七日酉刻發,十八日未刻到,《張之洞存來往電稿原件》,第20函,所藏檔號:甲182-391。抄件又見《張之洞存各處來電》,第13册,所藏檔號:甲182-135。"性惡"是荀子的重要命題,後因避西漢宣帝劉詢之諱,荀子而被稱爲"孫卿",此處似指孫毓汶;"哨"字當爲誤,原文如此。抄件用墨筆抹去"鋭稟"兩字,並將"哨"徑改爲"嘯"。

[4] 光緒二十一年六月二十六日午刻發,二十九日午刻到;《張之洞存來往電稿原件》,第14函,所藏檔號:甲182-385。"西佛",慈禧太后。"恭",恭親王奕訢。"李",李鴻藻。"錢",錢應溥,時任禮部侍郎,軍機處領班章京。六月十六日,慈禧太后、光緒帝罷免徐用儀等,以錢爲軍機大臣。"吴廷芬",前任總理衙門大臣,入京後再任總理衙門大臣。"雲閣",文廷式。

[5] 光緒二十一年閏五月二十七日,甲午戰爭剛結束,張之洞上奏戰後改革方案,提出了練陸軍、治海軍、造鐵路、設槍炮廠、開學堂、講商務、講求工政、派遊歷各國、預備巡幸之所(建陪都)九條建策。(《張之洞全集》,第3册,第256—262頁)

恽崧雲見。胡雲楣言：津蘆鐵路須(需)軌萬頓(噸)，現在開平鐵軌係六十榜(磅)者，止用得十數年，若湖北能造八十榜(磅)者，可用卅年，即定購鄂軌。其價每頓(噸)外國值銀卅兩。鈍。青。[1]

此電的主要內容涉及漢陽鐵廠的大訂單。張之洞收到後即將此電轉發給留守武昌的蔡錫勇，並命"此價是否能辦？抑須製軌精而價貴者？即酌議覆。兩江。語。"[2] 光緒二十二年正月初二日（1896年2月14日），楊又發電：

節喜遙賀。賜費感謝。甘處遵送五十金，丁館詢石再稟。現議滙豐借款，八九扣，六釐五費，太吃虧，不日定局。芸子前訂奧款，可否電聞，或有補救。鈍。蕭。[3]

這一封電報主要是賀節，並報告交辦之事。"賜費感謝"一語，很可能即是對楊悅前電即"帥賜三百金，由百川電匯，係作春季用"的回復。（參見前節）

除了以上這些電報之外，"張之洞檔案"中還羼入了李景銘所收藏的《張文襄公家藏手札·家屬類》一冊。該摺冊中所粘貼的第5件，共有三紙，無擡頭，無署名，也無日期，旁有簽條"此三紙係楊銳號叔嶠所寫"。此是楊銳給張之洞的密信。

該信由楊銳自分段落，中有缺頁，以下照錄其內容：

---

[1] 京，十九初九日戌刻發，初十日子刻到，《張之洞存來往電稿原件》，第20函，所藏檔號：甲182-391。"恽崧雲"，恽祖翼，浙江按察使，曾是張之洞部屬；"胡雲楣"，胡燏棻，時任順天府尹，主持(天)津蘆(溝橋)鐵路的建設。

[2] 十月十三日丑刻發，張之洞在原電前加"京電"，後加"等語"，並注明"武昌蔡道臺"。（《張之洞存來往電稿原件》，第20函，所藏檔號：甲182-391）

[3] 京，正月初二日戌刻發，初三日巳刻到；《張之洞存來往電稿原件》，第14函，所藏檔號：甲182-385。"芸子"，宋伯仁，前任清朝駐英國使館參贊，與張之洞關係密切。此外，"張之洞檔案"中還有一電可以注意："盛京依將軍來電：前月奉上一函，托楊內翰叔嶠帶呈，計已得達。函末借用出洋學生王迴瀾一節，茲因奉省練軍尚未舉辦，恐尊處用人較急，請暫緩飭行。奉准後，再行奉電商借。阿。麻。"（光緒二十一年十二月初六日申刻發，亥刻到，《張之洞存來往電稿原件》，第19函，所藏檔號：甲182-392；抄件又見《張之洞存各處來電》，所藏檔號：甲182-134，乙未，第25冊）發電者爲盛京將軍依克唐阿。由此可知，光緒二十一年十一月楊銳還去過盛京，也有可能回過南京。

前數日，旨賞內監扶掖入內三人，恭邸、高陽及合肥也。高陽公素荷慈知，上眷亦好，與邸尤浹洽。此近事之可喜者。聞其每晨入內時，飲燒酒一、二盞。初到直廬，論事最勁直，同列相戒勿與爭。迨面奏下，則和易近人，可以商榷矣。內璫輩呼爲戇李。然舉朝均諒其。無他，不施機械，不似虞山之動輒荆棘也。

合肥去後，商約交張蔭桓辦。言路諸臣深慮其不妥，然無敢論之者，以近日傳言慈意將召濟寧復出，爲訂商約故也。此事果有，必合肥與李連英所爲。渠日盼翻朝局，其黨昌言謗及聖躬，有"望之不似人君"語。真可髮指。

王文韶復奏盛宣懷事，洗刷淨盡，且痛加賞譽，謂商、電各局非伊(下有缺頁)。

……去，亦怨之次骨，而合肥、濟寧又內通璫寺，日謀所以撼之，宜其重干佛怒也。不特退出講幄，此後尚恐別有風波。虞山一生尚巧，乃卒以巧誤。可畏哉。

十二日，佛駕幸頤和園。上十五往請安，十七始回。緣十六日賞內外大臣在湖聽戲故也。(十七日再賞飯，並派恩佑帶領諸臣遍遊頤和園)近來兩宮禮意甚洽。五日一請安，必晨出晚回，侍膳，聽戲，然摺奏往往有積壓數日不批者，漸不如去年聽政之勤也。恭邸於十二日即隨往湖，每日賞戲及看煙火，廿後始得歸。其所住之園，佛派人先爲供張，爲立兩庖，服物器具，皆須先過目，然後賞用，以黃龍袱罩之。恭邸先有病，在假中，其子瀛貝勒苦勸無出，並求榮祿力阻。恭邸告之曰：佛爲我安置如此，雖欲不出，其可得乎？其去也，攜花炮值二萬金者以往。故近來諸事稟承佛意，無異于醇邸在時也。

合肥使俄，係出慈命。邵友濂不願往。公電到，恭邸曰："不知皇上敢向太后說否？"高陽曰："有何不敢說？不說，如何辦法？"胡侍御景桂、丁編修立鈞摺，請飭勿帶李經方、羅豐祿、馬建忠數人。其日有旨賞李經述三品銜，隨侍其父前往，蓋爲沮經方故也。合肥以此與高陽忿爭。十三日再摺,仍請帶李經方去,有云"馬關之約,係奉朝命,無知之徒,妄生謗議";並"臣有難言之隱"等語。旨莫能奪也。渠謝出使及伊子三品銜恩,又十三日遞摺,均未召見。十六日,慈聖召見園中,賞銅器十二件。十八請訓,上乃召見。張侍講百熙有疏糾之,留中。

該信所言是光緒二十二年正月前後的朝中政事,揭示了甲午戰後的政情變化,由此可知該信寫於光緒二十二年正月十八日之後。以下注明其背景。該信雖有缺頁,仍依其次序按節介紹。

該信第一節談李鴻藻之近況。楊銳深知張、李之關係,此處對李亦多言好話,稱其"素荷慈知,上眷亦好,與邸(恭親王)尤浹洽"。"內璫",指太監,璫為漢代宦官帽子上的裝飾物,借指太監,下稱"璫寺"亦同。"虞山",指翁同龢,常熟城西有虞山。

該信第二節談李鴻章出使俄國等國後,由張蔭桓與日本談判商約等事。光緒二十一年十二月二十七日(1896年2月10日),清廷下達三道諭旨,派李鴻章出使俄國,祝賀俄國沙皇加冕,並派前湖南巡撫邵友濂為副使;原由李鴻章主持與日本的商約談判,改派戶部侍郎張蔭桓。[1] "濟寧",孫毓汶,前節已述,他於光緒二十一年六月以病獲退。楊銳指出,張蔭桓本是言路(主要是清流)的攻擊對象,然聞慈禧太后有意召回孫毓汶主持對日商約談判而罷手。楊銳還指出,若孫毓汶果能復出,必是李鴻章與李連英的合謀。

該信第三節談盛宣懷事。盛本是李鴻章的親信,主持招商局和電報局。甲午戰敗後,李鴻章失勢,盛亦開始尋找新的靠山,與王文韶、張之洞、劉坤一等重要疆吏拉關係。此節內容雖有中斷,但可看出新

---

[1] 光緒二十一年十二月二十七日,"諭軍機大臣等:明年四月為俄君加冕之期,著派一等肅毅伯、文華殿大學士李鴻章前往俄國致賀,以重邦交。又諭:大學士李鴻章現在出差,尚書銜户部左侍郎張蔭桓著作爲全權大臣,與日本使臣林董妥議通商事宜。又諭,電寄廖壽豐等:明年四月初爲俄君加冕之期,已派李鴻章爲正使,前往致賀。前任巡撫邵友濂,熟於俄事,著即授爲副使,以輔其行。該前撫接奉此旨,即日馳赴上海,俟李鴻章到後,一同啓輪。途長期迫,不可耽延。其由籍起程日期,並即迅速電覆。此旨著廖壽豐傳諭知之。如邵友濂現在上海,即著張之洞傳諭知之。"(《清實錄》,第56冊,第1007頁)

任直隸總督、北洋大臣王文韶對盛之維護。[1]"商",招商局,"電",電報局。

該信第四節也只是一半,但從内容中仍可看出,是報告慈禧太后下令撤毓慶宫(上書房)之事。"佛",慈禧太后。前節已述,慈禧太后爲削弱翁同龢對光緒帝的影響力,於光緒二十年十月初八日第一次下令撤書房,後保留漢書房;光緒二十二年正月十三日慈禧太后第二次撤書房。[2] 楊鋭對此又稱:"不特退出講幄,此後尚恐别有風波",即很可能有對翁更爲不利的事件發生。楊鋭的這一説法,或許另有聽聞。[3]

該信第五節談慈禧太后在甲午戰後再度享樂歡宴,朝廷政務懈怠等情事。"醇邸在時",指醇親王奕譞當政之時,即孫毓汶秉政時期,政務大壞。甲午戰爭期間,恭親王、翁同龢、李鴻藻重入軍機,燃起了朝野的許多希望。楊鋭在此信中表示了失望的情緒。相類似的説法,當時還有一些。[4]

該信第六節談到李鴻章之出使俄國及其朝廷處理此事之内情。楊鋭對此報告甚詳,我又查到若干相關的文獻及檔案,可以驗證其情報的準確程度:前節已述,光緒二十一年十二月二十七日旨命李鴻章出使俄國,邵友濂爲副使。李鴻章當日上奏請辭,次日旨命駁回。[5]

---

[1] 先是盛宣懷爲言路所攻"招權納賄",旨命李秉衡查明。李秉衡覆奏稱:盛管理招商、電報兩局,有舞弊行爲。光緒二十一年十一月十八日再旨命王文韶"詳細確查"。王文韶的覆奏爲盛宣懷開脱了全部罪名,並將上奏内容抄給盛宣懷。(《清實録》,第 56 册,第 969—970 頁;夏東元:《盛宣懷年譜長編》,上海交通大學出版社,2004 年,下册,第 503—504 頁)
[2] 相關的細節,可參見本書導論第四節。
[3] 慈禧太后另有意罷免翁同龢之事,參見本書導論第四節。
[4] 汪大燮於光緒二十二年二月十九日給汪康年信中稱:"京中事亂不可言,自毓慶宫撤後,盤遊無度,賭錢放煙火,在户部提十萬金爲賭資,欲假洋款千萬修瀲園各山⋯⋯將來大局固不可問,而京師目前之急危又過之,可怕之至。以目前事觀之,不至於滴血不止,方圓之地,將盡爲肉林血海也。常熟、高陽恐皆不能久,率皆用合肥瀕行遺言,恭邸曾諫不聽,有不出之志而已。先賞假半月,後又半月,又半月又不許回邸,而令在園養病,是軟圈禁也。"(《汪康年師友書札》,第 1 册,第 728 頁)
[5] 《李鴻章全集》,第 16 册,第 77 頁;《清實録》,第 56 册,第 1009 頁。該諭旨稱:"李鴻章奏籲懇收回成命一摺。李鴻章耆年遠涉,本深眷念,惟赴俄致賀,應派威望重臣,方能勝任。該大學士務當仰體朝廷慎重邦交之意,勉效馳驅,以副委任,毋得固辭。"

邵奉旨後,以病推辭,由署理兩江總督張之洞代爲電奏,清廷只能同意。[1]"公電到"一語,即指張之洞此電,也可證明此信確實是寫給張之洞的。十二月二十九日李鴻章上奏謝恩摺,附片請以其子李經方隨行:

> 臣以衰年遠使異域,仰蒙朝廷軫念,特命臣子李經述隨侍前往……臣子李經述隨任讀書多年,謹飭自愛,向未學習洋務,此次隨臣前往,於臣起居動履自能盡心侍奉,惟于應接外事只可借資歷練。臣子李經方幼曾兼習西國語言文字,嗣充駐英參贊,遊歷法、德、美各邦,旋充出使日本大臣……合無籲懇天恩,俯念臣老朽多病,准令李經方一並隨行……再,馬關之役,勢處萬難,所有辦理各事,皆臣相機酌奪請旨遵行,實非李經方所能爲力。局外不察,橫騰謗議,應邀聖明洞鑑……[2]

當日光緒帝並無相關的諭旨下發。光緒二十二年正月初九日(1896年2月21日),清廷明發諭旨:

> 大學士李鴻章奉使遄行,精神强固。惟年逾七旬,遠涉重洋,朝廷良深廑系。伊子李經述著賞給三品銜。隨侍前往。以示優眷。[3]

正月十三日,李鴻章上奏隨帶人員于式枚等十人、洋員參贊柯樂德等五人,附片請頒布精美禮品:

> 俄、德、法、英四國交誼輯睦,均應有欽頒禮物,由臣賷往致其國君。擬請頒發内庫古瓷器、古銅器、玉器各件,以期精美而持久,亦示隆重。可否請旨飭下内務府每樣各備四分,臣定於正月二十日出

---

[1] 張之洞奉旨後,於十二月二十八日,轉電上海關道黄祖絡,交邵友濂。邵友濂奉旨後,當日發電張之洞,稱言:"各國從不派副使,恐入宫班次,反在小國之下,殊傷國體;且賤軀患病未痊,萬難就道。"張之洞隨即將該電轉發給總理衙門。光緒二十二年正月初二日,清廷電旨張之洞:"電悉。邵友濂病既未痊。即著毋庸赴俄。著張之洞傳諭知之。"(《張之洞存來往電稿原件》,第5函,所藏檔號:甲182-376;抄件見《張之洞電稿甲編》,第11函第52册,所藏檔號:甲182-45;又見《清實錄》,第57册,第2頁)

[2] 《李鴻章全集》,第16册,第78頁。

[3] 《清實錄》,第57册,第7頁。

京,並祈克日交臣祗領。[1]

光緒帝當日下諭批准。[2] 十四日,御史胡景桂上奏"道員馬建忠、武(伍)廷方(芳)請勿令隨李鴻章出洋片",光緒帝下旨"存",並將該片送慈禧太后。[3] 十八日,翰林院侍讀張百熙上奏"請旨切責李鴻章不准攜帶其子經方爲隨員摺",光緒帝下旨"存",並送慈禧太后。[4] 由此兩相對照,可以看出,楊銳的情報是相當準確的,儘管在一些細部仍稍有誤。

光緒二十二年楊銳給張之洞的密信,除了以上一信外,李宗侗教授于1961年在《大陸雜誌》上另發表了一件,並在雜誌封面上影印其中一頁。[5] 李宗侗根據筆迹,認定該信是楊銳所寫,並根據該信的内容,認定寫於光緒二十二年九月或是另又羼入一殘件。[6] 對於李宗侗稱該信作者是楊銳的判斷,孔祥吉曾表示懷疑,我可舉"張之洞檔案"爲李説之證。李宗侗發表的該信稱:

……園則以所儵庵(張蔭桓爲之供具,合肥得處分,頗咎之),內監導之遍遊各處,意望得其厚犒……

徐用儀到署,行過棋盤街,有人以洋槍轟擊不中……

此爲李鴻章遊園獲咎、徐用儀被槍擊兩事。"張之洞檔案"中有張親筆所寫的電報:

---

[1] 《李鴻章全集》,第16册,第81—82頁。李鴻章所帶隨員爲:于式枚、塔克什納、羅豐禄、聯芳、林怡游、薛邦龢、柏斌、麥信堅、張柳、洪冀昌。
[2] 《清實録》,第57册,第9頁。
[3] 軍機處《隨手檔》,光緒二十二年正月十四日;《光緒宣統兩朝上諭檔》,第22册,第19頁。胡景桂的情報不準,李鴻章隨員中没有馬建忠、伍廷芳。
[4] 《光緒宣統兩朝上諭檔》,第22册,第21頁。
[5] 《楊鋭致張文襄密函跋——高陽李氏所藏清代文獻跋之一》,臺北:《大陸雜誌》第22卷第4期(1961年2月28日出版)。
[6] 李宗侗稱:"此札原至少係六頁或更多,購時已佚其一……"即稱其發表的該信,至少前缺一頁,發表者爲5頁,影印者當是其第4頁。李宗侗又稱:"按前數頁多光緒二十二年八、九月間事,故謂此札必寫於九月或更遲者。至於第九、十兩條皆三、四月間事,疑是此頁係另一札而混入前札者。""第九、十兩條"當屬第5頁,然該頁未影印,我難以作判斷。但楊鋭密報皆是近事,不會相隔數月之久,李宗侗的懷疑似可以成立。若是如此,楊鋭於光緒二十二年給張之洞的密信,至少存世有3件,儘管皆爲不全。

京。喬:合肥爲遊覽議處,其中有何情節?慈眷、上眷如何?徐被槍傷後係何故?即覆。鈍。感。[1]

這是張之洞讀到楊銳密信後的反應。至於楊銳該密信的內容,李宗侗已寫了很好的跋文,我即不再另述。

三、戊戌變法期間張之洞給楊銳下達的指令

戊戌變法期間,張之洞給楊銳發去了大量的電報,交辦了許多事件。從這些親筆電文中,可以看到楊銳的工作,可以看到張之洞的目光所在,同時也可以曲折地察覺出戊戌變法中的許多細節與內情。

光緒二十三年十月,德國以教士被殺爲藉口,強占了膠州灣(今青島),清朝上下一片震驚。清朝派翁同龢、張蔭桓與德國交涉,德國提出了交涉條款六條。十一月十六日(1897年12月9日),張之洞發電楊銳:

京。喬:急。德索六款,惟承辦山東全省鐵路一條最毒,詳見德報,意在占據山東全省,逼畿輔,壓扼清淮,引狼入室,不可爲國矣。日來聞總署議如何?此條允否?能稍駁改否?聖意如何,當道有何議論,速示。聞條陳甚多,其人爲誰?何人最切要?均速電覆。加急字乃速。鈍。咸。[2]

張之洞此時負責修建蘆漢鐵路,對鐵路事務極爲關注。他最爲反對的是

---

[1] 光緒二十二年九月二十八日寅刻發,《張文襄公電稿墨迹》,第2函第11冊,所藏檔號:甲182-219。

[2] 十一月十六日卯刻發,《張之洞電稿》光緒二十五年十月至十二月,所藏檔號:甲182-457。原整理者有誤,根據內容,該電發於光緒二十三年。就在張之洞發此電後不久,他又發電其侄張彬:"京。樓:急。膠州事德所索六款,現議如何?是否全允?所允何條?內山東鐵路最不好,允否?速確探電覆。壺。謙。"(十一月十六日酉刻發,《張之洞電稿》光緒二十五年十月至十二月。所藏檔號:甲182-457。原整理者有誤,根據內容,該電發於光緒二十三年。)

德國修建從青島到濟南的膠濟路。在給楊銳的電報中，除了打探消息外，還提出了他的希望"能稍駁改否？"他也聽說了京內人士的條陳，急於了解情況。在當時的條陳中，又以康有爲的"外釁危迫宜及時發憤革舊圖新呈"（即"上清帝第五書"）最能打動人心，在京城中甚有影響，楊銳也相當贊賞，在給汪康年的信中稱：

> 長素條陳，透切時弊，昨因高理臣給諫奏請派其出洋入萬國弭兵會，亦近事之差強人意者。[1]

楊可能也向張之洞報告了此情，而張於光緒二十四年正月二十六日（1898年2月16日）發電，明確說明了他與康的分歧：

> 急。京。喬：康長素與僕有隙，意甚險惡。凡敝處議論舉動，務望秘之，不可告康。切禱。[2]

"意甚險惡"，用詞已是相當嚴厲。此是後話。光緒二十三年十二月初九日（1898年1月1日），張之洞發電楊銳：

> 京。喬：德教案已結復翻，聞以曹州逐教士藉口，恐終成巨禍。諸當道議論如何，羣僚有何高見善策？速示。鈍。佳。[3]

十二月初五日曹州教案發生，張聞訊後要求楊銳查明此期清朝與德國的談判情況。十二月二十六日（1898年1月18日），張又發電楊：

> 京。喬：急。讀有電曷勝焦憤。挾借款之議者，此時將此款借我還東洋耶？抑挾從前所借之債耶？長江各口不准擅租，語未解，有派兵船入江護商之意否？速明示。轉達乙盦、黃樓，以後來電勿書名。鈍。宥。[4]

---

[1] 致汪康年，光緒二十三年十一月二十六日，《汪康年師友書札》，第3冊，第2408頁。又，康有爲稱，其有三摺交楊銳分交王鵬運、高燮曾上奏；梁啓超稱，高燮曾上奏保康，楊銳起到重要作用，可見楊與康此時關係甚近。具體的細節，可參見本書第一章第六節。
[2] 光緒二十四年正月二十六日午刻發，《張文襄公電稿墨迹》，第2函第10冊，所藏檔號：甲182-219。
[3] 十二月初九日亥發，《張之洞電稿》光緒二十五年十月至十二月，所藏檔號：甲182-457。原整理者有誤，根據內容，該電發於光緒二十三年。
[4] 十二月二十六日亥刻發，《張之洞電稿》光緒二十五年十月至十二月，所藏檔號：甲182-457。原整理者有誤，根據內容，該電發於光緒二十三年。

"有電",即楊銳於二十五日發給張之洞的電報,從張覆電內容來看,是當時英、俄迫清朝借款事件。英國通過借款要求在長江流域占有優勢地位,張對英國具體條件不明,特別是英艦是否即入長江,要求楊查明覆電。"乙盦",沈曾植,"黃樓",張之洞之侄張彬,張之洞爲安全及保密起見,要求他們的來電均不署名。

除了德國在山東修建的膠濟路,江蘇特用道容閎此期要求修建津鎮鐵路,對蘆漢鐵路更有利益上的衝擊,張之洞等人決心阻止。[1] 光緒二十四年正月初五日(1898年1月26日),張之洞發電楊銳:

> 京。喬:急。聞德造山東鐵路,已允許。又聞容閎報效百萬,請造清江至天津鐵路,亦准行,必係洋股,惶駭萬分。德路接容閎路,兩年可成,德陸軍長驅,一日而至永定門。京城危矣。兩事皆京城確電,惟不知德路究係如何允法。祈設法速諫阻。中國存亡所關在此矣。切禱。務望即覆。鈍。歌。[2]

此電的最爲關鍵之語爲"祈設法速諫阻",即讓楊銳發動奏摺攻勢,阻止容閎的計劃。此電發出後不久,張之洞又於正月初九日(1月30日)再發電楊:

> 京。喬;急。庚電悉。德路造至濟南,與我路接,確已議允。容閎鐵路,自清江經濟南至津,正與德路接。容報效百萬,要地有人主持。容名爲華商,實係洋股。外國華工多商少,斷無巨貲,更無事前報效百萬之理。且在美華商財產歸洋人保護,與洋股無異,且鐵路股票轉賣,各國洋人皆有,容路即洋路也。路近款足,兩年必成。德路一年必成,膠州到京止一千四百里,德路接容路,陸軍長驅,一日可抵京城,不及戰,並不及遷矣。總署意欲以容路阻德路,實以容路引德路耳。皆百萬作祟也。蘆漢路至速須五

---

[1] 相關的研究,可參見張海榮:《津鎮鐵路與蘆漢鐵路之爭:甲午戰後中國政治的個案研究》,北京大學碩士論文,2008年。
[2] 正月初五日亥刻發,《張之洞電稿》光緒二十五年正月,所藏檔號:甲182-456。原整理者有誤,根據內容,該電發於光緒二十四年。

年,且容路成,西路廢矣。容路成,中國危亡即在目前。廣雅昨有電奏切諫,不知動聽否?必有多人迅速力阻方好。焦急。切盼。鈍。佳。[1]

"庚電",即楊鋭於初八日的覆電,張之洞此電再次説明容閎主持的津浦路與德國將建的膠濟路的關係,實際上是開出楊鋭作文的主題。根據張之洞"必有多人迅速力阻"的指令,楊鋭在京城中也有所行動。張之洞之侄張彬于光緒二十四年正月的密信稱:楊鋭"又言,前聞容鐵路可不辦,近又聞雖南北電阻,仍無益,定擬舉辦。伊擬一文,尚未脱稿,成時覓人陳達,但恐當道之計甚堅,無能挽回了。"[2] 楊鋭雖遵令"設法速諫阻"而"擬一文",也準備覓臺諫以"陳達",但已感到"無能挽回"。

前已述及,光緒二十三年底,楊鋭與劉光第商議,擬請張之洞入京主持朝政。在他們的密謀下,體仁閣大學士、管理吏部事務徐桐於光緒二十四年三月二十九日(1898年4月19日)上奏,"請調張之洞來京面詢事宜"。經慈禧太后批准後,光緒帝於閏三月初三日(4月23日)發出電旨,命張之洞"來京陛見"。由於楊鋭此前並没有説明,張之洞也不明底裹,收到電旨後,幾次發電給楊鋭,讓其打探消息。沙市事件發生後,清廷見日本有軍事干預的迹象,便讓已到上海的張之洞返回湖北。軍機大臣翁同龢很可能是讓張回鄂的主謀。楊鋭與張之洞之間有着許多電報往來。[3] 恰在此時,另發生了一則事件。光緒二十四年三月,康有爲、梁啓超在李盛鐸等人的支持下,發起保國會。[4] 黄紹箕、楊鋭、喬樹楠

---

[1] 該電共兩紙,分貼於兩處:《張之洞電稿》光緒二十五年正月、光緒二十五年三月至四月,正月初九日午刻發,所藏檔號:甲182-456。原整理者有誤,根據內容,該電發於光緒二十四年。"要地有人主持"之後,張之洞删去原寫"已允准,但尚未降旨耳"一句;"中國危亡即在目前"之後,張又删去原寫"欲限制德路,不如令總公司接造,尚可設法推緩"一句。該電是張之洞親筆,電中有"廣雅昨有電奏切諫"一句,"廣雅"是張之洞本人,張如此行文,是因屬密電,泄露仍不顯作者。
[2] 引文及相關的細節,參見本書第一章第六節。
[3] 關於張之洞戊戌入京之詳情,參見本書導論第四節。
[4] 關於李盛鐸在其中的作用,參見馬忠文:《戊戌時期李盛鐸與康、梁關係補正:梁啓超未刊書札釋讀》,《江漢學刊》2009年第10期。

皆參加了其中部分活動。[1] 天津《國聞報》於閏三月二十三日以《京城保國會題名記》爲題，錄保國會第一次與會人名單，其中有黃紹箕、喬樹楠。《國聞報》於閏三月二十四日以《京城保國會題名記》爲題，錄"入會列名之人"，其中有喬樹楠、楊鋭。張之洞很可能看到此兩則消息，於五月二十六日發電其侄張檢、其子張權，從側面了解情況下：

……康、梁近日情形如何？仲韜、叔嶠與之異乎？同乎？衆論有攻擊之者否？即覆。壺。宥。[2]

張對楊鋭等人的政治態度表示了擔心。六月初三日，張之洞再電張檢、張權："康氣焰如何？黃、喬、楊與康有異同否？……前電久未覆，悶極。速覆。"[3]"黃"，黃紹箕；"喬"，喬樹楠；"楊"，楊鋭。張之洞再問此事，仍是保國會的傳聞，他因未收到回電而"悶極"。張檢等人的覆電我雖未見，但肯定報告了楊鋭等人在保國會的活動中與康保持着很大的距離。

光緒二十四年六月初五日（1898年7月23日），楊鋭之兄楊聰在四川酉陽學正任上病逝。楊鋭聽到消息，即刻要求奔喪。然此時進入戊戌變法的關鍵期，張之洞於六月十三日發電其子張權，命其轉給黃紹箕、楊鋭：

急。京。張君立：轉韜、嶠。佳、蒸、真三電未覆。昨有電旨催黃

---

[1] 葉昌熾在日記中稱："其（康有爲）在粵東館約茶會也，仲弢、木齋皆左右之，折柬來召，僕毅然書'不到'二字。"（《緣督廬日記》，江蘇古籍出版社，2002年，第5册，第2745頁）李宣龔致丁文江信中回憶稱："追保國會發起，弟雖也過一兩次，其實不過逐隊觀光，並不識有所謂政治思想。即如開會第一日，南海演説俄羅斯問題，容純甫、沈子培諸人均在場，而楊叔嶠偏獨當衆假寐。"（丁文江、趙豐田編：《梁啓超年譜長編》，上海人民出版社，1983年，第112頁）戊戌政變後，《申報》光緒二十四年九月三十日刊出《繽記保國會逆迹》，錄喬樹楠致梁啓超信："項聞人言，《國聞報》中列有保國會題名，賢師弟實司其事，賤名與焉，鄙人大惑不解。……將以茶會爲據乎？則當時實未聞賢師弟道及'保國會'三字……將以門簿爲據乎？則任下固言書明姓名爵里，以便令師往拜，卒之令師未來，僕亦未往，人所共知也。又將以二金之釀爲據乎？則鄙人固居心鄙吝，其靳而不與者，又不獨鄙人也。"（《叢刊·戊戌變法》，第4册，第418—419頁）由此可見，黃、楊、喬確實都參加了保國會的部分活動，但他們又刻意與康有爲保持着距離。

[2] 《張之洞電稿》光緒二十五年五月至七月，五月二十六日辰刻發，所藏檔號：甲182-456。原整理者有誤，根據內容，該電發於光緒二十四年。

[3] 六月初三日戌刻發，《張之洞電稿》光緒三十年六至七月，所藏檔號：甲182-470。原整理者有誤，根據內容，該電發於光緒二十四年。

遵憲、譚嗣同迅速來京,係辦何事?必康秘謀,速覆。鈍。元。[1]
"佳、蒸、真三電",即初九、初十、十一日張已有三電給楊銳等人,此電又讓查明電旨命黃遵憲、譚嗣同迅速入京的背景;對張之洞來說,楊銳此時在京的作用甚為重要。他不願楊離開。楊銳的門人黃尚毅,對此稱言:

  戊戌詔開經濟特科,南皮及張長沙百熙,均以先生應詔。是年六月,先生胞兄聽彝先生卒于酉陽學正任,先生痛悼,欲回籍奔喪,南皮電止之。先生不可,定期十五啓行矣,而十三日朝旨以湘撫陳寶箴薦,詔先生預備召見。十四日召對……[2]

楊銳屢次參加會試,皆不中。光緒二十四年初,光緒帝從貴州學政嚴修之策專設"特濟特科"取士,張之洞等人保之。按照當時的規定,保薦若至100人,將舉行考試。[3] "聽彝"是楊聰的號。"定期十五",指七月十五日。張之洞"電止之"的電報,我還沒有找到,但找到六月二十五日(8月12日)張之洞發給張權的電報:

  急。京。張君立:敬電悉。轉商茂萱,東海如薦賢,叔嶠實為不愧。此人才非僅特科也。可否?祈示覆。[4]

"茂萱",喬樹楠,"東海",指徐桐。張之洞請喬樹楠與徐桐商議,由徐桐出面保舉楊銳。與此同時,張之洞的大幕僚、楊銳的同鄉王秉恩也於六月二十六日(8月13日)連發兩電。其一電給楊銳:

  北京繩匠胡同,內閣楊叔嶠:昨電奉慰,想鑑及。聞當遠赴,足徵友誼純篤。惟視斂已來不及。酉、涪水陸現在均難遄行。不如即

---

[1]《張之洞電稿》光緒二十五年五月至七月,六月十三日戌刻發。所藏檔號:甲182-466。原整理者有誤,根據內容,該電發於光緒二十四年。
[2]《楊叔嶠先生事略》,見《楊叔嶠文集》,《續修四庫全書》,第1568冊,第260頁。
[3] 光緒帝正月初六日諭旨稱:"俟諮送人數匯齊至百人以上,即可奏請定期舉行特科。"五月二十五日諭旨稱:"著三品以上京官及各省督撫、學政,各舉所知,限三個月內迅速諮送總理各國事務衙門會同禮部,奏請考試。一俟諮送人數足敷考選,即可隨時奏請,定期舉行,不必俟各省匯齊,再行請旨。"(《光緒宣統兩朝上諭檔》,第24冊,第11—12、243—244頁)由此而論,經濟特科之考試最晚將在八月底、九月初進行。
[4]《張之洞電稿》光緒二十五年五月至七月,六月二十五日酉刻發。所藏檔號:甲182-456。原整理者有誤,根據內容,該電發於光緒二十四年。"敬電",指六月二十四日張權來電,該電可能透露楊欲離京的消息。

令肖嚴取道常辰、鎮筸,倍程前往,部署一切,較爲妥速。閣下即欲歸視,俟秋冬間爲宜。此時暫留,勉應特科,以副師望,以光盛典。至屬。秉恩。

"肖嚴",即肖巖,楊鋭四弟楊悦。王秉恩請楊悦先行辦理楊聰之喪事,而讓楊鋭"秋冬間"再"歸省"。"昨電奉慰"、"以副師望"兩語,説明了張之洞確有電報"止之"離京。王秉恩另一電給喬樹楠,由其出面勸楊:

> 北京繩匠胡同,刑部喬茂萱:比來朝政日新月異,閣下信電頗稀,殊深跂望。師帥命即由祥記兑寄百金,以爲電資,用完續兑。同人均欲叔嶠暫緩出京,勉應特科,想有同情,望慰挽之。東海夙重鈍叔,何不特薦馬周耶?息。[1]

"東海",徐桐。"馬周",唐初大臣。此處指唐代中郎將常何薦其門客馬周于唐太宗之事,即讓喬樹楠説徐桐以保舉楊鋭。張之洞等人雖以"經濟特科"爲由阻楊鋭奔兄之喪,但最深一層的原因是恐失去其最重要的情報來源。然楊鋭似沒有因此被説服。七月初七日(8月23日),張之洞又發兩電,其一是給楊鋭:

> 急。京。喬:《邸報》五月二十五日諭旨催考特科,何以云不遂考?《申報》云已有八十餘人,確否?酉陽運樞事,肖嚴似可任之,運到涪州停寺内,候足下冬間到彼籌辦,似不遲。如必出京,川資需若干,當即寄。鈍。陽。

"何以云不遂考"一語,説明楊鋭發電要求奔喪;而張之洞再次勸説楊鋭冬間再出京。其二是給張權:

> 急。京。張君立:昨匯百金,查收。特科究竟何時考?叔喬如必欲出京,汝可同來。川資需若干?當寄往。編纂經書何以停?速詳覆。壺。陽。[2]

---

[1] 東方曉白:《張之洞(湖廣總督府)往來電稿》,《近代史資料》,第109期,第13頁。王後電署名"息",即王秉恩,其字息存。此處"東海"指徐桐,原注稱爲"徐世昌",誤。

[2] 兩電皆七月初七日未刻發,《張之洞電稿》光緒二十五年五月至七月,所藏檔號:甲182-456。原整理者有誤,根據内容,兩電皆發於光緒二十四年。

至七月十三日(8月29日),湖南巡撫陳寶箴保薦人才奏摺到達,光緒帝當日下旨,命楊銳預備召見。[1] 七月十六日,光緒帝召見了楊銳。二十日,光緒帝命楊銳及劉光第、林旭、譚嗣同爲軍機章京,"參預新政"。七月二十八日(9月13日),楊銳寫信給楊悦,説明其不能奔喪的原委。[2] 張之洞聽聞光緒帝召見楊銳的消息後,於七月十九日(9月4日)發電張權:

> 京。張君立:急。叔嶠召見奏對如何?有何恩旨?……

這封電報還開列一連串的問題,張之洞想了解的秘情甚多,然其第一項仍是關於楊銳。[3] 七月二十一日(9月6日),張之洞起草了楊銳的電報:

> 京。喬:急。召對大喜,欣賀。王照是否即直隸開小學堂之王小航?何以堂官謂爲挾制?所條陳何事?何以遂蒙超擢?速覆。鈍。養。

很可能考慮到楊銳的新身份,張又將該電改發給張檢而未發給楊銳。[4] 八月初一日(9月16日),張之洞發電楊銳:

> 京。喬:急。錢念劬何日召見,有何恩旨?速覆。鈍。東。[5]

---

[1] 陳寶箴:"密保京外賢能各員摺",汪叔子等編:《陳寶箴集》,上册,第806—808頁;光緒帝諭旨稱:"陳寶箴奏遵保人才開單呈覽各一摺。湖南候補道夏獻銘、試用道黄炳離,降調前内閣學士陳寶琛、内閣候補侍讀楊鋭、禮部候補主事黄英采、刑部候補主事劉光第,廣東候補道楊樞、試用道王秉恩,江蘇試用道歐陽霖,江西試用道惲祖祁、杜俞,湖北候補道徐家幹,江蘇候補道柯逢時,湖北試用道薛華培、候選道左孝同,以上各員在京者,著各該衙門傳知該員預備召見,其餘均由各該督撫飭知來京,一體預備召見。"(《光緒宣統兩朝上諭檔》,第24册,第328頁)從陳保舉的名單來看,許多人是張的親信。此中的細節,可參見本書第五章第二節。
[2] 楊鋭在信中稱:"……原擬乘中秋節前到鄂一行,再與弟舍辦一切,乃十三日因湘撫陳公保薦,奉旨召見。逮夜,始知於十五日早進内預備,改於十六日卯刻在西苑勤政殿西暖閣召對。面奏數百言,大概詳陳用人武備各事,天顏甚霽……"(《致肖巖弟》,光緒二十四年七月二十八日,寧志奇:《楊鋭家書暨楊聰明墓誌銘》,《四川文物》1985年第4期)
[3] 《張之洞電稿》光緒二十五年二月至八月,七月十九日亥發。所藏檔號:甲182-457。原整理者有誤,根據内容,該電發於光緒二十四年。
[4] 相關的情況,參見本書第三章第一節。"養",二十二,張之洞寫錯了日期,該電改發給張檢時,該字改爲"箇"。
[5] 除此之外,張之洞同時又發電給錢恂,詢問情況。兩電寫於一紙上,皆八月初一日亥刻發,《張之洞電稿》光緒二十五年二月至八月,所藏檔號:甲182-457。原整理者有誤,根據内容,兩電皆發於光緒二十四年。相關的情況,參見本書第三章第三節。

"錢念劬",錢恂,張之洞手下的大幕僚,此時因張的保舉而入京召見,張之洞從側面打聽消息。

光緒二十四年八月初五日(9月20日),張之洞聽到英、俄爲爭奪中國北方利益而開戰的傳聞,發電楊鋭:

> 京。喬:急。聞英、俄已開戰,確否? 速覆。節電已轉交。入直其繫何日? 鈍。歌。[1]

"節電",指楊給梁鼎芬(節庵)之電;"入直",指楊入值軍機章京事。這是我所看到的張之洞發給楊鋭最後一封電報。第二天,戊戌政變發生。

由於"張之洞檔案"的形成及保管等因,在移交近代史研究所圖書館之前,會有許多遺失;我所看到的戊戌變法期間張之洞發給楊鋭的指令,只能是其中一部分。但就以上張之洞的親筆電報,已經可以想象,張之洞的手伸得有多長,楊鋭的工作任務又有多重。

四、光緒二十四年楊鋭的兩件密信:孔祥吉發現的"百日維新密札"作者應是楊鋭

儘管在"張之洞檔案"中可以看到大量張之洞的親筆電報,但除了前引楊鋭的7封電報及《張文襄公家藏手札·家屬類》中楊鋭的一封密信,我找不到更多的楊鋭在京中給張之洞的信函電報。造成這一情況的原因不明,但我可以肯定,楊鋭在戊戌變法期間會有大量的密報給張之洞,而這些密報中會有戊戌變法的許多隱情與細節。

---

[1] 爲了查清當時英俄開戰的傳聞,張之洞還同時發電給在京的張權、錢恂,詢問此事。三電寫於一紙上,皆八月初五日亥刻發,《張之洞電稿》光緒二十五年二月至八月,所藏檔號:甲182-457。原整理者有誤,根據內容,三電皆發於光緒二十四年。此外張還發電給上海的趙鳳昌,詢問此事。參見本書第三章第一、三、七節。

就目前爲止，史學界發現的光緒二十四年楊鋭給張之洞的密信，只有兩件。李宗侗教授提供一件，孔祥吉教授發現一件。

先看李宗侗教授提供的一件。1959年李宗侗在臺北《大陸雜誌》上發表《楊叔嶠光緒戊戌致張文襄函跋》一文，並在雜誌封面上影印了楊鋭原信。該信雖由湯志鈞教授所引用，但未能注全其出處，且未將頭尾引全。[1]學術界的轉引者，亦有所不解。故再次引錄於下：

　　受業楊鋭謹稟夫子大人鈞座。

　　敬稟者。竊前月十二日由摺差寄呈一稟，計蒙垂察。公入對之舉，前沮於常熟，昨日之電，則出剛意。何小人之必不能容君子耶。近日變法，都下大譁，人人欲得康有爲而甘心之。然康固多謬妄，而詆之者至比之洪水猛獸，必殺之而後快。豈去一康而中國即足自存乎？公條陳科舉一奏，立奉俞旨，一切允行，天下仰望。上方鋭意新政，凡關涉改革之事，但有論建，無不采納，轉較勝於身在政府也。京師大老空疏無具，欲以空言去康，何能有濟。近事數則，別紙錄呈省覽。謹修丹稟，祗請鈞安。伏祈慈鑑。

　　　　　　　　　　　　　　　　　　　　受業鋭敬稟

該信的内容，主要有三事：一、張之洞入京主持朝政一事，先阻于翁同龢，後阻于剛毅；二、張之洞與陳寶箴聯銜改科舉一摺，光緒帝允行；三、京中人士雖厭恨康有爲，但去康無方。從内容來看，發信的時間爲光緒二十四年六月，李宗侗也予以注明。還須注意的是，李宗侗説明了該信的來歷，稱其在地安門外"估人"處收購了張之洞的信札等文件"兩木箱"，此件是其帶到臺北來的"劫餘之一"。[2]

再看孔祥吉發現的一件。孔祥吉發現的這一密信，被其命名爲"百日維新密札"，内容極其重要，也多爲研究者所引用。[3]（以下稱"百日

---

[1] 見《戊戌變法人物傳稿》增訂本，上編，第134頁。湯志鈞僅注："楊鋭：《致張之洞密札》"而未記出處，查湯志鈞引楊鋭光緒二十二年九月給張之洞密信亦注"載《大陸雜誌》第二十二卷第四期"，此處未注，當屬疏漏。

[2] 《大陸雜誌》第19卷第5期，1959年9月15日出版。

[3] 孔祥吉：《百日維新密札考釋》，《戊戌維新運動新探》，第64—80頁。

維新密札")該信既無寫信人署名,亦無收信人臺端,從信中所述內容可知,該信也寫於光緒二十四年六月。孔先生根據李宗侗於1961年發表的《楊銳致張文襄密函跋:高陽李氏所藏清代文獻跋之一》[1],比較該文發表的光緒二十二年九月楊銳給張之洞之密信,確認"百日維新密札"收信人爲張之洞;然"百日維新密札"又存于"李鴻藻文件"之中,孔祥吉認爲寫信人爲李鴻藻之子李焜瀛(字符曾),稱言:

> 我所發現的這兩通密札,被整理表糊者分類在"外官稟"一類,很令人懷疑。因百日維新時協辦大學士李鴻藻已於光緒二十三年去世,何以會有外官再作密稟。因此,我懷疑這兩通密札均係鴻藻之子李符曾寫給張之洞的。

孔祥吉的證據是,在"李鴻藻文件"的"外官稟"之中,另有"筆迹紙張亦皆相同"的一信,末尾有關於捐照的內容,孔祥吉推論稱:

> 這段話很像李符曾爲之催張之洞早解捐費而發。張之洞係清流起家,與李鴻藻情誼至篤。鴻藻逝後,張之洞仍與李家保持較爲密切的關係,這由李符曾所存函札中可以看得比較清楚。李符曾捐官的部照至今尚保存完好,其捐費很可能由鄂督張之洞支付。[2]

對於孔祥吉的這一考證,也有人表示懷疑。清華大學歷史系諸先生編《戊戌變法文獻資料繫日》,引用該信,另加一注:

> 孔祥吉先生發現此函,並考證此函係李鴻藻之子李符曾所作。我們認爲證據不足。此函爲楊銳之作的可能性更大。[3]

雖稱其"證據不足",但也沒有提供"可能性更大"的新證據。我自己也一直懷疑孔祥吉的推論,理由有四:其一,按照張之洞與李鴻藻的關係,

---

[1] 《大陸雜誌》第22卷第4期,1961年2月28日出版。

[2] 《百日維新密札考釋》,《戊戌維新運動新探》,第64—80頁。該信關於捐照的內容爲:"青監照費,鄂及東省賑捐,照發不少(山東已催安圖),該費久未報解。五、六、七、八月是往往常空,計鄙人收缺,正在此時。望速催鄂局,早爲盡數起解,趁時濟急,此局惠而不費,切懇,切懇。付丙。"

[3] 清華大學歷史系編:《戊戌變法文獻資料繫日》,上海書店出版社,1998年,第796頁。該注後沒有說明其理由。

李焜瀛雖比張之洞年少達三十七歲,但論地位等級,尚不太遠。[1] 在當時的禮教等級社會中,李焜瀛措詞如此低下地給張之洞寫密信,似難以想象。其二,李鴻藻雖非大貪,但久任高官,門生也多有孝敬,家中多積資財。捐官之銀,根本就不缺。[2] 以李焜瀛之身份,似不太可能主動寫信"催張之洞早解捐款"。其三,"捐官"一事與李焜瀛經歷也不太相符,他是恩蔭出身,光緒二十三年因李鴻藻去世"賞給郎中"。[3] 其四,也是最重要的,我最近在"張之洞檔案"中看到李焜瀛寫給張之洞的信,表示願去日本遊學,其文氣、字體則是完全不同。[4]

當我在中國社會科學院近代史研究所圖書館看到"百日維新密札"的原件時,立即覺察到孔祥吉可能有誤。[5]

首先,孔先生稱:

> 筆者在檢閱高陽李氏存札時,發現了兩通極爲重要的密札。這兩通密札沒有寫信人與收信人之姓名,只在第二札的末尾書有"付丙"二字。兩札均爲白紙墨筆書寫,字體比較工整,筆迹紙張亦皆相同,故可以斷定,兩札皆出自一人之手。

---

[1] 張之洞給于式枚(晦若)一信:"前日面約暢遊一節,今日天氣晴暖,特邀臺從於未刻一點鐘至符曾、菊農兩君處齊集,約同符曾、菊農先至土地廟看花廠看菊花,再到彰義大街新建昭忠祠看松,歸途到松筠庵便飯,祈即時命駕是幸,稍遲則又曬黑荒寒矣。"(《張之洞全集》,第12册,第122頁)

[2] 李鴻藻原配張夫人及長子李兆瀛于同治九年病故後,由兒媳齊氏主持家務。齊氏之侄齊協民稱:"八國聯軍入侵,李鴻藻已逝世,我姑母率全家遷至河南開封避難。事定之後,又攜全家回京。此時焜瀛、煜瀛兄弟均已娶妻生子,我姑母年亦五十,一日將他們兄弟二人,叫到她的屋裏,把所有李家的財物,如存摺和細軟等物,都擺在兩張八仙桌上。計有:山西票號的存摺二十個,内以大德通、大德亨兩號的存摺居多,共計一百萬兩,以及許多古玩、細軟、珠翠等物。當時開列清單,叫他兄弟二人點收……"(齊協民:《我所知道的李鴻藻》,《天津文史資料選輯》,第35輯,天津人民出版社,1986年,第67頁)由此可知,至光緒二十七年時,李鴻藻家產數目仍是相當大的。我也看到了李焜瀛捐官的部照,時間甚晚,與孔祥吉的說法也對不起來。

[3] 李焜瀛光緒三十一年九月二十八日履歷單稱:"臣李焜瀛,直隸蔭生,年三十一歲,由恩蔭員外郎,光緒二十三年七月初三日奉上諭'著賞給郎中'等因欽此。八月分輪選到班,回避胞弟,改歸回避即用,今簽掣兵部職方司郎中缺……"(《清代官員履歷檔案彙編》,第28册,第567頁)由此可見,李焜瀛的官場經歷主要是"恩蔭",非爲捐納。

[4] 《外致張文襄公函件》,《張之洞公文函電稿》,所藏檔號:甲182-216。李焜瀛在信中表示,他與李煜瀛及親戚姚彤詒、袁承厚願去日本,"早爲諾送"。

[5] 該札存于《李鴻藻存稿(外官柬)》,第1函第1册,中國社會科學院近代史研究所圖書館藏,所藏檔號:甲70-10。

然我看到此兩信，與其他信件混雜在一起，粘貼在"風樹亭"的頁紙上，裝訂成冊，藍色封面上有紅色籤條，上書《李文正公文件·外官稟》。從粘貼的次序來看，粘貼者並沒有相應的文史知識，也不了解李家、張家的內情。我又仔細觀察，可以看出，孔先生所言兩信的紙張並不完全相同，"百日維新密札"的紙張要稍好一些；而兩信的筆迹，以我的書法知識看來，亦爲不同，屬兩人的字體。由此可見，孔先生的"兩札皆出自一人"的推論，似不能成立。另從內容來看，末尾有"付丙"字樣的一信，似寫於光緒二十六年五月。[1]

其次，孔先生稱：

> 李先生所發現的密函，據稱是"購"來的，何人所購？購於何時何地？這樣的密函何以恰巧會被高陽李氏購去？

由此可知，孔先生僅看過李宗侗《楊銳致張文襄密函跋：高陽李氏所藏清代文獻跋之一》（《大陸雜誌》，第22卷第4期，1961年2月28日出版）；沒有注意到《楊叔嶠光緒戊戌致張文襄函跋》（《大陸雜誌》，第19卷第5期，1959年9月15日出版）。在後一文中，李宗侗對其收藏之來源也作了說明：

> 昔在北平，頗喜購名人信札，所積至萬餘件，帶至臺者不過數百札耳。此劫餘之一也……文襄遺物多經後門外估人之手，以其故宅在白米斜街，去諸肆甚近。憶曾購得兩木箱，雜有諸人致文襄信札及文襄所批文件與親筆電稿若干件，現回憶之，皆可謂爲至寶矣。

---

[1] 該信稱："去年九月楊崇伊與慶邸説通，奏保劉學洵、慶寬銷案，自備資斧，往倭捉拿康、梁自贖。慈聖允准。今年四月，洵、寬既拿不着康、梁，無以自效；乃另生枝節，見倭王言明，中日聯交兩秘，以後往來秘計，倭不使渠外部知，我無令政府、譯署知，由內電寄倭主，我須先施。並帶二倭人來作見證，事妥，洵、寬即齎國書並贈物，往覆日本。寬遂以二萬金買樵野之宅，洵、寬及倭人小田某住之，由楊于慶轉上。慈旨照辦，命慶索内庫珍異先施，不許政府知。榮遂請假七、八日，與慶大拌。徐桐、朱祖謀、張仲炘、高燮曾、余誠格又御史某七人，交劾慶、楊、洵、寬，事將中止。今日又召裕庚，想必派裕往，有不能中止之勢……"（其後的内容，孔祥吉文章已引，不再錄）這些內容也不像是李焜瀛所寫的。又，"劉學洵"，即劉學詢。再又，"付丙"，指燒掉，"東方甲乙木，南方丙丁火……"

由於1935年"故宮盜寶案",時任故宮秘書長的李宗侗,避往上海租界,又於1948年受聘任臺大歷史系教授。我不知道他在此期間是否回過北平,但由此似可以推測,今收藏於近代史研究所圖書館的"李鴻藻檔案"的一部分,很可能就是李宗侗當年存留在北平"所積至萬餘件"的收藏,輾轉入藏該館。因其來自李家,而被錯誤地命名為《李鴻藻存稿(外官稟)》。[1] 如果這一推論能夠成立的話,那麼,前引李宗侗於1959年發表的光緒二十四年六月楊銳給張之洞密信中"近事數則,別紙錄呈省覽"一語,很值得注意,即楊銳在該信的正件(即"丹稟")之後,另有附件;孔祥吉發現的"百日維新密札",就是此類"別紙錄呈"的附件,且我還以為,很可能就是此信的附件。兩件似本為一封,本存一處,李宗侗離京時僅帶走正件而未帶走附件,故附件存於今日"李鴻藻檔案"之中。

以上所言,還僅是一種推論,並不能加以證實,也得不出什麼正式結論;但辨認作者的最可靠的方法,不是情景事由的考證,而是直接辨認其筆迹。[2] 李宗侗發表楊銳光緒二十二年九月來信時稱:

---

[1] 近代史研究所圖書館所藏"李鴻藻檔案",共計15函。其中《李鴻藻存札》8函22冊,所內檔號:甲70-0、1、2、3、4、5、6、7;《李鴻藻督辦鄭州河工文件》1函3冊,所內檔號:甲70-8;《李鴻藻行狀列傳》1冊,所內檔號:甲70-9;《李鴻藻存稿(外官稟)》4函9冊,所內檔號:甲70-10、11、12、13;《李鴻藻等人函札》1冊,所內檔號:甲70-14。孔先生提到的兩信,皆粘貼在《李鴻藻存稿(外官稟)》,第1函第1冊。需要説明的是,儘管近代史所圖書館的編目爲《李鴻藻存稿(外官稟)》4函9冊,內中僅是第1函第1冊,其餘8冊或是貼條脱落,或是另有題名,編目時僅取第1冊之名。我推測該館所藏"李鴻藻檔案"曾是李宗侗的收藏,最重要的證據是,《李鴻藻存札》,第8函(甲70-7)中第六冊(編號3522)中,貼有一件是給農礦部寄給"北平故宮博物院秘書處李秘書長"的信封。另兩項重要證據是,《李鴻藻存札》,第4函(甲70-3)第7冊中,大多是張之洞的文件;在這批文件中,混有給李鴻章、翁同龢、許應騤等人的信件;這些很可能是李宗侗所收藏。然從《李鴻藻存札》22冊、《李鴻藻存稿(外官稟)》9冊的分類、粘貼來看,多有不當之處,又非李宗侗所為,而是對晚清歷史及李鴻藻不太熟悉者所為,近代史研究所圖書館另藏有"李符曾存札"4函8冊,所藏檔號:甲63-0、1、2、3,粘貼情況與"李鴻藻檔案"相同。其中有李宗侗寫給李焜瀛的信件,也有他人寫給李鴻藻的信件。疑其原為李宗侗之收藏,現分開。由此推測,這兩批文件很可能另有轉讓等情事。又,"張之洞檔案"中也有若干冊電報、書信是粘貼在"風樹亭"的頁紙上的,貼者可能是同一人,即很可能曾是同一人的收藏。我曾就此詢問管理人員,由於相關資料不完整,已不知"李鴻藻檔案"入藏該館之過程,也不知由誰粘貼整理。

[2] 孔祥吉在引用楊銳致沈曾植一信中稱:"這是一封極為重要的密札,無上下款,由該信的筆迹可以推斷出自楊銳之手。據密札原收藏者考訂注明,此札係楊銳寫給沈曾植的。"(《關於楊銳的歷史評價》,《晚清史探微》,第108頁)孔未說明該真迹之收藏處及其品質特徵;所稱"由該信的筆迹可以推斷"一語,也沒有說明他的筆迹根據。

此札原至少係六頁或更多，購時已佚其一，當是張文襄坐京楊銳對他的秘密報告。雖然未署名，但考證彼時文襄的坐京，共有四人，即劉恩溥（文襄之親戚）、黄仲弢紹筀（文襄之門生兼一侄女婿）、楊叔嶠銳（文襄之門生）及文襄之侄張黃樓彬，四人的報告余皆藏有，以筆迹相對，則此數頁確屬楊銳者。[1]

李宗侗稱其認識楊銳筆迹（僅影印其中一頁）。李景銘收藏的《張文襄公家藏手札·家屬類》貼有楊銳光緒二十二年正月密信三頁，寫有簽條"此三紙係楊銳號叔嶠所寫"，李景銘也稱其認識楊銳的筆迹。以上兩件和孔祥吉發現的《李文正公文件·外官稟》所貼"百日維新密札"（一大頁），筆迹完全一樣，然三件均無署名。[2] 除此之外，我還發現兩條證據：其一是該圖書館所藏《梁鼎芬存札》中，亦有一信，是楊銳寫給梁鼎芬的，有署名。[3] 該信的筆迹，與以上三信完全一樣。其二是"張之洞檔案"中還有一封楊銳親筆的簡短電文："廣州。王雪澄：洪疏訛傳，彥臣乞致慰。銳。"[4]筆迹相同。近年中國國家圖書館所藏《趙鳳昌藏札》影印出版，共收入楊銳的親筆信十二件，筆迹亦相同。[5] 此外，可以參考的還有楊銳致趙鳳昌的石印信一件和寧志奇、高成英、胡昌健諸先生發表的楊銳筆迹的照片。[6] 由此，從筆迹辨認上我可以確認，孔祥吉發現的"百日維新密札"，其作者應是楊銳。

---

[1] 《楊銳致張文襄密函跋——高陽李氏所藏清代文獻跋之一》，臺北：《大陸雜誌》第22卷第4期。
[2] 以我的書法知識來看，《大陸雜誌》封面上影印的兩頁，署名楊銳的（光緒二十四年六月來信），字寫得較正（楷書），未署名的（光緒二十二年九月來信），字寫得較草，而字正之字很難作爲字草之字的筆迹證明。
[3] 《梁鼎芬存札》，中國社會科學院近代史研究所圖書館藏。所藏檔號：甲135-2。
[4] 《張之洞存來信電稿原件》，第1函，所藏檔號：甲182-372。
[5] 《趙鳳昌藏札》，第5冊，第267—282頁。
[6] 楊銳致趙鳳昌，光緒十六年，陶湘編：《昭代名人尺牘小傳續集》，《近代中國史料叢刊續輯》，（臺北）文海出版社，1984年，第748冊，第1806—1808頁。原件照片可見《趙鳳昌藏札》，第5冊，第271—273頁。寧志奇：《楊銳家書暨楊聰墓誌銘》，發表楊銳光緒二十四年七月二十八日家書的照片。（《四川文物》1985年第4期）高成英：《楊銳的詩草手迹》，發表楊銳所書扇面兩幅的照片。（《四川文物》1989年第4期）胡昌健：《介紹楊銳的兩件遺物》，發表楊銳"尊經書院會課墨迹"、"朝考優貢等第名單"的照片。（出處同上）以上照片皆非精印，比例太小，不太清楚。

由於孔祥吉發現的楊銳該信內容極其重要，本書也多次引用，爲讀者閱讀方便，以下再次刊出：

康有爲條陳各衙門改爲十二局，先設制度局，議論一切改革之事，有儲才局、會計局、農政局、工政局、商政局、海軍局、陸軍局、刑律局、鐵路局、礦務局各名目。交總署議，駁，再下樞、譯兩府議。上意在必行，大約不日即須奏上。都下大爲譁擾云。

孫燮臣冢宰管大學堂，康所擬管學諸人，全未用，奏派許竹篔爲大教習，張菊生元濟總辦，黃仲弢等提調，壽伯福等分教習。均極愜當。然其中亦有以請托得者，如涂國盛、楊士燮、余誠格諸人，頗招物議。孫又奏，康有爲進呈所著《孔子改制考》中間"改制"、"稱王"等語甚訛謬。奉旨：即令孫傳諭康刪去。

外間傳言：康因内監王姓者以進，有所建白，皆直達御前，每日旨從中出，蓋康筆也。或又云：康通李聯英，以二事結慈聖知，一請大員奏事東朝，一請南巡，深當聖意，故所請無不行，以小臣而受殊知，實古今未有之奇遇也。康封奏皆徑交軍機大臣直上，不由堂官代奏，聞係上面諭如此。自康召對，樞臣每進見多被誚責，從前奏對，不過一二刻，近日率至五刻，諸大臣皆深嫉苦之，然以上遇厚弗敢較也。

黃仲弢、張燮鈞、壽伯福三人召對，浙撫廖中丞所保也，此外尚有盛伯熙、袁爽秋及外官二人。袁不久來京，餘二人亦電召入對，惟盛不用。《勸學篇》已由仲弢進呈，上諭令即交軍機大臣，黃嫌與康同，仍由翰林院代呈。其奏對諸語，想已具渠函中，不復贅述。

現派梁啓超辦理譯書局事務，分編、譯二門。所編各書，必將刪削諸經以就康學。將來科舉，即由大學堂中出，人將講王氏之新學矣。梁見壽州，謂："總教習必派康先生"。孫不應。康黨大失望，然恐將來尚有改動也。此時臺諫中，惟楊深秀、宋伯魯最爲康用，庶僚中亦多有攀附者。李盛鐸與康時離時合，雖康黨亦畏惡之。

上月初四日，胡公度侍御奏劾張蔭桓，有借款得賂二百余萬、七口改歸稅司經營、有私改合同事,又議增赫德薪水,每年驟至百廿萬等語。慈聖大怒,次日面諭英年查抄、拏問。崇禮故緩之,旋有立山出爲懇求,其事遂解。聞廖仲山亦苦求於上前,尚未允。立一人最得力也。

榮相到津後,奏保中外二十餘人,以鹿制軍爲居首,中間有陳右帥、黃公度諸人,李盛鐸亦在其内。

陳學棻奏報歲考事,附片論時文不宜輕廢,忤上意,次日撤回。陳在浙最不喜言時務,所出觀風題,即分詠西湖八景,至爲塵陋。浙人士皆非笑之。

還需説明的是,孔祥吉發現並發表"百日維新密札",意義是重大的,對該信所作的背景説明也是大體完備的,我没有須得補充的内容。

五、張之洞營救楊鋭的行動

戊戌政變發生於光緒二十四年八月初六日(1898年9月21日),從"張之洞檔案"中可以看出,他於次日凌晨丑時(1—3時)即得知消息。由於與康有爲之間的政見分歧,他對政變後的前景一開始並不是很悲觀,反而對康的落難,有着幾分暗喜。但聽到楊鋭被捕後,張的感受一下子發生了很大的變化。

楊鋭很可能是八月初八日(9月23日)早上在家中被捕的。[1] 而

---

[1] 據魏允恭八月初八日致汪康年信中稱:"今早五更又奉密旨拿楊鋭、劉光第、譚嗣同、林旭等四人。弟親見步軍統領監送登車,想已發交刑部。惟林旭尚未尋着,聞避往他處。此新政中之至新者。其餘外間傳説紛紛不一。"(《汪康年師友書札》,第3册,第3115—3116頁。並參見馬忠文:《戊戌"軍機四卿"被捕時間新證》,《歷史檔案》1999年第1期)然楊鋭的門人黄尚毅在《楊參政公事略》中稱:"初九日晨起,寓齋被圍,鋭與子慶昶及黄尚毅同逮去。至坊上,先書鋭姓名,次慶昶,至尚毅,鋭曰:'彼係公車,何事拘之?'尚毅及慶昶釋回,鋭遂拘去。至提督衙門,旋送刑部獄。"(《叢刊·戊戌變法》,第4册,第66頁)盛宣懷檔案中的《虎坊摭聞》稱:(轉下頁)

在初九日的下午，張之洞就得到了消息。他於酉時（下午5—7時）分別發電給張權、黃紹箕：

> 急。京。立：叔嶠奇災駭絕，究因何故？尚有覆文否，念甚。必已見明發，速摘要告。凡各處函電，務即付丙。即刻覆。迂。佳。

> 京。溫州館，黃仲韜侍講：急。叔嶠受累可駭。何以牽涉？有餘波否。速覆。拙。佳。[1]

"立"，張君立，張權；"迂"、"拙"，張之洞聞政變後所改的自署。張之洞的電報，除要求查明事情的原委外，還希望了解慈禧太后的下一動作，即"餘波"，並要求焚毁相關的電報函件。然僅過了幾小時，張又于亥時（下午9—11時）再次發電張權：

> 急。京。立：楊、劉四人必革，已見明文否，若已見，當可無餘波矣。叔嶠事渠何時得信？王照、端方、吳懋鼎有事否。均即覆。迂。佳。[2]

根據張之洞的判斷，楊鋭、劉光第等新任軍機章京四人若有革職拿問的明發上諭，將不再會有新的行動，但他仍在打聽慈禧太后是否會繼續對王照等人動手。"叔嶠事渠何時得信"中"渠"字，說明張權在電報中透露了消息來源。到了第二天，八月初十日（9月25日）辰時（7—9時），張之洞再發電張權：

> 急。京。立：聞逮問十六人，想已見明發，速詳告。叔嶠並非

（接上頁）"初九日，九門提督逮捕徐致靖、張蔭桓、楊深秀、楊鋭、林旭、譚嗣同、劉光第七人，皆以騎圉門，擒置車中。楊鋭寐未起，以索縶之，並其長子，中途乃釋其子。"（上海圖書館編：《上海圖書館藏盛宣懷檔案萃編》，上海古籍出版社，2008年，上册，第176頁）

[1] 兩電皆八月初九日亥刻發，《張之洞電稿》光緒二十五年二月至八月，所藏檔號：甲182-457。原整理者有誤，根據内容，兩電皆發於光緒二十四年。又，楊鋭的門人黃尚毅在《楊參政公事略》中稱：楊鋭"旋送刑部獄。同鄉京官喬樹楠乃電知張文襄請救……十二日，直隸總督榮禄入京召見，是夜文襄電至津，請榮轉奏，願以百口保楊鋭。次日已宣布行刑，而電始轉送至，榮已無及矣。"（《叢刊·戊戌變法》，第4册，第66頁）此中的細節雖有不準確之處，但可知喬樹楠的作用。

[2] 八月初九日亥刻發，《張之洞電稿》光緒二十五年二月至八月，所藏檔號：甲182-457。原整理者有誤，根據内容，該電發於光緒二十四年。據原稿，"吳懋鼎"後刪"李端棻"三字。王照，新任五品京堂，端方、吳懋鼎，新任農工商總局大臣，與四章京同屬百日維新最後階段的新任官員，張故有此問，以推測楊鋭的命運。

> 康黨，何以四章京同罪，焦急亟念。豈康曾保四人耶？能知受累之
> 故否？渠處文字、函電，事前曾預加檢點？即覆。蒸。[1]

張之洞所擔心的，是楊銳等新任四章京由康有為所保，這將使案情變得極為複雜；同時也關心他發給楊銳的諸多電報及信件是否也被查抄。

在"張之洞檔案"中，我還看不到張權等人此期的覆電，而八月初十日張之洞關於楊銳的發電，也僅此一件，似為不全。而到了八月十一日（9月26日），張之洞開始行動了，檔案中留下他大量親筆電報。

八月十一日寅時（上午3—5時），張之洞發電其侄吏部主事張檢：

> 京。化石橋，張玉叔：急。叔嶠受累太奇，是否有人劾？究係
> 何故？此外有要事速電告。如須密者，專人坐火車送至天津發電，
> 並告權。即刻覆。迂。真。寅。[2]

張之洞恐在京發電會洩露，讓張檢、張權將密電派人去天津發送。與此同時，張又發電此時正在京覲見的湖北按察使瞿廷韶：

> 急。琉璃廠外武陽會館，湖北臬臺瞿：急。蒸電悉。有要事速
> 電示。或云康已獲，確否？此事只在懲首惡，似不宜株連太多。見
> 夔帥、壽帥時，似可婉陳。即覆。洞。真。寅。[3]

"夔帥"，軍機大臣王文韶；"壽帥"，軍機大臣裕祿。張之洞命瞿向王、裕"婉陳""不宜株連太多"之意，即有意護楊。過了幾小時，十一日午時（上午11時至下午1時），張之洞又命幕僚楊文駿，發電給其兄、直隸總督榮祿的幕僚楊文鼎，其下加重點號者為張之洞親筆：

> 急。天津督幕楊俊卿：頃南皮師帥面告弟云：聞軍機章京楊銳

---

[1] 八月初十日辰刻發，《張之洞電稿》光緒二十五年二月至八月，所藏檔號：甲 182-457。原整理者有誤，根據內容，該電發於光緒二十四年。"逮問十六人"的消息，張之洞得自于上海的趙鳳昌。（參見本書第三章第七節）當時被捕者僅康廣仁、楊深秀、徐致靖、張蔭桓、譚嗣同、林旭和楊銳、劉光第，共8人。

[2] 八月十一日寅刻發，《張之洞電稿》光緒二十五年二月至八月，所藏檔號：甲 182-457。原整理者有誤，根據內容，該電發於光緒二十四年。

[3] 八月十一日寅刻發，《張之洞電稿》光緒二十五年二月至八月，所藏檔號：甲 182-457。原整理者有誤，根據內容，該電發於光緒二十四年。

因康有爲案同被拿問,駭愕之至。楊章京自四川學政任内,相隨晉、粵、江、鄂二十餘年,品行端潔,文學通雅,凡事最小心謹慎。平日議論極惡康學,確非康黨。都中海内賢士大夫皆深信。此次召見,係陳右帥所保,與康絲毫無涉。今康被逮,未知何故,故未敢遽行論奏。囑電兄轉懇榮中堂,設法保全,免受誣累。中堂愛才若渴,必能宏此善心,維持善類。至康之邪惡,先屬瞿臬司詳陳,已蒙燭照等語。望速陳。懇急電示覆布局。駿。真。[1]

張之洞懇請榮禄能出面保楊。然此時榮禄已去北京,護理總督袁世凱覆電,表示"遵辦",即將此意轉告榮。[2] 又過了幾小時,十一日亥時(下午9—11時),張之洞正式采取行動,發電瞿廷韶:

急。京。琉璃廠西門外武陽會館,湖北臬臺瞿:楊叔嶠鋭端正謹飭,素惡康學,確非康黨。平日論議,痛詆康謬者,不一而足。弟所深知,閣下所深知,海内端人名士亦無不深知。此次召見蒙恩,係由陳右銘中丞保,與康無涉。且入直僅十餘日,要事概未與聞。此次被逮,實係無辜受累,務祈迅賜切懇夔帥、壽帥,設法解救,以別良莠。天下善類,同感兩帥盛德。叩禱。盼即覆。洞。真。[3]

張之洞命瞿廷韶去找王文韶、裕禄,搭救楊鋭。據瞿的回電,王文韶表示

---

[1] 八月十一日午刻發,《張之洞電稿》光緒二十五年二月至八月,所藏檔號:甲182-457。原整理者有誤,根據内容,該電發於光緒二十四年。電文中"面告弟云"由"諭"字改,"囑"字由"命"字改。"楊俊卿",即楊文鼎,雲南蒙自人,舉人,長期在北洋爲幕,深受信任。此時爲候選道,榮禄亦派其參與管理天津農工商分局事宜。後任福建鹽法道、福建按察使、湖北布政使、湖南巡撫等職。"駿",楊文駿,彝卿,楊文鼎之弟。曾隨李鴻章、李瀚章,官至廣東電瓊道。甲午戰爭中因廣東巡撫馬丕瑶奏參,永不叙用。此時由張之洞、盛宣懷派充協理漢口鐵路分局。庚子年間爲李鴻章議和隨員,後由奕劻上奏,開復官位。(楊文駿履歷單見《清代官員履歷檔案全編》,第6册,第607—608頁)兩人之背景,皆張海榮告訴我。"布局",似指武昌織布局,張之洞與幕僚常在此處聚會。

[2] 張之洞於十二日收到袁世凱電報:"榮相昨日赴都,凱奉旨護理。真電敬悉。遵辦。凱叩。"(戊戌八月十二日未刻發,亥刻到,《張之洞存各處來電》,第34函第5册,所藏檔號:甲182-136)由此可知,袁世凱將該電急送北京榮禄處。

[3] 八月十一日亥刻發,《張之洞電稿》光緒二十四年一至八月,所藏檔號:甲182-455。又見於《張之洞全集》,第9册,第346頁。

同情,裕祿未能相見。[1] 與此同時,張之洞又發電盛宣懷:

> 急。上海。盛京堂。楊叔嶠鋭端正謹飭,素惡康學,確非康黨。平日議論,痛詆康謬者,不一而足。弟所深知,天下端人名士所深知。此次召見蒙恩,係由陳右銘中丞保,與康無涉。且入直僅十餘日,要事概未與聞。此次被逮,實係無辜受累,務祈飛電切懇夔帥,鼎力拯救,以别良莠。天下善類,感戴盛德。叩禱。盼即覆。拙。真。[2]

張請盛轉懇王文韶,搭救楊鋭。盛對此完全照辦。[3] 張之洞的行動似起到了相當大的作用,據陳夔龍的筆記,當時主持審訊的奕劻,亦有意援救楊鋭、劉光第兩人,很可能就是轉受他人之托。[4]

從清晨的寅時,到夜間的亥時,張之洞的動作有如三級跳,先是由瞿廷韶"婉陳",繼而由其幕僚轉求,最後方是自己出面,這一系列的動作,自然與京中的來電有關。張之洞電文中"召見蒙恩"、"與康無涉",説明他已查明康確未保楊。而在同一時刻,即十一日寅時,張的大幕僚王秉恩發電給喬樹楠的電報,很可能説明内情:

> 急。京。驟馬市,恒裕,轉喬茂萱:鈍平安,何以知之,速示慰。

---

[1] 瞿廷韶八月十三日發電:"急。兩電衹悉。初十見夔帥,備陳楊冤。帥云深知,公論俱同,惟現在派審,必俟審後方可設法。昨謁壽帥未見。本擬今早陛見後稟陳大略,以榮相來京推班,俟明日陛見後,分謁兩帥,再行電稟……但樞要多事,皆不易見,譚情節較重,事難逆料。敬帥晚年何堪?現尚在鄂否?乞示……本司廷韶。在西苑。謹稟。文。"(京,瞿臬司,八月十三日午刻發,酉刻到,《張之洞存各處來電原件》,第14函,所藏檔號:甲182-385/14)"譚",譚嗣同。"敬帥",譚嗣同之父湖北巡撫譚繼洵,字敬甫。

[2] 《張之洞電稿》光緒二十四年一至八月,八月十一日亥刻發,所藏檔號:甲182-455。

[3] 張之洞八月十二日收到盛宣懷覆電:"真電所言楊叔嶠事,已轉電仁和,力懇保全。聖躬未愈,有旨徵醫。宋伯魯革職。餘無所聞。補。文。"(上海,盛督辦,八月十二日申刻發,亥刻到,《張之洞存各處來電原件》,第14函,所藏檔號:甲182-385/14。又見於《張之洞全集》,第9册,第346頁)"仁和",王文韶,其爲浙江仁和人。

[4] 陳夔龍稱:"奕劻於八月十三日清晨"命材官來余寓所,促入府商議要件。余遵論趨往,鐵君良亦至(時爲工部司員,後官江寧將軍)。邸云:'康廣仁等一案極爲重大,吾奉領班,不能不借重兩君,速往刑部會訊。'並謂:'同案六人情形亦復不同,閩楊君鋭、劉君光第皆均係有學問之人,品行亦好,羅織一庭,殊非公道,須分别辦理。君等到部,可與承審諸君商之。'余等趨出,時甫上午九鐘,爰往譯署,先行片文諮照刑部,略述奉派會審緣由……"(《夢蕉亭雜記》,中華書局,2007年,第20頁)

如弟憑人言,仍恐難測。聞同鄉擬公保,萬不可緩。肖巖明日赴京。息清。真。[1]

"鈍平安"一語,說明楊鋭的情況良好;"憑人言"一語,說明喬報告其所聞有利楊鋭的消息;"同鄉擬公保",指四川京官準備公同具結爲楊鋭擔保;而楊鋭的弟弟楊悦(肖巖)也準備立即進京。

由於得到了京城來的好消息,八月十二日(9月27日)一天,張之洞的電報稍顯暖意。十二日丑時(1—3時),張之洞發電張檢,要求交給張權:

> 急。張玉叔轉交立:叔嶠無他慮,有何端倪?想因查無與康往來字據耶?所云信件發還,想並未查封衣物耶?速明晰覆。再,聞有妄人保懋勤殿十員,有仲韜在内,確否?亟係甚。速詢覆。黄遵憲有事否?宋伯魯何以漏網?日來見廉舅否?有何議論?汝與各處來往電報,務即付丙。真。戌。[2]

從電文中可以看出,張權向其報告楊鋭"無他慮","信件發還"等情節,張之洞雖心存疑問,但其關注點已轉向他處,尤其是黄紹箕,擔心其爲"懋勤殿"之累。[3] 過了幾個小時,十二日巳時(上午9—11時),王秉恩發電喬樹楠:

> 急。京。騾馬市,恒裕,轉喬茂萱:或云嶠等因有密諭覆奏被累,密諭係何事?嶠如何覆奏?何以四人聯銜?再何以知嶠、培兩人獨平安,想嶠、培查無違礙信件,林、譚有耶?均速示。息。文。[4]

這封電報雖用王秉恩的名義,但"密諭係何事?嶠如何覆奏?何以四人聯銜?再何以知嶠、培兩人獨平安,想嶠、培查無違礙信件,林、譚有耶?均速

---

[1] 八月十一日亥刻發,《張之洞電稿》光緒二十五年二月至八月,所藏檔號:甲182-457。原整理者有誤,根據内容,該電發於光緒二十四年。該電原寫"鈍平安,因何解","因何解"三字由張之洞親筆改爲"何以知之,速示慰"。

[2] 八月十二日丑刻發,《張之洞電稿》光緒二十五年二月至八月,所藏檔號:甲182-457。原整理者有誤,根據内容,該電發於光緒二十四年。"廉舅",國子監祭酒、南書房行走王懿榮,他是張之洞的王夫人之兄,號廉生。

[3] 相關的細節,可參見本書第三章第一節。

[4] 八月十二日巳刻發,《張之洞電稿》光緒二十五年二月至八月,所藏檔號:甲182-457。原整理者有誤,根據内容,該電發於光緒二十四年。

示"一段,是張之洞删去"何解?速詳示"五字後親筆添加的。"密諭覆奏被累",指七月三十日光緒帝單獨召見楊銳,發下密諭,並指示楊銳等人覆奏。[1] "何以四人聯銜",似爲喬樹楠的電報稱,楊銳給光緒帝的覆奏是四章京共同署名的。"培",劉光第,字裴村。"林、譚"分别指林旭、譚嗣同。到了當天晚上,十二日亥時(下午9—11時)張之洞發電張權:

> 急。京。立:林、譚查有違礙信件否,所訊何事?即刻覆。間或告茂萱統覆亦可,但囑其勿寫號,只可寫一慎字。文。[2]

在這封電報中,張之洞没有提到楊鋭,他大約認爲此案楊鋭自當脱罪。由於楊鋭、劉光第是陳寶箴所保,楊、劉"平安"的消息也從武昌轉到長沙。陳寶箴致沈曾植信稱:

> 返署接節庵電,楊、劉平安,喜極。惟康、超爲洋船接去等語。楊、劉既平安,大抵只查抄,無交私之件便不問耳,似此不與鈎黨之獄矣。[3]

梁鼎芬已將"平安"的消息電告陳。而陳信中的内容,似爲張之洞及其幕中對楊鋭一案及其發展的判斷。

張之洞似乎放心了,目光也有了轉移。我在"張之洞檔案"中,竟然找不到八月十三日(9月28日)張關於楊鋭的電報。由此可推測,張可能一整天没有發電,若真如此,又似可説明他的信心。喬樹楠、張權等人的回

---

[1] 在此次召見中,光緒帝頒下了一道密詔給楊鋭:"近來朕仰窺皇太后聖意,不願將法盡變,並不欲將此輩老謬昏庸之大臣罷黜,而登用通達英勇之人,令其議政,以爲恐失人心……朕亦豈不知中國積弱不振至於阽危,皆由此輩所誤,但必欲朕一旦痛切降旨,將舊法盡變,而盡黜此輩昏庸之人,則朕之權力實有未足。果使如此,則朕位且不能保,何況其他?今朕問汝,可有何良策俾舊法可以全變,將老謬昏庸之大臣盡行罷黜,而登進通達英勇之人,令其議政,使中國轉危爲安,化弱爲强,而又不致有拂聖意。爾其與林旭、劉光第、譚嗣同及諸同志等妥速籌商,密繕封奏,由軍機大臣代遞,候朕熟思,再行辦理……"(趙炳麟:《光緒大事彙鑑·戊戌之變》,《趙柏巖集》,第239—240頁)趙炳麟稱:"此詔後至宣統元年由楊鋭之子呈都察院。是時炳麟掌京畿,主持代奏,並連疏請宣付實録。"趙炳麟有"請宣布德宗手詔編入《實録》疏"宣統元年八月十七日、"請再宣布德宗手詔編入《實録》疏"宣統元年十一月初九日兩摺,説明楊鋭之子楊慶昶、門人黄尚毅交還光緒帝密詔,請都察院代奏,並編入《實録》。(同上書,第491—493頁)由此可知,根據光緒帝的密詔,楊鋭等須覆奏。
[2] 八月十二日亥刻發,《張之洞電稿》光緒二十五年二月至八月,所藏檔號:甲182-457。原整理者有誤,根據内容,該電發於光緒二十四年。
[3] 轉引自許全勝:《沈曾植年譜長編》,中華書局,2007年,第208頁。

電,一定帶來了極爲有利的消息。我在"張之洞檔案"中雖未找到喬樹柟、張權等人的覆電,然張權此時給張之洞密信一殘件,透露出當時的情景:

> 八月十三日之事,午前尚毫無信息。十二日見喬茂萱,渠尚云楊、劉二人或可無虞。緣楊曾在上前面劾康,欲令其速出。譚保康有爲及其弟康廣仁,劉不署名。此二事可站得住也。[1]

既然楊鋭在光緒帝面前彈劾康有爲,並欲令康迅速離開北京,那麼,楊完全可以在審訊中將自己摘出,説明自己並非康黨。恰也就在張極爲放心、很可能一日無電的八月十三日,慈禧太后恐外人干涉,下令處死楊鋭等"六君子"。

八月十四日(9月29日),噩耗突然傳來。是日戌時(下午7—9時),張之洞收到瞿廷韶發來電報:

> 昨日陛見後,分謁樞廷,未見。便見合肥,論楊、劉事,尚謂必有分別。旋見錢密緘,已云倉猝,慮難挽回。果于四點鐘遽同譚、林等同時處决。在京多稱楊、劉之冤,奈内旨迫切,於午刻逕由剛相奉密旨立辦。措手不及。遺骸已由各同鄉代殮。敬帥晚年難堪,聞湘人已電藩司矣。本司廷韶謹禀。寒。[2]

"錢",錢恂。該電説明李鴻章都認爲楊鋭、劉光第"必有分別",此案由剛毅奉密旨"立辦"。與此同時收到的,很可能還有張權、黄紹箕的電報。張之洞得報後,隨即發電張權:

> 急。京。立:迂。來電及綏電均悉。芝艾同焚,奇冤至痛。到部數日,所聞何供?嶠曾劾康,想必供明。何以不理?何以昨日忽催淚?日來英、俄有何消息?並告綏速覆。綏即韜也。覆電以"可"字或"慎"字冠首,不必署於尾。即刻覆。鹽。此電即付丙。[3]

---

[1] 引文及背景參見本書第一章第四節。
[2] 京,瞿桌司,八月十四日申刻發,戌刻到,《張之洞存來往電稿原件》,第14函,所藏檔號:甲182-385。這份電報到達奇快,從原件來看是下午四點四十分發出的。至當日亥時(下午9—11時),張之洞又收到趙鳳昌從上海發來的電報,報告楊鋭遇難。(上海,十四日酉刻發,亥刻到,出處同上)相關的背景,又可參見本書第三章第四、七節。
[3] 《張之洞電稿》光緒二十五年二月至八月,原件被人用鉛筆標爲"七月二十七日",誤,"鹽",十四日。所藏檔號:甲182-457。原整理者有誤,根據内容,該電發於光緒二十四年。

"來電"指張權的來電,"綏電",指黃紹箕的來電。張之洞急切想知道,楊到刑部後的審訊過程,"嶠曾劾康"是對楊最爲有利的情節,可他爲何會遇難呢?這一封電報原文上没有發報時間,但下引張之洞發給喬樹楠的電報爲十四日亥時(下午 9—11 時),很可能兩電爲同一時間。以往給喬樹楠的電報多以王秉恩的名義,此次張之洞親筆寫道:

> 急。京。騾馬市,恒裕,轉喬茂萱:迂。不料嶠事如此,千古奇冤,慘痛難言。臨難時有何語,到部後復問何事,共問幾堂,諸大臣有何語,同鄉公呈已遞否,東海何以不論救,何以木訥一人主持?均電示。聞嶠有劾康疏,係何時上,供明否?問官定案時奏内敘入否?日來都人公論如何?其世兄懇諸公切爲撫慰。均速電示。節、雪統此。鹽。嶠此稿務鈔寄。[1]

張之洞非常不理解審判的結果,亟想知道楊鋭遇難前的遺言,並要求將楊鋭彈劾康有爲的奏稿抄寄。"到部後",指到刑部後,"共問幾堂",指堂審幾次,"東海"爲徐桐,"木訥"爲剛毅。他此時還不知道,楊鋭、劉光第等人是不審而誅! 直到第二天晚上,八月十五日(9月30日)亥時,張之洞發電黃紹箕:"……叔嶠恐係爲楊崇伊所潛害,望詳加考究。黃遵憲實是康黨,都人有議之者否? ……"[2] 此日原本是中秋佳節,張之洞卻在悲痛中度過,且以悲爲恨而記仇於楊崇伊、黃遵憲等人;且在其極爲悲痛之際,竟突然指責昔日的朋友黃遵憲是康黨![3] 這在當時是一個很大的罪名。又過了幾天,八月二十三日(10月8日),張之洞又發電爲楊

---

[1] 八月十四日亥刻發,《張之洞電稿》光緒二十五年二月至八月,所藏檔號:甲182-457。原整理者有誤,根據内容,該電發於光緒二十四年。"其世兄"指楊鋭之子楊慶昶;"節",節庵,梁鼎芬;"雪",雪澄,王秉恩。"嶠此稿務鈔寄",指楊鋭彈劾康有爲之奏稿務必抄寄給張之洞。

[2] 八月十五日亥刻發,《張之洞電稿》光緒二十五年二月至八月,所藏檔號:甲182-457。原整理者有誤,根據内容,該電發於光緒二十四年。

[3] 楊崇伊加害楊鋭之説並不確,但當時亦有傳言。楊崇伊後於光緒二十五年爲人所劾,於五月初八日上奏"廷臣交章自請罷斥摺",自辨稱:"……夫去秋大禍在目前,諸臣豈得不知? 臣又兩至徐桐寓所相告,不識當時以臣言爲何,如今乃遠見他日之大禍乎?""去秋大局發發,徐桐惟引疾高卧,以楊鋭之誅,不能無恨於臣,蓋楊鋭爲徐桐傾信之門生。今日所言,大約門生立稿,雖非爲康服仇,或有的是因楊起意,徐桐爲門生所用……"(《軍機處録副·補遺·戊戌變法》,3/168/9447/11,中國第一歷史檔案館藏)楊崇伊稱,徐桐因楊鋭去世而深銜之。黃遵憲原與張之洞等人交善,因《時務報》、梁啓超諸事,張、梁視黃爲康黨,相關的内容可參見本書第四章。

第二章　張之洞與楊銳　175

銳收尸的喬樹楠：

> 急。京。騾馬市恒裕,轉喬茂萱：迂。肖巖到否? 思永扶柩何日行? 如需費,速示。湘水生波,因何而起。漾。[1]

"思永",楊銳之子楊慶昶的字。楊銳的棺柩由楊慶昶、楊悅一路送行,由北京經西安至其家鄉四川綿竹安葬。至時,張之洞會想到什麼,能做些什麼?[2] 兩年後,光緒二十六年(1900),張之洞另兩位得意門生、總理衙門大臣許景澄、袁昶在極端保守派的鼓噪下被殺,張之洞又會想到什麼? 又能做些什麼? 這是一條傷痛的河,從這位"忠臣"的心上淌過……

光緒二十八年(1902),張之洞再度署理兩江總督,重遊雞鳴寺,"俳徊當年與楊銳盡夜酒談之處,大為震悼,乃捐資起樓,為楊銳紀念,更取楊銳所頌'憂來豁蒙蔽'句,曰'豁蒙樓'。"[3] 南京城內雞鳴寺豁蒙樓,成為張之洞所寫下的他與楊銳關係極為悲情催淚的濃重一筆。[4]

---

[1] 八月二十三日午刻發,《張之洞電稿》光緒二十五年二月至八月,所藏檔號：甲 182-457。原整理者有誤,根據內容,該電發於光緒二十四年。"湘水生波",指八月二十一日陳寶箴等人革職事。又,楊悅在上海發電："鳳病吐瀉,勸止其行,悅午渡海。"(《張之洞存來往電稿原件》,第 15 函,所藏檔號：甲 182-386) 可見趙鳳昌亦有意於北上。再又,八月十八日,上海委員曾磐發電張之洞時,趙鳳昌另加一段："典兄：小巖十六北上。其兄事未曾明告。"(《張之洞存來往電稿原件》,第 14 函,所藏檔號：甲 182-385)"小巖",為肖巖,楊悅。"兄事未曾明告",即未告明其兄楊銳遇害之消息。"典兄",梁敦教,號典午,梁敦彥的堂弟,時任張之洞電報文案。當時上海到北京最快需五天,楊悅似爲剛到。

[2] 至同年十月二十二日,楊慶昶從西安發電武昌："督幕鄒元辨鑑：帥賜賻,領,謝。廿四啓行。昶。馬。"(光緒二十四年十月二十二日酉刻西安發,二十三日午刻到,《張之洞存來往電稿原件》,第 15 函,所藏檔號：甲 182-386。"馬"是二十一日的代日,似屬第二天發出)"鄒元辨",鄒履和,張之洞的文巡捕。十一月二十六日,張之洞的幕僚發電給楊悅："重慶。楊肖巖。大令兄柩及全眷是否到渝? 閣下是否親送回籍? 抑自回鄂? 遵諭詢,祈電覆。教。宥。"(《張之洞電稿》光緒二十四年十一月,所藏檔號：甲 182-455)"大令兄"指楊悅的大哥楊聰。"教",梁敦教。前後兩月,楊聰、楊銳兩兄弟皆亡。楊家兩大難,其中一難是張之洞不讓楊銳奔楊聰之喪所致,張會原諒自己嗎?

[3] 劉禺生：《世載堂雜憶》,第 55—56 頁。劉禺生稱：張之洞在甲午戰爭第一次署理兩江總督時,"某夜,風清月朗,便衣減從,與楊叔嶠銳同遊臺城,憩於雞鳴寺,月下置酒歡甚,縱談經史百家、古今詩文,憺然忘歸,天欲曙,始返督衙……八哀詩,銳能朗誦無遺,對於贈秘書監江夏李公邕一篇,後四句'君臣尚論兵,將帥接燕薊,朝詠六公篇,憂來豁蒙蔽',反復吟誦,之洞大感動。"

[4] 宣統元年六月二十四日,在京任軍機大臣的張之洞發電："武昌高學臺、存古學堂紀監督：誠密。《九家詩》刻本已閱,惟《崔次龍集》不見重九詩、懷人詩及弔劉仙石觀察詩,此外似亦有遺詩。又有鄙人手選陸眉生奏稿詩稿,亦均遺漏未刻。尤不勝詫異焦急。以上各種,原稿想存。又,楊叔嶠詩稿已選出,亦交存紀處。無論各種草本,務請悔軒侍讀速將各家已刻未刻所(轉下頁)

還需説明的是,唐才常被殺後,康有爲極爲悲憤,作《駁后黨逆賊張之洞、于蔭霖誣捏僞示》,稱言:

> 楊鋭者,張之洞入室弟子,歲饋千金,養之京師,而一切托之者也。楊鋭與劉光第之入軍機,亦張之洞托陳寶箴薦之者也……張之洞本爲新黨,自恐不免,乃請殺譚、楊等六人,以求避黨禍,其忍於殺帝黨久矣。

相同的説法又見於康此期所作《張之洞電日本外部書後》、《逆賊張之洞罪案》等文,稱張之洞"電請殺六烈士"。[1] 此本是康在政治鬥爭中的誣詞,不足爲據,然今亦見有學者引用而信之,失察之誤。

在本章結束之際,我還想呼籲各位多多地注意楊鋭的信札與電報,現在發現得還太少。這些重要的材料將會一一揭開戊戌變法中的許多内幕。我一直以爲,它們有可能還存世,只是因其無擡頭、無署名、無日期而未被人所識所重,不知道落到了哪個角落裏,靜靜地睡覺。

(接上頁)有之詩文稿清本,均請從速一律檢齊,即候派妥人往取。百叩至禱。盼先電覆。冰。敬。"(《張文襄公電稿墨迹》,第2函第11册,所藏檔號:甲182-219)由此可見,張之洞晚年還編選了楊鋭的詩集,並交存紀鉅維處。"高學臺",湖北提學使高淩霨。"紀監督","悔軒侍讀",紀鉅維,存古學堂監督,號悔軒。

[1]《康有爲全集》,第5册,第278、287、290、309頁。

第三章

戊戌政變前後張之洞與京、津、滬的密電往來

發生於光緒二十四年八月初六日（1898年9月21日）的戊戌政變，是中國近代史上的最大疑團之一，史學界對此有着諸多研究，取得了重大的進展，仍留下許多問題。當我接觸到"張之洞檔案"時，最初的目的之一，就是企圖找到能解破戊戌政變過程與原委的核心史料。爲此而特別注重政變前後（即八月初六日前後）各種文件，一一反復閱讀。

在此須向讀者報告的是，我雖然在戊戌政變上沒有特別重大的發現，但所見到的許多史料，可說明當時迷亂的政情，可清晰以往不解的細節，可感受到北京、武昌、上海等地在政變前的緊張和政變後的因應之策，更可以感受到張之洞的情報網絡及其功用。種瓜得豆，雖有不小的遺憾，但畢竟也算是有了一點收穫。

一、張之洞給張權、張檢、黄紹箕等人的指令

隨着"百日維新"的進程，京城中的溫度越來越高，張之洞對京中情報的需求也越來越大。從"張之洞檔案"中可以看到，除了楊鋭之外，張之洞還給其他正式或臨時的"坐京"們下達了許多指令，也提出了具體的情報要求。

光緒二十四年七月十九日(1898年9月4日),張之洞發電其子張權:

> 京。張君立。急。叔嶠召見奏對如何?有何恩旨?聞仲韜辭教習,允否?許竹篔辭總教習,改派何人?湖南庶常熊希齡奉旨正速來京召見,係何人所保?譚嗣同到京召見否?岑春煊是否康保?康近日有何舉動?制度局究竟議定開辦否?汝名是否本部堂官已經諮送總署?速明晰覆。壺。效。[1]

這一份電報要求了解的內情甚多,其中包括光緒帝七月十六日召見楊銳、黃紹箕欲辭大學堂教習、許景澄欲辭大學堂總教習等等一大堆事件。[2] 而從電文中仍可以看出,康有爲及其一派的政治活動仍是其中的重點,特別是康有爲提議設立的政治機構——制度局。[3] 兩天後,七月二十一日(9月6日),張之洞又發電其侄張檢:

> 京。張玉叔:王照是否即直隸開小學堂之王小航?何以堂官

---

[1] 七月十九日亥刻發,《張之洞電稿》光緒二十五年二月至八月,所藏檔號:甲182-457。原整理者有誤,根據內容,當發於光緒二十四年。
[2] "叔嶠",楊銳。"仲韜",黃紹箕。"許竹篔",許景澄。黃紹箕辭大學堂教習、許景澄辭大學堂總教習之事,從後來發生的情況來看,此爲傳言,非爲事實。"庶常",指翰林院庶吉士。熊希齡奉旨召見,係康黨重要人物李端棻於光緒二十四年七月初三日所保,當日發電旨給湖南巡撫陳寶箴:"湖南在籍庶吉士熊希齡,著陳寶箴傳知該員,迅速來京,預備召見。"(參見軍機處《隨手檔》、《電寄檔》光緒二十四年七月初三日,中國第一歷史檔案館藏)而張之洞得知熊希齡召見一事,很可能由於陳寶箴的電報:"長沙陳撫臺來電。佳電謹悉。前總署派人往日本學堂電,湘未奉到。東電所云,與姚牧錫光所查相合,似並東脩在內矣。前議湘派五十人,現尚未挑考,本擬以熊秉三於八月間帶往,今熊奉旨著飭速來京,預備召見等因。此外尚未定人……箴叩。蒸。"(戊戌七月初十日戌刻發,亥刻到,《張之洞存各處來電》,第34函第4冊,所藏檔號:甲182-136)熊後未赴京,戊戌政變後被革職。岑春煊於七月初七日上奏改革官制的奏摺,七月十四日光緒帝未待軍機處、總理衙門議覆,即下旨裁撤詹事府等京內六衙門及湖北等處三巡撫、河漕兩總督及其以下系統。(《軍機處錄副·光緒朝·內政類·戊戌變法項》,3/108/5616/26;軍機處《隨手檔》,光緒二十四年七月十三、十四日,中國第一歷史檔案館藏;《光緒宣統兩朝上諭檔》,第24冊,第330—332頁。)七月十五日,岑以前太僕寺少卿擢廣東布政使,從目前的材料來看,此中似無康黨的運作。"汝名是否本部堂官已經諮送總署",指當時總理衙門有意派司官去日本學習一事,張權對此極有興趣,張之洞也表示支持。張權後未能成行。
[3] "制度局"是康有爲的政治改革方案"上清帝第六書"提出的核心內容,即建立由其控制的"議政"機構,實爲決策機構。"制度局"及其多種變種,包括後面提到的"懋勤殿",亦爲戊戌變法中政治鬥爭的核心之一。

謂爲挾制？所條陳何事？何以遽蒙超擢？速覆。壺。箇。[1]
禮部主事王照因上條陳受阻，光緒帝大怒，於七月十九日罷免禮部六堂官，超擢王照爲五品京堂。此是戊戌變法中的大事，張之洞很快得到情報，並要求提供更詳細的内情。又過了兩天，七月二十三日（9月8日），張之洞再發電張權：

> 京。張君立：急。王照條陳係何事？速詳覆。萬勿遲延。檢侄之子及他親友有願東遊否？漾。

在該電稿原件中，張之洞還刪去一句："康不能入内，如何主持法？"[2]
張之洞刪去的一句，實爲關鍵，"入内"，即入大内，此處似指入值軍機處、南書房等能見到光緒帝的機構。"主持"，指對朝政的影響力。此語說明當時盛傳康能對光緒帝施加影響，張知康不能入宮，故有此問；似又考慮到張權無從了解内情，故刪去。又過了兩天，七月二十五日（9月10日），張之洞發電張檢：

> 京。張玉叔：急。王照條陳何事？僵電權兒未覆，何也？譚嗣同召見作何語？江蘇道員志鈞召見後有何恩旨？均速覆。壺。有。[3]

他爲未能收到張權的及時回電而着急，並關心於譚嗣同、志鈞等人的召見。[4] 又過了三天，七月二十八日（9月13日），張之洞發電張權：

> 京。張君立：既已詒送，即可速回鄂，不必候黃遵憲，此事與黃

---

[1] 七月廿一日未刻發，《張之洞電稿》光緒二十五年二月至八月，所藏檔號：甲182-457。原整理者有誤，根據内容，當發於光緒二十四年。所藏檔號：甲182-457。該電原是發給楊鋭的，張之洞後改爲張檢，相關的細節參見本書第二章第三節。在此前一天，張之洞發電張檢："京。張玉叔：急。慎。函來太緩，速將大意電告，仍作函詳達，下款可用慎字。咢。"（七月二十日亥刻發，出處同上）還是情報之要求。

[2] 七月二十三日戌刻發，《張之洞電稿》光緒二十五年二月至八月，所藏檔號：甲182-457。原整理者有誤，根據内容，當發於光緒二十四年。"檢侄之子及他親友有願東遊否"，指張之洞準備以湖北的名義派員遊學日本，與總理衙門擬派司員往日本學習大體相同。

[3] 光緒二十四年七月二十五日午刻發，東方曉白：《張之洞（湖廣總督府）往來電稿》，《近代史資料》，第109期，第21頁。韻目中並無"僵"字，"僵電"似爲"漾電"之誤。

[4] 譚嗣同由徐致靖所保，光緒帝命其入京預備召見。他於七月初五日到達北京，七月二十日，由光緒帝召見。當日與楊鋭、林旭、劉光第一同被光緒帝任命爲軍機章京，"參預新政"。江蘇補用道志鈞由江蘇巡撫奎俊保薦爲使才，七月初二日由光緒帝召見。光緒帝未任命其新職務。

無涉。年限一切,以及種種章程,如恐有不便應須變通之處,我自能設法與日本外部商,不必顧慮。王照曾相識否?不可不與一談。是否由陸路,川資若干?均速發急電覆。壺。感。[1]

"諮送",即指戶部將張權赴日本學習諮送總理衙門事,然張之洞此時希望他儘快返回武昌。從電報中還可看出,張對黃遵憲已有不滿,並讓張權離京前與王照一談。八月初五日(9月20日),張之洞再發電張權:

京。張君立:急。聞英俄已開戰,確否?即刻覆。壺。歌。

"英俄開戰"指當時俄國強租旅順、大連後與英國之間的激烈衝突,當時許多清朝官員認為英俄將有一戰。張之洞問"英俄開戰"是收到了天津巢鳳岡的電報(後將詳述),因此事關係重大,張之洞還同時發電給楊銳、錢恂及上海的趙鳳昌等人,詢問此事。[2]

第二天,八月初六日(9月21日),戊戌政變發生。張之洞是於八月初七日子時(前一日11時至當日1時,按傳統記時慣例,屬次日)收到盛宣懷發來的電報得知消息的(後將詳述)。至八月初八日(9月23日)丑時(淩晨1—3時),張之洞發電張權:

急。京。張君立:王廉翁必有見聞,可速詢之。兩日來明發上諭速摘要急電告。紀鉅容求助引見費,力不能多助,已匯百金,速告之,請其見諒。迂。庚。以後此間密電下署迂字,汝來電署可字。[3]

"王廉翁",王懿榮,號廉生,時任國子監祭酒、南書房行走,他是張權的舅舅。張之洞讓張權向王打探內情,並命電告明發上諭。八月九日(9月24日)丑時,張再發電:

急。京。張君立轉仲韜:英俄戰事又有續電否?宋伯魯外,有

---

[1] 七月二十八日丑刻發,《張之洞電稿》光緒二十五年二月至八月,所藏檔號:甲182-457。原整理者有誤,根據內容,當發於光緒二十四年。

[2] 張之洞發給張權、楊銳、錢恂的三電,寫於一紙上,皆八月初五日亥刻發,《張之洞電稿》光緒二十五年二月至八月,所藏檔號:甲182-457。原整理者有誤,根據內容,三電皆發於光緒二十四年。張之洞發給上海的電報,後將詳述。

[3] 八月初八日丑刻發,《張之洞電稿》光緒二十五年二月至八月,所藏檔號:甲182-457。原整理者有誤,根據內容,當發於光緒二十四年。

黜革者否？速示。摺差寄去綏字密電本，想收到。速覆。報費已告百川送。拙。庚。以後敝處密電署拙字，來電下款署何字？並示。或綏字亦可。[1]

此電讓張權轉給翰林院侍講黃紹箕，也是打探各種消息。張之洞為防止意外，還改變了電報的署名，並另寄密碼本。到了這一天的下午，張之洞得知楊銳被捕，在其後一段時間，他與張權、張檢等人的電報主要圍繞於此事。[2] 八月十二日（9月27日）子時，張之洞發電黃紹箕：

> 急。溫州館，黃仲韜侍講：綏。來電"有"字下、"至"字上共兩字有誤，再明晰示。此電及各處來往電，務即付丙。真。[3]

由此可見黃紹箕已有電給張之洞，張命其銷毀來往電報。過了一個時辰，十二日丑時（1—3時），張之洞又發電張檢，要求交給張權：

> 急。張玉叔轉交立：……再，聞有妄人保懋勤殿十員，有仲韜在內，確否？亟係甚。速詢覆。黃遵憲有事否？宋伯魯何以漏網？日來見廉舅否？有何議論？汝與各處來往電，務即付丙。真。戌。[4]

張之洞此時聽到了"懋勤殿"（即制度局之變種）的消息，擔心黃紹箕為之牽連[5]；同時又命打聽黃遵憲、宋伯魯等康黨成員的消息，並向王懿榮打聽消息。在楊銳被捕後生死未明之際，張之洞已不想黃紹箕再受到任何打擊。他隨即又再次發電給張檢：

---

[1] 八月初九日丑刻發，《張之洞電稿》光緒二十五年二月至八月，所藏檔號：甲182-457。原整理者有誤，根據內容，當發於光緒二十四年。張在原稿上於"速示"前刪去"謠言甚多，近日確聞望"九字；"並示"前刪"□□□孺有見聞否□"九字。"宋伯魯"，御史，康黨重要成員，他於八月初六日上奏保舉康有為等人主持與外國結盟事，恰遇慈禧太后第三次訓政，被革職，"永不敘用"。"百川"，百川匯，張之洞辦理匯兌的票號。
[2] 參見本書第二章第五節。
[3] 八月十二日子刻發，《張之洞電稿》光緒二十五年二月至八月，所藏檔號：甲182-457。原整理者有誤，根據內容，該電發於光緒二十四年。
[4] 八月十二日丑刻發，《張之洞電稿》光緒二十五年二月至八月，所藏檔號：甲182-457。原整理者有誤，根據內容，該電發於光緒二十四年。
[5] 張之洞聽到黃紹箕被牽入懋勤殿的傳聞，很可能得自盛宣懷。盛宣懷檔案中有《虎坊橋函》，稱言："……或言李端棻、宋伯魯（旁注：約在七月二十七、八日）皆請開懋勤殿，以康有為、黃遵憲、梁啟超等入殿行走。於是傳旨選入殿行走者十人：康有為、康廣仁、李端棻、徐致靖、徐仁鑄、徐仁鏡、黃遵憲、梁啟超、黃紹箕、張元濟也。"（《上海圖書館藏盛宣懷檔案萃編》，上冊，第177頁）

> 急。京。張玉叔：速面告仲韜，可見夔帥及孫相，陳明與康不同道，素詆康學。至要。楊崇伊方得意，恐其誣陷正人也。並囑其各處函電，務宜付丙。必須格外謹慎。即刻覆。迂。真。[1]

"夔帥"，軍機大臣、總理衙門大臣、户部尚書王文韶，字夔石，曾任直隸總督而被稱"帥"。"孫相"，協辦大學士、吏部尚書孫家鼐。張之洞命黃紹箕直接去找王文韶、孫家鼐，説明與康的分歧，以免受懋勤殿傳聞之累。在電報中，張還再次強調銷毁信函電報。八月十三日，楊鋭遇難，張之洞得知消息後，極爲悲痛，於十五日（9月30日）發電黃紹箕：

> 急。京，溫州館，黃仲韜侍講：綏。前聞日本使改派李盛鐸，確否？叔嶠恐係爲楊崇伊所潛害，望詳加考究。黃遵憲實是康黨，都人有議之者否？均速示。閲過即付丙。咸。[2]

他認爲，楊鋭可能是楊崇伊所加害，且直接攻擊黃遵憲，"都下有人議之否"一句，隱隱有讓黃紹箕向外披露之意。至八月二十三日（10月8日），張之洞發電張權：

> 京。立：迂。湘事何以忽然想到，即刻覆。東文不曉，自應據實陳明，派否聽之。各衙門通東文而願往者幾人，已定議否？漾。[3]

據原稿，"湘事何以忽然想到"一句，原寫爲"陳、江等獲咎，是否有人劾？抑内中查出？"八月二十一日，慈禧太后將湖南巡撫陳寶箴、前湖南學政江標等人革職，永不敍用，張電問其詳情。"内中查出"一語，是指是否查出陳、江等人與康黨交往的證據。在原稿中，張還刪去"近事速詳書，交郵

---

[1] 八月十二日丑刻發，《張之洞電稿》光緒二十五年二月至八月，所藏檔號：甲 182-457。原整理者有誤，根據内容，該電發於光緒二十四年。

[2] 八月十五日亥刻發，《張之洞電稿》，光緒二十五年二月至八月，所藏檔號：甲 182-457。原整理者有誤，根據内容，該電發於光緒二十四年。與此同時，張之洞還發電張權："急。京。立：迂。各部考司員約在何時，京員赴東遊學尚舉行否？即覆。咸。"（八月十五日亥刻發，出處同上）此電的内容涉及權去日本學習一事，但原稿中删去一句"黃遵憲幷否？衆人有議爲康黨否？"

[3] 八月二十三日午刻發，《張之洞電稿》光緒二十五年二月至八月，所藏檔號：甲 182-457。原整理者有誤，根據内容，該電發於光緒二十四年。"東文不曉"一事，指張權有意由官派去日本學習，但不懂日本文，張之洞讓其"據實陳明"。

政局"一語。此後,張之洞又給張權數電,仍是關於京中的政治情報。[1]

張之洞下達的指令,確屬戊戌變法中的關節點,如能看到張權、張檢、黄紹箕等人的覆電,自可解開變法過程中的許多謎點,重建衆多重要史實,甚至有可能直接解開戊戌政變的謎團;可我在"張之洞檔案"中卻找不到他們的覆電,這不由得讓我極度失望。

然而,能讓我稍感心舒的是,我意外地看到了張之洞與此期入京的湖北屬官惲祖祁、錢恂、瞿廷韶之間的電報。這些電報雖未涉及清朝的核心機密,但對於政變前後的政情有着相當準確的記録,當屬珍貴。而張之洞又在天津、上海安設坐探,天津爲巢鳳岡,上海爲趙鳳昌和曾磐,此外還有在上海的盛宣懷,同時也發來的許多電報,其情報內容雖不那麽準確,但可以了解當時的傳言,並可從中觀察張之洞的內心。以下分別介紹張之洞與他們之間的電報往來,並加以背景的説明。

二、江西試用道惲祖祁

惲祖祁,字心耘,一作莘耘,江蘇常州人,捐納出身,入左宗棠、王文韶等幕,累遷爲道員,曾委署江西鹽法道。他是湖北按察使惲祖翼之弟。甲午戰爭期間,由署理兩江總督張之洞調赴南京,辦理支應、轉運、籌餉

---

[1] 八月二十六日,張之洞發電張權:"急。京。立:迅。謡傳都下有議及湖北者,確否。速覆。宥。"(八月二十六日子刻發,《張之洞電稿》光緒二十五年二月至八月,所藏檔號:甲 182-457。整理者有誤,根據内容,該電發於光緒二十四年)此電的背景爲上海趙鳳昌的來電,後將詳述。九月初三日,張之洞發電:"急。京。立。迅。韜想平安,甚念。日來有何見聞,聞多有攜眷出京者,確否? 速覆。措詞須慎。晤損庵望告知,致渠電有迂字者。即此間電也。出洋遊學,恐須停止,是否必須在京候信,即覆。江。"(九月初三日戌刻發,《張之洞電稿》光緒二十四年九至十月,館藏檔號:甲 182-455)"損庵"是喬樹楠之號。九月初五日再發電:"急。京。立。迅。歌電悉。復撫事,廷議擬復乎? 擬不復乎? 項謡傳川督奎過此查鄂事,確否? 所查何事。速電告。微。"(九月初五日亥刻發,出處同上)"復撫",恢復設立在戊戌變法期間撤去的湖北巡撫。

等局。光緒二十一年十二月,由張之洞保舉,獲軍機處記名。[1] 此後辦理宜昌鹽釐局等肥、要之差。光緒二十四年閏三月,張之洞以辦理京山堤工再次保舉,光緒帝硃批:"惲祖祁著交部帶領引見。"[2] 是年五月,惲祖祁領諮進京赴吏部,準備引見,途中回其家鄉常州。[3] 五月初九日(6月27日),惲發電給張之洞:

> 常州,惲道來電:藩司轉飭謹悉。憲恩優厚,感叩。常熟端節出京,聞因諫事拂慈聖意。朝政忽變,時局日非。職道擬引見即回,未行先卻,恐辜期望。祖祁稟。佳。[4]

"常熟",指剛被罷免的軍機大臣、總理衙門大臣、戶部尚書翁同龢,與惲祖祁私交甚密。張之洞與翁同龢的私人關係不好,但常利用惲祖祁的關係,向翁施加影響。"張之洞檔案"中有多件以惲的名義、經張修改而發給翁的電報,他是張、翁間聯絡的管道。[5] 此時翁雖未回籍,而惲在這份電報中向張報告了其在家鄉聽到的翁罷免的原因,即"因諫事拂慈聖意";惲同時也看出京師已成是非之地,決計早日離開,爲此向張致歉,"恐辜期望"。未過多久,因湖南巡撫陳寶箴保薦,光緒帝下令惲祖祁"預備召見",由此他在進京途中身份已變。[6] 他原本是"赴部引見",

---

[1] 《張之洞全集》,第3冊,第340—341頁。張之洞該摺保湖南按察使俞廉三、安徽徽寧池太廣道袁昶、奏調江南差委分省補用道黄遵憲、奏調江南差委江西候補道惲祖祁、在任候補道江寧知府李廷簫、江蘇候補道朱之榛、江蘇候補道志鈞、甘肅慶陽府知府徐慶璋、奏調湖北差委分省補用知府錢恂、江蘇候補知縣薛培榕。皆是其極爲器重之人。

[2] 故宮文獻編輯委員會編:《宮中檔光緒朝奏摺》,臺北,故宮博物院,1973年,第11輯,第778—779頁。

[3] 以上惲祖祁經歷《清代官員履歷檔案全編》,第3冊,第699頁;第4冊,第458頁;第6冊,第462—463頁。

[4] 光緒二十四年五月初九日酉刻發,初十日未刻到,《張之洞各處來電》,戊戌第2冊,所藏檔號:甲182-136。"藩司",似指其兄惲祖翼,此時改任浙江布政使。

[5] 現僅存張之洞於光緒二十一年九月初三日致翁一信,亦稱:"……數月以來,每有托惲莘耘觀察處轉達之件,均得領悉尊指。"(《張之洞全集》,第12冊,第68頁)惲祖祁是張、翁之間的聯絡通道。

[6] 光緒二十四年六月十八日,湖南巡撫陳寶箴保薦賢員陳寶琛、楊銳、劉光第等十七員,其中亦有惲祖祁。陳的評語是:"開敏精勤,才能肆應。近辦湖北工賑,切實精到,輿頌僉然。"(國家檔案局明清檔案館編:《戊戌變法檔案史料》,中華書局,1958年,第160—163頁)光緒帝於七月十三日收到該摺,下令"預備召見"。(《光緒宣統兩朝上諭檔》,第24冊,第328頁)

第三章　戊戌政變前後張之洞與京、津、滬的密電往來　187

即由吏部帶領多人入見,不過瞻仰而已,光緒帝一般也不問話;此時又增"預備召見",即光緒帝單獨召見他,君臣之間將有直接交流。

光緒二十四年七月十八日(1898年9月3日),光緒帝召見惲祖祁。[1] 十九日,惲再由吏部帶領引見,光緒帝下旨:"著以本班儘先補用,並交軍機處存記。"[2] 二十日,又發生他絕沒有想到的事情,差一點以軍機章京入值。[3] 七月二十一日(9月6日),惲祖祁發電武昌:

> 京,惲道來電。密。職道蒙召對,得儘先存記。憲恩高厚,感戴莫名。新政均列電抄。軍機惴惴,時懼弗勝。新議甚多,聖必廣納。職道月內出京回里。祖祁稟。號。[4]

這一份電報內容雖簡,但有政治經驗的官員很容易讀出其中一句的含義:"軍機惴惴,時懼弗勝。新議甚多,聖必廣納",即軍機大臣對時局的發展,心有惴惴不安,亦感能力"弗勝"。而年輕的光緒帝對"新議"有"廣納"的態度;對於此時進行的變法,軍機處與光緒帝之間,有着不小的差異。七月二十七日(9月12日),惲再發電武昌:

> 京,惲道來電。號電稟謝,度上達。職道面聖,蒙詢練兵暨宜、施

---

[1] 軍機處《早事》、《早事檔》,光緒二十四年七月十三日,中國第一歷史檔案館藏。
[2] 《清代官員履歷檔案全編》,第6冊,第462頁;惲祖祁:謝恩摺,光緒二十四年七月二十一日。(《光緒朝硃批奏摺》,第13輯,第370頁)
[3] 由於當時司員士民上書的數量極大,軍機處已來不及處理。根據光緒帝的旨意,七月二十日,軍機處遞《保舉業經召見人員名單》:"內閣候補侍讀楊銳、刑部候補主事劉光第、內閣候補中書林旭、江西候補道惲祖祁、江蘇候補知府譚嗣同",其中譚嗣同是當日剛被召見。光緒帝在該名單楊、劉、林、譚名字上畫有硃圈。(軍機處《隨手檔》,光緒二十四年七月二十日;《光緒宣統兩朝上諭檔》,第24冊,第351頁。該名單又見《軍機處錄副·光緒朝·內政類·其他項》,3/111/5736/14,中國第一歷史檔案館藏)查軍機處《早事》、《光緒二十四年京官召見單》、《光緒二十四年外官召見單》,此時已被召見的保舉官員有:康有爲、張元濟、吳懋鼎、梁啓超、端方、楊銳、惲祖祁、劉光第、林旭、譚嗣同;由於康有爲、張元濟、吳懋鼎、梁啓超、端方已分別另有任用,故軍機處開出了一個僅五人的名單。當日奉明發諭旨:"內閣候補侍讀楊銳、刑部候補主事劉光第、內閣候補中書林旭、江蘇候補知府譚嗣同,均著賞加四品卿銜,在軍機章京上行走,參預新政事宜。"(《光緒宣統兩朝上諭檔》,第24冊,第350—351頁)光緒帝當時未選中惲祖祁,我猜測有以下原因:一、年齡太大,當時已五十七歲;二、捐班出身,沒有功名;三、一直在地方任職,沒有中央政府的經歷;四、也是最重要的,他是張之洞的幕僚,其兄惲祖翼也是張之洞的幕僚,已放浙江布政使,軍機章京不應與外官有太多的聯繫。
[4] 光緒二十四年七月二十一日申刻發,二十六日申刻到,《張之洞存各處來電》,戊戌第4冊,所藏檔號:甲182-136。"號"爲二十日,是其擬電的時間。"新政均列電抄"一句,似指光緒帝此時發布的新政令皆以電報的形式儘快送到各省。

情形,當陳梗概,並憲臺籌款艱苦。諭:摺陳未盡之言。今晨遵諭摺詳,未知聖意如何。職道月內起程,叩謁呈稿。祖祁稟。有。[1]

惲報告了十八日光緒帝召見時的談話內容,並稱光緒帝命其將召見時"未盡之言",用奏摺的方式上陳。在此電中,光緒帝決心變法的意志仍清晰可見,但似無完整的設計與步驟。查軍機處《隨手檔》,七月二十六日總理衙門代奏惲祖祁條陳,當日奉旨交張之洞處理。[2] 恰於此時,光緒帝召見在小站練兵的直隸按察使袁世凱;八月初一日,光緒帝升袁世凱爲候補侍郎。袁的調整引出了系列的職缺變動。八月初二日,袁的直隸按察使遺缺由當天召見的福建興泉永道周蓮接任,而周蓮的遺缺由記名江西儘先補用道惲祖祁接任。[3] 從當時的官場遊戲規則來看,惲獲實缺,是撿到了一個大便宜。他當日發電武昌:

京。惲道來電,並稟撫臺。蒙授興泉永道。即日起程叩謁。祖祁稟。[4]

惲祖祁與張之洞的關係,不屬核心層一類,其擬電、發電到收電的時間很長,有點例行公事的味道。現存兩人之間的電報也不多,但從惲在政變前發出的兩份電報,仍可以看出光緒帝的熱情和軍機處的憂慮。

---

[1] 光緒二十四年七月二十七日午刻發,八月初一日亥刻到,《張之洞存各處來電》,戊戌第5冊,所藏檔號:甲182-136。"有"爲二十五日,是其擬電的時間。"宜、施",指宜昌、恩施兩地。

[2] 軍機處《隨手檔》,光緒二十四年七月二十六日;《光緒宣統兩朝上諭檔》,第24冊,第379—380頁。該諭旨稱:軍機處字寄湖廣總督張之洞,奉上諭:"總理各國事務衙門奏代遞道員惲祖祁條陳一摺。據稱,民團辦法,各業皆可設團。民與兵習,久即民兵。鄂中八省通衢,水陸雲附,民業既多,民團易集,大可因利乘便,徐圖進步等語。籌辦民團,前經降旨,諭令各直省限三月內覆奏。茲既據該道籌度鄂省民兵及預計餉源一切事宜,所有礦團、農團、嶺團、灘團、堤團、客團六事,是否能於辦團之內兼謀興利之方,實有試練民兵之效。著張之洞斟酌該省情形,先行試辦。原摺著鈔給閱看。"再,按當時遞摺慣例,二十六日之摺當在二十五日子夜前送到宮內奏事處,惲的條陳由總理衙門代奏,時間當更早。七月二十八日(9月13日),惲再電武昌:"有電計早呈,頃知職道摺,由廷寄憲臺斟酌。謹上聞。祖祈稟。感。"(七月二十八日未刻發,八月初二日子刻到,《北京來電·三》,光緒二十四年,《張之洞存北京來電·光緒十六年至二十四年》,所藏檔號:甲182-407)"感"爲二十七日,是其擬電的時間。

[3] 《光緒宣統兩朝上諭檔》,第24冊,第404、407頁。

[4] 光緒二十四年八月初二日亥刻發,初六日申刻到,《張之洞存各處來電》,戊戌第5冊,所藏檔號:甲182-136。又,惲祖祁於八月十三日發電給張之洞的幕僚鄧氏鈞:"督署鄧:祁甫抵滬,二十來鄂。乞稟明。"(上海,惲道。八月十三日戌刻發,十四日申刻到。《張之洞存來往電稿原件》,第14函,所藏檔號:甲182-385)

三、奏調湖北差委分省補用知府錢恂

在惲祖祁離京之前,分省補用知府錢恂已到達北京。

錢恂,字念劬,浙江歸安人,附貢生。曾爲薛福成的門人,隨薛出使英國,後由許景澄、龔照瑗奏調派駐俄、德、法等國。甲午戰爭期間,由張之洞電調,錢從法國回國。[1] 隨即入其幕,充洋務文案,後任自强學堂提調、武備學堂提調等差使。他是張之洞的親信幕僚。光緒二十一年十二月,由張之洞保舉,獲軍機處記名。[2] 光緒二十四年六月初一日(1898年7月19日),張之洞保舉使才,其中有錢恂,稱言:

> 該員中學淹通,西學切實,識力既臻堅卓,才智尤爲開敏。歷充歐洲各國出使大臣隨員、參贊,于俄、德、英、法、奧、荷、義、瑞、埃及、土耳其各國,俱經遊歷,博訪深思。凡政治、律例、學校、兵制、工商、鐵路,靡不研究精詳,曉其利弊,不同口耳遊談,洵爲今日講求洋務最爲出色有用之才。[3]

---

[1] 張之洞致電清朝駐英駐法公使龔照瑗:"致倫敦龔欽差:南洋洋務需人,擬調尊處委員錢恂,請速飭回華。至感。洞。有。"(光緒二十一年二月二十六日寅刻發,《張之洞電稿乙編》,第36册,所藏檔號:甲182-68)龔次日覆電:"巴黎龔欽差來電:有電調錢恂,遵飭回華。三月内起程。瑗。感。"(光緒二十一年二月二十七日未刻發,二十八日申刻到,《張之洞存各處來電》,乙未第7册,所藏檔號:甲183-131)至光緒二十一年閏五月二十七日,即甲午戰争結束後,張之洞上奏諸事,其中一片言及戰争期間所謂錢恂、朱滋澤、劉祖桂、聯豫等人,稱言:"江南交涉事務極爲殷繁,營務籌防亦難懈弛,兼營分應,在在需才。查有分省補用知府錢恂,學精才敏,洋務博通,尤能研究中外商務,歷經出使德國大臣許景澄、出使英國大臣龔照瑗調充參贊。現經臣電商龔照瑗,諮調回華……"(上奏時間據《張文襄公奏疏未刊稿》,第2函,所藏檔號:甲182-398;又見《張之洞全集》,第3册,第273頁)

[2] 《張之洞全集》,第3册,第340—341頁。

[3] 《張之洞全集》,第3册,第499頁。張之洞該摺共保5員,另4員爲:降調内閣學士陳寶琛、湖南鹽法長寶道黄遵憲、直隸候補道傅雲龍、江蘇候補同知鄭孝胥。

光緒帝於六月十四日收到此摺，發電旨：命錢來京"預備召見。"[1]此時張之洞有意派錢恂去日本，作爲他的代表，處理湖北派遣留日學生、與日本陸軍合作等事務。錢恂爲此先去上海，與日本方面建立了聯絡。七月十四日（8月30日），他有一電給張之洞：

  上海，錢守來電。武昌督憲鈞鑒：憲致榮、王函，未頒到。榮函似親投較有情。恂應候函到再行，抑可先附明日"新豐"行？請電遵。恂稟。元。[2]

"榮"，直隸總督、北洋大臣榮祿。"王"，王文韶。由此可見，張之洞欲通過錢恂此行與榮祿建立特殊關係（盛宣懷當時也有此議，後將述及）；並與王文韶加強聯絡。[3] 錢恂於七月十五日離開上海，二十三日之前到達北京。[4]

由張之洞同時保舉"使才"的江蘇候補同知鄭孝胥，於七月初十日到達北京。二十日，光緒帝召見鄭孝胥，二十四日又命其爲總理衙門章京。很可能受此影響，張之洞於七月二十五日（9月10日）發電總理

---

[1] 軍機處《隨手檔》、《電寄檔》，光緒二十四年六月十四日。
[2] 光緒二十四年七月十三日亥刻發，亥刻到，《張之洞存各處來電》，戊戌第4册，所藏檔號：甲182-136。錢後又發電："删電敬悉。榮、王處，初恐人先函至耳，既函先人，恂可勿俟續件，今晚行。函到由趙令轉寄。日本署領諸井言，小田前實係其外部意而用小田名，應視同外部電云。夔電囑振綺遵發。恂稟。翰。"（光緒二十四年七月十五日戌刻發，十六日未刻到，《張之洞存來往電稿原件》，第14函，所藏檔號：甲182-385）"趙令"，趙鳳昌。"諸井"，諸井六郎，代理日本駐上海總領事。"小田"，小田切萬壽之助，日本駐上海總領事。"夔"，王文韶。"振綺"，錢塘汪氏之堂號，此處似指汪康年。
[3] 張之洞此時致榮祿信未能發現，致王文韶信，"張之洞檔案"中有底稿和抄件，主要是介紹錢恂："……分省補用知府錢守恂，此次奉旨入都上預備賜對。該守才識堅卓，昔年疊隨使節出洋，通達泰西各國風俗政事，而於今日中國新政，尤能通貫中西，心知其意。在鄂派辦學堂、練軍以及洋務各要件，均稱得力。因遵保薦使才，列入剡章。此次到京晉謁時，尚祈俯賜訓誨，俾得直以遵循，無任銘感。鄂省近日一切情形，並囑該守面陳，詢之可知詳悉。湖北現擬派學生前往東洋學習，業經定議。並有工藝、商務、聘募武備教習等事，亦須借照東瀛。東人以錢守與其國中士夫近多相識，較易聯絡，屢次函電，諄囑敝處委派該守爲帶領之員，以便面商一切等語。且該守在鄂經手要件甚多。該守召見後，望仍即令回鄂，以便早日派令東行。此中關鍵，惟祈執事維持……"（"七月望日交郵政局寄趙令轉交"，《京信稿・二十五、六、七年》；《張之洞函稿・光緒二十五至三十一年》；所藏檔號：甲182-215；抄件見《張文襄公函牘未刊稿》，所藏檔號：甲182-393）
[4] 鄭孝胥於七月二十四日日記稱，"錢念劬來"。勞祖德整理：《鄭孝胥日記》，中華書局，1993年，第2册，第678頁。

第三章　戊戌政變前後張之洞與京、津、滬的密電往來

衙門：

接日本總領事小田切自日本來電云："湖北與日本所商派學生赴東及聘各種教習來鄂各節，望速遣知府錢恂赴東一行，以便面商。"並云："此係外部令其發電，應即作爲外部之電"等語。查錢恂已遵旨赴京，日內計已到。鄂省本與日本議定即派該守帶學生前往，今外部催其速往，可否於召見後即令該守速回鄂，以便赴東，至禱。應否代奏，請鈞署裁酌，並傳知該守。有。[1]

張之洞恐錢恂會與鄭孝胥相同，以總理衙門章京一職而留京，妨礙正在進行的湖北與日本的合作。[2] 總理衙門請示後，覆電同意。[3] 七月二十八日(9月13日)，張之洞發電錢恂：

急。京。孫公園興勝寺，錢念劬太守。何日召見？京師要事大概，速電示。鄭用道員譯署，尚能奏派赴東洋否？並詢示。洞。感。[4]

"鄭"，鄭孝胥，張之洞保舉使才後，有意奏請派其出任駐日本公使。[5] 八月初一日(9月16日)，張之洞發出兩電，一給錢恂，一給楊銳：

京。孫公園興勝寺，錢念劬太守。急。念何日召見，恩旨如何？速覆。洞。東。

---

[1]《張之洞全集》，第9冊，第342頁。又據《總理衙門清檔・收發電》，該電於當日收到。(臺北中研院近代史所檔案館藏)

[2] 張之洞發電後，另發電張權，要求將該電送錢恂，並於次日發電小田："錢太守現奉旨入京召見，八月內可回鄂。回時即當覆令赴貴國，面商一切。"(《張之洞全集》，第9冊，第342—343頁)

[3] "總署來電：有電悉。已傳旨，令即回京。卅。七月三十日申發，八月初一日丑到。"(《北京來電・三》，光緒二十四年，《張之洞存北京來電・光緒十六年至二十四年》，所藏檔號：甲182-407；又見《張之洞存各處來電》，戊戌第5冊，所藏檔號：甲182-136)

[4] 光緒二十四年七月二十八日丑刻發，《張之洞(湖廣總督府)往來電稿》，《近代史資料》，第109期，第22頁。

[5] 先是張之洞於光緒二十四年六月初一日保舉"使才"，其中有鄭孝胥；光緒帝於六月十四日下旨，命鄭進京預備召見。(《張之洞全集》，第3冊，第499頁；軍機處《隨任檔》、《電寄檔》，光緒二十四年六月十四日)張之洞曾有三電給盛宣懷、鄭孝胥，說明因其保舉，旨命鄭孝胥"來京，預備召見"，並讓鄭來武昌，以給諮文。(《張之洞全集》，第9冊，第335頁)但鄭表示不便去武昌。錢恂發電鄭孝胥："致上海鐵路公司鄭：電悉。帥以使才薦，故有此旨。東使需人，行期不宜緩。帥云，閣下既不能來，即將諮文由恂帶去轉交。恂。效。"(光緒二十四年六月十九日午刻發，《張之洞電稿乙編》，第56冊，所藏檔號：甲182-72)由此可見，張之洞很希望鄭能出任駐日本公使。

    京。喬。急。錢念劬何日召見,有何恩旨? 速覆。鈍。東。[1]
其焦急之情從電文中直接散溢。

  錢恂到京後,於七月二十八日由光緒帝召見,二十九日(9月14日)擬電,發給張之洞:

    京。錢守來電。昨召見三刻。上詢鄂,爲詳敷奏,兵爲先,蒙許可。然平實不新,故例記,不特用。望前出京。議政局必設,未發。黃有尚書銜充頭等使説,然病稽滬。鄭有烘托,望大用,充使則願,奏派不屑也。恂擬上奏,求電綱要,能詳尤感。神尾章程可删潤上聞,下鄂議試辦否? 伊藤覲日未定。望後到鄂。頌詞勸練兵。袁臬明後見,欲請帥入樞。榮意漸洽,函之效。外致樞、譯、部電,全分呈,或各堂未周知而已上達。上最喜詢近旨均到鄂否。請嗣後凡新旨,宜先電數語上意。(原文如此,似有誤)東渡閲操,彼定北洋十員,鄂五,訂九月望行。恂稟。豔。[2]

  錢恂的這一份電報,内容極其豐富。然許同莘編《張文襄公全集》時作了大的删節,其中底綫的文字,即是許同莘删去的部分。"議政局必設",説明了光緒帝有意建立"制度局"、"懋勤殿"之類的機構,"未發",即尚未下旨。"鄭有烘托",指鄭孝胥已另有靠山,且對駐日本公使之任,表示無意由張出面來奏請。[3] 很可能光緒帝召見時有面旨,錢恂也準備像惲祖祁那樣上奏言事,並請張之洞授意大綱。伊藤在覲見時將"勸練兵",由此加强中日軍事合作,即"神尾章程"之内容。袁在覲見時將面請光緒帝調張之洞入京,主持朝政。"榮意漸洽,函之效",説明張與榮禄的關係在此關鍵時刻開始走近,張的函件已發生效用。"外致樞、

---

[1] 兩電寫於一紙上,皆八月初一日亥刻發,《張之洞電稿》光緒二十五年二月至八月,所藏檔號: 甲182-457。整理者有誤,根據内容,兩電皆發於光緒二十四年。

[2] 光緒二十四年八月初一日午刻發,初二日午刻到。《張之洞電稿甲編》,第61册,所藏檔號: 甲182-47。"豔"爲二十九日,爲錢擬電時間。該電經删節後編入《張文襄公全集》(見《張之洞全集》,第9册,第344頁)"樞、譯、部"分别指軍機處、總理衙門、六部(當時主要指户部)。

[3] 鄭在七月二十四日日記中稱:"錢問余曰:'如有使日之命,亦可去否。'余曰:'某或不可,公去何疑哉?'"(《鄭孝胥日記》,第2册,第678頁)此語可爲錢恂電報中"充使則願,奏派不屑也"一句爲注脚。

譯、部電,全分呈,或各堂未周知而已上達"一句,說明當時光緒帝非常注意外省的電報,下令將致軍機處、總理衙門及各部的電報全文進呈,甚至各機構堂官"未周知"。最後,錢恂報告兩事,一是請張之洞收到電旨後,立即上電奏表示態度,以迎合光緒帝之意,然此處電文有錯漏,張後來發電詢問;二是派軍官去日本觀操之事,即此期中日軍事合作的一部分。八月初二日(9月17日),錢恂再次發電:

> 京。錢守來電:恂恭叩祝。伊藤初五言於署,曰變法不從遠大始,外患內亂將至。中國辦事大臣,惟帥一人云。恂稟。冬。[1]

這一份電報是抄件,電文中"初五"恐有誤。"署",爲總署,即總理衙門。伊藤博文於七月二十九日到達北京,三十日拜訪總理衙門,八月初一日總理衙門大臣回拜,初二日晚總理衙門大臣張蔭桓宴請。"初五"似爲"初一"所誤。錢簡要報告了伊藤博文緩進改革的政治主張,贊同張之洞,不贊同康有爲。

張之洞直至八月初二日才收到錢恂的"豔電",于初三日(9月18日)連發兩電:

> 京,孫公園興勝寺,錢念劬太守:"豔"電"沃"始到。此次僅止例記,殆受法勒根漢之累也。然賜對詳明,自邀簡在,不在一時耳。聖意求言,閣下擬上條陳,甚好。容一二日內詳思電達。尊見已有幾條,亦可摘要電示,以資觸發。出京遲數日無妨,惟擬請將神尾章程下鄂辦一節,萬萬不宜。恐總署一經推敲酌改,以後轉多窒礙。不如外辦後再奏聞爲妥。切切。此次來電"新旨宜先電數語"以下兩字,恐有脫誤,祈再明晰電示。以後發電宜詳明,萬勿過簡練,易誤解。尤必添加急字。電費可開報。望用急電即覆。壺。江一。[2]

---

[1] 光緒二十四年八月初二日戌刻發,初五日亥刻到,《張之洞存各處來電》,戊戌第5冊,所藏檔號:甲182-136。

[2] 八月初三日辰刻發,《張之洞電稿》光緒二十四年一至八月,所藏檔號:甲182-455。儘管張之洞對錢恂電報中"請嗣後凡新旨,宜先電數語上意"一語,不甚理解,發電詢問,但仍於八月初二日發電:"總署:奉旨藩臬道府凡有條陳,有摺具奏,州縣等官由督撫原封代遞,士民上書言事,徑由道府代奏等因欽此。當即通行司道府州縣一體欽遵。謹電奏。請代奏。之洞肅。沃。"(光緒二十四年八月初二日巳刻發,《張文襄公電稿墨迹》,第2函第10冊,所藏檔號:甲182-219)

京,孫公園興勝寺,錢念劬太守:聞黃有留京入樞、譯之説,故託病辭使。如黃不去,或云擬熊希齡,確否?鄭可望否?烘托者爲誰?袁如擬請召不才入京,務望力阻之。才具不勝,性情不宜,精神不支,萬萬不可。渠如以鄙人爲不謬,請遇有興革大事,亦電飭鄙人酌議,俾得效其管窺,以備朝廷采擇。則于時局尚可有益,而于鄂事不致廢棄,尚是盡職安分之道。切禱。即用急電覆。壺。江二。[1]

前一份電報對錢恂進行安慰,並予以指示。[2] 後一份電報由許同莘編入《張文襄公全集》,刪去了底線的部分。錢恂收到張的電報後,於八月初四日(9月19日)發電:

急。江兩電謹悉。邇日奇文太夥,甚至勸上遜位。恂且默避,況神尾件已由鄭擬稿,爲盛上矣。康有爲嚴旨責赴滬。或曰此林旭曲筆,林、康交過密,有意令暫避;或曰此上意,林效力不周云。閩黨太甚,亦一病。康密奏勸勿見伊藤,勿信聯交,言可怪。奏上,北屋不令南屋知,請密。伊藤告恂曰:變法固亟務,然不得人,無綱領,必致亂。京朝無可談,到鄂當盡吐所見,亦請帥盡情相告,此非一二日所能罄。囑先告帥云。伊語語(原文如此,似有誤)注帥一人。又詢帥亦許康否?答以讀《勸學篇》便知,伊點首。伊到鄂,宜爲備住處于省城,便頻晤,且盡主誼。武學堂不宜,恐更啓德嫌。凡新旨到鄂,請電奏數語,以慰上廑。上最盼電。濮子潼昨奏,新政宜概下鄂預議,期可施行,有旨再聞。東使果有熊説,鄭亦可望。此須兼恂(詢)東意。袁處當諄達帥意。恂

---

[1] 八月初三日辰刻發,《張之洞電稿》光緒二十四年一至八月,所藏檔號:甲182-455。從原件來看,在"鄭可望否"後,張之洞删去原寫"如鄭赴東,較好"一句。抄件又見《張之洞電稿甲編》,第61册,所藏檔號:甲182-47。該電刪節本,可見《張之洞全集》,第9册,第344頁。

[2] 法勒根漢(Erich von Falkenhayn),德國陸軍軍官,此時任湖北武備學堂教習,爲控制軍隊及學堂事務,與時任武備學堂提調的錢恂發生了激烈的矛盾。他爲此提出辭職,德國駐清朝公使海靖爲此進行干預。張於光緒二十三年十二月二十一日致電海靖,予以拒絕。(《張之洞全集》,第3册,第279頁)法勒根漢後來出任德國陸軍參謀總長。"例記",即軍機處記名,由於記名人數甚多,在當時已不起什麼的作用。張之洞認爲錢恂"僅止例記",是受海靖告狀之累。

稟。豪。[1]

錢恂發電時,慈禧太后已回西苑,離政變僅是一天多一點的時間。該電的内容極爲豐富,所言細節似未必全可靠,但亦可説明當時京中的傳言:其一是京城内的言論已達到了"勸上退位"的驚人地步;其二是擬與日本進行的軍事合作"即神尾件",已由鄭孝胥擬稿,由盛宣懷上奏;其三是八月初二日光緒帝命康有爲去上海的明詔,其中有新任軍機章京林旭的作用,並稱林旭有意讓康"暫避";其四是康有爲密奏,請光緒帝不見伊藤,不與日本聯交;其五是伊藤博文對於戊戌變法的觀感,並説明其將往武昌的主要目的(對此"盛宣懷檔案"中也有相同的説法[2]);其六是説明上次電報中錯漏;其七是濮子潼的條陳,請張之洞參預政治決策;其八是新任駐日公使(即"東使")之命有任用熊希齡之傳説,鄭孝胥亦有希望;其九是袁世凱請張之洞入京一事,錢將向袁表示張本人的態度。錢恂當時不可能了解很多内幕,其中第三、第四、第八條只是傳聞。從今天可見的材料來看,第四條内容不確[3],

---

[1] 京,錢守,光緒二十四年八月初四日酉刻發,初五日子刻到,《張之洞存來往電稿原件》,第14函,所藏檔號:甲182-385。"神尾",神尾光臣,原任日本駐華使館陸軍武官等職,此時奉日本參謀本部次長川上操六之命來華與張之洞商議中日軍事合作之事,張之洞已進行了初步的接觸。"閩黨太甚",此處雖指林旭,然更主要是指鄭孝胥等人的活動,從鄭孝胥日記中可看出他與同鄉京官的交往。"北屋不令南屋知",軍機大臣辦公處在紫禁城隆宗門内之北屋、軍機章京辦公處在隆宗門内之南屋,此處指軍機大臣對軍機章京保密。"武學堂不宜,恐更啓德嫌"一句,指讓伊藤居住在湖北武備學堂不妥(此處也多爲張之洞招待外國來訪者之居處),與日本的軍事合作將會引起該學堂内德國軍事教官的反感。又,伊藤博文後到武昌訪問,張之洞命姚錫光在上海先行接待,姚錫光發電亦稱:"……現晤兩次,大致言變法無序,本必致亂,且謂無明達威重大臣壓服,故無濟。意蓋惜帥不居政府。又密告聖躬無恙,可放心。伊慕帥尤切,謂抵鄂必多談。看來必住省城……"(上海姚令來電,光緒二十四年八月二十二日申刻發,亥刻到,《張之洞存各處來電》,戊戌第6册,所藏檔號:甲182-137)

[2] 上海圖書館藏《盛宣懷檔案》中,有一件"盛宣懷密函(殘破)",稱言:"……伊藤上月廿九日到京,初五日在勤政殿觀見,閲頗不以中國變法爲然,謂斷無一旦變更之理歟。太驟,適啓亂端也。望前後,即擬出京赴鄂,見香帥矣。都中奏保用伊藤者頗多。"(檔號:061139-7,從内容來看,該件題名應爲"某人致盛宣懷函",其人無署名,極有可能是馮敦高。從該信内容來看,寫於光緒二十四年八月初六日)該件是張海榮代爲查找的。

[3] 康有爲通過楊深秀光緒二十四年八月初五日上奏,又通過宋伯魯八月初六日上奏,皆是主張與日本等國聯交。(孔祥吉編著:《康有爲變法奏章輯考》,第399—401、404—406頁)可知錢電第四條之誤。

第七條實有其事。[1]

　　張之洞於八月初五日收到錢恂八月初二日、初四日兩電,看到伊藤博文對其的極高評價,並見來電有"此須兼徇(詢)東意",即徵詢日本政府之意見,于當日亥時(9月20日晚9—11時)發電給錢:

　　　　京。孫公園興勝寺,錢念劬:密。熊希齡乃康死黨,赴東必不相宜。此意能密告伊藤沮之否?康出外,係何人之力?聞英俄已開戰,確否?即急覆。壺。歌。[2]

爲了打擊康有爲一黨的勢力,阻止熊希齡出任駐日本公使,張之洞不惜于讓錢恂與伊藤博文聯手作戲。"康出外",指光緒帝命康有爲離京赴上海辦《時務官報》之諭旨,錢恂前電稱是林旭的作用,張讓其再查底細。"英俄開戰"一事之原委前已敍及,張之洞動員所有力量確查此事。

　　八月初六日(9月21日),戊戌政變發生,慈禧太后再次走向前臺。而在"張之洞檔案"中,我已經找不到錢恂此後在京發出的電報,很可能張之洞作了處理;但從張之洞給錢恂的電報中,仍可以看出錢恂來電内容之大略及張之洞目光之所注。八月初七日亥時(9月22日晚9—11時),張之洞發電錢恂:

　　　　急。京。孫公園興勝寺,錢念劬太守:魚電悉。聖躬已安否?日來聞有更張新政否?徐致靖有人劾否?康已拿獲否?伊藤覲見否?何時出京?聞拿康後伊藤云何?熊之爲人已告伊否?張蔭桓事何如?日來要事速電告。壺。陽。[3]

"魚",初六日之代日。錢恂的"魚電"必是向張之洞報告了政變的消息,而張又向錢布置任務,搜集更多的情報,其中關鍵語在於"聖躬已安

---

[1] 前軍機章京、新任松江府知府漢子瀜於光緒二十四年八月初三日由軍機處代奏"請將新政令張之洞参議片",提議今後交軍機大臣等"會議之件,擬請一並發張之洞議奏","實于新政大有裨益"。(《軍機處録副·補遺·戊戌變法項》,3/168/9453/38,中國第一歷史檔案館藏)此議與張之洞的想法極爲吻合,不知是否另有背景。

[2] 八月初五日亥刻發,《張之洞電稿》光緒二十五年二月至八月,館藏檔號:甲182-457。整理者有誤,根據内容,該電發於光緒二十四年。

[3] 八月初七日亥刻發,《張之洞電稿》光緒二十四年一至八月,館藏檔號:甲182-455。

否"。除了前已關注的康有爲、熊希齡及伊藤博文諸人諸事外,其視野又擴大到康黨成員徐致靖及與康黨關係甚密的張蔭桓。在該原件中,張之洞刪去原寫"日來緊要上諭必多,文繁電局必緩,擇要急電告"一段,可見該電的本意是,張已等不及電報局的例行電報,而讓錢恂將上諭擇要急電武昌。八月初九日丑時(9月24日淩晨1—3時),張之洞發電:

> 急。京,孫公園興勝寺,錢念劬太守:海使爲法勒根漢恨閣下,前日已電總署,言閣下已開去武備提調差,並瀝陳法勒攬權、閣下持正各節。伊藤究已准覲見否?何日出京,何日到鄂?閣下何日出京?速示。愚。庚。以後敝處密電下署"愚"字,來電下署"心"字。[1]

八月初十日午時(中午11時—下午1時),張之洞再發電:

> 急。京,孫公園興勝寺,錢念劬:聞尊翁病重,閣下自應及早歸省。所有應辦各要事及都中近事,或于束裝時,或於途中,務須分條見示。至要。何日行,即電覆。壺。蒸。[2]

八月十二日子時(前一日晚11時—本日1時),張之洞再發電:

> 急。京,孫公園興勝寺,錢念劬太守:心。(尊公大故,曷勝震悼,謹奉唁,祈勿過毀。)蒸電所擬上一字有誤,十員下一字有誤,東使下一字有誤,祈再示。曾廉疏何説?楊崇伊有摺否?(閣下何日出京?)即覆。不必署名。真。戍。[3]

從以上張的四電可知,錢恂一直有電報來,報告京中密情。然不久後錢

---

[1] 八月初九日丑刻發,《張之洞電稿》光緒二十四年一至八月,所藏檔號:甲182-455。"海使",德國駐清朝公使海靖。張之洞於八月初五日發給總理衙門兩電。前電説明事情原委:"此事前據德國教習斯泰老稟,當經查悉,規條中迹涉吞蝕一語,本係警戒收支委員之詞,不與法勒根法相涉。惟文義未甚分晰清楚,以致誤會。未免疏忽。當將該提調申飭,旋即將錢恂飭令開去武備學堂提調差使";"且於行知斯泰老文内,已經聲明法都司辦事絶無弊端";"實係極力顧全德國睦誼、海使交情"。後電爲密電:"法勒根法與錢結怨之由,實係法勒根法事事攬權,直不許提調管事。且必欲以兵一千交伊管,屢瀆不已。洞堅持不允。錢于學堂事不能不管,已招法之忌,且因不獲干預我兵權,疑錢所沮,尤恨。故慫海使必欲令出學堂。現已另委要差矣。"(出處同上)"法勒根法"即法勒根漢。

[2] 八月初十日午刻發,《張之洞電稿》光緒二十四年一至八月,所藏檔號:甲182-455。

[3] 八月十二日子刻發,《張之洞電稿》光緒二十五年二月至八月,所藏檔號:甲182-457。整理者有誤,根據内容,該電發於光緒二十四年。"蒸"爲初十日的代碼,錢恂有電報來。括號内的字後由張之洞删去,由此可見,張另有一電給錢。

因其父病故,離開北京奔喪。然錢到達上海,於八月二十一日發電張之洞,仍是情報:

> 上海來電。武昌督憲:心。塘沽候船急極。頃始到,已晚。明日赴蘇。伊藤同舟,隨員四人,可否留住八旗會館? 較便。伊意在多談。局面雖變,伊藤仍宜聯絡,並囑姚令折回鄂招呼。十七,英、俄、德兵進京城,確。今日"連升"又載兵北行,遇於吳淞。蘇寓四井巷。心稟。哿。[1]

由於錢恂回鄉後須丁憂守制,張之洞也相應調整了其對日本交涉的部署。[2]

四、湖北按察使瞿廷韶

在錢恂尚未離京之前,湖北按察使瞿廷韶也到達了北京。

瞿廷韶,字廣甫,又稱耕甫,江蘇武進人。舉人。先後入河南巡撫張之萬、李鶴年幕,獲分省補用知府。同治十年(1871)報捐指分湖北,委署

---

[1] 光緒二十四年八月二十一日午刻發,二十二日酉刻到,《張之洞存各處來電》,戊戌第6冊,所藏檔號:甲182-137。"姚令",為姚錫光,曾赴日本考察學校。"連升",輪船名。"英、俄、德兵進京城"一事,指戊戌政變後英、俄、德、法、美、日本、意大利、奧匈帝國少量軍隊進入北京東交民巷館區,可參見拙文《日本政府對於戊戌變法的觀察與反應》,《戊戌變法史事考》,生活·讀書·新知三聯書店,2005年,第505—520頁。"哿"是二十日的代碼,是錢恂擬發電的日期。由於署名為"心",該卷的整理者也不知發電者為何人,僅稱"上海來電"。

[2] 張之洞後有電:"急。蘇州,四井巷。錢念劬:尊公棄養,聞之驚痛。望勉節哀。謹奉唁。葬期何時? 並示。洞。支。"(光緒二十四年九月初四日亥刻發,《張文襄公電稿墨迹》,第2函第10冊,所藏檔號:甲182-219)張之洞又於次日發電給小田切萬壽之助:"上海,日本護領事諸井、翻譯官船津,速轉小田切。中曆八月十四日電想已轉達。錢太守已丁憂,須明春方能出門。至借款擴充槍炮廠一事,及約神尾來鄂教習弁兵一事,此係个人籌擬辦法,須奏明奉旨方能辦理。如奏准後,即當電達。如貴外部、參謀本部尚有須商酌之處,彼時再當詳示。特此布達。即望電覆。湖廣總督張。九月初五日。"(九月初五日亥刻發,《張之洞電稿》光緒二十四年九月至十月,所藏檔號:甲182-455)

宜昌知府。張之洞督鄂後,他一路升遷,歷任武昌鹽法道、漢黃德道兼江漢關監督。光緒二十三年七月二十九日,由張之洞保舉,獲軍機處記名。[1] 光緒二十四年四月升湖北按察使。此次入京,屬任新職後進京聆訓。[2]

瞿廷韶北行較晚,八月初六日即戊戌政變時,他尚在天津。八月初九日(9月24日),張之洞發電瞿廷韶:

> 天津。湖北臬臺瞿:急。庚電悉。閣下何日到津?何日見榮相?即示覆。張蔭桓有事否?榮相以張蔭桓爲然否?英俄戰事確情如何?均即刻用急電示覆。洞。齊。亥。[3]

"庚"爲初八日的代日,瞿廷韶該電未見。然張之洞收該電後又開出一大堆問題,命其用急電作覆。瞿廷韶此時已進京,收到此電後,於初十日(25日)回復:

> 京,瞿臬司來電。武昌督憲鈞鑒:齊電祇悉。本司初五到津,初六見榮相。昨午後進城,住武陽館。因拿康有爲,搜查張蔭桓住宅,本人無事。榮相亦不以張爲然。英俄戰信不確。前日有英人自海參威來,電局委員詢之,絕無其事。昨日楊、譚等四新參,均奉密旨革職,被係提督府。聞尚有續拿之人,俟探確再稟。本司廷韶謹覆。蒸。辰。[4]

瞿廷韶此電具體回答張電中各種問題,其中最重要的信息是,他已代表張之洞與榮祿建立起特殊關係,以能共同對抗康有爲一派的活動。[5]

---

[1] 《張之洞全集》,第3冊,第435—436頁。
[2] 瞿廷韶接新任旨後,上奏謝恩,並請陛見。光緒帝硃批"著來見"。
[3] 光緒二十四年八月初九日子刻發,《張文襄公電稿墨迹》,第2函第10冊,所藏檔號:甲182-219。
[4] 光緒二十四年八月初十日未刻發,酉刻到,《張之洞存各處來電》,戊戌第5冊,所藏檔號:甲182-136。"電局委員",電報局官員。"楊、譚四新參",楊銳、譚嗣同、劉光第、林旭四位新任軍機章京,諭旨中亦有"參預新政"一語。"提督府",指九門提督,即管理京城治安的步軍統領的衙門。
[5] 光緒二十四年八月十一日,張之洞命其幕僚楊文駿發電其兄榮祿的幕僚楊文鼎,以營救楊銳,其中電文稱:"至康之邪惡,先屬瞿臬司詳陳,已蒙燭照等語。"(八月十一日午刻發,《張之洞電稿》光緒二十五年二月至八月,所藏檔號:甲182-457。整理者有誤,根據內容,該電發於光緒二十四年)並可參見本書第二節第五節。

當日晚,瞿廷韶再發電:

> 京,瞿臬司來電:張樵野昨晚奉密旨革職拿問。頃見夔帥始悉。本司廷韶謹稟。蒸。申。[1]

這是他從王文韶處聽到的最新消息。然此時張之洞已得知楊銳被捕,通過瞿廷韶開始其營救活動:先是發電命瞿廷韶往見王文韶、裕祿時"婉陳":"此事只在懲首惡,似不宜株連太多";後又發電命瞿"切懇"王、裕,"設法營救,以別良莠,天下善類,同感兩帥盛德"。[2] 瞿廷韶收到兩電後,於八月十三日(9月27日)覆電:

> 急。兩電祗悉。初十見夔帥,備陳楊冤。帥云深知,公論俱同,惟現在派審,必俟審後方可設法。昨謁壽帥未見,本擬今早陛見後稟陳大略,以榮相來京推班。俟明日陛見後,分謁兩帥,再行電稟。但樞要多事,皆不易見。譚情節較重,事難逆料。敬帥晚年何堪?現尚在鄂否?乞示。昨滬電,康爲英人保護,拿而未獲。本司廷韶在西苑謹稟。文。[3]

"壽帥",軍機大臣、總理衙門大臣、禮部尚書裕祿,字壽山,曾任四川總督,故稱爲"帥"。"譚",譚嗣同。"敬帥",譚嗣同的父親已裁湖北巡撫譚繼洵,字敬甫。瞿廷韶的電報説明其初十日見王文韶時已言楊之冤獄事,但沒有能夠見到裕祿。原定十二日覲見,由於榮祿入京而推遲到十三日,他準備於十三日覲見後去拜訪王文韶和裕祿。他還認爲,譚嗣同很可能難以援救。八月十三日(9月28日),瞿廷韶覲見後立即發電張之洞:

---

[1] 光緒二十四年八月初十日亥刻發,十一日子刻到,《張之洞存各處來電》,戊戌第5冊,所藏檔號:甲182-136。"申",下午3—5時。

[2] 前電八月十一日寅刻發,見《張之洞電稿》光緒二十五年二月至八月,所藏檔號:甲182-457。整理者有誤,根據內容,該電發於光緒二十四年;後電八月十一日亥刻發,見《張之洞電稿》光緒二十四年一至八月,所藏檔號:甲182-455,又見於《張之洞全集》,第9冊,第346頁。相關的細節,可參見本書第二章第五節。

[3] 京,瞿臬司,光緒二十四年八月十三日午刻發,酉刻到,《張之洞存來往電稿原件》,第14函,所藏檔號:甲182-385。"西苑",紫禁城西之園林,今中南海和北海。慈禧太后從頤和園回來後,住在此地,成爲政務處理中心。官員的覲見亦在此。瞿廷韶可能是在等待覲見時寫的電文。

> 北京,瞿㬵司來電。武昌督憲鈞鑑。本司今早陛見,頗詳詢湖北情形,獎憲臺爲國勤勞。一切詳細容再續稟。本司廷韶謹稟。覃。[1]

此時的召見,已是慈禧太后與光緒帝同見,光緒帝一般不發言。"獎憲臺爲國勤勞"一語,當是慈禧太后所言。而電報中没有提到往見王、裕之事,恰在此日下午,楊鋭等六君子遇難。八月十四日(9月29日),瞿廷韶發電:

> 昨日陛見後,分謁樞廷,未見。便見合肥,論楊、劉事,尚謂必有分别。旋見錢密緘,已云倉猝,慮難挽回。果于四點鐘遽同譚、林等同時處決。在京多稱楊、劉之冤,奈内旨迫切,於午刻遽由剛相奉密旨立辦。措手不及。遺骸已由各同鄉代殮。敬帥晚年難堪。聞湘人已電藩司矣。本司廷韶謹稟。寒。[2]

"合肥",李鴻章;"錢密緘",似指錢恂的密信。該電説明了楊鋭等遇難是"剛相(毅)奉密旨立辦"。至八月二十二日,張之洞發電瞿,希望其儘快回鄂。[3] 二十四日(10月9日),瞿廷韶回電:

> 兩電衹悉,已轉告張次珊。本司請訓後電稟行期。擬紆道常,耽擱旬日,不請假。新藩司係文相慶之子,今早謁談。據稱菊杪出都,並云今早召對,慈聖諭及憲臺,甚顧大局,上次内召,因沙案中止。餘問奉天事。本司廷韶稟。逈。[4]

在這份電報中,瞿告知慈禧太后在召見湖北新任布政使善聯時對張之洞

---

[1] 光緒二十四年八月十三日午刻發,十四日未刻到,《張之洞存各處來電》,戊戌第5册,所藏檔號:甲182-136。

[2] 京,瞿㬵司,光緒二十四年八月十四日申刻發,戌刻到,《張之洞存來往電稿原件》,第14函,所藏檔號:甲182-385。

[3] 張之洞電文稱:"急。京。武陽會館。湖北㬵臺瞿耕甫。巧電悉。閣下請訓後望速回鄂。王藩司又奉電旨赴川,已委岑㬵司兼署。何日出都,尚請假回常州否,均望電示。洞。禡。"(八月二十二日亥發,《張之洞電稿》光緒二十四年一至八月,館藏檔號:甲182-455)

[4] 瞿藩(㬵)司來電,八月二十四日申刻發,二十六日申刻到;《北京來電·三》,光緒二十四年;《張之洞存北京來電稿·光緒十六年至二十四年》,所藏檔號:甲182-407;又見《張之洞存各處來電》,戊戌第6册,所藏檔號:甲182-137。"張次珊",工科給事中張仲炘,"兩電"事爲誤傳武昌洪山建操場,涉及張家人墳墓。瞿廷韶、張仲炘皆有電報給張之洞。"請訓",指新官離京上任前的最後一次覲見。

的評價,即"甚顧大局"。也就在同一天,張之洞發電:

> 京。武陽館,瞿臬臺。急。漾電想達,右銘獲咎,不知因何發端?新湘撫放何人?日來都下波瀾已定否?祈示。洞。敬。[1]

"右銘",湖南巡撫陳寶箴。"漾電",二十三日之電,未見。張之洞讓瞿查明陳寶箴爲何獲咎,並打聽新任湖南巡撫的人選。瞿於次日覆電:

> 敬電祗悉。馬、養兩電已覆,未得漾電。右帥以濫保匪人獲咎,聞湘紳及諫官參摺甚多,想由新政諭旨結怨。遺缺放俞廉三。熊希齡、江標、王錫藩、張元濟等革職。張百熙嚴議。試士復舊制,農工商局撤,特科停,報館封禁。波瀾仍未大定。本司廷韶稟。有。[2]

瞿廷韶的電報,回答了京中的一般政情。但張之洞未能等到覆電,於八月二十六日再發急電:

> 急。京。武陽會館,瞿臬臺。鄂藩善聯,是否在京?已晤否?其議論如何?約何時出京。閣下何時行?鄂省事繁,岑暫兼署,似可不請假回常。謠傳復八股、禁報館,確否?都下新事新論,有關係鄂省者否?並祈示。洞。宥。[3]

由於張之洞所詢內容,前電已覆,瞿廷韶於九月初二日,即其請訓的當日再發電:

> 京瞿臬司。督憲鈞鑑:宥電各節,因前覆電均詳,未稟覆。今早請訓平安。慈諭:督飭各州縣,持平辦理民教各案。昨見善藩司,據稱須赴彰德府省兄。小陽到鄂。前言菊杪出京,係未定之辭,囑代稟明。本司初八出京,到常耽擱旬日。糧道選譚啓宇。復撫交議,尚未覆奏。各省裁缺,均駁。伏乞傳諭本司寓所。本司廷韶謹稟。蕭。[4]

---

[1] 光緒二十四年八月二十四日午刻發,《張文襄公電稿墨迹》,第2函第10冊,所藏檔號:甲182-219。

[2] 瞿藩(臬)司來電,八月二十五日未刻發,二十七日子刻到;《北京來電·三》,光緒二十四年;《張之洞存北京來電稿·光緒十六年至二十四年》,所藏檔號:甲182-407;又見《張之洞存各處來電》,戊戌第6冊,所藏檔號:甲182-137。

[3] 八月二十六日子刻發,《張之洞電稿》光緒二十四年一至八月,館藏檔號:甲182-455。

[4] 光緒二十四年九月初二日戌刻發,初三日申刻到,《張之洞存各處來電》,戊戌第7冊,所藏檔號:甲182-137。

"復撫",指已裁巡撫再度恢復,牽涉到已裁的湖北巡撫譚繼洵。張之洞立即發電詢問,並命瞿出京前"作函,詳示一切"。[1] 瞿廷韶也回電說明。[2]

瞿廷韶是張之洞的下屬,關係未如錢恂那麼親密,兩人的電報中也多有公事公辦的味道,但從電報的內容中可以感受到戊戌政變後北京的政情與輿情。

五、天津委員巢鳳岡

至戊戌變法前,津滬海路航運的繁忙與津蘆鐵路的開通,天津已成爲連接南北交通的樞紐和北方最重要的工商城市,而北洋大臣的長期駐節,又使之成爲政治與外交的中心。各種各樣的政治與商業情報數量甚多且內容非常重要。張之洞最初派往天津的坐探是汪喬年。甲午戰爭期間,汪喬年提供了大量北洋方面的情報。光緒二十一年七月,汪喬年請假回籍,將職委之羅熙祿。[3] 此後未久,即由直隸候補縣丞巢鳳岡接任。[4]

巢鳳岡,字季仙,江蘇武進人。對於他的早期經歷,我了解不多,有

---

[1] 張之洞電稱:"急。京。武陽會館。瞿臬臺:蕭電悉,已告尊寓矣。復撫事,必已定議,望速示。閣下歸出京時,務望作函,詳示一切,交郵政局寄出。洞。江。"(光緒二十四年九月初三日戌刻發,《張文襄公電稿墨迹》,第2函第10册,所藏檔號:甲182-219)

[2] 瞿廷韶電稱:"京瞿臬司來電。武昌。督憲鈞鑑。復撫已定,尚未奏。事由慈筆,無可挽回。本司明早行。十月初到鄂。另有詳稟。本司廷韶稟。虞。"(光緒二十四年九月初七日申刻發,戌刻到,《張之洞存各處來電》,戊戌第7册,所藏檔號:甲182-137)

[3] 《致天津水師營務處羅道臺》,光緒二十一年七月初四日,《致天津羅令熙祿》,光緒二十一年七月初九日,《張之洞電稿丙編》,第58册,所藏檔號:甲182-91。

[4] 從"張之洞檔案"來看,光緒二十二年正月二十六日即有巢鳳岡發來的情報。〔抄本《張之洞電稿》,第21册,《直隸來電一(湖廣)》,中國社會科學院經濟研究所圖書館藏〕張之洞於是年七月二十三日還發一電給巢鳳岡:"天津。偵探委員直隸候補縣丞巢鳳岡:廿二電悉。時事多,須續探,暫緩銷差,仍遇事電稟爲要。鄂督院。漾。"(《張之洞全集》,第9册,第147頁)

一小傳稱：

> 幼孤，沉靜多思，嚴毅如宿德。及長，講求經濟，遊燕趙，爲諸候客。瀏陽李勤恪公勉林方掌北洋財政，一見器之，事必諮度而行。又受十一省督撫之聘，爲駐津外交情報。庚子拳匪禍起，朝旨依違，即力辟其謬，分電各督撫，惟張文襄、劉忠誠二公，韙其議……[1]

由此來看，他于李興銳任天津道時受到賞識；此後不僅爲湖北一省，且擔任多達十一省駐天津情報員，爲各地發送政治、外交情報。"張之洞檔案"中有一電報可說明巢當時的身份："天津來電。督院報房：巢委員係通永鎭所委工部關大沽口分卡委員兼各省坐探差。津。"[2]而另一份電報又稱其"事務甚少"，"薪水尚優"。[3] 而在當坐探期間，他結識了諸多高官，後來成爲東北的重要經濟官員。[4]

巢鳳岡的工作就是提供情報，百日維新期間，他向張之洞提供相當多的情報，其中有一些似爲不太準確。[5] 戊戌政變前後，巢鳳岡的電報多了起來，價值亦大增。七月二十六日，巢鳳岡發電稱：

---

[1]《清代毗陵名人小傳稿》，卷十；見《清代傳記叢刊》，臺北，明文書局，1985年，第197冊，第305頁。

[2] 光緒二十四年十一月二十八日申刻發，二十九日戌刻到，《張之洞存各處來電》，戊戌第11冊，所藏檔號：甲182-138。

[3] 該電稱："天津坐探委員巢縣丞鳳岡：八月二十五日，該委員裏督、撫兩院，共銜一稟，殊屬可怪，從來無此辦法，該員事務甚少，以後不得如此苟且省事。鄂督院。"（九月十三日午刻發，《張之洞存來往電稿原件》，第14函，所藏檔號：甲182-385。其抄件又見《張之洞電稿丙編》，第73冊，所藏檔號：甲182-94）該件由張之洞幕僚所擬，張之洞親筆修改，刪去了"薪水尚優"、"應即嚴飭"二語。

[4] 八國聯軍之役時巢鳳岡崭露頭角，到了清末民初，巢鳳岡先後任職於中國通商銀行、東三省官銀號、本溪煤礦等處，成了財界中的實力人物。又，當時另一有同名同姓之人，進士出身，在甘肅當知縣，注意分別。

[5] 以下舉光緒二十四年七月的三份電報爲例："天津巢委員來電：部有先廢詹事、通政、太常、鴻臚四卿之議。廣西信宜失陷。廣東有匪暗助軍火。俄工程司在東三省時被胡匪擄劫。岡稟。文。"（光緒二十四年七月十二日亥刻發，十三日亥刻到）"天津巢委員來電：聞袁藩司患怔忡，左脅生瘡，坐卧不便，一時不克赴鄂。廣州保軍憲十一出缺。天津農工商分局派在城司、道及奭良、王修植、譚啟瑞、楊文鼎、聶時儁等，於本月十六開局。岡稟。寒。"（光緒二十四年七月十四日未刻發，十八日亥刻到）"天津巢委員來電：粵西賊目李立亭、楊衢雲、田福志三股，現李、田不知竄往何處。楊駐北流北五百里山内，糧尚足，械較少，聞有孫文在倭接濟，行陣均按倭法，所向甚勇，官軍不敵。岡稟。皓。"（光緒二十四年七月十九日巳刻發，二十日子刻到。以上三電皆見《張之洞存各處來電》，戊戌第4冊，所藏檔號：甲182-136）"袁藩司"，新任江寧布政使袁昶。

> 天津巢委員來電：旅大俄兵屢次在界外擾民，營口士民與俄兵爲難，恐釀事端。伊藤今日可到埠。倭薦頭等礦師敬介來華，惟充顧問官則可，如礦師則不允。惠州又出教案，聞有殺傷教士。京函：聖躬欠安，不能珍攝，幸津之說，恐尚未定。乞秘之。岡稟。宥。[1]

此中最重要的是關於光緒帝的病情。"幸津"，指光緒帝奉慈禧太后至天津閱兵之事，以病情而中止天津之行，在當時是重大政治動作。巢的這一消息十分重要，但沒有提供其來源，很可能只是一種傳聞。八月初三日，巢鳳岡又電：

> 天津巢委員來電：粵匪蔓延日廣，黃中丞自請督隊出剿。京函：稽查上諭奏事處收發論摺，歲有不符，收少發多，不知摺件從何呈進。夔帥因議停捐，奏對求緩，上怒呵斥，原摺擲地。岡。江。[2]

其中最重要的是兩事：一是有些奏摺未經過奏事處而私下進呈光緒帝；二是光緒帝與王文韶（户部尚書）爲"停捐"一事而當面發生了爭論。八月初四日，巢鳳岡又電：

> 天津巢委員來電：昨洋河口報，自初一起，英提督帶領鐵甲雷艇八隻，陸續到口停泊，離岸八里許，約三千餘人。詢，稱俄意不善，欲取營口、榆關，特來保護。岡稟。支。[3]

這份關於英俄相爭的電報，關係極爲重大，結果引起張之洞發給張權、楊銳、錢恂、曾磐等人的一系列電報，以確查英俄是否開戰。

八月初六日，戊戌政變發生。巢鳳岡於初七日酉刻（9月22日下午

---

[1] 光緒二十四年七月二十六日戌刻發，二十九日午刻到，《張之洞存各處來電》，戊戌第4冊，所藏檔號：甲182-136。

[2] 光緒二十四年八月初三日巳刻發，戌刻到，《張之洞存各處來電》，戊戌第5冊，所藏檔號：甲182-136。"黃中丞"，廣西巡撫黃槐森。

[3] 光緒二十四年八月初四日未刻發，申刻到，《張之洞存各處來電》，戊戌第5冊，所藏檔號：甲182-136。又，八月初六日，巢鳳岡又電："金州副都統報，聞英俄在海參崴開仗。昨有俄鐵甲一艘來大連灣，見其受傷甚重。旅大俄兵甚慌張，抽調赴海參崴。洋河英艦已分散各口遊弋。岡稟。歌。"（光緒二十四年八月初六日巳刻發，初七日午刻到，出處同上）這又是關於英俄相戰的錯誤情報。

5—7時)發電:

> 京巢委員來電:昨晚楊崇伊奉密旨嚴拿康有爲。今日輪車均停開。聞康之弟已在京拿獲。瞿桌司擬明日入都。岡稟。陽。[1]

這份電報是抄件,"京"自是"津"之誤;其内容雖不完全準確,但也點明了"楊崇伊"是禍首。"輪車"即火車,八月初七日津京兩地的火車停開。八月十三日(9月28日),巢鳳岡又發電:

> 天津巢委員來電:京函:南海可開脱。聖躬自初五日以後,頗難支撐。海鹽入總署,並有進樞府之説。合肥恐仍難重用。岡稟。元。"[2]

"南海",户部侍郎、總理衙門大臣張蔭桓,廣東南海人。他於八月初九日由慈禧太后下令被捕,此時英國與日本正在爲此活動,以免其死。"海鹽",吏部侍郎徐用儀,浙江海鹽人。他曾任軍機大臣、總理衙門大臣,黨附孫毓汶。光緒二十一年六月,恭親王、翁同龢等人合謀,由御史王鵬運出奏,光緒帝罷去其軍機、總理衙門兩職。戊戌政變後,慈禧太后於八月十一日命徐重入總理衙門,於是又有其重入"樞府"即軍機處的傳言。"合肥",李鴻章,"京函"稱不能東山再起。而該電最重要的情報是光緒帝的情况"頗難支撑"。八月二十日,巢鳳岡發電張之洞、湖北布政使王之春:

> 天津巢委員來電:督憲張、藩司王鈞鑑:裕壽帥今午臨津,申刻接篆。南海十八起解。昨今兩日洋兵接踵而來,欲乘火車進京。經署力阻,暫留津站。岡稟。號。[3]

---

[1] 光緒二十四年八月初七日酉刻發,初八日丑刻到。《張之洞存各處來電》,戊戌第5册,所藏檔號:甲182-136。

[2] 光緒二十四年八月十三日午刻發,酉刻到,《張之洞存各處來電》,戊戌第5册,所藏檔號:甲182-136。

[3] 光緒二十四年八月二十日午刻發,申刻到,《張之洞存各處來電》,戊戌第6册,所藏檔號:甲182-137。"裕壽帥",新任直隸總督裕禄。"南海十八日起解",指張蔭桓發遣新疆的日期。然巢鳳岡同時發電兩人的做法,立即受到批評:"天津。巢委員。此後若非明發事件,凡有關係大局者,只可密電本部堂衙門,斷不宜分電司道各署,免致播揚。切要。即電覆。鄂督院。箇。"(八月二十一日辰刻發,《張之洞電稿》光緒二十四年一至八月,館藏檔號:甲182-455;其抄件又見《張之洞電稿乙編》,第11函第56册,所藏檔號:甲182-72)巢鳳岡立即回電:"督憲張鈞鑑:箇電敬悉。此後遵辦。岡稟。敬。"(光緒二十四年八月二十四日亥刻發,二十五日巳刻到,《張之洞存各處來電》,戊戌第6册,所藏檔號:甲182-137)

此中最重要的情報,是英、俄、德等國士兵欲進入北京的消息。至九月初三日(10月17日),巢鳳岡又發電:

督憲張鈞鑑:南海起解,有西人護送。合肥前月杪,屢次遞牌,未見,退志更切。京師謠言惶惑,挈眷而去者頗多。岡稟。江。[1]

此中最重要的是關於李鴻章的政治情報。"遞牌",即主動要求覲見,慈禧太后仍未見。

需要說明的是,以上巢鳳岡的電報全是抄件,根據"張之洞檔案"的抄錄情況來判斷,巢鳳岡此期發來的電報決不止這些。但從以上所引的有限情報中,已可對當時的政局進行較爲深刻的分析。

六、太常寺少卿盛宣懷

盛宣懷本是李鴻章集團中的重要人物,長期辦理電報、招商等局事務。甲午戰敗後,他與張之洞、王文韶等人走得很近,此時任太常寺少卿,督辦中國鐵路總公司,駐在上海。光緒二十四年五月,張之洞要求其命所屬北京電報局將閣抄擇要加急發報。[2] 七月,盛宣懷入京,商辦蘆漢鐵路諸事。[3] 離京回滬時,盛路過天津,與榮祿有交往,回滬後發電

---

[1] 光緒二十四年九月初三日巳刻發,午刻到,《張之洞存各處來電》,戊戌第7册,所藏檔號:甲182-137。

[2] 張之洞電稱:"上海盛京堂:近日電傳閣抄極遲,要事太緩,而無關緊要之事卻不甚緩,令人悶極。京局必是臺端選擇才識敏捷之員,何不能權緩急耶?閣下能設法令京局擇要加急電傳否?各省歌歡閣下功德者必不少矣。盼覆。洞。佳。"〔光緒二十四年五月初九日巳刻發,《張之洞電稿(光緒二十四年前後)》,所藏檔號:甲182-488〕該原件由張之洞親筆修改,删去一段"甚至有七八月始到者。即如夔帥進京陛見,之後有何恩旨,至今尚未轉來"。王文韶進京入軍機,榮祿改任直隸總督,是當時重大事件,難怪張之洞要發火。"閣抄",宫門抄,指由内閣明發的上諭。

[3] 盛宣懷有電稱:"京盛京堂來電:初三到蘆溝橋,初四至涿州驗工,初五到京,初六宫門請安,召對,稱旨。總署鐵路總局尚有應商事,俟商妥即出京。宣叩。魚。"(光緒二十四年七月初六日巳刻發,初七日午刻到,《張之洞存各處來電》,戊戌第4册,所藏檔號:甲182-136)而張之洞與盛宣懷此時的其他電報往來,可參見《張之洞全集》,第9册,第336—338,340—341頁。

張之洞：

  武昌制臺：十四上船，十七到滬。途遇大風，爲從來未有之苦，須略養數日，方能辦事。瀕行在仲相前密言，內外大臣志在自強者不多人，務需聯絡一氣。仲相深然之，允即先與鈞處通函，以後好商量辦事。並云：素來佩服，惜未晤面耳。或候其函到，多寫數張覆之；或竟不待其函到，先致數行？乞酌。宣叩。霰。[1]

"仲相"，大學士榮祿，字仲華。盛宣懷此電希望張之洞與榮祿建立緊密的關係，並提出了具體方案。[2] 這一建議爲張之洞所采納。前節已述，張之洞派錢恂、瞿廷韶與榮祿交往，也有了初步的效果。

八月初六日，戊戌政變發生，而張之洞收到的第一份情報，是由盛宣懷發來的：

  上海電局來電。武昌制臺、江寧制臺、杭州撫臺、蘇州撫臺、長沙撫臺：本日上諭，太后垂簾聽政，並嚴拿康有爲。魚。

這份電報標明爲光緒二十四年八月初六日亥刻發，初七日丑刻到，即9月21日晚上9—11時發，僅僅兩個時辰後，即於次日1—3時收到。[3] 而到了這一天的晚上亥時（9月22日晚9—11時），張之洞才收到總理衙門發來的八月初六日諭旨，時間上晚了20小時！[4] 爲此，張之洞發電盛宣懷：

  上海盛京堂：急。日來新政長篇上諭必多，電局太緩。望飛電京局，一見閣抄，即刻摘要電告敝處，可照官報給費。如昨日滬電局傳來垂簾上諭，即甚簡要。切禱。尊處日內見聞，望即摘要電示，尤

---

[1] 光緒二十四年七月十七日申刻發，十八日丑刻到，《張之洞存各處來電》，戊戌第4册，所藏檔號：甲182-136。

[2] 光緒二十三年十二月十八日，張之洞發電爲解運湖北所造槍炮正在北京的湖北委員汪洪霆："槍炮試驗，承各邸堂稱贊，並優賞工匠，感幸欣慰。榮中堂素未通信，不敢冒昧致函。望婉爲致意請安致謝爲要。"（《張之洞電稿乙編》，第54册，所藏檔號：甲182-72）張在"各邸堂"中專門點出了榮，此時他與榮的關係尚未建立。

[3] 《張之洞電稿甲》，第62册，所藏檔號：甲182-47。

[4] 該諭旨稱："……再三籲懇慈恩訓政，仰蒙俯如所請"，"由今日始在便殿辦事，本月初八日朕率諸王、大臣在勤政殿行禮……"（總署來電，八月初六日戌刻發，初七日亥刻到，《北京來電・三》，光緒二十四年，《張之洞存北京來電稿・光緒十六年至二十四年》，所藏檔號：甲182-407）

感。洞。陽。戌。[1]

盛宣懷收到此電後，立即於八月初八日申刻（9月23日下午3—5時）覆電：

> 武昌督署：陽電已轉京局。垂簾上諭係散處摘寄。有旨嚴拿康有爲。其弟已獲。蕭牆不可測，洋人謠言甚多。能請聖上出洋講求武備，如彼得保故事，可期兩全。此誠危急存亡之秋，應出諸何人之口乃妥？乞酌示。補。庚。以後密電下署補字。

該電由許同莘編入《張文襄公全集》，但刪去了底線部分，並有文字之增加及修改。[2] 該電明確說明八月初六日電報由盛所發，並提出建議，讓光緒帝仿照俄國彼得大帝出洋考察軍事政治，以求能夠保全。這是一個驚世駭俗的設想！盛還暗喻由張之洞提出此策。張對此於初九日回電予以拒絕："洋謠未聞，恐不可信，外洋事恐難仿照，實不敢贊一詞。請熟思妥酌爲要。"[3] 盛收到此電後，並沒有完全放棄，於八月初十日（9月25日）再電：

> 武昌制臺：昨楊深秀、徐致靖、劉光第、楊銳、譚嗣同、林旭均拿問。聞康有爲"重慶"到滬，被英兵船挾去。康無足輕重，但于中英交際有礙。英慮俄惟所欲爲，頗想先發，深宮似不可再有舉動，以防彼干預内政。補。蒸。[4]

盛此電一方面報告京中情況，更重要的是強調"深宮似不可再有舉動"，以當時的政治用語而言，此爲強調保全光緒帝。他再次暗喻張之洞應有所舉動。八月十一日（9月26日），盛宣懷又通報情況："榮相奉旨即刻

---

[1] 光緒二十四年八月初七日亥刻發，《張文襄公電稿墨迹》，第2函第10冊，所藏檔號：甲182-219。此爲張之洞親筆之件，抄件見《張之洞電稿甲編》，第62冊，所藏檔號：甲182-47。又見《張之洞全集》，第9冊，第345頁。

[2] 光緒二十四年八月初八日申刻發，亥刻到。《張之洞存各處來電》，所藏檔號：甲182-136，戊戌，第5冊。又見《張之洞全集》，第9冊，第345—346頁。許同莘增"近日滬上"四字，並將"乞酌示"改爲"姑以密聞"。

[3] 《張之洞全集》，第9冊，第345頁。

[4] 光緒二十四年八月初十日申刻發，戌刻到；《張之洞電稿甲編》，第62冊，所藏檔號：甲182-47。又見《張之洞全集》，第9冊，第345頁。"重慶"，康有爲搭乘的英商輪船。

晉京,有面詢事件。袁慰廷暫護直督。真。"[1]然張之洞對盛的暗喻並無行動,而是於十一日發電盛,要求轉電王文韶,援救楊銳。[2] 盛宣懷次日覆電稱:

> 真電所言楊叔嶠事,已轉電仁和,力懇保全。聖躬未愈,有旨徵醫。宋伯魯革職。余無所聞。補。文。[3]

從"余無所聞"等語來看,張當另有電給盛,要求其提供其他情報。八月十四日(9月29日),盛宣懷再次通報情況:

> 上海來電。武昌制臺、江寧制臺、長沙撫臺、杭州撫臺:十三旨,榮入軍機,裕授北洋。楊、譚、劉、林、楊深秀、康廣仁即正法。寒。[4]

而到了八月二十二日,張之洞得知陳寶箴被罷免,於八月二十四日發電盛宣懷:"上海。盛京堂:新湘撫放何人?速示。洞。敬。"[5]

盛宣懷發來的電報數量並不多,但內容對張之洞十分重要且相當及時。[6]

---

[1] 上海,光緒二十四年八月十一日未刻發,戌刻到,並致江寧劉制臺、杭州廖撫、各局,《張之洞存來往電稿原件》,第14函,所藏檔號:甲182-385。

[2] 該電的電文及相關背景,可參見本書第二章第五節。

[3] 上海,盛督辦,光緒二十四年八月十二日申刻發,亥刻到,《張之洞存來往電稿原件》,第14函,所藏檔號:甲182-385。又見《張之洞全集》,第9冊,第346頁。

[4] 光緒二十四年八月十四日亥刻發,十五日寅刻到,《張之洞存各處來電》,戊戌第5冊,所藏檔號:甲182-136。

[5] 光緒二十四年八月二十四日巳刻發,《張文襄公電稿墨迹》,第2函第10冊,所藏檔號:甲182-219。盛宣懷當日覆電:"湘撫放俞廉三。湘藩調毓賢。鄂藩放善聯。補。"(上海。盛督辦。光緒二十四年八月二十四日酉刻發,二十五日丑刻到,《張之洞存來往電稿原件》,第14函,所藏檔號:甲182-385)

[6] 此處不妨記一有趣之事。九月二十九日,盛宣懷發電張之洞:"聞兩江派程儀洛赴鄂密查事件。補。勘。"(光緒二十四年九月二十九日丑刻發,申刻到,《張之洞電稿·光緒二十三年至二十九年》,所藏檔號:甲182-209)張之洞當日立即發電:"上海,趙竹君:急。頃接盛京堂電,兩江委程儀洛來鄂密查事件等語。所查何事?是否奉旨?速詢速覆。再,程係鄂省奏調辦商務,曾諮兩江,盛想已知。豔。"(光緒二十四年九月二十九日亥刻發,《張之洞電稿》光緒二十四年九至十月,館藏檔號:甲182-455)程儀洛本是張之洞奏調的辦理漢口商務局的官員,因修墓尚未到任。程在其家鄉紹興時發電請假:"有電敬悉。塋事七月廿一開辦,現造三合土,必得親自監工,至速秋節前造竣。儀洛准於八月十八日起程,月杪必到鄂。擬請王道布置開局。宥。"(光緒二十四年七月二十六日申刻發,二十七日亥刻到,《張之洞存各處來電》,戊戌第4冊,所藏檔號:甲182-136)此時稍有風吹草動,張顯得非常緊張。

七、上海委員趙鳳昌與曾磐

趙鳳昌(1856—1838),字竹君,江蘇武進人。早年入兩廣總督張之洞幕,爲文巡捕,隨侍左右。張之洞改任湖廣,亦隨任,充文案,辦理督署筆墨事件,保舉爲候補直隷州知州。他與張之洞關係極密,有"一品夫人"之稱。[1] 光緒十九年,大理寺卿徐致祥上奏彈劾張之洞,捎帶趙鳳昌,光緒帝旨命李瀚章、劉坤一查實。劉坤一的回奏對趙鳳昌稍有微詞,光緒帝下旨:"趙鳳昌不恤人言,罔知自愛,著即革職,勒令回籍"。[2] 此後,張之洞派趙鳳昌到上海,辦理湖廣及他本人委派事宜,每月發給津貼。甲午戰爭期間,趙鳳昌給張之洞發去了大量的電報,事涉情報、聯絡、建策諸多方面。他最初的電報署名爲"惜陰",光緒二十年底起其署名改爲"坦"。"張之洞檔案"中有著兩人之間的大量電報。如果説楊鋭是張之洞的"坐京",趙鳳昌實爲張之洞的"坐滬"。

曾磐,此時在《字林西報》做事,官銜爲候選同知。[3] 很可能出自

---

[1]　劉禺生:《世載堂雜記》,第64頁。
[2]　中國科學院歷史研究所第三所:《劉坤一遺集》,中華書局,1959年,第2册,第767頁;《光緒宣統兩朝上諭檔》,第19册,第60—61頁。相關的情節,又可參見本書第六章第一節。
[3]　關於曾磐的身世,鄒國義先生寫信告訴我:"……文中所説曾磐其人,據我所知,應即曾子安(亦名曾篤恭,字子安)。廣東海陽人,爲第一批留美幼童。先期成立的'出洋肄業局',曾聘其父曾蘭生(曾恒忠)及其二子曾溥(字子睦)及子安爲英文教習。曾蘭生祖籍潮州,出生於新加坡,母爲馬來人,後成孤兒,爲美國傳教士撫養,至美國漢密爾頓學院學習。學成後至中國,先在外國公司任職,後入左宗棠幕府,曾任福州船政局教習。1873年第一批幼童赴美,曾蘭生任翻譯,其二子均隨行(曾溥列爲第二批留美名單)。曾子安時年已十六歲,是留美幼童中年齡最大的一位。曾溥及曾子安後均入耶魯大學就讀,其父則於次年回國,此後一直任李鴻章的英文翻譯,直至1895年去世。關於其父及曾子安的情況,容閲《西學東漸記》及《郭嵩燾日記》均有一些零星的記録。曾子安入耶魯後,未畢業而被清廷提前召回。歸國後,先後任上海《北華日報》、《字林西報》記者、編輯,《申報》上稱其爲'西字報館翻譯人',也有一些其事的記載。(八十年代初,一度在天津北洋水雷學堂任'洋教習',與嚴復是同事。)1890年代以後,光禄寺卿曾廣有保薦'廣東在籍候選知府曾磐'之事。戊戌時期,張之洞密委其在上海坐探洋情,即兄文中所説(轉下頁)

趙鳳昌的介紹,張之洞在奉旨入京之前,於光緒二十四年閏三月密委曾磐"在上海坐探,凡有關時局情事,隨時確探電稟。如有緊要事宜,除節要電達本部堂行轅外,並隨時派專差飛稟行轅。"曾磐爲此"月支薪水銀三十兩"。[1] 從"張之洞檔案"中可見,自是年四月十五日起,曾磐即向張之洞發電,數量一直較大。[2] 其主要内容是與中國有關的外國事務。[3] 八月初五日,張之洞接到天津委員巢鳳岡關於英俄可能開戰的電報,立即發電:"上海。趙竹君轉曾委員磐:聞英俄已開戰,確否?如開戰在何處?即覆。鄂督撫院。歌。"[4] 曾磐爲此回復兩電,説明英俄

(接上頁)之事。其與張之洞之認識,是否即出自趙鳳昌的介紹,尚可探討。因其父長期在李鴻章幕府,其兄曾溥與張佩綸等也相熟,本人又在天津北洋任過事,説明其家在當時有相當廣泛而複雜的人脈關係。在1900年之後,曾氏入兩江總督幕府辦事。又曾爲復旦大學的校董,與復旦校長李登輝和嚴復等編有《中國環球學生會報》,爲四主編之一。《環球學生報》首期上還有一張其與李登輝、嚴復的照片。(附後)其晚年的情況,據現有的資料,辛亥革命後,在南京政府外事局工作,後任津浦鐵路秘書和株萍鐵路局長,1916年逝于天津。"這是非常詳細的關於曾磐身世的介紹。又,中國社會科學院近代史研究所圖書館藏有《趙竹君藏札》(所藏檔號:甲120),其中有關於庚子前後的情報,共計三件,信札上稱"字林曾緘",内中署名"磐"。信封有英文印North China Herald North China Daily News Office。由此可知曾磐在《字林西報》做事。此一材料是馬忠文提示的。

[1] 《密委同知曾磐在上海坐探洋情》,光緒二十四年閏三月十六日,《張之洞全集》,第6册,第135頁。又據《張文襄公督楚公牘》光緒二十四年,該密委還有以下内容:"計發密電碼一本。""開報除札委該員遵照云云委任外,合亟札行。札到該局,即便遵照發給,並録報撫部院查考。毋達。札北善後局。"中國社會科學院經濟研究所圖書館藏。後一内容是札湖北善後局開支的行文。
[2] 《上海來電四(湖廣)》,抄本《張之洞電稿》,第二十四册,中國社會科學院經濟研究所圖書館藏。
[3] 此處可以舉曾磐發來的兩電,可知其工作之内容:"武昌督憲鈞鑑:英京廿二電,英、俄因中國交涉不洽,即有干戈。俄於十九晚,急令向泊俄巴而的海海軍,揀派鐵甲巨艦、水雷共十三艘,火速來華。又旅大一帶,現有陸師二萬五千,海軍大小五艘,海參威水陸軍不在内。又探德亨利如(稱)小吕宋一役,歐洲不與美爭奪,擬於八月底赴長江遊歷。又,北京英公使電,並無因沙市事請開口岸,目下惟助中國,豈有挾求。又電,美國刻向中國租山東距兖州一百五十里之口,爲屯煤泊艦之用云。曾磐稟。"(光緒二十四年六月二十二日戌刻發,二十三日申刻到)"巴而的海",似爲波羅的海;"德藩亨利",德國親王亨利,是德皇威廉二世的弟弟;"小吕宋一役",指美西戰爭中美國占據菲律賓。"武昌督憲:按英電,中國李相受俄賄,心向俄,亦藉俄在朝廷前保護,故在總署遇事助我,挾制政府。致英相沙侯忿甚,擬檄實使,請總署奏參李相係大奸臣,樂爲俄用。若現不速阻其奸,不去其權,則中國自主之權必失矣。磐稟。嘯。"(光緒二十四年七月十八日未刻發,亥刻到。此上兩電見《張之洞存各處來電》,戊戌第3、4册,所藏檔號:甲182-136)"李相",李鴻章。"沙侯",英國首相兼外相莎士伯雷侯爵,又譯"索爾兹伯里侯爵"。"實使",英國駐華公使竇納樂。
[4] 八月初五日亥刻發,《張之洞電稿》光緒二十四年一至八月,所藏檔號:甲182-455。

並未開戰。[1]

戊戌政變後,趙鳳昌、曾磐的電報也一下子多了起來。兩人經常共發一報,也有分工,趙鳳昌報告國內之政情,曾磐報告外國或在華外人輿情。八月初八日(9月23日),趙鳳昌發電:

> 昨京電云:上不豫及禁閉九門。又電僅云:訓政後尚有大變。已詢京,未覆。端、吳已革職。滬道奉電旨,嚴拿康有爲,聞初五出京。頃京電,樵野查抄。又聞英電,有派兵艦進大沽定亂。此説實可憂。坦稟。庚。[2]

這份電報中涉及許多內容,其中最關鍵者是英國可能干預,此雖是不確之情報,但可由此而知滬上的傳聞。八月初九日(9月24日),趙鳳昌發電:

> 盛接本日京發來兩電:一、初六後,太后、皇上同見大臣,聖躬無恙。一、本日旨:徐致靖、張蔭桓、張元濟、梁啓超、王照及譚、劉、林、楊四章京等共十六人拿問。囑代覆云:頃悉康搭'重慶'至吳淞,夜被英兵船派小輪接去。同行四人,接二人去。滬道接京電,令拿梁啓超。又另聞,訓政係楊崇伊密奉懿旨,告各大臣奏請。初三赴津,見榮面啓云。坦稟。佳。崧兄:函件到否?祈示。康事曾面談,竟爲弟料及矣。[3]

"盛"是盛宣懷。該電報告了康有爲逃脫的過程,並説明政變的起因是楊崇伊奉慈禧太后之旨告各大臣奏請,並有天津一行。這也是後來廣爲

---

[1] 曾磐電稱:"武昌督憲:英俄並未開戰。恐兩國與中國交涉,已密相議妥。有聞再電。磐稟。語。"(光緒二十四年八月初六日未刻發,酉刻到)"武昌督署:奉庚諭,再往探英總領事署,亦並未聞有戰事。中外均無此説。有即電稟。磐稟。"(光緒二十四年八月初九日戌刻發,初十日寅刻到,《張之洞存各處來電》,戊戌第5册,所藏檔號:甲182-136)

[2] 上海,光緒二十四年八月初八日酉刻發,亥刻到。《張之洞來往電稿原件》,第14函,所藏檔號:甲182-385。"端、吳革職",指農工商總局大臣端方、吳懋鼎被革,是不確的傳言。

[3] 光緒二十四年八月初九日戌刻發,初十日寅刻到,《張之洞存各處來電》,戊戌第5册,所藏檔號:甲182-136。"十六人拿問"的數字不確,張元濟、王照當時並未拿問之旨,當時被捕者僅徐致靖、張蔭桓、楊深秀、楊鋭、譚嗣同、劉光第、林旭、康廣仁,僅八人。又,此電與曾磐前引電爲一電。"崧兄",指梁敦彥,字崧生。"康事",指康有爲之事。此爲趙鳳昌所附給梁之電。

流傳的說法。張之洞收到此電後,立即回電:"急。上海趙竹君:前聞梁啓超在滬,今已逃否？英俄戰事如何？速覆。"[1]該電雖未署名,然是張之洞的親筆。八月初十日(9月25日),趙鳳昌回電:

> 梁並未來滬,或已與康同爲英艦接去。滬上康黨已全逃。滬道向英領索康。有聞即電。英俄無戰事。鈞電、佳電已覆。聞英必干預我國事。坦稟。蒸。[2]

趙鳳昌此處再次強調英國干預的風險。也就在同一天,曾磐、趙鳳昌再次發電:

> 英政府今午電滬英總領事云:俄王現不願將大連灣作通商口,英甚不悦。又,牛莊即欲被俄占踞,已派英正水師提督西君,速帶海軍前往牛莊海面,伺俄動靜;並派副都督費君分帶八艦在大沽口,候北京信息。又,北京現不靖,如有人害皇上,英必保護,不任李鴻章黨奸謀成事。又,現北京亂,正中俄之奸謀,已令竇使力阻矣。磐稟。

> 商局鄭道昨晚急回粤,想爲避禍。康已乘英兵輪赴香港。又傳,如聖躬無恙,英人必挾制太后還宫,英以太后、合肥爲俄也。聞英已派兵到京,保使館。坦稟。蒸二。[3]

"竇使",英國駐華公使竇納樂(Claude Maxwell MacDonald)。曾磐的電報強調英國認爲北京之變是俄國和李鴻章的密謀。"商局鄭道",指招商局鄭觀應。趙鳳昌也認爲英國將會出兵干預俄謀。八月十二日(9月27日),曾磐、趙鳳昌發電:

> 滬英官接北京電,李鴻章初六晚電求俄王,派陸軍一萬入北京彈壓,爲太后覆權,有不測云。又,俄海軍十四艘初八晚由旅順赴山海關,伺英海軍動靜爲(原文如此,有錯字)。英聞俄兵赴北京之信,在

---

[1] 八月初九日亥刻發,《張之洞電稿》光緒二十四年一至八月,所藏檔號:甲182-455。
[2] 上海,光緒二十四年八月初十日未刻發,十一日寅刻到,《張之洞存來往電稿原件》,第14函,所藏檔號:甲182-385。
[3] 上海,光緒二十四年八月初十日亥刻發,十一日午刻到,《張之洞存來往電稿原件》,第14函,所藏檔號:甲182-385。"牛莊",今營口。

山海關海邊守通京大道,以阻俄兵去路。又,英、俄海軍在山海關相距二、三英里,不合即開戰云。又,英欲助皇上立新政,能自強,俄不願中國自強,俾可挾制,是以英助皇上、俄助太后及李鴻章云。又,康有爲密奏皇上:預置太后別宮,並逐李鴻章回籍,否則李奸謀皇上必被算計;宗室不願新政者,不防必爲患。此摺太后初五晚得知,即震怒,將皇上撤位,康等拿問也。再,康在英小炮船,今午接至中等兵船,因有俄大水雷船在吳淞口,恐其截康交李鴻章。又,英即有大巡艦兩艘由威海來,明晨到滬,係來守吳淞口。磬稟。真。

洋電:英由印度派兵二萬五千,定一月到北京。又,聞俄已由旅調兵赴山海關。又,滬稅司告盛京卿,康有爲已附英公司出洋云。遍察洋電情形,西人議論,英、俄定必干預,一發即不可收拾。康已爲英庇,正如韓之閔泳孝,恐英人將以大院君待慈聖。如俄得志,則我更爲所挾。朝廷、國事危在呼吸,惟望深宮勿再操切,更有擧動,並左解康黨,以緩英、俄之勢。然外廷斷難陳請,不知可將英、俄伺隙危險情形上達否?或電致譯、樞否?關係非常,憲臺或商酌南洋,將詳情合達樞、譯否?頃在盛處商擬電語,彼即電榮相。已請便發京後照轉憲臺矣。坦稟。真。[1]

曾磐的電報再次強調英俄矛盾,並稱康有爲密奏光緒帝,別置慈禧太后。這當然是上海新聞界的傳言。趙鳳昌的電報也以英俄矛盾爲題,但強調的是英國與俄國可能會干涉。"深宮勿再操切",即不能對光緒帝再下手。"南洋",兩江總督、南洋大臣劉坤一。趙鳳昌求張之洞與劉坤一商量,"將英、俄伺隙危險情形"上報軍機處與總理衙門。趙還聲稱已與盛宣懷商議,由盛發電給榮祿。至於盛宣懷此電的背景,趙鳳昌後來回憶道:

忽八月十三日朝旨,不識即決新黨六人……中外震驚,以爲將

---

[1] 上海,光緒二十四年八月十二日丑刻發,十三日寅刻到,《張之洞存來往電稿原件》,第14函,所藏檔號:甲182-385。"滬稅司",上海稅務司。"盛京卿",盛宣懷。"左解",原件在"左"字上有記號,當時即疑該字有誤。

有廢立。十四下午，上海各國領事會訪鐵路大臣盛宣懷探消息。盛答謠傳廢立，必不可信。英領即言："常言最毒婦人心，英亦有此語。或竟有此舉，中國必紛亂，各國不能默爾。于一月內，英可調印度兵三十萬來華。"各領去後，盛即告予與梅生。予言應速電榮禄，俾知外人意見。盛以信可詳達。予謂："信緩恐不及，且見痕迹，不如簡電迅發。"盛既亦以爲然，即電榮。大意：本日午後滬各領事約來探問北京情形，恐中國多事，英於一月內可調印度兵三十萬來云，望勿再有大舉。次日得榮覆電，决無大舉。……盛後到京晤榮，追述其時幸得汝電而止……[1]

此爲趙鳳昌事後的回憶，細節上多有不準確之處，但可以看清盛、趙等人以外人干涉爲由保全光緒帝之用意。而此期劉坤一的兩封著名電報，即其致榮禄電、請總理衙門代奏電，很可能就是盛、趙等人活動所致。[2]

---

[1] 趙鳳昌：《戊庚辛紀述》，《人文月刊》，第2卷第5期，轉引自《叢刊·戊戌變法》，第4册，第318—319頁。"梅生"，何嗣焜，時任南洋公學總理。

[2] 前節已敘，盛宣懷暗喻張之洞出面上奏，以保全光緒帝；以盛宣懷與劉坤一的關係而言，既能與張言，亦可與劉言。趙鳳昌請張之洞與劉坤一商量，亦有可能請劉與張商量。胡思敬稱："戊戌訓政之後，孝欽堅欲廢立。貽穀聞其謀，邀合滿洲二三大老聯名具疏請速行大事。榮禄諫不聽，而恐其同負惡名於天下也，因獻策曰：'……臣請以私意先覘四方動靜，然後行事未晚。'孝欽許之。遂以密電分詢各省督臣，言太后將謁太廟，爲穆宗立後。江督劉坤一得電，約張之洞合爭。之洞始諾而中悔……(劉)遂一人挺身獨任，電覆榮禄曰：'君臣之義至重，中外之口難防。坤一所以報國者在此，所以報公者亦在此。'道員陶森甲之詞也。榮禄以坤一電入奏，孝欽懼而止。"(《國聞備乘》，中華書局，2007年，第92頁)胡思敬此説流傳甚廣，然缺乏具體時間。查《劉坤一集》，劉於光緒二十四年七月二十一日發電榮禄："自我皇太后訓政，於變法各事，應辦者仍辦，停者即停，措置合宜，天下欣然望治。我皇上恭己以聽，仰見兩宮慈孝相孚，始終無間。我公與禮邸、慶邸從中調護，永保安全，外議紛紜，無可藉口，是皆社稷之福，始得有此轉機。現聞康逆監禁香港獄中，似可將其惡迹宣布各國，照會英使交犯懲辦。伏祈卓裁，並候電覆。"(《劉坤一遺集》，第6册，第2560頁)該電的發電時間當有誤，查康有爲八月十四日到達香港，在中環警署住了7天。由香港至上海再至南京的消息傳播時間，劉此電發於八月中下旬，很可能是八月二十一日。八月二十八日，劉電奏："國家不幸，遺此大變。經權之説須慎，中外之口宜防。現在謡諑紛騰，人情危懼，强鄰環視，難免借起兵端。伏願我皇太后、我皇上慈孝相孚，尊親共戴，護持宗室，維繫民心……坤一受恩深重，圖報無由，當此事機危迫之際，不敢顧忌諱而甘緘默。"(同上書，第3册，第1415頁)電文中"中外之口宜防"、"强鄰環視，難免借起兵端"，皆是趙鳳昌、盛宣懷給張之洞電報中的內容。關於兩電的背景，劉於九月二十日致工科給事中馮錫仁的信中稱："現在兩宮慈孝相孚，誠爲宗社蒼生之福，而其樞紐全在榮相，內則設法調停，外則勉力撑持。寧國即以保家。此公解人，當見及矣。""敝處前此電奏，不好措辭，止合渾含勸諫，希冀勔聽。"(同上書，第5册，第2233頁)

八月十四日(9月29日),趙鳳昌發電:

> 京電:昨將拿問康弟、譚子並兩御史等六人已辦。不知叔嶠如何?慘急之至。坦稟。寒。[1]

此爲報告六君子赴難。八月十五日,趙鳳昌發電:

> 戴道北來,述袁侍郎召見,上令調兵入京,請問何事,不明諭,袁對非明詔不敢調。袁即出京,然以上語泄人,深宮得知,嗣事急。上密諭交譚赴津,令袁拿榮即正法。袁逕告榮。榮電京。慈聖令榮速入都。密諭傳係士奇擬,故不免。榮亦面告惲,險遭不測。及聞康係四章京面奉旨密告,始行。初調袁,康主意,威逼慈聖。真膽大絕倫,人神共憤。現調董軍入京,已有到者。坦稟。咸。[2]

此是關於戊戌政變原因的另一種說法。"戴道",不詳其人。其稱光緒帝當面命袁世凱調兵入京,是最重要的情節,但難以驗證;另有諸多細節不確,如"上密諭交譚赴津,令袁拿榮";又如"慈聖令榮速入都",就目前所能見之史料,皆爲不可能之事。"惲",似爲惲祖祁,此時請訓後離京,可能在津與榮禄見面,榮告之。"董軍",董福祥部。八月十八日,曾磐發電:

> 洋電:北京英、美、日三使擬於數日內同請覲皇上,病亦必見。知已服短宴賀也。磐稟。(典兄:小巖十六北上。其兄事未曾明告。)[3]

此爲各國公使施壓之事。對照史實,主要是英國公使,清朝最後同意由法國公使館醫官入宮給光緒帝看病。八月二十五日,趙鳳昌發電:

---

[1] 上海,光緒二十四年八月十四日酉刻發,亥刻到,《張之洞存來往電稿原件》,第14函,所藏檔號:甲182-385。

[2] 上海,光緒二十四年八月十五日酉刻發;十六日酉刻到,《張之洞存來往電稿原件》,第14函,所藏檔號:甲182-385。又,該電文下有十九字未譯,不明其原因。"士奇",似爲明代大臣楊士奇,此處暗指楊姓,很可能是指楊銳,即光緒帝命楊銳起草密諭給譚嗣同;"故不免",指楊銳由此不免於死。

[3] 上海,曾委員。光緒二十四年八月十八日酉刻發,二十日丑刻到,《張之洞存來往電稿原件》,第14函,所藏檔號:甲182-385。括號是原件所有。"知已服短宴賀也",原文如此,似有錯字。"典兄",梁敦彝,時爲張之洞電報文案。"小巖",肖巖,楊銳之弟楊悅。這一段話,爲趙鳳昌發報時加上的。

> 督憲。黃看管,候旨。聞英領事已電沙侯,保其命云。頃京洋電,復八股,停農局,禁報館,辦主筆;又所陳維新者,均革職云。《字林報》今日論,湘撫已罷,深宮須有主見,勿爲人謠動兩湖。是中國欲興,切勿造屋先去大棟云。坦稟。[1]

"黃"爲黃遵憲。這份電報最重要的内容是"勿爲人謠動兩湖",由此將威脅到張之洞的地位。張之洞收電後立即發電張權,並讓梁敦彥發電經元善,詢問北京對其有何議論。[2] 相同的事件此後還有一次。[3] 九月初三日,趙鳳昌再發電:

> 督憲。京洋電,已選定慶王之孫、藍公之子,十三歲。聞俟太后萬壽嗣統。日公使前數日照會總署,如廢立,必竭力阻止。慶、禮兩邸即奏太后,故近日懿旨一切已從寬云。另聞蔭桓賜死,尚不確。坦稟。江。[4]

這是第一次傳出廢立的消息,其中"慶王之孫、藍公之子"必有誤。[5]

---

[1] 上海,八月二十五日戌刻發,亥刻到,《張之洞存來往電稿原件》,第14函,所藏檔號:甲182-385。

[2] 梁敦彥給經元善的電報稱:"急。上海。經道。謠傳京中係何人彈議,所議何事。望探詢盛京堂。速覆。彥。"(光緒二十四年八月二十六日子刻發,出處同上) 此電原發給趙鳳昌,並删去"來電所云",是作爲給趙鳳昌的回電,後改發經元善。同日,張之洞亦發電張權詢問此事,詳見本章第一節。

[3] 九月初五日,張之洞聽聞有關湖北的謠傳,新任四川總督奎俊將過鄂訪查,立即發電張權,並以梁敦彥的名義發電趙鳳昌,要求查明確情。梁敦彥的電報稱:"上海。趙竹君。鄂謠係指何事?所云奎查鄂事,係何處信息? 確否? 此間並無所聞。祈即刻詳示。彥。歌。"(九月初五日亥刻發,《張之洞電稿》光緒二十四年九至十月,館藏檔號:甲182-455) 與此同日,張之洞亦發電張權,詢問此事,見前文。此後梁敦彥又發電:"上海。趙竹君。急。語電悉。武昌西電所言,鄂院奉旨留任一節,乃因有擬覆鄂撫之議而訛。所謂留任,即仍留此撫一缺也。所指鄂院者,即撫院也。而頃閱《新聞報》,竟載有督憲奉旨革職留任一條,實堪詫異。細思此說,必因鄂電'鄂院留任'四字之不明故,疑鄂院係督院,又因留任二字無著,故又妄加革職二字耳。至奎查鄂事一節,已經確訪(後三字由'得京電'改),實無其事。請將鄂電所以誤傳之故,告知該報館更正,並望轉告星海爲禱。彥。蒸。"(九月初十日亥刻發,出處同上)"星海",梁鼎芬。由此又可見,張之洞對當時報紙上的不實言論也極爲擔憂。

[4] 上海,九月初三日酉刻發,亥刻到,《張之洞存來往電稿原件》,第14函,所藏檔號:甲182-385。

[5] 慶親王奕劻之子載振當時未封爲輔國公、鎮國公,且慶親王身居重位,又血脈太遠,其孫不宜入嗣。"京洋電"只能是音譯。"藍公"若是"瀾公"之誤,似指輔國公載瀾,他是咸豐帝的五弟惇親王奕誴第三子,血脈很近。後來封爲"大阿哥"溥儁,是其兄端親王載漪之子。若是如此,又應寫爲"惇王之孫、瀾公之子"。

"太后萬歲"即慈禧太后生日,十月初十日。日本政府當時確有阻止廢立的外交行動;張蔭桓將處死的消息當時有傳聞,英、日兩國駐華公使及前來訪問的伊藤博文對此也進行了干預。[1]

八、餘　論

以上所引張之洞與京、津、滬之間的來往密電,使今人得以窺見這一特殊歷史時期的諸多内部場景:在戊戌政變之前,北京的政治局勢已是相當緊張;而政變之後,因無準確之情報,當時即有多種版本的政變起因,並流傳至今。而特別讓人感興趣的是,盛宣懷、趙鳳昌竟想讓張之洞出頭上奏以保全光緒帝。毫無疑問,以上密電中的許多具體内容雖未必可靠,但卻可以真實地反映出當時的官場政情和輿情。

張權、張檢、楊鋭、黄紹箕是張之洞絶對信任之人,他們發來的電報,内容絶對重要;錢恂也是張之洞的親信,其内容應與張權、張檢、黄紹箕相同等級。但是,我在"張之洞檔案"中卻找不到戊戌政變前後他們的回電(錢恂戊戌政變後的電報也未見)。由此,我懷疑,張之洞在頻頻下令張權、黄紹箕等各位在京人士銷毁他們的電報信件時,很可能對這些重要的來信和電報也進行了特別處理或特別收藏,即從正式的公務檔案中抽出,密藏於其私人文件之中,或也有可能部分"付丙"。楊鋭、張權等人的重要信件在張死後由"後門外估人"所收,讓李宗侗、李景銘得之收藏,似可作爲一證。[2] 而現藏於中國社會科學院經濟研究所圖書館的電報抄本共計47册,其中36册以地區、以任所、以"來電""去電"分

---

[1]　相關的研究參見拙文《日本政府對於戊戌變法的觀察與反應》,《戊戌變法史事考》,第485—490頁。
[2]　相關的情況,可參見本書第一章第一節、第二章第四節。

類，抄寫相當工整，用紙也相同，時間從光緒十五年開始，至光緒二十六年七月爲止。[1] 由此可以推斷，這批檔案是張之洞於光緒二十六年七月以後下令抄的，以便自己隨時查考。但很有意思的是，其中沒有光緒二十四年五月至十二月的電報，有的甚至只是半本，即將戊戌變法的内容完全抽去。[2] 那麽，又是誰下令抽去這些電報的呢？旁人似無此等權力，只能是張本人。可以再追問的是，張之洞爲何要下令抽去這些抄件呢？這些被抽去的電報内容究竟隱藏着什麽樣的秘密呢？

我在閱讀這批檔案時，給我印象最深的是張之洞的情報網絡。李宗侗兩次談張之洞的"坐京"，稍有不同，前次稱有楊鋭、黄紹箕、吴敬修（菊農）、張彬；後次稱有劉恩溥、黄紹箕、楊鋭、張彬。[3] 然從張之洞之子張權、之侄張檢的來信可知，這一名單上還可加上張權、張檢、李蔭鑾；從王秉恩電報可知，還可再加上喬樹柟。擔任張之洞"坐京"的具體人數，今已不可考，大體爲其門生、親戚及清流同黨。[4] 而各種原因進京

---

[1] 此爲抄本《張之洞電稿》，原編爲第一至二十五册，其中有兩個第十册；第二十七、二十八册；第三十至三十六册；第24册。原編目稍有混亂（有漢字及阿拉伯數兩種序號），中缺第二十六、二十九諸册。

[2] 在該類抄本中，第十九册《北京來電》，中缺《北京來電三》（光緒二十四年閏三月至十二月）；第二十册中《致北京電三》（光緒二十四年六月至七月）僅是半本，而光緒二十四年七月至十二月完全沒有；第二十一册中《直隸來電三》（光緒二十四年正月至五月）僅是半本，而光緒二十四年五月至十二月完全沒有，該册中《致直隸電二》（光緒二十三年至二十四年正月）也是半本；第二十二册中《致北洋電一（湖廣）》（光緒二十二年至二十四年）僅是半本；第二十三册中《江蘇來電二》（光緒二十三月十一月至二十四年閏三月）僅是半本，《致江蘇電二（湖廣）》（光緒二十四年正月至閏三月）也是半本；第二十四册中《上海來電四（湖廣）》（光緒二十四年閏三月起）僅是半本，時間到五月爲止，而《上海來電五（湖廣）》整册缺；第二十五册中《致上海電三（湖廣）》（光緒二十四年正月至五月），僅是半本；第二十七册中《本省來電七（湖廣）》（光緒二十四年閏三月）僅是數頁，以後缺；其餘如第三十一、三十二、三十四、三十六和第24册中，有關戊戌時間的電報都是整本缺。

[3] 《楊叔嶠光緒戊戌致張文襄函跋》，臺北，《大陸雜誌》第19卷第5期；《楊鋭致張文襄密函跋——高陽李氏所藏清代文獻跋之一》，臺北，《大陸雜誌》第22卷第4期。

[4] 此後，張的門生許景澄以工部侍郎出爲總理衙門大臣，門生袁昶以三品京堂候補出任總理衙門大臣，身爲高官，亦時常發電。試舉數例："京。張玉叔譯送總署袁大臣；急。常熟重被遣，因何而起？竹筠到署能主持數事否？速示。迂。蒸。"（光緒二十四年十一月十一日子刻發，《張文襄公電稿墨迹》，第2函第11册，所藏檔號：甲182-219）此讓張檢轉其電，詢問翁同龢交地方官看管之原由。"京許侍郎來電。制臺：旨拿康、梁、王三人，李覆難辦。澄。"（光緒二十四年十一月初一日已刻發，初二日子刻到，《張之洞存各處來電》，甲182-137，戊戌，第10册）此爲慈禧太后命在日本捉拿康有爲、梁啟超、王照，駐日本公使李盛鐸覆電"難辦"。"許侍郎、（轉下頁）

第三章　戊戌政變前後張之洞與京、津、滬的密電往來　221

的湖北官員,都充當了他的臨時情報員。在一些重要之區,張之洞還派定其親信,甚至雇傭專門的情報委員,如趙鳳昌、曾磐和巢鳳岡。

由此似可以推定,張之洞在戊戌變法中收到的情報是一個很大的數字,我們今天能夠看到的只是其中極少數。我在這裏可舉一個例子,戊戌政變後,張之洞於光緒二十四年十二月初五日(1899年1月16日)親寫電文,發電給新任湖南巡撫俞廉三,稱言:

> 急。長沙,俞撫臺:密。蔡與康有爲甚厚,康在廣西開聖學會,乃蔡力助成之。康入京後,蔡允歲籌二千金供康用。前桂撫史念祖被劾,蔡及某紳有力。史既革,遂劾游藩、蔡臬。奉旨:游、蔡交部議處。部議降調。康偵知吏部具奏之前一日,囑言官力保游、蔡,旨遂交新任黃撫查,遂均無事。康電蔡居功,由首府轉達,其事遂泄,桂省皆知。蔡調湘臬者,康欲召黃遵憲大用,使蔡移湘,襲黃所爲,助其傳教也。粵督譚查出人與康來往書信甚多,已進呈,著名者四五人,蔡其一也。實在事迹如此,請公細訪詳酌。洞。[1]

此中牽涉人物甚多,關係到京城、桂林、廣州諸地,我們也不妨設想一下,張之洞又是從何處用何方法獲知這些極其秘密的情報的?

(接上頁)袁京堂來電。兩湖總督張鈞鑑:將領學堂事,未稱慈意。澄、昶。支。"(光緒二十五年二月初四日戌刻發,初五日丑刻到,《張之洞電稿》光緒二十三年至二十九年,所藏檔號:甲182-209)即向張透露慈禧太后的意圖。

[1] 光緒二十四年十二月初五日子刻發,《張文襄公電稿墨迹》,第2函第10冊,所藏檔號:甲182-219。"蔡",廣西按察使蔡希邠,後調湖南按察使;"遊",廣西布政使游智開;"黃撫",廣西巡撫黃槐森;"譚",兩廣總督譚鍾麟。

第四章 張之洞與《時務報》、《昌言報》
——兼論張之洞與黃遵憲的關係

"百日維新"期間,張之洞與康有爲在政治上已經對立,但兩派一直沒有直接交手。就我所見的材料來看,康有爲一派似不太注意偏于湖北的張之洞一派,而張之洞一派對康有爲一派在政壇上異軍突起,有相當大的恐懼感。康、張兩人的政治地位雖有很大差距,但京師畢竟重于武昌,且康已見重於光緒帝。張之洞的幕僚陳慶年,在光緒二十四年四月三十日(1898年6月18日)的日記中,生動兼具形象地寫道:

……南皮師知康學之爲邪説,而不敢公發難端,作書與梁節庵云:"康學大興,可謂狂悍。如何,如何!"梁答之云:"賊猖悍,則討之,不當云如何也"。[1]

此中"不敢公發難端","康學大興,可謂狂悍"諸語,描繪出張之洞此期憂憤且無奈之情狀。然而,當康有爲、梁啓超準備將《時務報》收歸其有,以掌控當時最重要的輿論陣地時,張之洞出手了,但他仍沒有正面出場,而只是暗中操縱。

需要説明的是,關於《時務報》和《昌言報》和戊戌前後的黄遵憲,已經有了相當多且好的研究著作與論文。[2] 本章只是對先前的研究

---

[1] 《戊戌己亥見聞録》,《近代史資料》,總81號,第113頁。
[2] 可參見湯志鈞:《戊戌時期的學會和報刊》;廖梅:《汪康年:從民權論到文化保守主義》,上海古籍出版社,2001年;蔣英豪:《黄遵憲師友記》,上海書店出版社,2002年;鄭海麟:《黄遵憲傳》,中華書局,2006年。崔志海:《論汪康年與〈時務報〉:兼論汪梁之爭的性質》,《廣東社會科學》1993年第3期;廖梅:《〈時務報〉三題》,《近代中國》,第4輯,上海社會科學院出版社,1994年;管林:《黄遵憲與陳三立的交往》,《學術研究》1995年第3期;楊天石:《黄遵憲與蘇州開埠交涉》,《學術研究》2006年第1期;馬勇:《近代中國知識分子的悲劇:試論〈時務報〉内訌》,《安徽史學》2006年第1期;李吉奎:《因政見不同而影響私交的近代典型:康有(轉下頁)

進行一些補充,其主要目的之一,在於披露"張之洞檔案"中尚未發表的材料。

一、相關背景:《時務報》的創辦與汪、梁矛盾

前已述及,光緒二十一年九月,以湖廣總督署理兩江總督的張之洞,與新中進士康有爲相會於南京,決定開辦上海、廣東兩處强學會。其中上海一處由汪康年辦理,汪未到時,由康有爲等人先行辦理。然因康在上海《强學報》中用孔子紀年諸事,顯示其獨特的學術與政治之傾向,張之洞大爲光火,於十二月初四日(1896年1月18日)發電尚在武昌的汪康年:

> 武昌兩湖書院汪山長穰卿:請速來寧,商强學會事。切盼。並望轉催鄒、葉諸君,洋務書何時可纂成?即示覆。洞。肴。[1]

而等到汪康年最終到達上海時,上海强學會和《强學報》已由張之洞下令停辦,康有爲也已返回廣東。[2]

汪康年(1860—1911),字穰卿,浙江錢塘(今杭州)人。光緒十五年(1889)舉人,十六年爲張之洞的家庭教師,後入張之洞幕。十八年中貢士,未應殿試;二十年補行殿試,又未應朝考。他在湖北的六年中,與張之洞幕中諸人交往甚深,並以此張開與全國官僚士人的關係網絡。今存上海圖書館且已出版的《汪康年師友書札》,正顯示了他此種特殊的交

(接上頁)爲、梁鼎芬關係索隱》,《廣東社會科學》2006年第2期;黃升任:《黃遵憲與〈時務報〉》,《學術研究》2006年第6期;孔祥吉:《黃遵憲若干重要史實訂證》,《清史研究》2010年第2期。

[1] 光緒二十一年十二月初四日辰刻發,《張之洞存來往電稿原件》,第11函,所藏檔號:甲182-382。在該電稿中,張之洞刪去"星海想已到鄂"一句。其抄件又見於《張之洞電稿乙編》,第48册,所藏檔號:甲182-71。"鄒",鄒代鈞。"葉",葉瀾。

[2] 相關的內容,可參見本書導論第一節。

第四章　張之洞與《時務報》、《昌言報》　227

際能力。康有為當時亦對汪有較多的好感。[1]

　　早在光緒二十年,汪康年就有辦報的設想,最初的設計為《譯報》;亦曾與梁啓超商定在上海辦報的計畫。汪此次來到上海,所接收者僅是強學會餘款銀三十餘兩及七十餘元,但並没有放棄。[2] 他與正在上海辦理教案與蘇州開埠事務的金陵洋務局總辦、分省補用道黄遵憲商議此事,得到了黄的支持。汪又與上海紳商經元善(張之洞此時派在上海的賬房)商量,以索回張之洞捐贈上海強學會的餘款。經最初對此並不同意,且言詞激烈[3];然他奉到張之洞的幕僚黄紹箕、梁鼎芬的信件後,立即予以撥款。[4] 光緒二十二年五月初三日(1896年6月13日),經致汪信稱:"昨承左顧,馨談甚暢。兹送上強學會餘規銀七百兩莊票一紙……"[5]此款後來成為《時務報》開辦的主要經費之一。與此同時,梁啓超抵達上海。黄遵憲、汪康年、梁啓超、吴德瀟、鄒凌瀚共同發起《時務報》。張之洞雖未直接參與其事,但也表示了對汪未從其命返回湖北而堅持在上海辦報的諒解。[6]

---

[1]　康有為於光緒二十一年十二月十二日致其弟子何樹齡、徐勤信稱:"……今彼既推汪穰卿來,此人與卓如、孺博至交,意見亦同(能刻何啓者三千師送人,可是專持民主者,與易一必合)。"(《康有為遺稿·戊戌變法前後》,第236—237頁)"孺博",康有為弟子麥孟華。"易一",何樹齡。

[2]　據《申報》光緒二十二年三月十一日刊登的《強學局收支清單》,"共收銀七百十兩,收洋二千二百四十七元九角二分。除支洋二千一百七十二元七角八分,□存銀七百三十兩,存洋七十五元一角四分,所有餘款數目單據及自置書籍、木器、物件於去臘廿五皆點交汪進士穰卿收存"。"除香帥餘款七百兩函經蓮珊太繳回外,餘款交汪穰卿進士"。相關的情況亦可參見本書導論第一節。

[3]　光緒二十一年十二月三十日,經元善致信汪康年:"……強學會事,誠是當務之急,一唱百和,方期逐漸擴充,以樹自強之本,忽然封禁,浩嘆殊深。惟康長翁之手段,似長於坐而言,絀於起而行,欲集衆人之資以逞一己之見,物議之來,或有由致。弟本為門外漢,又局局外人,早已禀陳香帥力辭會董之職……謹謝不敏,自後勿以此事相告為幸。"(《汪康年師友書札》,第3册,第2425頁)

[4]　經元善為此發電張之洞:"強學會餘款七百金,據黄紹箕、梁鼎芬兩太史函,撥交汪進士康年手收,已付訖,以清經手。元善稟。"(光緒二十二年五月初四日亥刻發,初六日午刻到,抄本《張之洞電稿》,第32册,《上海來電一·湖廣》,中國社會科學院經濟研究所圖書館藏)。強學會餘款由梁鼎芬等人處理,也是張之洞先前的決定。可參見本書導論第一節。

[5]　《汪康年師友書札》,第3册,第2426頁。

[6]　相關的研究,可參見廖梅的論文《〈時務報〉三題》,《近代中國》,第4輯及其著作《汪康年:從民權論到文化保守主義》第三章。光緒二十二年五月,汪康年從上海去武昌,向張之洞説明情況。

光緒二十二年七月初一日,《時務報》第一期在上海出版。梁啟超以其精銳的思想、出色的文筆,使之風行於世。汪康年亦於該報出版初期寫信向張之洞報告,並附呈其報:

> 廣雅年伯尚書大人鈞鑒:前奉稟敬,諒塵鑒覽。《時務報》已於初一出報,曾托念劬轉呈,想蒙賜察。第二期報已印成,謹由信局寄呈貳冊,並附第一期報二冊。伏乞察入。所慮論卑識近,不足塵大雅之觀。惟望訓正。專函敬請崇安。年愚侄汪康年謹上。[1]

"念劬",張之洞的親信幕僚錢恂。張之洞收到此信後,於七月二十四日(9月1日)命錢恂發電:

> 上海《時務報》館:頭期報三百五十、二期二百速寄。恂。[2]

二十五日,張之洞又命全省文武大小衙門書院學堂一律官費派閱。[3] 此後,浙江巡撫廖壽豐、湖南巡撫陳寶箴、安徽巡撫鄧華熙、兩江總督劉坤一、江西布政使翁曾桂等官員紛紛下令派閱或協助銷行,使《時務報》短期內獲有極大的銷路。[4] 然而,康有爲的"今文公羊"、"孔子改制"等學說爲張之洞等官員所不喜,汪康年更多地代表着張之洞一派的立場。梁、汪之間,由此生隙。

梁啟超考慮到《時務報》此時的財務困局及自辦報紙不易,對"孔子紀年"等項,采取了"不復力爭"的態度,對康有爲提出的"再蹶再興"的

---

[1] 《張之洞存札殘件》,所藏檔號:甲182-478。原信無日期,然《時務報》第2冊出版於光緒二十二年七月初十日,此信當寫於此時。

[2] 七月二十四日午刻發,《張之洞電稿》光緒二十一年七至八月,所藏檔號:甲182-482。整理者有誤,根據内容,此電發於光緒二十二年。又,該電原稿中另有錢恂的附注:"私電廿字請崧生仁兄大人速發。此係奉帥諭飭取之件,維自出報貲,實官事也。弟恂。""崧生",梁敦彦,張之洞的幕僚。由此可知,錢恂奉張之洞之命發電。

[3] 《札善後局籌發〈時務報〉價》,光緒二十二年七月二十五日,"共計二百八十八本,共價一千一百五十二元"。(《張之洞全集》,第5冊,第506—507頁)

[4] 《購訂〈時務報〉發交通省各書院觀閱札》,《陳寶箴集》,中冊,第1131—1132頁;並參閱廖梅《汪康年:從民權論到文化保守主義》,第66—69頁。又,汪康年給陳寶箴的信中稱:"……報冊得荷提倡,湘省業已暢銷。此間每期已銷至七千餘份,年内添譯書籍並建藏書樓,以仰副盛意……"《陳寶箴友朋書札》(三),《歷史文獻》,第5輯,第179—180頁。

強硬要求,也提出了"稍諧衆論"、"然後徐圖"的和緩對策。[1] 而他在致汪康年之弟汪詒年的信中,將其在《時務報》館中的委曲,盡情發泄出來:

> 啓超之學,實無一字不出於南海。前者變法之議(此雖天下人之公言,然弟之所以得聞此者,實由南海),未能徵引(去年之不引者,以報之未銷耳),已極不安。日爲掠美之事,弟其何以爲人?弟之爲南海門人,天下所共聞矣。若以爲見一康字,則隨手丟去也,則見一梁字,其惡之亦當如是……[2]

同爲《時務報》撰述的章太炎,亦因學術分歧,於光緒二十三年三月十三日(1897年4月14日)在上海被康有爲弟子所毆,狼狽不堪,避走杭州。[3] 汪康年與章太炎同鄉且交善,汪自然袒章。

張之洞一開始並没有參預《時務報》的内部紛争。

從"張之洞檔案"來看,他最初對梁啓超極欣賞。光緒二十二年十二月二十八日(1897年1月30日),張之洞通過其大幕僚梁鼎芬發電梁啓超:

> 《時務報》館梁卓如:南皮有要事奉商。明正第一輪來,住芬處。專待,盼覆。芬。儉。[4]

梁啓超於光緒二十三年正月十五日到達武昌,次日即去拜訪。他在信中詳細説明了與張之洞相見的情况:

---

[1] 梁啓超致康有爲信稱:"孔子紀年,黄、汪不能用,後吴小村文(父)子來,又力助張目,仍不能用。蓋二君皆非言教之人,且有去年之事,尤爲傷禽驚弦也。去年南局之封,實亦此事最受壓力。蓋見者以爲自改正朔,必有異志也。四月廿七書云:改朔爲合羣之道,誠然。然合羣以此,招忌亦以此。天下事一美一惡一利一害,其極點必同比例也。今館經營,拮据數月,至今仍有八十老翁過危橋之勢。(旁注謂經費)若因此中蹶,則求復起更難矣。故諸君不願,弟子亦不復力争也。來書謂:再蹶再興,數敗不挫,斯法立矣。然我輩非擁朱、頓之資,事事仰人,欲集萬金,以就一事,固不易易。故毋寧稍諧衆論,俟局面既定,然後徐圖……"(《覺迷要録》,録四,第22頁)"黄",黄遵憲。"汪",汪康年。"吴小村文(父)子",吴德潚、吴樵。"南局",上海强學會。"朱、頓",春秋時豪陶朱公(范蠡)和猗頓的並稱。儘管康有爲提出"改朔爲合羣之道"、"再蹶再興,數敗不挫"的强硬主張;梁仍力持"稍諧衆論"的和緩態度。
[2] 《汪康年師友書札》,第2册,第1862頁。
[3] 相關的細節,可參見本書導論第三節。
[4] 光緒二十二年十二月二十八日酉刻發,《張之洞電稿丙編》,第69册,所藏檔號:甲182-93。

十六日適南皮取侄媳,賀客盈門。乃屬節庵入輿之言,其午乃入見。南皮撇開諸客延見,是夕即招飲,座中惟節庵、念劬兩人相陪,譚至二更乃散。渠相招之意,欲爲兩湖時務院長,並在署中辦事,以千二百金相待。其詞甚殷勤,又其辨過於伍……

張之洞撇開賓客專門與梁相見,又以梁鼎芬、錢恂兩親信幕僚相陪歡宴至日"二更",再以"院長"、年薪銀 1 200 兩相待,在我所見的"張之洞檔案"中,張待梁之規格,似屬其待人的最高優禮。然梁仍以《時務報》之需爲由辭之。[1] 光緒二十三年六月二十一日(1897 年 7 月 20 日),張之洞又發電盛宣懷:

上海盛京堂:梁卓如孝廉即經奏調在滬,曾見面否?此人必須優禮。如尚未晤,似須臺端先往拜更好。洞。筒。[2]

對於一位年僅二十四歲的舉人,要求如此施敬,意味着對其才華的肯定。光緒二十三年七月二十日,張之洞給汪康年、梁啓超的信中再次邀請梁:"……甚盼卓老中秋前後來鄂一遊,有要事奉商,欲得盤桓月餘。此不多及。"[3] 是年秋,梁啓超去湖南任時務學堂職時過鄂,張之洞仍與之多次交談。[4] 到了光緒二十三年底,張之洞對梁啓超遵從其師康有爲的

---

[1]《汪康年師友書札》,第 2 册,第 1841 頁。"伍",伍廷芳,此時新任駐美公使,亦欲聘梁爲參贊。梁辭之。"其辨過於伍",即是張之洞的説詞超過了伍廷芳。又,原注稱該信"約爲二十二年到湖北時所發",似爲誤。此信似發於光緒二十三年正月十七日。

[2] 光緒二十三年六月二十一日酉刻發,《張之洞電稿丙編》,第 72 册,所藏檔號:甲 182 - 94。張之洞之所以建議盛宣懷禮遇梁啓超,是由於盛新近向朝廷奏請調用梁氏幫辦鐵路。"丁酉四月,直隸總督王文韶,湖廣總督張之洞,大理寺卿盛宣懷,連銜奏保,有旨交鐵路大差遣,餘不之知也。既而以札來,粘奏摺上諭焉,以不願被人差遣辭之。張之洞屢招邀,欲致之幕府,固辭。"(梁啓超:《三十自述》,丁文江、趙豐田編:《梁啓超年譜長編》,第 66 頁。)又,盛宣懷之《奏調人員片》,光緒二十三年三月,可見盛宣懷:《愚齋存稿》,刊本,思補樓藏版,1939 年,卷 1,第 26 頁。該片請奏調何嗣焜、蔡匯滄、鄭孝胥、梁啓超四人輔助辦理鐵路,其中關於梁啓超的考語稱:"舉人梁啓超博通古今,志氣堅强……"

[3]《汪康年師友書札》,第 2 册,第 1672 頁。原件無年份,根據該信中"戒纏足會"、"農學會"的内容,當寫於光緒二十三年。

[4] 梁啓超給汪康年的信中稱:"過鄂爲南皮留譚,至今尚未成行,度明日亦必行矣……"(《汪康年師友書札》,第 2 册,第 1841—1842 頁。該信署日期爲"十五日",又注"十月廿二到",似寫於十月十五日。又該信稱:"南皮于湯蟄仙文亦頻問訊,無已,並刻之如何?"可知該信寫於光緒二十三年。

思想,已經極爲反感,但仍有意做梁的工作,等待其改變態度。[1]

汪康年畢竟是其舊屬,張之洞也視《時務報》爲自家之物件。光緒二十三年八月二十八日(1897年9月24日),張發電汪:

> 致上海《時務報》館汪穰卿。急。湯蟄仙大令壽潛來鄂,談甚洽。昨已赴滬,請挽留貴館,三四日作一文,取其持論正大,既可分諸君之勞,兼以救他報新奇之弊。在鄂時,湯已許可。每月由敝處籌送薪資四十金。即送關。祈轉致,並示覆。儉。[2]

從電報的語氣來看,與對待其在武昌的下屬並沒有什麼兩樣。汪康年對此完全照辦,並覆電同意。[3] 此外,張之洞還經常委派他辦理聘請湖北新學堂教習諸事,"張之洞檔案"中存有兩人之間此類事務的多件電報。

二、張之洞與黃遵憲的交誼

前節已敍,在《時務報》的創辦過程中,黃遵憲也是一位主角,起到了非常重要的作用。然他又是張之洞極其欣賞的人才,"張之洞檔案"中對此留下了大量的材料,多未發表,我在這裏稍加詳細地予以介紹。

張之洞電調回國 黃遵憲(1848—1905),字公度,廣東嘉應州(今梅州)人。光緒二年(1876)中舉。次年由清朝駐日本公使何如璋奏調赴日,任使館參贊,撰寫《日本國志》。後任清朝駐美國三藩市總領事、駐英國使館參贊、駐新加坡總領事等職,官職歷保爲二品銜

---

[1] 張之洞企圖通過湖南學政徐仁鑄改變梁啓超思想一事,參見本書第五章第三節。
[2] 《張之洞全集》,第9冊,第254頁。"大令",知縣,湯壽潛曾任安徽青陽縣知縣。"以救他報新奇之弊",也有針對康學之意。
[3] 汪康年覆電:"湯大令已由報館延請,月作文,如諭。餘函詢。康。絳。"(光緒二十三年九月初三日申刻發、初四日午刻到,抄本《張之洞電稿》,第32冊,《上海來電二·湖廣》,中國社會科學院經濟研究所圖書館藏)

補用道。[1] 長期駐外的經歷,使之對外國事務多有了解。甲午戰爭初期,兩江總督劉坤一北上統軍,湖廣總督張之洞奉命署理兩江總督,未行前即於光緒二十年十月十一日(1894年11月8日)電奏,請調時任新加坡總領事的黃遵憲來南京交其"差委"。光緒帝下旨予以批准。[2] 黃遵憲奉旨後,於十月十六日發電:

> 遵憲蒙奏調差委,奉旨准往,即欽遵辦理。約月底交卸,即行啓程。謹稟謝。叩賀。職道遵憲。銑。[3]

此後,黃遵憲一路皆有電報給張之洞,報告行程諸事。[4] 至十一月底,黃到南京,張派其主持金陵洋務局,由此成爲張在戰爭期間的主要幕僚。[5]

---

[1] 《清代官員履歷檔案全編》,第6冊,第186—187頁。
[2] 張之洞電奏中稱:"……候選道黃遵憲,現充新嘉坡總領事。該員才識閎遠,熟悉日本情形。領事無甚要事,仰懇聖恩將二員(注:另一員爲前任雷瓊道朱采)飭調迅赴江南,交洞差委,必于時局大有裨益。並請電敕出使英國大臣電知黃遵憲,將總領事關防暫交委員代辦,即日迅速回華,五六日可到粵。一面由臣電知該道速行。"(《張之洞全集》,第4冊,第410頁)與此同時,張之洞還發電駐英公使龔照瑗:"致倫敦龔欽差:弟調署兩江,十一抵寧,十六接印。昨奏調新嘉坡總領事黃道來江差委,十三日奉電旨:黃遵憲著准其調用,其新加坡總領事即著該督電知龔照瑗改派等因。欽此。祈即欽遵辦理,並請飭該員將總領事關防暫交委員代辦,即日迅速來江爲禱。洞。願。"(光緒二十年十月十四日辰刻發,《張之洞電稿丙編》,第42冊,所藏檔號:甲182-88)龔照瑗覆電稱:"願電敬悉。叩賀任禧。新嘉坡總領事遵旨改派駐檳榔嶼副領事、候選知府張振勳代辦,已電黃道交卸,速起程到江。瑗。咸。"(光緒二十年十月十五日申刻發,十六日辰刻到,《張之洞存各處來電》,甲午第7冊,所藏檔號:甲182-126)龔又電稱:"黃道下月初起程,頃路透社自橫濱電稱,倭三批運兵船四十只或云赴南,或云赴北,乞轉津。瑗。沁。"(光緒二十年十月二十七日申刻發,申刻到,甲午第9冊,出處同上)
[3] "新嘉坡總領事黃道來電",光緒二十年十月十六日亥刻發,十七日午刻到,《張之洞存各處來電》,甲午第7冊,所藏檔號:甲182-126;又見於抄本《張之洞電稿》,第22冊,《外洋來電一》,中國社會科學院經濟研究所圖書館藏。
[4] "遵憲現由法船來江。佳。"(新加坡黃道,十二月初九日未刻發,亥刻到,《張之洞各處來往電稿原件》,第12函,所藏檔號:甲182-383,該件有誤,當爲十一月初九日。原電發於新加坡,寫明5/12,係西曆,"佳"是初九日的代碼,故整理時誤爲十二月初九日,而西曆12月5日恰是十一月初九日。抄件又見《張之洞各處來電》,甲午第20冊,所藏檔號:甲182-128,該件亦誤作十二月)"遵憲坐法船來,因修整機器,廿三晚甫到滬,廿七由滬來。憲謹稟。"(上海黃道,光緒二十年十一月二十七日午刻發,申刻到,《張之洞存各處來往電稿原件》,第9函,所藏檔號:甲182-380;抄件又見《張之洞各處來電》,甲午第17冊,所藏檔號:甲182-128)
[5] 張之洞於光緒二十二年正月初四日"黃遵憲調鄂差委仍辦南洋教案片"中稱:"該員在新加坡總領事任內,經臣奏調,即委辦金陵洋務局……"(《張之洞奏摺原件》,第13函,所藏檔號:甲182-314;抄件又見《張之洞督江奏稿初稿》十,所藏檔號:甲182-190)"張之洞檔案"中有一便條,上寫:"黃遵憲,總辦洋務局;吳奇勳,總統各兵輪(名目須查案);李田粵(隨吳來),管帶兵輪;吳其藻,管帶兵輪。"(《張之洞存來往電稿原件》,第8函,所藏檔號:甲182-379)(轉下頁)

第四章　張之洞與《時務報》、《昌言報》　233

張蔭桓等人赴日談判議和，途經上海，電請黃遵憲到上海，共同商議對策；黃亦將相關內容向張之洞彙報。[1]

　　甲午戰爭結束後，根據總理衙門的指令，張之洞於光緒二十一年七月派黃遵憲到上海，與法國駐上海總領事談判辦理江蘇等五省歷年教案。[2] 黃遵憲事事皆向張稟報請示，其中包括江蘇教案、日本租界、法國兵船擬入長江、五省教案談判地點等，張之洞對此亦有回電，予

――――――――――――

（接上頁）又，黃遵憲任洋務局總辦時，收到駐在蕪湖的徽寧池太廣道袁昶兩電："洋務局黃道臺鑑：蒸、真電敬悉。法兵輪昨午到，候提督信，乃上駛。皖、潯均小停，如水淺，即不赴鄂，仍回滬云。昶。文。"（光緒二十一年五月十二日收到）"南京洋務局黃大人鑑：法兵船探上游水淺，今晨仍下駛。昶。銑。"（光緒二十一年閏五月十六日收到，以上兩電皆見《張之洞存來往電稿原件》，第 14 函，所藏檔號：甲 182-385）可見其平日工作之一斑。

[1]　"上海張侍郎來電：新架（加）坡總領事黃遵憲擬暫約來滬一晤，幸。飭遵。桓。有。"（光緒二十年十二月二十五日午刻發，未刻到，《張之洞存各處來往電稿原件》，第 12 函，所藏檔號：甲 182-383；又見《張之洞存各處來電》，甲午第 24 册，所藏檔號：甲 182-129）張之洞當即回電："上海張欽差：黃道遵憲昨已面飭迅赴滬。洞。有。"（光緒二十年十二月二十五日申刻發，《張之洞電稿丙編》，第 45 册，所藏檔號：甲 182-88）黃遵憲於光緒二十年十二月二十九日電告張之洞："張欽使云：准元旦附英船往倭。旨初令緩行，近覆有旨促往。此事有美使居間，惟並非調處。彼所允者，接見華使，即派大員，兩日即開議。如何要索，均未明言。國書載明'全權'，另有'所議隨時請旨'之論。政府亦無定見。欽使之意，割地萬不能許云。欽使留職少住。開春回寧，再詳細面稟。憲。潮州館。"（十二月二十九日巳刻發，申刻到，《張之洞存各處來往電稿原件》，第 12 函，所藏檔號：甲 182-383；又見抄本《張之洞電稿》，第 8 册，《上海來電二》，中國社會科學院經濟研究所圖書館藏）張蔭桓次日再發電張之洞："密。黃道來，詢悉起居。此行不及面別為悵。時事紛紜，已托黃道縷達。歲朝東渡，遙叩年禧。桓。豔。"（十二月三十日丑刻發，已刻到，出處同上）

[2]　光緒二十一年六月初五日，總理衙門發電張之洞："五省未結法國教案，閏月廿三日諮請派員與上海法總領事秉公商結。頃法使催詢，特電請速辦。歌。"（初五日亥刻發，初六日丑刻到）初八日再發電："語電悉。查五省未結法國教案：江南徐州、常州、泰州，江西贛州，湖南灃州屬界溪橋，湖北利川、荊門，浙江孝豐縣屬宋坑；均係舊案。望速結。此外有無遺漏，希分諮確查，一並了結，並先電覆。庚。"（初八日申刻發，亥刻到）二十二日再電："前請派員與法領事商結五省教案，已派幾員？希將銜名電覆。養。"（二十二日戌刻發，二十三日辰刻到，以上三電見《張之洞存北京來電稿·光緒二十一年一月至八月》，所藏檔號：甲 182-407）總理衙門的積極態度，與"三國還遼"後的國際形勢有關，清朝欲與法國保持親善關係。張之洞於七月初一日發電："……至江南教案，已委候補道黃遵憲馳赴上海會同上海道與該國領事議辦。"（《張之洞全集》，第 9 册，第 1 頁）張又於光緒二十二年正月初四日"黃遵憲調鄂差委仍辦南洋教案片"中奏稱："嗣接總署函電，法使屢請南洋派員，將江蘇、江西、浙江、湖北、湖南五省歷年教案結辦。當即派該員赴滬，專辦此事。先將江蘇本省歷年五案辦結，已諮總署在案。其他各省之案，已諮各該省督撫飭各地方官將案情證據訊詳確，證明南洋，再與上海法總領事商辦。今各案尚未諮覆，已與法總領事議明：以後隨到隨辦；如在滬難了者，該總領事亦允由黃遵憲前赴沿江各省，就近與本省領事商辦。"（《張之洞奏摺原件》，第 13 函，所藏檔號：甲 182-314；抄件又見《張之洞督江奏稿初稿》十，所藏檔號：甲 182-190）

以指示。[1] 至十一月,黃遵憲將江蘇五教案辦結,張之洞對此也甚爲滿

[1] 從檔案來看,此時在上海、南京等處的黄遵憲有多電給張之洞,報告辦理情況:一、"遵憲密稟:鈞諭敬悉,應即往蘇。惟教案業經開議,立告往領事。渠謂:兩國政府委辦之事,未便開議即停。電詢蘇局,覆稱倭領日内回滬。職道竊思,要索不允,停議亦事理之常,但求總署堅持,將來可再將寶帶橋續議。此事彼因,而我應似可坐以待之。如何辦法,候示遵行。"(光緒二十一年九月十九日午刻發,申刻到,《張之洞存各往來電稿原件》,第19函,所藏檔號:甲182-390;又見《張之洞存各處來電》,乙未第22册,所藏檔號:甲182-134)此電是對張之洞電報的回電。張於九月十六日發電:"上海道轉交黄公度觀察遵憲:蘇州正在議租界地段,彼欲在閶門外,鄙人只許在寶帶橋,彼尚未允。閣下速赴蘇會商。此事為緊要關鍵,若此時不與議,日後到蘇,無大益矣。教案可與法領事言明,回滬再議辦不遲。兩江。諌。"(戌刻發,《張之洞電稿乙編》,第45册,所藏檔號:甲182-70)二、"遵憲密稟:法領事云,九江有一法兵船接報稱,該地遣散北勇,甚慮擾亂,擬年派吴淞法船前往。職道言,可請憲臺電令地方官加意彈護,不必派船。渠已允行。懇求電飭,並請示覆。"(九月二十日未刻發,戍刻到,《張之洞存來往電稿原件》,第19函,所藏檔號:甲182-390;又見抄本《張之洞電稿》,第10册,《上海來電八》,中國社會科學院經濟研究所圖書館藏)三、"黃道來電。遵憲密稟:教案現既議妥三事。徐州議定:一、將原房歸教士;二、派中國教士住居料理,西士每歲巡察數次,並不久住;三、或將此房作義學、醫館。泰州議定:一、房歸教會;二、教士無建堂之意,因泰州係通衢,準備教士來往偶然駐足之所;三、滋事時被毁房、物,由地方給價修復。又,陽湖朱姓抵產案,議將原地歸教會管業,作為教會公產,可以租給華人,為住居、貿易、耕種各項之用,惟並不建堂傳教,教士亦不住居此地。按:徐、泰均係原擬辦法,惟陽湖一處殊非擬議所及,惟紳士所不願只在建堂傳教耳。今此地不住教士,于事無礙;而紳士籌出備贖之積穀公款四千餘兩,可以領遠,尚屬有益。統求憲臺核示,以便遵照簽押。號。"(光緒二十一年九月二十日未刻發,戍刻到,出處兩處同上)張之洞對此回電:"上海黄道臺公度:號電悉。徐州、泰州、陽湖朱姓三案,所議尚妥,即照此定議。兩江。號。住何處,即電覆。"(光緒二十一年九月二十一日子刻發,《張之洞電稿丙編》,第61册,所藏檔號:甲182-92)四、"遵憲密稟:鈞諭敬悉。面商法領事,據稱仍願照總署與公使所議,在滬會商,倘有難決之事,必須就近辦理之處,屆時再擬前往,或委就近領事與地方官會辦等語。先此稟覆,餘俟詳稟。咸。"(光緒二十一年十月十五日酉刻發,戌刻到,《張之洞存各往來電稿原件》,第20函,所藏檔號:甲182-391;另一抄本出處同上)張之洞對此於十七日發電:"咸電悉。商辦教案,法領事願在滬會商,究竟與該道前往各省商辦,孰爲便易?速籌覆。兩江。篠。"(申刻發,張之洞電稿乙編》,第45册,所藏檔號:甲182-70)十九日再發電:"上海黄道臺遵憲:篠電問商辦五省教案,擬在何處爲便? 即刻速覆。兩江。效。"(辰刻發,《張之洞電稿丙編》,第62册,所藏檔號:甲182-92)五、"遵憲密稟:靖江朦買基地,契内並無'天主堂'字,既照會不准管業。陽湖陳福盛賣案,係賣給華人,議歸本國自辦。各案俱結。現惟陽湖朱姓抵債案,領事翻議,後只願申明不造歐洲教堂,職道告以請示遵行。俟稟到,請核示。漾。"(光緒二十一年十月二十三日戌刻發,亥刻到,原件出處同上,抄件另見《張之洞存各處來電》,乙未第23册,所藏檔號:甲182-134)張之洞亦爲此發電:"致常州陽湖縣李令:該縣朱致堯基地抵給教堂欠債案,法領事聲明辦法,既由黄道札詢,該令應即詢商紳士,從速稟覆。以憑核辦。兩江。漾。"(光緒二十一年十一月二十四日丑刻發,《張之洞電稿乙編》,第9函第47册,所藏檔號:甲182-70)六、"黄道來電:有電敬悉。遵諭補入,即行刊布。遵憲謹稟。"(光緒二十一年十二月二十六日午刻發,未刻到,《張之洞存來往電稿原件》,第19函,所藏檔號:甲182-390;抄件另見《之洞存各處來電》,乙未第26册,所藏檔號:甲182-134)七、"黄道來電:忻悉沿途安好,謹叩新喜。前由憲臺接總署咸電後,峴帥覆,約中丞聯銜,電請總署:知照倭國領員,授以四處開埠商議暫行章程之權;亦由總署派員與商,擬即派黄道遵辦。總署宥覆開,已知照林董,得覆再電飭黄道遵辦。日内未有續電。職道擬即往蘇、滬。江西教案,德帥派員已起程。奉譚督憲札,湖北有荆門(轉下頁)

意,發電上報總理衙門。[1] 與此同時,張之洞又命黃遵憲與容閎等人辦理滬蘇鐵路招商等事。[2] 這些電報的數量較多,我也將相關的檔案在注釋中抄錄,以供研究黃遵憲的學者參考。光緒二十一年十二月二十九日(1896年2月12日),張將離開南京回任湖廣,保舉其在署理兩江任內的人才,其中就有黃遵憲。[3]

留蘇及北洋任職 新任直隸總督、北洋大臣王文韶,不願全用李鴻章的班底,於光緒二十一年十二月初四日奏調黃遵憲赴北洋差委,任總

(接上頁)州、湖南有澧州、武陵等案,請飭從速鈔案。法領事三月間回國,趁其未歸,將案辦清,庶免另起爐灶,再生波瀾。統乞鑒核。職道遵憲謹稟。東。"(光緒二十二年二月初一日酉刻發,初二日巳刻到,抄本《張之洞電稿》,第23冊,《江蘇來電一》,中國社會科學院經濟研究所圖書館藏)從以上電報內容來看,第一電是張之洞命其去蘇州,與日本新任領事辦理蘇州開埠事,黃告之法國總領事不願暫停談判;第二電關於法兵船入江之事;第三電是說明談判過程;第四電是張之洞有意各省教案與發生地的法國領事談判,黃再告法國總領事的態度;第五電說明江蘇陽湖縣地基一案的情況;第六電內容不詳,似爲刊布關於教案結案的文件;第七電是張之洞回湖廣本任之後,黃此時尚在南京,向張報告準備與日本開議蘇州等四口事宜,並彙報江西、湖北、湖南等處的教案談判的準備情況。"峴帥",兩江總督劉坤一;"中丞",江蘇巡撫趙舒翹;"林董",新任日本駐華公使;"德帥",江西巡撫德壽;"譚督",署理湖廣總督、湖北巡撫譚繼洵。此外,張之洞於光緒二十一年十月二十八日還有一電給黃遵憲:"上海黃道遵憲:日來公事過繁,本部堂勞乏已甚。望婉阻法船官裝爾勿來爲要。如來,實難撥冗接見也。兩江。有。"(丑刻發,《張之洞電稿丙編》,第63冊,所藏檔號:甲182-92)

[1] "張之洞檔案"中有一件黃遵憲的報告:"金陵洋務局總辦黃遵憲謹呈:竊查江南教案現均議結,日內再分案詳敘,稟請憲臺分飭各地方官遵辦。內泰州一案,職道照會內聲明,即飭知地方官加意保護等語。誠慮教士不時來往,該州尚未知悉。又陽湖朱致堯案,既由職道札詢陽湖李令,應電催該令速案,以憑核辦。謹分別酌擬兩電,繕呈鈞核。"附有黃遵憲起草的給泰州趙牧、陽湖縣李令的電報,張之洞批示"兩電皆速發";並於光緒二十一年十一月二十四日丑刻發出。(《張之洞存來往電稿原件》,第5函,所藏檔號:甲182-376)次日,二十五日,張之洞發電總理衙門:"江南教案五起,銅山一案、泰州一案、靖江一案、陽湖一盜賣案、一將地抵給教堂欠債案,均經道員黃遵憲與上海法總事議結。其餘各省教案,俟將案情諮到,再與議辦。詳情諮呈。之洞肅。有。"(《張文襄公電稿墨迹》,第2函第9冊,所藏檔號:甲182-219;抄件又見《張之洞電稿乙編》,第9函第47冊,所藏檔號:甲182-70)

[2] 《張之洞全集》,第9冊,第93、96頁。又,張之洞曾於光緒二十一年十二月二十九日發電黃遵憲等人:"感電想已接到,華商究竟實附股者幾家?可集若干?務將大概情形即刻電覆。兩江。勘。"(丑刻發,《張之洞電稿乙編》,第48冊,所藏檔號:甲182-71)此電是讓黃遵憲去查驗容閎的底,相關的情況,可參見本書第六章第二節。

[3] 張對其的評語稱:"奏調江南差委分省補用道黃遵憲。學識賅通,心思沉細,洋務素能精心考求。近日委辦五省教案,先辦江省各案,皆係積年膠葛之件,與法領事精思力辯,批卻導竄,該領事頗就範圍,挽回甚多。已諮明總署有案。是其長於洋務,確有明徵。堪勝海關道之任。"(《張之洞全集》,第3冊,第340頁;其原稿見《張之洞密保人才等奏摺》,光緒十三年至二十九年,所藏檔號:甲182-25)

辦水師營務處。光緒帝予以批准。[1] 王爲此於十二月初十日（1896年1月24日）專門發電張之洞，請求關照：

> 北洋以合肥故，連類而及，舊時在事之人，幾爲衆射之的。其中人才本少，不得不借助他山。昨奉調黃道遵憲來直，已奉諭旨允准。除備文知照外，合先電聞。兩江、兩湖人才濟濟，務求分潤，俾資臂助。感荷實深。韶。蒸。亥。[2]

王文韶雖是張之洞在戰時及戰後的政治盟友，但張得知王調黃遵憲，立意決不放人，於光緒二十二年正月初四日（1896年2月16日）上奏：

> ……兹准直隸督臣王文韶咨，奏調該員赴北洋差委，奉旨允准。竊思洋人性情，凡商辦一事，已與何人議辦者，即不願更換他人，取其端緒清楚，易於商量。且凡交涉等事，不能徇人率准，亦不能逞臆強駁，必深明中外事理，則其言易入。今黃遵憲議辦江蘇教案，深悉外洋情狀、法律，操縱兼施，准駁中肯，尚爲順手。法總領事似頗多就範之處。雖多駁正，而該領事意頗欣悦。若另委他員，斷不能如此妥愜……

張不僅要求將黃留下辦理江蘇等五省教案，並聲稱湖北將新開商埠沙市、宜昌有洋兵擊斃官員、漢口將添租界，"是湖北一省兼有新增商務、洋務三處，實較他處尤爲棘手。湖北遠在上游，需才羅致，又較難於江南"，由此提出：

> 合無仰懇天恩，俯念湖北商埠初開，準將黃遵憲由臣調往湖北差委，並仍辦理南洋五省教案。江輪甚便，來往甚速，上海有事，仍可隨時派令回江。如此辦法，似于湖北荆、漢、宜三處通商事務及江南五省教案均有裨益。

---

[1] 參見孔祥吉：《黃遵憲若干重要史實訂證》，《清史研究》2010年第2期。

[2] 光緒二十一年十二月初十日亥刻發，十一日丑刻到，《張之洞存來往電稿原件》，第19函，所藏檔號：甲182-392；抄件見《張之洞存各處來電》，乙未第26冊，所藏檔號：甲182-134，又見抄本《張之洞電稿》，第7冊，《直隸來電四》，中國社會科學院經濟研究所圖書館藏。

對於張之洞的這一請求,光緒帝硃批"著照所請"。[1] 二月初七日,張之洞發電黃遵憲,以沙市開埠爲由,命黃"速來鄂"。[2] 此時劉坤一已回任兩江,聽到這一消息,亦不放人,於二月十三日(4月5日)電奏:

> ……查江西教案,電經西撫,已委員攜卷即日至滬,必須由該道商辦,勢難遷離。即其餘各省之案,亦須該道接續辦理。各口非駐有領事,仍須上海總領事、主教主持。該道既爲法總領事信服,在滬與議,當易就範。且蘇、浙、鄂、湘四口通商,曾商總署,擬均在滬由該道與商。四口之中,蘇浙彼尤注意,是該道留蘇,教案、商務皆得兼顧。懇恩准將黃遵憲暫留兩江,俟各事大致商定,鄂有要事,再令往來其間。

次日,光緒帝又一次批准。[3] 劉坤一爲此發兩電給張之洞,留黃遵憲在蘇州,與日本領事荒川已次開議蘇州開埠通商之事。[4]

王、張、劉是當時權勢最大的三位總督,而黃是三人點名奏調的洋務人才,可見黃此時聲望極大。然在此後的蘇州開埠談判中,黃遵憲與日本方面議定的"商埠章程"條款,引出了前駐箱根副理事(副領事)劉慶汾許多意見。劉發電張之洞大加批評,張即發電江蘇巡撫趙舒翹及黃遵憲等人,要求修改。此中的曲折,也稍稍影響了張、

---

[1] "黃遵憲調鄂差委仍辦南洋教案片",光緒二十二年正月初四日,《張之洞奏摺原件》,第13函,所藏檔號:甲182-314;抄件又見《張之洞督江奏稿初稿》十,所藏檔號:甲182-190。
[2] 《張之洞全集》,第9冊,第104頁。
[3] "南洋大臣電",二月十三日;光緒帝旨,二月十四日,中國第一歷史檔案館編:《清代軍機處電報檔彙編》,中國人民大學出版社,2005年,第17冊,第81-82頁;第2冊,第7頁。"蘇、浙、鄂、湘四口通商",指馬關條約規定的蘇州、杭州、沙市、重慶開埠之事,"湘"是劉坤一之誤。
[4] 劉坤一先是與趙舒翹聯名發電張之洞,尚有商量語氣:"日本領事荒川今日到蘇,黃道遵憲亦來此,擬令黃道與議埠界事。沙市領事永隆(瀧)在滬署前,往鄂尚需時日。擬令公電飭黃道在滬並議沙埠事,則一舉而兩感成,似較直捷。此仍遵公前議而行,想必合兼善之量也。祈覆示。坤、翹、鹽。"(光緒二十二年二月十四日酉刻發,亥刻到,抄本《張之洞電稿》,第23冊,《江蘇來電一》,中國社會科學院經濟研究所圖書館藏)劉坤一奉到電旨後,再電張之洞:"前得黃道遵憲電,奉尊處飭赴鄂,坤因該道正在滬商辦江西教案,未能遽離,且蘇、浙、鄂、川四口通商,前商總署擬均在滬由該道與商,電請總署代奏,請將黃道暫留兩江,俟各事大致商定後,鄂有要事,再令往來其間。頃總署電,奉旨:'黃遵憲著暫留江蘇,辦理教案、商務各事宜。欽此。'合電聞。坤。寒。"(二月十四日亥刻發,十五日丑刻到,出處同上)

黃關係。[1] 很可能是因蘇州開埠談判遭至各方責難，黃遵憲尚未完成談判，即躲開爭議，以"請假"名義去了天津，於光緒二十二年八月十五日到達。[2] 王文韶八月二十九日（10月5日）上奏，"委令總理北洋水師營務處並隨同辦理洋務"；光緒帝下旨"吏部知道"。[3] 十月初九日（11月13日），總理衙門發電王文韶，調黃遵憲"商蘇州租界事"，黃十二日去北京。[4] 黃遵憲到京後，十三日光緒帝下旨預備召見，十六日光緒帝召見，十九日（11月23日）以"四品卿銜"命其爲清朝駐德國公使，二十一日光緒帝再次召見。[5] 黃隨即發電張之洞：

　　頃奉旨，賞四品卿銜，簡使德國。屢邀薦拔，敬謝恩知。遵憲。[6]
未久，黃遵憲因其任命被德國所拒，再次發電張之洞：

　　遵憲稟。密。憲定派往英，奉諭前日，或唆英使到署偶詢，遂改德。德使謂，華預商英，不商德，英不願接，德當照辦。現據英使函，言明無預商事，亦無不接之言。已由署電許公，未得覆。此次來京，召見兩次，上垂意甚殷，廿五召見張侍郎，連稱"好！好！"惟國事過弱，終慮不堪驅策，孤負聖恩耳。豔。[7]

黃遵憲以上兩份電報，説明了其受命到被德國所拒的過程，也説明了其

---

[1] 楊天石論文《黃遵憲與蘇州開埠交涉》，對此解説甚詳。我在"張之洞檔案"中又讀到了一些材料，擬另撰文予以補充。
[2] 劉坤一於光緒二十二年七月十九日致趙舒翹信中稱："黃公度因聞北洋相需甚殷，將以津海關道爲之位置，故亟欲修謁，而以請諮引見爲名。弟以該道既抱奢願，默計此間無力相償，朋友相與有成，不敢苦爲維繫。第係奉留辦理埠務人員，現在事尚未完，礙難措詞准其銷差赴引；勸令來蘇面稟請示，若事屬可行，即由尊處給諮。"八月初三日致趙舒翹信又稱："公度去留，祇合聽其自審。"（《劉坤一遺集》，第5冊，第2179—2180頁）由此可見，黃遵憲當時聽聞將出任津海關道而去天津，這是一個重要的職務。劉坤一本不同意，因"無力相償"而不得不放人。相關的細節可參見楊天石論文《黃遵憲與蘇州開埠交涉》。
[3] 參見孔祥吉論文《黃遵憲若干重要史實訂證》。
[4] 袁英光、胡逢祥整理：《王文韶日記》，中華書局，1989年，下冊，第966—967頁。
[5] 《清代官員履歷檔案全編》，第6冊，第186—187頁。
[6] "黃欽差來電"，光緒二十二年十月十九日未刻發，亥刻到，抄本《張之洞電稿》，第19冊，《北京來電一》，中國社會科學院經濟研究所圖書館藏。
[7] "黃欽差來電"，光緒二十二年十月二十九日申刻發，三十日子刻到，抄本《張之洞電稿》，第19冊，《北京來電一》，中國社會科學院經濟研究所圖書館藏。"許公"，清朝駐俄、駐德公使許景澄。"張侍郎"，户部侍郎、總理衙門大臣張蔭桓。

對張之洞"薦拔"的感激。十一月二十日(12月24日),張之洞發電楊鋭,命其轉交黃:

> 京。喬:轉交黃公度。彼族誤聽傳言,致阻乘槎,深爲悵悶。譯署必另籌位置。祈示。洞。號。[1]

黃遵憲收到電報後,立即回電:

> 承温諭,感甚。初十,德使申給地沽(泊)舟之請,言華允所求,便可接黃。廿二,復來轉圜。轉(總)署既(答)以黃有別差,伊不願往,辭之。至有無位置,自關國體,亦出自聖恩,憲未敢預聞。憲稟。敬。[2]

黃遵憲此次雖未獲職,仍回任天津北洋水師營務處,然光緒帝已對其有較大的好感。

湖南長寶鹽法道任上 時間又過了半年,光緒二十三年五月,光緒帝任命黃遵憲爲湖南長寶鹽法道,黃立即發電張之洞:

> 蒙恩補授湘鹽道。夙荷恩知,重依仁宇,私衷感幸,敬謝垂廑。職道遵憲謹稟。[3]

張之洞聞訊後,發電祝賀,並稱:"湖南官紳正汲汲講求洋務,而苦無精通洋務之人,閣下此來大有益於湘也。何日出都,祈示。"[4]黃遵憲收電後,再次發電:

> 奉諭感奮。前在坡奉調,未及回粤。兹擬中旬南旋,准九月到湘。過鄂面求訓誨,冀有遵循。遵憲稟。冬。[5]

─────────

[1] 十一月廿日酉刻發,《張文襄公電稿墨迹》,第2函第11册,所藏檔號:甲182-219。原件無年份,根據其内容,該電發於光緒二十二年。

[2] "黃欽差來電",光緒二十二年十一月二十四日亥刻發,二十五日申刻到,抄本《張之洞電稿》,第19册,《北京來電一》,中國社會科學院經濟研究所圖書館藏。括號内的字是我推測的。"申給地沽(泊)舟之請",指德國此時要求清朝給予一港口,以能停泊軍艦,後藉故占領膠州灣(青島)。

[3] "黃道來電",光緒二十三年五月二十一日未刻發,二十二日子刻到,抄本《張之洞電稿》,第19册,《北京來電一》,中國社會科學院經濟研究所圖書館藏。

[4] 光緒二十三年五月三十日辰刻發,《張之洞全集》,第9册,第234頁。

[5] "黃道來電",光緒二十三年六月初二日午刻發,初三日子刻到,抄本《張之洞電稿》,第19册,《北京來電一》,中國社會科學院經濟研究所圖書館藏。"坡",新加坡。

然黄遵憲未回籍,也未等到九月,而是在陳寶箴的催促下,於是年七月中旬赴任。途中過鄂,與張有密切且長久的交談。[1] 七月二十一日,湖南巡撫陳寶箴發電張之洞,有意讓黄遵憲署理湖南按察使。[2] 張之洞次日回電,稱言:

> 箇電悉。黄道遵憲署臬篆,極爲相宜。當即將尊電録示黄道。黄意以臺端初六日即須入闈,該道擬二十七日行,約初一日到湘,尚可謁見數次。至李臬司入覲批摺,雖於初十日外方到,該道渥蒙優待,俾權臬事,到省後謹當靜候數日。囑代請示等語。鄙意黄道似以月初到湘爲便,庶可早得晉謁。即候十餘日,再委署臬似無妨。蓋將委以重任,即無投閒之疑也。特此奉達。尊意究以如何爲妥,祈速電示,以便飭遵。禡。[3]

陳寶箴、張之洞爲黄遵憲的仕途作了精心的安排。黄到湘後,張、黄兩人電報頻頻,交情亦好。[4]

---

[1] 見黄遵憲"致梁鼎芬函"、"致王秉恩函",《黄遵憲全集》,上册,第408、412頁。
[2] 陳寶箴來電稱:"新授臬司李經羲必須入覲,批摺約八月初十外到湘,乃能交卸。實任道員,只但道一人,近頗重聽,難署臬篆,且派提調入闈。候補道亦無人。惟黄道遵憲爲宜。聞擬日内由鄂來湘。如鈞意謂然,乞迅飭黄道暫緩,俟八月十一、二日到省,以免懸候晨便。伏乞核示。箴。箇。"光緒二十三年七月二十一日未刻發,酉刻到,抄本《張之洞電稿》,第35册,《各省來電二(湖廣)》,中國社會科學院經濟研究所圖書館藏。
[3] 光緒二十三年七月二十一日巳刻發,《張之洞電稿》光緒三十四年,所藏檔號:甲182-484。原整理者將該册題錯年份。又,該電是抄件,時間可能有誤,電文署日期爲"禡",爲二十二日。
[4] 八月十四日,張發電黄遵憲:"前晤談時,所舉德文譯員是何姓名? 學業若何? 現在何處? 薪水約資若干? 即望電覆。鄂督院。鹽。"(戌刻發,《張之洞存來往電稿原件》,第14函,所藏檔號:甲182-385)黄回電稱:"諭敬悉。德文程遵堯,出於微族,學業極好,現在同文館。錢守當知其人。遵憲稟。咸。"(七月十五日酉刻發,十六日丑刻到,七月似八月之誤)"錢守",錢恂。八月十七日,黄發電張:"奉札委署臬司,十八接篆。夙承知遇,敬頌恩施。職道遵憲謹稟。洽。"(八月十七日未刻發,戌刻到)九月初三日,張發電黄:"權臬大喜,欣賀。賤辰蒙恩逾分,愧悚,遠荷齒及,感謝。江。"(亥刻發)九月初十日,黄髮電張:"諭敬悉。該副將與邵陽聶令互訐,正委朱守其懿查辦。奉電即並札朱守迅究。除稟撫憲外,遵憲謹稟。"(九月初十日午刻發,未刻到)九月十三日,張又發電黄:"湖南榜,兩湖書院肄業生中式幾名? 元係何名? 何處人? 祈查明速電示。文。"(子刻發)黄回電稱:"兩湖肄業中,譚心休、楊仁俊、梁昌紙、易順豫、李致楨。解元,安化黄運藩。遵憲稟。"(九月十四日巳刻發,未刻到)"梁昌紙"的"紙"上有記號,即當時人疑有誤。以上張之洞電報見《張之洞電稿》光緒三十四年,所藏檔號:甲182-484。原整理者將該册題錯年份;以上黄遵憲電見抄本《張之洞電稿》,第35、36册,《各省來電二(湖廣)》、《各省來電三(湖廣)》,中國社會科學院經濟研究所圖書館藏。

前已述及,光緒二十四年閏三月初三日,清廷下旨召張之洞進京,黃遵憲聞訊即於初四日(1898年4月24日)發電張之洞:

> 聞奉召入覲,此事關係中國安危,謹代通國志士叩賀。遵憲稟。[1]

此時張之洞對召見的背景一無所知,黃遵憲如此發電,很可能與湖南巡撫陳寶箴等人共同參與了楊鋭、劉光第在京的密謀。[2] 閏三月十二日(5月2日),張之洞決計北上入京,發電黃遵憲:

> 急。初四電愧悚。此行不過備顧問耳。尊意有何救時良策,祈詳電指示,以便力陳。感禱。洞。文。[3]

黃遵憲爲此於閏三月十六日(5月6日)發回一份長電報,詳細説明其外交與内政的主張:

> 捧讀文電,感悚無似。憲臺此行,倘進樞府,必兼總署。自三國協謀還遼後,彼以索報、以爭利、以均勢之故,割我要害,橫索無已,至今日已明明成瓜分之局。俄、法、德皆利在分我土地,惟英以商務廣博,倭以地勢毗連,均利我之存,不利我之亡。故中國是必以聯絡英、倭爲第一要義。
>
> 然聯絡英、倭,尚不足以保國;欲破瓜分之局,必須令中國境内斷不再許某國以某事獨專其利、獨擅其權而後可;既不能理喻勢格,何以阻其專利、擅權?故必須設法預圖,守我政權,將一切利益公分於衆人而後可。彼欲爭攬於我者——鐵路,不如商立鐵路條例,無論何人,均許其入股。彼所垂涎於我者——礦山,不如商立開礦條例,無論何人,均許其開采。彼素責我以不願通商,今即與之設開通之法,無論何處,均許通商。彼責我以不願傳教,今即與之商保護之法,有法保護,任聽傳教。自訂約五十年來,凡彼所求於我者、責於

---

[1] 光緒二十四年閏三月初四日亥刻發,初五日午刻到,抄本《張之洞電稿》,第36册,《各省來電三(湖廣)》,中國社會科學院經濟研究所圖書館藏。
[2] 相關的情況,可參見本書導論第四節、第五章第四節。
[3] 光緒二十四年閏三月十二日戌刻發,《張之洞電稿乙編》,第55册,所藏檔號:甲182-72。《張之洞全集》録此電(見第9册第312頁)稱是十一日,似爲誤。

我者,譬如昨死今生,一切與之圖謀更始。所有均利之法、保護之法,但使於政權無所侵損。凡力所能行者,均開誠布公,與之熟籌舉行。如謂華官不能妥辦,寧可由中國國家聘雇西人,委以事權,俾代裹辦。舉從前未弭之釁端及他日應杜之禍患,均與之約束分明。

既許各國立(入)我內地築路、開礦、通商、傳教,應照萬國公例,此均係各國子民自圖之利益,不必由各國政府出頭干預。不幸有進入內地虧產受害者,均照新議條例辦理,專就商人、傳教人本事,秉公妥辦,不得於本事之外,牽涉他事,責償於中國國家。倘再有無故侵我土地者,中國必以死拒。援大同之例,期附公法之列;藉牽制之勢,以杜獨占之謀;處卑屈之位,以求必伸之理。朝議一定,便邀約各國商辦,並請各國公保不相侵占,務使中國有以圖存。如此辦理,英、倭必首先允諾,俄、法、德亦無辭固拒,或者瓜分之禍可以免乎?

國勢既定,乃能變法,以圖自強。變法以開民智者爲先。著先于京師廣設報館,以作消阻閉藏之氣,博譯日本新書,以收事半功倍之效;再令各省設學堂,開學會,以立格致明新之堂。而先務之急,尤在罷科舉,廢時文,其他非一時所能猝及也。

竊爲憲臺熟計,如入參大政,必內結金吾,外和虞山,乃可以有爲。倘若奉詔回任,不如留駐京師,專以主持風會、振新士氣爲己任,其補益較大。

以遵憲之愚,何敢及軍國至計,顧受知最深,辱承下問,敢傾臆縷陳,伏惟裁鑑。謹叩榮行,並賀公子捷音。遵憲謹稟。咸。[1]

黃遵憲的這份長電,從未發表過,故錄全文,以說明其在戊戌變法期間的政治主張。其中全面開放鐵路、礦山、通商、傳教四事,未必能真阻列強各國之進逼;而開報館、設學堂、廢時文,又是當時主張改革者的共同主

---

[1] 光緒二十四年閏三月十六日辰刻發,酉刻到,抄本《張之洞電稿》,第36冊,《各省來電三(湖廣)》,中國社會科學院經濟研究所圖書館藏。括號內字,是我猜測的。"並賀公子捷音",指張之洞長子張權該科中進士之事,可參見本書第一章第二節。

張;"金吾",步軍統領,此處指榮祿,虞山,常熟城外有虞山,此處指翁同龢,前者與張之洞不通交,後者與張之洞派系相異,黃皆主張聯合。至於"倘若奉詔回任,不如留駐京師"一句,似指光緒帝若命張之洞回任,張即以病求退,留在北京,主持輿論。黃於此確實開誠布公,說明其真意。然張之洞對此似無覆電。是年六月初五日,張之洞保舉使才,其中包括黃遵憲。[1] 黃於六月十四日覆電張之洞:

> 長沙黃道來電。奉諭敬悉。職道自海外奉調,始屢邀薦舉,感念恩知,愧難報稱。過鄂重親訓誨,冀有秉承。啓行定期,容再續稟。遵憲謹稟。[2]

"過鄂",指黃遵憲因徐致靖保舉,光緒帝命其入京預備召見,他將經武昌再拜見張。(後將詳述)從"啓行定期"等語來看,張之洞曾有邀請其過鄂相談之電,黃對此表示同意。

以上我用了極大的篇幅來說明張之洞與黃遵憲的關係,正是爲了反襯此後張之洞與黃遵憲的決裂。

三、黃遵憲對《時務報》內部分歧的態度及張之洞幕中反應

由前節的敍述可知,當康有爲從南京到上海辦理《強學報》時,黃遵憲已在上海與法國總領事談判辦理江南教案。康、黃雖爲廣東同鄉,但兩人的結識卻由梁鼎芬介紹。黃遵憲《人境廬詩草》卷九《己亥雜詩》中

---

[1] 張之洞共保舉五人:陳寶琛、傅雲龍、黃遵憲、錢恂、鄭孝胥。其中張對黃的評語稱:"該員學富才長,思慮精細,任事勇往,曾充日本及出使英、法大臣參贊及新加坡總領事等官,深悉外洋各國情形,著有成書,於中外約法、西國政事,均能透澈。"(《張之洞全集》,第3冊,第499頁)

[2] 光緒二十四年六月十四日未刻發,酉刻到,《張之洞存各處來電》,戊戌第3冊,所藏檔號:甲182-136。

有一首稱：

> 憐君膽小累君驚，抄蔓何曾到友生。終識絶交非惡意，爲曾代押黨碑名。

該詩另有注文曰：

> 八月二十五日得一紙曰：□與□絶交。然乙未九月，余在上海，康有爲往金陵謁南皮制府，欲開强學會。□力爲周旋。是時，余未識康，會中十六人有餘名，即□所代簽也。又聞□與康至交，所贈詩有南陽卧龍之語。及康罪發，乃取文悌參劾之摺，彙刊布市，蓋亦出於無奈也。[1]

此中的□，即爲梁鼎芬。以"南陽卧龍"——即在野而尚未出山的諸葛亮——來比擬康有爲，可見梁此時的評價之高。上海强學會名單中黄遵憲之名，亦是由梁代簽。當康有爲因上海《强學報》中用孔子紀年諸事遭張之洞强壓時，黄遵憲曾致書梁鼎芬，欲從中調解關係。[2]

前節已述，《時務報》之創，張之洞已回武昌，黄遵憲仍在上海，是該報最主要的創始人之一。從今存《汪康年師友書札》來看，黄遵憲對該報初期事務甚爲關注，有着許多指示；黄於光緒二十二年八月北上天津後，仍是書信不斷。[3] 對於《時務報》内部的汪康年、梁啓超之争，黄遵憲雖在北方，仍十分關注。光緒二十三年三月初十日（1897年4月11日），黄致汪信稱：

> 館中仍請聘鐵樵總司一切，多言龍積之堪任此事，鐵樵不來，即訪求此人何如？而以公與弟輩爲董事。公仍住滬，照支薪水，其任

---

[1]《黄遵憲全集》，上册，第161—162頁。"八月二十五日"爲光緒二十四年八月二十五日，此時黄遵憲、梁鼎芬皆在上海，然具體時間稍有不確；黄稱梁的絶交屬"膽小"，當屬不確。另，戊戌政變後，八月十六日黄遵憲給張之洞的電報中稱："識康係梁介紹，强學會亦梁代列名。乙未十月在滬見康後，未通一信。"更是明確説明梁鼎芬的中介作用，並洗白其是"康黨"，本章第七節將詳述。

[2] 相關的細節，可參見本書導論第一節。

[3]《汪康年師友書札》，第3册，第2331—2346頁。又，黄遵憲於光緒二十二年七月二十五日給陳三立的信中稱："此半年中差自慰者，《時務報》耳（能以吴鐵樵讓我作報館總理否？亦可兼可礦務，穰君懇勤可敬，惟辦事究非所長也）。"柳岳梅整理：《陳寶箴友朋書札》（四），《歷史文獻》，第6輯，第159—160頁，引文已與上海圖書館所藏原件核對。

第四章　張之洞與《時務報》、《昌言報》　245

在聯絡館外之友,伺察館中之事。[1]
黃提出由汪的朋友吳樵或康的學生龍澤厚出任《時務報》經理,黃和汪僅任該報董事,汪的責任僅是"聯絡館外之友",實際是削汪之權。光緒二十三年七月,黃遵憲去湖南赴任途中路過上海,與汪康年、梁啓超均有商談,其削減汪《時務報》之許可權一事並没有成功。[2] 前節已敍,在章太炎與康黨矛盾中,汪與章一黨,且爲同鄉;而在汪康年、梁啓超的矛盾中,黃遵憲護梁責汪。黃又與康、梁同鄉。此中又有浙、粤地域之見。

《時務報》第40册梁啓超《知恥學會敍》一文,引起了張之洞的反感。光緒二十三年九月十五日(1897年10月10日),張之洞讓其幕僚錢恂發電《時務報》館:

　　《時務報》館汪:四十報速電京緩發。恂。咸。[3]
雖是短短數字,且未説明原委,然汪康年、梁啓超十分謹慎,仍立即聯名回電:

　　奉電諭,感切。惟報早分寄,容設法改正。康、超。咸。[4]
即在電中表示了完全妥協的態度。然張之洞卻未與梁啓超細加計較,直

―――――――――

[1] 《汪康年師友書札》,第3册,第2348頁。"鐵喬",吳樵;"龍積之",龍澤厚。四月十一日(5月12日),黃致汪信又稱:"書言弟爲公籌休息之方。此語似誤會弟意。弟以爲此館既爲公衆所設,當如合衆國政體,將議政(於館中爲董事)、行政(於館中爲理事)分爲二事,方可持久。此不僅爲公言之。至於公則或爲董事(專司設章程,兼館外聯絡酬應),或爲總理(守章程而行,館中一切事皆歸督理),即以以董事而兼總理(近與卓如書言及此),均無不可。館事煩重,必須得襄理之人爲輔助。此事今且閣置,他日到滬再詳陳之,諒公意必謂然也。"(同上書,第2356—2357頁)黃的説法雖有一些讓步,但還是要逼汪讓權。鄭孝胥光緒二十三年四月初二日日記稱:"傍晚,譚復生來,談《時務報》館中黄公度欲逐汪穰卿……"(《鄭孝胥日記》,第2册,第598頁)
[2] 鄭孝胥光緒二十三年七月初二日記:"午後過《時務報》館,晤汪穰卿,言黄公度在此,欲令穰卿以總理事畀其弟汪頌閣,而身爲董理。"初四日記:"汪(康年)與黄公度有隙,余爲排解久之。"(《鄭孝胥日記》,第2册,第610頁)譚嗣同七月初十日致汪康年信中稱:"公度昨來言將爲《時務報》館改訂章程,專爲公省去許多煩勞,嗣同聞之,不勝其喜。想尊處必樂用新章也,嗣同當即畫押矣。"(《汪康年師友書札》,第4册,上海古籍出版社,1989年,第3261頁)此時譚似在南京,似黃自滬至寧時與譚所言。
[3] 九月十五日已刻發,《張之洞存來往電稿原件》,第14函,所藏檔號:甲182-385;又見抄本《張之洞電稿》,第25册,《致上海電二(湖廣)》,中國社會科學院經濟研究所圖書館藏。該原件上有錢恂的字:"要電請速發爲感。典五仁兄大人。恂。""典五",梁敦教,號"典午"。
[4] "汪進士、梁孝廉來電",光緒二十三年九月十五日未刻發,十六日丑刻到,抄本《張之洞電稿》,第32册,《上海來電二》,中國社會科學院經濟研究所圖書館藏。

接去交手,而是於九月十六日(10月11日)發電陳寶箴、黃遵憲:

> 《時務報》第四十册,梁卓如所作《知恥學會敍》,內有"放巢流彘"一語,太悖謬,閲者人人驚駭,恐遭大禍。"陵寢蹂躪"四字亦不實。第一段"越惟無恥"云云,語意亦有妨礙。若經言官指摘,恐有不測,《時務報》從此禁絶矣⋯⋯望速交湘省之人,此册千萬勿送⋯⋯[1]

上海的《時務報》刊文、在上海的梁啓超作文,張之洞卻發電湖南長沙,實際上是想用黃遵憲來約束梁啓超。張當然聽説了黃與梁的關係,可能也聽説了湖南官紳已聘梁來長沙任時務學堂總教習。陳寶箴、黃遵憲對此立即回電。[2] 黃遵憲回電稱:

> ⋯⋯既囑將此册停派,並一面電卓如改换,或别作刊誤,設法補救,如此不動聲色,亦可消弭無形⋯⋯卓如此種悖謬之語,若在從前,誠如憲諭,"恐招大禍"。前過滬時,以報論過縱,詆毁者多,已請龍積之專管編輯,力設限制,惟梁作非龍所能約束。八月初旬此間官紳具聘延卓如來學堂總教,關聘到滬,而卓如來鄂,參差相左,現覆電催從速來湘,所作報文,憲當隨時檢閲,以仰副憲臺厚意。[3]

"憲當隨時檢閲"一語,也承擔其中的連帶責任。十月初二日(10月27日),黃又發電:"四十號《時務報》抽撤兩頁,如常分派,即電報館通行,鄂省可否照此辦法?憲禀。"[4] 在此之後,康有爲的學生徐勤在《時務

---

[1] 《張之洞全集》,第9册,第259頁;張之洞親筆原件見《張文襄公電稿墨迹》,第2函第10册,所藏檔號:甲182-219。"放巢",指"成湯伐桀,放于南巢",即夏桀王被滅亡後,流放在南巢的地方。"流彘",指"流王於彘",即周厲王虐,國人暴動,他逃亡到彘地。梁啓超在《知恥學會敍》中稱,當時中國有諸弊,皆屬無恥,"數無恥者,身有一於此罔不廢,家有一於此罔不破,國有一於此罔不亡,使易其地殷周之世,則放巢流彘之事,興不旋踵,使移此輩實歐墨之域,波蘭、突厥之轍,將塞天壤。"梁啓超使用"放巢流彘"之典,意指亡國,並無此時的清朝君王將會"放巢流彘"之意。

[2] 陳寶箴回電稱:"⋯⋯《時務報》四十册尚未到,預飭停發,並囑公度電致卓如,以副盛意。"(《張之洞全集》,第9册,第259頁)

[3] 苑書義等主編:《張之洞全集》,河北人民出版社,1998年,第9册,第7404頁。

[4] 光緒二十三年十月初二日亥刻發、到,抄本《張之洞電稿》,第36册,《各省來電三(湖廣)》,中國社會科學院經濟研究所圖書館藏。

報》上的文字，也得罪了張之洞。[1]

光緒二十三年秋，在黃遵憲等人的操辦下，梁啓超離開上海，到長沙主持時務學堂。[2] 在此前後，《時務報》館中的康有爲各弟子亦陸續離開。由此可見，汪康年、梁啓超之爭中的第一個回合，以汪勝梁敗爲結局。

雖説在第一個回合的紛爭中，張之洞在梁、汪兩人之間稍偏于汪，但仍是很不明顯的。張的這種態度，不僅是私人關係的遠近，也有學術觀念與政治立場間的差異。

光緒二十四年二月，汪康年到長沙，梁啓超於十一日（1898年3月3日）致信汪康年稱：

……公等在上海歌筵舞座中，日日以排擠、侮弄、謡諑、挖酷南海先生爲事。南海固不知有何仇於公等，而遭如此之形容刻畫！然而弟猶靦然爲君家生意出死力，是亦狗彘之不如矣。此等責弟，有意見誠不敢避也。要以此事一言以蔽之，非兄辭，則弟辭；非弟辭，則兄辭耳。弟此次到申，亦不能久留，請兄即與諸君子商定，下一斷語，或願辭，或不願辭，於廿五前後與弟一電（梅福里梁云云便得），俾弟得自定主意。如兄願辭，弟即接辦。並非弟用私人阻撓，此間已千辛萬苦，求人往接辦，必不用康館人也。如兄不願辭，弟即告辭，再行設法另辦此事。[3]

梁啓超此信是攤牌，以迫汪康年辭職。然汪至此仍不肯交出《時務報》，在其背後已有張之洞之撐腰。[4] 梁啓超隨後離開長沙進京參加會試，

---

[1] 光緒二十三年秋冬，康有爲弟子徐勤在《時務報》第42、44、46、48期刊載《中國除害論》，梁鼎芬致信汪康年稱："徐文太悍，直詆南皮，何以聽之。弟不能無咎也。弟自云不附康，何以至是。""徐文專攻南皮，弟何以刻之，豈此亦無權耶？後請格外小心。"（《汪康年師友書札》，第2册，第1901頁）
[2] 相關的情節，可參見本書第五章附錄三。
[3] 《汪康年師友書札》，第2册，第1853—1854頁。
[4] 光緒二十四年三月十七日，鄒代鈞致汪康年信中稱："《時務報》館事，鄙人早知南皮必作如是議論，已與公面言，切不可爲南皮所動摇，公當記憶也。南皮議論未嘗不正大，爲公計，斷無再辦之理……望公以孔子爲圭臬，南皮之空議似可不聽。"鄒代鈞後又一信又稱："報事鄙人與考功均以交出爲是。"（原信無日期，似爲光緒二十四年閏三月，兩信見《汪康年師友書札》，第3册，第2752—2754頁）"考功"，吏部考功司，此處指陳三立。由此可見，汪康年在湖南時，鄒代鈞、陳三立皆主張汪康年交出，然汪以張之洞爲詞而拒不交出。

《時務報》完全由汪控制,另聘鄭孝胥爲主筆。汪又在武昌宣稱:"梁卓如欲借《時務報》行康教"。[1] 這正是張之洞及其一派最爲擔心者。

光緒二十四年閏三月,清朝駐日公使裕庚致函總理衙門,稱:"孫文久未離日本,在日本開中西大同學校,專與《時務報》館諸人通。"[2] 而汪康年恰於光緒二十三年冬有日本東京一行。康有爲、梁啓超欲將此歸咎于汪。黄遵憲出面發電讓汪康年交出《時務報》,梁鼎芬則出頭致電湖南與黄相抗。[3] 時在張之洞幕中的陳慶年,於光緒二十四年閏三月二十日(1898年5月10日)日記稱:

> 聞康長素弟子欲攘奪《時務報》館,以倡康學。黄公度廉訪復約多人,電逐汪穰卿,悍狠已極。梁節庵獨出爲魯仲連,電達湘中,詞氣壯厲,其肝膽不可及也。

四月初一日日記又稱:

> 聞節庵説,黄公度覆電,以路遠不及商量爲詞,且誣汪入孫文叛黨。其實公度欲匃挾湘人以行康學,汪始附終離,故羣起攘臂……[4]

而在閏三月二十一日,陳慶年致信汪康年:

> 聞報館之事,羣起攘臂,殊堪駭異。梁公節庵獨出爲魯仲連,電告湘中,詞氣壯厲,幸如所囑,堅持無動,鬼神之情狀,聖人知之,何

---

[1] 陳慶年光緒二十四年三月十三日日記稱:"……適汪穰卿在座上,少談《時務報》,知今年銷數較上年爲少,舊主筆梁卓如久在湘中時務學堂爲教習之事,不甚作文。近以穰卿添延鄭蘇庵爲總主筆。卓如遂與尋釁,恐自此殆將決裂。"十四日日記稱:"汪穰卿見過,言梁卓如欲借《時務報》以行康教(康長素爲梁師,其學專言孔子改制,極淺陋),積不相能,留書痛詆,勢將告絶。"(《戊戌己亥見聞録》,《近代史資料》,總81號,第107頁)"鄭蘇庵",鄭孝胥。

[2] 見於汪大燮致汪康年信,光緒二十四年閏三月初五日,《汪康年師友書札》,第1册,第775頁。大同學校,是孫中山派與康有爲派在日本横濱開設的中文學校,由康有爲弟子徐勤負責。

[3] 光緒二十四年四月十四日,汪大燮致信汪康年稱:"裕函到京,閩康、梁去皆支吾。欲歸咎于弟。"(《汪康年師友書札》,第1册,第782頁)鄒代鈞致汪康年信中稱:"東遊事,公之心鄙人與伯嚴都知之,惟若董甚欲以此相陷。公度先將此電節庵,伯嚴極言公度不可如是,公度始改悔,而康黨用心尚不可知。"(同上書,第3册,第2758頁)"伯嚴",陳三立。葉瀚閏三月二十三日致信汪康年稱:"閩公度居然打電驅逐,此吾兄日前太因循畏縮之故也。今既至此,不得不據理直爭,表白於衆,否則人必疑吾兄有私心病矣。心海甚不憤,善餘與公函想詳之。公度等出此拙計,必不肯干休……"(同上書,第3册,第2609頁)"心海",即星海,梁鼎芬;"善餘",陳慶年。

[4] 《戊戌己亥見聞録》,《近代史資料》,總81號,第110—111頁。"魯仲連",戰國時的名士。

足畏哉！[1]

陳慶年的話，表明了張之洞一派的集體態度。他們此時與康有爲一派不僅是學說上的分離，而且已在政治上對立，汪康年又一次度過了危機。梁鼎芬之所以能"出爲魯仲連"與黃遵憲對抗，是其背後站着張之洞。光緒二十四年五月二十五日(1898年7月13日)，即《時務報》改官報風波之前夜，張之洞發電汪康年：《時務報》"六十五期尊撰'必至之勢論'，精確悚切，有功世道人心，海內自有報館以來第一篇文字。敬佩。"[2]這是張的公開表態。

還需說明的是，儘管張之洞對康有爲意見極大，但對梁啓超卻仍存有"愛護"之心。梁啓超曾於光緒二十四年正月二十七日(1898年2月17日)發電張之洞："患瘧經旬，憊甚。刻難行。屆時奉聞。超叩。"[3]這是梁對張邀請其來武昌的回電，張的原電我尚未見。而到了光緒二十四年春保薦經濟特科人選時，張之洞保舉了楊銳，也保舉了梁啓超……[4]

四、《時務報》改官報與汪康年、張之洞等人的對策

梁啓超與汪康年在《時務報》之爭，以梁退出而告終，但康、梁對此並不甘心。光緒二十四年五月二十九日(1898年7月17日)，在京風頭正健的康有爲，以御史宋伯魯出面上奏由其代擬的"請將《時務報》改爲

---

[1]《汪康年師友書札》，第2冊，第2070頁。
[2]《張之洞全集》，第9冊，第330頁。
[3] "梁孝廉來電"，光緒二十四年正月二十七日未刻發，戌刻到，抄本《張之洞電稿》，第36冊，《各省來電三(湖廣)》，中國社會科學院經濟研究所圖書館藏。此時梁啓超已有意離開湖南，北上參加會試，張之洞很可能聞此而發電相邀至武昌。
[4] 胡思敬：《戊戌履霜錄》卷四，《叢刊·戊戌變法》，第1冊，第391頁。

官報摺",稱言:

> ……臣竊見廣東舉人梁啓超,曾在上海設一《時務報》局,一依西報體例,議論明達,翻譯詳博……兩年以來,民間風氣大開,通達時務之才漸漸間出,惟《時務報》之功爲最多,此天下之公言也。聞自去歲九月,該舉人應陳寶箴之聘爲湖南學堂總教習,未遑兼顧,局中辦事人辦理不善,致經費不繼,主筆告退,將就廢歇,良可惋惜。臣恭讀邸抄,該舉人既蒙皇上破格召見,並著辦理譯書局事務,准其來往京滬,臣以爲譯書、譯報事本一貫,其關係之重,二者不容偏畸,其措辦之力,一身似可兼任。擬請明降諭旨,將上海《時務報》改爲《時務官報》,責成該舉人督同向來主筆人等實力辦理,無得諉卸苟且塞責。[1]

先是梁啓超於五月十五日召見後,光緒帝旨命以六品銜辦理上海譯書官局及大學堂編譯局。對於這一安排,康、梁並不滿意。此時讓梁執掌《時務官報》,康亦有意以此來掌控全國的輿情。[2] 光緒帝收到該摺後,當日將之交給其師傅孫家鼐,"酌核妥議奏明辦理。"[3]

---

[1] 孔祥吉編著:《康有爲變法奏章輯考》,第297—299頁;原檔見《軍機處録副·補遺·戊戌變法項》,3/168/9447/56,中國第一歷史檔案館藏。此摺由康起草,康在《我史》中也承認:"時《時務報》汪康年盡虧巨款,報日零落,恐其敗也,乃草摺交宋芝棟上之,請飭卓如專辦報,並請選擇各省報進呈。"(《叢刊·戊戌變法》,第4册,第151—152頁)

[2] 值得注意的是,由康起草的宋伯魯該摺逯提出:"每出報一本,皆先進呈御覽,然後印行。仍請旨飭各省督撫通札所屬文武實缺候補各員一律購閱。依張之洞所定原例,其報費先由各善後局墊出,令各員隨後歸還。其京官及各學堂諸生,亦皆須購閱以增聞見。其官報局則移設京都,以上海爲分局,皆歸并譯書局中相輔而行。梁啓超仍飭往來京滬,總持其事。至各省民間所立之報館言論,或有可觀,體律有未盡善,且間有議論悖謬記載不實者,皆令先送官報局,責令梁啓超悉心稽核,擇其精華進呈,以備乙覽。其有非違不實,並令糾禁。其官報局開辦及稽核各報詳細章程,即令該舉人妥擬,呈總理衙門代奏察行,似此廣收觀聽,于新政裨補,量非淺鮮。"即康另有三項目標:一、新的《時務報》是官報,以京師爲本部,上海爲分局。"每出報一本,皆先進呈御覽,然後印行",可在思想上影響光緒帝,且經光緒帝"御覽"後,實際上獲得"欽定"的地位。同時又規定京師與各省實缺候補官員、學堂諸生"一律購閱",不僅保證其銷路,同時也可影響清朝全部官員士子的思想。二、各地的民間報刊,由梁啓超"悉心稽核"。如有梁認爲的"精華",即由梁"進呈";如有梁認爲"非違不實",即由梁"糾禁"。通過這種"稽核"權,梁實際上可以控制全國的報刊。三、《時務官報》的開辦以及"稽核各報"的詳細章程,由梁啓超妥擬。也就是説,全部遊戲規則都由遊戲者本人自我決定。康企圖通過此舉統制全國的報刊輿論並掌控光緒帝閱報內容。

[3] 軍機處《隨手檔》,光緒二十四年五月二十九日;《光緒宣統兩朝上諭檔》,第24册,第246頁。

自翁同龢被罷斥之後,孫家鼐是光緒帝最爲信任的大臣之一,此時任協辦大學士、吏部尚書、管理大學堂事務大臣,光緒帝時常將重要事件交其議覆。而孫在政治上、學術上又與康有爲甚不相合。[1] 六月初八日(7月26日),孫家鼐上奏"遵議上海《時務報》改爲官報摺",稱言:

>……該御史請將《時務報》改爲官報,進呈御覽,擬請准如所奏。該御史請以梁啓超督同向來主筆人等實力辦理,查梁啓超奉旨辦理譯書事務,現在學堂既開,急待譯書,以供士子講習。若兼辦官報,恐分譯書功課,可否以康有爲督辦官報之處,恭請聖裁。[2]

孫家鼐由此改變了事情的性質:原是康黨要求奪回《時務報》,並以此控制全國的報刊輿論,孫卻順勢將康有爲請出北京,政治手段運用得相當圓滑老辣。光緒帝當日明發諭旨,同意孫家鼐的提議,"著照所請,將《時務報》改爲官報,派康有爲督辦其事。"[3]

汪康年本是消息靈通人士,五月二十九日諭旨一發,他就十分注意孫家鼐的動作。他的堂哥汪大燮正在北京張蔭桓幕中,隨時與他通消息。[4] 六月初八日晚上,汪康年剛得到一簡單的消息,立即發電武昌:

>報館事,奉諭歸官辦。此事于大局有關,應如何辦法,乞爲主持。康。[5]

然在"張之洞檔案"中,該電及汪康年此期發往武昌的電報,大多沒有收

---

[1] 參見拙文:《京師大學堂的初建:論康有爲派與孫家鼐派之爭》,《戊戌變法史事考二集》,第247—261頁。
[2] 《叢刊·戊戌變法》,第2冊,第432—433頁。對於宋伯魯奏摺中請求將《時務報》改以京師爲主,上海爲分局之議,孫家鼐未作一詞,即拒絕將《時務官報》遷往北京。對於宋伯魯奏摺中要求以《時務報》"稽核"各報並負責選呈御覽之議,孫表示反對。由此,新成立的《時務官報》只是一份有官方固定訂戶並獲開創補貼的報刊,並無特殊的地位。孫家鼐還對《時務官報》提出了警告:"如有顛倒是非,混淆黑白,挾嫌妄議,瀆亂宸聰者,一經查出,主筆者不得辭其咎。"
[3] 軍機處《洋務檔》、《隨手檔》,光緒二十四年六月初八日。
[4] 見汪大燮致汪詒年、汪康年信。《汪康年師友書札》,第1冊,第786—788頁。致汪詒年信注明"五月廿日",似有誤,兩信當均發於光緒二十四年五月三十日,即宋伯魯上奏的第二天。
[5] 上海,汪進士,六月初八日戌刻發,初十日午刻到,《張之洞存來往電稿原件》,第14函,所藏檔號:甲182-385。

電人的名字,很可能是張之洞,或是張幕中的重要幕僚如梁鼎芬、王秉恩、錢恂、梁敦彥等人,只能根據内容進行推測。[1] 汪該電初十日(7月28日)午間到達武昌,張之洞當日夜間發急電給汪康年:

> 上海趙竹君轉交汪穰卿。急。電悉。聞派康管上海官報局,大局壞矣。此事甚難維持,惟有速請節庵爲總理,即日刊布。則康雖來,必有以敵之。此是急著要策,先辦此節,然後可徐思補救。此外更無他法,萬勿游移。康是否特派,抑係總署奏派,係何字樣、章程?速詳示。須加急字,不可吝電費。即覆。壺。蒸。亥。[2]

由此可知,張收到汪電,立即作出對策,以梁鼎芬出面與康有爲對抗。同時也可以看出,張在京另有情報來源,但內容過於簡單,他要求汪報告其中的詳情。汪康年得電後,於十一日(7月29日)發電武昌:

> 急。蒸電敬悉。頃奉電諭,知竟歸康辦。章程三條未詳。現擬將《時務報》三字空名歸官,而另行出報,改名《時務雜誌》,與從前《時務報》一氣貫注,並請節庵爲總理,已電焦山。謹候電覆。康。真。[3]

汪康年剛到得到六月初八日的上諭,方知《時務報》交給康有爲辦;但他卻以極快的速度提出了對策,即僅"將《時務報》三字空名歸官",另行出版《時務雜誌》。此即後來汪、張所采用之計。汪在此電中還同意梁鼎芬出爲總理。六月十三日(7月31日),汪康年發電錢恂:

> 督署,錢念劬:報擬改《時務雜誌》,請節庵爲總理。時報即歸

---

[1] "張之洞檔案"中的這一類電報,雖無收電人之名,但在右上角分別有一、二、三小圈,此中應有特別的意思,但我還不能解讀。

[2] 光緒二十四年六月初十日亥刻發,《張之洞電稿墨迹》,第2函第10册,所藏檔號:甲182-219。該電稿原寫"時務報館",後删去,改爲"趙竹君轉交",以能保密。"趙竹君",趙鳳昌。該電稿中還删去"從前屢諫,未蒙采納"等字樣。電文中"特派",指光緒帝特旨派出,"總署奏派",指總理衙門上奏獲准。張之洞此時還不知康有爲係孫家鼐所奏請。

[3] 上海,汪進士,六月十一日酉刻發,十二日子刻到,《張之洞存來往電報原件》,第14函,所藏檔號:甲182-385。"章程三條",指孫家鼐六月初八日奏摺中關於《時務官報》等項的對策,已由光緒帝批准。見《叢刊·戊戌變法》,第2册,第432—433頁。

第四章　張之洞與《時務報》、《昌言報》　253

官。一、不背旨；二、有以對捐款、代派諸人；三、大局不致掣動。懇告帥及節庵。即電覆。康。叩。[1]

汪康年要求錢恂此中幫忙做工作。他還同時發電張之洞：

> 前電言改名出報，似非奏明不可。鈞意若何？候電示遵行。康。叩。[2]

"前電"似指六月十一日汪康年之電，要求張之洞設法上奏，請光緒帝旨准。六月十七日（8月4日），汪康年再發電武昌：

> 諫電敬悉。報從七月朔起遵即改名《時事新報》，並請節庵為總理，聲明報首。《農報》事，容會商再覆。敬詒極願相助，必留。康。霰。[3]

"諫電"指武昌方面六月十六日的覆電，但由於檔案保管等因，我在"張之洞檔案"中，尚未找到該電及武昌方面此期的其他回電；而時在武昌的葉瀚在給汪康年的信中，卻透露出張之洞及其幕中的內情。葉瀾在六月十六日（8月3日）的信中寫道：

> 昨日由念劬交來密電，已照譯送梁。弟又親至星海處打探。星海目疾未愈，晤社耆云：星海以前次兄請其為總理，後又不說起，心頗不悅。此番笑兄急來抱佛腳云，欲其為總理，尚須斟酌。惟社兄言其心中未始不願幫兄，而社特不好進言。故弟又至念劬處，懇其至星海家竭力勸駕。念劬已經允許。又據念云：兄前日電請帥出奏，帥以館在上海，不涉兩湖之事，恐難越俎代庖。惟兄所言將報改名《時務雜誌》，捐款一概清出。帥意甚以為然，云：不過讓《時務報》空名與康，而館中經費由紳商樂捐，毫無官款，猶之電報、招商等

---

[1] 上海，汪進士，六月十三日未刻發，十四日午刻到，《張之洞存來往電稿原件》，第14函，所藏檔號：甲182-385。

[2] 上海，汪進士，六月十三日未刻發，十四日午刻到，《張之洞存來往電稿原件》，第14函，所藏檔號：甲182-385。

[3] 上海，汪進士，六月十七日午刻發，亥刻到，《張之洞存來往電稿原件》，第14函，所藏檔號：甲182-385。"敬詒"，又作敬貽，曾廣銓，曾國藩之孫，曾隨曾紀澤長期駐外，精通英語，為《時務報》英文翻譯。該電後有附電："典兄：帥與汪電，仍用弟電碼，密為要。竹。""典兄"，典午，梁敦教；"竹"，竹君，趙鳳昌。看來此期汪康年與張之洞的電報往來，很可能經過趙鳳昌之手。

> 局不能入公家也。且官報開辦另有經費,此種捐款概出紳商,雖有上諭,斷無強之捐入官報之理。特飛告兄知。[1]

由此可見,汪康年六月十三日給錢恂之電,錢將之交梁鼎芬,並勸梁出面向張之洞進言。張之洞對汪求其"出奏"即上專摺一事,未能同意;但同意汪的"改名"方案,稱"不過讓《時務報》空名與康",並稱捐款"不能入公家"。此中提到的汪康年前次請梁鼎芬爲《時務報》總理一事,很可能發生於光緒二十四年閏三月,即黃遵憲發電驅汪之時,張之洞六月初十日電稿中刪去的"從前屢諫,未蒙采納"字樣,也可能即指此事;然汪恐梁奪其權,後不再提起。由此又可見,梁對汪雖有意氣,但爲了共同對付康有爲,梁仍同意出山。

除對上海的汪康年進行部署外,張之洞另向京師打探消息,於六月十七日發電其子張權:

> 急。京。張君立:……宋伯魯請將《時務報》改官報摺及孫燮相請派康辦摺,大意如何?館中款項須歸康否?言明汪康年辦理不善否?速摘要電告。即覆。壺。洽。[2]

他要求將宋伯魯、孫家鼐奏摺摘要電告,以便其下一步的行動。第二天,六月十八日,張之洞再電張權,問道:"康肯出京否?"[3]

時在北京的康有爲,奉到六月初八日光緒帝諭旨,最初也準備去上海。六月十二日(7月30日),康有爲發電汪康年:"奉旨辦報,一切依舊,望相助。有爲叩。"與此同時,他還發給汪一信,稱言:

> 昨日忽奉上諭,命弟督辦報事,實出意外。殆由大臣相愛,慮其喜事太甚,故使之居外,以斂其氣……報事本足下與公度、卓如承強

---

[1] 《汪康年師友書札》,第3册,第2610—2611頁。"社耆",汪洛年。
[2] 《張之洞電稿》光緒二十五年五月至七月,六月十七日巳刻發。所藏檔號:甲182-456。整理者有誤,根據內容,該電發於光緒二十四年。"孫燮相",孫家鼐,字燮臣。
[3] 該電全文爲:"急。京。張君立:初六日頒發《勸學篇》之上諭,首句云'翰林院侍講黃'云云,'院'字下'侍'字上似當有一奏字,文義方明,蓋此翰林院代仲韜奏也。速查京報,是否脱此字,即刻覆。鄂擬將此旨刊入新印本卷首。康肯出京否?"《張之洞電稿》光緒二十五年五月至七月,六月十八日辰刻發。所藏檔號:甲182-456。整理者有誤,根據內容,該電發於光緒二十四年)

> 學而起。弟連年在粵,一無所助,館中諸事仍望足下相助爲理,凡百皆擬仍舊。前經電達,想已洞鑒……聞卓如與足下曾小有意見,然我輩同舟共濟,想足下必不因此而芥蒂也。項因進呈書籍尚未告成,須十日外乃可成行,或先奏派一、二人出滬商辦……[1]

以此信中的"十日外乃可成行"爲計,康有爲將於六月下旬到達上海;信中"先奏派一、二人出滬",康派出的接辦人員是狄葆賢。狄到達上海後,於六月二十六日(8月13日)給汪康年一信:

> 項接康先生電,想電局於尊處已分送矣。此事究應如何辦理? 伏乞詳示,以便遵辦,恭候回音。[2]

同在北京的汪大燮也聽到康欲離京的消息,於六月十一日寫信告汪康年:"聞康二十邊動身赴申"。[3]

而上海這一邊的情況進展,可見之於汪康年電報。他於六月十八日(8月5日)發電武昌:

> 密。洽電敬悉。奏摺早電京,昨又發急電,尚未得覆。康何日出京,未詳。日前來電,係敷衍語。康。巧。[4]

"洽電",指六月十七日之武昌覆電。比照張之洞六月十七、八日給張權的電報內容,此電中的"奏摺"似指宋伯魯、孫家鼐奏摺,汪表示已一再發電北京,要求急送;康有爲"何日出京",當是武昌"洽電"所關心的內容。至於"日前來電",似指康有爲六月十二日電報。同一天,汪康年再次發電:

---

[1] 《汪康年師友書札》,第2册,第1664—1665頁。原件無日期。梁啓超作《創辦〈時務報〉源委》,內稱:"康先生之待穰卿,自啓超觀之,可謂得朋友之道矣……此次奉旨督辦《時務報》後,即致一電一函與穰卿,請其仍舊辦理,己不過遙領而已。電文云:'奉旨辦報,一切依舊,望相助。有爲叩。'其函則係六月十二日由郵政局寄出者,文長不能全錄。"(《知新報》,第66册,光緒二十四年八月十一日出版,澳門基金會、上海社會科學院出版社影印本,1996年,第1册,第902頁)由此可知,該電與該信發於十二日。
[2] 《汪康年師友書札》,第1册,第1152頁。該信注"即晚收",似爲當日晚上收到此信。
[3] 《汪康年師友書札》,第1册,第789頁。
[4] 上海,汪進士,六月十八日午刻發,酉刻到,《張之洞存來往電稿原件》,第14函,所藏檔號:甲182-385。

> 嘯電敬悉。遵改《昌言》。康。[1]

"嘯電"指十八日的電覆,從"遵改"的語氣來看,似爲張之洞的電報。至此,《時務報》改《昌言報》由張之洞定計。六月二十日(8月7日),汪康年又發電武昌:

> 急。覆奏已見。首言准改官報。次派康督辦。三進呈各報章,三條:一、由官報局責成,主筆慎選;二、各報由書局慎選;三、官報費派各州縣月一兩,創辦費令康商籌,並不提及從前款目。康。哿。[2]

"覆奏",指孫家鼐六月初八日議覆宋伯魯之摺的奏摺,似由汪大燮寄來。[3] 汪康年看到了孫摺的內容,松了一口氣。他給武昌的此電,已屬是上報好消息。次日,汪康年寫信給張之洞,抄錄孫摺,並對該摺的內容,竭力作其"改名出報"的理解:

> 廣雅尚書年丈大人閣下:十九日曾上一書,亮蒙鈞察。孫相原摺,前晚方由京友寄到,昨已摘其大旨,發急電奉聞。茲再鈔錄一通,寄呈左右。摺中前言改作官報,末段又言創辦經費令康主事自籌,似乎前後不符。然終賴有此一節,則此間之改名出報,待康主事另起爐竈,正與朝議相符。亮壽州亦計及於此,故爲此調停之計也……(以下是關於四明公所事件的內容)[4]

然而,武昌給汪康年以上三電的回復,我仍未能從"張之洞檔案"中找到;葉瀚六月二十二日(8月9日)給汪康年的信,再次展示了張之洞及其幕中的內情:

> 今日念兄言,帥座接兄覆梁函後,似兄有不仗梁力之意,恐兄誤

---

[1] 上海,汪進士,六月十八日戌刻發,十九日子刻到,《張之洞存來往電稿原件》,第14函,所藏檔號:甲182-385。

[2] 上海,汪進士,六月二十日巳刻發,未刻到,《張之洞存來往電稿原件》,第14函,所藏檔號:甲182-385。"三條"是孫家鼐奏摺中的三條章程。

[3] 汪大燮於六月十三日致汪康年的信中稱:"原奏覆奏即抄寄,惟似無所用……"(《汪康年師友書札》,第1冊,第791頁)

[4] 《張之洞存札》,所藏檔號:甲182-217。從內容看,該信發於光緒二十四年六月二十一日。"壽州",孫家鼐,他是安徽壽州人。

會帥意。蓋帥欲梁爲總理，專爲助汪敵康起見。梁爲總理，並不須報館另籌薪俸，而可以出面擋康。申報一切事，會歸兄經理，而兄何以接帥電後尚有活動之説？梁見此大不悦，幸帥極力爲兄説項，梁始允至申一行。故帥雖怪兄不知好歹，而又怒康太横，憐兄太弱，必力爲扶助，亦爲大局起見，望兄此後善體帥意。至帥命兄改《時務》爲《昌言》，係因上諭有"從實昌言"之語，囑兄即作一序，申明遵上諭"昌言"二字之義，並述改名之由。其説維何？則以《時務報》既奉諭改爲官報，現雖督辦未來，而我等所辦，係屬商款商辦（商報與官報有別，兄宜專抱定此意，則商款不至爲康所據），不敢覆攬"時務"之名，故特改名"昌言"，以副捐款諸君之望。[1]

"念兄"，錢恂。葉瀾的消息全來自錢恂，自是相當可靠。由此可以看出：汪康年對梁鼎芬仍有所顧慮，恐其來上海會全盤接管，張之洞則表示梁僅是"出面擋康"。"帥命兄改《時務》爲《昌言》"，應是張之洞的"嘯電"之内容。"上諭"指光緒二十四年六月初八日改《時務報》爲《官報》的上諭，其中一段爲："至各報體例，自應以臚陳利弊、開廣見聞爲主，中外時事均許據實昌言，不必意存忌諱，用副朝廷明目達聰勤求治理之至意。"張之洞欲借用"據實昌言"的諭旨，來封他人之口。至於梁鼎芬與汪康年之間的意氣，張也作了調和。與此同時，梁鼎芬也致函汪康年："兄出死力爲弟，幸勿怯。無論如何，有我在，吴狄如要硬到，飛電告我。"[2] "吴狄"，指康派到上海的狄葆賢，他是江蘇人。

而在北京的汪大燮，與黄紹箕、孫家鼐幾經商議後，卻是另出一策，於六月十三日(7月31日)寫信給汪康年：

兹有要事奉達，仲弢以前事與壽州往復函商。欲以新創選録進呈報務，囑其奏調足下來京辦理。得壽州覆言："汪君之事，請世兄作一私函，囑其進京辦理選報，從緩再行奏派，不著痕迹尤妙"云云。竊謂此事如此轉圜，亦屬大妙，京城薪水未必能豐，但面子究好看

---

[1] 《汪康年師友書札》，第3册，第2611頁。
[2] 《汪康年師友書札》，第2册，第1909頁。

些。望即行定見，密速電覆爲禱⋯⋯又，壽州云："此事自有辦法（時務館交割），斷不難爲汪君"。則壽州有言在先，如有糾葛賬目，除自己私虧外，可開清單交康，即駁亦可聽之，自己儘管先行入都⋯⋯仲弢日内見壽州，再問選報薪水，容即奉達。壽州原爲推康出去起見，並非不知君之委曲，其人柔而愎，與君性情相似。[1]

汪大燮主張將《時務報》交出，他與黃紹箕、孫家鼐商議的密謀，竟是調汪康年來京負責"選報"，即由其負責挑選全國各報刊的文章，上呈光緒帝。孫家鼐讓汪大燮寫信給汪康年，先行進京，然後再上奏奉旨派定，以"不著痕迹"。孫家鼐不愧爲一個官場運作的老手。如此一來，康督辦的《時務官報》文章是否被選上呈，將由汪來選定，以此來遏止康、梁。[2]

所有這些密謀，康有爲全不知情，就連在張之洞幕中的陳慶年，也不知情。[3]

五、汪康年改《時務報》爲《昌言報》與光緒帝旨命黃遵憲"查明""核議"

汪康年六月十一日電報即提出"將《時務報》三字空名歸官，而另行

---

[1]《汪康年師友書札》，第1册，第790—791頁。"仲弢"，黃紹箕。

[2] 康有爲原本有意通過《時務官報》來控制全國輿論，由官報選擇內容上呈皇帝。孫家鼐對此反對，上奏稱由官書局人員"仿陳詩之觀風，准鄉校之議政，惟各處報紙送到"，"詳慎選擇，不得濫爲印送"；"現在天津、上海、湖北、廣東等處，皆有報館，擬請飭各省督撫，飭下各處報館，凡有報單，均呈送都察院一分，大學堂一分，擇其有關時局，無甚背謬者，均一律錄呈御覽⋯⋯"由此，各地報刊送都察院、大學堂各一份，如"無甚背謬"，即進呈皇帝，而負責此事者爲孫家鼐本人。（《叢刊・戊戌變法》，第2册，第432—433頁）孫擬將此職交給汪康年。

[3] 陳慶年在六月二十二日日記中稱："本月初八日上諭：以上海《時務報》改爲官報，派康有爲督辦。朝廷不知其中隱情，至若輩快其攘奪之計，惜無人入告耳。"（《戊戌己亥見聞錄》，《近代史資料》，總81期，第118頁）陳直到此日，才僅看到上諭，且對策是請人上奏入告，以揭露康有爲。而選錄的日記中也不見關於《昌言報》的記載。

出報"之策,得到張之洞支持後,立即開始了行動。光緒二十四年七月初一日(1898年8月17日),《昌言報》第1冊刊行,並在封面上注明"續《時務報》第六十九冊"。《昌言報》第1冊卷首刊印了六月初八日孫家鼐奏摺及當日光緒帝的諭旨,並在其後刊出汪康年所作的"跋語":

  謹案:康年于丙申之春,倡設《時務報》,惟時南皮張制軍提倡於先,中外諸大吏振掖於後,各省同志復相應和,先後延請梁卓如、麥孺博、章枚叔、徐君勉、歐雲樵諸君爲主筆;張少塘、郭秋坪、古城坦堂、潘士袞、李一琴、曾敬詒諸君翻譯東文、西文各報;復旁羅章奏要件,以備考求時事者之采擇。方懼指斥稍過,不免干觸忌諱。不意言官奏請,遽蒙優詔改爲官報,復派康有爲督辦報務,實爲草野之至榮。惟官報體裁,爲國家所設,下動臣民之瞻矚,外關萬國之聽聞,著論譯文,偶有不慎,即生瑕釁,自斷非草莽臣所敢擅擬。謹已暫時停止,俟康工部到申,再由其籌辦。本報特改名《昌言報》,仍與從前《時務報》蟬聯一線,既上承聖主旁羅之至意,復仰體同志扶掖之盛心。特謹跋於此。汪康年恭跋。[1]

言詞中機鋒甚利。且從該報形式和內容來看,此次改報,僅是換一名稱而已,一切皆如《時務報》之舊。

  康有爲很快得知消息,立即發電各地禁止。七月初五日(8月21日),兩江總督劉坤一發電總理衙門:

  頃康有爲電,奉旨改《時務報》爲官報,汪康年私改爲《昌言報》,抗旨不交,望禁發報云。應如何辦理,請鈞示。坤。歌。[2]

初六日,總理衙門將該電呈光緒帝,光緒帝下旨發電湖廣總督張之洞、兩

---

[1]《昌言報》,中華書局影印本,1991年,第4頁。"麥孺博",麥孟華;"章枚叔",章太炎;"徐君勉",徐勤;"歐雲樵",歐榘甲;"張少塘",張坤德;"郭秋坪",郭家驥;"古城坦堂",古城貞吉;"潘士袞",潘彥;"李一琴",李維格;"曾敬詒",曾廣銓。又,《國聞報》光緒二十四年六月二十四日刊出:"上海時務、昌言報館告白:啓者。康年于丙申秋在上海創辦《時務報》,延請新會梁卓如孝廉爲主筆,至今兩年,現即奉旨改爲官報,《時務報》名目自非草野所敢擅用,刻即從七月初一日起謹遵六月初八日諭旨'據實昌言'之諭,改爲《昌言報》,一切體例皆與從前《時務報》一律,翻譯亦仍其舊……"

[2]《總理衙門清檔·收發電》,01-38/17-1,臺北中研院近代史研究所檔案館藏。

江總督劉坤一,以轉送黃遵憲"查明""核議"。"張之洞檔案"中收有該電:

> 總署來電。並致江寧劉制臺。轉電出使日本大臣黃:劉坤一電稱,康有爲電,奉旨改《時務報》爲官報,汪康年私改《昌言報》抗旨不交等語。該報館是否創自汪康年,及現在應如何交收之處,著黃遵憲道經上海時查明原委,秉公核議電奏,毋任彼此各執意見,致曠報務。欽此。魚。[1]

前已敍及,四月二十五日,翰林院侍講學士徐致靖上奏保舉康有爲、梁啓超、黃遵憲、譚嗣同、張元濟五人,當日下旨康有爲、張元濟於二十八日召見,召黃遵憲等人入京,預備召見。[2] 然黃遵憲一直沒有起程,以病留在湖南。[3] 六月二十四日(8月11日),光緒帝旨命黃遵憲接任駐日本公使,並發電催促黃即來京。[4] 黃仍因病再推行程。[5] 光緒帝此時發電南京、武昌,是認爲黃遵憲已在進京途中,讓劉坤一、張之洞轉交。張之洞於七月初七日午刻(上午11時到下午1時)收到該電旨,因黃遵憲

---

[1] 七月初六日午時發,七月初七日午時到,《張之洞存各處來電》,戊戌第4册,所藏檔號:甲182-136;該電旨又見《清代軍機處電報檔彙編》,中國人民大學出版社,2005年,第2册,第85頁。劉坤一爲此也給張之洞發來相應的電報:"初六總署電傳諭旨,臺端想亦奉到。黃大臣過鄂,乞並電知。頃又請右帥飭各電局探呈矣。康有爲並囑禁發報,故請總署核示。謹聞。坤。遇。"(光緒二十四年六月初七日午刻發,初八日午刻到。《張之洞存各處來電》,戊戌第3册,所藏檔號:甲182-136。該抄件時間有誤,當爲七月)

[2] 相關的情節,可參見本書導論第二節。

[3] 陳寶箴於六月十四日發電張之洞稱:"……黃道遵憲擬於六月内起程北上,乞摯銜電覆……"(午刻發,酉刻到。《張之洞存各處來電》,戊戌第3册,所藏檔號:甲182-136)六月二十六日再發電張稱:黃"因本月二十二日日感冒請假,現實未能就道。俟月初稍愈,即催令力疾趲行……"(午刻發,申刻到)

[4] 光緒帝於六月二十四日明發上諭:"湖南長寶鹽法道黃遵憲著開缺,以三品京堂候補,充出使日本國大臣。"同日,軍機處電寄湖廣總督張之洞、湖南巡撫陳寶箴旨:"前經降旨,電催黃遵憲來京。現在計已起程。無論行抵何處,著張之洞、陳寶箴催令趲程迅速來見。"(軍機處《隨手檔》、《洋務檔》、《電寄檔》,光緒二十四年六月二十四日)該電旨由張之洞傳黃遵憲。黃即覆電:"奉電傳旨,敬悉。職道以感冒故,未起程。月初稍愈,即行。遵憲謹稟。"(光緒二十四年六月二十七日戌刻發,亥刻到。《張之洞存各處來電》,戊戌第3册,所藏檔號:甲182-136)

[5] 六月二十七日,總理衙門收張之洞、陳寶箴電:"敬電謹悉。奉旨飭催黃遵憲起程,迅速來京等因欽此。遵即傳催,惟黃道本擬月内起程,因本月二十二日感冒請假,現實未能就道。俟月初稍愈,即催令力疾起行。請代奏。之洞、寶箴同肅。宥。"(《總理衙門清檔·收發電》,01-38)"宥"是二十六日的代日。

尚未起程,當即將此電旨轉發長沙。[1] 是日申刻(下午3—5時),張又收到兩電。其一是康有爲發來:

> 京康主事來電。奉旨改《時務報》爲官報。汪康年私改爲《昌言報》,抗旨不交。望禁發報。康有爲叩。[2]

該電發於七月初五日未刻(下午1—3時),內容與給劉坤一電報相同,很可能是兩電同時發出。另一是湖南巡撫陳寶箴發來:

> 湖南陳撫臺來電。黃遵憲病稍愈,已飭於初七交卸道篆,初八力疾起程。乞即係銜電達總署代奏,並示覆。箴叩。魚。[3]

張之洞接到此電,知黃遵憲即將北上,即用兩人的名義電奏上聞。[4] 初八日,黃遵憲來電:"憲初七交印,即日起程。升任南鹽道遵憲稟。庚。"[5] 張之洞派湖北小軍艦"楚材"往迎。[6] 黃於七月初十日覆電張之洞:"溫諭感甚,蒙派'楚材',謹叩謝。遵憲。"[7] 這是黃遵憲北上時赴鄂"重親訓誨",而此時總理衙門再次電催黃遵憲進京。[8]

然而,在黃遵憲尚未到達武昌之際,七月初六日(8月22日)下午,

---

[1] 致長沙出使日本黃大臣,光緒二十四年七月初七日午刻發,《張之洞電稿乙編》,第56册,所藏檔號:甲182-72。

[2] 七月初五日未刻發,初七日申刻到,《張之洞存各處來電》,戊戌第4册,所藏檔號:甲182-136。

[3] 七月初七日巳刻發,申刻到,《張之洞存各處來電》,戊戌第4册,所藏檔號:甲182-136。

[4] 七月初八日,總理衙門收湖廣總督張之洞、湖南巡撫陳寶箴電:"黃遵憲病稍愈。已飭於初七交卸道篆,初八力疾起程。請代奏。之洞、寶箴同肅。陽。"(《總理衙門清檔·收發電》,01-38) "陽"是初七日的代日。

[5] 光緒二十四年七月初八日巳刻發,未刻到,《張之洞存各處來電》,第34函第4册,所藏檔號:甲182-136。

[6] 見王秉恩於七月初八日發電、張之洞初九日發電,說明"已派'楚材'奉候"。見東方曉白:《張之洞(湖廣總督府)往來電稿》,《近代史資料》第109期,第15—16頁。

[7] 長沙,黃欽差,七月初十日巳刻發,申刻到,《張之洞存往電稿原件》,第14函,所藏檔號:甲182-385;抄見又見《張之洞存各處來電》,戊戌第4册,所藏檔號:甲182-136。

[8] 七月十一日,張之洞收到總理衙門來電:"總署來電,轉出使黃大臣。裕使電稱,裕病足不能步,昨訪晤大畏(隈),竟不能上樓。九月間日君壽,又大坂(阪)督大操,皆不能到,成何事體等語。查裕使久病,確係實情,使臣在外,以聯絡邦交爲重,非能卧治。希速來京請訓。趕八月杪到東。勿遲,爲要。卦。"(光緒二十四年七月初十日亥刻發,十一日酉刻到,《張之洞存各處來電》,戊戌第4册,所藏檔號:甲182-136)張之洞連發三電催促。十三日,張之洞又收一陳寶箴來電:"真、文、元三電因線斷,同到。公度已於十一日展輪。曾牧亦附輪往鄂。箴覆。覃。"(光緒二十四年七月十三日酉刻發,亥刻到,出處同上)張之洞"真"、"文"、"元"給陳寶箴、黃遵憲的電報,見《張之洞(湖廣總督府)往來電稿》,《近代史資料》第109期,第16—17頁。

張之洞收到汪康年的電報:

> 急。頃康電蔡道云:奉旨改《時務報》爲官辦,特命督辦,即派狄平接辦。汪康年違旨私改爲《昌言報》,抗據不交。商孫中堂,令請禁發《昌言報》,勸汪交出,無干參劾。如何電覆云云。懇即囑節庵前來,商辦如何。乞示。康。物。[1]

"蔡道",蘇松太道蔡鈞,他也收到了康有爲的電報內容,其內容還牽涉到孫家鼐。"商孫中堂,令請禁發《昌言報》,勸汪交出,無干參劾"一段,其字面的意思是,"康有爲已與孫家鼐商量,孫令蔡鈞禁發《昌言報》,孫並令蔡勸汪康年交出該報,即可不加參劾"。[2] 當日,汪康年與蔡鈞見面,表示其交報之"爲難"。[3] 七月初十日(8月26日)丑刻(清晨1—3時),張之洞再次收到汪康年的電報:

> 得孫相回電云:並無封禁、參劾語。合電告。用洋牌事似可暫緩。念劬已見。康。屑。[4]

孫家鼐明確表示了自己的態度。"洋牌"指《昌言報》挂租界洋人的商牌,以擋康有爲;其最初很可能還是張之洞的主意。[5] 念劬,錢恂,此時進京覲見,路過上海,對於交報一事,他與汪有着詳細的討論。而孫家鼐的這一明白態度也激勵了張之洞,張於當日上午巳刻(9—11時)發一長電給孫家鼐:

> ……查《時務報》乃汪康年募捐集貲所創開,未領官款,天下皆

---

[1] 上海,汪進士,七月初六日巳刻發,未刻到,《張之洞存來往電稿原件》,第14函,所藏檔號:甲182-385。

[2] 汪康年七月初五日收蔡鈞信稱:"頃接康工部來電,禁發《昌言報》,勸汪交出,如何電覆等因,用特抄原電奉布,即祈閣下查照辦理,並望將辦理情形從速見示,以便轉覆爲荷。"(《汪康年師友書札》,第3册,第2963頁)由於未見到該信之附件,只能按字面去理解汪康年初六日的電文。

[3] 汪康年七月初八日收蔡鈞信稱:"頃承惠顧,藉聆一是,所有爲難情形,已經電覆康主政查照。茲奉督憲電諭,飭查黄大臣行抵何處等因,用特抄電送呈察覽。即祈閣下確探黄大臣行蹤,現抵何處,即日見示,以便電覆爲荷。"(《汪康年師友書札》,第3册,第2964頁)

[4] 上海,汪進士,七月初九日戌刻發,初十日丑刻到,《張之洞存來往電稿原件》,第14函,所藏檔號:甲182-385。

[5] 葉瀚於七月十四日致信汪康年稱:"近日忽聞有奉旨令公度查辦之說,究竟所查所辦者何事,實令人無從索解。前帥ús曾囑念兄請公速改挂日商牌,想近已照辦,然此亦是掩耳盜鈴之計……"(《汪康年師友書札》,第3册,第2612頁)"念兄",念劬,錢恂。

知,事同商辦。兹奉旨交黃遵憲查明核議,自應聽候黃議。康主事輒電致兩江、湖廣各省,請禁發《昌言報》,殊堪詫異。康自辦官報,汪自辦商報,自應另立名目,何得誣爲抗旨?官報有開辦經費,有常年經費,皆係巨款,豈有奪商報之款以辦官報之理?況《時務報》館並無存款。且近日諭旨令天津、上海、湖北、廣東各報俱送鈞處進呈,是朝廷正欲士民多設報館,以副"明目達聰"之聖諭,豈有轉行禁止之理?康主事所請禁發《昌言報》一節,礙難照辦。[1]

張之洞此電的核心,在於説明《時務報》的性質爲商報,並表明其不能禁發《昌言報》。孫家鼐收到此電後,於十二日回電稱:

蒸電悉。公所言者公理,康所電者私心,弟所見正與公同,並無禁發《昌言》之意,皆康自爲之。公能主持公道,極欽佩。鼐。文。[2]

張、孫兩人對此態度已是大體一致,孫亦認爲"大致與商報略同"。[3]在發電孫家鼐的同時,張之洞又發電趙鳳昌,轉汪康年:

急。上海。趙竹君轉汪穰卿:密。細思洋牌萬不宜挂。康電兩江及湖北,均請禁發報,何謂無之?各省想皆同。或未請孫相奏禁耳。且俟黃議。名心叩。蒸。[4]

張之洞認爲康有爲有可能未請孫家鼐禁報,"且俟黃議",字面意思是等待黃遵憲的議覆,似也表明張準備出面與黃進行交涉。七月十三日(8月29日),張之洞又收到汪康年電報:

文電敬悉。丙夏起,戊六月止,共收七萬四千餘元,共用七萬二

---

[1] 《張之洞全集》,第9册,第339頁。
[2] 光緒二十四年七月十二日申刻發,二十日申刻到,《張之洞電稿甲編》,第13函第61册,所藏檔號:甲182-47。然該電爲何遲達八天方到?原因不明。又,該電收入《張之洞全集》,第9册,第339—340頁。
[3] 汪康年於七月十四日收到孫家鼐的回信:"……上海《時務報》館開設之初,弟不知其源委。近因言官請改爲官報,奉旨交黃議奏,弟以懸輅設鐸,諫鼓善旌,通達下情,可以上裨聖治,遂議准言官之奏,奉旨遵行……雖非集股之商報,大致與商報略同。弟意康水部處此,必有一情至義盡辦法。接來電,水部電致上海道,有奏參封禁之語。此水部之言,弟並無此語,宜分別觀之。前已有覆電,兹再函達其詳……"(《汪康年師友書札》,第2册,第1430頁)孫家鼐話説得非常委婉周全,但已大體認可爲"商報"。"康水部",康有爲,其爲工部主事。
[4] 光緒二十四年七月初十日午刻發,《張之洞電稿墨迹》,第2函第10册,所藏檔號:甲182-219。

>千餘元,實存二千數百元。另代派欠約八千餘元,存貨六千餘元。康年虧六百余元,梁、麥、龍共虧一千四百元。均有據可查,不敢隱諱。康。文。[1]

"文電"指張之洞十二日的電報,尚未得見;"丙夏"指丙申年即光緒二十二年的夏天,"戊六月"指戊戌年即光緒二十四年六月。張此時讓汪確報《時務報》的明細賬目,似爲準備與黃交談、交待之用。七月十五日(8月31日),張之洞收到其幕僚錢恂從上海發來的電報:

>……外國無官報,近訪與鄂所聞同。穰無巨虧,滬有公論,黃、吳告白早見報館,開辦於丙年四月,全賴憲臺千元之助;黃款千元七八月才交付一半,謂報館藉此而開,未確。穰上夔書,恂帶去。恂稟。鹽。[2]

"外國無官報",似爲張之洞一派新尋找的反對《時務報》改官報的理由;"穰上夔書",即汪康年上書給其同鄉、軍機大臣王文韶,當然是申訴之信,將由錢恂帶往北京;另一重要的理由是,《時務報》開辦全靠強學會餘款銀,黃遵憲的捐款很晚才到。

由於光緒帝旨命黃遵憲到上海"查明""核議",黃此時成了關鍵人物。

六、黃遵憲對事件的處理

黃遵憲在先前《時務報》内汪康年、梁啓超之爭中,站在梁的一邊,

---

[1] 上海,汪進士,七月十二日亥刻發,十三日午刻到,《張之洞存來往電稿原件》,第 14 函,所藏檔號:甲 182-385。

[2] 上海,錢守,七月十四日戌刻發,十五日卯刻到,《張之洞存來往電稿原件》,第 14 函,所藏檔號:甲 182-385。"吳",吳德瀟。"千元之助",指强學會餘款銀 700 兩,約等於銀元千元。"夔",王文韶,字夔石。

此時光緒帝命其主持查核,當然會對康、梁更爲有利。[1] 他於七月十一日(8月27日)離開長沙,乘船北上,很可能於十五日到達武昌。七月十六日,總理衙門收到他的電報:

> 憲到岳,因察看商地,略有沉擱。奉鄂督轉奉電旨,飭查《時務報》事宜。查此館章程皆憲手定,係憲所創辦,作爲公衆之報,以汪康年充總理,梁啓超充總撰。今公報改爲官報,理正勢順,不知何以抗違不交?俟到滬,即議交收,毋令曠報。事定再電奏。請回堂憲。遵憲。[2]

此電報是一抄件,未有發報時間與地點。從當時的發報速度來看,若無加急,需一至兩天,即此電很可能是黃到武昌前所發。黃遵憲認定《時務報》的性質是公報,完全否認了汪康年、張之洞的理由——即爲"商報",並稱"公報改爲官報,理正勢順";他還稱到滬"即議交收","事定"後"再電奏",即已有明確的處理方針——"交收"。

黃遵憲到達武昌後,立即受到了張之洞、梁鼎芬等人的巨大壓力。此時在武昌管理《時務報》發行事務的翟性深,於七月十六日(9月1日)致汪康年信中稱:

> 一、公度昨已來鄂,現知子培與梁髯等與其聯絡,不知可能妥洽否?一、梁髯近日病,故子培來亦不能久坐常談。一、梁髯本欲與公度同來,現已不果,半因有病,半思我館之事,莫若在鄂可設法。以上均社兄處道問來。[3]

"子培",沈曾植。"梁髯",梁鼎芬。"社兄",社耆,汪洛年,他與沈、梁皆交深,其消息是可靠的。梁鼎芬原準備與黃遵憲同來上海,但考慮到"在

---

[1] 陸懋勳於七月初十日致信汪康年稱:"昨日下午,又聞梁、康發電與南洋,謂兄抗旨不交,南洋電總署,總署電聞,旨飭公度查辦。弟聞之尤爲心悚。公度固兄之勁敵也,一旦查辦,則必不留餘地,吾兄何以堪⋯⋯因聞此信之後,立即至太原處請爲斡旋,已允爲設法,惟尚無覆信。若查辦之人或另派,則兄亦急宜妥爲布置,萬不可再爲彼等播弄⋯⋯"(《汪康年師友書札》,第3冊,第2164頁)"南洋",南洋大臣,劉坤一。"太原",按郡望爲王姓,此處指王文韶。陸懋勳已知黃遵憲將不利於汪康年,請王文韶出面斡旋,以能另派人查辦此事。
[2] 《總理衙門清檔·收發電》,01-38。"堂憲",指總理衙門大臣。
[3] 《汪康年師友書札》,第4冊,第3640頁。

鄂可設法",便没有同行。而在張之洞幕中的鄒代鈞,於七月二十八日(9月13日)致汪康年信中稱:

> 《時務報》改爲《昌言報》,辦法尚不錯,惟康居然以抗旨入告,殊屬無謂,且交公度查覆,尤形鬼蜮。伯嚴已力言於公度,謂此事必須公允,萬不可稍涉偏倚,公度卻面允。昨聞子培言,公度到鄂已與南皮商妥,當不至離經也。云係欲公將舊賬交與南皮,而南皮轉交公度,《昌言報》則仍《時務》之舊,官報則另起爐竈。[1]

"伯嚴",陳三立。黃遵憲在陳三立、張之洞的直接施壓下,已經有所退讓。七月十八日,武昌收到汪康年電報:

> 康電江西藩,請禁登《昌言報》,業已札縣示禁。康年。篠。[2]

七月二十日,武昌再收到汪康年電報:

> 現擬與開《漢報》之宗北平商,互列名報端,則館不能摇,與尋常挂洋牌異。可否?候示。康。嘯。[3]

而武昌方面對此兩電的回復,我在"張之洞檔案"中没有找到。

黃遵憲離開武昌後,途經南京,與劉坤一會見[4],於七月二十三日(9月8日)到達上海。七月二十五日,張之洞發電黃遵憲:

---

[1] 《汪康年師友書札》,第3册,第2761—2762頁。

[2] 上海,汪進士,七月十七日申刻發,十八日丑刻到,《張之洞存來往電稿原件》,第14函,所藏檔號:甲182-385。江西後來實未禁。汪德年於八月二十一日致汪詒年之信稱:"前禁《昌言報》,初聞出示,後來並未出示。省城由南昌出一諭單,遞送各處,並未留下,亦未取結,係七月十三日之事……九江則藩札到縣,即由縣署請福康公司管事至署,將文書送閱,取具甘結,未出示,亦無諭單,此時實無從取揭。兄回江後,即托首縣轉達中峰,將上海情形略説大概,已許仍舊照送。竊以此事係由康電所致,當道以其爲奉旨辦理官報之人,不得不與爲維持"(《汪康年師友書札》,第4册,第3873頁)從此信中可見,江西雖禁,但只是應付一下。

[3] 上海,汪進士,七月十八日巳刻發,二十日子刻到,《張之洞存來往電稿原件》,第14函,所藏檔號:甲182-385。宗北平,日本人,汪康年於六月十八日收到其信:"自今《時務報》改爲官報,康有爲總理報務,未知道兄此時去就如何?伏望示知。弟擬月底必下申,逗留旬餘而後歸去故山……"(《汪康年師友書札》,第4册,第3335頁)又,該電後另附一電:"典兄:十六康電請速轉梁、沈兩太史,候覆。昌。""典兄",梁敦教;"梁",梁鼎芬;"沈",沈曾植,"昌",趙鳳昌。"十六康電",七月十六日汪康年電報,"張之洞檔案"中未存,我亦未見。

[4] 汪康年曾向劉坤一求助,劉坤一於七月二十六日回信汪,稱言:"商報與官報似可並行不悖……頃間黃大臣適寧,弟已面告一切,即日弭節滬濱,必當遵旨確查,據實覆奏。此公淹貫古今,歷中外,報律商情,均所洞察,似不致徇一面之詞,昧兩端之擇。"(《汪康年師友書札》,第3册,第2873頁)

致上海出使日本黃欽差。報事中外議論紛紜,弟不敢置議。在鄂所談,作爲勿庸議可也。惟《昌言報》,則鄙意以爲萬不宜禁耳。洞。有。[1]

此中的"在鄂所談",很可能就是前引鄒代鈞信中所稱,由汪"將舊賬交與南皮,而南皮轉交公度,《昌言報》則仍《時務》之舊,官報則另起爐灶"。此時張之洞有所退讓,一方面是梁啓超與汪康年在《國聞報》等陣地打起了筆墨官司,引起了很大的反響,另一方面很可能是聽到黃遵憲另有大用的消息。他不再強調《時務報》"空名歸康";而改爲以不禁《昌言報》爲對策。而汪康年在上海受到黃遵憲的壓力,連連發電武昌。七月二十五日(9月10日)汪發電稱:

照黃言,報館所有統行交出,《昌言》如何辦法? 請電示。康。有。[2]

二十七日發電稱:

黃意須統行交出,康擬俟彼電奏請旨,或彼備公文著交,即照辦,以昭慎重。康。[3]

二十八日發電稱:

黃至今無公文,亦未將辦法開出,昨電均屬人傳言康。如何辦理? 請示。康。[4]

第一份電報可見汪康年的意外,原以爲此事會按其意即"空名歸官"而了結。第二份電報可見汪的對策,即請黃遵憲先行電奏,奉旨後再交,或請黃下達明確公文,黃自然不會如此辦理。第三份電報中,汪又做解釋,稱黃遵憲的做法是囑人"傳言"給他。張之洞在收到前兩份電報、尚未收到第三份電報時,於七月二十八日(9月13日)發電趙鳳昌:

---

[1] 光緒二十四年七月二十五日午刻發,《張之洞電稿乙編》,第56冊,所藏檔號:甲182-72。
[2] 上海,汪進士,七月二十五日戌刻發,二十七日申刻到,《張之洞存來往電稿原件》,第14函,所藏檔號:甲182-385。
[3] 上海,汪進士,七月二十七日申刻發,亥刻到,《張之洞存來往電稿原件》,第14函,所藏檔號:甲182-385。
[4] 上海,汪進士,七月二十八日亥刻發,二十九日午刻到,《張之洞存來往電稿原件》,第14函,所藏檔號:甲182-385。

　　　　上海趙竹君轉汪穰卿。前屢電已詳。諸事請自酌。感。[1]
到了這一時候，張之洞已不想再出面，也不想再多說什麼。很可能也就在此時，他又想到了息事寧人之法，寫給梁鼎芬一信：

　　　　再啓者，前子培致萬木電未發，至今思之，乃大誤也。此電稿猝難尋撿，可否即由尊處代擬數語速發爲要？要語云："聞《時務報》事，□□與穰卿齟齬，此間曲折，弟未深知，然盍少緩之以存氣類乎？曾植。"一面電子培，似無妨。[2]

"萬木"，指康有爲，其辦有"萬木草堂"。沈曾植於七月十九日離開武昌，二十三日到長沙。此信當寫于沈離開武昌之後。"□□"是原文不清之處，似爲梁啓超或康有爲。張讓梁以沈曾植的名義發電給康有爲，以能稍稍緩和之。七月二十八日，即張發電汪"諸事請自酌"的當日，黄遵憲亦在上海發電給張：

　　　　憲廿三到滬，承派"楚材"，感激無已。報事昨奉有電，言鄂議作罷論，惟《昌言報》不能禁等語。敬悉。憲到此，即持刺拜汪，汪未來見。初言將人欠館款，館欠人款，概交官報。昨廿六函稱：必待南洋公文到日，商酌聲覆；此館係集捐而成，捐款諸公皆應與聞，斷非康年一人所能擅行等語。汪前刊《告白》，稱係己創，改作《昌言》，今又稱館係集捐，己難擅行，似交收尚無定議。遵憲所奉電旨，一曰：是誰創辦，查明原委。查此館開辦，憲自捐一千元，復經手捐集一千餘元，汪以強學會餘款一千餘元，合四千元，載明《公啓》，作爲公款，一切章程帖式，係憲手定。《公啓》用憲及吳、鄒、汪、梁五人名，刊印萬分，布告於衆。内言"此舉爲開風氣，擴聞見，絶不爲牟利起見"。又言"有願捐貲相助擴充此報、維持此舉者，刊報以表同志"。是此報實係公報。以公報改作官報，理應遵辦。且憲系列名

---

[1] 光緒二十四年七月二十八日丑刻發，《張之洞電稿墨迹》，第2函第10册，所藏檔號：甲182－219。

[2] 武漢市博物館藏張之洞致梁鼎芬函，《張之洞全集》，第12册，第85頁。但從"張之洞檔案"中看不出此電是否發出。

倡首之人,今查辦此事,不遵議交收,憲即違旨,此憲所斷斷不敢者。旨又云:秉公核議,如何交收。昨由汪送到刊布結賬存款:一、存現銀;一、存新舊報;一、存自印書籍;一、存各種書籍;一、存器具,及代派處未繳書貲報貲,合共若干。憲以爲,均應交出。其報館應付人項及應派各報,官報亦應接辦。如汪能照交,即行電奏,自可妥結。如汪不交,憲只得將核議各節,電奏請旨辦理。憲自問所以盡友道而顧大局者,一則改爲《昌言報》一事,絕口不提;二則所列結賬,即有不實不盡之處,憲斷不究問;三則所存各項,倘不能照刊報結賬,如數交出,當爲通融辦理,或約展緩,或告接收之人,設法商量。此爲憲心力所能盡者,若不議交收,非憲所敢出也。爲汪計,理應交出,倘或不然,結局難料。再,憲有密陳者,汪在滬每對人言,此報改爲《昌言報》,係憲臺主持,惟憲實不願此事牽涉及於憲臺,流播中外。縷縷愚誠,伏求密鑒。又,《國聞報》所登有官民分辦之說,憲以爲倘係分辦,即非遵旨。且前報係公報,非私報,不遵旨歸官,將歸誰手?又,兩報分辦,官報另起,旨中所謂"改作官報",如何著落?此亦汪、康兩黨意見之言,切望憲臺勿爲搖惑。總之,此事係將公報改作官報,非將汪報改作康報也。倘蒙憲臺鑑憲微衷,求憲臺將憲遵旨核議交收之法,電汪即行遵辦,免曠報務而誤程期。抑或別有辦法,並求指示遵辦。大局幸甚,私衷感甚。再,憲病到滬小變,醫言因積疾成肺炎,必須調養。現在趕緊調理,焦急萬狀。遵憲。午。[1]

就以往黃遵憲給張之洞的電報而言,此電的用語是相當嚴峻的:他強調《時務報》是公報而非商報、私報,強調其係遵旨辦事,其中還婉轉點明汪不肯交報、改爲《昌言報》是由於張的"主持"。黃雖在具體細節上有所讓步,但完全否定了汪、張"讓《時務報》空名與康"的設想;"兩報分辦,官報另起"一語,很可能也是有所指。黃此電二十九日申刻(下午

---

[1] 上海,黃欽差,七月二十八日酉刻發,二十九日申刻到,《張之洞存來往電稿原件》,第14函,所藏檔號:甲182-385。"楚材",隸屬湖北的一小軍艦。

3—5時)到達武昌,張之洞此時也無法繼續相抗,於七月三十日(9月15日)辰刻(上午7—9時)覆急電給黃遵憲,並附一電給汪康年:

> 上海,出使日本大臣黃:急。廿八日電悉。報事與閣下在鄂晤談後,曾勸汪交出,不必繫戀。茲當更勸其速交,但不知肯聽否耳。至此事恭繹電旨語意,並無偏重一面之詞。閣下如何辦法,自必能斟酌妥善,上孚聖心,下洽公論也。程期甚迫,似須早日北上。洞。豔。

> 附致汪一電,請轉交汪穰卿:報事速交,最爲簡淨,千萬不必糾纏。《昌言報》既可開,若辦得好,亦可暢行,何必戀此殘局,自生荆棘哉。洞。豔。[1]

張之洞此電,也隱隱給黃遵憲施加壓力。一是稱"恭繹電旨語意,並無偏重一面",二是讓黃轉汪電中稱"《昌言報》既可開";張的用意是黃不能袒護康、梁,也不能禁《昌言報》。同一日,張之洞還發電上海:

> 上海趙竹君,轉送汪穰卿一閱,閱過索回付丙。急。報事速交,萬勿繫戀,恐生波瀾。前途狂悍,不能講理。惟有電懇當道。臨時相機維持耳。速覆。豔。[2]

此處的"前途",指黃遵憲。從檔案原件來看,此電張之洞改動甚大,"電懇當道"後,删"夔帥",意請汪向其同鄉、軍機大臣王文韶告狀。他還害怕此電會作爲其爲汪康年後臺老闆之證據,竟讓趙鳳昌送汪閱後,索回燒掉。

八月初一日(9月16日),黃遵憲因其病欲緩北上,發電張之洞:

> 遵憲在湘積受寒濕,患脾泄水蠱。六月復患感冒,一時未能進京,當由憲臺代奏。七月初旬,感冒稍愈,因屢奉詔旨,催令趕程,力疾就道。過鄂謁憲臺,過寧謁峴帥,見具病狀,均蒙飭令調養。惟遵

---

[1] 光緒二十四年七月三十日辰刻發,《張文襄公電稿墨迹》,第2函第10册,所藏檔號:甲182-219。

[2] 《張之洞電稿》光緒二十五年二月至八月,七月三十日辰刻發,所藏檔號:甲182-456。整理者有誤,根據內容,該電發於光緒二十四年。

憲萬分焦急,仍欲力疾至京。至京如未能請訓,再擬在京請假暫養。乃到滬,病猶未痊。醫生言,因積病傷肺,故言語拜跪,均難如常。如勉強登舟,海風搖簸,病勢益增,轉慮負天恩而誤國事。不得已,暫擬在滬調養十數日,一俟稍痊,即行迅速趲程,斷不敢稍有遲誤。既求峴帥會同憲臺、湘撫代奏乞恩,敬懇俯允,感禱無已。除電湘、寧外。遵憲敬肅。東。[1]

張之洞當日收到此電,立即予以回拒。當晚覆電稱:

上海出使日本大臣黃：東電悉。尊恙極爲馳繫。承囑會銜代奏一節,此時在滬調養,自應由南洋代奏,鄙人在鄂,未便列銜越俎。已電達峴帥。尚祈鑒原。洞。東。[2]

與此同時,張之洞還發電給劉坤一。[3] 八月初二日(9月17日),黃遵憲覆電:

東電敬悉。因過鄂小愈,曾電總署遵旨趲程,故擬求會銜。現已由峴帥單銜代奏。又,總署知憲病狀,九月內日主誕辰,經電裕使照常慶賀,程限自可展緩。承注感極。報事轉電,已交汪。日內覆奏,即抄稿電陳。遵憲。沃。"[4]

"報事轉電",指七月三十日張之洞電報中的附電;"日內覆奏",指黃遵憲辦理此事的電奏。也就在這一天,八月初二日,黃遵憲發一長電報給總理衙門,說明《時務報》交接的方式與結果,要求轉奏光緒帝:

"竊遵憲前奉電開,奉旨：劉坤一電稱,康有爲電,奉旨改《時務

---

[1] 八月初一日巳刻發,申刻到,《張之洞存各處來電》,戊戌第5冊,所藏檔號：甲182-136。

[2] 光緒二十四年八月初一日亥刻發,《張之洞電稿》光緒二十四年一月至八月,所藏檔號：甲182-455;抄件又見《張之洞電稿乙編》,第56冊,所藏檔號：甲182-72。

[3] 張之洞致劉坤一電稱:"江寧,劉制臺：黃公度星使在滬養病,電請會銜代奏一節,鄙人遠在鄂疆,未便列銜。應請尊處酌辦爲荷。洞。東。"(光緒二十四年八月初一日亥刻發,《張之洞電稿》光緒二十四年一月至八月,所藏檔號：甲182-455;抄件又見《張之洞電稿乙編》,第56冊,所藏檔號：甲182-72)劉坤一覆電稱:"張制臺：東電悉。黃星使在滬養病,昨已由敝處代爲電奏矣。坤。冬。"(光緒二十四年七月初二日酉刻發,戌刻到,《張之洞存各處來電》,戊戌第4冊,所藏檔號：甲182-136)該檔爲抄件,所記時間當有誤,此電應發於八月初二日。

[4] 光緒二十四年八月初二日申刻發,亥刻到,《張之洞存各處來電》,戊戌第5冊,所藏檔號：甲182-136。

報》爲官報,汪康年私改爲《昌言報》,抗旨不交等語……伏查丙申春月,遵憲奉旨暫留江蘇辦理教案、商務各事宜,因住上海。當時官書局復開,刊有官報。遵憲竊意朝廷已有變法自強之意,而中國士大夫聞見淺狹守舊。自知非廣刊報章,不足以發聾瞶而袪意見。先是康有爲在上海開設強學會報,不久即停,尚存有兩江總督捐助餘款,進士汪康年因接收此款來滬,舉人梁啓超亦由官書局南來,均同此志。因共商報事,遵憲自捐一千兩,復經手捐集一千餘兩,汪康年交出強學會餘款一千餘兩,合共四千兩,作爲報館公衆之款。一切章程格式,皆遵憲撰定。公商以汪康年爲總理,梁啓超爲總撰。刊布《公啓》,播告於衆,即用遵憲等名聲明"此舉在開風氣,擴聞見,絶不爲牟利起見"。又稱"有願捐貲裹助拓充此報、維持此舉者,當刊報以表同志"。遵憲復與梁啓超商榷論題,次第撰布。實賴梁啓超之文之力,不數月間風行海內外,而捐貲助報者竟有一萬數千元之多。是此報實爲公報。此開設《時務報》館之原委也。今以公報改爲官報,理正勢順。遵憲行抵滬上,汪康年送到報館本年六月結冊,除收款、付款各項,業經收支銷數,官報接收,毋庸追問外;據其所開存款各項:一、存現銀,一、存新、舊報,一、存自印書籍,一、存各種書籍,一、存器具,一、存未繳之書貨報貨,共値頒數均(約)一萬數千元。遵憲籌商核議,竊謂均應交與官報接收。所有派報處所及閱報姓名,亦應開列冊單交出,官報接收,即接續公報,照常分派,以便接聯而免曠誤。如結冊中有未付之款,派報處已經收錢尚未滿期之報,官報接收之後,亦應查照原冊,一律接辦。又,《公啓》稱"將來報章盛行,所得報費並不取分毫之利,歸入私囊,或加增報紙,或廣招譯人翻書,以賤價發行";又稱"捐款在百元以上者,可以酌議成數,分別償還,其不願取回者,聽"。官報接收之後,如果清算舊數,實有贏餘,此二條似亦可酌量辦理。如此接收,官報與公報聯絡爲一氣,派報更易推廣,於報務似有裨益。所有遵憲遵旨查明開報原委及秉公核議支收之法,是否有當,理合請旨遵辦。除將

《〈時務報〉公啓》及《時務報》館現在結冊,另行齋呈總署、軍機處備查外,伏乞代奏皇上聖鑑。出使日本大臣黃遵憲謹上。沃。[1]
這一份電報强調《時務報》非爲"私報"而屬"公報",宣稱"公報改爲官報,理正勢順",並要求《時務報》現存一切財産交給《時務官報》。黃的這一做法,並沒有顧忌到站在汪康年背後的張之洞。

八月初三日(9月18日)辰刻(上午7—9時),黃遵憲將上引電奏轉發給劉坤一、張之洞、陳寶箴:

> 上海黃欽差來電。武昌張制臺、江寧劉制臺、長沙陳撫臺:密。新電奏查議《時務報》事,謹抄稿呈電。竊遵憲前奉電開……(以下同上引電文)[2]

黃遵憲將此處理結果同時報告劉坤一、陳寶箴,自因劉、陳曾對黃有勸告之語,也想因此稍分張之洞一家之責。此電次日到達武昌。而在張之洞於八月初二日收到錢恂從北京來電:"黃有尚書銜充頭等使説,然病稽滬",此即光緒帝有意命黃遵憲出任清朝駐日本的大使(頭等欽差大臣)。[3] 在黃遵憲發電的同時,即八月初三日辰刻(上午7—9時),張之洞亦發電:

> 京,孫公園興勝寺,錢念劬太守:聞黃有留京入樞、譯之説,故托病辭使。如黃不去,或云擬熊希齡,確否?……[4]

"樞",軍機處;"譯",總理衙門。張之洞已聽説康黨謀劃留黃遵憲在京主持大計,對黃在上海發電稱病一事,根本不信。也在同一天的稍晚時

---

[1] "收出使黃大臣電",光緒二十四年八月初三日,《總理衙門清檔·收發電》,01-38。"沃"是初二日的代碼。張之洞收到此電,有若干字相異,兩處皆是抄件,但無大的差别,不影響理解本意。又,"遵憲自捐一千兩,復經手捐集一千餘兩,汪康年交出强學會餘款一千餘兩,合共四千兩",此處的"兩",似爲"元"之誤。

[2] 光緒二十四年八月初三日辰刻發,初四日丑刻到,《張之洞存各處來電》,戊戌第5册,所藏檔號:甲182-136。

[3] 光緒二十四年八月初一日午刻發,初二日午刻到。《張之洞電稿甲編補遺》,所藏檔號:甲182-61。原電日期稱"豔",當屬二十九日所擬,次日發出。又,該電經删節後,見於《張之洞全集》,第9册,第344頁。光緒帝有意命黃遵憲爲駐日本大使事,可參見孔祥吉2010年論文。又,當時的外交使節多爲"公使"級,"大使"極爲罕見。

[4] 八月初三日辰刻發,《張之洞電稿》光緒二十四年一至八月,所藏檔號:甲182-455。又見《張之洞全集》,第9册,第344頁。與原件相比,多處删改。

刻,八月初三日巳時(上午9—11時),汪康年發電張之洞:

> 報賬遵諭即交。《昌言》無款,有人允接辦。懇公暫假二千元,以資接濟,俟頂出後即還。否則即停。候諭。康。[1]

這一幕戲中出場的三個主角黃、張、汪,在同一時刻表現出三種態度、三種心情,誰都不是勝利者。而在這一天的晚上,北京另有兩出重頭戲:譚嗣同按照康有為之意,面見袁世凱,提議其帶兵入京;慈禧太后據御史楊崇伊的密摺,決定明天從頤和園返回宮中。這一天,離戊戌政變還有三天。

七、戊戌政變之後

光緒二十四年八月初六日(1898年9月21日),戊戌政變發生。八月初七日丑時(清晨1—3時),張之洞即收到由盛宣懷發來的電報:"本日上諭,太后垂簾聽政,並嚴拿康有為。魚。"[2]然他作出的第一個反應,竟是《時務報》可不改官報,仍交由汪康年續辦。當日亥時(晚9—11時),張之洞發電孫家鼐:

> 康已得罪,上海官報萬不可令梁啓超接辦。梁乃康死黨,為害尤烈。方今朝野正論賴公主持,天下瞻仰,企禱企禱。竊思如有品

---

[1] 上海,汪進士,八月初三日巳刻發,午刻到,《張之洞存來往電稿原件》,第14函,所藏檔號:甲182-385。又,在"張之洞檔案"中,還有一件汪康年的電報:"督憲。近各路款不至,印費無出,前墊付《三測江海圖說》五百兩,擬懇賜匯。康。"(上海,汪進士,九月二十二日申刻發,酉刻到,《張之洞存來往電稿原件》,第14函,所藏檔號:甲182-385)我還不能確定該電所發的年份,如是光緒二十四年,那是汪康年再次呼救。

[2] 《張之洞全集》,第9冊,第345頁。而到了八月初七日亥時(晚上9—11時),張之洞才收到由總理衙門發來的八月初六日的諭旨:"……再三籲懇慈恩訓政,仰蒙俯允所請","由今日始在便殿辦事,本月初八日朕率諸王、大臣在勤政殿行禮……"(總署來電,八月初六日戌刻發,初七日亥刻到,《北京來電·三》,光緒二十四年;《張之洞存北京來電稿·光緒十六年至二十四年》,所藏檔號:甲182-407)

第四章　張之洞與《時務報》、《昌言報》　　275

學兼優之人,接辦官報固好,否則不如暫停,從緩再議。至《時務報》本係捐款,似應仍歸商辦,即令汪康年照舊接續辦理,不必改官報,較爲平允。官報另作一事,自有巨款,豈藉區區捐湊餘資哉?伏惟鈞酌。陽。[1]

張的提議仍是"兩報分辦、官報另起"之舊策,但明顯有不可行之處:改官報已是諭旨,如有所變,仍需上奏請旨;且《時務報》最後一期第69冊於六月二十日出版後,已停一個多月,《昌言報》亦出版3期,忽又改換報名,也難以自解題目。然從張之洞此電中,看不出他對政變之後政情巨變的擔心,反而對康、梁的落馬,暗暗以爲幸事。[2] 對此,孫家鼐于初十日回電:

陽電悉。同惡共濟,梁難復用。大憝漏網,慮走胡越。報館有人查辦,難以攙預。鼐。佳。[3]

孫家鼐以黃遵憲查辦爲由,拒絕了張的提議。

北京的情勢急轉直下。八月初八日,張之洞的親信楊銳被捕。十四日,楊銳等六君子不審而誅。八月十五日(9月30日)亥時(晚9—11時),張之洞發電北京黃紹箕:"黃遵憲實是康黨,都人有議者否?"[4] 張之洞在極爲悲痛之際,竟突然指責昔日的朋友黃遵憲是康黨![5] 這在當時是一個極大的罪名。而在張之洞幕中諸人,均已公開敵視。第二天晚上,八月十六日亥時,黃遵憲發電張之洞,稱梁鼎芬對其發難:

憲病調理未痊,自揣萬難成行,二三日當請總署代奏開去差使,

---

[1] 《張之洞全集》,第9冊,第345頁。
[2] 陳慶年在光緒二十四年八月初七日的日記中稱:"梁節庵來書云:初六日逆賊康有爲革職,天下快心。英、俄並未開戰,此賊黨嗣同欺其父之詞也。"(《戊己亥見聞錄》,《近代史資料》總81期,第120—121頁)梁鼎芬此信,很可能代表著張幕內的情緒。
[3] 京,八月初十日戌刻發,十二日子刻到,《張之洞存來往電稿原件》,第14函,所藏檔號:甲182-385。"佳"是初九日的代碼,似爲孫于初九日起草,初十日才發出。
[4] 八月十五日亥刻發,《張之洞電稿》光緒二十五年二月至八月,所藏檔號:甲182-457。整理者有誤,根據內容,該電發於光緒二十四年。
[5] 張之洞發出這一指責時,有可能認爲黃遵憲已到北京。他在發該電的同時,另有一電給張權,其中刪去了一句:"黃遵憲到否? 衆人有議爲康黨否?"(八月十五日亥刻發,《張之洞電稿》光緒二十五年二月至八月,所藏檔號:甲182-457。整理者有誤,根據內容,該電發於光緒二十四年)

有負恩培,實深惶悚,惟有矢誠圖報將來耳。近有人言,汪接梁電云,首逆脱逃,逆某近狀,逆超蹤迹何若。聞之駭詫。憲生平無黨,識康係梁介紹,强學會亦梁代列名。乙未十月在滬見康後,未通一信。卓如實憲至交,偶主張師説,輒力爲諫阻。此語曾經佑帥奏聞。在湘每駁康學,曾在南學會中攻其孔子以元統天之説,至爲樊錐所詬爭。此實佑帥所深悉,湘人所共聞。不意廿年舊交之星海,反加以誣罔。憲不與深辯。伯嚴曾一再函電代鳴不平。至《時務》改爲官報,彼此僻處湘鄂,均不可干涉。星海忽攘臂力爭,借我洩忿,斥爲預聞。過鄂往見,面言其故,並未絶交,乃騰播惡聲,似有仇怨,殊不可解。當此危疑時局,遏冤杜禍,均惟憲臺是賴。憲素荷恩知,不敢不告。伏求密察婉釋,無任企禱。遵憲。銑。[1]

其中"汪接梁電云,首逆脱逃,逆某近狀,逆超蹤迹何若"一語,"汪"是汪康年,"梁"是梁鼎芬,"首逆"是康有爲,"逆超"是梁啓超,而"逆某"正指黄遵憲。黄遵憲此電自辯其非爲"康黨",並稱自光緒二十一年十月與康有爲相見後,未通一信。他此時還不知道,武昌方面早就視其爲"附康",此時在張之洞的指斥下已是同仇敵愾。

八月十九日(10月4日),黄遵憲致電總理衙門,以病要求"請開差使"。[2] 八月二十一日,總理衙門又收到劉坤一的電報,稱黄"患病屬實",代奏黄的請求。[3] 也恰在這一天,御史黄均隆上奏攻擊湖南,涉

---

[1] 上海,黄欽差,八月十六日亥刻發,十七日午刻到,《張之洞存來往電稿原件》,第14函,所藏檔號:甲182-385。"佑帥",右銘,陳寶箴。"伯嚴",陳三立。

[2] 黄遵憲電稱:"憲病復發,熱增劇。使事重要,斷難延誤。昨已電峴帥代奏,請開差使。乞回堂憲爲感。遵憲。效。"("收出使黄大臣電",光緒二十四年八月十九日,《總理衙門清檔·收發電》,01-38)

[3] 劉坤一電稱:"准出使大臣黄遵憲在湘患病,以鄂督湘撫電奏,力疾到滬,病又加劇,復請假十日數。現調治未痊,萬難成行。使事重要,誠恐延誤,惟有懇求電籲請天恩,開去差使,回籍調理。又准效電,時屆至此,病勢稍可支持,本應銷假速行,無如近轉發熱增劇。使事重要,前以裕庚奏,已派李盛鐸代理,豈容遵憲貽誤。年甫五十,未必不能就痊,將來再行矢誠圖報。除電告總署外,謹再電求爲因。該大臣月前過寧,見其病病屬實,迭準來電,情詞懇切,不敢壅于上聞。請代奏。坤一。號。"("收南洋大臣電",光緒二十四年八月二十一日,《總理衙門清檔·收發電》,01-38)"號"是二十日的代日。

及陳寶箴、黃遵憲等人。[1] 清廷當日下旨將陳寶箴等人革職,並下旨:

>出使大臣黃遵憲因病請開去差使。江南道監察御史李盛鐸著賞給三品卿銜,以四品京堂候補,派充駐紮日本國二等欽差大臣。[2]

第二天,二十二日,黃遵憲發電給張之洞,報告此旨命。[3] 又過了一天,二十三日,因御史黃桂鋆上奏,清廷下令將黃遵憲秘密看管。[4] 二十五日,趙鳳昌在上海發電:"黃看管,候旨。聞英領事已電沙侯,保其命云。"[5] 至二十六日,在日本等國的外交施壓下,清廷又命黃"即行回籍"。[6] 二十八日(10月13日),黃遵憲給張之洞發去電報:

>武昌督憲鈞鑑:奉旨:無事。即日回籍。遵憲叩。[7]

這是我在"張之洞檔案"中所看見的黃遵憲給張之洞的最後一電,且從檔案中也看不到張的回電,很可能就沒有回電。也就在這一時候,梁鼎芬到達上海,遞送與黃遵憲的絕交信。[8]

時間很快過去了一年,張之洞對黃遵憲的態度仍沒有好轉。光緒二

---

[1] 《戊戌變法檔案史料》,第472—473頁。
[2] 《光緒宣統兩朝上諭檔》,第24冊,第445頁。
[3] 該電稱:"武昌督憲鈞鑑:昨求峴帥奏請開缺,既邀恩准,改派李木齋。憲日內回籍調理。謹此叩謝。遵憲叩。養。"(光緒二十四年八月二十二日午刻發,酉刻到,《張之洞存各處來電》,戊戌第6冊,所藏檔號:甲182-137)
[4] 八月二十二日,御史黃桂鋆上奏,攻湖南新政,牽涉黃遵憲。(《戊戌變法檔案史料》,第475—476頁)次日慈禧太后下令秘密看管黃遵憲。該諭旨雖未見到,但可見劉坤一的回電:"漾電謹悉。黃遵憲現住上海北洋務局,已飭滬道蔡鈞派員妥爲看管。惟洋務局密邇租界,深慮外人出而干預,轉於政體有礙。黃遵憲係三品京堂,現未褫職,該道未敢徑拘。應如何辦理,請旨遵行。除飭該道嚴密防守外,請代奏。坤一。敬。"("收南洋大臣電",光緒二十四年八月二十四日,《總理衙門清檔‧收發電》,01-38)"漾"是二十三日的代日。又,八月二十三日,軍機處《隨手檔》有一條記錄:"軍機處奏片,電知劉坤一一道繕稿呈覽由(由堂繕旨遞上)",此一道旨可能就是下令看管黃遵憲之電旨。
[5] 上海,八月二十五日戌刻發,亥刻到,《張之洞存來往電稿原件》,第14函,所藏檔號:甲182-385。"沙侯",英國首相兼外相莎士伯雷侯爵。
[6] 《光緒宣統兩朝上諭檔》,第24冊,第454頁。
[7] 光緒二十四年八月二十八日午刻發,酉刻到,《張之洞存各處來電》,戊戌第6冊,所藏檔號:甲182-137。
[8] 黃遵憲於《己亥雜詩》第七十六首注文稱:"八月二十五日得一紙曰:□與□絕交……"(《黃遵憲全集》,上冊,第161—162頁)其中的"□與□",指梁與黃。八月二十五日"得一紙"的時間似有誤,此時黃仍被看管,很可能是梁寫絕交信所署日期。

十五年八月十六日(1899年9月20日),爲左宗棠之子左孝同被參案,張發電湖南巡撫俞廉三:

> 來函示及左孝同被參各節,深爲駭異。去年湘省開保衛局,因保甲局有紳士、大府委左隨同辦理,一切皆黃遵憲主持,通國皆知,至主民權、改服色等事,尤無影響……[1]

他爲保左孝同,將其中的一切責任皆歸之于黃遵憲。時間又過去了兩年,光緒二十七年九月十三日(1901年10月24日),兩廣總督陶模發電張之洞,詢問黃遵憲"獲咎有何字樣,曾否褫職?"並聲稱:"擬奏明令伊辦理學堂,未知可否。"[2]此時八國聯軍還未全撤出北京,慈禧太后、光緒帝正從西安回鑾,政治風向已大變。黃遵憲當時僅下旨"因病開去差使"、"即行回籍",並無正式的懲處,陶模若上奏請其"辦理學堂"的"總理教習",很可能將東山再起。而張之洞在鎮壓了唐才常自立軍之後,對康黨的活動痛恨至極,收到此電後,再次激起他對黃遵憲的連帶憤恨,於十五日發回電:

> 廣州。陶制臺:急。元電悉。黃遵憲真正逆黨,戊戌之變,有旨看管,爲洋人脅釋。湖南風氣之壞,陳氏父子之受累,皆黃一人爲之,其罪甚重。且其人鑽營嗜利,險狠鄙僞,毫無可取,屢經新嘉坡華商控告。公萬勿誤聽人言。忝在相知,不敢不以密告。名心泐。寒。[3]

當我見到張之洞的這一份親筆電報,幾乎不相信自己的眼睛:"鑽營嗜利,險狠鄙僞,毫無可取",竟用如此尖刻的語言來形容黃遵憲,很難想象黃曾是他極爲信任的下屬。張之洞此電斬斷了黃在政治上復出的機會。

---

[1] 光緒二十五年八月十六日辰刻發,《張文襄公電稿墨迹》,第2函第11冊,所藏檔號:甲182-219。

[2] 陶模原電爲:"武昌張制臺:亥。懇轉詢梁星海,粵中何人可當總理教習之任,此間惟算學尚有人,黃公度究竟如何?其獲咎有何字樣,曾否褫職。擬奏明令伊辦理學堂,未知可否?……模。元。"(光緒二十七年九月十三日酉刻發,十四日子刻到,《張之洞存各處來電》,辛丑第31冊,所藏檔號:甲182-151)

[3] 光緒二十七年九月十五日子刻發,《張文襄公電稿墨迹》,第3函第15冊,所藏檔號:甲182-219;抄件又見《張之洞電稿乙編》,第74冊,所藏檔號:甲182-76。

又過了幾個月,光緒二十八年正月十一日(1902年2月18日),張之洞又發電其妹夫、軍機大臣鹿傳霖:

  ……再,聞有人保黃遵憲,此人確係康黨,又係張蔭桓黨,惡劣不堪,萬不可用,務望阻之。祈電覆。冰。真。[1]

張之洞很可能又聽到了什麼風聲,立即毀滅之。在我所見的材料中,黃自從上海回籍之後,與張之洞再也沒有交往。

 《昌言報》自出刊後一直慘澹經營。梁鼎芬到達上海後,與汪康年的關係並不洽。九月十二日(10月26日),張之洞在上海的親信趙鳳昌發電:

  真電悉。星海疊晤……《昌言報》坦初勸其停止,不可歸洋人,即亦勸改名。汪均不聽。遵再偕星海,切囑挂名,其實事仍汪辦。《中外日報》亦已挂洋牌。坦。元。[2]

"切囑挂名"、"事仍汪辦"一語,表明還有意讓梁鼎芬出任總理,也顯露汪康年心有猜忌,恐梁奪權。至光緒二十四年十月初六日(1898年11月19日),《昌言報》出版第10册後停刊。與《時務報》更名《昌言報》同時,汪康年所辦的《時務日報》亦更名爲《中外日報》,仍在繼續刊行。該報的一些消息起了張之洞不滿。光緒二十四年八月二十三日(1898年10月8日),張之洞的幕僚奉命發電:

  上海《中外日報》館汪穰卿、曾敬一:頃奉督帥諭云:閱八月初一日《中外日報》,內有辟築操場一條,言鄂帥擬于東門外洪山開闢操場一所,習演西操,是處墳墓累累,聞每棺給錢二十串,以作遷柩費用等語。荒謬怪誕,毫無影響,煽惑人心,實堪詫異……種種不近情理,明係奸民痞匪造作謠言,煽惑人心,實堪痛恨。至以前《日

---

[1] 光緒二十八年正月十一日酉刻發,《張文襄公電稿墨迹》,第3函第15册,所藏檔號:甲182-219。

[2] 上海,九月十二日午刻發,申報到,《張之洞存來往電稿原件》,第14函,所藏檔號:甲182-385。"坦",趙鳳昌。張之洞覆電稱:"急。上海趙竹君轉梁太史:密。咸兩電悉……《昌言》挂洋牌,妥否?近滬上見聞祈示。"(九月十五日亥刻發,《張之洞電稿》光緒二十四年九至十月,所藏檔號:甲182-455)

報》中言槍炮廠事，則云每槍一枝，約合銀七十餘兩。此事則又如此誣妄，是《日報》於湖北事屢次虛捏，皆屬關係緊要之事，似係有心誣詆。鄂省與汪、曾兩公無嫌，斷非出自兩公本意。嗣聞貴館有一葉姓，在鄂省刺探各事，與其兄某皆素喜康學，好爲邪僻之説。如其人久在鄂省，必致煽惑人心，大爲地方之害。如葉姓果係貴館所派，即請屬令迅速回滬；如其不去，鄂省必當拿辦。倘以後《日報》于鄂事再聽匪徒訛言，則不敢令鄂中官民閲看矣。囑即轉致等因，特此奉達，即祈電覆。馮嘉錫。漾。[1]

《中外日報》刊出的武昌操場消息，涉及到給事中張仲炘的祖墳，張仲炘爲此找了正在北京的湖北按察使瞿廷韶，並直接發電張之洞。而張之洞爲此事如此大發光火，似有借題發作之嫌。汪康年後來還辦過許多報刊，但都没有達到《時務報》的輝煌。[2] 他與張之洞、梁鼎芬的關係，也從此走了下坡路。"張之洞檔案"中有兩件措詞甚嚴的電報，一則由梁鼎芬於光緒二十五年正月二十三日（1899年3月4日）發：

上海《中外日報》館曾、汪：于中丞二十二日到岳州。十三日報，荒謬已極，速更正，訪事人屢造謡言，若不懲戒，於貴館聲名大損，亦恐地方官驅逐也。節。[3]

另一則是張之洞於光緒二十五年十二月十四日（1900年1月14日）親筆所寫電報：

上海。讀。急。昨見十二月初六日《中外日報》云：傳聞北京預備内禪，太后攝政，張制軍已允其議云云。十分可駭。此報係汪

---

[1] 光緒二十四年八月二十三日未刻發，《張之洞電稿》光緒二十四年一至八月，所藏檔號：甲182-455。"敬一"，敬詒、敬貽，曾廣銓。"影響"，影子與聲響，"毫無影響"，即没影的事、毫無根據的事。曾廣銓於八月二十四日覆電稱："遵論將《中外日報》八月初一日辟操場條更正。訪事自辭。曾廣銓稟。"（戌刻發，亥刻到。《張之洞存各處來電》，戊戌第6册，所藏檔號：甲182-137）汪康年未在電報上署名。又，光緒二十四年八月二十二日，張之洞在發給正在北京覲見的湖北按察使瞿廷韶的電報中寫道："再，《中外日報》所言鄂事，每多不實，轉告都友，萬不可信。"該句後又被删掉（出處同上）。

[2] 參見廖梅：《汪康年：從民權論到文化保守主義》第八、十一、十三章。

[3] 正月二十三日未刻發，《張之洞存來往電稿原件》，第5函，所藏檔號：甲182-376；據其内容，該電發於光緒二十五年。"曾"，曾廣銓；"于中丞"，新任湖北巡撫于蔭霖。

穰卿之弟主筆,可速邀同朱強甫,往見穰卿,詰以我歷年待渠兄弟不薄,何以捏造此等不根之事、悖謬之言,誣我害我,並煽亂大局耶?況穰卿曾中進士,食毛踐土,必欲中國肇亂,有何好處?務須速即切實更正。不然,造言誣衊,有干報律,中外同此一理,我斷不能默然聽之。日本尚不肯容梁啓超在橫濱妄傳《清議報》,豈肯容華人在華出誣衊害人、煽亂大局之報耶?速電覆。壺。鹽。[1]

"讀",張之洞發電趙鳳昌的電報代字。"汪穰卿之弟",汪詒年。"內禪",指此時正在密謀的"己亥建儲"(己亥,光緒二十五年,慈禧太后立端王載漪子溥儁為儲君,稱"大阿哥",有將廢光緒帝之意),當時眾多官紳反對。[2] 在此之前,梁鼎芬傳來上海報館中的相關言論時,張之洞曾發電力辯。[3] 此時《中外日報》仍舊指責張之洞,不能不引發他的大怒。

那麼,戊戌變法的主角康有為呢?張之洞一派已站在其對立面,而其他人呢?從對《時務報》到《昌言報》這一事件的史料集中閱讀,讓我感到,康有為及其一派似在政治上相當孤立,清政府中好像沒有什麼人,尤其是高官,會全力支持他們。僅僅只是一個黃遵憲,顯然是不夠的,且黃在政變後還向張特別表明其非為康黨。康有為的敵人,似乎不僅僅是慈禧太后及其極端保守派;在本次事件中多次出場的張之洞、汪康年、孫家鼐、梁鼎芬、錢恂、陳慶年、汪大燮、黃紹箕、陳三立……以及出場次數最少的章太炎,都是主張改革而不是反對改革的,都對康實行了不同程度的抵制。由此觀察和思考,"百日維新"的命運還真不太妙。

---

[1] 光緒二十五年十二月十四日亥刻發,《張之洞電稿》光緒二十五年十至十二月,所藏檔號:甲182-457。其中"日本尚不肯容梁啓超在橫濱妄傳《清議報》"等語,很可能指《中外日報》挂日本洋牌事。

[2] 相關的內容,可參見本書第六章第十節。

[3] 張之洞曾於光緒二十五年十月初一日發電趙鳳昌:"轉梁太史來函述滬報館人云:內問昌邑事于江、鄂,劉正諫,某騎牆等語。全無影響。不惟未問鄂,且未問江。國家大事,任意造謠,可恨萬分。望節、坦兩君代為力辯,至感。"(《張之洞全集》,第10冊,第18頁)"昌邑事",指西漢昭帝死而無嗣,大將軍霍光迎昌邑王劉賀繼位,劉賀驕淫失德,僅二十七日,又被霍光所廢事。"劉",劉坤一;"某",指張之洞;"節",梁鼎芬;"坦",趙鳳昌。

第五章 張之洞與陳寶箴及湖南維新運動

當我最初閱讀"張之洞檔案"時，視野集中于武昌與北京之間，也比較關心上海，而未注重長沙。我雖然很贊賞我在《自序》中所列歷史學家陳寅恪關於變法思想源流的言論，也知道陳寶箴、陳三立父子在政治思想上與張之洞大體一致，但還没有足夠多的資料去證明。等到我將這批檔案通讀一遍後，抄録了一大批相關的資料，深深感受到張之洞與陳寶箴的關係甚深，張之洞對湖南維新運動也有一定的影響。於是便有了本章的寫作。[1]

　　張之洞與陳寶箴的關係，以及與湖南維新運動的關聯，一直爲張、陳兩人文集編輯者所關注，從"張之洞檔案"來看，與之相關的文獻大都收録於已出版的苑書義等主編《張之洞全集》、趙德馨主編《張之洞全集》與汪叔子等編《陳寶箴集》。本章的寫作，與前幾章稍稍不同的是，雖著重於發表先前未見的史料，但爲了研究與表述的完整性和連續性，使讀者的思路不至於中斷，還會比較大量地引用已發表的史料，也會重複少許我先前其他研究論著中的内容。

---

[1] 關於陳寶箴與湖南維新運動的論文與著作甚多，大多與本章的主旨稍稍有異，此處不一一開列；但有一個例外，即劉夢溪先生的《陳寶箴與湖南新政》（故宫出版社，2012年）。該書由作者先前一系列的論文改寫而成，關注的是"義寧之學"的源頭，與本章敍述多處有關。我也是本章寫完之後，才看到該書的。敬請有興趣的讀者，可再閱讀該書。

一、張之洞與陳寶箴的早期交誼

陳寶箴(1831—1900),字右銘,江西義寧州(今修水)人,咸豐元年(1851)中舉。[1] 早年入湘軍,參席寶田幕,以知縣、同知、知府累保至道員,然皆爲候補官銜,且多命留在湖南候補。王文韶初任湖南巡撫時,對其深爲倚用,光緒元年(1875)派其署理辰永沅靖道。次年,陳寶箴丁母憂回籍守制,期滿後仍回湖南。光緒六年實授河南省河北道,八年補浙江按察使。九年(1883),因坐"王樹汶案",降三級調任。[2] 從以上簡歷來看,陳寶箴雖是江西人,但與湖南的淵源極深,與王文韶的關係甚好。[3] 而提議罷斥者,是當時的清流健將、張之洞的好友張佩綸。[4] 從這一背景來看,他與張之洞屬於兩個系統,關係本來應該是不密切的。

---

[1] 據陳寶箴光緒二十一年覲見時之履歷單,自稱"六十三歲",據此似應出生於1833年。(《清代官員履歷檔案全編》,第6冊,第4—5頁)然范當世所作《墓誌銘》,陳三立所作《行狀》,皆稱其享年七十歲(虛歲),據此似爲1831年出生。我采用後一説。

[2] "王樹汶案",清末四大案之一。光緒五年,河南鎮平縣胥吏胡體安率衆搶劫,案發後以家僮王樹汶頂罪,被判處斬立决。至光緒七年臨刑前,王樹汶喊冤,案件重新審理。清流黨借此事發難,朝廷命河南巡撫李鶴年重新審理,後又命東河總督梅啓照會同審理。梅啓昭命陳寶箴參預審理。此案涉及前參審官員甚多,河南官場有意回護,刑部特將該案全體案犯、卷宗調京審理。光緒九年,該案審結,王樹汶最終獲釋。參預審理此案的河南官員受懲處者甚多。李鶴年、梅啓照皆因此降革。陳寶箴被罷免後,曾寫信給歐陽潤生,表達自己坦蕩的心情。(致歐陽潤生書,光緒九年,柳岳梅、許全勝整理:《陳寶箴遺文(續)》,見中山書社編:《近代中國》第13輯,上海社會科學院出版社,2003年,第351—354頁)

[3] 參見王文韶:"保舉懲創寧遠歐陽族匪有功之湖南候補道陳寶箴片"同治十二年七月十六日,《軍機處檔》110969;"道員陳寶箴期滿甄別片"同治十二年九月初八日,《軍機處檔》111923。臺北故宮博物院圖書文獻館藏。

[4] 光緒九年六月十五日,張佩綸上奏要求將陳寶箴議處,並稱:"陳寶箴浙臬到京之日,正此案提審之時,該升道日營營於承審各官之門,彌縫掩飾……"六月二十八日,據吏部議覆,旨命陳寶箴降三級調任,不准抵銷。陳寶箴上奏對張佩綸的指責提出責疑,御史陳啓泰、劉恩溥亦上奏要求對陳寶箴的要求置之不理。旨命户部尚書閻敬銘查核。閻洗白了陳寶箴在京"彌縫掩飾"的不實之詞。以上内容可參見汪叔子等編:《陳寶箴集》,上册,第2—7頁。

廣州委員任上　陳寶箴於光緒九年七月在浙江按察使任上被降調後，回到了家鄉。十年（1884），署理湖南巡撫龐際云奏調陳來湖南"辦理營務"，顯然是看中他對湖南軍務與事務的熟悉，獲旨批准。然陳以病辭。[1] 十一年，中法戰爭期間，欽差大臣彭玉麟、兩廣總督張之洞、廣東巡撫倪文蔚聯名電奏調陳赴粵委任，稱其"與現在兩粵客將率皆契合，擬調來粵，必能聯絡諸將"，更是指明他與湘系將領的特殊關係，再次獲旨批准。[2] 然陳仍以病辭。光緒十二年八月，兩廣總督張之洞上奏：

> ……查有降調前浙江按察使陳寶箴，才長幹濟，學識深通，久在湖南防營，深明兵事。該員堪任以籌辦邊海防務諸事宜。上年正月臣電奏調東差遣，奉旨允准。旋准江西撫臣來咨，該員患病未愈，未能赴粵分發補用……合無仰懇天恩，俯念粵省防務、洋務需才孔亟，請旨飭下江西撫臣，催令陳寶箴仍遵前旨迅速赴粵差委……

九月初六日，張之洞該片獲旨批准。[3] 張之洞爲何一再請陳寶箴出山，我限於史料尚不能説明，但推測起來，很可能有兩個原因，一是聽聞陳的才幹與人品，二是對清流黨人的過激行動做一些補償。然在這一次，張之洞顯然吸取了先前的教訓，放下了身段，於光緒十二年九月二十六日（1886年10月23日）發電江西巡撫德馨：

> 曉峰中丞鑒：本月初六日奉上諭：陳寶箴著發往廣東，交張之洞差遣委用等因。欽此。粵省需才甚急，此係明發，已見邸抄。請公録此旨，並達鄙意，知照陳右銘廉訪，勸令速來粵爲盼。除咨達外。洞拜懇。有。[4]

一電勸書，多顯誠意。而湖南巡撫卞寶第也發來一電：

---

[1]　龐際雲："請飭降調浙江按察使陳寶箴來湘俾資臂助片"，《軍機處檔》127125；潘蔚："陳寶箴在江西省城養病未能赴湘片"光緒十年六月二十日，《軍機處檔》128638；以上皆臺北故宮博物院圖書文獻館藏。
[2]　《張之洞全集》，第4冊，第364頁。
[3]　《張之洞全集》，第1冊，第441—442頁；《清實録》，第55冊，第132頁。
[4]　光緒十二年九月二十六日未刻發，《張之洞電稿丙編》，第8冊，所藏檔號：甲182-81。

> 右銘饒有才識，而淡于榮利。昨已將來電寄義寧本籍，催其速行矣。第覆。[1]

從該電文可見，爲了勸陳，張之洞還另發電湘撫卞寶第，亦請其出面。很可能是這一番勸功，陳寶箴同意了，於光緒十二年十一月十三日（1886年12月8日）發電張之洞：

> 兩辱疏調，雖自知不堪驅策，然不敢不趨領鈞誨，兼陳下悃。兹由籍抵湘，道樂昌前來。寶箴謹稟。[2]

這是他降調後第一次出山，也是其第一次成爲張之洞的下屬，儘管這一位春風得意的新長官年齡比他還小六歲。

陳寶箴於光緒十二年十二月到達廣州，張之洞先委派其總理營務處，"諸臻妥協"；次年張又派其總理省城内外緝務總局，爲此於光緒十三年閏四月二十日（1887年6月11日）上奏：

> 現經委派該員（陳寶箴）會同廣東按察使王毓藻，總理省城暨南海、番禺、香山、順德、新會等五縣巡察緝捕、保甲團練各事宜，于省城設立緝務總局。所有各該處緝捕勇丁、各段巡船歸其統率，水陸汛防緝捕、營弁練兵歸其考核，飭令隨時親往各處周巡督緝，以專責成而資整頓。[3]

由此可見，陳寶箴的職責是負責廣州省城及其附近地區的地方治安與防務。從當時廣東地區三合會等會黨和宗族勢力強盛、地方不靖的情況來看，陳的責任不輕，張是授其重任。若循當時官場規則，陳寶箴將來有"實績"，經張之洞的"奏保"，很快即可開覆官職。此期"張之洞檔案"中關於陳寶箴文件較少，其中有一件是張之洞代陳發一電，詢問

---

[1] 光緒十二年十一月初二日亥刻發，初三日巳刻到，《張之洞存各處來電》，丙戌第9册，所藏檔號：甲182-109。

[2] 光緒十二年十一月十三日未刻發，十五日未刻到，《張之洞存各處來電》，丙戌第10册，所藏檔號：甲182-109。"樂昌"，粤北門户。

[3] 《張之洞全集》，第1册，第530頁。上奏日期據《張文襄公奏疏未刊稿》，所藏檔號：甲182-397；又可參見《札東臬司總理巡緝事務》，《張之洞全集》，第5册，第122—123頁。"營務處"，當時的軍務幕僚機構。

羅正誼遺棺事。[1] 陳寶箴也結識了張幕中的多位才俊,特別是與廣東名士梁鼎芬結成好友。

然而,陳寶箴任職廣州後未久,又奉旨他調了。

"鄭工"委員任上 光緒十三年八月,黃河在鄭州段決口,災情極重。河南巡撫倪文蔚等人上奏,調陳寶箴等人赴豫,協助堵合缺口,九月十一日獲旨批准。[2] "鄭工"是當時的急務,張之洞沒有理由不放人;陳寶箴已在廣州當差,也不能以病請辭。他奉到旨命後,立即起程。光緒十三年十月二十日(1887年12月4日),張之洞發電陳寶箴:"致上海前浙江臬臺陳右銘:倪豹帥來函,囑閣下由津赴豫。特奉聞。請自酌。洞。效。"[3]二十六日,陳寶箴在上海回電:"效電謹悉。定計道清江,明日詣金陵。箴叩。宥。"[4]他没有聽倪文蔚從天津赴河南之建議,而是由清江浦(今淮安)北上,以能途中仔細觀察水災及其影響。十一月初四日,陳寶箴在南京發電:

> 河至皖分入湖、淮,溢廬北。塞口需料萬垛,見不及千,未興工,明春若難浚,里下河極可慮。箴由清江往,起程懇奏報。宥電、感電悉。箴稟。江。[5]

---

[1] "致東興王道:陳右銘廉訪云,湘潭羅順同孝廉函聞,羅監生正誼遺棺自去年三月由龍啓行,八月尚未到湘,恐中途有失,請查問等語。羅監生之弟名恩綬,現在尊處,是否尚淺厝未歸,抑另有故,請詳問速覆。督對。陽。"(光緒十三年四月初七日發,《張之洞電稿丙編》,第12冊,所藏檔號:甲182-82)由此可見,陳寶箴最關心的,還是湘系人士之事。羅正誼之事,亦可參見李吉奎整理,黄濬:《花隨人聖盦摭憶》,中華書局,2008年,中冊,第464—467頁。

[2] 《清實錄》,第55冊,第320頁。

[3] 光緒十三年十月二十日發,《張之洞電稿丙編》,第14冊,所藏檔號:甲182-82。"倪豹帥",倪文蔚,號豹岑。"效"是十九日的代日,張之洞該電次日發出。

[4] 上海來電,光緒十三年十月二十六日酉刻發,戌刻到,《張之洞存各處來電》,丁亥第19冊,所藏檔號:甲182-114。而在陳發電的同一天,張又發電:"致南京前浙江臬臺陳右銘:倪豹帥來函,囑閣下由津赴豫。特奉聞。請自酌。前日電滬未覆,聞已到寧,兹再電達。洞。宥。"(光緒十三年十月二十六日發,《張之洞電稿丙編》,第14冊,所藏檔號:甲182-82)

[5] 自南京,陳臬司來電,光緒十三年十一月初四日未刻發,申刻到,《張之洞存各處來電》,丁亥第20冊,所藏檔號:甲182-114。"宥電"即張之洞前電,"感電"説明張另有一電。"感"是二十七日的代日。"起程懇奏報",即陳寶箴請求張之洞將其起程及行程路線上奏。又,"湖",洪澤湖。"淮",淮河。"里下河",是指江蘇省江北里運河與下河之間的地區,是江蘇省長江與淮河之間最低窪的地區。

該電報告了黃河決口對安徽和江蘇北部的影響,也指明了堵口的工料不足。十二月初十日(1888年1月22日),陳寶箴趕到河工,再電張之洞:

> 箴臘十日力疾抵豫,頃乞銷差。堵口稽甚艱,定念日興工。高陽折回督辦。餘另稟。寶箴叩。霰。[1]

"高陽",李鴻藻,直隸高陽人,此時任禮部尚書。他是清流的領袖,同治帝的師傅,曾任軍機大臣等職。黃河鄭州段決口造成的災難極大,當地官員對災情頗有隱匿,清廷特派李鴻藻前往查看,至十二月,又派其爲督辦鄭州河工大臣。陳寶箴由此建立了與李鴻藻的私人聯繫,在陳後來的仕途發展中,李是一大推力。[2] 而張之洞與李鴻藻的特殊關係,也拉近了張、陳的關係。[3] 光緒十四年二月二十八日(1888年3月30日),張之洞發電陳寶箴:

> 致河南前浙江臬司陳:聞閣下已到豫,現辦何事?工程約得幾

---

[1] 光緒十三年十二月二十日未刻發,二十四日亥刻到,《張之洞存各處來電》,丁亥第20冊,所藏檔號:甲182-114。"霰"是十七日的代日,陳寶箴此日寫電,三日後才能發出,説明此時當地尚無電報局。"臘",臘月,十二月。"念日",二十日。

[2] 參見《陳寶箴集》,下冊,中華書局,2005年,第1650—1652頁。中國社會科學院近代史研究所圖書館"李鴻藻檔案"中亦存有一件陳寶箴給李鴻藻的信,稱言:"敬稟者:寶箴於周令以翰來鄂,知其在都時曾親策畫,就訊起居,伏稔中堂杖履康和,神明強固。尋復春闈校士,賞拔英賢,九陌喧傳,得人爲盛。故知元老衡鑑有真,而文章與時會爲盛衰進退,冥漠之中,實足以默持氣運。自頃以來,朝廷政事清明,舉措之際,同符禹湯,海内喁喁向風,士氣爲之丕變,抑若有默相符契者。天降時雨,山川出雲,機緘之應,捷於桴鼓,誠有莫之爲而爲者矣。中堂體國憂時,勤勤在抱,精誠之所感召,其所識拔,必有國士出於其間,豈不可爲至慶耶? 寶箴薄植下材,夙蒙陶埴,常懼不自樹立,上辜眄睐之殷。凡於職分之所當,爲智力之所能及,罔敢不盡,而内自維省,稱塞正難。幸到官稍久,自長官以逮吏民,諒其頑鈍,亦相與習而安之。近二三年間,差少水災,民氣稍靜。省會發審局爲訟獄總匯,自去年春至今,未結之獄,常不過十數起。除無可究結之數起外,其實不過數起,蓋前此所未嘗有也。然而無業之民,陷於非僻,懲徵甫畢,而無所事事,故態依然,馴或罹於重典,私竊憫之。因與同人議擴遷善所,以收養二百數十人爲度,教之技藝,限滿技成而出之,使得挾其技以衣食而不爲非。頃已購地鳩工矣。籌捐小引一紙,奉呈誨鑑,亦可知其力之所能及者,僅此區區小補云爾。鐵廠業於四月十九日開爐。諸關廑繫,用特瑣陳。漸熱,伏惟爲時珍衛,無任悃欸。寶箴。"該信的信封亦存,上寫:"禮部大堂李/宮保中堂安稟/頂品頂戴湖北按察使陳寶箴口",信中寫有"右銘五月二十日",似爲李鴻藻的字。(《李鴻藻存稿》(外官稟),第一函,所藏檔號:甲70)從鐵廠開爐來看,該信寫於光緒二十年四、五月間,陳寶箴任湖北按察使,而從内容來看,皆是親近密切之語。其中"寶箴薄植下材,夙蒙陶埴,常懼不自樹立,上辜眄睐之殷"一句,值得注意,即李鴻藻對陳寶箴有獎掖提拔之舉。

[3] 張之洞與李鴻藻的關係,可參見本書第六章第五節。

分？料集若干？已進占若干丈？口門尚有若干丈？聞大溜漸趨北岸,確否？三月能合龍否？一切甚懸繫。諸公主見如何？閣下卓見如何？均速詳示。洞。豔。[1]

張之洞一下子開出了"鄭工"問題的大單子。而在"張之洞檔案"中,存有幾份陳寶箴關於河工的回電：

豔電敬悉。河工無定,如不盛漲,四月底可望合龍。箴隨節使商辦。詳另稟。箴叩。[2]

進占漸至深水,較艱。五月竣。箴稟。江。[3]

鄭南岸決口,全河南徙,此下東北皆斷流。前報溜勢外移,謂不逼近河占耳,無北趨之說。洋人止量口門丈尺。余隨量舊乾河,多無槽。函艱達,奈何？箴。元。[4]

"節使",指督辦河工大臣李鴻藻。"詳另稟",說明陳寶箴將另寫信,詳細說明情況。陳寶箴的三電,說明"鄭工"正處於關鍵之際。五月初五日(6月14日),張之洞又發電：

致河南陳臬臺右銘：東西各已得若干占？引河已成若干里？尚需幾日成？新灘近東,恐東壩吃重。各情形祈示。洞。歌。[5]

陳寶箴對此亦覆電："口門剩八十丈,如仍河順料足,下旬可合。箴。佳。"[6]"鄭工"是清朝當時最大的工程,前後共耗資銀 1 100 萬兩。身在廣州的張之洞與正在河工的陳寶箴頻頻電報,除了關心該工程外,也有注目李鴻藻之意。然而,"鄭工"的進展並不順利,至光緒十四年五月

---

[1] 光緒十四年二月二十八日發,《張之洞電稿丙編》,第 16 册,所藏檔號：甲 182-83。"豔"是二十九日的代日,原文如此。
[2] 自開封來,光緒十四年三月十二日酉刻發,二十一日酉刻到,《張之洞存各處來電》,戊子第 2 册,所藏檔號：甲 182-115。
[3] 自開封來,光緒十四年四月初三日酉刻發,初四日巳刻到,《張之洞存各處來電》,戊子第 3 册,所藏檔號：甲 182-115。
[4] 自開封來,光緒十四年四月十三日巳刻發,十四日巳刻到,《張之洞存各處來電》,戊子第 3 册,所藏檔號：甲 182-115。
[5] 光緒十四年五月初五日發,《張之洞電稿丙編》,第 17 册,所藏檔號：甲 182-83。
[6] 自開封來,光緒十四年五月初十日申刻發,十六日巳刻到,《張之洞存各處來電》,戊子第 4 册,所藏檔號：甲 182-115。

中旬,東西兩壩眼看就要合攏,然河水大漲,填料不足,已建堤壩有所破損,河工陷於癱瘓。七月,清廷將東河總督李鶴年革職,發往軍臺效力,將督辦大臣李鴻藻、河南巡撫倪文蔚革職留任,降爲三品頂戴,另調派廣東巡撫吳大澂任東河總督,吳到任前由李鴻藻署理。八月,吳大澂到任,李鴻藻返回北京;與此同時,陳寶箴也以眼疾請假回籍。[1] 然而,至當年十二月,大壩終於合龍。

鄂臬及署藩任上 光緒十四年,是光緒帝親政之年;十五年三月,因上皇太后徽號,光緒帝下旨"若有事係冤枉被革、果有才力堪用者",由各大吏奏明起用。先是軍機大臣、總理衙門大臣、戶部侍郎王文韶因"雲南軍需案"爲清流黨人所攻,於光緒八年"乞養",此時已復官再任湖南巡撫,又剛升任雲貴總督(尚未赴任)。他於光緒十五年八月上奏,保舉四人,其中一人爲陳寶箴:

……臣正在巡撫任内,見其學問優長、識量超卓,深器重之……該員才大而性剛,往往愛惜羽毛,有不輕寄人籬下之概,所如稍不合,輒置榮辱於度外,而其秉性忠直,感恩圖報之心,固未嘗一日忘也……倘蒙聖恩量予録用,俾回翔兩司之間,以備封疆之選,當不至隨俗浮沉,碌碌無所表見也。

王文韶的保語,十分貼切,對陳寶箴愛惜羽毛的性格,刻畫逼真;而臬、藩兩司之任,封疆大吏之備,恰又是陳後來的官宦之途。王文韶該摺奉光緒帝硃批:"姚覲元等,均著交吏部帶領引見。"[2] 光緒十六年夏天,陳寶箴到達北京,六月初十日(1890年7月26日)由吏部帶領引見,光緒

---

[1] 陳寶箴在其履歷單中稱"十三年九月,奉旨發往河南隨同辦理河工事宜,十二月到工。十四年八月,因患目疾請假回籍調理。"(《清代官員履歷檔案全編》,第6册,第4—5頁)"張之洞檔案"中亦有兩電説明當時情況:"河南開歸道朱:聞舊工穩固,閣下派掌西壩,慰甚。李星使何日入都?李和帥何日赴戌,尚須進京否?陳右銘辦何事? 即覆。洞。宥。"(八月二十六日午刻發,《張之洞存來往電稿原件》,第5函,所藏檔號:甲182-376。原件無年份,根據内容,當發於光緒十三年)"朱",朱壽鏞,曾是張之洞的下屬。"李星使",李鴻藻。"李和帥",李鶴年,字子和。"朱道來電:高陽回京。義州由京赴戌,豫紳正集貲代贖。右銘疾辭。鏞將受代,仍司工局兼東壩。承注感甚。鏞叩。"(自開封來,光緒十四年九月初九日亥刻發,初十日未到到,《張之洞存各處來電》,戊子第5册,所藏檔號:甲182-115)"義州",李鶴年,他是盛京義州(今遼寧義縣)人。

[2] 《光緒朝硃批奏摺》,第6輯,第467—470頁。除姚覲元外,其餘三人爲陳寶箴、陳湜、徐淦。

帝當日下旨:"著開覆降調處分。"陳於十二日上奏謝恩。[1] 四個月後,十月十七日(11月28日),光緒帝又下旨:"湖北按察使著陳寶箴補授"。陳此時仍在北京,次日再上奏謝恩。[2] 陳寶箴此次迅速補缺的背景,我還不太清楚。而張之洞恰於前一年由兩廣總督改任湖廣總督,陳寶箴第二次成爲其下屬。十月二十一日(12月2日),陳發電張:

　　幸隸陶冶,慰符積悃。擬乘輪,未審及否?再電禀。先請鈞安。

　　箴禀。箇。效到。[3]

此後在赴任途中,張、陳頻頻電報來往。[4]

光緒十六年十二月初四日(1891年1月13日),陳寶箴到達武昌。然因湖北布政使黃彭年突然去世,張之洞隨即於十二月初八日委派陳署理布政使。[5] 至光緒十七年十月,新任布政使王之春到任,陳方返其按察使原任。[6] 光緒二十年七月,王之春因慈禧太后六十歲生日赴京祝嘏,陳再次署理布政使。[7] 由此至甲午戰爭時張之洞署理兩江總督,陳

---

[1] 《宫中檔光緒朝奏摺》,第5輯,第368頁。陳寶箴在該摺中簡述了他在廣州和"鄭工"的經歷:"嗣覆從公嶺嶠,效力鄭工,未報涓埃。"

[2] 《光緒朝硃批奏摺》,第7輯,第89頁。

[3] 北京陳臬司來電,光緒十六年十月二十一日未刻發,二十三日午刻到,《張之洞存各處來電》,庚寅第9册,所藏檔號:甲182-120;又見《張之洞存北京來電》,所藏檔號:甲182-407。"效"是十九日的代日,"效到",很可能是"效電到",即陳發電之際,突然收到張之洞來電而作補充説明。

[4] "天津紫竹林電報局來電:臬臺陳已搭牛莊輪船赴滬。報存局。紫。"(光緒十六年十一月初五日亥刻發,初六日巳刻到)此電説明張之洞有一電給陳,然陳已離津,其電報"存局"了。"微電計呈覽。歌電謹悉。頃抵滬。行期再禀。箴禀。真。"(陳臬司來電,光緒十六年十一月十一日申刻發,十二日巳刻到)"微"是初五日的代日,陳寶箴發給張之洞一電;"歌"是初五日的代日,張之洞發來一電。"文電謹悉。昨已函致李守轉禀。俟行期定再電。中途無耽擱。箴禀。願。"(陳臬司來電,十一月十四日巳刻發,未刻到。以上三電皆見於《張之洞存各處來電》,庚寅第9册,所藏檔號:甲182-120)"文"是十二日的代日,張之洞又發來一電。此外,張之洞的親信幕僚趙鳳昌亦有一電:"滬局經蓮翁:請探湖北臬臺寶箴現寓上海何處,何日來鄂?電示。昌叩。"(原件無發電日期,《張之洞存來往電稿原件》,第4函,所藏檔號:甲182-375)"經蓮翁",經元善。

[5] 張之洞:"委署司道片",光緒十六年十二月初八日,《張之洞全集》,第2册,第407頁。

[6] 光緒二十年五月二十八日,陳寶箴在鄂臬任滿三年,依例上奏,請求陛見,其摺稱:"十六年十月仰蒙天恩,補授湖北按察使,十二月到任,旋發藩司簽務,十七年十月復回本任……"(《軍機處檔》133339,臺北故宫博物院圖書文獻館藏)光緒帝對陳寶箴要求陛見的請求,於光緒二十年六月十九日硃批:"毋庸來見。"

[7] 《張之洞全集》,第3册,第188頁。陳寶箴:"奏報接署藩篆日期並謝恩摺",光緒二十年八月初一日,《軍機處檔》135006,臺北故宫博物院圖書文獻館藏。

寶箴與之相處了近四年。"張之洞檔案"中可以説明兩人關係的文件並不多,這是檔案保存方式所致。[1] 然從張、陳此後的關係來看,大體可以認定,這一時期兩人的配合相當和諧。[2]

光緒二十年六月,中日甲午戰爭爆發。張之洞奉旨加強湖北沿江的防禦,然此時卻無一臺一炮。除在上海購買槍炮外,張之洞於七月初四日(1894年8月4日)發電兩江總督劉坤一求援,提出借"三丈長之炮二

---

[1] "張之洞檔案"中保存最好的是電報與奏摺,一般的書信及平日之公文往來,缺失甚大。"張之洞檔案"中涉及此期陳寶箴的文件,有以下各件:光緒十七年十一月初十日、二十六日,陳梟司稟雲南王制臺文韶,關於滇銀。(《張之洞電稿丙編》,第29冊,所藏檔號:甲182-85)同年十一月二十七日,王文韶覆陳梟司電:"宥電備悉,一切照辦。"(《張之洞存各處來電》,辛卯第7冊,所藏檔號:甲182-122)這是張之洞利用陳寶箴與王文韶的關係。光緒十八年二月十八日,陳寶箴致荆州方道電,關於旗民一案。(《張之洞電稿乙編》,第22冊,所藏檔號:甲182-66)同年三月十三日、十九日,陳寶箴致裕太守,關於案件審理。(《張之洞電稿丙編》,第30冊,所藏檔號:甲182-85)。同年閏六月二十五日,張之洞致宜昌羅鎮臺電報中稱陳寶箴的土方,治半身不遂病。(《張之洞電稿丙編》,第32冊,所藏檔號:甲182-86)同年十一月三十日,張之洞致劉坤一電稱:"前讀致右銘康訪書云,川督劉仲帥有奏請川鹽不必行楚之議。敝處至今未接川諮,不知曾否具奏,是否交部議? 尊處是否接到川諮川函? 抑係傳聞? 祈示爲感。洞。卅。"(《張之洞電稿丙編》,第34冊,所藏檔號:甲182-86)同年十二月十四日,張之洞致襄陽朱道臺電報,提到了其給陳寶箴電報。(出處同上)光緒十九年十二月二十九日,陳寶箴致荆州周道臺,關於審案。(《張之洞電稿丙編》,第38冊,所藏檔號:甲182-87)陳寶箴在湖北梟任上給張之洞兩件公信,一件不全,另一件稱"頃接劉峴帥函,謹呈鈞鑑"云云。(《張之洞文件》,所藏檔號:甲182-218,原件無時間,似爲光緒十九年)陳寶箴致高燮曾電:"京城高都老爺印變曾:來電佩悉。避炮果用何法? 克廬伯係廠名,所云試的可靠,何指? 請詳示,稍慰杞憂。電費多,由鄂匯付。鄂省墊發北上軍餉三十餘萬,羅掘已竭。京餉不准匯解,若請旨允後,由户部電致督撫,憲決當設法。喻、洪兩君均鑑。寶箴。江。十月初四日子刻發。"(《張之洞存各往電稿原件》,第5函,所藏檔號:甲182-376,原件無年份,根據內容當發於光緒二十年)值得注意的是,陳寶箴保留了張之洞許多信件,現存上海圖書館"陳寶箴友朋書札",存有40件張之洞給陳的信件。(許全勝整理:《陳寶箴友朋書札》一,上海圖書館歷史文獻研究所編:《歷史文獻》,第3輯,上海科學技術文獻出版社,2000年,第149—162頁)我亦去該館閱讀原件,整理工作相當好。從內容來看,似皆爲陳寶箴在鄂梟及署藩任上,張之洞給他的工作信件。

[2] 陳三立作《行狀》稱:"時總督爲張公之洞,而譚公繼洵爲巡撫,兩公頗異趣,要皆倚府君爲助,府君亦益發舒,用職事自效。然有不合,必力諍,皆犯顔抗辨,不少細,兩公初不懌,卒輒從府君議也。"(《陳寶箴集》,下冊,第1999—2000頁)劉坤一給陳寶箴的私信中稱:"當此時世一新,情僞百出,我公以兩姑之婦,爲孤掌之鳴,凡遇定難決疑,安得不熟思審處……"("覆陳右銘"光緒十九年八月二十三日,《劉坤一遺集》,第5冊,第2058頁)"兩姑",此處指張之洞、譚繼洵。而陳寶箴的同鄉京官陳存懋,此時給他的信中稱:"楚中人士公車北行,每稱先生以術飭吏治,以公和處同寅,而事事尤持大體。因念先生昔年上沈文肅書中有'飭吏治以蘇民困,賑難民以培元氣,明學校以育人材,禁邪教以消禍萌。'其在楚北切近而宜行者,輕重緩急之間,固籌之最久,而爲故鄉後進所企望忻羨於無已者也。"(柳岳梅整理:《陳寶箴友朋書札》(三),《歷史文獻》,第5輯,第178頁)又,張之洞與譚繼洵的關係,可參見本章附錄二。

尊"、"較大臺炮十七八尊";劉坤一於初七日回電,同意借炮四尊。[1] 劉坤一的答覆當然不能使張滿足。七月十二日,張之洞、譚繼洵、王之春、陳寶箴四人聯名發電劉坤一,除了劉已答應的四炮外,又提出要求:四炮每炮配彈三百發,另借水雷四十二具、八十磅克虜伯炮一尊、一百八十磅前膛臺炮四尊。[2] 爲了此事能順利辦成,張之洞派與湘系關係甚好且與劉有私交的陳寶箴專程去南京,與劉坤一面談。[3] 陳寶箴到達南京後,將相談及相關的情況上報:

> 十三日到。峴帥言,院司借雷、炮,公電已覆。炮臺操看過兩次,頗中靶。蘇臬陳湜奉電旨募勇數營入都,擬募十營。峴帥堅囑住署,明日且搬入,餘繼陳。箴稟。元。[4]

張之洞收到此電後,立即覆電,再次提出新的要求:

> 江南演炮有准,甚慰。峴帥前借四炮,又借雷藥,極可感,代致謝。金陵局中殘缺水雷甚多,如果修理可用,鄂省當派人赴寧局修之……滬局現尚存八十磅子後膛臺炮一尊,似無甚需用之處,可否以尊意相機言之,能再借此一炮……惟萬不可言出自鄙意,不能言則止,免致煩瀆□厭。切囑。[5]

"以尊意相機言之",明顯是在公務之外另求助於私誼。由於陳寶箴的特殊關係,劉坤一同意查明後照撥。[6] 爲了使陳寶箴能儘早順利返鄂,

---

[1] 《張之洞全集》,第8冊,第153頁。
[2] 《張之洞全集》,第8冊,第154頁。張之洞以四人名義發電,甚有用意。譚繼洵、王之春是湖南人,且與湘系多有關係,陳寶箴與湘系關係亦密,與劉坤一另有私交。
[3] 大吏出疆須得請示,光緒二十年七月初十日,張之洞、譚繼洵電奏:"現擬委臬司陳寶箴即日乘輪,馳赴江寧,與江督劉籌商一切,不過旬日即回。"《張之洞全集》,第4冊,第402頁)又,張派陳往南京,除借軍火外,似另有感謝劉坤一之意,即劉在前年奉旨查辦徐致祥彈劾張之洞案時,對張多有維護。可參見本書第六章第一節。
[4] 陳臬司來電(並稟撫臺及致司道),光緒二十年七月十四日亥刻發,十五日子刻到,《張之洞存各處來電》,甲午第2冊,所藏檔號:甲182-125。"峴帥",劉坤一,字峴莊。
[5] 光緒二十年七月十五日亥刻發,《張文襄公電稿墨迹》,第1函第3冊,所藏檔號:甲182-219;字下點處,許同莘編《張文襄公全集》時删去。
[6] 陳寶箴發電稱:"洽電謹悉。准十八黎明附'江孚'還鄂。昨已電司道,乞飭'問津'不必下駛。八十磅臺炮一尊,係滬局物,不深悉。峴帥即電飭到滬,果有,即照撥,毫無難色。箴稟。篠。"(陳臬司來電(並稟撫臺),光緒二十年七月十七日酉刻發,戌刻到,《張之洞存各處來(轉下頁)

張之洞還派小輪"問津"號專程接回。[1]

戰爭的局勢越來越壞,光緒二十年九月初十日(1894年10月8日),根據徐世昌的提議,清廷下旨:"張之洞著來京陛見",很可能有意讓其入軍機處。張對入京一事心存疑慮,竟不回覆。十月初四日,清廷再次電旨催促;張于次日方回電,以調撥軍伍、軍械、軍餉及身體有病等因而拖延行期,並稱將於十月初八日起程。[2] 然就在這一天,十月初五日(11月2日),清廷改變方針,下旨:"劉坤一著來京陛見。兩江總督著張之洞署理,迅赴署任,毋庸來京。"張由此於十月十一日到達南京,十六日接兩江署任。[3]

直藩任上 也就在張之洞剛剛離開湖北之際,光緒二十年十月十五日(1894年11月12日),清廷下旨命陳寶箴接任直隸布政使。[4] 署理

(接上頁)電》,甲午第2冊,所藏檔號:甲182-125)張之洞又發電:"上海製造局劉道臺:陳臬司回鄂言,峴帥許借撥滬局八十磅克虜伯臺炮一尊,語意甚切實,毫無游移。懇閣下慨允,點交宗、董兩委員速起運。至感。即候示覆。洞。漾。"(光緒二十年七月二十三日巳刻發,《張之洞電稿丙編》,第40冊,所藏檔號:甲182-87)"劉道",上海製造局總辦道員劉麒祥。

[1] "致揚州淮軍轉運局請交'問津':湖北陳臬司赴南京公幹,交餉後即赴南京候接回。鄂督署。"光緒二十年七月十一日午刻發。"致江寧督署湖北陳臬臺:前數日電揚州告'問津',赴金陵往迓,乃漢口局誤發欽州。昨晚欽局將電打回,'問津'已上駛。明晨可回鄂。到後當即令下駛赴金陵。計二十日可到。洞。洽。"光緒二十年七月十七日午刻發。"致江寧督署湖北陳臬臺:'問津'來電,今午已由九江折回金陵,明日未刻可到,閣下可乘'問津'回鄂。洞。洽。申。"光緒二十年七月十七日申刻發。以上三電見《張之洞電稿丙編》,第40冊,所藏檔號:甲182-87。"未刻",下午1—3時,陳寶箴原定次日黎明附"江孚",改乘"問津"是來得及的。

[2] 《張之洞全集》,第4冊,第409頁。此時軍機處孫毓汶當政,但已倍受攻擊;恭親王奕訢、翁同龢、李鴻藻尚未起復,政情前景極爲不明。這也是張猶豫的原因。並參見本書導論第四節。

[3] 參見《張之洞全集》,第3冊,第213—214頁;第4冊,第409—410頁。又,張之洞離鄂後,對湖北事務仍繼續操縱。"武昌陳署藩司來電:楚功甫在湖口,迎廣晚。頃奉電示,已由撫憲派輪士代,俾卽東下。寶箴稟。元。"(光緒二十年十月十三日未刻發,十四日午刻到,《張之洞存來往電稿原件》,第9函,所藏檔號:甲182-380;抄件見《張之洞存各處來電》,甲午第6冊,所藏檔號:甲182-125)"漢口陳署司、惲道來電:寶箴猥蒙聖恩,深荷憲臺裁成之意,先導注及,謹謝。劉提督十八由宜登岸,因輪船延擱,念三晚始到。昨日渡江,意極感奮,並無遲疑。已詳有電。厚安冬月朔必行。升字營係周提督得升統統。寶箴、祖翼稟。徑希代謹呈。"(光緒二十年十月二十六日申刻發,二十七日午刻到,《張之洞存來往電稿原件》,第9函,所藏檔號:甲182-380;抄件又見《張之洞存各處來電》,甲午第9冊,所藏檔號:甲182-126)"寶箴猥蒙聖恩,深荷憲臺裁成之意"一句,説明陳已知其新任直隸布政使之旨命。

[4] 此時李鴻藻、翁同龢等人剛入軍機,王文韶正從雲貴總督任上進京陛見,朝政轉向於"甲申易樞"之前。陳寶箴的任命應與此有關,很可能與李鴻藻有關。

湖廣總督譚繼洵因布政使王之春進京，下屬無人，有意活動留下陳寶箴；十一月初三日，清廷又有電旨催促陳即赴新任。[1] 由此，陳寶箴於十一月二十九日交卸，十二月初三日起程北上。他在一路上時時發電張之洞，並推薦了貴州古洲鎮總兵丁槐。[2]

光緒二十一年正月初旬，陳寶箴到達北京，正月十二日覲見光緒帝，光緒帝命其襄助在山海關統兵的欽差大臣劉坤一，管理湘軍糧臺，並授予專摺奏事權。陳寶箴於正月二十九日（1895年2月23日）發電張之洞，對此作詳細彙報：

> 箴十二陛見，天顏充實光輝，綸言切要，可爲至慶。詢槍炮廠、鐵廠甚詳。奏對畢，因言添造快炮，已成二具，快槍二月可成，一分鐘可放三十餘出，從此可令津、滬推廣；鐵旺而佳，可造軌。上甚欣悅，嘉獎憲臺，數年苦心，悉蒙宸鑑，有"辦事極爲認真"之諭。二月

---

[1] 此事可見以下三電："致漢口惲道臺：令弟經江西德中丞奏，委北上各軍駐京後路糧臺，是否須留京？聞右銘方伯經敬帥奏留，已奉准否？均速示覆。洞。豔。"（光緒二十年十一月初一日子刻發，《張之洞電稿丙編》，第42冊，甲 182-88）"敬帥"，譚繼洵，字敬甫。"漢口惲道來電：撫帥堅留陳藩司，政府回電活動。初四奉旨催令北上，俟清理訖，即就道。撫帥已電催龍臬司來鄂署藩司，奏請暫緩陛見。祖翼稟。虞"。（光緒二十年十一月初七日戌刻發，初八日亥刻到，《張之洞存來往電稿原件》，第9函，所藏檔號：甲 182-380；抄件又見《張之洞存各處來電》，甲午第11冊，所藏檔號：甲 182-126）"政府回電活動"，指軍機處回電口氣有所鬆動。"初四奉旨"指十一月初三日電旨，催陳北上。"龍臬司"，指湖北新任按察使龍錫慶。"湖北惲道來電：陳藩司急欲北上，祖翼奉兼憲委署藩篆，彭遠世華署關篆，謹以奉聞。藩司事繁，雖係暫局，懼難勝任。求憲臺訓誨。祖翼稟。勘"。（光緒二十年十一月二十八日酉刻發，二十九日巳刻到，《張之洞存各處來電》，甲午第17冊，所藏檔號：甲 182-128）

[2] "湖北陳署藩司來電：聞巡江陰必閱視婁河口一帶。頃晤古洲丁鎮，與論昔人越南戰事，極得法，與唐維卿日記悉符。其謀略勇悍，鮮與爲比，惟所統二千人，所攜皆前膛槍，若得憲臺的給精槍，必得決勝。磨劍贈烈士，非憲臺無玉成之者。丁鎮素蒙賞識，即當趨謁。伏乞垂鑑。寶箴叩。養"。（光緒二十年十一月二十二日戌刻發，二十三日申刻到，《張之洞存各處來電》，甲午第15冊，所藏檔號：甲 182-127）"揚州陳藩司來電：丁鎮地營法甚好，似應催令迅速北上，俾各營傳習。又小輪尚可至清江，乞仍令兩船速來。至感。寶箴稟。真"。（光緒二十年十二月十一日巳刻發，未刻到，《張之洞存來往電稿原件》，第12函，所藏檔號：甲 182-383；抄件《張之洞存各處來電》，甲午第20冊，所藏檔號：甲 182-128）"揚州陳藩司來電：派來兩輪風大不能出江，比令回函告沈道。昨風逆，故電請，順可不來。箴、邵伯稟"。（光緒二十年十二月十二日酉刻發，戌刻到。《張之洞存各處來電》，甲午第21冊，所藏檔號：甲 182-128）張之洞亦有回電："丁鎮昨日清晨已乘輪赴鎮江北上，兩小輪本令送至清江，何以未往？究係送至何處折回，現在何處？祈電示，當一面查明電飭前往。真"。（光緒二十年十二月十一日申刻發，《張之洞全集》，第8冊，第207頁）又，此後張之洞對丁槐部極爲重視。

快槍成，似宜先解數百枝入都，俾速推廣。軍務處亦甚盼。上於問兵事後，忽言及湘軍糧臺。閒兩日，旋奉旨：辦理湘糧臺，准奏事。二十請訓，念四抵津，念六至榆。津榆一帶防務布置頗密，並有遊擊勁旅兩大軍，敵來，有以待之。畿防固，敵不競矣。英、法、俄、美以商故，約請，未知何如。箴以藩司兼糧臺，勢難專注轉運，仍歸林道專辦。苟事涉地方，仍即極力經理，藉紓鈞注。明日返津。寶箴稟。豔。[1]

陳寶箴在覲見時大談張之洞在湖北的功績，特別強調了花銀甚多、飽受爭議的湖北鐵廠與槍炮廠的重要性與必要性；"英、法、俄、美以商故，約請，未知何如"一句，説明當時謀求外援一事尚不順利；至於管理糧臺一事，陳認爲自己難以插手，便返回天津了。而此時在天津署理直隸總督的，正是其老上司王文韶。欽差大臣劉坤一對於陳寶箴不兼管糧臺一事，還專門發電給張之洞，進行解釋。[2] 三月初一日（3月26日），張之洞發電陳寶箴：

天津直隸藩臺陳：到任大喜，欣嘉。前奉來電，至爲感佩。駐紮何處？辦事當順手。日來天津情形如何？祈示。洞。東。[3]

此時正值馬關條約談判的關鍵時刻，張之洞此電的真實用意是打聽内情。陳寶箴隨即回電：

東電謹悉。李傅相來電，念八會議，歸途遇刺客，用手槍擊中左

---

[1] 山海關陳藩司來電，光緒二十一年正月二十九日戌刻發，三十日未刻到，《張之洞存來往電稿原件》，第 19 函，所藏檔號：甲 182-392；抄件又見《張之洞存各處來電》，乙未第 4 册，所藏檔號：甲 182-130。"念"，二十之意。"榆"，榆關，即山海關。

[2] "劉欽差來電：陳右銘於二十六晚抵關，與坤面商湘軍東征糧臺事宜。力稱：'難於兼顧轉運，總、分各局仍由林道一手照舊辦理，如有應由藩司招呼之處，無不惟命是從，伏祈俯如所請，俾各安心供職爲荷。'此次陳藩司辦理湘軍東征糧臺，實出上意重視，湘軍亦不過存此名目。其實湘軍如唐、如劉、如魏、如余、熊各營之餉，多不歸該糧臺，而該糧臺所管有淮軍程、陳、宋等營在内，何嘗全是湘軍。目前難以分别釐正，聽之而已。尊指以爲何如？候電覆。坤。豔。"（光緒二十一年正月二十九日申刻發，三十日未刻到，《張之洞存各處來電》，乙未第 4 册，所藏檔號：甲 182-130）當時北上湘軍各部，糧臺分爲兩處，有兩江負責的天津轉運局，由道員林志造管理，也有劉坤一所轄糧臺，由户部郎中毛慶蕃管理。由於餉銀撥處不一，陳寶箴並無能力統一管理。劉電對此進行了説明。

[3] 光緒二十一年三月初一日申刻發，《張之洞存來往電稿原件》，第 13 函，所藏檔號：甲 182-384。

頰,眩暈覆甦。隨帶醫及倭主遣醫診治,子入二寸餘,難取出,部位幸不致命。倭舉國震悚,慰問紛來,和議冀漸就緒等語。乃聞刺客已獲。津沽南北得曹、聶等軍三萬餘人爲遊擊,近京董、陳兩大軍爲策應,局勢一振。現無倭船窺伺。聞將派馮軍北來,果爾威稜彌厲。箴現在津,未到任。承注感刻。寶箴稟。江。[1]

陳寶箴報告了正在馬關談判和約的李鴻章來電内容及京津一帶的布防,可以看出,他對局勢及決策的基本傾向與張之洞相同:反對條件過於苛刻的議和,並準備再次開戰。而直隸總督的正式駐所是保定,布政使的駐所亦在保定,陳此時尚未正式到任。三月十三日(4月7日),陳寶箴從保定發電:

箴今日到保定,受篆。糧臺事,暫由襄辦毛部郎慶蕃料理。峴帥電云,憲臺飭墊付陳、李二軍餉八萬兩,請飭林道領解。寶箴稟。元。[2]

陳寶箴向張之洞報告了自己的行迹,並報告原應由兩江支付的陳湜、李占椿兩部軍餉,劉坤一同意張之洞的請求,可由在天津的湘軍糧臺墊付。這對正爲軍費無出作難的張之洞是一個好消息,張之洞一面發電駐天津的江南轉運局,一面回電陳寶箴:

保定陳藩臺:履任大喜,欣嘉。承借墊陳、李兩軍四月餉八萬,感甚。已飭津局林道。洋報倭議約刁難萬狀,李相傷未愈甚痛,尊處如有所聞,祈示。洞。鹽。[3]

張之洞電報的用意,還是打探北洋的情報。陳寶箴對此回電:

---

[1] 陳藩司來電,光緒二十一年三月初三日午刻發,酉刻到,《張之洞存來往電稿原件》,第7函,所藏檔號:甲182-378;抄件又見《張之洞存各處來電》,乙未第8册,所藏檔號:甲182-131。"念八",二十八日之意。
[2] 陳藩司保定來電,光緒二十一年三月十三日戌刻發,亥刻到,《張之洞存來往電稿原件》,第7函,所藏檔號:甲182-378。
[3] 光緒二十一年三月十四日辰刻發,《張之洞存來往電稿原件》,第13函,所藏檔號:甲182-384。張之洞同時發電天津:"天津江南轉運局林道臺:急。本日接湘軍糧臺陳方伯來電稱:峴帥電飭墊陳、李二軍餉八萬兩,請飭林道領解等語。查此係陳集司湜十營、李占椿總統十五營四月餉,該局速即領出分解,勿延。李部在呈子口,可解德州。並速覆。兩江。元。亥。"(光緒二十一年三月十四日丑刻發。出處同上)

顧電謹悉。現奉旨派李經方爲全權大臣,會辦和議去。想日相
難,多議論耳。余不相聞。寶箴稟。寒。[1]

此時在保定的陳寶箴,與在天津時大不同,他自己的消息也是很閉塞的。
過了一個月,即馬關條約批准互換之後,張之洞於四月二十一日(5月15
日)發電給管理湘軍糧臺的戶部郎中毛慶蕃:

天津湘軍糧臺毛部郎寶君:長材濟運,承借湘餉,感謝。和議
後患無窮,臺端與右銘方伯有何良策?祈示。洞。馬。[2]

張之洞在電報中表示了對《馬關條約》的相關條款的擔憂。陳寶箴不在
天津,電報的内容自是由毛慶蕃轉致。四月二十三日(5月17日),陳寶
箴發一長電給張之洞,詳細説明他對時局的思考和相應的對策:

馬電謹悉。日前寄梁電,想已達。前聞換約展期,即電稟李、
翁,乞請旨派憲臺全權,往煙臺與各國論議改約,且言俄王遊鄂時憲
所心佩云云。今雖無及,而通商各條激變萬端,至時仍必決裂,豈可
坐待禍來?目前至計,仍亟以讓地結俄與立密約爲一要義。俄能聽
我,則要盟可背,勝算可操;次之亦可藉俄主持,更改商務各條,另議
妥約,期可相安。然全權仍非憲臺不可。若此時不亟結俄,原約斷
不能稍改,且恐各國更爲倭結,求爲苟安,愈不可得矣。鈞意如謂
然,乞力陳之。此間近無所聞。各國情勢與中朝議謀若何?乞賜電
示。寶箴稟。漾。[3]

陳寶箴此電,説明他先前曾有一項重要的舉動,即當"三國干涉還遼"之
時,清廷有意《馬關條約》延期換約以待三國的最後消息,陳寶箴發電軍
機大臣李鴻藻、翁同龢,請旨派張之洞爲全權談判大臣前往煙臺,與各國
商議改約。此時條約雖换,他又提出了聯俄之策,試圖利用俄國的力量

---

[1] 陳藩司來電,光緒二十一年三月十四日亥刻發,十五日巳刻到,《張之洞存各處來電》,乙未第9
册,所藏檔號:甲182-131。"顧",原文如此,亦有可能張之洞在"鹽電"外,另有"顧電"。

[2] 光緒二十一年四月二十一日未刻發。《張文襄公電稿墨迹》,第1函第7册,所藏檔號:甲182-
219;抄件又見《張之洞電稿丙編》,第53册,所藏檔號:甲182-90,"承借湘餉",即前劉坤一同
意借陳湜、李占椿兩部四月軍餉事。

[3] 保定,光緒二十一年四月二十三日酉刻發,二十四日丑刻到,《張之洞存來往電稿原件》,第20
函,所藏檔號:甲182-391。

來抵制日本的進逼,並力主由張之洞出任對日本商約談判的全權大臣。從歷史的結局來看,陳寶箴的聯俄策是不合適的;但從歷史的過程來看,此時張之洞、劉坤一都主張聯俄,或有陳寶箴的影響。"梁",似指梁鼎芬,此時在南京張幕中,"日前寄梁電",即陳與梁之間已用電報交換過意見。陳寶箴在電文中明顯透露出敵視李鴻章一派的態度。[1] 五月初四日(5月27日),陳寶箴發電張之洞:

<blockquote>
湘軍糧臺現辦軍米四萬石,派員赴南采買,業具公牘。頃委員蘇、吏目江兆自蕪湖電稱:須請南洋護照,方可購運出境。仰懇憲臺先行電飭蕪湖關道准其采辦,並乞填給護照八張,發交關道轉給蘇委員,以便分批趕運。切懇。寶箴稟。支。[2]
</blockquote>

這本來只是請求運米的過境"護照",但改在江蘇購買,將可抽取一大筆釐金,張之洞幕中人士對此頻頻活動,要求改在鎮江購買,完全把陳寶箴當作了自家人。[3]

---

[1] 陳三立作《先府君行狀》,稱言:"其時李鴻章自日本使還,留天津,羣謂且復總督任,府君憤不往見,曰:'李公朝抵任,吾夕挂冠去矣。'"(《陳寶箴集》,下冊,第2000頁)黃濬著《花隨人聖盦摭憶》,稱陳三立此時在武昌發電張之洞,請其"聯合各督撫數人,力請先誅合肥,再圖補救"。(見該書上冊,第300—301頁)"張之洞檔案"中還存有此時俞明震給陳三立電報的抄件:"臺灣俞刑部(明震)致陳三立電:李伯行電云:'事已合拍'。總署顧司員及盛電云:'各口通商、賠款三萬萬、割遼割臺,已畫押'。痛心切齒之事,伯行謂之'合拍',豈復有人心? 維帥招集義士萬人,由粵赴臺,部署已定,臺民十日內捐餉二十六萬。聞信喪氣,大亂將起。三日內四次電奏,甚於痛哭,概置不答。奏中有'如臺不能戰,俟臣死後再割,不敢奉詔云'。現傳文武,詢蹻去者聽,留者營官勇丁加餉,擬拼命一戰。維帥自審甚堅,震亦得死所矣。兩弟竟不來視阿兄,密事告知。震從此不寫家信矣。敬。寅。"(《張之洞存來信電稿原件》,第14函,所藏檔號:甲182-385)"伯行",李經方,李鴻章之子。'顧司員',似為總理衙門章京顧肇新。"盛道",盛宣懷。"維帥",唐景崧,字維卿。"敬"是二十四日的代日,此電似發於光緒二十一年四月二十四日。

[2] 陳藩司來電,自天津來,光緒二十一年五月初四日申刻發,戌刻到,《張之洞存各處來電》,乙未第15冊,所藏檔號:甲182-132。

[3] "釐局囑致陳佑民電。直隸保定陳藩臺:米市聚鎮江,購千萬石亦易,運北尤速。釐稅吃虧尚輕,自當即發護照起運。奸商逃釐,串牒在蕪湖輪運,豈特關餉源大局,數萬號民船衣食無望,救北病南,南患急矣。公四萬石,請速委員在鎮購買,請照交輪速運。夔帥處請公東,飭委員亦改鎮購運。南北兼顧,關係甚巨。公固有人,切禱。祁。陽。"(光緒二十一年五月初七日未刻發,《張之洞存來往電稿原件》,第5函,所藏檔號:甲182-376;抄件又見《張之洞電稿丙編》,第53冊,所藏檔號:甲182-90)"惲道",惲祖祁,陳寶箴在湖北的舊幕惲祖翼之弟,此時在張之洞幕中。"夔帥",王文韶,字夔石。後又有張之洞幕僚王秉恩給湘軍糧臺戶部郎中毛慶蕃之電(五月十一日亥刻發,出處同上),還是要求在鎮江購糧。

從陳寶箴在直藩任上與張之洞的電報來看，兩人的關係極洽。張將這位昔日的部下仍舊當作部下，陳也視這位昔日的長官依然是其長官。

二、湘鄂之間

光緒二十一年七月二十四日（1895年9月12日），在直隸布政使任上官椅未熱的陳寶箴，升任湖南巡撫。這是重新掌權的恭親王奕訢、李鴻藻、翁同龢等人對各省官員的一次大調整。以陳寶箴治湘，提議者當爲熟悉陳寶箴與湖南關係者。陳雖是江西人，但湖南早已成其半個家了。

從理論上說，湖廣總督有管理湖南之許可權，陳寶箴第三次成爲張之洞的下屬；但由於湖南巡撫有直接上奏權，因而在當時的政治操作中，湖廣總督除了例行公事的人事與軍務，一般都不干涉湖南的具體事務，需要聯銜上奏之公務，大多也互相知會而已。[1] 然張之洞與陳寶箴之間的特殊關係，使得兩人之間有著密切的配合。"張之洞檔案"中此期張、陳之間的電報與書信，存量相當大，但絕大多數只是例行公事，也有一些已在張、陳新編文集上發表，若一一列舉，將會不勝煩瀆清聽。我在此僅精擇數例，以說明兩人關係以及湘鄂之間的互動。

需要說明的是，湖南曾修建過電報線路，後因保守紳民抵制而未成。[2] 光緒二十二年十月，長沙與武昌之間的電報線路再次動工，光緒二十三年四月接通，爲此張之洞還發電致賀：

長沙陳撫臺：湘鄂線通，公之功也。風氣既開，要政遞舉。湘

---

[1] 按照當時的政治習慣，閩浙總督對於浙江、兩廣總督對於廣西、兩江總督對江西、安徽、陝甘總督對於陝西也一般不直接干預其事務。

[2] 參見王文韶與盛宣懷之間的電報，《陳寶箴集》，下冊，第1479—1480頁。並參見張之洞"札委郞中陸繼良等勘設長沙電線"光緒十六年四月初十日，《張文襄公公牘未刊稿》，所藏檔號：甲182-402。

中富强之基,始於此矣。大快。敬賀。洞。豔。[1]
而"張之洞檔案"中電報保存較全,書信存量不多,以下敍述的内容,大多是光緒二十三年四月之後的,尤以光緒二十四年爲多。這是受制于現存文獻,絶不説明兩人先前關係稍有任何疏離。

本地産品出口及免税 湖南是礦産資源豐富的省份,陳寶箴抵任後,爲開闢利源,最爲重視者爲開采礦産,爲此投入大量精力。光緒二十一年十二月十六日(1896年2月9日),陳寶箴突然發電張之洞:

> 衡州、湘潭均有佳煤,可煉焦炭。正擬開采,供鐵廠之用,忽聞鐵政將與洋商合辦,極用悵然。我公此舉原爲鐵路、槍炮及塞漏卮而設,誠中國第一大政,我公生平第一盛業。今需用正急,忽與外人共之,與公初意大不符合。且此端一開,將無事不趨此便易之路,彼資日增,我力難繼,必至喧賓奪主,甚爲中國惜之。想公必早見及。或其中尚有曲折,或合辦定有年限、仍可歸還,外不及知;然究不如請借洋款爲得。如公苦衷難可共白,箴雖人微言輕,當力陳之。乞示覆。寶箴。[2]

"鐵廠"、"鐵政",漢陽鐵廠,陳寶箴聽到該廠將與洋商合辦,與其借洋債不招洋股的觀念不合,湖南的焦炭出路也將成爲問題。他由此犯起了真性情,用激烈的語氣向張之洞責難。在我所見材料中,陳對張用語如此嚴厲也僅爲此次。張之洞當時還在署理兩江總督任上正準備回任,湖南電報線路未通,陳寶箴即派人到武昌去發電,可見其心情之急亂。張之洞的回電未見。張此時因漢陽鐵廠財務、技術諸問題,而確實有意交洋商"包辦",因陳寶箴等人的反對,才改變主意,交給盛宣懷改爲商辦。[3]

光緒二十二年十月二十八日(1896年12月2日),陳寶箴會同張之洞

---

[1] 光緒二十三年四月二十九日戌刻發,《張之洞電稿甲編補遺》,第5册,所藏檔號:甲182-61。湘鄂電綫開工等事,參見《張之洞全集》,第3册,第397、415—416頁。

[2] 武昌,光緒二十一年十二月十六日午刻發,亥刻到,《張之洞存來往電稿原件》,第19函,所藏檔號:甲182-392。

[3] 光緒二十一年十一月十四日,張之洞致電蔡錫勇:"兹有洋商包辦鐵廠,該道速即來寧面商一切,勿遲。該商議定後,尚須赴鄂廠看視也。"(《張之洞全集》,第9册,第66頁)盛宣懷亦稱:"鐵政不得法,徒糜費,幾爲洋人得,右銘、松雲諷阻,乃屬盛宣督。"(寄翁弢甫,光緒二十二年四月初三日,《愚齋存稿》,卷89,第13頁)"松雲",即檾耘,惲祖翼,此時新任湖北按察使。

上奏，要求湖南各類礦產出省一律免抽稅徵釐，光緒帝硃批"該衙門知道"。[1] 陳寶箴奉到硃批後，於光緒二十三年二月諮會張之洞。張之洞由此發現，該政策將對湖北釐金收入影響甚大。他於五月十九日（1897年6月18日）札湖北布政使、江漢關道、善後局、牙釐局，"悉心妥議，刻日詳覆"，並提出基本對策：新、舊區別，"其物若非向來所有，事尚可行；若向來運銷歷完釐稅之鐵料等物，似宜量加區別。"[2] 湖北是湖南礦產最主要的出省通道，若按張之洞此策，湖南此時新礦和官礦尚不多，實際收益並不大。九月初五日（9月30日），張之洞親筆寫電報給陳寶箴，進行解釋：

> 長沙陳撫臺：微電悉。前接大諮，當飭局議。釐局以鄂省向有湘煤釐巨款，與官款新開各礦不同，似應區別。尊奏自係指官開者而言。旋據寶塔洲稟，以湘煤過該局者，已逾大諮萬石之數，因籌議分別官煤、商煤之法，日内即具詳。鄙意官開之煤自應免，焦炭專爲鐵廠之用，將來鐵廠擴充，焦炭需用尤多，亦應免，商煤則未便免。如寶塔洲誤抽官煤之釐，可發還。此意早告司局。惟湘省礦局發照，有何杜絕商煤朦領局照影射之法，祈籌示。總之，湘省利源在五金各礦，在新開佳煤、新煉焦炭，不惟官本所繫，且此乃湘省大利所在，鄙人自必極力，協助臺端，鼓舞維持，以興湘中地利。若五金之礦，雖商民所開，亦可免抽。蓋非此不能開風氣，民富即國富也。至尋常商煤抽釐，相沿已久，蓋籌富強要政，自不在此，只可姑仍其舊，故不得不量加區別，以免鄂局藉口。卓見以爲何如？洞。歌。[3]

---

[1]《陳寶箴集》，上冊，第288—289頁。陳寶箴在該摺中稱："臣惟湘省辦理礦務，風氣初開，首在維持官商資本，徐圖擴充。當兹試辦伊始，擬暫量加體恤，免其抽稅徵釐，一俟成效漸著、行銷漸廣，即行諮商户部酌定稅則，由湘省坐地並作一次抽收，匯款解部，以歸簡易而免流弊。所有湖南目前及將來運出各種礦砂，無論已煉、未煉，並臣前次奏定'官辦銷行内地各省硝礦，經過各關卡應完稅釐'，擬合仰懇天恩，俯准一律免其抽收。由臣分別發給護照，持驗放行……"按照此摺，湖南礦產出省將完全免税。張之洞銜出奏時，可能還沒有想到湖北釐金會爲之大受損失。
[2]《張之洞全集》，第6冊，第47—48頁。
[3] 光緒二十三年九月初五日子刻發，鄧取二送撫臺、牙釐局，《張之洞存來往電稿原件》，第14函，所藏檔號：甲182-385；抄件又見《張之洞電稿甲編補遺》，第5冊，所藏檔號：甲182-61。陳寶箴的"微電"，見抄本《張之洞電稿》，第35冊，《各省來電》，中國社會科學院經濟研究所圖書館藏。

張之洞只允諾湖南"官煤"、"焦炭"、"五金各礦"免徵釐稅,而這些都是新礦。陳寶箴的覆電未見,但從當時官場規則來推測,他似也不能過於反對。光緒二十四年五月,張之洞發電陳寶箴:

> 長沙陳撫臺:據布局稟稱:商人朱民廣購布局紗十大梱,計二十件,已向江漢關完過正稅,有稅單及布局運單爲憑,局紗並有雙龍抱珠紙,與洋紗迥別。經過鄂湘各卡,均經驗放,惟衡州府東洲卡百般留難,勒令加倍罰款等情。查湖北布局所出疋、綿紗,奏明完過正稅,概免重徵,歷經諮明通行有案。湖南運出各礦及官煤,經過湖北關局,均免稅釐,湖北官局紗布運湘,事同一律。今朱民廣購辦之紗,不特有布局憑單,且有江漢關完稅單,何致誤爲假冒。請速飭放行,並將罰款交還原人。此後如有湖北官局紗布運湘,並請分飭各局卡一體驗放。至禱。洞。卅。[1]

這是爲湖北機紡紗出省免稅一事進行交涉,張之洞提到"湖南運出各礦及官煤,經過湖北關局,均免稅釐,湖北官局紗布運湘,事同一律",即南北經濟互惠。然張畢竟是長官,電文最後使用了命令語氣。陳寶箴對此覆電稱:"衡州釐局罰布商事,已飭總局轉飭遵照。"[2]

運米與送槍 湘鄂本是中國的糧倉,有"湖廣熟,天下足"之諺。然在光緒二十一年至二十二年,兩湖地區皆受大災,糧食成爲當時最緊缺的救災物資。[3] 光緒二十三年湖北大春荒,張之洞向陳寶箴求援,請開湘米出省禁令一個月。陳寶箴對此僅同意在鄰近湖北的數縣由鄂商采購米穀四十萬石,並派官員前往武昌,進行解釋。這是同爲米荒的湖南對湖北的很大

---

[1] 光緒二十四年六月三十日午刻發,《張之洞電稿丙編》,第75册,所藏檔號:甲182-94。該件是抄件,發電時間原文時間如此,陰曆六月本無三十日,據下引陳寶箴之覆電日期,似爲五月三十日之誤。

[2] 光緒二十四年六月初一日午刻發,申刻到,《張之洞存各處來電》,戊戌第3册,所藏檔號:甲182-136。

[3] 湖南之災情可參見陳寶箴"災民待撫孔亟需開辦賑捐摺",光緒二十一年十月二十三日,"勘明各屬受災情形籲懇分別蠲緩、遞緩錢漕摺",光緒二十一年十二月十八日,"查明光緒二十二年各屬水災情形吁吁懇蠲緩、遞緩錢漕摺",光緒二十二年十二月十九日,《陳寶箴集》,上册,第30—32、70—77、325—329頁。

幫助。光緒二十三年六月，張之洞與湖北巡撫譚繼洵聯名寫信給陳寶箴：

右銘仁兄大公祖大人閣下：

　　頃奉復函，並寄示各件，均已領悉。承允于安鄉、龍陽、華容、沅江四縣，撥穀四十萬石，由鄂招商發照，前往購運，具紉大君子軫念鄰疆，澤及舊治，曲折籌畫，感荷靡涯。並承派委劉道來鄂，備述湘中情形，全省待澤之多，紳民阻米之切，大府擘畫之艱，因應之煩，種種焦勞，良殷馳繫。執事慎開米禁，自係不得已之苦衷，弟等久已深喻。茲經劉道覼縷面述，益知其詳，乃猶復顧念鄂民，設法分濟，敬佩尤深。湘省上游，民食尚歉，弟洞職在兼轄，安危與有責成，弟洵誼切梓桑，休戚本屬一體，遠隔重湖，同深焦念。正盼閣下撫綏安集，代謀生計，豈肯置之膜外，爲瘠魯肥杞之舉。

　　前函商請暫行開禁一月，係專指下游岳、常、澧一帶而言。緣岳、常、澧之米，斷不能逆流而上，販運長沙以上及衡州各屬，若准其流通，似于湘無損，而于鄂有益。且北以貨往，南以糧來，互相補濟，亦屬兩利。今蒙撥運濱湖數縣之穀，正愜鄂民所望。惟鄂省招商發照往購，殊費周折；其爲難情形，已由藩、臬兩司覆書詳陳。且鄂省礱房素少，運到後再行碾售，不免紆折稽遲。而遠道運穀，運費過重，商情亦恐不願。似不如徑由湘省給照，准由湘民運米出境。至出江以後，無論上下游，皆係湖北地方，其米自係全銷在湖北，無虞影射。至此四縣准銷之米穀，既有定數，隨處皆有釐卡炮船，可以稽查，則無論或湘民運出，或鄂商往運，何縣多售，何縣少售，均聽其便。總之，各卡稽核通計，總不逾尊定之數。如此辦法，較爲簡易迅速。

　　查鄂省各屬需米皆急，而上游荊州、宜昌爲尤甚，遠在武漢以上千餘里，價尤貴，運尤艱。近得祥立亭將軍函諮告糴，情詞迫切。宜昌亦委專員來省乞米，守候不去。此外咸寧、蒲圻、通山、黄州等處，官紳紛紛請米平糴，至再至三。束手無以應之。通山因貧民勒糴搶穀，豎旗聚衆千餘入城，幾釀禍變。昨派大員率兵前往，多方開導彈壓，始就安帖。而潛江、江陵、應山、孝感、羅田等處，疊報水災。省內省外各倉穀均已散發將罄。弟等德薄能鮮,治理無狀,目擊民艱,愧悚無以自容。

茲擬請尊處飛速札飭四縣,出示曉諭,准由商販就縣領照,以穀二十萬石,折合米十二萬石,由藕池口、太平口等處及以上各口出江。此各處江口,皆荊州轄境,自可運濟荊、沙、宜昌等處。其餘二十萬石穀之米,由何口運鄂,應聽商民之便。惟澧州距荊最近,大河通流,似可添入澧州一處,其米亦准出江,庶於荊州受益較速。應請臺端酌定,飛速飭遵。現因梨道勒哈哩赴澧勘垸之便,令其會商岳常澧道,並由弟洞札行該道,照遵示所定穀數,出示辦理。彼時湖田新穀計已登場。至米照,應否用尊處之照,或即迅飭各該州縣,由州縣發照,統聽卓裁。

此間現又赴蕪湖采運糶米,無如庫款已竭,捐款無聞,購辦殊不能多。簞醪投河,豈能有濟。近得蕪湖電,皖南北霖雨爲災,稻禾腐爛,荒象已成,外運之米日少,以後恐亦難購辦。鄂省自入六月以來,雨多漲盛,甚屬可危。夙夜惴惴,不知所屆。惟盼久晴水定,無害秋收,庶幾窮黎漸蘇,稍寬咎責。

湘省仰賴仁政周浹,必能感召祥和,一俟七月初間,豐亨有象,似可先將岳、常、澧等處米糧,慨然弛禁,不更限定數目,亦不限定四縣,亦不限定運出何口。即或上游尚非大熟,但於靖港以上,暫緩開禁,至湘陰以下之米,聽其駛行無阻,自於長、衡兩屬仍無妨礙。如此則鄂民必更歡欣感戴,即湘省之巴陵、臨湘等處,得本省米穀自相流通,亦必鼓腹謳歌,免勞籌畫矣。此節度宏謨深慮,必已早爲籌及,成算在胸,無待再三煩瀆者也。

專泐布覆,敬申謝忱,祗請勛安,諸惟惠照,謹璧尊謙不盡。治愚弟張、譚頓首。[1]

---

[1]《致各省函稿》,《張之洞函稿・光緒二十五年至三十一年》,所藏檔號:甲 182-215。(原整理者有誤,該函寫於光緒二十三年) 抄件又見《張文襄公函牘未刊稿》,所藏檔號:甲 182-393。"祥立亭",荊州將軍祥亨。

這一封信雖然很長，但文辭得體，情緒稍張，底稿上也有張之洞稍加修改的痕迹，故全錄之。張在信中表示了感謝，更提出了由湘商運米的方案，並希望儘早解除湘米出省的禁令。這也符合他做事"得寸進尺"的一貫風格。陳寶箴的回信未見。

光緒二十四年五月二十五日（1898年7月13日），陳寶箴發電張之洞，並抄送湖北巡撫譚繼洵：

> 湘中鎮協各營，均來省請領來福槍，以資練習。近來給發已盡。聞鄂省此槍甚多，擬請協撥二千枝，藉壯聲威，至爲感幸。乞電覆爲禱。寶箴叩。有。[1]

來福槍是當時先進的單兵槍械，陳寶箴開口就要兩千枝。他將此電另送譚繼洵，當是請湖南籍的譚繼洵能考慮鄉誼，從中幫忙說項。張之洞即刻回電：

> 長沙陳撫臺：有電悉。來福槍局存可用者，只二千餘枝，餘多廢壞。茲撥千枝，以供尊處目前之用。此等槍似須購儲若干，以備緩急。價亦不貴。洞。宥。[2]

從二十五日戌刻（下午7—9時）收電到二十六日巳刻（上午9—11）回電，張之洞在最短的時間裏即做出決定。一千枝雖是陳寶箴要求的一半，也是鄂省倉儲的一半。陳寶箴對此回電稱："蒙允撥來福槍千枝，甚感。此槍近頗難買。上年兩次在滬托購，僅得二千餘枝耳。"[3]

湖南鐵路建設　湖南是當時思想相對保守的省份，西洋事物引入較難。長沙與武昌間電線修通之後，張之洞有意建設湘鄂鐵路，並作爲粵

---

[1] 光緒二十四年五月二十五日戌刻發、到，《張之洞存各處來電》，戊戌第2冊，所藏檔號：甲182－136。

[2] 光緒二十四年五月二十六日巳刻發，《張之洞電稿》，所藏檔號：甲182－406；抄件又見《張之洞電稿丙編》，第75冊，所藏檔號：甲182－94。相同的情況又可見張之洞另一電："長沙陳撫臺：東電悉。遵派湔海兵輪赴滬，運湘省槍炮至岳。惟船大煤多，往返須一千數百金，爲數較多。此款似須湘出。祈示。洞。江。"（九月初三日戌刻發，《張之洞存往來電稿原件》，第14函，所藏檔號：甲182－385。原件無年份，根據内容似發於光緒二十三年）

[3] 光緒二十四年六月初一日午刻發，申刻到，《張之洞存各處來電》，戊戌第3冊，所藏檔號：甲182－136。

漢路之一段。光緒二十三年七月十二日(1897年8月9日),張之洞發電陳寶箴:

  盛京卿來電,丞欲籌辦粵漢鐵路,擬先派華員勘路,因洋人皆須華人領導,究由湘、由江西,請商尊處電示等因。查湖南物產極富,而限於山溪阻深。鐵路所經,南則香港所來南洋各外國之貨,北則遼津所來北洋各外國之貨,全數引歸湖南境內,而湘省土產之五金、煤炭各礦,運道既通,機器能入,土貨能出,從此湖南爲第一富強之國。而鐵路爲中國獨專之利權,洋人不能藉口侵占干預,勝於僅行小輪遠矣。淮(惟)風氣未開,民情能否相安,請速詢商紳士,酌度情況電覆。鄙意莫若先修武昌至長沙六百里,此即驛路,亦即電路,無高山大河,費省工速。鄂境易辦,入湘境後,路尚不多,若造至省城,紳商皆知鐵路之利,再往南修,順流而下矣。望速裁示。洞。文。[1]

張之洞雖描繪了湖南興建鐵路後的美妙前景,但畢竟提出了對湖南來説極爲困難的問題,即"風氣未開,民情能否相安"。陳寶箴一時未作覆。七月十五日(8月12日),張之洞再次發電:

  長沙陳撫臺:接函,知政體違和,近想已大愈,念甚。文電論湘境鐵路事,想達。此路仍係盛京卿總公司一手經理,自漢口經湖南至廣東。先借洋款,修成,陸續招股。待其路成利見,然後入股。將來湘省紳商,或願入數百萬,或入數十萬,或全不入,均可自便。似此招股之法,似爲最妥。至先修武昌至長沙六百里云云,乃弟籌計修路緩急之法,並非專修此一段即止。全域仍是自漢至粵,利益方大。前電恐閲者或未明晰,致有誤會,特再縷陳。洞。鹹。[2]

---

[1] 光緒二十三年七月十二日亥刻發,《張之洞電稿甲編補遺》,第5册,所藏檔號:甲182-61。又,《張之洞全集》第9册第244頁所録河北省博物館所藏該電,字下點處删節;"而鐵路爲中國獨專之利權,洋人不能藉口侵占干預,勝於僅行小輪遠矣"一句,誤爲"勝於僅行小輪遠矣。而鐵路爲中國獨專之利權,洋人不能藉口侵占干預"。其原因不明。

[2] 光緒二十三年七月十五日酉刻發,《張文襄公電稿墨迹》,第2函第11册,甲182-219;抄件又見《張之洞電稿甲編補遺》,第5册,所藏檔號:甲182-61。"知政體違和"一語,是張之洞與陳寶箴之間的私誼,兩人或間有體貼語。光緒二十三年十二月十八日,陳寶箴夫人黄氏去世,張之洞爲此發電:"長沙陳撫臺:聞臺端悼亡,馳繫之甚。時艱政繁,祈強排解。謹奉慰並(轉下頁)

張之洞補充説明將來該路會允許湘人入股,且是粵漢鐵路的一部分。陳寶箴經過反復思慮後,於七月十七日(8月14日)覆電,同意在湖南修建鐵路:

> 竊維國家創舉大役,以立自強之基,蘆漢已行,鄂粵繼舉,江、湘莫非王土,豈能有所阻撓。況湘人素懷忠義,同德同仇⋯⋯但令當事宣布詔旨,俾知事在必行,並諭以鐵路不運湘中煤、米,無損船户生計。所經各省境内工程,即由各省遴委員紳督率照料。督辦大臣任用得人,無官場倚勢淩人之習,無遇事苛刻因以爲利之心,説以使人,寬嚴互濟,此所謂人事幹旋者。往年澧州電線,蓋因司事先失人心,即今年設電長沙時,電工委員亦幾因工費肇釁,旋因得曾牧慶溥調停寢事,後乃悉由該牧代發,沿途迄無異言,此明徵也⋯⋯至湘境修路工程,愚意仿蘆漢成式,由鄂、粵邊境同時接修,至事權合縫。或由鄂邊接修,上迎粵路,或由粵邊接修,下迎鄂路,統由委員委紳勘定插標,通行曉諭,屆時大舉,一氣呵成。似可不必由長沙先修至鄂,以免南路另起爐灶,致啓疑議。湘紳所見亦同。

陳寶箴此電提出了諸多先決條件:一、須奉旨舉行;二、不運湖南煤、米,不奪小民生計;三、由本省委派員紳配合;四、有合適的督辦大員。他還提出,湖南鐵路作爲粵漢鐵路之一部分,不必分段修建,而是一次完工。陳寶箴只是考慮了如何減少湖南士紳對修建鐵路的抵制,並没有考慮到該路將是耗資巨大、工程困難的大工程。該電發於光緒二十三年七月十七日申刻,十八日酉刻(下午5—7時)收到,張之洞奉電大喜,在原電上加頭尾即於當日戌刻(下午7—9時)轉發盛宣懷。[1] 粵漢鐵路途經湖南由此定下大計。

此後,張之洞、陳寶箴、盛宣懷之間多有電報,主要圍繞著勘路一事。

(接上頁)唁。伯嚴世兄承示年終密考函,何日發?祈速示。英、俄頓起大波,時局難料,憒極,容再布。洞。宥。"(光緒二十三年十二月二十六日亥刻發,《張之洞電稿丙編》,第73册,所藏檔號:甲182-94)"伯嚴",陳三立。"英、俄頓起大波",指德國强占膠州灣之後,英國與俄國在旅順、大連及借款、鐵路等項上的競爭,以擴大其在華利益。

[1] 光緒二十三年七月十七日申刻發,十八日酉刻到,《張之洞存往來電稿原件》,第14函,所藏檔號:甲182-385。該電又可參見《張之洞全集》,第9册,第246頁;苑書義等主編:《張之洞全集》,第9册,第7377—7378頁。

陳寶箴恐引發湖南士紳之疑慮，提出"惟初勘路時暫不可帶用洋工師，致啓疑謠而誤始基"；盛宣懷提出，"先勘大概者，止用兩華人，札内止説勘查礦產，不動聲色"，即在勘查礦產的名義下，行勘路之事。[1] 張之洞提出由張、陳、盛三人會銜札委官員辦理此事。[2] 光緒二十三年八月十八日（1897年9月14日），張之洞發電陳寶箴：

> 長沙陳撫臺：密。委勘湘粵交界地勢，作爲查鐵廠需用佳煤，疊商盛京卿，現議定三衙會委，由盛主稿，各派一人。盛擬派繪圖學生陳慶平，敝處擬派江蘇候補知州汪喬年，均勘路熟手。尊處只須派一熟悉湘粵路徑之員，即可嚮導。羅運來似可派，取其於尊處較熟，詳細情形，可以面詢。如尊意別有所屬，祈酌示，以便電盛照委。洞。嘯。[3]

陳寶箴奉到此電後，認爲羅不合適，提議由辦理湖南電線事務頗爲得力的曾慶溥出任此事。[4] 然湘路的勘察，隨後没有進行。

光緒二十三年十月二十日，德國以曹州教案爲藉口，出兵占領了膠州灣（青島），國際形勢變得極爲嚴峻。張之洞爲預防列强强占粵漢鐵路築路權，授意湖南籍湖北布政使王之春，發電湖南暗中操作，以民意呈請朝廷先行批准粵漢鐵路的承辦權；陳寶箴等人爲此進行了配合。十一月初八日（12月1日），陳寶箴發電張之洞，稱湖南官紳呈請創建湘粵鐵路公司，"集股開辦"；張之洞回電，提議湘粵鄂三省爲興辦粵漢鐵路一事上奏。[5]

---

[1] 參見苑書義等主編：《張之洞全集》，第9册，第7375—7376、7379—7380頁；《愚齋存稿》，卷92，第8頁。該電報原件見《張之洞存來往電稿原件》，第14函，所藏檔號：甲182-385。

[2] 苑書義等主編：《張之洞全集》，第9册，第7383—7384、7386、7387頁。該電報原件見《張之洞存來往電稿原件》，第14函，所藏檔號：甲182-385。

[3] 光緒二十三年八月十八日午刻發，《張之洞存來往電稿原件》，第14函，所藏檔號：甲182-385；抄件又見《張之洞電稿甲編待遺》，第5册，所藏檔號：甲182-61。

[4] 苑書義等主編：《張之洞全集》，第9册，第7390頁。

[5] 參見苑書義等主編：《張之洞全集》，第9册，第7424—7428、7433—7434頁。張之洞亦於十一月十八日發電陳寶箴，攤其底牌："目前固爲立案抵制起見，然就此即可籌辦實事，事機甚急，一議定即可布置矣……總之，只定大概主意，無須現有巨款也。熊、蔣似仍來鄂一商爲佳。請酌。""熊"，翰林院庶吉士熊希齡，"蔣"，江蘇候補道蔣德鈞。兩人在後來王文韶、張之洞、盛宣懷聯銜上奏中，被稱爲湖南紳士的代表。又，熊希齡致陳寶箴信中亦稱："……惟有鐵路奏稿係王爵堂方伯寄齡者，茲並送呈……"（柳岳梅整理：《陳寶箴友朋書札》（二），上海圖書館歷史文獻研究所編：《歷史文獻》，第4輯，上海科學技術文獻出版社，2001年，第137頁）

十二月,直隸總督王文韶、湖廣總督張之洞、督辦鐵路總公司盛宣懷聯銜上奏一摺兩片,稱"兹據湘、粵、鄂三省紳商聯名呈請會奏前來",要求興建粵漢鐵路。光緒二十四年正月初五日(1898年1月26日),光緒帝收到該摺片,當日下旨批准,"各國如有以承辦此路爲請者,即由總理衙門王、大臣告明以三省紳商自行承辦,杜其要求";對"請暫用中國工程師勘路片",光緒帝又下旨:"詹天佑、鄺景陽二員,已諭令胡燏棻暫時借調,即著陳寶箴派員協同該二員,將湘省應造鐵路之地測量勘繪。"[1]張之洞得知該摺片獲旨批准,即於正月初九日發電陳寶箴通報消息。[2]

儘管光緒帝下旨調詹天佑等人至湖南勘路,但此時負責興建關内外鐵路的胡燏棻仍不放人。[3]光緒二十四年二月初八日(1898年2月28日),張之洞發電陳寶箴,提議"用洋工師勘路";陳寶箴立即覆電,表示不可:"勘路猝用洋人,一人倡謡,千人和之,一哄之後,地方正紳必不肯出身任怨,始基不慎,事必難爲。"他爲此提出折中方案:由汪喬年等鄂、湘委員先行勘察一次,並告諭地方紳士,此是奉旨之事,于地方有益,且"諭知須洋工師再勘一次即便興工","汪喬年等只算是聯絡地方,即所勘不確,不過多一小勞費耳"。盛宣懷對此表示同意,張之洞要求盛宣懷也派員參加湖南勘路。[4]然湘路的勘察,隨後仍没有進行。[5]

光緒二十四年四月,有法國人四名從廣東來到湖南,沿途勘察,當地

---

[1]《張之洞全集》,第3册,第465—466頁;並參見第9册,第280頁;《愚齋存稿》,卷2,第2—11頁,其中"請飭調中國工程師測勘湘路片"署日期爲"光緒二十三年九月",誤,當爲光緒二十三年十二月;《清實錄》,第57册,第411頁,同日並下旨:"詹天佑、鄺景陽二員,著胡燏棻飭令前赴湖南,交陳寶箴差委,辦理勘路事宜。"又,直隸總督王文韶當時負有督辦蘆漢等鐵路之責。

[2]《張之洞全集》,第9册,第287頁。

[3] 參見苑書義等主編《張之洞全集》,第9册,第7510、7514—7515頁;《愚齋存稿》,卷31,第6頁。

[4] 苑書義等主編《張之洞全集》,第9册,第7516—7517、7523頁;《愚齋存稿》,卷31,第8—10頁,卷92,第37—38、48—49頁。

[5] 盛宣懷於光緒二十四年閏三月初四日發電張之洞、陳寶箴:"美款已成,即有人來勘路。湘中華員勘路,似宜早辦,何日起程,乞示。"(苑書義等主編《張之洞全集》,第9册,第7562頁)張之洞亦於閏三月初六日發電:"長沙陳撫臺。微電悉。勘路委員曾牧,祈即飭迅速來鄂。洞。語。"(《張之洞全集》,第9册,第309頁)陳寶箴的"微電"未見。此後,湘路委員陳兆葵、曾慶溥在武昌禀告張之洞,鐵路總公司所派委員羅國瑞以請病多次推遲來鄂,張之洞於五月初三日發電盛宣懷,責問此事。盛宣懷於初四日覆電稱:"羅國瑞稽延可恨,此外苦無人。"(苑書義等主編《張之洞全集》,第9册,第7611—7612頁)

士紳懷疑其勘察修建鐵路而大嘩。五月初二日（6月20日），熊希齡發電張之洞：

　　……今盛京卿徒有鐵路之名，不集款，不速辦，設他人先我，或不幸湘有戕法之案，法肆要索，政府恐未必能以粵漢虛名抵制，異日棄湘之咎，責有攸歸，惟年伯與盛公圖之。齡意，現在英商毛根在北京，願集資千萬，承辦湘礦，似可商之，盛公先借此款，速修長沙至永州鐵路，以遏法謀……[1]

張之洞將此電轉給盛宣懷處理。[2] 五月十二日（6月30日），陳寶箴發電張之洞：

　　頃讀電傳邸抄，有旨催辦鐵路。盛京卿委勘粵漢一路，羅某聞久到鄂，應請飭催，偕鄂、湘委員就道。箴叩。文。[3]

這是陳寶箴首次催促勘路。盛宣懷於十六日覆電，稱鐵路總公司所派委員羅國瑞生病，"可否俟過盛暑登程？"[4] 盛的這一態度，大大刺激了陳寶箴，他於十七日（7月5日）發電：

　　滬望電悉。前准會諮，即委曾牧慶溥至鄂，候同勘路，已兩月餘。屢報起程，均因羅國瑞緩延。湘中多謠，有謂借款無著，將改為外人造辦者，於事頗有關係。緣各屬曉諭已久，又將沿途頗難肆應牧令，量為移換，而羅委久延，故滋疑議。今已盛暑，自難就道。惟究竟借款如何？能否開辦？尚乞明示，以憑轉諭為禱。箴。篠。[5]

---

[1] 光緒二十四年五月初二日辰刻發，申刻到，《張之洞存各處來電》，戊戌第2冊，所藏檔號：甲182-136。

[2] 《張之洞全集》，第9冊，第328—329頁；《愚齋存稿》，卷32，第17—18頁。張之洞另發電陳寶箴："本日致盛京堂嘯電云，接湘紳熊云云，盼覆等語。特錄呈，祈裁示，並轉熊太史諸君一閱。洞。嘯。"（光緒二十四年五月十八日亥刻發，《張之洞電稿乙編》，第56冊，所藏檔號：甲182-72）陳寶箴亦覆電："致杏孫電，已轉示秉三。"（光緒二十四年五月二十日辰刻發，巳刻到，《張之洞存各處來電》，戊戌第2冊，所藏檔號：甲182-136）

[3] 長沙陳撫臺來電，光緒二十四年五月十二日戌刻發、到，《張之洞存各處來電》，戊戌第2冊，所藏檔號：甲182-136。

[4] 苑書義等主編《張之洞全集》，第9冊，第7626頁。張之洞亦於十八日發電盛宣懷："惟羅國瑞病倘秋涼仍不愈奈何？此時似宜物色熟悉測量之員，以備替換飛要。"

[5] 長沙陳撫臺來電，光緒二十四年五月十七日巳刻發，未刻到，《張之洞存各處來電》，戊戌第2冊，所藏檔號：甲182-136；《愚齋存稿》，卷93，第2—3頁。

由於遲遲未能勘路，湘中已有謠言，陳要求説明借款情況。盛宣懷回電稱，與美國公司簽訂的粵漢鐵路借款合同有支線條款，並提出允許美國人勘路。[1] 陳寶箴對此十分生氣，於五月二十三日（7月11日）發電張之洞、盛宣懷：

> 杏翁效電敬悉。本年二月初，曾電請先以督帥委員汪喬年等，由鄂勘路至粵界，再偕洋工師沿湘至鄂，祇算是聯絡紳士，即所勘不確，不過多一小勞費等語。即昨電所云自南而北，與尊意自北而南稍殊，非請緩也。汪既不能來，延至三月，接准錄摺、會咨，即委曾牧慶溥至鄂，候羅委員兩月餘，未能成行。前日曾牧及陳道自滬來電稱，京堂諭，候交秋後勘路。前此致緩之由，非由湘請，更不任咎矣。今美款果確，又能兼永州一路，苟可早定，足杜法謀。但須將通廣東之路，由長沙改向湘潭、衡州、耒陽、興寧，仍經永至郴州，抵廣東界，爲幹路；又由衡州接修，經祁陽至永州，抵廣西界，爲枝路。如此則前議由醴陵、攸、茶、安仁以達永興數百里之路，可省矣。第衡、永一路，民情較爲浮動，尤必用華員先勘一次，沿途示諭，隨後再用洋工師勘估，方穩，亦不致因此過延時日，惟不可似此次之久不就道耳。至法人何利雅等，總署來文，只言有格致法員過境，到省後，始意其似爲鐵路起見。然不過於馬上持鏡一照，並非真正測量，而保護弁勇受傷多人，互毆十次。若非先用華員勘諭，即遽以洋人從事，則非不材所能知也。箴。箇。[2]

陳寶箴這份長電，分清勘路延遲之責任，並重申華員先行勘路之必要。其中最有價值者，是他提出了粵漢鐵路湖南段和衡桂鐵路的走向，實屬高瞻遠矚，此後該兩路大體按此路線建設。盛宣懷於五月二十七日回電，同意七月起派員在湖南勘路，卻又提出新方案：

---

[1] 苑書義等主編《張之洞全集》，第9册，第7625—7626頁；《愚齋存稿》卷32，第18—19頁。盛電稱："湘中既許法人沿途測量，並慮外人爭路，似可乘機勸導，准令美人勘路，以免延宕。"盛宣懷這一説法是很輕率的，且推卸其勘路延遲的責任。

[2] 長沙來電並致盛京堂，光緒二十四年五月二十三日辰刻發，酉刻到，《張之洞存各處來電》，戊戌第2册，所藏檔號：甲182-136；《愚齋存稿》，卷32，第20—21頁。

湘礦不久必屬英、法，可否歸并總公司，亦借美款開辦。餘利湘得若干分，爲練兵費，美得若干分，總公司得若干分，幫還湘路債。[1]

當時雖有各國向清政府强索采礦權，但盛稱"必屬英、法"，仍無根據。[2] 湖南礦務是陳寶箴興湘計畫的重頭戲，一下子交給盛宣懷把持的鐵路總公司，以美國借款來開辦，對湖南的利益確有損害。張之洞發電陳寶箴："盛京堂宥電想已到，事體重大，尊意以爲如何？祈明示。"[3] 陳寶箴對此並沒有直接回答，僅稱："盛電礦事體大，誠如鈞諭。"[4] 而他給盛宣懷的回電，輕描淡寫地將此拒絕了。[5]

湖南鐵路建設一事，十分清晰地展現了張之洞與陳寶箴的關係。陳雖經常聽從張的意見，但在重大決策上仍以國家利益和湖南實際爲本位，未以私誼代替公務。在思想保守的湖南建設鐵路，有很大的難度，陳寶箴儘量予以化解；張之洞對陳的處境，也相當體諒。在他們的共同努力下，湖南鐵路建設總算有了一個開頭，儘管此後的路程，要比張、陳所預計的要遥遠得多。[6]

張之洞挖湖南人才 張之洞雖在諸多事務上對湖南頗有體諒，然在人才方面，時有下手，並不客氣。光緒二十一年底，張之洞回任湖廣總督後，大辦學堂，翻譯西書，需才甚多，四處網羅。湖南鄒代鈞是中國第一

---

[1] 苑書義等主編《張之洞全集》，第9册，第7629頁；《愚齋存稿》，卷32，第21—22頁。張之洞對此於二十八日覆電："宥電悉。借美款修枝路並辦湘礦，所慮甚當，惟鐵路公司欲分礦利，恐湘人必不願。且看陳中丞覆電耳。儉。"(同上書，第7633頁)
[2] 盛宣懷此說，也有可能根據熊希齡五月初二日致張之洞電中所稱"英商毛根在北京，願集資千萬，承辦湘礦"一語，但此議未獲湖南當局及總理衙門的同意。
[3] 光緒二十四年五月二十八日午刻發。《張之洞全集》，第9册，第331頁。
[4] 長沙陳撫臺來電，光緒二十四年六月初一日午刻發，申刻到，《張之洞存各處來電》，戊戌第3册，所藏檔號：甲182-136。
[5] 陳寶箴回電稱："至養路之有無把握，此公司事，非能知也。湘紳借洋款之電，口頭語耳，他何論焉。"(《愚齋存稿》，卷32，第22頁)盛宣懷給張之洞覆電："右帥覆電：'養路，公司事，非所能知。湘紳借洋款，口頭語耳，他何論'云。則礦事大不然矣。"(苑書義等主編《張之洞全集》，第9册，第7634頁)"礦事大不然"一語，表示盛已了解陳拒絕之意。
[6] "張之洞檔案"中關於該路還有一件："致長沙陳撫臺：羅國瑞在鄂久候，曾牧未到。該牧何日來鄂，祈示，並催速行。切禱。洞，元。"(光緒二十四年七月十三日午刻發，《張之洞電稿丙編》，第75册，所藏檔號：甲182-94)可見該年秋天已開始勘路。

代的近代地理學家,曾在清朝駐英使館研習西方地圖與地理學知識,時在湖南礦務局任職。張之洞寫信邀請其出任兩湖書院輿地分教,破例地給予歲脩銀一千二百兩的高薪。[1] 爲了使湖南順利放人,張之洞又寫信給陳寶箴:

> 右銘仁兄大人閣下:鯉緘互達,塵教恒睽,辰維善政宏敷,蓋躬多祐,定孚臆頌。此間兩湖書院創設數年,諸生趨重者,仍是偏於汎覽,好文者爲多。時勢日艱,儲才爲急,必須力求實際,一洗浮華玩愒舊習。擬明年改定章程,分經義、史事、地圖、時務四學,令諸生分門纂輯認習之書,以徵實學。地輿學並須兼習繪圖,嚴立課程,按旬考校,以至月要歲會,務令日起有功。四門中惟地輿一門,較諸學尤爲切實,得師最難。鄒沅帆大令深通此道,於中西輿圖精研博貫,久擅專門。湘中礦務局開辦以來,諸事已有端倪,且聞局中人才甚多,尚不僅恃鄒令一人。擬即奉訂分教地輿一席,函稿另紙錄奉晉覽。如其惠然肯來,湘鄂一水可達,音書良便。即礦務有應商之件,仍可隨時通信,遙爲商度,不致偏廢。竊惟兩湖書院,湘漢兩省人材俱萃其中,

---

[1] 張之洞致鄒代鈞信,用詞十分謙和、邀請之意又極誠懇:"沅帆大令尊兄大人閣下:久隔芝輝,時深葭溯,辰惟籌猷懋介,台候多綏,以欣以頌。弟重回鄂渚,虛度陶陰,建樹無能,補苴乏術。此間兩湖書院,每月朔望兩課,但止憑文獎勵,其聰穎有才者類皆汎覽涉獵,倉卒所辦,仍係以詞華取勝。而平日是否讀書,不能深悉。學問既非專門,亦無片斷。茲擬於明年改章,分經、史、地輿、時務四學,停其月課,令諸生分門纂輯,於四學中自認一門。計書院課額三百四十名,由四學每一門限定六十人,或校勘或纂錄或蒐輯,三項均可。每十日或五日將所纂輯之書,呈請分教考核一次,隨時指示得失。其應纂何書,由分教量材酌派,大約或十人或二十人共纂一種。但按季由官考季課一次,即以所習纂輯課程並就所習,試文一首,以分優劣。惟地輿較諸學尤爲切實,非深通此道者不足以資指授;且擬購置書圖器具,令諸生俱習繪圖測量之法。閣下地輿之學,遠方裝買,復能會通中西,精研博貫,久所欽佩。茲聞人言,湘省礦務局尚未大盛,局事較簡,閣下有意遊鄂。如果確有此意,擬即奉訂分教一席,歲奉脩脯一千二百金。惟分教共四席,向章止八百金,若一律全加,著爲定章,誠恐萬一以後或有學業不能如臺端之饜衆望者,脩敬一加,不能覆減,轉與良師無所區別。茲擬例脩仍係八百金,另由敝處送加脩四百金,則與優禮通儒之意相協,而於以後事體亦無窒礙。倘承季諾,便當關訂。湘鄂聲息相通,如礦務有應商之件,仍可隨時函達,遙爲商度,不致偏廢。造就人才爲今日救時急務,杕杜道左,企望良殷。即希速賜示覆,是所翹禱。並望婉達右銘中丞是幸。尚泐,奉布。敬頌升祺,諸惟推照。專候惠覆。不具。愚弟張之洞頓首。"(《張之洞墨迹》,所藏檔號:甲182-405。又,該冊有該信的兩份抄件,內容一致)該信無日期,似撰於光緒二十二年秋冬季。"沅帆"爲鄒代鈞的字,其官銜爲候補知縣,故稱"大令"。"三百四十人",原文如此,按其一門六十人,當爲"二百四十人"。"遠方裝買","裝"似爲裝秀,"買"似爲買耽。

閣下關懷時局,注意人才,湘爲部民,漢爲舊治,本無畛域之可分。如有培植造就之術,知尊意亦必樂觀厥成。礦務尚可別求博通之士,而地圖罕有專門之師。故特專函奉商,即望代爲速駕,爲荷爲感。肅此,布達。尚希惠鑒,祗請勳安。延候賜覆。不備。愚弟。[1]

該信無日期,但從內容來看,當寫於光緒二十二年秋冬季。儘管張之洞信中敷陳高義,且情真意切,然以礦務入手倡導新政的陳寶箴仍不爲所動,堅不放手。鄒代鈞此次未能赴鄂。張對此並不放棄,光緒二十五年二月初三日再致電新任湖南巡撫俞廉三,要求放人。[2] 鄒代鈞由此去了武昌,任兩湖書院輿地學分教,主持刻印了中國第一批圓錐投影法的地圖,銅版彩印,標明比例尺。這是中國地理測繪和地圖印製史上的里程碑,張之洞還將之作爲禮物送給軍機大臣。[3] 上海《時務報》的英文翻譯李維格,曾遊學英國等國,光緒二十三年秋受聘于湖南時務學堂,任西學總教習。張之洞聞之,命其大幕僚蔡錫勇發電,字下加點者,爲張之洞親筆所加:

上海《時務報》館李一琴翁:帥意堅請譯書,並云譯書事關係重要,與教初學者不同。鄂省相約在先,似宜先到鄂等語,擬俟兄到後,即電右帥,商留在鄂。盼速來。勇。寒。[4]

蔡錫勇與李維格本有私交,以其名義發電,乃是借助私誼。張之洞知道李維格到了湖南後,陳寶箴必不放人,由此想在中途截人,然後再與湖南進行電商。李維格此次未留在武昌譯書,仍去了湖南時

---

[1]《張之洞電稿》,所藏檔號:甲182-490。該信是草稿,上未有張之洞修改筆跡。
[2] 張之洞發電稱:"長沙俞撫臺、但署藩臺:鄒大令代鈞地理之學最精,前年鄙人請來分教兩湖書院,歲脩八百金,以礦務局事忙辭。現在湘省局事清簡,想可來鄂,望轉致代爲延訂。湘省有經手事,仍可兼辦。如肯來,即囑其速來,開學在即,關聘到鄂補送。川資五十金,即請方伯代墊,即匯還。盼電覆。洞。江。"(二月初三日午刻發,《張之洞存來往電稿原件》,第14函,所藏檔號:甲182-385。原件無年份,根據內容,似發於光緒二十五年)
[3] 參見拙文《"張之洞檔案"閱讀筆記之七:張之洞的禮單》,《中華文史論叢》2012年第2期。又,張之洞於光緒二十八年九月上奏請優獎兩湖書院監督、分教,亦提名鄒代鈞。(《張之洞全集》,第4册,第84頁)
[4] 光緒二十三年九月十四日午刻發,《張之洞存來往電稿原件》,第14函,所藏檔號:甲182-385;抄件又見《張之洞電稿丙編》,第73册,所藏檔號:甲182-94。

務學堂。[1] 戊戌政變後,李維格應邀再去湖北,出任漢陽鐵廠的翻譯、總辦等職,是中國鋼鐵工業最初的創立者之一。

甲午戰敗後,清朝有意振作,西學人才緊缺。執意興湘的陳寶箴,對老上司仍不給面子。[2] 至於傳統類型的人才,陳又比較大度。湖南候補道張鴻順是一位精明的老官僚,張之洞有意留在湖北委用。[3] 他爲此發電陳寶箴:

> 長沙陳撫臺:鄂省創辦農務學堂、工藝學堂,擬派張道洪(鴻)順總辦,祈飭速來鄂,另諮冰案。洞。敬。[4]

陳對此表示同意,張即命張鴻順爲湖北農務、工藝學堂總辦,並以錢恂爲提調,梁敦彥爲翻譯兼照料委員。[5] 然湖北農務、工藝學堂一時未獲進展,戊戌政變後,張之洞又將張鴻順送回湖南。[6] 張鴻順後來出任岳常澧道,主持岳州自開口岸。至於湖南經學家胡元儀,張之洞聘其爲兩湖

---

[1] 此時在湖南的熊希齡發電張之洞:"時務學堂定廿四啓學,梁、李兩君聞已到鄂。'長慶'現送主考,恐遲,乞賜派小輪送湘爲感。侄希齡。銑。"(長沙熊庶常來電,光緒二十三年十月十七日辰刻發,未刻到,抄本《張之洞電稿》,第36冊,《各省來電》,中國社會科學院經濟研究所圖書館藏)。"梁、李",梁啓超、李維格。熊希齡要求張派小輪送梁、李兩人入湘。張之洞欲留梁啓超在武昌任教並參其幕一事,可參見本書第四章第一節。

[2] 張之洞曾爲化學人才陳驤而發電:"長沙陳撫臺:舉人陳驤通曉化學,前在湘局,去冬回津過鄂,見之。或云渠請假,臺端不允,或云已允,究竟尊意如何?聞湘省化學製造各事,因無款未開辦,鄂省現就設工藝學堂,正需教習,如湘非急需,擬留鄂。至感。祈示覆。洞。效。"(光緒二十四年正月十九日戌刻發,《張之洞電稿丙編》,第74冊,所藏檔號:甲182-94)由於未見其他史料,不知後況如何。光緒二十八年十二月,張之洞保舉經濟特科人才,亦保舉了陳驤。(《張之洞全集》,第4冊,第111頁)

[3] 張鴻順是直隸安肅人,拔貢出身,曾任湖南州縣官,並隨李鴻藻辦理河南"鄭工"等項,所辦事件甚多。(參見《清代官員履歷檔案全編》,第5冊,第58—59、103—104、650—651、665—666頁)張之洞曾發電其侄張彬:"京。樓。急。張鴻順觀察何以至今未來,現在何處?問小帆當知。速詢以覆。如願來即催之,遲則無差矣……"(九月二十九日巳刻發,《張之洞電稿》(光緒二十四年九月至十月),所藏檔號:甲182-455;原整理者有誤,根據內容似發於光緒二十三年)

[4] 光緒二十四年二月二十五日午刻發,《張之洞電稿丙編》,第74冊,所藏檔號:甲182-94。

[5] "札委張道鴻順等督辦農務、工藝學堂"光緒二十四年二月二十六日,《張之洞全集》,第6冊,第114—115頁。

[6] 張之洞爲此發電湖南巡撫俞廉三:"長沙俞撫臺:湖南候補道張鴻順,在湘作州縣多年,情形熟悉。去年赴湘稟到後,復來鄂,委辦農務學堂。現在堂尚未建,無事可辦。鄙意似令該道回湘,究是本省,尚可積資累勞,在鄂日久,毫無益處。可否予以尋常道班差,不令賦閑。深感深感。該道才具素優,於地方之事尚能裕如……祈示覆。洞。敬二。"(九月二十四日亥刻發,《張之洞電稿》光緒二十四年九月至十月,所藏檔號:甲182-455)

書院分教,陳寶箴則全力配合。[1] 當然,從"張之洞檔案"來看,張之洞的挖角行動並非僅針對湖南一省;其眼光主要放在江蘇與廣東,只是這些人才大多無官差,重金聘請即可。而對於有官差的西學人才,若有機會,不管其在何處,張之洞都是不會放過的。[2]

陳寶箴保舉張之洞的班底 實際上,陳寶箴與張之洞兩人多有心通,在許多事務的辦理時未必經過商議。光緒二十四年六月十八日(1898年8月5日),陳寶箴上奏兩摺保舉官員,其一是保舉本省道府州縣官員,共15人[3];其二是保舉"京外賢員",稱言:

---

[1] 梁鼎芬曾發電陳寶箴:"長沙陳撫臺:致子威電,請速轉交。來否?盼覆。芬。鬍子威兄鑑:別久思深,南皮制府奉請今年分教兩湖書院,歲脩八百兩,務祈允許。上元後即到鄂,與棻(芬)同事,商量舊學,當所不棄。芬。佳。"(光緒二十四年正月初九日午刻發,《張之洞電稿丙編》,第74冊,所藏檔號:甲182-94)陳寶箴回電稱:"密。子威已允就分教,惟其母現正就養永興儒學,到館約在花朝前後,屬轉商。箴。蒸。"(陳撫臺致梁太史,光緒二十四年正月初十日戌刻發,十一日子刻到,抄本《張之洞電稿》,第36冊,《各省來電》,中國社會科學院經濟研究所圖書館藏)此後張之洞爲胡元儀儘快到鄂事,與陳寶箴多有電報往來。胡元儀,字子威。

[2] 此方面可引"張之洞檔案"中四電以説明:一、"杭州菜市橋求是書院瞿。鶴兄鑑:讀兄致獻廷函,知有意遊鄂,快甚。張帥求才甚殷,此間譯書局、經心書院均需人,來必倚重。但電商穀帥,轉恐穀帥不允。兄能自請假而來,鄂中相待必優。來否?盼電覆。先已函布,再電達。恂。江。"(光緒二十三十二月初三日未刻發,《張之洞存來往電稿原件》,第14函,所藏檔號:甲182-385;抄本又見《張之洞電稿丙編》,第73冊,所藏檔號:甲182-94)字下加點者,爲張之洞親筆。"瞿",瞿昂來,字鶴汀,同文館學生,曾在江南製造局翻譯館譯書,並任駐英使館翻譯等職。"穀帥",浙江巡撫廖壽豐,字毅似。"恂",張之洞大幕僚錢恂。二、"上海製造局鍾鶴笙轉瞿鶴汀:奉帥諭,邀兄來鄂,經心書院分教暨書局兩差,月薪共百金。何日能來?盼電覆。以速爲妙。經心二月初必開課也。恂。梗。"(光緒二十四年正月二十三日巳刻發,《張之洞電稿丙編》,第74冊,所藏檔號:甲182-94)三、"杭州菜市橋求是書院瞿鶴汀:電悉。兄允來鄂,帥意欣盼。請速駕來開館,並望即覆。恂。江。"(光緒二十四年二月初二日亥刻發,出處同上)由此可見,張之洞挖角成功。四、"天津候補道臺傅印雲龍。孟原仁兄鑑:昨歲匆晤,未盡,至歉。尊事無妄之至,處分如何?此時是否仍在局,抑另有別差?月薪若干?可敷用否?南皮師欽遲有素,意欲借重長才。如願來鄂一遊,或自行請假,抑須由帥商之夔帥調鄂,統俟覆電再定。多年睽別,亟思叨教。弟秉恩。文。"(十二月十二日未刻發,《張之洞存來往電稿原件》,第5函,所藏檔號:甲182-376。原件無年份,根據內容,似發於光緒二十二年)字下加點者,爲張之洞親筆。傅雲龍,曾任歷使,前往日本及美洲等處考察,著書甚多。"秉恩",張之洞大幕僚王秉恩。

[3] 候補道夏獻銘、試用道黃炳離、長沙知府顏鍾驥、署衡州府事候補知府陳其懿、署永順府事試用知府任國鈞、候補直隸州知州郭庚平、署江華縣事准補永桂通判軍玉襄、武岡知州毛隆章、署寧遠縣事准補邵陽縣知縣卜彥偉、衡陽縣知縣盛綸、衡山縣知縣黎墉、桃源縣知縣湯汝和、署漵浦縣事瀘溪縣知縣陳自新、署新化縣事前任芷江縣知縣豆復候補知縣李弼清。陳寶箴摺、單在整理中分離,據其內容確定,見《軍機處録副·光緒朝·內政類·職官項》,3/99/5362/62;3/99/5370/2,光緒二十四年六月十八日,中國第一歷史檔案館藏。

> 惟是國家當力圖振興之會，庶政方新，需才尤重。凡爲臣子，具有天良，苟其人有過人之長，爲平日所深悉，自當不限方域，畢以具陳，庶幾上副聖主圖治之懷，下逭人臣竊位之咎。是以不揣冒昧，謹將臣耳目所及京外各員，擇其名位未顯，而志行可稱，才識殊衆，爲臣素所知信者，共得十有七員，謹繕清單，各具考語，隨摺上陳。

其名單爲：降調前内閣學士陳寳琛、内閣候補中書楊銳、禮部候補主事黃英采、刑部候補主事劉光第、廣東候補道楊樞、廣東試用道王秉恩、江蘇試用道歐陽霖、江西試用道惲祖祁、江西試用道杜俞、湖北候補道徐家幹、江蘇候補道柯逢時、奏調北洋差遣湖北試用道薛華培、奏調北洋差遣候選道左孝同、記名簡用道兩淮海州鹽運分司運判徐紹垣、浙江杭州府知府林啓、江蘇常州府知府有泰、四川邛州直隸州知州鳳全。[1] 這是陳寳箴在戊戌變法中最重要的政治舉措之一。七月十三日（8月29日），光緒帝收到該摺，當日下旨：

> 陳寳箴奏遵保人才開單呈覽各一摺。湖南候補道夏獻銘、試用道黃炳離、降調前内閣學士陳寳琛、内閣候補侍讀楊銳、禮部候補主事黃英采、刑部候補主事劉光第、廣東候補道楊樞、試用道王秉恩、江蘇試用道歐陽霖、江西試用道惲祖祁、杜俞、湖北候補道徐家幹、江蘇候補道柯逢時、湖北試用道薛華培、候選道左孝同，以上各員在京者，著各該衙門傳知該員預備召見，其餘均由各該督撫飭知來京，一體預備召見。[2]

在這個名單中，大多是張之洞的親信及好友：陳寳琛、楊銳、楊樞、王秉恩、惲祖祁、杜俞、徐家幹、柯逢時……其中陳寳琛本是清流健將，中法戰爭中獲咎革職，張之洞屢保未果。[3] 陳寳箴如此大規模地保舉張之洞

---

[1]《戊戌變法檔案史料》，第160—163頁。
[2]《光緒宣統兩朝上諭檔》，第24册，第328頁。
[3] 陳寳琛此次得獲召見，張之洞甚喜，發電陳寳琛："福州。陳閣學：奉旨賜對，欣喜無可言喻。鄙人屢請不獲。今竟得之于義寧，快極。何日北上，務電示。洞。有。七月廿五日午刻發。"（東方曉白：《張之洞（湖廣總督府）往來電稿》，《近代史資料》總109號，第20頁）

的班底,很可能與他在廣州、武昌的經歷有關,其中一些人是他過去的同僚或下屬。我先前一直以爲,陳寶箴的此次保舉,似有張之洞操作之背景,然我在檔案中没有發現任何材料可證明之,相反的卻有陳寶箴一電:

> 督署轉王道臺秉恩:密。新電悉。密保共三十二人,宣召之十五人,自是久契聖心,非推轂也。並告。箴。效。[1]

王秉恩,廣東試用道,張之洞的大幕僚,張在兩廣總督任上時即加以重用,他與陳寶箴似亦相識于廣州時期。此是王秉恩發電感謝後陳寶箴的回電,以兩人之誼,陳自會告以真言而不必另以客套,但從陳寶箴電文的内容來看,此事他似乎没有與張之洞商量過。

三、《湘學報》之爭

湖南是一個思想較爲保守的省份,陳寶箴主湘後,一直爲開通士紳思想而努力,湖南學政江標更是以轉變風氣爲己任。光緒二十三年三月二十一日(1897年4月22日),江標等人創辦了《湘學新報》(後更名爲《湘學報》)。該報爲旬刊,設史學、時務、輿地、算學、商學、交涉、格致等欄,宣傳新知識新思想。《湘學新報》的出版也引起了張之洞的關注,六月二十九日(7月28日),張發電江標:

> 《湘學報》閎通切實,洵爲有裨士(士)林,佩甚。秉筆者係何人,祈臚示。惟刻工尚非極精,且間有譌字,閱者不能爽目。似宜再加精刊,務令十分精美,字體光潔可愛,毫髮畢現,方易暢行。弟當

---

[1] 湖南陳撫臺來電,光緒二十四年七月十九日巳刻發,申刻到,《張之洞存各處來電》,戊戌第4册,所藏檔號:甲182-136。"新電",原文如此,"新"字或是其電碼密本,或爲誤。

勸勉楚人多看,以副盛意。管見祈酌。洞。豔。[1]

張之洞的來電既贊揚了該報,又有意訂閱,這使得江標十分興奮,立即回電:

奉書慚感。學報蒙允廣播,至幸。惟刻劣校疏,病在速成。以後當求精慎。惜款絀,無鉛板、石墨耳。主筆唐才常、蔡鍾濬、楊毓麟、姚炳奎、李固松、陳爲鎰,皆湘士。晚標叩。東。[2]

張之洞主張廣閱報刊,此後所著《勸學篇》中闢有《閱報》一章,稱之"可以廣見聞,長志氣,滌懷安之酖毒,破捫籥之瞽論"。[3] 然而,張之洞相示訂閱《湘學新報》,卻另有極其重要的附加條件,從後來的事態發展來看,甚至可以認爲是張的一個計謀。七月十二日(8月9日),張之洞給江標發去一長電:

《湘學報》閎通切實,弟擬發通省書院閱看,以廣大君子教澤。惟有一事奉商。《湘學報》卷首即有"素王改制"云云,嗣後又復兩見。此説乃近日公羊家新説,創始于四川廖平,而大盛於廣東康有爲。其説過奇,甚駭人聽。竊思孔子新周、王魯、爲漢制作,乃漢代經生附會增出之説,傳文並無此語,先儒已多議之,然猶僅就《春秋》本經言。近日廖、康之説,乃竟謂六經皆孔子所自造,唐虞夏商周一切制度事實,皆孔子所定治世之法,托名於二帝三王,此所謂"素王改制"也。是聖人僭妄,而又作僞,似不近理。《湘學報》所謂

---

[1] 致長沙江學臺,丁酉六月二十九日巳刻發,《張之洞電稿》光緒三十四年,所藏檔號:甲182-484。該册全是丁酉年(光緒二十三年)之電,原整理者將該册題錯年份。此時在武昌兩湖書院任史學分教習的陳慶年,在光緒二十三年六月十七日日記中寫道:"定《農學報》一年,價洋三元,又《湘學報》一年,值錢八百八十文。"(陳慶年:《〈橫山鄉人日記〉選摘》,《近代史資料》,第76號,第200頁)陳慶年此時與張幕人士多熟悉,張之洞後來提出訂閱《湘學報》與《農學報》,不知是否與此有關。

[2] 江學臺來電,光緒二十三年七月初一日申刻發、到,抄本《張之洞電稿》,第35册,《各省來電二》,中國社會科學院經濟研究所圖書館藏。又,江標在給陳寶箴的信中,談到了《湘學報》的經營情況:"……學報用費亦逾千萬,本省收款僅抵刻費(各縣買報已皆絕響,可哭)。所有紙張、刷刻、裝訂,每月須用百金,皆由標填用,將來或可於省外報費內收還也。"(柳岳梅整理:《陳寶箴友朋書札》(三),《歷史文獻》,第5輯,2001年,第187頁)江標寫此信時即將交卸,"省外報費"是他所認定的能補虧損之源。

[3] 《張之洞全集》,第12册,第179頁。

改制，或未必如廖、康之怪，特議論與之相涉，恐有流弊。且《湘報》係閣下主持刊播，宗師立教，爲學校準的，與私家著述不同。竊恐或爲世人指摘，不無過慮。方今時局多艱，橫議漸作，似尤以發明"爲下不倍"之義爲亟。不揣冒昧奉商，可否以後於《湘報》中勿陳此義。如報館主筆之人，有精思奧義、易致駭俗者，似可藏之篋衍，存諸私集，勿入報章，則此報更易風行矣。尚祈鑒諒賜教，不勝惶恐，即盼電覆。元。[1]

此電大批康有爲"孔子改制"說，要求《湘學新報》不得涉及於此，並以推廣該報而誘江標讓步。與此同時，張之洞還將此電抄送給陳寶箴，並稱：

頃致江學使電……即盼電覆等語。此節于世道學術，甚有關係。伏望婉商建霞學使，如能俯采芻蕘，當爲廣播，以助成其嘉惠士林之美意。如能作一條辨正此語，尤好。但不便深說耳。祈示覆。洞。元。[2]

就張之洞的電報而言，語氣如此之重是比較少見的，也説明其話外有音。而此時在張之洞幕中的陳慶年，在日記中道出了内幕。他在七月十一日（即張發該電的前一日）日記中寫道：

薄暮，南皮師招赴八旗會館談，宴散後，在小亭觀月。同人圍座。南皮師説：康長素輩主張素王改制，自謂尊孔，適足誣聖。平等、平權，一萬年做不到，一味囈語云云。反復詳明。三更始散。[3]

由此可見張之洞兩電是針對康有爲的，並對康有爲學說流傳到湖南，極爲光火，以至"反復詳明"，言及"三更始散"。然張之洞由"素王改制"一

---

[1]《張之洞全集》，第9册，第244頁，然中有兩錯字，"爲下不倍"誤爲"爲下不信"，"易致駭俗"誤爲"勿致駭俗"，皆據《張之洞電稿甲編補遺》第5册（所藏檔號：甲182-61）所錄此電改。"爲下不倍"，典出於《禮記・中庸》："居上不驕，爲下不倍"。"不倍"，不背叛之意。（此條是鄔國義告我的）又，該《補遺》有許同莘注記："右電稿補遺五卷，從君立京藏本錄出，皆初次編錄時未及者。同莘謹記。""君立"，張之洞之子張權。該電另一抄件又見《張之洞電稿》光緒三十四年，所藏檔號：甲182-484，原整理者將該册題錯年份。

[2] 光緒二十三年七月十二日亥刻發，《張之洞電稿甲編補遺》，第5册，所藏檔號：甲182-61。"建霞"，江標。又見於《張之洞電稿》光緒三十四年，所藏檔號：甲182-484。原整理者將該册題錯年份。這一份電報由許同莘最先發表於《張文襄公年譜》，第116頁。

[3]《〈横山鄉人日記〉選摘》，《近代史資料》，第76號，第201頁。

直談到"平等、平權",又可見其對康有爲學說的判讀與警惕,即他認爲康有爲政治思想是"平權"。[1] 陳慶年的這一記錄,可以作爲張之洞給江標、陳寶箴兩電的注脚。江標奉電後,只能是諾諾順從,回電稱:

> 賜諭悚感。《湘學報》本旨力求平實,而諸子意在閎肆。學派旁分,一尊無定,可愧可懼。兹擬將已刊者分誤義、誤字、誤例三類,一一校訂,附刊於後。未刻者,當守謹嚴篤實之義,以副厚望。晚標謹覆。元。[2]

陳寶箴在回電中稱:"建霞得鈞電甚感,即以擬作刊誤奉報,無俟再商矣。"[3] 譚嗣同也聽說了此事,在私信中對此憤憤不平:"湘信言,南皮強令《湘學報》館改正素王改制之說,自己認錯,而學使不敢不從。南皮詞甚嚴厲,有揭參之意,何其苛虐湘人也。湘人頗爲忿怒,甚矣!達官之壓力,真可惡也。"[4] 譚嗣同此時在南京,所聞是"湘信",很可能是其好友唐才常等激進派爲之所言。而張之洞收到江標的電報後,立即下達了《通飭各屬州縣訂閱湘學、農學各報》的札文:

> 本部堂近閱湖南《湘學報》,大率皆教人講求經濟時務之法,分爲史學、掌故、輿地、算學、商學、交涉之學六門,議論閎通,於讀書講藝之方,次第秩然。惟其中有'素王改制'一語,語意未甚明晰,似涉新奇。現准湖南學院江電稱:《湘報》本旨力求平實,此語由編纂者一時譌誤,詞不達意,現已更正等語。是此報議論,均屬平正無

---

[1] 相關的內容,又可參見本書導論第二節。
[2] 江學臺來電(自長沙來),光緒二十三年七月十三日亥刻發、到,抄本《張之洞電稿》,第35冊,《各省來電二》,中國社會科學院經濟研究所圖書館藏。又,從個人的政治思想來看,江標與康有爲是有分歧的。光緒二十四年六月十三日(1898年7月31日),江標和李盛鐸拜訪日本公使館書記官中島雄,中島對此記:"江標云:康氏之新學,與鄙人頗有異同;康氏取其虛,而吾求其實。江氏又云:近日中國主張變法之人,論政者多,而論學者少。然而,政自學中來,倘舍學而言政,其實是舍本逐末。總之,目前辦事各人,均無學。有學則有識,無學則無識;無識之人何以能辦好天下之事?"(轉引自孔祥吉、村田雄二郎:《一個日本書記官見到的康有爲與戊戌維新:讀中島雄〈隨使述作存稿〉與〈往復文信目錄〉》,《廣東社會科學》2009年第1期)
[3] 光緒二十三年七月十七日申刻發、十八日酉刻到。《張之洞存來往電稿原件》,第14函,所藏檔號:甲182-385;參見苑書義等主編:《張之洞全集》,第9冊,第7377—7378頁。
[4] 譚嗣同致汪康年,光緒二十三年九月初六日。《汪康年師友書札》,第4冊,上海古籍出版社,1989年,第3266頁。

弊……除省城兩湖書院發給五本,經心書院發給二本,本部堂衙門暨撫、學院、司道、荆州將軍衙門各一本,由善後局付給報資外,合行通飭。札到,該道、府、州即便遵照轉行所屬各州縣,將以上兩報一體購閱……

張之洞要求大中州縣訂三份,小縣訂一份,整個湖北共計152份。[1] 其數量雖不多,但將置之書院以供傳閱,影響力還是會很大的。江標奉到張之洞的諮文後,回電表示將寄該報。[2] 從張之洞後來的電報來看,江標寄去《湘學新報》的第1至9期,張之洞也將之發下去了。

光緒二十三年九月十六日(1897年10月11日),張之洞發電陳寶箴、黃遵憲,對於梁啟超在《時務報》第40期上的文字提出批評,同時要求湖南禁發該期《時務報》。以上海《時務報》內容而發電湖南,尤其是同發給黃遵憲,張之洞自是別有用意。[3]

也就在此年,學政到期更換,翰林院編修徐仁鑄繼江標出任湖南學政。徐在赴任途中經過武昌,張之洞對其大談《湘學報》中的"不妥",徐表示到湖南後"必加匡正"。光緒二十四年正月十八日(1898年2月8日),張之洞發電徐仁鑄:

長沙徐學臺:去臘函、十四電均悉。《湘學報》一期至九期報費,已由善後局交江建翁算清矣。茲請自第十期接續,寄至敝署。每期需報一百五十二分,其報費飭局陸續墊解。餘函覆。洞。嘯。[4]

---

[1]《張之洞全集》,第6冊,第76頁。該件注明時間爲光緒二十三年七月初十日,似有誤,江標的電報七月十三日才收到。又,張之洞此札文中稱"此語由編纂者一時譌誤,詞不達意,現已更正等語",爲江標前引電報中所無,不知江是否另有電報。又,《湘學報》第十五冊(光緒二十三年八月十一日出版)刊出了張之洞的這一札文,並以《湘報館》的名義,補一《附志》:"素王改制之説,《例言》中本云過激,不以爲然,惟以後報中三見,是與《例言》刺謬,殊恐蹈經生附會之陋。故特重訂正義,明分涇渭,已著第十四冊,閱者祈詳辨之。"(轉引自《叢刊·戊戌變法》,第4冊,第555頁)

[2] 江標發電張之洞:"奉諭感荷,報已印訂齊,候輪即寄。標。支。"江學臺來電(自長沙來),光緒二十三年八月初四日酉刻發,戌刻到,抄本《張之洞電稿》,第三十五冊,《各省來電二》,中國社會科學院經濟研究所圖書館藏。

[3] 相關的內容,可參見本書第四章第三節。

[4] 光緒二十四年正月十八日亥刻發,《張之洞電稿》(光緒二十四年前後),所藏檔號:甲182-488;抄件又見《張之洞電稿丙編》,第74冊,所藏檔號:甲182-94。

由此電可見,《湘學新報》第 10 期及之後各期,至光緒二十四年正月之後方寄,且是集中寄到湖廣總督衙署,不是分散寄到各書院。

光緒二十四年閏三月十六日(1898 年 5 月 6 日),張之洞札行湖北善後局,突然下令停止訂閱《湘學報》:

> 爲札飭事。准湖南學院徐函開,由'湘帆'輪船寄來《湘學報》自第十册至第二十六册,每期一百五十二分,共計二千五百八十四本,又陸續由輪船寄來二十七至三十三册,共計一千零六十四本,到本部堂。准此。查《湘學報》一期至九期,前經札發該局,分別呈送轉發,嗣據該局呈報,一期至九期報資計錢一百九十八串文,如數送交前湖南學院江,查收清款,並諮明湖南學院在案。茲准前因,查近來《湘學報》謬論甚多,應俟本部堂派員將各册謬論摘出抽去後,再行札發。所有以前報費應由該局先行寄湘,以清款目。現已諮明湖南學院,《湘學報》一項,湖北難於行銷,以後勿庸續行寄鄂外,合就札行。爲此札仰該局即便遵照,所有以前應付報資核明若干,仍由局先行籌墊,遇便解湘具報。毋違。

從該札文的行文來看,《湘學新報》和《湘學報》的第 10 至 33 期,分兩次寄到;張之洞收到後檢閱了一遍,發現"謬論甚多",沒有下發各衙門與書院;其稱"派員將各册謬論摘出抽去",也不知後來執行的具體情况如何。與此同時,張之洞又以同樣的内容諮會湖南學政徐仁鑄。[1] 閏三月二十一日(5 月 11 日),張之洞爲《湘學報》一事接連發出數電。其致陳寶箴電稱:

> 湘中人才極盛,進學極猛,年來風氣大開,實爲他省所不及。惟

---

[1] 《張文襄公督楚公牘》光緒二十四年,中國社會科學院經濟研究所圖書館藏。《張之洞全集》第 6 册録此札,未録給徐仁鑄的諮會:"爲諮覆事。准貴院函開,由'湘帆'輪船寄來《湘學報》自第十册至第二十六册,每期一百五十二分,共計二千五百八十四本,又陸續由輪船寄來二十七至三十三册,共計一千零六十四本,到本部堂。准此。查《湘學報》一期至九期,前經札發該局,分別呈送轉發,嗣據北善後局呈報,一期至九期報資計錢一百九十八串文,如數送交前湖南學院江,查收清款,並諮明貴院在案。茲准前因,查《湘學報》鄂中難於行銷,善後局未能再行籌墊,除業經電達貴院以後勿庸續行寄鄂外,以前報資已飭局墊,遇便解湘。相應諮覆。爲此合諮。"(出處同上)

人才好奇，似亦間有流弊。《湘學報》中可議處已時有之，至近日新出《湘報》，其偏尤甚，近見刊有易鼐議論一篇，直是十分悖謬，見者人人駭怒。公政務殷繁，想未寓目，請速檢查一閱，便知其謬。此等文字遠近煽播，必致匪人邪士倡爲亂階，且海內譁然，有識之士必將起而指摘彈擊。亟宜諭導阻止，設法更正。公主持全湘，勵精圖治，忠國安民，海內仰望。事關學術人心，不敢不以奉聞，尤祈切囑公度隨時留心救正。至禱。妄言祈鑒。鄙人撰有《勸學篇》一卷，大意在正人心、開風氣兩義，日内送呈，並祈賜教。洽。[1]

張之洞用如此嚴厲的言詞發電，十分罕見，而給陳寶箴的電報如此嚴厲，絕爲僅見。"尤祈切囑公度隨時留心救正"一句，點名黃遵憲，很可能與此時黃遵憲欲逐《時務報》汪康年有關。陳寶箴次日回電：

督帥張：本日奉洽電，論《湘報》。眷愛勤至，感佩疚歉，匪可言喻。固甚冀憲臺此言，以資警動也。前睹易鼐所刻論，駭愕汗下，亟告秉三收回，則兩日散布已盡。惟據稱外省未發，當摘去此紙。復囑其著論救正。次日見刊有覆歐陽書一段，申明其措詞之失，然亦嫌推原處詞氣不平。此外所刻，亦常有矯激。迭經切實勸誡，近來始無大謬。然終慮難盡合轍，因屬公度商令此後刪去報首議論，但采錄古今有關世道名言，效陳詩諷諫之旨。公度抱恙，尚未遽行。茲得鈞電，當切屬公度，極力維持，仰副盛指，並紓廑係。寶箴叩。箇。[2]

陳寶箴對此是完全讓步，提出的對策也是相當極端，即"刪去報首議論"。且從陳寶箴後來的施政對策來看，他對學會、學堂等項的態度也越來越趨嚴格（後將詳述）。張之洞致徐仁鑄電稱：

去歲騶從過鄂時，鄙人力言《湘學報》多有不妥，恐于學術人心

---

[1]《張之洞全集》，第9冊，第315頁。
[2] 長沙陳撫臺來電，光緒二十四年閏三月二十二日巳刻發，二十三日午刻到，《張之洞存各處來電》，戊戌第1冊，所藏檔號：甲182-136。字下點者在《張文襄公全集》中刪去，似爲許同莘所爲。

有妨，閣下主持風教，務請力杜流弊。承臺端允許，謂到彼後必加匡正。嗣奉來函覆云，某君已經力勸等語，是以遵命代爲傳播，轉發通省書院。息壤在彼，尚可覆按。乃近日由長沙寄來《湘學報》兩次，其中奇怪議論較去年更甚。或推尊摩西，或主張民權，或以公法比春秋。鄙人愚陋，竊所未解，或係閣下未經寓目耶？此間士林見者嘖有煩言，以後實不敢代爲傳播矣。所有以前報資，已飭善後局發給。以後請飭即日截止，毋庸續寄。另將《湘學報》不妥之處簽出，寄呈察閱。學術既不敢苟同，士論亦不敢强拂。伏祈鑒諒。洽。[1]

其中的"某君"，指梁啓超。在此之前，張之洞還另有一信給徐仁鑄，意思大體相同。[2] 徐仁鑄的回電未見，他此時已在學問上服膺康、梁之說，並作《輶軒今語》。[3] 只是過了很久，徐仁鑄才以銜署的名義發去一電，稱言：

---

[1] 致長沙，轉寄出常德一帶探交徐學臺。《張之洞全集》，第9冊，第315頁。又見《張之洞電稿甲編》，第59冊，所藏檔號：甲182-46。

[2] "致湖南學臺徐。再啓者。疊奉惠函，並大箋札諭諸生文一道，均已誦悉。札文立言正大劃切，善誘循循，足以啓發愚蒙，消弭嚚端，不特义筆之簡勁也。佩甚。尊體想經勿藥，春雪增繁，諸祈節勞珍衛。承示梁卓如進德甚孟，漸趨平實，此次過鄂，惜未能晤。寄來《湘學報》第十冊至第廿六冊，每期一百五十二分，計二千五百八十四本，昨已照收。惟此報因承臺囑代銷，有'公羊末流之説，止而勿登'之語，是以電請續寄。乃檢閱此次來報中，尚有以公羊、耶蘇立説者，于人心學術，大有關係，未便轉發。但既經遠寄來鄂，亦不便繳還。所有報資，當由敝處照數籌繳。此後請飭蔡廣文勿再緘寄。至禱。至岳嗣佺已豫支薪水北上。令親朱令（祖蔭）事，自當留意。惟人員擁擠，機會甚稀，殊不易耳。敝處學報條例，事冗尚未脱稿，緩當奉寄候教。時局孔棘，憂心如焚，作答稍遲，當祈原諒爲荷。肅覆。再請韶安。弟頓首"。（《張之洞電稿》，所藏檔號：甲182-490，原稿無時間，但未提《湘學報》第二十七至三十三期寄鄂，當在前引電報之前）"此次過鄂，惜未能晤"，指光緒二十四年二月梁啓超從湖南回上海經過武昌一事。

[3] 徐仁鑄此時已爲康有爲一派的重要成員。他到湖南後，與梁啓超等康門弟子相交，甚服康、梁之學說。其著《輶軒今語》，梁啓超作爲《中西學門徑七種》中第二種，於光緒二十四年在上海大同書局刻印。戊戌政變後，徐於八月十五日請湖南巡撫陳寶箴代爲電奏"請代父囚摺"，稱其父翰林院侍讀學士徐致靖與康有爲的結識，也是由他介紹，並由他擬保舉康有爲等人摺："臣去歲入湘以來，與康有爲之門人梁啓超晤談，盛稱其師之品行才學。臣一時昏瞶，慕其虛名，謬謂可以爲國宣力，當於家信内附具節略，禀懇臣父保薦。臣父溺于舐犢之愛，不及博訪，遂以上陳。茲康有爲獲罪，臣父ови以牽連逮問，推原其故，皆臣妄聽輕舉之所致也……微臣以不肖之身遽聽人言，乃至陷父于獄……"（《總理衙門清檔·收發電》，01-38-17-04-111，光緒二十四年八月十六日收到）

第五章　張之洞與陳寶箴及湖南維新運動　　329

長沙來電。簽駁《湘學報》謬,求速寄覆遵改。湘學署覆。[1]
"簽駁《湘學報》謬",似指張之洞來電中"另將《湘學報》不妥之處簽出寄呈察閲"一語。該日還有一電,張之洞以衙署的名義給《湘學報》館:

致長沙校經書院《湘學報》館。奉督帥諭,《湘學報》書院諸生不願看,以後請不必再寄鄂。湖廣督轅文巡廳。洽。[2]

該電的語氣更加嚴厲,然其所言"書院諸生不願看",自是張之洞"不願書院諸生看"之意。

張之洞圍繞"素王改制"的《湘學報》之爭,一開始就不是學問之爭,而是政治之爭;正如康有爲提出此説非爲學問之進步,而是其政治主張之宣言。張對康有爲學説在湖南的傳播極爲警惕,在其幕中,有關湖南康、梁一派活動的消息很多,但難以握有確據,且在許多時候他也不便直接出面干預。[3] 此次他拿《湘學報》來開刀,其目標很可能不僅僅於此;而徐仁鑄給他的信中特別指出梁啓超"進德甚孟,漸趨平實",也説明張之洞另有注目之處。正因爲學問之爭已經演變成政治之爭,張之洞對經學中的公羊一派也相當反感。[4] 他先是聽聞松江舉人張錫恭學問甚好,便於光緒二十四年正月初四日(1898年1月25日)發電住在蘇州的內閣中書曹元弼,托其聘張爲兩湖書院史學分教。[5] 三天後,正月初

---

[1] 光緒二十四年四月二十九日午刻發、到,《張之洞存各處來電》,戊戌第1冊,所藏檔號:甲182-136。
[2] 光緒二十四年閏三月廿一日戌刻發,《張之洞電稿乙編》,第55冊,所藏檔號:甲182-72。
[3] 此時張之洞幕中對湖南事務多有關注,從其幕僚陳慶年日記中可以看到一些痕迹。如光緒二十四年四月二十一日,陳慶年在日記中稱:"湖南學臣徐研甫作《輶軒今語》,以張康學。長沙葉焕彬(名德輝)作評語條駁之,現已印出。子威得一册持示,大意甚善,惜義據不詳,間有游移,未甚精也。"(引文及相關背景,可參見本書導論第二節)"研甫",徐仁鑄之號。
[4] 張之洞晚年作《抱冰弟子記》,稱言:"平生學術最惡公羊之學,每與學人言,必力詆之。四十年前已然,謂爲亂臣賊子之資。至光緒中年,果有姦人演公羊之説以煽亂,至今爲梗。"(《張之洞全集》,第12冊,第517頁)
[5] "蘇州閶門内翰林院内閣書叔彦:……聞松江孝廉張君錫恭,經學甚深,與閣下至好。張君係治何經? 能兼通諸經否? 祈示知。擬延請來鄂,作幫分教,以爲閣下之助,尊體稍可節勞。束脩擬六百金,即望速作專函詢商。如有意願來,請即同來,商酌一切。尤感。張君川資當另寄,關聘到鄂再送。祈即電覆。洞。支。"(光緒二十四年正月初四日巳刻發,《張之洞全集》,第9冊,第285頁;原件見《張文襄公電稿墨迹》,第2函第10册,所藏檔號:甲182-219)

七日(1月28日),張之洞又發電:

  蘇州閶門內內閣曹叔彥:聞張君錫恭係講公羊,如此則於書院既不相宜,前電請作罷論。如閣下知有博通史學之人,祈速示。擬添延史學分教一位,以助姚、陳兩君。務即示覆。洞。陽。[1]

又過了幾天,正月十九日,張之洞發電陳寶箴:

  ……胡君子威正月杪來,甚慰。匯寄川資五十金。並請胡君代訪湘士深于經史學者,擬再請一兩人來鄂纂書,史學尤要,但須詢明非講公羊者。至懇……[2]

四、張之洞奉召進京與陳寶箴的建策

  光緒二十四年閏三月初三日(1898年4月23日),清廷向張之洞發出電旨,召其入京,"有面詢事件"。這是楊銳、劉光第等人暗中策劃的大計謀,由大學士徐桐出面上奏,讓張之洞入京主持朝政。楊銳、劉光第等人似未將其行動計畫告訴張之洞,但很可能告訴了陳寶箴。[3] 由此,閏三月初四日,即朝廷電旨的次日,陳寶箴發電張之洞:

  昨晚聞憲臺被命入覲,喜躍無似。已肅函,專輪齎上。啓節似

---

[1] 光緒二十四年正月初七日辰刻發,《張之洞全集》,第9册,第286頁;原件見《張文襄公電稿墨迹》,第2函第10册,所藏檔號:甲182-219。張之洞後來也發現了自己的錯誤,又發電松江知府濮子潼,再次禮請張錫恭:"上海電局專差送松江濮紫泉太守:履新敬賀。貴治張閏遠孝廉錫恭,經學湛深,品行端謹,久所佩仰,今擬延爲兩湖書院經學分教,上堂講授,歲脩八百兩,盤費五十兩,常年住院。此間有曹叔彥中書,與張至熟,不患寂寞也。懇閣下代請。如張孝廉允來,即專函並關聘寄上。費神感禱,盼示覆。張之洞啓。有。"(光緒二十四年十二月二十六日丑刻發,《張之洞電稿》光緒二十四年十二月,所藏檔號:甲182-455;抄件又見《張之洞電稿丙編》,第78册,所藏檔號:甲182-95)

[2] 致長沙陳撫臺,光緒二十四年正月十九日午刻發,《張之洞電稿丙編》,第74册,所藏檔號:甲182-94。

[3] 相關的情況,可參見本書導論第四節、第四章第二節。

不宜遲。寶箴叩。支。[1]

朝廷的電旨一般不發給無關人士，陳寶箴獲得此電旨，自是京中另有人電告。而從陳的電文中可以看出，當張之洞尚不明朝廷的用意時，他完全了解此中的底細——張之洞此番入京將有大用；楊鋭等人很可能早與他通消息，甚至可能商量過此事。他還知道這位老長官不太願意入京爲政——光緒二十年九月初十日即甲午戰爭初期，清廷命張之洞入京，做爲下屬的陳寶箴親眼看見張又是如何藉詞延宕。此次勸駕，陳除此電外還專門另寫一信，並派專輪送上。對於陳寶箴此電此函，張之洞一時並未作覆；然其遲遲不肯動身的行爲，又如舊日甲午時的做派。閏三月初八日、十一日，清廷兩次電旨催促張之洞起程，其中十一日電旨用詞極嚴，張之洞慌忙於閏三月十二日(5月2日)覆電，表示將儘快入京。[2]也就在這一天，張之洞發電陳寶箴，詢問政策意見：

長沙陳撫臺：急。函、電均悉，厚望愧悚。此次内召，不知何事，若尊示云云，必無之事也。惟目前外侮日迫，必蒙詢及，尊意有何要策，敢祈指示，以便力陳，至感。電稿已讀，欽佩。盼即覆。洞。文。[3]

"若尊示云云，必無之事"一語，即張之洞此時仍稱其不會入軍機處和總理衙門，顯然是一種謙托之詞，而非爲其内心的真實判斷。但他很想知道陳寶箴對於德、俄、英諸國進逼下的對策。陳寶箴爲此思考了三天，於閏三月十五日(5月5日)覆電張之洞：

奉文電，具仰虛衷。旋聞有旨促行，必資助贊。君立覆有捷音，家慶國祥，以兹行卜之矣。目前轉環之計，似無過於亟聯英、日，此

---

[1] 陳撫臺來電(自長沙來)，光緒二十四年閏三月初四日酉刻發，亥刻到，抄本《張之洞電稿》，第36冊，《各省來電三(湖廣)》，中國社會科學院經濟研究所圖書館藏。

[2] 軍機處《電寄檔》，光緒二十四年閏三月初八日、十一日；《張之洞全集》，第4冊，第469頁；張之洞親筆原件見《張文襄公電稿墨迹》，第2函第9冊，所藏檔號：甲182-219。

[3] 光緒二十四年閏三月十二日戌刻發，《張文襄公電稿墨迹》，第2函第10冊，所藏檔號：甲182-219；抄件又見《張之洞電稿甲編》，第59册，所藏檔號：甲182-46。(凡被許同莘編入《張之洞電稿甲編》者，大多會發表，此件不知許同莘爲何没有發表。)

憲臺本謀,若秉國鈞,必當如志。箴曾以此言之總署,覆電謂:俄方有加於我,遂聯英以拒之,歐洲之人皆不直我也。大抵前此實曾與俄立有拒英密約,故有爲難。不知聯英非必拒俄,且借購船炮,不聯之聯,無嫌背約。郎威理昔爲華用,尤出有名,助華即以助英,必能盡力。海軍既立,並練陸軍,國自振,狡謀自戢。乃益多借債以興利,獲利以償債、贍軍,猶爲可也。一切不爲,而惟搜括以償無盡之款,倖皮之存,而伐其毛,有與之俱盡而已。愚慮所及,昨錄呈致翁、榮電稿,已蒙鈞鑒。幸而憲臺果輔大政,造膝密籌,水陸兼營,標本並治,轉禍爲福之機也。妄謂今日事勢,必須用一拼字。公度、杏孫俱有中國急畀通商之議。箴電稿所云,多借洋債以造官路,與洋商合夥以開礦產,似皆以通爲塞、以拼圖存之理。是否有當,伏惟裁察……十七果啓節否? 不勝頌禱。箴叩。翰。[1]

陳寶箴此電提出兩大對策:其一是聯英聯日以拒俄,這是當時張之洞、劉坤一等人以及康有爲一派皆主張者,而總理衙門因李鴻章之故,反對此策。[2] 其二是多借洋債,以興建鐵路,這與當時的蘆漢鐵路和擬建的粵漢鐵路相關,也是張之洞所主張的。在這封電報中,陳寶箴用"必資劻贊"、"幸而憲臺果輔大政"等語,表明了他對張之洞主政的期待;"十七果啓節否"一語,是他對張北上的催促,又說明除張此電外,他另有湖北方面的消息。

---

[1] 陳撫臺來電(自長沙來),光緒二十四年閏三月十五日午刻發,亥刻到,抄本《張之洞電稿》,第36册,《各省來電三(湖廣)》,中國社會科學院經濟研究所圖書館藏。"君立覆有佳音",指張之洞之子張權中進士之事。該電又稱:"又奉頤電,總署擬專設關道等因,似應如鈞示,以岳常澧道移住岳州爲宜,既有地方事權,府縣較易爲用,且可節省經費,實爲兩得。仍乞裁示,俟諮文到湘,即遵照諮覆。"此爲岳州自開口岸事,參見本書第六章第六節。再又,由於張之洞後未進京,陳寶箴將此電中的主要內容,歸納擴展爲"鐵路、礦務、洋稅"三策,於光緒二十四年四月二十六日上奏。光緒帝於五月二十四日收到,下旨交總理衙門議奏。總理衙門於六月二十三日奏覆,大體同意。(以上內容可參見《戊戌變法檔案史料》,第24—33頁)

[2] 陳寶箴曾於光緒二十三年十二月發電總理衙門,提出聯英、聯日之策。張之洞爲此致電陳寶箴:"急。前從節庵處轉示尊電,言聯英事尊處已電奏,並言及鄂派鄭、喬、姚等語。此電奏望速轉電一讀,切懇。以便敝處此後電奏不致與尊電矛盾。祈即覆。洞。沃二。"(光緒二十四年正月初二日酉刻發。《張之洞電稿乙編》,第55册,所藏檔號:甲182-72)陳寶箴於光緒二十四年正月初三日將其電報內容相告。(見苑書義等主編:《張之洞全集》,第9册,第7465—7466頁)

光緒二十四年閏三月十九日,張之洞離開武昌前往上海,準備由海路進京。但在張到達上海之前,清廷又因湖北沙市事件,於閏三月二十四日發電旨,命張折回湖北,處理此案。此電旨的背景與翁同龢等人的阻撓有關,然該電旨中稱"俟辦理此案完竣,地方一律安靜,再來京"一語,又讓陳寶箴等人看到了希望。四月十二日(5 月 31 日),陳寶箴發電張之洞:

> 聞憲節因沙市事折回。昨據澧牧鈔呈沙紳黄牧世煦函稱,招商局司事張洪澤素橫,縱轎夫毆傷湘人,復堅不轉圜(圜),痞徒因之起釁。太古等輪局只係延燒,與洋案不同。完結後,似可即奏報起程,以慰人望……箴叩。文。[1]

陳從其下屬澧州知州處得知沙市一案的情況,認爲事件簡單,"與洋案不同",他的意見是讓張之洞處理完沙市事件後,不等待旨命,立即主動奏報起程。張之洞回到武昌後,對入京主政一事更加猶豫爲難,於四月十八日(6 月 6 日)回電,説明其不想再次北上的理由:

> 文電悉,厚望愧悚。沙市案雖已獲犯懲辦,英日兩國賠款尚未議妥。近日武、漢謡言甚多,洋人甚爲驚懼,正在多方彈壓防護。此次回任,奉旨俟沙案完竣,地方一律安靜,再行來京等因。目前地方情形如此,自未便遽請北上,且自顧迂庸孤陋,即入都一行,豈能有益時局,惟有聽其自然。在外所辦雖係一枝一節之事,然尚有一枝一節可辦耳……洽。[2]

張之洞似乎是在給自己找理由,以能不再北上,"尚有一枝一節可辦"一語,很可能是他此時的真心情。然他給清廷的電奏和奏摺中仍稱言"武、漢謡言甚多,人心不靖,洋人異常驚惶"云云。[3] 陳寶箴仍未放棄,於四月二十日(6 月 8 日)發電,繼續勸説:

---

[1] 光緒二十四年四月十二日戌刻發,十五日酉刻到,《張之洞存各處來電》,戊戌第 1 册,所藏檔號:甲 182-136。該電又稱:"錢漕減收款,聞已奏作學堂經費,如確,乞以摺稿行湘何如?送學生往日本事,似須奏明。湘省擬五十名,請挈銜會奏。乞示覆。"
[2] 《張之洞全集》,第 9 册,第 319 頁。
[3] 《張之洞全集》,第 3 册,第 490 頁;第 4 册,第 470 頁。

洽電謹悉……沙市延燒英日房屋，賠償後即無他事，至地方並長江一帶本屬安靜。沙事竣後，似亦應據實覆奏，若鈞從入京，必于大局有益……箴叩。哥。[1]

"據實覆奏"一語，說明他對張之洞聲敍理由之不以爲然；"大局有益"一語，又以"家國天下、儒生之責"來立意。張之洞對此沒有回復。五月二十七日（7月15日），清廷再次下令，命張之洞"毋庸來京陛見"。[2]

五、張之洞、陳寶箴聯銜上奏變科舉及與康有爲的間接交鋒

最能說明張之洞、陳寶箴在戊戌變法中之合作者，是他們兩人聯銜上奏變科舉一事。此事又恰是他們與康有爲一派的間接交鋒。

戊戌變法期間，張之洞有意變科舉，其著《勸學篇》中有《變科舉》一章，開首即言："朱子嘗稱述當時論者之言曰：朝廷若要恢復，須罷三十年科舉。以爲極好。痛哉斯言也。"然而又該如何變，該書又言："變科舉者，非廢《四書》文也，不專重時文，不講詩賦、小楷之謂也"；"歐公（歐陽修）之欲以策論救詩賦，猶今之欲以中西經濟救時文也"。張之洞由此提出分三場考試之辦法：

第一場試以中國史事、本朝政治論五道，此爲中學經濟，假如一

---

[1] 光緒二十四年四月二十日巳刻發，未刻到，《張之洞存各處來電》，戊戌第1冊，所藏檔號：甲182-136。該電又稱："送學生往東事，湘省須出示招考。此事係附托姚倅錫光議辦。聞姚已回鄂。伏乞飭即來湘一行，俾詢悉情形，及議定節目。至鳥懇禱……胡文忠公一摺，實人心天理之公然，駁斥所不敢計，惟惜辭筆不稱，未得憲臺削稿，時以爲欺耳。"除了陳寶箴外，時任徽寧池太廣道的袁昶亦有此想法，電報稱："……沙市案結，師何日還朝，面陳要政，以維大局。"（光緒二十四年五月二十六日酉刻發，亥刻到，《張之洞存各處來電》，戊戌年第2冊，所藏檔號：甲182-136）

[2] 軍機處《電寄檔》，光緒二十四年五月二十七日。相關的細節，可參見本書導論第四節。

省中額八十名者，頭場取八百名……大率十倍……二場試以時務策五道，專問五洲各國之政、專門之藝。政如各國地理、官制、學校、財賦、兵制、商務等類，藝如格致、製造、聲、光、化、電等類，此爲西學經濟。其雖解西法，而支離狂怪、顯悖聖教者斥不取。中額八十名者，二場取二百四十名……大率三倍……三場試《四書》文兩篇、《五經》文一篇……如是則取入二場者，必其博涉古今、明習内政者也，但恐其明於治内而暗於治外，於是更以西政、西藝考之。其取入三場者，必其通達時務，研求新學者也。然又恐其學雖博、才雖通而理解未純、趣向未正，於是更以《四書》文、《五經》文考之。其三場可觀而中式者，必其宗法聖賢、見理純正者也。[1]

這是"舊學爲體、新學爲用"在變科舉中的完整展示。按照這一設計，雖未明確提出廢八股(時文)，但若沿用之，已是最後一場所考。光緒二十四年閏三月初十日(1898年4月30日)，即《勸學篇》大體完成之際，張之洞發電陳寶箴，提議共同上奏：

擬奏請變科舉，第一場考時務策，專問西政西學，二場考中國史學、國朝政治，三場考《四書》文兩篇、《五經》文一篇。每場皆有去取，如府、縣考。假如鄉試頭場取一千人，二場取三四百人，三場中式如額，既可得通才，又不廢《四書》、《五經》文。曾向伯嚴世兄詳談，當已轉達……如尊意謂然，請再加斟酌，即擬稿送閱，會同臺端暨譚中丞、南北兩學院具奏。祈卓裁，迅即電示。[2]

張之洞此處對三場考試的次序，與《勸學篇》中所言，有所調整，即將"西學西政"作爲首場。張還爲變科舉一事，與陳三立(伯嚴)進行了討論，並請代轉其父。爲了鄭重其事，張擬約請陳寶箴、湖北巡撫譚繼洵和湖北學政王同愈、湖南學政徐仁鑄，五人聯銜上奏。陳寶箴於閏三月十二日(5月2日)覆電，對此表示同意，稱言：

變法原重時務，第俗情專事吹求，似不如以國朝政治、史學移作

---

[1] 《張之洞全集》，第12册，第180—182頁。
[2] 《張之洞全集》，第9册，第311頁。

首場,著尊王之義,而以西人政學爲第二場。惟時文不廢,則書院不能一律改章。若處處另設學堂,則經費難給。于造士之方終多掣肘,且士子用志不專,人材無由振奮。竊謂第三場,用《四書》、《五經》命題,似宜專以發揮義蘊爲主,不用八股體式,摒除浮華排比舊習。議者或以祖制爲礙,然如武科,亦已全廢弓矢,改用槍炮,時文事同一律,當不慮幹部駁……乞賜鑑奪,主稿會奏。[1]

陳提議將"國朝政治、史學移作首場",與《勸學篇》中的三場次序,暗中相合。[2] 而更爲重要的是,陳在該電中提議廢除八股,這將是一個大行動,整個科舉的性質會爲之一變。前節已敍,此時張之洞準備北上進京,擬摺聯銜上奏變科舉之事,也就拖了下來。

當時正在北京的康有爲、梁啓超,也有變科舉之設計,並付諸行動。光緒二十四年三月二十日(1898年4月10日),康有爲上奏"請按經濟科例推行生童歲試片",要求該年生童歲試正場,試"專門一藝、時務策一藝",而覆試"以《五經》題一藝、《四書》題一藝",廢除八股;[3] 四月十三日(6月1日),御史楊深秀上奏由康有爲代擬的"請斟酌列代舊制正定四書文體摺",要求廢除八股,次日光緒帝發下上諭:"國家以制藝取士,原期闡發經義,講求實學,勉爲有用之才",將該摺發下禮部議奏;四月二十九日(6月17日),御史宋伯魯上奏由康有爲代擬的"請改八股爲策論摺";五月初四日(6月22日),總理衙門代奏康有爲"請商定教案法律釐正科舉文體並呈《孔子改制考》摺",該摺第二項即是廢除八股,並請求光緒帝不經禮部議覆而直接下達詔令;同日,侍講學士徐致靖上奏由康有爲代擬的"請廢八股以育人才摺",也要求光緒帝直接下詔令;五月初五日(6月23日),光緒帝與慈禧太后共同召見軍機大臣,下旨廢

---

[1] 《陳寶箴集》,下册,第1597頁。
[2] 此時《勸學篇》正在擬稿中,陳寶箴尚未看到原著。這也提示了另一種可能性,即《勸學篇》中的三場次序,是根據陳寶箴的提議而確定的。
[3] "專門一藝",康指"天文、地輿、化、光、電、重、圖算、礦律"。覆試中《五經》、《四書》之藝,康有爲稱:"略如論體,以發明聖經大義爲主,罷去割截枯困侮聖言之題,破承開講八股之式,及連上犯下釣渡挽悖謬之法。"(孔祥吉編著:《康有爲變法奏章輯考》,第189—190頁)

除八股,改試策論。[1] 由此可見,戊戌變法期間廢八股、改策論的政治決策,是康、梁精心運動的結果。

陳寶箴很可能也聽到了一點風聲,他於五月初七日(6月25日)主動發電張之洞:"朝政方新,前示改科目議,似宜速上,敬盼撥冗爲之。"[2]次日,張之洞覆電同意:"變通科舉一事,現已敍奏稿,一切章程與《勸學篇》所擬辦法相同,惟添敍首尾,及措詞處於舊章加以斡旋之筆耳。日內即須具奏,不及送稿奉商。臺端如願會銜,祈速電示,以便繕發。盼即電覆。"[3]張爲加快速度,儘快上奏,表示"不及送稿奉商",僅邀陳會銜。五月初九日(6月27日),陳寶箴再電張之洞:

> 庚電謹悉。科舉如《勸學篇》所議,極善。惟愚意不廢八股,則學者難捐舊習,志意不專。若主試者仍不免意有偏重,則首、二場皆成剩義,亦只如向來經、策,與不變同。且書院亦難盡變通,教育無具。似宜用四書五經命題,革除排比詞藻故技,既可闡發聖賢精義,又足潛移揣摩悦人心志,庶幾拔本塞源之道。如鈞意謂然,伏乞挈銜會奏。寶箴叩。佳。[4]

陳寶箴再次強調了廢除八股,可見他還不知道五月初五日光緒帝已有廢八股之諭旨。初十日,張之洞再次覆電:

> 佳電極佩,透澈之至。即逕請廢八股,改爲四書義、五經義,其文體略如講義,經論經説,一切拘攣俗格、苛瑣禁忌,悉與删除云云。並請通籍以後,勿考詩賦小楷。稿已具矣。惟頃接盛京卿電,有"下科改試策論"一語,想因康議而然,不知但將頭場改爲策論耶? 抑三場均有改動耶? 此奏此時尚宜發否? 或待部議出後,再視其未周妥

---

[1] 《康有爲變法奏章輯考》,第 204—206、246—247、256—261、266—267 頁;《光緒宣統兩朝上諭檔》,第 24 冊,第 167、206 頁。

[2] 《張之洞存各處來電》,戊戌第 2 冊,所藏檔號:甲 182-136。該電前有"前上豔電計蒙鈞覽,沙市已否就緒,前説曾電總署否? 至念。"一段,許同莘編《張文襄公全集》時删去。

[3] 《張之洞全集》,第 9 冊,第 325 頁;張之洞親筆原件見《張之洞電稿》光緒二十四年前後,所藏檔號:甲 182-488)

[4] 光緒二十四年五月初九日戌刻發,初十日午刻到,《張之洞存各處來電》,戊戌第 2 冊,所藏檔號:甲 182-136。字下點者,許同莘編《張文襄公全集》時删去。

者補正之？或仍發？祈酌示。蒸。[1]

如果對照張之洞親筆原件，其最初的底稿是：

> 昨讀致節庵電，即徑請廢八股，改爲四書義、五經義，其文體略如講義，經論經説，一切拘攣俗格、苛瑣禁忌，悉與刪除云云。並請通籍以後，勿考詩賦小楷。讀佳電已悉，甚佩……[2]

由此可知，爲了説服張之洞，陳寶箴另發電給梁鼎芬，詳細説明其廢八股的主張。張電中的"徑請廢八股，改爲四書義、五經義，其文體略如講義，經論經説，一切拘攣俗格、苛瑣禁忌，悉與刪除云云。並請通籍以後，勿考詩賦小楷"諸項，皆是陳給梁電報中所云，也是後來張、陳聯銜會奏摺中的重要内容。而張電中"頃接盛京卿電，有'下科改試策論'一語，想因康議而然"一語，又可見張此時亦未見五月初五日光緒帝廢八股之諭旨，但他已非常敏鋭地感到，此諭旨是因康有爲奏議"而然"。同一天，張之洞再發電盛宣懷：

> 致上海盛京堂：急。佳電悉，下科改試策論，已見明發上諭否？僅將時文改策論耶？抑三場均有改動耶？請速將此旨照錄電示。至禱。洞。蒸。[3]

陳寶箴收到張之洞的電報後，於五月十一日（6月29日）再電：

> 蒸電謹悉。徑廢八股，改爲四書五經義論説，屏除一切拘忌俗格，及通籍後勿考詩賦小楷，皆極有關緊要。即令如盛電，三場皆有改動，然必如《勸學篇》所論節目，乃爲盡善。況又有蒸電所云耶。又早奏請，或可悉如鈞論議行。應請飭繕速發，並挈賤銜爲盼……箴叩。真。[4]

---

[1] 《張之洞全集》，第9册，第326—327頁。
[2] 光緒二十四年五月初十日戌刻發，《張之洞電稿》光緒二十四年前後，所藏檔號：甲182-488。
[3] 《張之洞全集》，第9册，第327頁。原件見《張之洞電稿》光緒二十四年前後，所藏檔號：甲182-488。盛宣懷回電未見。
[4] 光緒二十四年五月十一日申刻發，十二日丑刻到，《張之洞存各地電稿》，戊戌第2册，所藏檔號：甲182-136。該電後又稱："又，昨上佳二電語，擬請憲臺轉電總署，湘即不另覆矣。"字下點處及後一段，許同莘編《張文襄公全集》時刪去。又，此件爲抄件，"又早奏請"一句，不知是否有誤抄，許同莘所編本稱"及早奏請"，似更爲合適。

陳寶箴再次強調了廢八股等項內容，並請張之洞儘早上奏，以能影響朝廷的最後決策，即按張之洞所上奏摺提出的方案來施行。

光緒二十四年五月十六日(1898年7月4日)，張之洞、陳寶箴聯銜會奏"妥議科舉新章摺"。"張之洞檔案"中有該摺的底稿，即其上奏前的最後一稿，張之洞對此仍有大量修改。以下據該底稿錄出，字下加點者，爲張之洞的親筆添加或修改：

> 四書五經，道大義精，炳如日月，講明五倫，範圍萬世，聖教之所以爲聖，中華之所以爲中，實在於此。歷代帝王經天緯地之大政，宅中禦外之遠略，莫不由之。國家之以四書文五經文取士，大中至正，無可議者也……今廢時文者，惡八股之纖巧苛瑣浮濫，不能闡發聖賢之義理也，非廢四書五經也。若不爲定式，恐策論發題，或雜采羣經字句，或兼采經史他書，界限過寬，則爲文者必至漫無遵守，徒騁詞華。行之日久，必至不讀四書五經原文，背道忘本。此則聖教興廢、中華安危之關，非細故也……其詭誕浮薄務趨風氣者，或又將邪詖之説，解釋四書五經，附會聖道，必致離經叛道。心術不端之士，雜然並進，四書五經，本義全失，聖道既微，世運愈否，其始則爲惑世欺民之談，其終必有犯上作亂之事，其流弊尤多，爲禍尤烈……今宜籌一體用一貫之法，求才不厭其多門，而學術仍歸於一是，方爲中正而無弊。

張之洞的這些話，明顯是針對康有爲及"康學"的，"體用一貫"又是該摺的宗旨。在鄉會試的三場考試中，該摺提出：

> 擬爲先博後約隨場去取之法……第一場試以中國史事、國朝政治論五道，此爲中學經濟……二場試以時務策五道，專問五洲各國之政、專門之藝……三場試四書義兩篇，五經義一篇，取其學通而不雜，理純而不腐者。合校三場均優者，始中式，放榜如額。其磨勘之日，于三場尤需從嚴，如有四書義、五經義理解謬妄、離經叛道者，士子、考官均行黜革……以前兩場中西經濟補益之，而以終場四書義、

五經義範圍之。[1]

由此可見"抵康"之用意。然該摺僅以張、陳兩人聯銜，未如其前所稱以張、陳、譚繼洵、王同愈、徐仁鑄五人聯銜，自然是時間上已來不及，也有此期因《湘學報》等事與徐仁鑄學術分歧之故，而湖北巡撫譚繼洵因意見不同單獨上奏。[2] 該摺於六月初一日到達御前。

張之洞、陳寶箴聯銜上奏的"妥議科舉新章摺"，雖未經陳的過目，但基本思想兩人是一致的。光緒二十四年五月十八日（7月6日），即上奏兩天後，張之洞發電陳寶箴：

> 會奏請妥議科舉新章摺已發，悉如尊指。因諭旨只渾言策論，故請三場用四書義、五經義，其文體大略即如講義，經論經說，准引史事羣書，專用四書五經原文命題，以免廢棄經書，尊意想必謂然。餘俱如前電。稿即專呈。[3]

張認定該摺内容一定符合陳的思想，並將該摺專送給陳。陳寶箴於五月二十日（7月10日）覆電：

> 科舉議當可照行，或以三場移作首場，亦未可知⋯⋯箴叩。哿。[4]

陳此時尚未看到該摺，認爲考四書義、五經義的第三場，可以移作第一場，以表示對四書五經的重視。六月十一日（7月29日），陳寶箴再次發電：

> ⋯⋯科場摺稿，集歐、朱之精義，兼温公之要指，從來考試之法，當推爲至善。特邀宸斷，尤近所僅見。箴得附名，至爲幸矣⋯⋯[5]

陳此時已看到了該摺，大爲贊賞。"歐"，歐陽修，"朱"，朱熹，"温公"，司

---

[1]《緊要摺稿》光緒二十四年五月至十二月，《張之洞緊要摺稿》，第12函，所藏檔號：甲182-14。該件注"繕摺：楊銳、朱承鈞，對摺：雙壽、朱承均。"在該摺中，關於生童考試中"其童試孝經論、性理論應仍其舊"一句，也是張之洞所加。又，該摺見《張之洞全集》，第3册，第490—493頁。

[2] 徐仁鑄學術分歧一事，可參見本章第三節；譚繼洵意見不同一事，可參見本章附錄二。

[3]《張之洞全集》，第9册，第329頁。

[4] 光緒二十四年五月二十日辰刻發、已刻到，《張之洞存各處來電》，戊戌第2册，所藏檔號：甲182-136。該電又稱："武科摺稿俟奉到謹覆。致杏孫電，已轉示秉三。沙市案聞已議結，乞見示。"

[5] 光緒二十四年六月十一日戌刻發、十二日丑刻到，《張之洞存各處來電》，戊戌第3册，所藏檔號：甲182-136。

馬光,皆是史上名賢;"推爲至善"一語,可見陳寶箴對此摺的評價;而"特邀宸斷"一語,又指光緒帝批准了該摺所提出的一切建議。

自光緒二十四年五月初五日光緒帝下旨廢八股改策論後,康有爲等人也力圖將科試的具體方案納入其範圍之内。五月十八日(7月6日),侍讀學士徐致靖上奏了由康有爲代擬的"請酌定各項考試策論文體摺",提出鄉、會試分爲兩場:首場試時務,共作策論五篇;二場試四書、五經、史學三藝,其中四書論爲通學,人皆考之,五經與史學分科出題,士子可據其專科應試。[1] 該摺上達後,光緒帝没有明確表態,僅下旨"暫存"。[2] 五月二十二日(7月10日),禮部上奏"遵旨改試策論章程摺",對鄉、會試制定詳細章程:鄉、會試分爲兩場:首場爲經論,出題爲"四書論一篇,經論一篇,史論一篇";"次場即試以策論五通",具體爲"第一問擬出專門題,每門各一道,次出時務題四道。除時務應通場合試外,其專門題,則聽士子各就所長,條舉以對"。[3] 光緒帝當日下旨:"嗣後一切考試均著毋庸用五言八韻詩。餘依議",即批准了禮部所議章程。[4] 至六月初一日(7月19日),光緒帝收到張之洞、陳寶箴聯銜上奏的"妥議科舉新章摺",十分讚賞,當即改變八天前已下達的諭旨,再度下旨:

---

[1] 《戊戌變法檔案史料》,第223—224頁。該摺關於五經與史學分科爲:"臣考朱子《學校貢舉議》,古今稱善,今宜采用其説,略將經史分科。經以詩爲一科,書、易二科,儀禮、禮記爲一科,春秋公羊爲一科,凡五經分爲五科。史以史記、漢書、後漢書爲一科,三國、六朝史爲一科,唐書、五代、宋史爲一科,遼金元史爲一科,明史爲一科,資治通鑑、紀事本末爲一科,文獻通考爲一科,國朝掌故爲一科,凡諸史分爲八科……如此,則根據經義、本原聖道、通達掌故之才備矣。"值得注意的是,《五經》中不提《周禮》和《春秋》左氏傳、穀梁傳,史書又分得極爲詳細。這與"康學"的特色是相吻合的。

[2] 當日軍機處給慈禧太后的奏片稱:"本日翰林院侍讀學士徐致靖奏請酌定各項考試策論文體摺,奉旨'暫存'。謹將原摺恭呈慈覽。"(《光緒宣統兩朝上諭檔》,第24册,第232頁)

[3] 《戊戌變法檔案史料》,第224—228頁。該章程關於"經論",稱"歷科次場經藝,向分五經命題,今改試經論,擬仍於五經中,不拘何經命題考試";關於"史論",稱"至諸史卷帙繁博,而《御批通鑑輯覽》,業經聖斷折衷,古今政治得失,均已賅備,史論命題,宜以《輯覽》一書爲斷"。即經論與史論不分科。該章程還規定,生員歲試四書論一篇,經論一篇。科試則減去經論,用策一道。童試正場四書論一篇,經論一篇,覆試四書論一篇,小學論一篇。童生縣、府試正場覆試如之。優、拔貢考試,均首場試四書、經論各一篇;二場試史論一篇、策問一道。優、拔貢朝考,及考試教習,並鄉、會試覆試,改爲四書論一篇,策一道。

[4] 軍機處《隨手檔》,光緒二十四年五月二十二日《光緒宣統兩朝上諭檔》,第24册,第241頁。

……朕詳加披閲，所奏各節剴切周詳，頗中肯綮，著照所擬，鄉會試仍定爲三場。第一場試中國史事、國朝政治，論五道。第二場試時務，策五道；專問五洲各國之政、專門之藝。第三場試四書義兩篇、五經義兩篇……禮部即通行各省，一體遵照……其未盡事宜，仍著該部隨時妥酌具奏。[1]

光緒帝全盤肯定了張、陳聯銜之摺，爲此還改變先前的諭旨，這在當時是極爲罕見的，即前引陳寶箴電報中"特邀宸斷，尤近所僅見"。此時以總理衙門大臣留在北京的李鴻章，於六月初七日寫信給其子李經方，命家中子弟改其所習：

　　時文、八韻既廢，張香濤等奏定，三場考藝，中西並重。學堂、家塾宜多備書籍，俾子弟有所觀摩，如馮林一《校邠廬抗議》，於中國政治最得要領，可由書坊購覓（板存江西書局）。牛孫等此時只能專攻五經，稍長循序漸進，此書亦不可少。[2]

此時在北京充當張之洞"坐京"的内閣候補侍讀楊鋭，亦致信張之洞：

　　近日變法，天下大嘩，人人欲得康有爲而甘心之。然康固多謬妄，而訛之者至比之洪水猛獸，必殺之而後快，豈去一康而中國即足自存乎？公條陳科舉一奏，立奉俞旨一切允行，天下仰望。上方鋭意新政，凡關涉改革之事，但有論建，無不采納，轉較勝於身在政府也。京中大老，空疏無具，欲以空言去康，何能有濟？[3]

楊鋭將此舉比作高層次的"詆康"行動，甚至稱張"較勝於身在政府"，即張之洞在外建言勝過入軍機處。此時在張之洞幕中的陳慶年，六月二十日日記稱："五月二十九日上諭：以後第一場試中國史事、國朝政治論；二場試時務策五道，專問五洲各國之政，專門之藝；三場試四書義，五經義。從南皮師之請也。"七月三十日又記："書院送新刻南皮請變科舉

---

[1] 軍機處《上諭檔》，光緒二十四年六月初一日。六月初三日，光緒帝又下諭旨，根據張、陳奏摺，廢除了進士朝考。七月初二日，禮部根據六月初一日諭旨，就張、陳奏摺的"未盡事宜"，再次上奏"遵議鄉會試詳細新章程摺"，奉旨："依議"。（軍機處《隨手檔》，光緒二十四年七月初二日）
[2] 《李鴻章全集》，第36册，第186頁。"學堂"，指此時擬由廬陽書院改制的新式學堂。
[3] 引文及相關的背景，可參見本書第二章第四節。

奏,並界上諭兩道,板大字朗,令人爽豁。"[1]由此又可知,張幕中已遍傳此事,並將該摺精刻出版,以擴大宣傳。

前已述及,翰林院侍講黃紹箕向光緒帝進呈張之洞的《勸學篇》,光緒帝於六月初七日(7月25日)下達諭旨:"朕詳加披閱,持論平正通達,于學術人心大有裨益",並命各省"廣爲刊布,實力勸導,以重名教而杜卮言。"[2]前後數日,光緒帝兩次肯定了張之洞的學術取向和政治方向。然而,《勸學篇》中的"刺康"言論,多不被外界所察;張、陳聯銜"妥議科舉新章摺"的"抵康"用意,當時人也認不太清楚。光緒帝看來不知底裏。康有爲此時在北京,甚忙亂,很可能也沒有仔細去看,由康、梁派完全控制的《知新報》在第64冊(光緒二十四年七月二十一日出版)刊出了張、陳之摺。戊戌政變後,張之洞的大幕僚梁鼎芬致函繆荃孫,道出了内情,稱言:

張、陳二公變科舉奏文(張稿、陳會銜),内痛言康有爲學術乖謬窮極,至於犯上作亂,可謂先幾。今事不成,文仍可存也。[3]

八月二十四日,慈禧太后下達懿旨:"嗣後鄉試、會試暨歲考、科考等場,悉照舊制,仍以四書文試帖經文策論等項,分別考試。經濟特科易滋流弊,並著停罷。"[4]由此,張之洞、陳寶箴所奏准的科舉新章被廢止。九月初八日(10月22日),荆門知州徐嘉禾發來電報:

督憲鑒:項接吳星階侍郎函稱,現奉上諭,考試仍如舊制。是否即試文、詩,抑暫出策論題?卑州初十開考,乞迅賜電示,俾有遵循。嘉禾叩。庚。[5]

該知州尚不知科舉恢復舊制之諭旨。張之洞當即發電:

---

[1]《戊戌己亥聞見錄》,《近代史資料》,總81號,第117、120頁。"五月二十九日",自是六月初一日之誤。
[2]《光緒宣統兩朝上諭檔》,第24冊,第257頁。相關的内容,可參見本書導論第三節。
[3] 顧廷龍校閱:《藝風堂友朋書札》,上海古籍出版社,1980年,上冊,第151頁。梁又稱"寄上紅字四冊,墨字二十冊,送云自在龕主人。"
[4]《光緒宣統兩朝上諭檔》,第24冊,第451—452頁。
[5] 荆門徐牧來電,光緒二十四年九月初八日戌發,九日丑刻到,《張之洞存各處來電》,戊戌第7冊,所藏檔號:甲182-137。該件是抄件,"吳星階",吳兆泰,湖北麻城人,光緒二年進士,曾任御史;"侍郎"似爲"侍御"之抄誤。

荆門州徐牧：急。考試正場仍用八股試帖，一切照舊。府縣考向有考古一場，過古場仍可各題兼出也。督院。佳。[1]

六、陳寶箴與康有爲的直接交鋒與保舉張之洞

梁啓超於光緒二十三年秋來到湖南主持時務學堂後，湖南的維新思潮一下子高漲起來，由此激發了一些矛盾，其中有學術思想的，也有政治思想的。光緒二十四年二月，梁啓超離開湖南，而湖南內部的矛盾非但未減弱，反而日趨激化。湖南巡撫陳寶箴、其子陳三立對於康、梁的學術思想，即新學僞經、孔子改制之類並不認同，陳寅恪稱："先祖先君見義烏朱鼎甫先生一新《無邪堂答問》駁斥南海公羊春秋之説，深以爲然。"[2]然對湖南新興起的維新思想，陳寶箴、陳三立仍精心加以維護，以能用此促變湖南士紳的保守風氣。[3] 作爲一位地方官，陳寶箴在新舊兩派對立中采取了折中主義的作法，盡力予以調和。儘管此時張之洞及其幕中對署理湖南按察使、長寶鹽法道黃遵憲已有很大的負面意見，陳寶箴對黃仍是信任有加。

然由學術對立而造成的政治對立，也使陳寶箴感到憂慮。經過一番深思熟慮後，光緒二十四年五月二十七日（1898年7月12日），陳寶箴上奏"請釐正學術造就人才摺"：

---

[1] 光緒二十四年九月初九日亥刻發，《張之洞電稿》光緒二十四年九至十月，所藏檔號：甲182-455；抄件又見《張之洞電稿》丙編，第76冊，所藏檔號：甲182-95。
[2] 《讀吳其昌撰〈梁啓超傳〉書後》，《陳寅恪集·寒柳堂集》，第167頁。"先祖"，陳寶箴；"先君"，陳三立。
[3] 皮錫瑞在光緒二十四年二月二十日日記稱："……午後至學會，中丞、廉訪旋至……中丞曲爲譬喻，囑湖南莫打洋人。學會之設，原爲此事，至今日始點題。"(《師伏堂未刊日記》，《湖南歷史資料》，1958年第4期，第112頁。皮錫瑞至此明白，陳寶箴設立湘學會，是爲了開風氣，避免與外國人的衝突。

臣嘗聞工部主事康有爲之爲人，博學多材，盛名幾遍天下，譽之者有人，毀之者尤有人。譽之者無不俯首服膺，毀之者甚至痛心切齒，誠有非可以常理論者。臣以爲士有負俗之累而成功名，亦有高世之行而弋虛譽。毀譽不足定人，古今一致。近來屢傳康有爲在京呈請代奏摺稿，識略既多超卓，議論亦頗宏通，於古今治亂之原、中西政教之大，類能苦心探討，闡發詳盡，而意氣激昂慷慨，爲人所不肯爲，言人所不敢言，似不可謂非一時奇士。意其所以召毀之由，或即其生平才性之縱橫、志氣之激烈有以致之。及徐考其所以然，則皆由於康有爲平日所著《孔子改制考》一書……當康有爲年少時，其所見譯出西書有限，或未能深究教主之害，與其流極所至。其著爲此書，據一端之異說，徵引西漢以前諸子百家，旁搜曲證，濟之以才辯，以自成其一家之言，其失尚不過穿鑿附會。而會當中弱西強，黔首坐困，意有所激，流爲偏宕之辭，遂不覺其傷理而害道。其徒和之，持之愈堅，失之愈遠，囂然自命，號爲康學，而民權平等之説熾矣。甚或逞其橫議，幾若不知有君臣父子之大防。《改制》一編，遂爲舉世所怨疾，其指斥尤厲者擬爲孟氏之辟揚墨，而康有爲首爲衆射之的，非無自而然也。第臣觀近日所傳康有爲呈請代進所輯《彼得變政記》摺稿，獨取君權最重之國以相擬議，以此窺其生平主張民權，或非定論……即如現辦譯書局事務舉人梁啓超，經臣于上年聘爲湖南學堂教習，以嘗受學康有爲之門，初亦間引師説，經其鄉人鹽法道黃遵憲規之，謂"何乃以康之短自蔽"，嗣是乃漸知去取……康有爲可用之才，敢言之氣，已邀聖明洞鑒。當此百度維新力圖自強之際，千人之諾諾，不如一士之諤諤，謂宜比之狂簡，造就而裁成之。可否特降諭旨，飭下康有爲即將所著《孔子改制考》一書板本，自行銷毀……[1]

---

[1] 《陳寶箴集》，上册，第777—781頁。陳寶箴該摺未從檔案中檢出，又據軍機處《隨手檔》光緒二十四年六月十八日所記，光緒帝收到此摺時另有兩摺三片一單，其中有"設立製造槍彈兩廠就鹽斤加價撥款摺"，知其上奏日期爲五月二十七日，由此可推知該摺之上奏日期。又，陳三立爲其父作《行狀》，對此事也有記録，可見陳三立認爲此爲其父的重要事迹。(《陳寶箴集》，下册，第2003頁)

陳寶箴此摺,陳詞極爲委婉,對康有爲彈劾之時又有保全之意,這主要是考慮到當時光緒帝對康的態度;陳寶箴此摺,又顯示了他比張之洞更爲敢言的性格,即直接站出來反對康有爲學說。而該摺最重要的言詞,在於"其徒和之,持之愈堅,囂然自命,號爲康學,而民權平等之說熾矣","以此窺其生平主張民權,或非定論"等句,即將"康學"的根本定爲"民權平等之說"。[1] 陳對康有爲政治思想的推測,又與前引陳慶年日記中所言張之洞稱"康長素輩主張素王改制……平等、平權,一萬年做不到",即張之洞的推測,是完全一致的;儘管從"張之洞檔案"中還看不出來陳爲此摺與張商量過。六月十八日(8月5日),光緒帝收到該摺後,沒有直接處理,而是發下交片諭旨給孫家鼐:

> 譚繼洵奏請變通學校科舉、陳寶箴奏請釐正學術各一摺,著孫家鼐于明日寅刻赴軍機處,詳細閱看,擬具說帖呈進。[2]

孫家鼐奉旨對陳寶箴奏摺"擬具說帖",即"議覆陳寶箴摺說帖",措辭要比陳摺嚴重得多,稱言:

> 臣謹將康有爲書中最爲悖謬之語,節錄於後,請皇上留心閱看……臣觀湖廣總督張之洞著有《勸學篇》,書中所論皆與康有爲之書相反,蓋深恐康有爲之書煽惑人心,欲救而正之,其用心亦良苦矣。皇上下詔襃揚,士大夫捧讀詔書,無不稱頌聖明者……今陳寶箴請將康有爲《孔子改制考》一書銷毀,理合依陳寶箴所奏,將全書一律銷毀,以定民志而遏亂萌。[3]

---

[1] 陳寅恪稱:其父陳三立主張聘梁啟超主持時務學堂,"新會主講時務學堂不久,多患發熱病,其所評學生文卷,辭意未甚偏激,不過有開議會等說而已。惟隨來助教韓君之評語,頗涉民族革命之意……"(《讀吳其昌撰〈梁啟超傳〉書後》,《陳寅恪集·寒柳堂集》,第167—168頁)"新會",梁啟超。"韓君",韓文舉,康有爲萬木草堂弟子,時任時務學堂教習。陳寅恪此語,似可作陳寶箴該摺中"其徒"之注解。

[2] 《光緒宣統兩朝上諭檔》,第24冊,第280頁。

[3] 蘇輿輯:《翼教叢編》,第38—39頁。孫家鼐在該說帖中稱:"臣謹將康有爲書中最爲悖謬之語,節錄於後,請皇上留心閱看。其書有云:異哉王義之不明也。貫三才之謂王,天下歸往之謂王;天下不歸往,民皆散而去之,謂之匹夫。又云:以勢力把持其民,謂之霸,殘賊民者,謂之民賊。夫王不王,專視民之聚散向背,非謂其黃屋左纛,威權無上也。又云:今中國四萬萬人,執民權者二十餘朝,問人歸往孔子乎,抑或歸往嬴政、楊廣乎? 又云:天下義禮制度皆從孔子,皆不歸往嬴政、楊廣,而歸往大成之殿。有歸往之實,即有王之實,乃其固然。又云:于素王則攻(轉下頁)

孫家鼐完全贊成陳寶箴的意見,同時他也看出了張之洞在《勸學篇》中的"刺康"用意。但光緒帝沒有采納陳寶箴、孫家鼐的意見,而是對康有爲依舊信任有加。

湖南矛盾的激化,也傳到了北京,康有爲、梁啓超的對策是通過光緒帝給陳寶箴施加壓力。光緒二十四年六月二十三日(1898年8月10日),御史楊深秀上奏由康有爲代擬的"請申諭諸臣力除積習摺"。該摺雖未從檔案中檢出,但當天光緒帝對此下發的諭旨稱:

> 即如陳寶箴自簡任湖南巡撫以來,銳意整頓,即不免指摘紛乘。此等悠悠之口,屬在搢紳,倘亦隨聲附和,則是有意阻撓,不顧大局,必當予以嚴懲,斷難寬貸。[1]

這表面上是一道溫旨,但指向卻十分明確,如果對照當時湖南的情勢,光緒帝是要陳寶箴對王先謙、葉德輝、歐陽中鵠一派下手,"予以嚴懲,斷難寬待"。按照當時的通信速度,陳寶箴奉到此旨似在七月初旬,以他的政治經驗,當知京中必有奏摺。如果對照當時湖南對立的兩派,及熊希齡、唐才常等人與康、梁派的關係,他也應知道,康、梁一派是背後的操作手。然而,湖南的形勢仍未依康、梁的願望而發展,時務學堂自放假後未能再度開學,南學會不復再開,《湘學報》的管束亦加嚴格,而陳寶箴的態度也越來越明顯偏離湖南的激進派。七月二十九日(9月14日),御史楊深秀再次上奏由康有爲代擬的"裁缺諸大僚擢用宜緩特保新進甄別宜嚴摺",直接攻擊陳寶箴:

> 臣前奏湖南巡撫陳寶箴銳意整頓,爲中華自強之嚆矢,遂奉溫旨褒嘉,以勵其餘。詎該撫被人脅制,聞已將學堂及諸要舉全行停散,僅存保衛一局,亦復無關新政。固由守舊者日事恫喝,氣焰非常,而該撫之無真識定力,灼然可知矣。今其所保之人才,楊銳、劉

(接上頁)其僭悖,于民賊則許以貫三才之名,何其舛哉。"由此可見,孫家鼐之關注點,在於康有爲在《孔子改制考》中散發出來的民權、民本思想。

[1] 軍機處《隨手檔》,光緒二十四年六月二十三日;《光緒宣統兩朝上諭檔》,第24冊,第292—293頁。

光第、左孝同諸人,均尚素屬知名,餘多守舊中之猾吏……倘皇上以該撫新政重臣,信其所保皆賢,盡加拔擢,則非惟無補時局,適以重陳寶箴之咎。仍請嚴旨儆勉,以作其氣,于其保舉之人,分別加以黜陟,萬勿一概重用。[1]

"被人脅制"、"無真識定力",都是非常嚴重的用語,該摺還要求光緒帝對陳寶箴"嚴旨儆勉"。光緒帝收到此摺,感到情況十分嚴重,當日發電旨給陳寶箴:

有人奏,湖南巡撫陳寶箴被人脅制,聞已將學堂及諸要舉全行停止,僅存保衛一局等語。新政關係自強要圖,凡一切應辦事宜,該撫當堅持定見,實力舉行,慎勿爲浮言所動,稍涉游移。[2]

這是一道不留餘地的嚴旨,陳寶箴奉到後自知京中情況大變,聖恩不可測,上奏人必是康、梁一派。他於八月初二日(9月17日)發電上奏,説明情況:

昨承鈞署電,奉旨:有人奏,湖南巡撫陳寶箴被人脅制,聞已將學堂及諸要舉全行停散各等因。仰蒙聖訓周詳,莫名欽感。竊湖南創辦一切應興事宜,並未停止。現復委紳蔣德鈞往湘潭等處,聯絡紳商,來省設立商務等局。前議派聰穎學生五十名至日本學習,近日來省求考選者千數百名。風氣似可漸開。言者殆因學堂暫放假五十日,訛傳停散所致。前七月十三日學生均已來館,續聘教習亦到。其餘已辦各新事,當另摺具陳。現在亦無浮言。自當凜遵聖訓,堅持定見,實力舉行。請代奏。寶箴肅。冬。[3]

儘管陳寶箴找了許多理由爲自己迴護,但仍没有正面回答學堂、學會、學報等"要舉"之情。

到了此時,陳寶箴已在思考北京的政治形勢,光緒帝前後兩道嚴厲

---

[1]《康有爲變法奏章輯考》,第397頁。
[2] 軍機處《電寄檔》,光緒二十四年七月二十九日。
[3]《總理衙門清檔·收發電》,01-38-017-03-048。該電光緒二十四年八月初三日收到。當時軍機處没有電報房,所有的電旨和電奏皆由總理衙門代轉。

諭旨,是他爲政期間前所未有之事。他感到朝廷的諭旨已很難繼續貫徹執行。光緒二十四年八月初六日(1898年9月21日),即北京戊戌政變發生的當天,陳寶箴給張之洞發去一電:

> 廿二日接總署電,奉旨:昨日明降諭旨,令藩、臬、道、府上書言事等因。本應即行傳諭,因明降諭旨未到,疑必尚有條目分別辦理之處,故且恭候。本日始經電局傳到。廿七日諭旨内有其州縣官應由督撫代遞,即由督撫將原封呈遞,不得稍有阻隔,總期民隱盡能上達,督撫無從營私作弊等因。是既設督撫以管轄州縣,又使數十百州縣以管轄督撫。僅一督撫安能勝數十百倍州縣之鈐制耶?今日督撫本畏州縣反噬報復,憚於糾參,今又授州縣以鈐束之權,更何敢稍一過問?又道府逕自奏事,士民上書皆由道府代奏,不許稍有阻格,恐自此奸僞朋興,紀綱掃地,圖治轉以致亂。似宜據理直陳,以資補救。惟應由外間上言,抑姑聽近臣諫阻,乞鈞裁速覆爲盼。箴叩。魚。[1]

戊戌變法期間,光緒帝命司員士民可自行上書,後又擴大到藩、臬、道、府、州、縣等地方官員,是當時重大的改革決策,也是康有爲一派竭力推動的結果。[2] 陳寶箴對朝廷的這一決策非常不滿。他認爲,此舉將會引發極大的政治混亂,致使督撫逐漸喪失對地方的控制力;而各地士民上書,由道、府代呈,將會"奸僞朋興,紀綱掃地"。他先前奉到的兩道諭旨,只是京官上奏的結果;如果地方官員及士紳也不停地"告御狀",將激起湖南更大的政潮。陳寶箴由此提議向光緒帝進諫,以取消這些新政策。他爲此詢問張之洞,是由各地疆吏直接上奏,還是請朝中近臣内中諫勸?依照陳的性格,説了就會做,如果張表示

---

[1] 湖南陳撫臺來電,光緒二十四年八月初六日亥刻發,初七日寅刻到,《張之洞存各處來電》,戊戌第5册,所藏檔號:甲182-136。與此同時,陳寶箴亦給總理衙門發電:"卅日承勘電,奉旨:昨已明降諭旨,令各省藩、臬、道、府均得上書言事等因。湖南於此件明降諭旨,至今尚未奉到,無從懸揣電奏,實深惶悚,敢乞賜電示知爲幸。電報積習,鮮不訛脱遲滯,屢商該局總辦無效。前奉旨飭,不心專候部文,是電報關係尤重。其應如何整頓,並乞裁奪。寶叩。魚。"(《總理衙門清檔·收發電》,01-38-017-03-095。該電光緒二十四年八月初七日收到)
[2] 參見拙文《戊戌變法時期司員士民上書研究》,《戊戌變法史事考》,第222—248頁。

同意,他會立即上奏要求光緒帝收回成命。[1] 僅過了一天,八月初七日(9月22日),陳寶箴發電總理衙門,請其代奏,要求光緒帝召張之洞進京:

> 近月以來,伏見皇上銳意維新,旁求俊彥,以資襄贊。如楊銳、劉光第、林旭、譚嗣同等皆以在軍機章京上行走,參預新政。仰見立賢無方,鼓舞人才至意。惟變法事體極爲重大,創辦之始,凡綱領、節目、緩急、次第之宜必期斟酌盡善,乃可措置施行。楊銳等四員,雖爲有過人之才,然于事變尚須閱歷。方今危疑待決,外患方殷,必得通識遠謀,老成重望,更事多而慮患密者,始足參決機要,宏濟艱難。竊見湖廣總督張之洞,忠勤識略,久爲聖明所洞鑑。其於中外古今利病得失,講求至爲精審。本年春間,曾奉旨召令入都,詢商事件。旋因沙市教案由滬折還。今沙案早結,似宜特旨迅召入都,贊助新政各事務,與軍機、總理衙門王大臣及北洋大臣,遇事熟籌,期自强之實效,以仰副我皇上宵旰勤求至意。愚慮所及,謹冒昧電陳。乞代奏。寶箴謹肅。陽。[2]

這是一封字斟句酌精心撰擬的長電,十分清楚地表示了陳寶箴對朝廷激進政策的不滿,當然包含著對康有爲一派政治傾向的不滿;也十分清楚地表示了他對軍機諸大員施政能力的不滿,並直接提到"參與新政"四章京"閱歷"不足。他用非常策略又相當明確的語言,請求光緒帝召張之洞入京主政,是其深思熟慮後開出的挽救時局的政治處方。他在該電中稱張之洞"忠勤識略"、"於中外古今利病得失,講求至爲精審"——是他從光緒十二年到廣州後與張相處十二年而得出的一個全面評價。這一份重要的電報,陳並沒有與張商量。"張之洞檔案"中錄有張之洞幕僚許同莘所抄錄的該電,題名"陳巡撫致總署電",並書"同莘按:此電發

---

[1] 後陳三立爲其父作《行狀》,亦記錄此事;"及士民上書之詔下,愈煌急,以爲求言誠是也,今以無智無學之中國責之使言,而蕩無限度,則且壞綱維,燼亂天下,此有累聖聰不細。方草奏極諫,請必收成命,以救變而止。"(《陳寶箴集》,下册,第2003頁)由此可見,陳已經起草了奏摺。
[2] 《總理衙門清檔‧收發電》,01-38-017-03-111。該電光緒二十四年八月初八日收到。

後，陳中丞並未知會至鄂。茲從總署檔案錄出。"[1] 這顯然是張之洞去世後，許同莘整理其檔案時才抄錄的，即張之洞生前根本不知此事。而這一份電報到達北京時，已是八月初八日，慈禧太后當日在西苑勤政殿舉行了重新訓政的儀式。

七、陳寶箴的罷免與保衛局的保全

如果從近代化的角度來看，湖南戊戌維新中所興辦的一切，如學堂、學會、學報、保衛局、小輪公司等等，並無新奇之處；在當時的通商口岸，如上海等處，已司空見慣；即便是放在其他省會城市，如廣州、杭州、武昌，也不彰顯；然而，湖南是一個思想相對保守的省份，湖南人的激烈性格使之衝突激烈，康有爲、梁啓超一派的介入又使之格外引人注目。湖南兩派的對立，影響到了北京。除前節已述楊深秀兩次上奏外，湖南籍保守京官左都御史徐樹銘、御史黃均隆亦有相同的行動，先後上奏攻擊湖南維新運動，而光緒帝皆未加處置，旨意十分明確。[2]

戊戌政變發生後，慈禧太后關注點是康有爲及其北京的同黨，對湖南並未十分注意。八月十二日（9月27日），御史黃桂鋆上奏攻擊湖南維新運動，要求捉拿黃遵憲、熊希齡等人，罷免陳寶箴、徐仁鑄，派

---

[1]《張之洞電稿甲編》，第61冊，所藏檔號：甲182-47。許同莘抄錄此電，似爲編《張文襄公年譜》之用，但後未用。又，陳三立爲其父作《行狀》，亦記錄此事："四章京之初值軍機亦然，曾疏言變法事至重，四章京雖有異才，要資望輕而視事易，爲論薦張公之洞總大政，備顧問。"（《陳寶箴集》，下冊，第2003頁）

[2] 湖南籍左都御史徐樹銘上奏兩摺兩片，對於維新各說及保衛局表示反對，光緒帝下旨"存"。四月二十五日，湖南籍御史黃均隆上奏"湖南講求時務有名無實摺"，攻擊陳寶箴、梁啓超、熊希齡、譚嗣同、黃遵憲等人，要求下旨令湖南巡撫陳寶箴另擇人主持時務學堂，並解散南學會、撤銷保衛局，光緒帝再下旨"存"。（參見拙著：《從甲午到戊戌：康有爲〈我史〉鑑注》，第631—632頁）光緒帝的這一做法，明顯表示其站在康有爲一邊。

員接任。[1] 慈禧太后于十四日下令將翰林院編修、湖南學政徐仁鑄革職，十六日派户部侍郎吳樹梅爲新任湖南學政。此爲首次涉及到湖南。八月十六日（10月1日），給事中張仲炘上奏攻擊湖南維新運動，指名黄遵憲、熊希齡等人。[2] 八月二十一日（10月6日），湖南籍御史黄均隆上奏攻擊湖南維新運動，指名陳寶箴、黄遵憲、熊希齡、陳三立、江標，涉及康有爲、張蔭桓、梁啓超、譚嗣同等人（皆是慈禧太后深惡痛絶之人），其中最重要的一段是：

> 陳寶箴信任梁啓超、黄遵憲、熊希齡等……屢保康有爲、楊鋭、劉光第等，其稱康有爲至有"千人諾諾，不如一士諤諤"等語……今逆黨已明正典刑，陳寶箴應如何懲治之處，出自聖裁。[3]

黄均隆此摺，是湖南籍保守京官與康有爲一派鬥爭的繼續。[4] 但他完全歪曲了陳寶箴原摺之意，將要求"自行毁版"稱之爲"保舉"。慈禧太后不知陳寶箴前摺之具體内容（此時似也無人敢以真情相告），盛怒之下，將該摺中言及之人全部重懲：

> 湖南巡撫陳寶箴以封疆大吏濫保匪人，實屬有負委任。陳寶箴著即行革職，永不敍用。伊子吏部主事陳三立招引奸邪，著一並革職。候補四品京堂江標、庶吉士熊希齡護庇奸黨，暗通消息，均著革職，永不敍用，並交地方官嚴加管束。

此處"濫保匪人"的"匪人"，應指康有爲。當日，慈禧太后並令軍機處電寄諭旨給張之洞：

> 湖南省城新設南學會、保衛局等名目，迹近植黨，應即一並裁撤；會中所有學約、界約、札説、答問等書，一律銷毁，以絶根株。著

---

[1] 《戊戌變法檔案史料》，第468頁。
[2] 《戊戌變法檔案史料》，第470頁。
[3] 《戊戌變法檔案史料》，第472—473頁。
[4] 皮錫瑞在光緒二十四年九月二十一日日記稱："右帥爲湖南人所齮，彈章五上，徐爲之倡，言及梁啓超事，長信震恐……"（《湖南歷史資料》，1981年第2輯，湖南人民出版社，第144頁）皮錫瑞該日所記傳聞多有不準確之處，然"彈章五上"，大體是準確的，"徐"即徐樹銘，是當時湖南京官品級最高者。徐樹銘、黄均隆、黄桂鋆、張仲炘到黄均隆第二次上奏，確爲五次。此後黄桂鋆、張荀鶴等人繼有彈章。

第五章　張之洞與陳寶箴及湖南維新運動　353

張之洞迅即遵照辦理。[1]

該電旨中的內容,亦為黃均隆彈章所言。湖南是戊戌政變後惟一受到懲處與清算的省份,原因是康有為一派的活動及其人事關係。

裁撤南學會、保衛局的電旨,總理衙門于八月二十一日申刻發,二十二日寅刻(早上3—5時)到。[2] 張之洞奉旨後立即執行,於當日(10月7日)戌刻(下午7—9時)發電湖南巡撫陳寶箴、布政使俞廉三、按察使李經羲:

> 總署來電,奉旨……自當欽遵裁撤銷毀。查南學會應即日停撤,保衛局詳細情形,未據湖南臬司詳晰稟報。該局意在仿照洋街巡捕,究竟有無植黨情事,近日紳民議論若何,每年實需經費若干,籌款是否有著,今裁撤以後應否改歸保甲局,應如何另定章程,即請臺端妥籌電示,並飭該司等妥籌速覆。至會中學約、界說、札記等書,飭該司等務即密速查獲,所有版片印本迅即解送鄂省,不得遺漏一件,以便在鄂銷毀,俾昭核實,即候示覆。該司等並即會銜電覆。養。[3]

張之洞的這份電報,自是例行公事,但其中也提出了保衛局的問題,並提出將來改歸保甲局的方案;至於將所有版片印本解送湖北,也隱隱有暗中保護之意,以免湖南各派互攻。陳寶箴於八月二十三日(10月8日)回復一長電,說明南學會已在四月停止講學,只是供人閱讀書籍,學約、界說、札記只存于學堂,將派司檢呈,然後以很大的篇幅,介紹新設立的保衛局:

> ……湘省向設保甲總局,委道府正、佐各員及大小城紳數十人,

---

[1] 軍機處《隨手檔》、《電寄檔》,光緒二十四年八月二十一日;《光緒宣統兩朝上諭檔》,第24冊,第445頁。此外另有罷免黃遵憲及將其密加看管之旨。

[2] 總署來電,八月二十一日申刻發,二十二日寅刻到;《北京來電·三》,光緒二十四年;《張之洞存北京來電稿·光緒十六年至二十四年》,所藏檔號:甲182-407;又見《張之洞電稿》光緒二十四年一月至八月,所藏檔號:甲182-455;又見《張之洞存各處來電》,第35函,戊戌第6冊,所藏檔號:甲182-137。

[3] 《張之洞全集》,第9冊,第347頁;張之洞親筆原件見《張之洞電稿》光緒二十四年一月至八月,所藏檔號:甲182-455。

合同辦理，而統于臬司，幾糜金錢三萬餘串，久成虛設，痞匪盜賊充斥市廛。現在西人往來絡繹，倘被激成巨釁，必致貽誤大局。乃與署臬司黃遵憲議仿歐洲法，設創巡捕。該司久歷外洋，參酌中外情勢，竭數月之力，議定章程數百條，至爲精密。惟以臬司事繁，萬難兼顧遽辦，及交卸回任，乃令以長寶道專辦此事，且預爲岳州自行通商設立巡捕、挑選備用之地。惟當積重難返、人情極玩之時，非改易觀聽，不能有功，乃盡汰易向辦員紳，改名保衛局，而謠謗起矣……箴力持，決令試行三四月再定行止。開辦之日，痞匪竟聚衆哄毀城外三局，亦堅不爲動。布置既定，匪徒無可溷迹，相率散遁。逾一月，盤獲拐帶竊盜甚重，交新設遷善所分別收管習藝。迄今三閱月，城市肅清，商民無不稱便……寶箴申。漾。[1]

陳寶箴雖奉嚴旨，仍有意保全保衛局。八月二十四日，湖南布政使俞廉三、按察使李經羲發電：

督憲張憲臺鈞鑒：電諭敬悉。南學會自四月底停講，現僅准人看書。從前講義，列於《湘報》，另無刊本。孺約、界說、答問、札記連封面，共版一百四十一塊，皆存學堂，均已查提備解，印本亦派員搜集，會所即日遵停，司事人等亦即裁撤。保衛局細情，已由右帥電覆。初辦時議論不一，近尚相安，每月局費需洋銀萬餘元，公款難籌，捐集尚無把握。今既遵旨裁撤，似應改歸保甲，加以整頓，另定章程，庶臻周密。是否有當，伏候憲臺定議，諭飭遵辦。本司廉三、經羲。迥。[2]

在該電中俞廉三等人主張將保衛局改爲保甲局，另定章程，這也是張之洞前電之意。張之洞於八月二十五日（10月10日）丑刻（早上1—3時）

---

[1]《張之洞全集》，第9册，第347—348頁；抄件又見《張之洞電稿甲編》，第62册，所藏檔號：甲182-47。陳寶箴此電署"漾"，爲二十三日之代日，該電抄件稱："八月二十四日子刻發，酉刻到"。

[2] 長沙俞藩司、李臬司來電，光緒二十四年八月二十四日戌刻發，二十五日丑刻到，《張之洞存各處來電》，戊戌第6册，所藏檔號：甲182-137。

收到此電,於當日辰刻(7—9時)電奏,報告此中的情況。[1]

然而,八月二十一日慈禧太后罷免陳寶箴、陳三立等四人的諭旨,由於不是電旨,總理衙門於八月二十二日(10月7日)申刻(下午3—5時)發,當日亥刻(晚9—11時)到達武昌。[2] 張之洞奉到該電,很可能大吃一驚。自從楊銳等人不審而誅之後,張之洞已身感政變後的蕭寒。陳寶箴的罪名是"濫保匪人",陳也確實保舉過"戊戌六君子"中的楊銳、劉光第兩人,但張之洞絕不會想到,慈禧太后因黃均隆的不實之詞,誤以爲陳保舉康有爲而將之罷免。[3] 八月二十三日中午,張之洞分別發電其子張權、刑部主事喬樹楠,探詢情況。[4] 當日,陳寶箴發電張之洞,談派學生留學日本之事,仍不知其已被罷免之事。[5] 八月二十四日(10月9日),張之洞親筆寫下致陳寶箴電報:

> 急。長沙陳撫臺。賢喬梓忽遭詿誤,不勝駭嘆。因何挑動,未喻其故,尊處知之否?湘省失此福星,鄙人失此德鄰,如何如

---

[1] 《張之洞全集》,第4冊,第473頁。
[2] 總署來電,八月二十二日申刻發,亥刻到,《北京來電·三》,光緒二十四年,《張之洞存北京來電稿·光緒十六年至二十四年》,所藏檔號:甲182-407;又見《張之洞存各處來電》,戊戌第5冊插入之頁,所藏檔號:甲182-136。罷免陳寶箴等四人之旨,屬廷寄諭旨,當時有用電報發,也有僅用驛遞發。
[3] 劉坤一在給歐陽潤生信中稱:"承示陳右帥函及'釐正學術疏稿',讀竟爲之喟然。夫禍患必有由來,君子小人各以其類。乃康有爲箋中註誤,內則有翁中堂,外則陳右帥,是皆四海九州所共尊爲山斗倚爲柱石者,何以賢愚雜糅至此!若爲保康有爲以致波及,聞翁中堂造膝陳詞,亦是抑揚之語,右帥此疏,更足以自明矣……右帥抉其隱微,斥爲異說,衛道害道,甚至比之於言僞而辯行僻而堅兩觀行誅之少正卯,並請將所著書自行銷毀,而猶誣指爲康黨也耶!"(《劉坤一遺集》,第5冊,第2230頁)"若爲保康有爲以致波及"一語,很可能劉坤一已猜出"濫保匪人"的罪名,與康有爲有關。歐陽霖,字潤生。
[4] 八月二十三日,張之洞發電張權:"陳、江等獲咎,是否有人劾,抑內中查出,即刻覆。"後又刪改爲"湘事何以忽然想到,即刻覆。"(八月二十三日午刻發,《張之洞電稿》光緒二十五年二至八月,所藏檔號:甲182-457;原整理者有誤,根據內容,發於光緒二十四年)同時發電喬樹楠:"湘水生波,因何而起?"(光緒二十四年八月二十三日午刻發,出處同上)相關的情況,可參見本書第三章第一節。
[5] "督帥張:日間正擬以學生赴日本事請示,適奉禡電,感悉。湖南擬送五十名,武備三十名,各門二十名,派紳雲南補用知州黃忠勳帶往,即在彼監督照料。現學生已考選逾額,仍送入公所小住一月,由監督審察汰留,以符五十人之數。亦擬十月送並,並想摯銜會諮。伊藤是總督奏令來鄂否?乞屬節庵見告大意爲盼。箴叩。漾。"(長沙陳撫臺來電,光緒二十四年八月二十三日巳刻(上午9—11時)發,未刻到,《張之洞存各處來電》,戊戌第6冊,所藏檔號:甲182-137)

何？以後湖南教案、開埠、鐵路三事，必然枝節叢生，三湘無安枕矣。鐵路如必不能辦，只可緩辦，教案、開埠，人豈容我緩哉？且路款已借，亦不能緩。思之憂灼，夜不成寐。新令尹尚未知何人。先此奉慰。敬。[1]

張之洞此電情真意切，其中提到的諸多教案、岳州開埠、粵漢鐵路，在思想相對保守的湖南皆是難辦之事。[2] 當日，張之洞又發電盛宣懷和正在北京的瞿廷韶，詢問新任湖南巡撫的人選。[3] 恰張之洞發電未久，陳寶箴於二十四日未刻（下午1—3時）發來電報：

> 督帥張：李臬司因病，急欲交卸。部文已到，擬委夏道獻銘暫行接署。箴父子俱蒙恩，不加嚴譴。至印務應如何交代，今日想可奉旨矣。箴叩。敬。[4]

從此電來看，陳寶箴已奉到革職的諭旨，但尚未接到張之洞"敬電"。該電只稱"俱蒙恩，不加嚴譴"，無一語稱怨，實有古大臣之風度[5]；他將諭旨中"濫保匪人"一語，理解爲保舉楊銳、劉光第兩人。[6] 而當陳寶箴收到張"敬電"後，又於八月二十五日亥刻（晚9—11時）回電：

> 奉敬電，具蒙勤注，感刻零涕。湘中三年，幸叨廣蔭，獲免顚隮，

---

[1] 《張之洞全集》，第9冊，第348頁；張之洞親筆原件見《張文襄公電稿墨迹》，第2函第10冊，所藏檔號：甲182-219。

[2] 此時湖南岳州正在辦理自開口岸事，可參見本書第六章第六節。

[3] 張之洞發電盛宣懷："新湘撫放何人？速示。洞。敬。"（八月二十四日巳刻發。《張文襄公電稿墨迹》，第2函第10冊，所藏檔號：甲182-219）張還發電瞿廷韶："右銘獲咎，不知因何發端？新湘撫放何人？"（光緒二十四年八月二十四日午刻發，出處同上）瞿於次日覆電："右帥以濫保匪人獲咎，聞湘紳及諫官參摺甚多，想由新政諭旨結怨。遺缺放俞廉三。"（光緒二十四年八月二十五日未刻發，二十七日子刻到，《張之洞存各處來電》，戊戌第6冊，所藏檔號：甲182-137）相關的情況，可參見本書第三章第四、六節。

[4] 長沙陳撫臺來電，光緒二十四年八月二十四日未刻發，酉刻到，《張之洞存各處來電》，戊戌第6冊，所藏檔號：甲182-137。

[5] 皮錫瑞於光緒二十四年九月十六日，于歐陽中鵠家中見到陳寶箴，在日記中稱："適右帥至，得一見。彼天君泰然，一無激詞，得大臣度。"（《師伏堂日記》，《湖南歷史資料》，1981年第2期，湖南人民出版社，第140頁）

[6] 後陳三立作《先府君行狀》，稱言："……二十四年八月，康、梁構作，皇太后訓政，彈章遂蜂起。會朝廷所誅四章京，而府君所薦楊銳、劉光第在其列，詔坐府君'濫保匪人'，遂斥廢。"（《陳寶箴集》，下冊，第2002頁）

而溺職辜恩,復以叢疚之身,辱當世之士,爲可痛耳。保衛局足爲商埠程式,即欲創行新政,如印花稅等類,亦非此不行。其法用意精深,實爲一切善政始基,棄之良可痛惜。願憲臺派見信曉事之人,與湘密察事實,及商民向背,不行於湘,猶冀得行鄂漢,以閉執讒匿之口,留他日維新一線之機也。熱血乍冰,忍勿能已,輒爲我公一傾吐之。箴叩覆。有。[1]

陳寶箴已是被罪之身,並未爲其父子之莫須有罪名而辯解,只是希望能夠保全保衛局,並請張之洞將之推廣到湖北的漢口。張之洞於八月二十七日(10月12日)覆電:

> 漾、有兩電悉。保衛局似不能有植黨情事,惟嚴旨令撤,不能不撤。已電飭兩司,改歸保甲局……[2]

與此同時,張之洞又發電俞廉三、李經義、夏獻銘:

> ……保衛局即是洋街巡捕,其詳章散處未能深悉,廣詢湘人,均言近來頗有成效,尚無植黨情事。至兼辦遷善習藝,教養窮民等事,乃地方應辦之事。惟經費稍多,不易籌。竊謂若商民以爲有益,自願捐貲,似可仍用舊日保甲局之名,而力掃冗濫糜費、敷衍具文之積習,采取保衛局章,參考民情,斟酌妥善……明春岳州開埠,係我自設巡捕,此項章程留爲岳州開埠之用,亦甚有益……至原定章程數百條,敝處並未得見,望速寄並轉達陳中丞爲感。感。[3]

張之洞兩電的基本意思,是在"保甲局"的名義下行"保衛局"之實,這是奉嚴旨而采取的回避周旋之法。張還根據陳電中提議,將之推廣至即將開埠的岳州。陳寶箴和俞廉三等人對此均有覆電,而陳寶箴再次建議在

---

[1]《張之洞全集》,第9冊,第348頁;抄件又見《張之洞電稿甲編》,第62冊,所藏檔號:甲182-47。發電時間據抄件。"以閉執讒匿之口"之"閉"字,據抄件改。該電發表時刪去"安維理理屈詞窮,已於廿三日瑟縮而去"一句。

[2]《張之洞全集》,第9冊,第349頁,張之洞親筆原件見《張之洞電稿》光緒二十四年一月至八月,所藏檔號:甲182-455。

[3]《張之洞全集》,第9冊,第349頁;張之洞親筆原件見《張之洞電稿》光緒二十四年一月至八月,所藏檔號:甲182-455。

漢口試辦。[1] 由此，保衛局實際上被保全下來。[2] 光緒二十四年十二月二十六日（1899年2月6日），張之洞上奏"裁撤南學會並裁并保衛局摺"，對保衛局多有維護詞句，稱已改爲保甲局；"張之洞檔案"中存有該摺底稿，其中一段是張之洞親筆加上的：

> 臣復於湘省來鄂官紳，詳加詢考，據稱，保衛局係變保甲之名，而行保甲之實，頗有成效，尚無植黨情事等語。[3]

很可能是由於這一經歷，張之洞後在武昌、漢口試辦員警，爲中國最早的近代員警事務開展地區之一。

慈禧太后在罷免陳寶箴後，於光緒二十四年八月二十二日（1898年10月7日）下旨，命湖南布政使俞廉三升任湖南巡撫。[4] 時在上海的

---

[1] 陳寶箴電稱："武昌督帥張：查保衛局章程，該局已詳奉批示，想收文人因有冊數本，未列入提要，故偶未見耳。仍飭檢呈庶速。此事實大善政，將有夜戶不閉之效。失火五次，未然（燃）。舉一即可例餘。若能行之漢口，爲益逾大矣。箴叩。東。"（長沙陳撫臺來電，光緒二十四年九月初一日未刻發，申刻到。《張之洞存各處來電》，第35函第7冊，所藏檔號：甲182-137）俞廉三等電稱："武昌張督憲鈞鑑：電諭祇悉。保衛局裁撤，應改循保甲名目，查考昔行局章，掃除疲玩積習，參用保衛新規。惟經費爲難，實繳方能作準。現由紳董向商民集議，出於自願，每年捐款若干，合原有保甲常年經費二萬餘串，量入爲出，酌核辦理。大致裁并局所，省節浮費，從緩抽裁巡丁，汰惰留勤，方臻周密。聞民間亦有願出費者，數目恐不能多。俟有端倪，即行會詳。將來岳州開埠，即仰此項巡丁爲教習，甚爲便宜。章程、版片，另詳派員送鄂。本司廉三、經羲、獻銘謹稟。"（長沙俞撫臺、李藩司、夏署臬司來電，光緒二十四年九月初三日酉刻發，亥刻到。出處同上）

[2] 光緒二十四年十月十四日，湖南籍京官御史張茍鶴再次上奏，攻擊保衛局，並稱"候選道左孝同把持尤甚……將改保甲之名，仍行保衛之實……臣籍隸湖南，不忍緘默，相應仰懇天恩，飭諭湖南撫臣俞廉三，將保衛局章程概行銷毀，仍復保甲局舊章……"（《戊戌變法檔案史料》，第490頁）清廷當日命湖南巡撫俞廉三："有人奏……湖南保衛局既經裁撤，所有該局章程自應一律銷毀，仍復保甲局舊章，即著俞廉三督飭府縣，將保甲局事宜，認真興辦，以靖地方。候選道左孝同有無把持局務，依附奸邪，著俞廉三確切查明，據實具奏。"（《光緒宣統兩朝上諭檔》，第24冊，第526頁）由此可見保全之事壓力甚大。此後，俞廉三將查辦左孝同之事告張之洞，張回電稱："長沙俞撫臺。來函示及左孝同被參各節，深爲駭異。去年湘省開保衛局，因保甲避及紳士、大府委左隨同辦理，一切皆黃遵憲主持，通國皆知，至主民權、改服色等事，尤無影響。《湘報》中從無左一語，是其確證。此皆鄙人所深知，湘省官紳所共見，可以飭查。其在滬上交遊，江省自能辦其虛實，至其牽涉家事，種種文難，湘中諸紳更當深知。左文襄公勳德名臣，而怨家必欲詆毀其後裔，真不可解。臺端必能察訪確情，主持公道，代爲申雪。三湘士夫同深感仰。何時覆奏，祈示覆，洞。諫。"（光緒二十五年八月十六日辰刻發，《張文襄公電稿墨迹》，第2函第11冊，所藏檔號：甲182-219）

[3] 《緊要摺稿》光緒二十四年五月至十二月，該摺注明："繕擬：王家槐；對摺：沈偉、朱承均。"《張之洞緊要摺稿》，第12函，所藏檔號：甲182-14;《張之洞全集》，第3冊，第513—514頁。該摺奉硃批："知道了。即著嚴飭湖南保甲局認真辦理，毋得有名無實。"

[4] 《光緒宣統兩朝上諭檔》，第24冊，第447頁。該旨同時命山東按察使毓賢升任湖南布政使。

盛宣懷也於二十四日發電，向張之洞報告這一消息。[1] 俞廉三本是張之洞在山西巡撫任上的舊屬，光緒二十年任湖南按察使，二十二年升山西布政使，二十四年二月改湖南布政使。[2] 而由湖南布政使超擢湖南巡撫，且當此戊戌政變之後的特殊政情，俞廉三一時感覺莫名，發電張之洞，有意辭任：

> 武昌督憲張鈞鑒：廉接京電，奉旨升任湘撫，聞命惶悚。湘本難治，值此時艱，封疆任大，即聲望素著者，居尚不易，況廉短材新進，於兵事洋務，素未講求，豈堪獨當一面。且兩司暫署，俱難其選，輔助無人，必多貽誤。在一身榮辱不足計，而債事負恩，關係非淺，且有傷於大人知人之哲。湘為轄下，憲懷必不忍其敗壞。量而後入，臣子之分。務求于部文未到前，將廉難以勝任之處，據情電奏，另簡賢能。此懇實出至誠，並非畏難推諉，諒蒙鑒察。應如何措詞上陳，並乞酌，千萬叩懇。廉三稟。有。[3]

張之洞於八月二十七日（10月12日）覆電俞廉三，言辭甚切：

> 長沙新授撫臺俞：有電悉。開府大喜，欣賀。尊意擬辭湘撫，具仰謙退盛節，佩甚。惟方今朝旨森嚴，鄙人實不敢代為上達，閣下亦不宜自奏，總以諸事靜聽朝命為妥。切要。請商右帥及同人，當以鄙言為然。洞。感。[4]

---

[1] "督署：湘撫放俞廉三，湘藩調毓賢，鄂藩放善聯。補。"（上海，盛督辦，光緒二十四年八月二十四日酉刻發，二十五日丑刻到。《張之洞存往來電稿原件》，第14函，所藏檔號：甲182-385）

[2] 參見《清代官員履歷檔案全編》，第6冊，第101、292頁。光緒二十四年二月，湖南布政使何樞與山西布政使俞廉三對調，很可能有陳寶箴等人運作。又，《陳寶箴友朋書札》中存有俞廉三在山西藩司任上給陳寶箴的兩信，其中談到了山西的政治內情。其一信稱："省門同官八人，除理事、通判向用旗員、不預地方公事外，臬與臬司、同知、首縣為同鄉，與首道為房薦師生，於首府為會試同年，呼吸靈通，聲氣聯絡，與本司均素無交誼。若非豎起脊梁，腳踏實地，斷難一日相處。然蒼茫獨立，況狀可知。"另一信談到方孝傑、劉鶚等出賣山西路礦權益，俞進諫不聽，"廉三日坐愁城，無可告訴，用敢伸紙疾書，直舒胸臆，惟大人有以教之。"（柳岳梅整理：《陳寶箴友朋書札》〔四〕，《歷史文獻》，第6輯，第171—173頁）

[3] 長沙俞撫臺來電，光緒二十四年八月二十五日亥刻發，二十六日丑刻到，《張之洞存各處來電》，戊戌第6冊，所藏檔號：甲182-137。

[4] 光緒二十四年八月二十七日亥刻發，《張文襄公電稿墨跡》，第2函第10冊，所藏檔號：甲182-219；抄件又見《張之洞電稿丙編》，第76冊，所藏檔號：甲182-95。

張之洞明確表示反對，並讓俞廉三與陳寶箴商量此事。從"張之洞檔案"中可見，俞廉三此後事事皆向張之洞請示，張亦經常指點迷津，湘鄂關係一如從前。

由於吏部諮會於光緒二十四年九月十六日方到，陳寶箴與俞廉三的交接於九月十七日（10月31日）進行。[1] 在此之前，張之洞一如官場舊規，對湘省事務共同發電或分別發電新舊兩撫，並未因陳寶箴獲罪罷免而稍有差異，其事務涉及到派員去日本留學、湖南軍職任免、福建船廠銀兩和最爲麻煩的教案等項。九月十七日，俞廉三發電張之洞："制憲張鈞鑒：廉定十七接印。可否委但道湘良署藩司，況道桂馨署糧道？候覆示。廉叩。霰。"[2] 九月十八日，陳寶箴、俞廉三聯名發電張之洞："督帥張：銑電謹悉。廉已於十七接篆。箴定廿日開船。謹同覆。"[3]

八、尾　聲

光緒二十四年九月十八日（1898年11月1日），陳寶箴發電梁鼎

---

[1] 陳寶箴："奏報交卸日期摺"，光緒二十四年九月十七日，《戊戌變法檔案史料》，第483頁。
[2] 長沙俞撫臺來電，光緒二十四年九月十七日巳刻發，午刻到，《張之洞存各處來電》，戊戌第8冊，所藏檔號：甲182-137。張之洞覆電稱："霰電悉。履新大喜，敬賀。但道署藩，況道署糧，既經裁酌，自必妥善。請即照委。洞。洽。"（光緒二十四年九月十七日酉刻發，《張之洞電稿丙編》，第75冊，所藏檔號：甲182-94）
[3] 長沙陳、俞撫臺來電，光緒二十四年九月十八日午刻發，未刻到，《張之洞存各處來電》，戊戌第8冊，所藏檔號：甲182-137。張之洞的"銑電"稱："致長沙陳撫臺、新授撫院俞中丞：據江漢關俞道稟：接九江關誠道函稱，昨准來電，以英教士安維理在湘撫署强保要犯等因，當經函商英領事，將安教士撤回，並先電覆在案。兹據英領事復函，以護照載明，如該教士有不法情事，就近送交領事官懲辦。兹安教士在湘省如有不法，是湘撫院盡可就近送交駐漢領事官懲辦等因函覆前來，祈轉稟等語。特奉達。洞。銑。"（光緒二十四年九月十六日亥刻發，《張之洞電稿》（光緒二十四年九月至十月），所藏檔號：甲182-455；抄件又見《張之洞電稿丙編》，第75冊，所藏檔號：甲182-94）這是張之洞最後一份發給陳寶箴的官電。又，安維理是臨湘縣教堂英國教士，因强保匪徒譚文達，大鬧湖南巡撫衙署。陳寶箴於八月二十日有詳電給張之洞，並請由江漢關道與英國領事進行交涉。（《張之洞存各處來電》，戊戌第6冊，所藏檔號：甲182-137）

芬,並抄送此時正在武昌的新任貴州布政使于蔭霖:

> 督署梁節庵:箴已交卸,從此不問人事,爲之灑然。定廿日開船,因挈亡室櫬,過鄂擬不泊。至潯後,再青奚布襪走謁南皮與次公及公輩,聚談一夕而返。乞鑑,並代白。箴。嘯。[1]

陳寶箴的電報,用詞極爲委婉,雖稱"不泊",又稱"代白",隱隱有讓梁鼎芬請張之洞出面挽留相邀之意。然此時梁鼎芬已赴上海,並轉往鎮江焦山,張之洞隨即發電梁鼎芬:

> 鎮江電局,專差速送焦山,探交梁太史。覺叟電,箴已交卸,廿開船。因挈櫬,過鄂不泊,至潯後,再回鄂聚談等語。雅轉。嘯。[2]

過了一天,九月十九日(11月2日),張之洞思之不妥,另請幕中人士發電陳寶箴:

> 急。長沙陳撫憲鑑:嘯電帥座暨次公均呈閲,節已赴滬。憲舟過鄂,擬請稍駐,有事面陳。恩。效。[3]

"恩",似爲王秉恩,該電請求陳寶箴過鄂停留,顯然是張之洞之意。然該電發於亥刻(晚上9—11時),雖是急電,次日開船的陳寶箴能否及時收到,仍然是個問題。"張之洞檔案"存有湖南電報局一電,稱言:"督署鑑:陳右帥今日午刻開船。湖。"[4]此電當爲覆電,答覆湖廣總督衙門的詢問,發於二十日申刻,當日酉刻(下午5—7)收到。張之洞收到此電後,於二十日(11月3日)亥刻(晚9—11時)再發電:

> 岳州。陳撫臺:臺旌東下,過武昌時,務望留兩三日,一罄積

---

[1] 長沙。送于藩司。光緒二十四年九月十八日午刻發,午刻到。《張之洞存來往電稿原件》,第14函,所藏檔號:甲182-385。"挈亡室櫬",指隨帶其夫人黃氏棺櫬回籍安葬之意。"青奚",似爲青鞵(鞋)。"次公",于蔭霖,字次棠。于蔭霖在赴任途上重病,此時正在武昌養病。
[2] 九月十八日亥刻發,《張之洞電稿》光緒二十四年九至十月,所藏檔號:甲182-455。"覺叟",陳寶箴,晚年自號四覺老人。"雅",廣雅,張之洞自謂。梁鼎芬於九月二十三日來電:"督署:安到,今返滬。請轉于:病癒未?赴滇抑在鄂?告。或往湘?念及。敷。漾。"(鎮江。梁太史。光緒二十四年九月二十三日酉刻發,亥刻到,《張之洞存來往電稿原件》,第14函,所藏檔號:甲182-385)從該電來看,梁鼎芬此時尚未收到張之洞此電。又,梁鼎芬赴上海事,參見本書第六章第七節。
[3] 九月十九日亥刻發,《張之洞存來往電稿原件》,第14函,所藏檔號:甲182-385。
[4] 湖南局。光緒二十四年九月二十日申刻發,酉刻到,《張之洞存來往電稿原件》,第14函,所藏檔號:甲182-385。

懷。已於紗局掃榻以待,局樓臨江,登舟甚便。於次公病已愈,程雨亭亦將到,可以共談。節庵赴滬,須月底方回。祈示覆。洞。號。[1]

此電爲張之洞親筆,讀起來情意切切,發電至岳州,用意當是請岳州電報局送往陳寶箴的座船。然這一份電報,陳寶箴很可能也沒有收到。長沙電報局於九月二十六日回電稱:"督院鑒:陳中丞的係廿日由省開船,因風阻,於今早過洞庭湖。頃得岳電,於未刻過岳。長局稟。"[2]而岳州電報局於九月二十六日回電又稱:"督署鑒:陳中丞於今午後過岳,未停輪。號電已由縣專紅船趕送。岳局覆。"[3]可見陳寶箴的座船因風受阻於洞庭湖,至二十六日未刻(下午1—3時)過岳州,又爲趕時間而未在岳州停留。從現存"張之洞檔案"來看,陳寶箴似未到武昌停留;他回到南昌後,也未再去湖北。由此至光緒二十六年六月二十六日(1900年7月22日),陳寶箴"忽以微疾卒"。[4]兩人終未能相見。[5]

附錄一　陳寶箴之死

宗九奇先生作《陳三立傳略》,稱言:

據近人戴明震先父遠傳翁(字普之)《文錄》手稿,有如下一段記載:"光緒二十六年(庚子)六月二十六日,先嚴千總公(名閔炯)率兵

---

[1] 光緒二十四年九月二十日亥刻發,《張文襄公電稿墨迹》,第2函第10册,所藏檔號:甲182-219。"紗局"、"局樓"皆指湖北紡紗局。"程雨亭",程儀洛,江蘇候補道,此時由張之洞奏調辦理湖北商務局。

[2] 長沙。光緒二十四年九月二十六日戌刻發,亥刻到,《張之洞存來往電稿原件》,第14函,所藏檔號:甲182-385。

[3] 岳州電局。光緒二十四年九月二十六日申刻發,酉刻到,《張之洞存來往電稿原件》,第14函,所藏檔號:甲182-385。又,陳寶箴當時乘坐小輪船,縣署專紅船似難以趕上。

[4] 參見陳三立:《先府君行狀》,《陳寶箴集》,下册,第2004頁。

[5] 從"張之洞檔案"來看,此後未見陳寶箴的文電,亦未見相告陳寶箴去世之電。此時正是八國聯軍進攻之時,局勢大亂,很可能當時已無法正常發電發信,張之洞也無暇顧及於此。

弁從巡撫松壽駐(馳)往西山靖廬,宣太后密旨,賜陳寶箴自盡。寶箴北面匍伏受詔,即自縊。巡撫令取其喉骨,奏報太后。"[1]
宗先生據此認爲,陳寶箴在庚子年間由慈禧太后"賜死"。宗先生所引的這一條記載本屬荒誕不經,然庚子年(光緒二十六年)本是荒誕不經之年,多有荒誕不經之事,且"己亥立儲"之後,上海等地也有相應的傳聞。[2] 此一"賜死"説,也引起了一些論者之關注。[3] 但我個人以爲,此説過於離奇,似爲不可采信。

其一,清代殺大臣是一件大事,須得有明確的諭旨。所謂"密旨"、"密奏",只是不公開而已,在清朝檔案中皆應有相應的記録。此時先被處死的前户部侍郎、總理衙門大臣張蔭桓,吏部侍郎、總理衙門大臣許景澄,太常寺卿、總理衙門大臣袁昶,兵部尚書、總理衙門大臣、前軍機大臣徐用儀,内閣學士、總理衙門大臣聯元,户部侍郎、總管内務府大臣立山,在檔案中皆有明確的諭旨。清朝此時檔案大體完備,爲何查不到慈禧太后或光緒帝"賜死"陳寶箴的諭旨和江西巡撫松壽執行後報告的奏摺?且我所見過的各種檔案中,也從未見過與此"賜死"諭旨相涉的任何記録。再查軍機處《隨手檔》光緒二十六年六月二十六日至十一月二日,即陳寶箴之死至松壽作爲江西巡撫最後一批奏摺到達行在(西安)之

---

[1]《江西文史資料》(江西人民出版社),1982年第3輯,第119頁。
[2] 宋恕在光緒二十六年春寫信給其内弟孫仲愷,稱言:"……經(指經元善)既得保,成濟、賈充輩大怒,於是下密電兩江,著將翁師相、沈太史立刻就地斬決,以絶帝黨之領袖。現已監禁嚴獄,陸中丞欲免其死,電奏假報瘋求寬,未知得免否?翁師相住宅已發兵圍守(數日内事),聞有日本義士救之出難,或云已逼令自盡,二説未知孰實?榮、剛又下密電於江西,著將陳寶箴中丞就地正法,其餘稍涉帝黨,無不著令嚴拿。上海派密差七八人專拿帝黨,除文廷式學士、宋伯魯御史、張元濟主事指拿立决外,計開發電諫阻之五十人,一齊拿,以特指出三人嚴之又嚴者,一爲葉瀚(杭州諸生)、一爲王季列(吴人)、一爲汪詒年(汪康年之胞弟)……看來陳中丞如不出亡海外,必不能免死……聞此外各省指拿名士又共有三百餘人(此信已確,惟名單未傳於外)。但未知地方大吏實在舉行否耳?情形已與明代末年無異。"(胡珠生編:《宋恕集》,中華書局,1993年,下册,第700—701頁)"成濟",三國後期曹魏武將,"賈充",西晉開國元勳,司馬家族的親信大臣。賈充曾指使成濟,刺死魏主曹髦。此處暗指剛毅等人。"翁師相",翁同龢。"沈太史",沈鵬。"陸中丞",陸元鼎。"榮",榮禄。"剛",剛毅。"發電諫阻五十人",指聯名發電反對"己亥立儲"的名士五十人。從該信的内容來看,全非事實,但可以表明當時上海的傳言之盛。宋恕是在上海的報紙上看到這些消息的。
[3] 參見桑兵:《庚子勤王與晚清政局》,北京大學出版社,2004年,第230頁。

日，軍機處共19次收到松壽上奏的正摺55件、附片41件、附單20件、電奏3件，從軍機章京的"摘由"來看，皆無與"賜死"有關的內容。[1] 若說是慈禧太后的口諭，沒有文字記載，松壽曾任總理衙門章京多年，知道清代制度之嚴，僅憑著口諭，又何敢執行？更何況當時京、津等地的電報線已被義和團所焚毀，清廷的電旨最初先用"六百里加急"送到保定發出，後又改送到山東濟南再發出，有著多道環節，殺張蔭桓的諭旨是用"六百里加急"的傳統方式送出，何以陳寶箴"賜死"之諭旨能如此不落痕跡？[2]

其二，若說是檔案保存不全，軍機大臣榮祿、王文韶皆是陳寶箴的京中奧援，當爲知情者。陳寶箴的官場人緣甚好（與張蔭桓相反），又從未擔任京官，慈禧太后對他也不太熟悉，何以突然會有"殺機"？且在當時軍情危急的情境下，慈禧太后又如何能有時間能有心情來操辦此事？若慈禧太后真有此旨，榮祿、王文韶此時因地位下降而不能出手相救也罷，何以至辛丑之後形勢大變時，他們仍未進言？榮祿死於光緒二十九年（1903），王文韶死於光緒三十四年（1908），他們竟然會至死都不進一言？若不便或不敢向慈禧太后進言也罷，何以又未留下相應的私人記載？

其三，陳寶箴若"賜死"，陳三立當爲知情者。他於光緒二十六年底返回南京，此事何以不說？若不方便說給別人聽也罷，又如何能不告訴劉坤一？陳寶箴與劉坤一同屬湘系，關係極好，陳三立不可能不告以真情。民國建立之後，已無政治忌諱，陳三立與沈曾植、梁鼎芬、陳寶琛、沈瑜慶、樊增祥等舊好乃至康有爲、梁啓超交往甚多，又爲何不說？若不方便對舊朋新友說也罷，又何以不對陳寅恪等子孫說？

其四，江西巡撫松壽，以蔭生任工部筆帖式，累遷至郎中，光緒九年至十六年任總理衙門章京，出爲陝西督糧道、山東按察使等職，其任江西

---

[1] 軍機處收到松壽奏摺的時間爲：光緒二十六年七月初四日（六月二十三日發）、七月十四日、七月十五日、七月十六日、八月十二日（電奏）、八月二十一日、八月二十二日、閏八月初七日、閏八月十七日、閏八月二十六日、九月二十三日、九月二十八日、九月二十九日、十月初三日（電奏）、十月二十四日（電奏）、十月二十七日、十一月初二日、十一月十一日、十一月十二日。

[2] 殺張蔭桓諭旨見《光緒宣統兩朝上諭檔》，第26冊，第164頁。又，光緒二十六年八月十二日清廷給江西巡撫松壽的電旨是用"六百里加急"送到濟南，讓袁世凱轉發給松壽。

巡撫三年，後又出任河南巡撫、兵部尚書、察哈爾都統、閩浙總督等職，歷官甚久甚多。他與京中高官及地方大吏極相熟，何以不說？手下幕客甚衆，又何以不記？

其五，"千總"本是一下級武弁，不掌機要，至清末，由於湘、淮軍之後的保舉大行，很可能只是"銜名"。此等大事，何以竟由一下級武弁的子孫傳出？先已言及，若是榮祿、王文韶、劉坤一、沈曾植、梁鼎芬、陳寶琛、沈瑜慶、樊增祥、康有爲、梁啓超、陳寅恪、松壽等人得知此事，必會有所言說，必會有所記載。真是滿朝文武皆不知，密旨兒子不傳孫，突有微員子孫出，說出驚天大秘聞。此又讓人何以信之？而此說直接露出破綻之處，即是"取其喉骨"之情節。按照當時的律法與觀念，"斬"與"絞"本是大有區別，"賜死"更含有"全屍"之"恩"，松壽何以會有如此暴戾之惡行？且清朝"賜死"官員從無"取其喉骨"之先例。《文錄》的作者似熟悉民間戲文，方有如此戲劇化的情節描寫，熟知清代掌故者自可看出其誤。

近日又拜讀了鄧小軍、劉夢溪、李開軍三先生之宏文[1]與馬衛中、董俊珏之大作[2]，方知此一史事已經開展了討論。然我個人以爲，晚清以降，文獻與檔案留存甚多，報刊等媒體已經出現，歷史研究似應以直接史料爲主，"以詩證史"雖可顯示解讀者的智慧，而在坐實史事上似又顯得力道不足。詩之解讀，本爲主觀，一人即可得一解。且此一史事至此已無人世間的一切忌諱，詩人們似也不必以如此曲折之方式來表達己見。史事研究與文學研究不同，古代文獻不足與今日記載甚多不同。李開軍所引護理江西巡撫周浩于光緒三十一年四月三日（1905年5月6日）的奏摺，是一條很重要的證據，再次引錄於下：

……陳寶箴欽遵交卸湖南撫篆，率其子陳三立回籍後，閉門思過，追悔異常。陳寶箴業於二十六年在籍病故。臣伏查陳寶箴父子

---

[1] 鄧小軍：《陳寶箴之死的真相》，《詩史釋證》，中華書局，2004年；劉夢溪：《慈禧密旨賜死陳寶箴考實》，《中國文化》2001年第17、18期；李開軍：《陳寶箴賜死考謬》，《文史哲》2011年第1期。

[2] 馬衛中、董俊珏：《陳三立年譜》，蘇州大學出版社，2010年。

受恩深重，當時情殷報答，過出無心。揆其心迹，尚有可原。況陳三立年壯才長，廢棄不無可惜。兹據署藩司陳慶滋、署臬司錫恩會詳請奏前來，可否仰懇天恩，俯准將已革原任湖南巡撫陳寶箴開復原銜、已革吏部主事陳三立開復原官，出自逾格鴻慈。除咨部外，謹會同署兩江總督周馥恭摺具陳，伏乞皇太后、皇上聖鑑訓示。

該摺的原件及軍機處錄副件皆存於中國第一歷史檔案館，在原件上，有光緒帝的親筆硃批："著照所請，該部知道。"[1]再查軍機處《隨手檔》，該摺於光緒三十一年四月二十日（1905年5月23日）收到。[2] 周浩此處明言"在籍病故"，若是陳寶箴果真爲"賜死"，周浩何敢上奏時以如此輕鬆的筆調奏請"將已革原任湖南巡撫陳寶箴開復原銜"、何敢言稱"伏乞皇太后、皇上聖鑑訓示"，光緒帝也不會硃批"著照所請"了。順帶地説一句，光緒三十三年十二月十一日（1908年1月14日），江西巡撫瑞良再次保舉了陳三立，該摺於十二月二十四日（1月27日）收到，光緒帝親筆硃批："吏部知道。"[3]

[1] 周浩原摺見"硃批奏摺"，檔號：04-01-01-1072-054，縮微號：04-01-01-163-1189，中國第一歷史檔案館藏。該件曾影印出版，見《光緒朝硃批奏摺》，第32輯，第842—843頁。李開軍先生引用的即是該版本。該摺的軍機處錄副件見"錄副奏摺"，檔號：03-5618-011，縮微號：423-2486。中國第一歷史檔案館藏。該抄件上録有硃批："光緒三十一年四月二十日奉硃批：著照所請，該部知道。欽此。"

[2] 軍機處《隨手檔》光緒三十一年四月二十日，録有"硃批周浩摺。一、請將戊戌案内之陳寶箴開復原銜其子開復原官由。著照所請，該部知道。交。"另録當日收到周浩其他摺片九件的摘由。又，《清實録》記有此事：光緒三十一年四月"壬戌（二十日）……護理江西巡撫周浩奏，查明戊戌案内獲咎人員情尚可原，請將已革原任湖南巡撫陳寶箴開復原銜、已革吏部主事陳三立一復原官。從之。（摺包）"（中華書局1987年版，第59册，第231頁）"摺包"一語，説明當時的編寫者所依據的資料爲軍機處摺包，即已經看到了檔案原件。再又，朱壽朋編：《光緒朝東華録》亦記有此事：光緒三十一年四月"乙卯（十三日）……允周浩請，予戊戌案内已革湖南巡撫陳寶箴開復原銜。"（中華書局1958年版，第5册，總5342頁）朱壽朋所記時間有誤。

[3] 瑞良的原摺見"硃批奏摺"，檔號：04-01-12-0659-083，縮微號：04-01-12-126-1122；該摺的軍機處錄副件見"錄副奏摺"，檔號：03-5495-073，縮微號：415-1497。中國第一歷史檔案館藏。瑞良在奏摺中稱："查吏部候補主事陳三立，學識閎通，議論純正，於新舊各學研究最深。奴才每與談及時事，忠愛之忱溢於言表。自回籍以後，凡地方公益之事，時有建白，不干以私。前經學部奏充二等諮議官，本年江省設立學務公所，復由奴才諮請學部奏派該主事爲議長，規畫倡導，不遺餘力，士論僉然。該主事前被公舉全省鐵路協理，殫心路事，籌集股款，基礎已立。適八月間總理易人，遠近知與不知，函電交推，舉爲總理。其辦事持大體而不偏激，其志趣崇切實而屏浮華。奴才前聞其名，及親接言論，考察行事，益信其名實相副，實爲江右傑出之人才。"瑞良自稱與陳三立有較多的交往，熟悉其學識性情，而從瑞良的贊詞中，可以看得出這是一位其父被慈禧太后"賜死"的人嗎？

附錄二　張之洞與譚繼洵父子、于蔭霖的關係——羅惇曧對《抱冰弟子記》的誤讀

由中國史學會主編、翦伯贊等人編輯的《中國近代史資料叢刊·戊戌變法》，是一套影響力很大的資料書。其第 4 册節錄了張之洞的《抱冰弟子記》：

　　……某中丞素與齟齬，及罷官歸，語人曰："爲我致謝張公，吾父子惟有感激而已。"蓋力勸其勿附康黨，言之四次也。（按某中丞指義寧陳寶箴，其子陳三立也。）某中丞自負而偏執，論事多不愜，及去官里居，始悟在鄂之多誤。（按某中丞指瀏陽譚繼洵，譚嗣同之父也。）（《張文襄公全集》卷二二八及羅惇曧《賓退隨筆》）[1]

這是將《抱冰弟子記》與《賓退隨筆》合編而一。就編者的用意而言，是恐讀者不明白張之洞之所指，特將羅惇曧的按語作爲提示附上，以方便讀者。

然而，我以爲，羅惇曧的這一說法是錯誤的。而這一錯誤的說法又因《中國近代史資料叢刊·戊戌變法》的流行而廣爲傳播，也有一些學者未細加分辨而采信之。由此須得細加說明，以能予以糾正。

羅惇曧（1872—1924），廣東順德人，名士。曾入廣雅書院，亦入萬木草堂，在晚清任郵傳部郎中，至民國又任袁世凱總統府秘書等職。[2] 所著《賓退隨筆》，多述晚清掌故。然他與張之洞並無直接的交往，對張之洞及其幕中情況也不知情。他指認某中丞爲陳寶箴、陳三立父子、某中丞爲譚繼洵，只是其閱讀《抱冰弟子記》之後的推測，並没有相關的

---

[1]　《叢刊·戊戌變法》，第 4 册，第 231 頁。
[2]　陳漢才：《康門弟子述略》，廣東高等教育出版社，1991 年，第 67—69 頁。

根據。

從"張之洞檔案"來看,從陳寶箴所留下的文獻來看,陳寶箴、陳三立與張之洞關係甚好,並無齟齬之事;從陳寶箴、陳三立的個人經歷來看,也絕無"附康黨"之事,並與康有爲及其學說有着直接或間接的交鋒,張之洞又何來"力勸"之事,又何來"言之四次"之情節?本章先前各節的敍述,也已經説明了以上兩點。

我個人認爲,張之洞在《抱冰弟子記》中所言第一個中丞指譚繼洵、譚嗣同父子,第二個中丞指于蔭霖。他所説的"中丞"應指湖北巡撫,同城辦事,職守上多有重疊,不免也多有衝突。陳寶箴身爲湖南巡撫,職守大不相同,張之洞沒有理由到了晚年還與之計較。

張之洞與譚繼洵父子　譚繼洵(1832—1901),字子實,號敬甫,湖南瀏陽人。咸豐十年(1860)進士,光緒十五年(1889)任湖北巡撫,與張之洞同城爲官九年。戊戌變法高潮期間,光緒帝於光緒二十四年七月十四日(1898年8月30日)下令裁撤督撫同城的湖北、雲南、廣東三巡撫。七月二十三日(9月8日)發電旨:"湖北巡撫關防著交張之洞收繳。譚繼洵來京聽候簡用。"[1]戊戌政變後,譚嗣同等六君子於八月十三日就義,八月十七日(10月2日)清廷再下諭旨:"裁缺湖北巡撫譚繼洵著無庸來京,即行回籍"[2],並沒有因其子譚嗣同獲罪而進一步追究其責。

張之洞任湖廣總督期間,與譚繼洵同城爲官的時間最長。譚爲人雖十分謹慎,而張辦事十分專斷,兩人的關係經常有"齟齬"[3]。這在張

---

[1] 軍機處《電寄檔》,光緒二十四年七月二十三日。
[2] 《光緒宣統兩朝上諭檔》,第24册,第437頁。
[3] 光緒二十年十月至二十二年正月,張之洞署理兩江總督,譚繼洵署理湖廣總督,然張之洞對湖北事務多有干預。在此舉湖北各書院山長、分教習人事安排一例以説明。十月二十九日,張之洞發電譚繼洵:"武昌譚制臺:兩湖書院明年經、史分校,擬(請)仍請楊惇甫、汪穰卿兩君。兩君于經、史各有專長,品行尤粹。尊意當以爲然。特此奉商,祈示覆。洞。豔。"(十月二十九日戌刻發,《張文襄公電稿墨迹》,第2函第9册,所藏檔號:甲182-219;原件無年份,根據内容,當發於光緒二十一年。括號内爲衍字)這是他對兩湖書院的人選做出安排。"奉商"一語,僅是面子上的話。十一月二十七日,張之洞再發電譚繼洵:"武昌譚制臺:尊函及鄂省京紳函均悉。鄂省各書院,從前如左芴卿、胡喬年、張書城,又主襄陽之張太史,皆鄂人,皆弟所請也。此外,周伯晉遥領黄州,余士彬現主晴川,亦皆鄂人也。周福陔先生出赴浙而弟挽留者也,張廉卿堅留不得,關棠、楊守敬屢請分教而不願,錢桂笙暫充分教而力辭。現在鄂紳在籍者實罕矣。(轉下頁)

之洞幕中也是眾人周知的,時任湖北按察使的陳寶箴也經常調解兩人關係。就政治思想而言,譚繼洵較張之洞更保守,對張改革主張多不附和,也經常不在張力主改革的奏摺上聯銜;張之洞反而不時與湖南巡撫陳寶箴聯銜。最爲明顯的一例是關於改科舉,前節已敘,張之洞與陳寶箴聯銜上奏,而譚繼洵則另外單獨上奏。[1] 關於譚繼洵父子之間的政治差異,我雖然沒有找到更多的具體資料,但從一般性的觀察來看,譚繼洵對其子譚嗣同的激進主義並不欣賞;譚嗣同遇難後,他也沒有留下任何資

(接上頁)兩湖書院四分教,現有一湖南之鄧、一湖北之楊,已得其半,似不能藉口。自強學堂係洋務,與書院無涉。惟江漢、經心向多本省人。竊擬請黃翔雲觀察還鄂,主江漢,而移李太史聯芳主荆門,請吳星階侍御兆泰回省主經心。如此,則鄂紳似已無辭。如黃翔雲因喜古學,自願主經心,則吳主江漢。總之,先問黃所願可也。至兩湖分教,文學應仍請楊太史承禧,經學應仍請楊敦甫戶部裕芬,弟當電促其來。理學擬請湘潭孝廉羅順循名正鈞,其人品高學博,最爲相宜。如羅不來,則益陽傳臚、今改某部主事蕭大猷,品學均好,亦可任理學一席。史學擬請蒯履卿太史光典,博雅知名,似甚相宜,現在金陵。四分教仍是兩湖及外省各半。譚仲修、汪穰卿已有書來,辭明年館。繆小山早已言定離鄂。鄧葆之老病甚篤,必不能來。若梁星海本不願看卷,鍾山尚不肯就,九月內已辭,何論其他。特此奉商,如以爲然,即請裁酌示覆,以便速訂。再,黃翔雲掌教於江南尊經,張廉卿掌教直隸蓮池,屠梅君掌教山西令德堂,鄂人主講外省,外省不以爲非,何鄂中不可請外省人耶?向來無此章程。此函京紳並未全列名,似非公論。祈鑑察。洞。宥。"(光緒二十一年十一月二十七日寅刻發《張之洞存來往電稿原件》,第11函,所藏檔號:甲182-382;抄件又見《張之洞電稿乙編》,第9函第47冊,所藏檔號:甲182-70)譚繼洵、鄂省京紳的原信雖未見,很可能是對張十月二十九日電報的回復,但從張之洞的電文可見,已將兩者的意見全駁。十二月初四日,張之洞又發電譚繼洵:"致武昌譚制臺:豔電悉。現擬辦法,江漢、經心皆鄂人,兩湖分校一鄂一湘是兩,書院之中,山長六人,兩湖人已居其四,似不爲少。至李太史聯芳,究係陝西籍,如未訂,似可婉辭,如訂,可委婉商預送明年全年脩金,請其明年不必到館,或即名爲程儀。此可動閑款。所遺江漢,即可改請黃翔雲、吳星階兩君。昨得吳星階自荆門來電,已允明年就省城書院矣。至或江漢或經心,先從黃翔雲所願。總之,此兩席一黃一吳可也。所遺荆門一席,即請張太史鴻翊,此君人品純粹,教士有法,必于士林有益。至此外待館者,如彭鴻翊、王榮光、曹步雲三君,如係鄂人,弟回鄂後必當均爲設法位置,每年必籌數百金薪脩。此三人孰翰林、孰部屬?係何科分、籍貫?請即示知。至兩湖書院,乃弟積年心血經營,必須精選,期於兩湖士林有益。前所擬蒯甚相宜,楊惇甫尤不宜更動也。至自強學堂,弟回鄂後擬大加整頓,非尋常館席可比,文人不皆擅長也。特奉商,統請裁酌示覆。洞。宥。"(辰刻發,《張之洞電稿乙編》,第9函第47冊,所藏檔號:甲182-70)此是覆電,張之洞仍是堅持其意見,僅讓出荆門書院一席。張由此定下明年聘請湖北各書院山長、分教的盤子。電文中雖有"奉商""請裁酌示覆"之詞句,但實際上仍由張來作主。

[1] 張之洞與陳寶箴改革科舉的奏摺於光緒二十四年五月十六日上奏,光緒帝於六月初一日收到(詳見本章第五節)。譚繼洵"變通學校科舉摺"於光緒二十四年六月十八日到達(該日軍機處《隨手登記檔》),光緒帝當日下旨:"譚繼洵奏請變通學校科舉、陳寶箴奏請釐正學術各一摺,著孫家鼐于明日寅刻赴軍機處,詳細閱看,擬具說帖呈進。"(《光緒宣統兩朝上諭檔》,第24冊,第280頁)由此可見,譚繼洵的奏摺上奏時間晚于張、陳聯銜之摺。又,譚繼洵奏摺見《戊戌變法檔案史料》,第231—234頁。

料,認可譚嗣同的政治主張。因此,從他的政治立場來觀察,他很有可能對張之洞心存感激,儘管其子已遇難。

譚嗣同(1865—1898),字復生,號壯飛。他的政治思想與其父有著很大的不同,也因家庭内部的諸多關係與其父並不親近。他很早就與梁啓超等人有交往,亦服膺康有爲的學説。在康有爲及其黨人的運作下,譚嗣同因徐致靖、李端棻的先後保舉,而奉旨進京引見。[1] 譚嗣同於光緒二十四年七月初五日(1898年8月21日)到達北京,七月二十日召見,光緒帝當日下旨:"著賞給四品卿銜,在軍機章京上行走,參預新政事宜。"[2]當譚嗣同聽説其父奉旨入京時,也采取了阻止的手段。七月二十七日(9月12日),由康有爲起草、由御史楊深秀上奏的"新舊人員宜慎重選用摺",明言指責譚繼洵:"守舊迂拘,雖人尚無他,要非能奉行新政者。"該摺還建議:

> 譚繼洵與裁缺廣東巡撫許振禕、裁撤河道總督任道鎔,此等即不逢裁缺,亦當分别罷斥,或優之聽其告休。兹既被裁,即請任其歸去,勿汲汲别議擢用,庶免阻撓新政。[3]

此時譚嗣同與康有爲等人在京中交往甚密,康如此行文,似應與譚商議過。時在張之洞幕中的陳慶年在八月初五日(9月20日)日記中稱:

> 晚間,至王息存談宴。同座者爲姚石荃、梁節庵、陳叔伊諸君。席上得王芍棠方伯抄示譚復生自京來電與其尊人敬甫撫帥,云:英俄已開戰。各國兵船布滿北洋,恐有奇變,緩行爲妙。此昨日辰刻電也。

八日初六日恰是戊戌政變。八月初七日,陳慶年日記又稱:

> 梁節庵來書云:初六日逆賊康有爲革職,天下快心。英、俄並未開戰,此賊黨嗣同欺其父之詞也。[4]

---

[1] 參見拙文《戊戌變法期間的保舉》,《戊戌變法史事考二集》,第152—159、170—171頁。
[2] 《光緒宣統兩朝上諭檔》,第24册,第350—351頁。
[3] 孔祥吉編著:《康有爲變法奏章輯考》,北京圖書館出版社,2008年,第396—397頁。
[4] 《戊戌己亥見聞録》,《近代史資料》,第81號,第120—121頁。"王息存",王秉恩;"姚石荃",姚錫光,"石荃",又作"石泉";"梁節庵",梁鼎芬;"陳叔伊",陳衍;皆是張之洞的幕僚。"王芍棠方伯",湖北布政使王之春。

可見譚嗣同確有電報阻其父北上進京。從私家記載來看，譚嗣同被捕前，曾害怕牽累其父，寫了一些假信，以期被抄走，由此可證明父子間的決裂而減輕其父的罪名。[1]

譚嗣同與張之洞之間確實有思想上的衝突。從現有的材料來看，比較明顯的有兩次。

其一是在光緒二十三年底，張之洞爲防粵漢鐵路之權落于外人之手，授意湖北布政使王之春發電湖南暗中操作，以湖南民意的名義成立湘粵鐵路公司。[2] 譚嗣同此時從南京至武昌回長沙，也負有使命。[3] 根據張之洞、陳寶箴等人的安排，熊希齡、譚嗣同皆爲此事到武昌，與張之洞面議。譚嗣同此期寫給陳寶箴的信中，十分明顯地説明了他在武昌與張之洞之間的思想衝突：

>……善亡之策有二：曰國會，曰公司。國會者，羣其才力，以抗壓制也。湘省請立南學會，既蒙公優許矣，國會即於是植基，而議院亦且隱寓也……鐘簴無固，度力不能争，即可由國會遣使，往所欲分之國，卑詞厚幣，陳説民情，問其何以待之，語合則訂約以歸；不合，然後言戰，亦未爲晚。無論如何天翻地覆，惟力保國會，則民權終無能盡失。於有民權之地，而敢以待非、澳楼黑諸種者待之，窮古今，亘日月，可以斷無是事矣。公司者，羣其貲産，以防吞奪也……若夫

---

[1] 胡思敬在《譚嗣同傳》中稱："其父繼洵，方巡撫湖北，年七十矣，知嗣同必以躁進賈禍，一月三致書，促之歸省，嗣同報父書，言老夫昏髦，不足與謀天下事。聞者無不怪駭。"(《戊戌履霜記》卷四，《叢刊·戊戌變法》，第 4 册，第 55 頁) 陳叔通又稱："戊戌政變六君子中，譚嗣同爲湖北巡撫譚繼洵之子。政變時……嗣同恐其父連坐，正代父寫家書，信中無非痛戒其子如何如何，以見其父教子之嚴。信甫寫完，緹騎已至，遂被捕棄市，家亦查抄……但繼洵並無處分，或即因查抄時發見家信，有人爲之解釋，故獲免。於此可見嗣同之從容就義，而仍不忘其父……此段軼聞爲江陰夏孫桐(閏枝)告余者。夏爲光緒壬辰翰林，時在京供職。"(《譚嗣同就義與梁啓超出亡》，同上書，第 329 頁)
[2] 相關的内容，可參見本章第二節。
[3] 皮錫瑞光緒二十三年十一月初七日日記稱："……到右帥處。蕭希魯、譚朴吾、譚復生已先到。復生乃香帥遣來促辦鐵路、輪船者……香帥恐德人更窺南邊鐵路，復生云：德人已向香帥開口，法人亦有由龍州開路過湘潭到漢之議，故宜趕急自辦。倭有十輪到内江開行之説，小輪亦宜趕辦，今小輪初九借官輪先行，鐵路亦即挂牌開局，徐議章程籌款，請黄公度總辦。未終席，電報又至，復生即起身……"(《師伏堂未刊日記》，《湖南歷史資料》，1958 年第 4 期，第 74 頁) 由此可見，張之洞在此事上對譚嗣同還是有所倚重。

善亡之策,如所陳二事,與凡興民權之類,公力已多優爲之,且無俟嗣同曉瀆矣……而動輒與言民權者爲敵,南皮督部於此爲大不仁矣。且南皮抑又闇于自計矣。夫民何爲而樂有權乎哉?良以絕續存亡之交,其任至重,腌而累人,不忍使一二人獨任,以召絕臏折胝之慘禍。乃羣出而各任其任,厥禍乃息耳。南皮則悍然不顧,負萬鈞,走千里,骨散氣盡,敝敝然立槁矣,而猶不得休止。或哀而擁助之,方且大怒曰:是爭吾權也。嗚呼!是能保中國之必無割滅也,是能保生民之必無遭殺虜也,是能保四萬萬人之身家性命而代尸其饗飧也。夫如是,民復何爲不樂而憂?嗚呼!是蚊負山而螂當車也,是大愚至頑而不可瘳也,是喪天下而身先及禍,怨毒且百世隨之也。嗣同誠無如南皮何,又況其烈于南皮者。悲憤之機括,一觸即躍如故,不覺其詞之洶洶也。方今海內能興民權者,縈惟一我公,又恃垂愛之久而彌厚,故敢蠲除忌諱,陷觸文網……[1]

譚嗣同的這封信,十分清楚地表白了他與張之洞之間關於興民權的爭論。譚認爲列強瓜分即至,爲抗其"壓制"而須興民權、辦公司。以民權的"國會"對付列強的強權,以私營的公司對抗列強的霸占。從信中可以看出,他向張之洞面陳其意見,遭到了"與言民權者爲敵"的張之洞的嚴厲駁斥,兩人言論"洶洶",譚故在信中泄露其悲憤之情。此後譚嗣同的日本之行,亦因張之洞等人的反對而未能成行。[2]

---

[1] 蔡尚思、方行編:《譚嗣同全集》增訂本,中華書局,1981年,上册,第278—279頁。又,該信稱:"抵鄂後,一切詳細情形,除已電達外,餘由熊庶常面陳,今不具述",可知該寫于武昌,且是熊希齡返湘之後,時間似光緒二十三年十二月間。

[2] 譚嗣同於光緒二十四年正月二十一日致信其友劉世珩稱:"別後風水俱逆,直至十九始行抵鄂渚……然因此遲誤,又誤卻一大事。南皮、義寧會派姚石泉及兄密赴日本(此事乞密之),定今日行,兄到遲檢點不及,家嚴遂不允許,飭令即速還湘。失此大事因緣,明日即急裝返里。"(《譚嗣同全集》增訂本,下册,第526頁)譚嗣同此期的行蹤,尚難以確定。他似爲光緒二十三年十二月由武昌返回家鄉過年,然後又趕往武昌。"義寧",陳寶箴。若派譚赴日本,很可能是陳寶箴的意見。張之洞不同意,很可能不僅是譚到達已晚,因爲從武昌到上海,再從上海赴日本,晚幾天也不算大事,而是譚的"民權"思想讓張不放心。且在此後的正月二十四日,張之洞還加派槍炮廠委員徐鈞溥去日本。(《張之洞全集》,第9册,第294頁)"家嚴遂不允許"一語,又牽涉到譚繼洵的態度,其父讓他速回家鄉,很可能也聽到了張之洞的意見。至該年閏三月,張之洞委派譚嗣同總辦湖南制茶公司(《湘報》,中華書局影印本,2006年,上册,第561頁,下册,第[轉下頁]

其二是在光緒二十四年六月,譚嗣同北上進京覲見,路過武昌,見張之洞。康有爲後來致趙必振(曰生)信中稱:

……復生之過鄂,見洞逆,語之曰:"君非倡自立民權乎?今何赴徵?"復生曰:"民權以救國耳。若上有權能變法,豈不更勝?"[1]

由此可見,張之洞與譚嗣同之間再次爲"民權"而發生爭論,而此時張之洞已視譚爲康黨的重要成員。[2]

以上兩例,似可爲《抱冰弟子記》中"力勸其勿附康黨,言之四次"作一注腳。

張之洞與于蔭霖 于蔭霖(1838—1904),字次棠,吉林伯都訥廳(今榆樹)人。咸豐九年(1859)進士,入翰林院,散館後授編修。光緒六年(1880)補詹事府右贊善、左中允等職。光緒八年升湖北荆宜施道,十一年升廣東按察使,十三年丁憂。光緒十六年四月補臺灣布政使,五月因病告退,十月因家族在當地包辦貨捐等事被查辦革職。[3] 甲午戰爭期間,他奉旨到奉天將軍伊克唐阿軍營幫辦事務。[4] 光緒二十一年七

[接上頁] 1084 頁)。可見張之洞雖有不滿,仍注意安排譚嗣同的生計之事。又,姚錫光一行赴日的主要任務是考察教育兼與日方建立政治、軍事等方面的聯繫。(相關的背景材料,可參見《張之洞全集》,第 6 冊,第 108—109 頁,第 9 冊,第 294、297、299、302、306—307、309 頁)

[1] 蔣貴麟編:《萬木草堂遺稿外編》,下冊,第 601 頁。又可參見黃彰健:《戊戌變法史研究》臺北版,第 2 頁。

[2] 光緒二十四年六月十三日,即張之洞與譚嗣同相見之前,發電正在北京的其子張權,並轉給黃紹箕、楊銳,電稱:"京,張君立轉輯、嵃:急。……昨有電旨催黃遵憲、譚嗣同迅速來京,係辦何事?必康秘謀。速覆。鈍。元"。(六月十三日戌刻發,《張之洞電稿》光緒二十五年五月至七月份,所藏檔號:甲 182-456。原整理者有誤,根據內容,該電發於光緒二十四年) 張之洞讓黃紹箕、楊銳去查黃遵憲、譚嗣同來京的背景,並認定此中必有康有爲的秘謀。

[3] 先是御史德蔭參伯都訥廳紳董於岱霖(于蔭霖的堂兄)等侵吞公款等事,朝廷命吉林將軍長順確查。根據長順的報告,朝廷於光緒十六年五月初六日下旨將涉案的翰林院編修于鍾霖(于蔭霖的弟弟)革職。四月初七日方授臺灣布政使的于蔭霖爲此呈請都察院代奏呈訴,並以病告辭。朝廷五月二十六日派左都御史貴恒(後改吏部尚書麟書,再改吏部侍郎敬信)、工部侍郎汪鳴鑾前往吉林查辦。十月初二日,根據敬信、汪鳴鑾的奏摺,朝廷將已告病辭官的蔭霖革職。(參見《清實錄》,第 55 冊,第 793、801、802、805、858 頁;亦可參見《清史稿》,中華書局,1977 年,第 41 冊,第 12523 頁;蔭霖的奏摺見《悚齋奏議》卷一,沈雲龍主編:《近代中國史料叢刊》,第 1 輯,文海出版社,1972 年,第 223 冊,第 61—80 頁)根據以上的經歷,于蔭霖未在臺灣任職。

[4] 于蔭霖在伊克唐阿軍營時,曾擬片上奏將梁鼎芬調往該軍營。其評語稱:"降調翰林院編修梁鼎芬,夙昔以氣節忠義自期,淹貫經史,罷官後彌復砥勵行名,關心時局。寄居湖北、江南兩省,間爲督臣張之洞所禮敬……"(《悚齋奏議》卷三,《近代中國史料叢刊》,第 1 輯,第 223 冊,第 111—112 頁)

月署理安徽布政使,二十四年五月改任雲南布政使。戊戌政變後,慈禧太后復設湖北巡撫,先以甘肅布政使曾龢任之。未久,曾龢因同情變法的言論受到翰林院侍講學士貽穀、光禄寺少卿張仲炘的攻擊,是年十二月,朝廷罷免曾龢,以于蔭霖爲湖北巡撫。

于蔭霖與張之洞的交往,可追溯到翰林院同官時期,且同屬於清流一黨。光緒四年崇厚與俄國擅訂《里瓦几亞條約》,消息傳出,他與張之洞等人交章彈劾,請誅崇厚,彈劾李鴻章,名重一時。[1] 民國年間,柯劭忞爲《于中丞奏議》作序,稱言:

  光緒之初,公在春坊,與南皮張文襄公、翰林侍講學士豐潤張公、詹事府少詹瑞安黃公並以直言敢諫聞名天下,凡朝廷用人行政,一不愜於輿論,必抗疏力爭,不避怨嫌。而兩張公與黃公皆公館閣後進,一切建白,必與公熟籌審計,公亦侃然以匡君之責自任,故當世稱爲翰林四諫……[2]

柯劭忞的説法,細部似有誤,但稱于蔭霖爲清流幹將,與張之洞、張佩綸、黃體芳交善,是不錯的。按照柯劭忞的説法,當他風頭正健,朝中"用事大臣終以其不便宜所爲",將之調出京城出任外官。于蔭霖出任廣東按察使時,是兩廣總督張之洞的下屬,與翰林院的舊友梁鼎芬再度相交,並結交陳寶箴。此後于蔭霖丁憂、出任臺灣布政使後被革,張之洞都爲之牽挂。甲午戰敗後,光緒帝先是下令命張之洞保舉鐵路人才,後又下令命各地大員保舉人才。張之洞奉前旨時於光緒二十一年六月初九日(1895年7月30日)電奏,保舉于蔭霖、陳寶琛爲鐵路人才,對於的評語稱:"品行端方,才識明決,事必核實,應變有方。"[3] 九天後,六月十八日,張之洞奉後旨而上奏保舉人才十六人,第一人即是于蔭霖,其評語爲:"該員品行端重,器識閎深,不畏強禦,而才具甚長,復能理煩應變。

---

[1] 《悚齋奏議》卷一,《近代中國史料叢刊》,第1輯,第223冊,第27—39、54—62頁。
[2] 《悚齋奏議》序,《近代中國史料叢刊》,第1輯,第223冊,第3頁。稱張之洞、張佩綸、黃體芳爲"館閣後進",似爲誤。
[3] 《張之洞全集》,第4冊,第444頁。

第五章　張之洞與陳寶箴及湖南維新運動　375

歷任湖北、廣東司道,所到之處,政聲卓然,吏民翕服,實堪大受。"[1]光緒二十三年七月二十九日(1897年8月26日),張之洞又一次上奏保舉人才6人,其中仍有于蔭霖。[2] 在不長的時間裏,張之洞三次保舉,這是很罕見的,而張在其評語中特別強調了於的"品行"。值得注意的是,張之洞前兩次保舉時,于蔭霖正是革職休閑在家,一個月後,七月二十六日,他奉旨署理安徽布政使,二十七日,賞給三品頂戴。這些旨命很可能與張之洞的保舉有關。[3] "張之洞檔案"中涉及于蔭霖的文電也有一些。[4] 這裏可舉其中一例,以說明他們之間的關係。光緒二十三年二月十三日(1897年3月15日),張之洞發電:

> 安慶于藩臺:黃漱翁已於初六日到滬,此時想已抵皖,祈詢明速示。仲韜有家信一函,前五日由敝處加封交郵政局寄尊處較交,已收到否?並祈電覆。洞。元。[5]

一個月後,三月二十三日,張之洞再次發電:

> 安慶于藩臺轉交黃漱翁:請與同節庵來鄂,盤桓兼旬。至盼。洞。箇。[6]

---

[1] 《張之洞全集》,第3冊,第269—270頁。其餘的15人是黃體芳、陳寶琛、李用清、林壽圖、梁鼎芬、孫葆田、趙爾巽、程儀洛、陸元鼎、惲祖翼、黎庶昌、袁世凱、王秉恩、聯元、江毓昌。從這個名單可以看出張之洞對于蔭霖的賞識程度。

[2] 《張之洞全集》,第3冊,第435—436頁。此次張之洞保舉6人的順序爲:廷傑、于蔭霖、瞿廷韶、余肇康、鄭孝胥、黄忠浩。于蔭霖爲第二位,評語爲:"該員學有本原,體用兼備,品望素優。前任湖北荆宜施道,節省堤工土費。任廣東按察使,察吏戢匪,兩處官聲均好。今官皖省,與湖北鄰境,吏民稱頌,敬其方嚴而感其誠恕,實爲兩司中不可多得之員。論其公正廉明而不避嫌怨,素與山東巡撫李秉衡齊名。而思能綜合,才能應變,似尚勝之。"

[3] 于蔭霖於光緒二十年八月奉旨到伊克唐阿軍營差遣委用,二十一年四月因病請離營。五月初五日,根據山東巡撫李秉衡的保舉,奉旨交吏部帶領引見。(《清實錄》,第56冊,第799頁;《清代官員履歷檔案彙編》,第6冊,第130—131頁)《清史稿·于蔭霖傳》稱:"總督張之洞、山東巡撫李秉衡交章論薦,詔賞三品頂戴。署安徽布政使。"可能有所本。(《清史稿》,第41冊,第12523頁)

[4] 光緒二十二年,張之洞爲李鴻藻冶病,曾與蔭霖有著較多的文電往來,參見本書第六章第五節。

[5] 《張之洞存往來電稿原件》,第14函,所藏檔號:甲182-385;抄件又見《張之洞電稿》光緒三十四年,所藏檔號:甲182-484,原整理者有誤,將"丁酉"誤爲"光緒三十四年"。"黃漱翁",黃體芳。"仲韜",黃紹箕。

[6] 子刻發,《張文襄公電稿墨迹》,第2函第9冊,所藏檔號:甲182-219。"節庵",梁鼎芬。

黃體芳、梁鼎芬此時皆住在于蔭霖處，由此可見清流黨人之間的交往與關聯。而于蔭霖改任雲南布政使時，亦在上任途中住在武昌養病，盤桓多時。[1] 至於以于蔭霖出任湖北巡撫，朝中似有人予以特別關照。他們知道張、于關係甚好，本是一條船上的人，相互欣賞，自然可以同舟共濟。

于蔭霖到武昌任官後，與張之洞在政治觀念上有着較大的差異，兩人之間也有着一些爭議。《清史稿·于蔭霖傳》稱：

> 之洞爲總督，頗主泰西新法。蔭霖齗齗爭議，以爲："救時之計，在正人心、辨學術，若用夷變夏，恐異日之憂愈大。"之洞意迕之，然仗其清正，使治吏事。湖北財賦倚釐金，蔭霖精心綜核，以舉劾爲激揚，歲入驟增數十萬。[2]

儘管兩人政見不同，兩人的工作關係也一直處理得很好。光緒二十六年正月十一日（1900年2月10日），張之洞發電許景澄、樊增祥，其中涉及到于蔭霖：

> ……再，聞王爵堂恐因軍務調浙，劉樹堂係皖籍，或令劉來鄂，而於調皖。此本外間擬議，惟于在湖北在勵精圖治，輿論歌頌，皖人卻不稱贊。若于調皖，似非楚民之福。此情望速與貴同鄉商之爲禱。[3]

許景澄爲浙江人，"貴同鄉"似指軍機大臣、總理衙門大臣王文韶及同爲總理衙門大臣的袁昶；而樊增祥爲湖北人，朝中權貴中並無其同鄉，但他此時在軍機大臣榮祿的幕中，張之洞此處似暗示樊與榮祿"商之"。從這份電報可以看出，張之洞此時對于蔭霖的評價很高："勵精圖治，輿論歌頌"。爲了不讓于蔭霖調任安徽或不讓劉樹堂任職湖北，張還不惜走了榮祿的門子。

未過多久，義和團興起于北方，張之洞與于蔭霖的矛盾一下子暴發

---

[1] 相關的情節，可參見本書第六章第七節。
[2] 《清史稿》，第41冊，第12523頁。
[3] 正月十一日未刻發，《張之洞電稿》光緒二十五年正月，所藏檔號：甲182-456。原整理者有誤，根據內容，該電當發於光緒二十六年。"王爵堂"，王之春，此時任安徽巡撫。"軍務調浙"，指此時意大利強索浙江三門灣事件，清廷決意力爭，不惜於開戰，即以王之春調浙江，浙江巡撫劉樹堂調湖北，湖北巡撫于蔭霖調安徽。

出來了。于蔭霖的學術門徑是理學,曾師事於當時的大儒倭仁,政治思想上趨於保守。這也是清流黨人的底色。先是在光緒二十三年秋,德國藉口"曹州教案"强占青島,清廷亦在德國的壓力下,將當時著名的"清官"與"能吏"前任山東巡撫、新任四川總督李秉衡解職。時任安徽布使政的于蔭霖,對朝廷對外軟弱的政策極爲不滿,於光緒二十四年三月十五日(1898年4月5日)上奏彈劾李鴻章、翁同龢、張蔭桓,要求將其解職,並稱:

> 如蒙皇上采納臣言,即請明頒諭旨,召見徐桐、崇綺,並速發電旨召張之洞、邊寶泉、陶模、陳寶箴諸臣入都,任以事權,詢以今日應補救者何事,應籌辦者何事,迅速整理,大局必有轉機。[1]

徐桐與崇綺,皆是思想極其保守者,也是于蔭霖在思想上所推崇的理學大師。"己亥立儲"後,徐桐、崇綺、"大阿哥"的本生父端郡王載漪走向前臺,朝廷的政治方向也越來越趨於極端保守,他們爲了與列强對抗,開始利用義和團,北京的局勢大變。湖廣總督張之洞與兩江總督劉坤一對朝政不滿,更不同意對外開戰,私下派員與英國等國駐上海領事商議,在長江流域達成互不侵犯的默契,即"東南互保"。湖北巡撫于蔭霖卻在忠君保國的思想激勵下,主張對外强硬。光緒二十六年五月十九日(1900年6月15日),于蔭霖電奏:"速召李秉衡入都,畀以幫辦武衛軍事權。"二十二日,他又恐電報中斷,另發奏摺兩件,分別由陸路與海路上呈。[2] 六月初五日,張之洞、于蔭霖根據朝廷的命令,派兩湖兵勇十營由湖南布政使錫良統領北上;而于蔭霖又自行派募兩營,製造擡槍,準備親自率領入京。[3] 六月二十日,于蔭霖再次上奏保舉李秉衡,總統京

---

[1] 《光緒朝硃批奏摺》,第 120 輯,第 664—671 頁。是年閏三月初八日,光緒帝收到該摺,硃批:"留中",且未將該摺上呈慈禧太后。(軍機處《隨手檔》,光緒二十四年閏三月初八日,並參見該日《上諭檔》、《洋務檔》)

[2] 故宫博物院明清檔案部編:《義和團檔案史料》,中華書局,1979 年,上册,第 151—152 頁。又據于蔭霖光緒二十六年五月十八日日記:"……星海來商,請內召鑑翁,所見甚是。電鑑翁告知之。"十九日日記:"鑑覆電,有聞召即登程之語,真公忠可欽。即日入奏。"(《悚齋日記》卷五,《近代中國史料叢刊》,第 1 輯,第 224 册,第 1096—1097 頁)"鑑翁",李秉衡,字鑑堂。據此,請電召李秉衡是梁鼎芬與于蔭霖商議的結果。五月二十八日,清廷召李秉衡進京陛見;次日,于蔭霖的奏摺到京。(見該日軍機處《隨手檔》)而于蔭霖的電奏是否到達,尚未查見。

[3] 《張之洞全集》,第 4 册,第 482 頁;《義和團檔案史料》,上册,第 638 頁。

畿各軍。[1] 然張之洞對北方的政情與軍情並不看好,兩湖援軍遲遲不北上,于蔭霖一再催促。從此期于蔭霖的日記,可以看出其心思之所繫:

光緒二十六年五月二十二日,"見十九日上諭,此人(指李鴻章)內召,事愈不可為矣"。

二十四日,"失大沽炮臺信確,晤南皮,擬會奏請速剿拳,以紓急禍。兩宮憂危,日間竟不知何若,憂迫無以自安"。

二十九日,"鑑帥(李秉衡)電來,北行事定,頗心慰。移晤南皮,商遣兵事"。

六月初三日,"鑑電來云:是日接廷寄,令陛見,明日午即起程……鹿滋帥(鹿傳霖)電來,亦奉旨入衛,乃滋帥自請也。二公皆令人起敬"。

初五日,"制軍摯銜電奏,遣方總兵友升統五營,並湖南五營,統歸湖南錫清弼(錫良)方伯總統北上。余既不能行吾初志——親身入衛,而南北兩軍成行尚未有日,此事真令人愧憾"。

初七日,"函催南皮云:若再遲遲其行,不但於心不安,吾等將受天下之責矣"。

初九日,"定意招營北上"。

十一日,"定令候補副將吳清泰赴河南招軍"。

十六日,"錫方伯到,見其五營官崧、周、張、傅、張。吳清泰、李連元、青林往信陽招勇。初七日諭旨,因京師情形緊急,急寄英俄日三國之書,復召李某(指李鴻章)"。

十七日,"'宗社必滅裂',此何語!而行諸公牘,真無人理者矣。可駭可駭!斯人也,真無所不至、無忌憚之極矣"。

二十七日,"清弼方伯六鐘啓行,未得送此行。可敬也"。

七月十六日,"連日聞十二日北倉失,裕制軍(裕祿)死之(或云

---

[1] 軍機處《隨手檔》光緒二十六年六月二十八日;《悚齋奏議》卷五,《近代中國史料叢刊》,第1輯,第223冊,第198—201頁。

陣亡,或云自盡),總之,無虧大節……山東電,旋傳十五日河西務官軍被洋兵衝散,鑑帥受重傷。驚極!但盼其不死"。

二十一日,"……鑑公十六日已隕矣。公之忠烈,炳如日星,志決身殲,於茲無愧。惟人之云亡,大事去矣!環顧諸烈,無復能似此者矣。悔不當請公統援軍,爲國家留此支木也。痛何如之"。

八月初九日,"前兩日接初三保電,有崇公(崇綺)前宵自經之語,悼惋實深……"

十五日,"南皮付閱京滬各電四紙,時局萬難措置。敵以請回鑾而後開議要我,此最虎狼毒計。聞某相(指李鴻章)已以此請"。

十八日,"接文叔瀛(文治)初八日來函,並寄南皮函,大聲疾呼,忠憤惻人。事雖未行,足以藥我矣"。

二十日,"……又保電:徐相國(徐桐)與公子、眷屬,王祭酒(王懿榮)與妾、媳同殉節,真堪敬痛"。[1]

于蔭霖作日記時,已是準備刊行的,而刊刻者又有選錄,許多真情會有隱匿。然從以上摘錄中已經可以看出,于蔭霖與張之洞之間已經矛盾激化。他反對李鴻章,推崇李秉衡、鹿傳霖、崇綺、徐桐,這雖是他一貫的政治態度,但到了這個關鍵時刻,又有着特別的意義——張之洞、劉坤一、李鴻章、袁世凱此時已經結成了新的政治同盟,反對主持朝政的極端保守派,主張對外和議。他又以忠臣烈子之心,請求親自率兵入京勤王,指責張之洞緩以發兵。[2] 需要說明的是,他此期身體極差,不久後出任河南巡

---

[1]《悚齋日記》卷五,《近代中國史料叢刊》,第1輯,第224册,第1097—1127頁。"定意招營北上","定令候補副將吳清泰赴河南招軍","吳清泰、李連元、青林往信陽招勇"等語,皆是于蔭霖自行招軍入京勤王之舉。

[2] 于蔭霖後於光緒二十六年閏八月初四日日記稱:"文叔瀛前此致南皮信云:'竊聞於不可已而已者,無所不已。'又云:'率天下勤王,非人微望輕者所能爲,固知此舉非閣下不能。既非閣下不能,便是責無旁貸。'又曰:'君父之大難,朝廷之大辱,天下之大變,中國之大恥,夷狄之禍,至於此極。臣子何以爲生?而今南北判若兩家,從古所未有也。'又曰:'不患者衆之不從,只恐我之不斷。'詞無激烈而意卻咄咄逼人,事雖未行ított,此意可一日忘哉?!"(《悚齋日記》卷五,《近代中國史料叢刊》,第1輯,第224册,第1137—1138頁)此即是八月十八日日記中所談到的文治來信。然於此時八國聯軍已占領北京,慈禧太后和光緒帝已逃到西安,在政治上已是塵埃落定,然于蔭霖一個月後仍在日記中如此抒發心中的悲憤,可見其用情已極。

撫,從武昌到開封,就走了一個月另八天,若其真統兵北上,或將數月之後方到北京或將病死於途中。這也是"明知不可爲而爲之"的儒生本性。

光緒二十六年閏八月十七日(1900年10月10日),已經逃到西安的慈禧太后,因河南地位的突顯,調于蔭霖改任河南巡撫。二十一日,又下旨催其迅速赴任籌辦。張之洞聞訊即向其姐夫、軍機大臣鹿傳霖打聽消息。[1] 于蔭霖奉到電旨後,於九月初七日離開武昌,張之洞似乎大大地松了一口氣。十多天後,山東巡撫袁世凱向他打聽消息時,一肚子的怨氣一下子發了出來,他在給袁世凱的電報中稱:

> 濟南袁撫臺:某公敬徐、尊崇、師李、護端、助剛、愛毓、贊董、獎拳、親文。文者,劾沿江沿海督撫之文治也。惡鐵路、惡學堂、惡洋操、惡探員電報、惡聞懲首禍。調豫撫後,宗旨忽變。名叩。嘯、卯。[2]

"徐"爲大學士徐桐,"崇"爲前禮部尚書、同治帝的岳父、"大阿哥"的師傅崇綺,"李"爲前山東巡撫李秉衡,"端"爲"大阿哥"的父親端郡王載漪,"剛"爲軍機大臣剛毅,"毓"爲前任山東巡撫、時任山西巡撫的毓賢,"董"爲武衛後軍(甘軍)首領、參與攻打北京使館區的董福祥,皆是極端保守的高官。文治,字叔瀛、叔平,滿洲鑲紅旗人,同治四年(1865)進士,入翰林院。時任兵部侍郎,出爲浙江學政。他曾寫信給張之洞、于蔭霖,指責他們違反儒家的教義,未能領兵勤王;亦曾於光緒二十六年八月十六日上奏,彈劾浙江巡撫劉樹堂,並要求朝廷下令各省派精兵强將,先行攻占已被八國聯軍占領的通州、天津。[3] 對於這一位多年的舊友,張之

---

[1] 張之洞電稱:"潼關,軍機大臣鹿尚書:泰密……于、裕互調,因豫緊耍耶,抑因鄂無旗員耶? 裕在豫招拳未妥,朝廷知之否? 須陞見否? 閩浙臬榮銓疏詆東南督撫,内意如何? ……"(光緒二十六年閏八月二十四日午刻發,《張文襄公電稿墨迹》,第3函第13册,所藏檔號:甲182-219)

[2] 光緒二十六年九月十八日卯刻發,《張之洞電稿乙編》,第68册,所藏檔號:甲182-74。"名叩",原文如此,似爲"名心叩"之誤。

[3] 《義和團檔案史料》,上册,第570—572頁。值得注意的是,文治在附片中稱:"主辱臣死,古今通義,時事至此,實君父之大難,國家之大恥,爲臣子者斷無坐視不動之理……擬將學政印信移交巡撫兼管。奴才當前往湖北與湖廣總督、湖北巡撫面議,隨同北行。奴才迂疏庸儒,素不知兵,並不干預軍事。只欲藉資練習,親歷行陣,觀行軍用兵之法,期後日報忠朝廷,效死行間。倘必不遇勤王之師,便當奔赴行在,一覲天顏,稍紓戀戀之忱。"由此可見,文治還打算親自去武昌,以説服張之洞、于蔭霖起兵勤王。又,文治的摺片來看,並無"劾沿江沿海督撫"之舉,當時上奏彈劾"東南各省督撫"的,是文治的同官浙江按察使榮銓。(見同上書,第572—574頁)

洞在給新交的電報中竟然使用如此惡毒的語言——"惡鐵路、惡學堂、惡洋操、惡探員電報、惡聞懲首禍"，可見惡感之深。而張之洞不利於于蔭霖的言論，我在"張之洞檔案"中僅見到此件，很可能也是他一生中對于蔭霖惟一的惡評，他本人也未在該電上署真名。至於張之洞稱于蔭霖調任河南後"宗旨忽變"，並非是那種"識時務"的機變，而是于蔭霖的政治取向有了變化。

光緒二十七年正月十三日（1901年3月3日），清廷進行官員的調整，命于蔭霖回任湖北巡撫。然正在北京與各國進行談判的全權大臣慶親王奕劻、李鴻章，於正月二十四日發來電報，稱接到英國公使薩道義（Ernest Mason Satow）的照會，"于蔭霖不得再回原任"。[1] 當時各國正提出懲辦"首禍"，清廷對於英國的要求也不敢掉以輕心，而英使薩道義的要求實在理由不足：不反對于蔭霖繼續出任河南巡撫卻反對其回任湖北，似乎回任湖北將對英國不利而留在河南將利於英國？軍機處對此於正月二十六日回電，小心翼翼地反駁薩道義的理由，"何得以未經查明之事干預我用人之權？"[2] 全權大臣奕劻、李鴻章收到此電後，立即照覆薩道義，而薩道義卻提出了言詞更爲激烈的照會。奕劻、李鴻章於二月初五日諮覆軍機處，引用該照會，其中的一段話很有意思：

　　……總之，于蔭霖復任鄂撫，係屬不宜之舉。鄂督果有辦理交涉專責，而調一相左之員裏助，致掣其肘，亦非公允。且彼此意見既殊，難期和衷爲理。

---

[1]《義和團檔案史料》，下冊，第990頁。該照會稱："該員嫉視西人，衆所共知，任鄂撫時辦理甚不妥善，設非調豫，早經照請他調，今回本任，礙難允從。前此晉省避難教士，道經晉豫，地方官於優待之意相去逕庭，抵楚之後，方獲合宜之款，足昭前言非謬。本大臣越俎內政，本非所願，但事關重要，不午不盡忠告。"從照會內容來看，並沒有提出對于蔭霖不利的事件。
[2]《義和團檔案史料》，下冊，第994頁。軍機處電稱："英使照稱，于蔭霖嫉視西人，在鄂撫時辦理不善。前此晉省教士避難，道經晉豫，地方官於優待之意相去逕庭，抵楚後方合宜，等語。彼時晉撫係毓賢，豫撫係裕長，教士抵楚後款待合宜，正于蔭霖任鄂撫之時。且交涉者鄂督主政，鄂撫何從辦理不善？是英使照會係錯誤，何得以未經查明之事干預我用人之權？應請詳細辨明，勿任狡執侵越爲要。"該電報從事實層面上全面駁斥了薩道義提出的理由。

薩道義竟然爲張之洞、于蔭霖是否能合作而擔心，爲此要求"合即再請貴王、大臣將本大臣力駁于蔭霖調任鄂撫之處明晰奏聞"。對於薩道義的要求，奕劻、李鴻章稱："查更調督撫，關係朝廷用人之權，本未便任其干預。該使函內亦自以越俎爲嫌，而其用意似盼我疆寄得人。就目前時勢而論，似不能不兼籌並顧，以固和局。究應如何辦理之處，自應請旨裁奪。"[1]自"東南互保"後，張之洞與英國外交官多有交往，此時更因俄國拒還東三省而與英國外交官聯繫密切；薩道義此次交涉是否有張之洞的暗中活動，我在"張之洞檔案"中還沒有看到相關的資料，但我仍隱隱地感到，張很可能不願意于的回任，而向英方透露了什麼，否則薩道義又何從知道于蔭霖任鄂撫時"疾視西人"的態度呢？

全權大臣奕劻、李鴻章將薩道義與他們之間的全部照會文件抄送軍機處，用"六百里加急"的速度從北京送往西安。十多天後，光緒二十七年二月十六日（1901年4月14日），清廷根據奕劻、李鴻章的呈文，下令于蔭霖調補廣西巡撫；[2]再過十多天後，三月初三日，清廷下令將于蔭霖免職，"另候簡用"。[3]

據于蔭霖的日記，他於光緒二十七年正月十五日得知回任湖北，二月十六日接電旨得知改任廣西，三月初六日得知已開缺。他在與新任豫撫松壽交卸後，上了一道奏摺，要求覲見並休假三個月：

> 惟臣自上年九月由鄂省渡江，感受風寒，未及醫治……因此數月已來，舊疾尚未就痊，轉覺痰涎凝滯……據醫者云：症由肝火鬱結，侵擾中焦，上衝心營，遂見怔忡之症，必須靜養多時，治療方能見效各等語。合無籲懇天恩，賞假三個月，俾得從容醫治。北方素乏

[1]《義和團檔案史料》，下冊，第1004—1005頁。
[2] 軍機處《隨手檔》光緒二十七年二月十六日記："遞慶、李諮文一件（附照會二件）"。由此可見兩者之間的關係。
[3]《光緒宣統兩朝上諭檔》，第27冊，第26、50頁。《清史稿·于蔭霖傳》稱："廷議蔭霖不善外交，覆降旨開缺"（中華書局版，第41冊，第12524頁）。然查三月初一日至初三的軍機處《隨手檔》、《上諭檔》，未能找到任何線索。而三月初三日清廷設立督辦政務處，派奕劻、李鴻章、崑岡、榮祿、王文韶、鹿傳霖爲督辦政務大臣，劉坤一、張之洞"遙爲參預"，是清末新政開始的標誌性事件，不知此事與於的開缺是否有關。

良醫,並擬寄居豫楚間水土清潤之區,息心調理。[1]
他所選擇的"豫楚間水土清潤之區",即是河南西南部的南陽(諸葛亮當年"臥龍"之處)。四月初二日,他離開省城,十一日到達,在此讀書與休養。[2]

南陽休養的生活,使于蔭霖的思想有了較大的變化。他在光緒二十七年五月十三日(1901年7月2日)日記中記:

> 變法事,極宜慎重,思今日凡百,全是壞在欺蔽二字,似莫若自內及外,自上及下,一切事全行揭開敞明。某事有幾多層折費,幾多花用(凡干係利者尤要),不但不作罪過,可留者留,當去者去,先成一個光明白地,無所用其掩蓋敷飾,然後再講辦法……

次日,十四日又記:

> 聞傳來諭旨,屠梅君以五品京堂起用,甚喜!用在政務處,尤當。前此諸人不如也。今日變法事,非用第一等人不可,能持之得當者,即能了今日之事。[3]

此時他離開職位僅一個多月,竟然已經提到了"變法"!他雖然強調了

---

[1]《悚齋奏議》卷十,《近代中國史料叢刊》,第1輯,第223冊,第425—426頁。又據軍機處《隨手檔》該摺於四月十一日收到,硃批"著賞假三個月"。

[2] 據于蔭霖日記,光緒二十七年四月二十六日,他"接豫撫松公來牘,奉旨賞假三個月。"(《悚齋日記》卷六,《近代中國史料叢刊》,第1輯,第224冊,第1186頁)

[3]《悚齋日記》卷六,《近代中國史料叢刊》,第1輯,第224冊,第1194—1195頁。需要說明的是,庚子事變後清廷於光緒二十六年十二月初十日下達的改革諭旨,對于蔭霖也是一個促動。該諭旨要求各省督撫"各就現在情形,參酌中西政要……各舉所知,各抒己見,通限兩個月,詳悉條議以聞"。(《光緒宣統兩朝上諭檔》,第26冊,第460—462頁)由此于蔭霖於光緒二十七年三月上奏,要求:一、改兵制(設民兵);二、求將領(文官將兵);三、改軍械(兼用擡炮);四、變學校(多設義塾);五、改科舉(徐改,勿廢制藝,兼試時務);六、變通條例文牘(刪繁就簡以實);七、課吏以實政;八、京官加俸。(《悚齋奏議》卷九,《近代中國史料叢刊》,第1輯,第223冊,第373—396頁)從該摺的內容來看,還是按照傳統的精義來辦理實政,援引西方政治學說及相關事例者極少。又據軍機處《隨手檔》,該摺於光緒二十七年三月二十九日到達。還需注意的是,于蔭霖的門人胡元吉亦錄其言:"今日變法事,非用第一等人不可,能持之得當者,即能了今日之事。(先生屢言變法必得屠仁守、夏震武二人在政務處,以二人尚知政體而敢言也)"(《南陽商學偶存》,《近代中國史料叢刊》,第1輯,第223冊,第634頁)再又,于蔭霖此時對變法與政治的看法,又可見其於光緒二十七年九月十七日在河南洛陽觀見慈禧太后與光緒帝時的進言,更爲詳細,但主旨仍同。(《悚齋日記》卷六,《近代中國史料叢刊》,第1輯,第224冊,第1254—1264頁)

變法的條件,但畢竟是方向性的轉折。而於此時發生的另一事件,既可說明他的政治態度,似又說明對張之洞的態度。五月二十三日(7月8日)日記稱:

> 昨夜心中勞擾,不眠,愈見以前錯處。湖北撫端午樵中丞方來拜,聞端言:兩宮意見又如前;和局賠款三十年,年二千六百萬;回鑾後,諸事全無把握;全權李(鴻章)仍主聯俄,亦無把握。甚爲可憂。[1]

端方是新任湖北巡撫,上任途中在南陽與于蔭霖相見。端方告訴了京師的政情,使於擔憂;於在自我反省中的"愈見以前錯處",也應向端方表白過;這與張之洞所言"及去官里居,始悟在鄂之多誤",是大體一致的。由此似可以推論,于蔭霖向端方表白過去的錯誤,端方按自己的理解將之報告張之洞,張之洞又按自己的理解來看待于蔭霖的表白。傳話與理解之間,自然會有一些走形。

于蔭霖在南陽住了下來,除了慈禧太后、光緒帝回鑾時赴洛陽覲見外,一直沒有離開。清廷後來沒有"簡用",張之洞也沒有保舉。在讀書與修行的平靜之中,于蔭霖度過了他的晚年。光緒三十年(1904),他去世了。從于蔭霖日記與"張之洞檔案"來看,兩人此後似無交往。

《抱冰弟子記》是張之洞晚年對其一生的總結,用詞極爲謹慎。他與陳寶箴父子關係很好,不可能突加指責。羅惇曧作爲康有爲的弟子,對陳寶箴父子的評判很可能受到了康有爲的影響[2];康、梁並不完全了解陳寶箴父子對他們的評價,甚至將之當作他們可資利用的對象。下節

---

[1]《悚齋日記》卷六,《近代中國史料叢刊》,第1輯,第224冊,第1204頁。端方,字午橋。又,于蔭霖的門人胡元吉曾錄其言:"去年崇文節公(綺)洋兵入城一家盡節,先令家人死,然後自盡,如此從容就義……雖開釁之時,輕信邪教,公亦不免,然此節斷不能磨滅。"(《南陽商學偶存》,《近代中國史料叢刊》,第1輯,第223冊,第636頁)他肯定了崇綺的節氣,也指出"輕信邪教"之誤,即"以前錯處"。再又,慈禧太后從西安回鑾,于蔭霖在洛陽覲見時有一段對話:"(太后)問:張之洞辦事還好? 對:辦事盡心。問:他辦洋務還好? 對:他留心外國情形,通達洋務。問:湖北省交涉教案事多,州縣中能辦教案者尚有人? 對:也還有。"(《悚齋日記》卷六,《近代中國史料叢刊》,第1輯,第224冊,第1257頁)于蔭霖的口氣似有勉強,但畢竟給了肯定的回答。

[2] 蔣貴麟編《萬木草堂遺編外編》,錄羅惇曧致康有爲三信,可作參考。(見該書下册,第874—875頁)

將細述之。

附錄三　康有爲一派對陳寶箴父子政治態度的誤解與誇張

　　戊戌變法期間,康有爲沒有去過湖南,與陳寶箴、陳三立父子沒有直接的交往;梁啓超於光緒二十三年九月二十二日到達長沙,任時務學堂總教習,宣傳康有爲學説,至光緒二十四年二月十四日因病離開,共在長沙住了四個多月;康有爲的弟子韓文舉、葉覺邁、歐榘甲,亦曾先後任時務學堂的分教習。

　　康有爲、梁啓超對陳寶箴、陳三立父子態度之三變　以梁啓超出任湖南時務學堂的總教習,是黃遵憲的主意,得到了陳寶箴、陳三立父子的支持。[1] 皮錫瑞在日記中記錄了梁啓超與陳寶箴、陳三立父子之間的交往:

　　　光緒二十三年十一月初四日,"易中實邀遊麓山,約巳刻往,登

---

[1] 熊希齡光緒二十三年八月十二日致汪康年信稱:"湘學堂中文教習無人,初,各紳議,只立分教,而緩立總教,及公度到湘,力言總教無踰于梁卓如者⋯⋯"(《汪康年師友書札》,第3册,第2840頁)鄒代鈞同日致汪康年信稱:"湘中開設學堂,西文、中文教習,均未覓得其人。公度已薦一琴爲西文教習,卓如爲中文教習。義寧父子及湘紳無不喜悦。""公度七⋯⋯卓如在館僅作論,若來湘,仍可作論寄滬,於報事毫無妨礙,且卓如不來湘,必爲南皮强去云云。故義寧已下關聘兩君矣。"(同上書,第2743頁)"義寧父子",陳寶箴、陳三立。譚嗣同致汪康年的信中稱:"熊秉三來書,言湘中官紳決計聘請卓如、一琴兩君爲時務學堂總教習,黃公度尤極力贊成⋯⋯"(光緒二十三年九月初六日,《譚嗣同全集》增訂本,第511頁)陳寅恪稱:"⋯⋯丁丑春,余偶遊故宫博物院,見清德宗所閲舊書中,有《時務學堂章程》一册,上有燭燼及油污之迹,蓋崇陵乙夜披覽之餘所遺留者也。歸寓舉以奉告先君,先君因言聘新會至長沙主講時務學堂之本末。先是嘉應黄公度丈遵憲,力薦南海先生于先祖,請聘其主講時務學堂。先祖以此詢之先君,先君對以曾見新會之文,其所論説,似勝於其師,不如舍康而聘梁。先祖許之。因聘新會至長沙。"(《讀吴其昌撰〈梁啓超傳〉書後》,《寒柳堂集》,生活・讀書・新知三聯書店版,第167頁)"丁丑",1937年。"德宗"、"崇陵",指光緒帝。按當時的官場規則,時務學堂總教習一職,須經湖南巡撫陳寶箴的認可或批准,然陳三立向陳寅恪説明其提議招聘梁啓超,亦有重要意義,即其承認當時的罪名"招引奸邪"。

舟則主客皆未到齊，已過午矣。中實與陳笠唐、江建霞、梁卓如、李一琴、陳伯嚴、熊秉三、蔣少穆及予共九人，黃公度不到……"

此是梁啓超、陳三立等人共遊岳麓山。

光緒二十四年正月初四日，"致書卓如，屬以上右帥書及南學會序稿見示，覆云書稿在研甫處，以刊成學會章程見示，序文淋漓痛切，言羣誼切湖南之病"。

此是梁啓超上書陳寶箴事。

正月三十日，"下午，秉三約到時務學堂議開講事，至則諸君未到，卓如病瘧不出……秉三共公度廉訪、沅帆、復生、唐黻丞先後至，即在卓如房中共談，見卓如頭名共數十人請南北洋、兩湖總督及右帥出奏，爲婦女裹足傷生，請旨禁革，立定分限"。

此是梁啓超領銜上書給劉坤一、王文韶、張之洞、陳寶箴，請求上奏禁止纏足。

二月初十日，"聞右帥已具奏，請殿試、朝考，概用糊名易書之法，梁卓如之筆也。卓如將往粵爲乃翁五十祝壽，病已愈矣"。[1]

此是梁啓超爲陳寶箴代擬奏摺稿；又查軍機處《隨手檔》，該摺未上奏。皮錫瑞在長沙是不屬核心圈子的人物，他學宗西漢伏勝，主今文經、公羊學，與康、梁在學術上很接近，又因曾在江西講學，以江西學務而與陳寶箴、陳三立父子交往，但從日記中可以看出，相見也甚不容易。他留下的記錄，只能是梁啓超與陳氏父子交往的極小部分。梁啓超此期致陳寶箴之上書，今可見者爲兩件：其一由葉德輝錄於《覺迷要錄》，談湖南自立。[2] 其二由梁啓超錄於《戊戌政變記》，談開民智、開紳智、開官智。[3] 梁啓超此期致陳三立、熊希齡信，今可見者爲一件，由熊希齡刊

---

[1] 《師伏堂未刊日記》，《湖南歷史資料》，1958年第4期，第73、84、96—97、104頁。"易中實"，易實甫。"研甫"，徐仁鑄。"唐黻丞"，唐才常。又，"約已刻往，登舟則主客皆未到齊，已過午矣"一句，似爲"約已刻往，登舟則主客皆未到，齊已過午矣"。

[2] 《覺迷要錄》，錄四，第26—28頁。又，夏曉虹編：《飲冰室合集集外文》（北京大學出版社，2005年），亦錄之，稱其錄於"1898年10月湖南刊本《翼教叢編》"。（見該書上冊，第11—13頁）

[3] 《戊戌政變記》續四庫版，第275—279頁。

於《湘報》，談時務學堂事。[1] 1915年2月11日，梁啓超在陳寶箴寫給陳豪的一信件上作跋：

> 丁酉、戊戌間與義寧中丞緘札往復至多，鈎黨之役悉散佚矣。窮冬孤鐙，對展茲册，頓如山陽聞笛，不能爲懷，而蘭洲丈人瀟灑出塵之槪，亦於象外得之。叔通寶此與《冬煊集》同永永也。甲寅臘不盡三日。啓超。[2]

"丁酉"、"戊戌"，光緒二十三、四年，即梁啓超在湖南的日子，梁稱其與陳寶箴之間有着"至多"的通信往來。有一件材料很值得注意，光緒二十四年正月十七日，翁同龢在日記中記：

> 陳右銘致榮仲華函，一開礦，一派容閎、黃遵憲借美債、集南洋股，一以三十萬餉練湘兵五千。余以長篇答仲華。[3]

其中派容閎去美國借款，是當時康有爲等人解救清朝財政危機的方案，康亦代御史陳其璋、宋伯魯擬摺，要求派容閎去美國借巨款銀二三萬萬兩、五萬萬兩不等。[4] 陳寶箴此時提出此策，很可能亦有梁啓超的暗中策劃。還有一件材料更值得注意，葉德輝在一信中稱：

> 朝傳一電報曰，康有爲賞五品卿銜，遊歷各國，主持弭兵會；夕傳一電報曰，湘撫陳寶箴入軍機，黃遵憲督辦鐵路大臣。招搖撞騙，彰彰在人耳目。其前電至時務學堂也，同年汪誦年編修爲余言之，余笑曰："此康謠耳，不足信。"數日往詢其弟子梁啓超，則言之怲怲。梁固篤信康教，終身不欲背其師，而亦不能爲其師諱。[5]

---

[1] 《湘報》，中華書局影印本，下册，第1061頁。又可參見《飲冰室合集集外文》，上册，第7頁。

[2] 許全勝、柳岳梅整理：《陳寶箴遺文》，中山學社編：《近代中國》第11輯，上海社會科學院出版社，2001年，第234頁。"蘭洲"，陳豪的字。"叔通"，陳叔通，陳豪之子。"臘不盡三日"，指臘盡前三日，即該年的臘月二十八日，查甲寅年臘月二十八日，爲1915年2月11日。

[3] 《翁同龢日記》，第6册，第3091頁。"榮仲華"，榮祿。又，陳寶箴於光緒二十二年曾擬一摺，請派容閎赴美商辦借款、辦鐵路之事。（參見《陳寶箴集》，上册，第261—267頁；亦可參見柳岳梅、許全勝整理：《陳寶箴遺文（續）》，《近代中國》第13輯，第306—308頁）又，查軍機處《隨手檔》，該摺未上。

[4] 參見拙著《從甲午到戊戌：康有爲我史鑑注》，第343—355頁；容閎的情況，又可參見本書第六章第三節。

[5] 《葉吏部與劉先端、黃郁文兩生書》，見蘇輿編：《翼教叢編》，第165頁。

按照葉德輝的這一說法,前一份電報發至時務學堂,梁尚在長沙,後一份電報的發報時間與收報地點均未涉及,似在梁啓超離開湖南之後。"湘撫陳寶箴入軍機",即康有爲、梁啓超有意將陳寶箴作爲可利用對象而在政治上推出。梁啓超後來作《戊戌政變記》,亦提到此事。(後將敍述)

前節已述,梁啓超離開長沙後,湖南的局勢發生了變化,陳寶箴、陳三立父子采用折中調和的手法,與激進一派的關係也越來越疏遠。[1]這些消息傳到了北京,康有爲一派對陳寶箴的態度發生變化。光緒二十四年六月二十三日(1898年8月10日),御史楊深秀上奏由康有爲代擬的"請申諭諸臣力除積習摺"。該摺雖未從檔案中檢出,但當天光緒帝對此下發的諭旨可以看出,康、梁一派對陳已有所不滿。該諭旨稱:

> 即如陳寶箴自簡任湖南巡撫以來,銳意整頓,即不免指摘紛乘。此等悠悠之口,屬在搢紳,倘亦隨聲附和,則是有意阻撓,不顧大局,必當予以嚴懲,斷難寬貸。[2]

該諭旨雖有"銳意整頓"一語,但主旨是壓陳寶箴對"搢紳"即王先謙、葉德輝、歐陽中鵠一派下手。七月二十九日(9月14日),御史楊深秀再次上奏由康有爲代擬的"裁缺諸大僚擢用宜緩特保新進甄別宜嚴摺",直接攻擊陳寶箴。[3]

然而,當陳寶箴因"濫保匪人"、陳三立因"招引奸邪"被革職後,已經逃到日本的康有爲、梁啓超對陳氏父子的態度,再次發生了變化。康有爲在《我史》中稱:

> 時湖南巡撫陳寶箴奏薦我而攻改制考,上留中。是時王先謙、歐陽節吾在湘猖獗,大攻新黨、新政,學會學堂一切皆敗,於是草摺交楊漪川奏請獎勵陳寶箴。上深別白黑,嚴旨責湖南舊黨,仍獎陳

---

[1] 相關的內容,可參見本章第六節。
[2] 軍機處《隨手檔》,光緒二十四年六月二十三日;《光緒宣統兩朝上諭檔》,第24册,第292—293頁。
[3] 該摺稱:"臣前奏湖南巡撫陳寶箴銳意整頓,爲中華自强之嚆矢,遂奉温旨褒嘉,以勵其餘。詎該撫被人脅制,聞已將學堂及諸要舉全行停散,僅存保衛一局,亦復無關新政。固由守舊者日事恫喝,氣焰非常,而該撫之無真識定力,灼然可知矣……仍請嚴旨儆勉,以作其氣。"(《康有爲變法奏章輯考》,第397頁)相關的內容,可參見本章第六節。

寶箴認真整飭,楚事乃怡然……楊(銳)、劉(光第)爲楚撫陳寶箴所薦,而陳寶箴曾薦我,楊漪川又曾保陳寶箴,上亦以爲皆吾徒也,而用之。

康有爲的《我史》,敘事多有自誇,須得小心使用,稱"草摺交楊漪川奏請獎勵陳寶箴"、"楊漪川又曾保陳寶箴",皆指楊深秀光緒二十四年六月二十三日的奏摺,前已說明,從光緒帝下發的諭旨來看,其用意是讓陳寶箴懲戒王先謙、葉德輝等人,其中並無"請獎勵"或"保舉"之意;但從以上引文中,可以明顯看出,康有爲將陳寶箴的罪名"濫保匪人",當作保舉他本人,即"曾薦我",將陳寶箴的"請釐正學術造就人才摺",理解爲"奏薦我而攻改制考"。[1] 這是康的誤解。梁啓超此期作《戊戌政變記》,亦多處襃揚陳寶箴、陳三立父子,稱言:

> 我國此次改革,以湖南爲先導,是時雖新政屢下,然因皇上無權,不敢多所興舉,然守舊諸臣,已腹誹色怒,羣聚謗議。斯時湖南守舊黨力與新政爲難,先後參劾巡撫陳寶箴、學政江標、徐仁鑄、按察使黃遵憲、學校教習梁啓超、紳士譚嗣同、熊希齡等,妄造謠言,不可聽聞。至是皇上下詔襃獎陳寶箴,而切責頑固黨,自此浮議乃稍息。

> 自四月以來,明詔累下,舉行新政,責成督撫,而除湖南巡撫陳寶箴外,寡有能奉行詔書者,上雖諄諭至於三申五令,仍覆藐爲具文。

> 先是湖南巡撫陳寶箴、湖南按察使黃遵憲、湖南學政江標、徐仁鑄、湖南時務學堂總教習梁啓超及湖南紳士熊希齡、譚嗣同、陳寶箴之子陳三立等,同在湖南大行改革,全省移風。而彼中守舊黨人疾之特甚,屢遣人至北京參劾,於是左都御史徐樹銘、御史黃均隆相繼入奏嚴劾。皇上悉不問。而湖南舊黨之焰益熾,乃至哄散南學會,毆打《湘報》主筆,謀毀時務學堂。積謀數月,以相傾軋。

---

[1] 參見拙著:《從甲午到戊戌:康有爲〈我史〉鑑注》,第626—635、680—683頁。又,根據康有爲的《我史》,他是逃到香港後得知陳寶箴、陳三立父子被革職的消息,參見同上書第847—854頁。

皇上自四月以來，屢次所下新政之詔，交疆臣施行，而疆臣皆西后所擢用，不知有皇上，皆置詔書於不問。皇上憤極而無如之何。至六月初十日，乃下詔嚴責兩江督臣劉坤一、兩廣督臣譚鍾麟、直隸督臣榮祿，又將督撫中之最賢而能任事之陳寶箴下詔褒勉，以期激發疆臣之天良。

陳寶箴，江西省人，湖南巡撫，力行新政，開湖南全省學堂，設員警署，開南學會，開礦，行内河輪船，興全省工藝，勇猛精鋭，在湖南一年有餘，全省移風。皇上屢詔嘉獎，特爲倚用，欲召入政府，今革職永不敍用。陳三立，寶箴之子，吏部主事。佐其父行新政，散家養才人志士。今僞詔謂其招引奸邪，革職永不敍用，圈禁在家。

湖南向稱守舊，故凡洋人往遊歷者動見殺害，而全省電信輪船皆不能設行。自甲午之役以後，湖南學政以新學課士，於是風氣漸開。而譚嗣同輩倡大義於下，全省沾被，議論一變。及陳寶箴爲湖南巡撫，其子陳三立佐之，黄遵憲爲湖南按察使，江標任滿，徐仁鑄繼之爲學政，聘梁啓爲時務學堂總教習，與本省紳士譚嗣同、熊希齡相應和，專以提倡實學，喚起士論，完成地方自治政體爲主義……[1]

梁啓超的以上説法，與康有爲起草的楊深秀七月二十九日奏摺中對陳寶箴的評價，大不相同，如若細加分析，又多有不準確之處：稱"皇上下詔褒獎陳寶箴"，指光緒二十四年六月二十三日因楊深秀的奏摺而發之旨，前已説明，該旨非爲"褒獎"；稱"屢詔嘉獎"，查軍機處《上諭檔》等檔案，除六月二十三日之旨外，光緒帝並無相應之旨；稱"除湖南巡撫陳寶箴外，寡有能奉行詔書者"，並不屬實，當時光緒帝的新政詔書是剛剛下達，各省尚無時間去執行，光緒帝又表現出十分心急，由此而指責劉坤一等人，湖南執行的情況與各省是完全相同的，即來不及奉行（對此，我擬另文予以説明）；稱光緒帝"欲召（陳寶箴）入政府"，即是"入軍機"之意，前引葉德輝私信中亦有此議，然從現有的清朝檔案中，看不出光緒帝有

---

[1]《戊戌政變記》續四庫版，第219、220、236—237、247、275頁。

召陳寶箴入軍機之意圖,很可能是康、梁的一種設計或想象而已[1];稱陳三立被革後"圈禁在家",更不屬實。湖南是一個保守的省份,陳寶箴、陳三立、江標、黃遵憲等人所行之"新政",皆是上海等通商口岸已行之"舊政",他們的目的,是能讓保守的湖南變得像沿海沿江省份一樣,能夠開埠、通鐵路、通電線、辦學堂,並聘用西師來開礦、修鐵路等等——這些在江蘇、廣東、湖北已是司空見慣之事,而絕無梁啓超所稱的"完成地方自治政體爲主義"之意。除了時務學堂和《湘學報》中的"康學"之外,張之洞對湖南新政皆是同意的、支持的。梁啓超《戊戌政變記》中對陳寶箴、陳三立父子贊揚,很可能是認定陳三立的罪名"招引奸邪",即是"招引"他本人;而對湖南的變法大加褒獎,其中也有對其本人在湖南創辦時務學堂、南學會諸事予以宣揚之意。

比以上康有爲、梁啓超的記載更爲誇張的,是日本浪人宗方小太郎的記錄。他於光緒二十四年九月十七日(1898年10月31日),即康有爲到達東京後的第六天,訪問康有爲和唐才常。他在日記稱:

與柏原同至加賀町訪問康有爲,湖南學會代表人唐才常在座。唐係湘中志士,聲言因擬發動義兵,來日借兵並兼請聲援。康有爲頻頻乞求援助。余稱:日本政府決不輕易出兵,但如時機到來,不求亦將提供援助。目前,只有我輩能爲義軍增添力量,期望使諸君之志願得以實現。康稱:南學會員約一萬二千名,均爲上流士子。前任湘撫陳寶箴爲會長,徐仁鑄、黃公度爲首領。湖南勢力實在此會。一旦舉事,將引軍直進,略取武昌,沿江東下,攻占南京,然後移軍北上。官軍能戰者僅袁世凱、聶士成、董福祥三軍,合計不過三萬人。義軍倘能進入湖北,當可得到張之洞之回應云云。談話自十一

---

[1] 從現有檔案來看,提出請陳寶箴入軍機者僅是廣西舉人李文詔,他在上書中稱:"擇老成碩望志在維新,其才識又足以負荷天下之重,如兩湖總督張之洞、湖南巡撫陳寶箴兩人者,速調進京,任以樞要,然後斟酌損益,次第施行。庶不至淩雜無序,疑謗沸騰。"(李文詔條陳見《軍機處錄副·光緒朝·內政類·戊戌變法項》,3/108/5617/27,光緒二十四年八月初五日都察院代奏,中國第一歷史檔案館藏)然李文詔在政治傾向上是張之洞派,與康、梁無涉,在"張之洞檔案"中存有其請求張之洞予以經濟幫助的電報。

時至午後二時歸。[1]

康有爲、唐才常爲了讓日本出兵中國,幫助光緒帝復位,竟然宣稱僅僅舉行了幾次集會的南學會,有着 12 000 名會員,以"陳寶箴爲會長",而且是一支能"舉事"、"將引軍直進"的武裝力量——占據長沙,略取武漢,攻克南京,然後"移軍北上",北方的袁世凱、聶士成、董福祥三支主力軍隊都不在話下,並宣稱"當可得到張之洞的回應"! 康、唐的這些説詞是用來打動日本人的,完全不符合事實;我以爲,他們自己都不會相信。

陳寶箴、陳三立未參預唐才常、梁啓超庚子年間的政治活動 有論者稱,陳寶箴、陳三立父子參預了中國議會及唐才常等人庚子年間的政治活動,其最重要的證據是日本人井上雅二的日記。

井上雅二,東亞同文會上海支部幹事,庚子年間與汪康年、唐才常等人有着很密切的交往。他的日記中涉及到陳寶箴、陳三立父子的内容,一共爲三條:

> 光緒二十六年七月初五日(1900 年 7 月 30 日),"……中國議會宗旨,昨天召開了第二次會,出席者六十多人……陳三立不日將參加"。

中國議會一共召開了兩次會,第一次是七月初一日(7 月 26 日),第二次是七月初四日(7 月 29 日),都在上海,陳三立此時住在南京。從日記本身來看,"陳三立不日將參加"一語,不知是何人向井上雅二所説,很可能是唐才常;且"不日將參加",表明陳三立將會參加、前兩次會議都没有參加,而中國議會後來未開會,陳三立也不可能參加。

> 七月初十日(8 月 4 日),"……陳寶箴舊曆六月二十五日卧病在牀,第二天死了。陳三立回國。可以説已失去了援助"。

"回國"一詞,似由"回籍"、"回鄉"之所誤,即陳三立聽到陳寶箴病故的消息,立即從南京奔喪回籍。從日記本身來看,當時談話人有唐才常、汪康年,而從與陳寶箴、陳三立父子的關係而言,似爲唐才常所説的。此中

---

[1] 《宗方小太郎文書》,日本原書房,第 637 頁;轉引自楊天石:《尋求歷史的迷底——近代中國的政治與人物》,首都師範大學出版社,1993 年,第 51 頁。"柏原",柏原文太郎。

的"援助",應該是唐才常的一面説詞。

> 七月二十八日(8月22日),井上雅二在上海的東和洋行與梁啓超見面,梁啓超稱:"……哥老會、三合會與康派已有聯絡,而且與大通的事件有關。失敗後,殺了六百人,陳寶箴的死多少也造成了挫折。"[1]

此時唐才常已被捕,已秘密來到上海的梁啓超極力謀救。"陳寶箴的死多少也造成了挫折"一語,是梁啓超對其失敗的托詞,並不説明陳寶箴已參預了唐才常、梁啓超的政治活動。從日記中可以看出,井上雅二並没有與陳三立、陳寶箴有直接或間接的接觸,以上三條記録皆是唐才常或梁啓超所言,而言者又有自我張勢或自我辯解之意圖,是不可以當作確據的。如果再聯繫到前引康有爲、唐才常對宗方小太郎之所言,唐、梁的這些説詞,亦有可能是一種誇張。

與井上雅二的説法相同的,還有日本人田野桔次,他在《最近支那革命運動》一書中稱:

> 爾時義寧陳公寶箴開府湘中,君(唐才常)以拔貢生執弟子禮,謁陳公於節署。陳公曰:'今日之師生,循故事也。若以學問經濟論,吾當北面事君。'其見重如此。故陳公在湘興時務學堂、設保衛局、開南學會,靡不資君參議。論者多謂陳公之虚己下人,而實亦君之才有以致之也。
>
> 自立會之設也,有康有爲、梁啓超等通其氣脈,有容閎等贊其運動,有唐才常等爲其主力。其目的以聯絡長江一帶遊勇及哥老會等而利用之。其始布置,亦自周密。及後,由陳寶箴之逝去而一挫;由大通之亂起而再挫;復由漢口之失敗而三挫。然唐等之敗,實自立會之一大巨創,蓋由此而該會無主理之人矣。[2]

---

[1] 《井上雅二關係文書》,參見湯志鈞:《乘桴新獲:從戊戌到辛亥》,江蘇古籍出版社,1990年,第355—356、360、370頁;亦可參見杜邁之等編:《自立會史料》,岳麓書社(長沙),2009年,第367—368、373、382頁。

[2] 田野桔次:《最近支那革命運動》,見桑兵主編:《辛亥革命稀見文獻彙編》,國家圖書館出版社,2011年,第43册,第549、577頁。

田野桔次與康有爲、梁啓超、唐才常交往甚久甚深,也没有見過陳寶箴、陳三立。他雖然没有在書中説明上引内容的消息來源,但以常理推之,應是得自于唐才常、梁啓超。稱陳寶箴"當北面事君(唐才常)",自然是一種誇張之詞;稱"由陳寶箴之逝去而一挫",與前引梁啓超對井上雅二的説法完全一樣,田野此説很可能來自于梁。

與此同理,此期章太炎致夏曾佑信,言及中國國會,稱言:

> 海上黨錮,欲建國會。然所執不同,與日本尊攘相異矣。或欲迎蹕,或欲□□,斯固水火。就迎蹕而言,信國欲借力東、西,鑄萬欲翁、陳坐鎮,梁公欲密召昆侖,文言欲借資鄂帥。志士既少,離心覆甚,事可知也。[1]

其中"鑄萬"指唐才常,"翁"指翁同龢,"陳"指陳寶箴,即唐才常有意在"迎蹕"活動(即"勤王")時由翁同龢、陳寶箴主持政務。章太炎此處所言,僅僅是唐才常的主觀願望,與翁同龢、陳寶箴的政治態度無涉。

在庚子事變中,保皇、革命等各派政治力量都有着緊密的活動,也有著其策動的對象,其中最爲重要的是三大疆臣——兩江總督劉坤一、湖廣總督張之洞、兩廣總督李鴻章。從事實層面來看,這類活動並無效果。今天的研究者似不能將這些活動家的言論當作事實,尤其是他們在爲了得到財物、甚至軍力援助時所言。

那麽,在庚子年間陳寶箴、陳三立的政治態度究竟如何呢?

根據陳三立光緒二十六年閏八月爲其父所寫的《行狀》,陳寶箴被革職後隨帶其夫人黄氏棺櫬,從湖南回到南昌,

> 囊篋蕭然,頗得從婚友假貸自給。明年營葬吾母西山下,樂其山川,築室墓旁,曰"崝廬",日夕吟嘯偃仰其中,遺世觀化,瀏乎與造物者遊。嘗自署門聯,有"天恩與松菊,人境擬蓬瀛"之名,以寫

---

[1] 朱維錚、姜義華編注:《章太炎選集(注釋本)》,上海人民出版社,1981年,第115頁;又參見姜義華:《章太炎思想研究》,第137頁。□□指排滿。"信國",文天祥,封信國公,此處指文廷式。"東、西"指日本與英國等列强。"鑄萬",唐甄,字鑄萬,指唐才常。"梁公",狄仁傑,追封梁國公,指狄葆賢。"昆侖",李介,號昆侖山樵,指李鴻章。文言,東林黨人汪文言,指汪康年。"鄂帥",指張之洞。

其志。至其所難言之隱,菀結幽憂,或不易見諸形式,獨往往深夜孤鐙,父子相語,仰屋欷歔而已……

這一段話的意思本來是明確的,即陳寶箴、陳三立父子在南昌郊外的西山,築室靜養,過着遠離塵囂的生活;然"難言之隱"、"深夜孤鐙"、"仰屋欷歔"等語,引出了後來的研究者過多推測。以我個人的揣度,陳氏父子此期大約有兩事仍在心中不能排遣:其一是他們在一生事業的高峰時突遭嚴譴,陳三立在光緒二十五年六七月間曾大病幾死。[1] 其二是"己亥建儲"引出光緒帝帝位不穩之政治危機,尤其是對陳寶箴,在其被革職前曾發電榮禄"諷其尊主庇民,息黨禍,維元氣"。[2] 但是,若從陳氏父子的一生經歷來看,此兩項似不會引發他們政治立場的大變化,更不可能引出他們與"康黨"趣味相投的"謀亂"之心。陳三立另有《崝廬記》,描寫陳寶箴的晚年生活:

……因得卜葬其地,明年遂葬吾母,穴左亦預爲父壙,光緒二十五年之四月也。吾父既大樂其山水雲物,歲時常留崝廬不忍去,益環屋爲女牆,雜植梅、竹、桃、杏、菊、牡丹、芍藥、雞冠、紅躑躅之屬,又闢小坎種荷,蓄鰷魚,有鶴二、犬貓各二、驢一。樓軒窗三面當西山,若列屏,若張圖畫,溫穆杳靄,空翠蓊然撲几榻,鬚眉、帷賬、衣履皆映黛色。廬右爲田家老樹十餘虧蔽之,入秋葉盡赤,與霄霞落日混茫爲一。吾父澹蕩哦對其中,忘飢渴焉……[3]

如此田園山居的生活態度,顯示了陳寶箴的大臣風度,"樂天而知命,悲天而憫人,道所並行不悖"。人世間的百態,可以放在心上,而不會自我

---

[1] 陳三立致俞明震,《陳寶箴集》,下册,第1680—1681頁。又,陳三立對此自稱:"既葬吾母,余復得病幾死……"(《大姊墓碣記》,李開軍校點,陳三立:《散原精舍詩文集》,上海古籍出版社,2003年,下册,第860頁)

[2] 見陳三立所作《行狀》,《陳寶箴集》,下册,第2003頁。又,皮錫瑞光緒二十四年九月二十一日日記稱,陳寶箴致榮禄的電文爲:"慈聖訓政,臣民之福。而尊主庇民,全仗中堂主持。萬代瞻仰,在此一舉。"並稱此電的電文爲夏獻銘所告。二十五日日記又稱:"節吾至,言右帥電奏兩次,峴帥奏意更顯明,爲鳳告榮禄。其實奏上所説,與子新丈言合。"(《師伏堂日記》,《湖南歷史資料》,1981年第2期,第143—144、146頁)"節吾",歐陽中鵠。"子新",夏獻銘。

[3] 《陳散原〈崝廬記〉》,《花隨人聖盦摭憶》,中册,第526—527頁。

壓塌。光緒二十六年四月，陳三立離開崝廬去南京，陳寶箴亦稱"秋必往"，即秋天亦會去南京。

當陳三立到達南京時，中國的政治局勢開始了大動蕩。義和團大量進入了天津與北京，焚燒教堂，打殺教民，掌握朝政的端郡王載漪、大學士徐桐、軍機大臣剛毅、啓秀、趙舒翹"主撫"，即利用義和團對各國施壓，榮禄、奕劻的地位下降。五月十四日，各國組成"西摩爾聯軍"約2 000人，從天津向北京進發，二十一日，各國海軍攻擊大沽炮臺。慈禧太后在二十日至二十三日連續舉行了四次御前會議，二十五日下達了宣戰詔書。就在這一時刻，陳三立的思想亦有所變動，參預了"東南互保"等活動。[1] 六月十三日，陳三立致張之洞的大幕僚梁鼎芬一信：

讀報見電詞，乃知忠憤識力，猶囊日也。今危迫極矣，以一弱敵八強，縱而千古，橫而萬國，無此理勢。若不投間抵隙，題外作文，度外舉事，洞其癥結，轉其樞紐，但爲按部就班，敷衍搪塞之計，形見勢絀，必歸淪胥，悔無及矣。竊意方今國脈民命，實懸于劉、張二督之舉措（劉已矣，猶冀張唱而劉可和也）。顧慮徘徊，稍覽即逝，獨居深念，詎不謂然？頃者陶觀察之説詞，龍大令之書牘，伏希商及雪澄，斟酌擴充，竭令贊助。且由張以劫劉，以冀起死于萬一。精衛之填，杜鵑之血，盡於此紙，不復有云。節庵老弟密鑒。立頓首。[2]

這一封信已有多人的解讀，我個人以爲，似有過度解讀之嫌。信中關鍵

---

[1] 光緒二十六年五月，陳三立爲吳樵作《墓表》，其中稱言："其（吳樵）論治頗喜稱民權，與余不合。余嘗觀泰西民權之制，創行千五六百年，互有得失。近世論者或傳其溢言，痛拒極詆，比之逆叛，誠未免稍失其真。然必謂決可驟行而無後災餘患，亦誰復信之。彼其民權之所由興，大抵緣國大亂，暴君虐相迫促，國民逃死而自救，而非可高言于平世者也。然頃者吾畿輔之變，義和團之起，猥以一二人恣行胸臆之故，至驅呆豎頑童張空拳戰兩洲七八雄國，棄宗社，屠人民，莫之少恤。而以朝廷垂拱之明聖，亦且熟視而無如何，其專治爲禍之烈，剖判以來，未嘗有也。余意民權之説，轉當萌芽其間，而並漸以維君權之敝。蓋天人相因，窮無復之之大勢備於此矣。則君夙昔所持論，又烏得盡非而終不以爲然邪？⋯⋯余感時變，爲略論述之如此，欲以明君生平所自待，而早死未爲不幸也。"（《散原精舍詩文集》，下册，第844—845頁）陳三立曾指責吳樵的民權論爲非，但到了此時，感到專制爲禍之烈，可以萌生一些民權，以維君權之敝。這是他政治思想的一個變化。

[2] 周康燮：《陳三立的勤王運動及其與唐才常自立會——跋陳三立與梁鼎芬密札》，《明報月刊》，第9卷第10期，1974年10月。

有兩個，其一是"題外作文，度外舉事"指何事？其二是"且由張以劫劉"，即由張之洞爲首倡而劉坤一回應。張謇此時亦到達南京，在日記中記有與陳三立的交往，共三條：光緒二十六年五月二十六日日記稱："贈陳伯嚴吏部三立詩。"三十日稱："與伯嚴議易西而南事。"六月初二日稱："與伯嚴定蟄先追謁李帥，陳安危至計。"[1] "贈詩"談的是交往與時局。"李帥"，爲前四川總督李秉衡，以對外態度强硬著稱，此時正奉旨北上。"蟄先"是湯壽潛。張謇與陳三立商議，請湯壽潛說服李秉衡，不要爲剛毅等人所誤。而五月三十日所談"易西而南"又何指？張謇在《嗇翁自訂年譜》中稱：

> 陳伯嚴三立與議迎鑾南下……與眉生、愛倉、蟄先、伯嚴、施理卿炳燮議合劉、張二督保衛東南。余詣劉（坤一）陳説後，其幕客有沮者。劉猶豫，復引余問："兩宮將幸西北，西北與東南孰重？"余曰："雖西北不足以存東南，爲其名不足以存也；雖東南不足以存西北，爲其實不足以存也。"劉蹶然曰："吾決矣。"告某客曰："頭是姓劉物。"即定議電鄂約張，張應。[2]

張謇雖與陳三立討論過"迎鑾南下"之事，但其主要精力仍放在"東南互保"一事上。戴海斌根據張謇的説法，推斷陳三立提議的"題外作文，度外舉事"爲迎光緒帝南下，是一個值得注意的解讀。[3] 我還以爲，陳三立的這封信的受信人梁鼎芬，當時的政治態度似介於張之洞與于蔭霖兩者之間，忠於清朝，痛恨康有爲及其黨人，陳三立對此是十分清楚的。陳寫信給梁，勸張來首倡劉來回應，其内容只能是反對清廷的某些決策而不能是反對清廷的本身，更不可能與康有爲、梁啓超、唐才常等人的活動相涉。

對於陳三立在南京的政治活動，陳寶箴是否知情？我個人以爲是不

---

[1] 《張謇全集》，第6卷，第437—438頁。
[2] 《張謇全集》，第6卷，第861頁。
[3] 戴海斌：《"題外作文、度外舉事"與"借資鄂帥"背後——陳三立與梁鼎芬庚子密札補證》，《近代史研究》，2011年第2期；馬衛中、董俊珏：《陳三立年譜》亦據張謇日記及《自訂年譜》認定"迎鑾南下"之説。（見該書，第245—246頁）

太清楚的。陳三立在爲其父所作《行狀》中稱:"卒前數日,尚爲《鶴冢詩》二章;前五日,尚寄諭不孝,憝憝以兵亂未已、深宫起居爲極念。"[1]由此可見陳寶箴去世前關注之所在。陳寶箴去世後,陳三立在《崝廬記》中又稱:

  ……已而沉冥以思,今天下禍變既大矣,烈矣,海國兵猶據京師,兩宫久蒙塵,九州四萬萬人皆危懼莫必其命,益慟彼,轉幸吾父之無所睹聞於兹世者也。[2]

陳三立"轉"爲其父未聞國破民危之悲慘情景而慶倖,而這種慶倖似爲那些置身事外或涉事未深者方可得享,如果陳寶箴得知那些"東南互保"、"迎鑾南下"之類的消息,未知國運之確果,將會至死仍是憂慮至極。

  梁啓超曾有一詩論陳三立及其詩學成就,曰:

  義寧公子壯且醇,每翻陳語逾清新。齧墨咽淚常苦辛,竟作神州袖手人。

該詩另有梁啓超的注:

  義寧,陳三立,伯嚴。君昔贈余詩有"憑欄一片風雲氣,來作神州袖手人"之句。[3]

我不知道梁啓超此詩的寫作時間,也不知道陳三立贈梁詩的時間。梁認爲,他看到陳詩中的"齧墨咽淚"之"苦辛",不能理解陳竟然會作"神州袖手人"。然而,我以爲,陳三立在此後的政治生活中確實不是"插手人",而真是一個"袖手人",只是在内心中仍無法置之度外,詩中不免常現"齧墨咽淚"的情感;他贈梁啓超詩中"憑欄一片風雲氣,來作神州袖手人"一句,因無上下文和時間、背景等要素,還不可全解其意,但我在内心中隱約感到,他很可能是對梁啓超當時向他提出的政治要求或期許,做了一個非常委婉的拒絶——"來作神州袖手人"。然于此處,李開軍

---

[1] 以上引文,未直接注明者,皆爲陳三立所作《行狀》,《陳寶箴集》,下册,第 2003—2004 頁。
[2] 《花隨人聖盦摭憶》,中册,第 527 頁。
[3] 《廣詩中八賢歌》,《飲冰室合集》,第 4 册,《文集》之 45 下,第 13 頁。

又有着更爲精準的解讀。[1]

然而,由於陳寶箴"濫保匪人"的罪名,很長時間未能予以認真的揭示。1958年國家檔案局明清檔案部編《戊戌變法檔案史料》,將已摺片分離、没有署名、内容爲撤銷保送康有爲參加經濟特科考試之附片,誤標爲陳寶箴之片,且將時間誤記爲光緒二十四年五月二十七日,而該片的真正作者是廣東學政張百熙。[2] 該書作爲一部權威性的檔案史料集,草草標擬作者姓名及時間,刊行時又未加其他説明。編者受到了此説的影響,結果又影響了他人。

---

[1] 本書平裝本出版後,李開軍先生寫信給我:"……在大著上看到,您仍然未覽及'憑欄一片風雲氣,來作神州袖手人'二句詩的出處,恰巧因爲我若干年來一直在從事陳三立作品的搜集整理,於此事略有知曉。此詩題作《高觀亭春望》,此爲二首之一:'腳底花明江漢春,樓船去盡水鱗鱗。憑欄一片風雲氣,來作神州袖手人。'此詩作於光緒十九年,見《散原精舍詩文集補編》(江西人民出版社2007年)第82頁。戊戌之後一直到民國十一年之前的二十五年中,陳三立和梁啓超未曾相見,則陳三立書扇相贈極可能在戊戌之前,更具體地説,應在梁啓超戊戌春去湘轉滬北上之前;而梁之《廣詩中八賢歌》作於光緒二十七年春。在陳三立《詩録》四卷在南京圖書館被發現之前,人們一直認爲此二句詩是陳三立對自己戊戌之後出處的一個自我定位,如今看來,頗有誤差矣。以上是我對'憑欄'兩句詩的粗淺了解,不避冒昧,惶恐奉告,希望對您解讀相關史料有點作用。"(2014年4月)李開軍的説法是正確的,且不僅是我錯了,先前亦有多人出錯。爲顯示學術研究之遞進,借此次重版之際,我在此處未加删改,而將李開軍的信件附上,希望後來者能知並見。

[2] 《戊戌變法檔案史料》,第231頁;該原片見《軍機處録副·補遺·戊戌變法項》,3/168/9448/15,中國第一歷史檔案館藏。又據軍機處《隨手檔》,張百熙該片的收到時間爲光緒二十四年八月十二日。相關的研究,可參見孔祥吉:《讀書與考證——以陳寶箴保薦康有爲免試特科事爲例》,《罕爲人知的中日結盟及其他:晚清中日關係史新探》,第337—350頁;拙著《從甲午到戊戌:康有爲〈我史〉鑑注》,第535—538頁。

第六章 戊戌前後諸政事

"張之洞檔案"中有一些機密性的文件，可以直接説明戊戌前後諸政事之内情；另有一些零散的文件，本身似不能説明什麼，但若與其他文獻相對照，亦可以解開戊戌前後的諸政事之内幕。這一類政事一般不算太大，且較分散而無連續性，易被忽略；但其對歷史的發展經常起到相當重要或非常微妙的作用，對今人理解歷史過程及其結局亦有助益，似可揀選這些史料來發表並稍加介紹與説明。由此，我在檔案閲讀時也予以留心，一一收集整理，作以下内容之敍述。

一、光緒十九年劉坤一查辦張之洞

光緒十九年正月二十四日（1893年3月12日），大理寺卿徐致祥上奏彈劾張之洞，其罪名大約有四：一、怠慢政務，經常不接見下屬，以個人好惡而亂派差使；二、重用惡吏，特別點名湖北布政使王之春、候補直隸州知州趙鳳昌；三、濫耗錢財，以辦理鐵路、鐵廠、開礦等項，到處勒捐，並奏留巨款；四、架設湖南電報線引起民憤致使電線杆被燒、總督衙門被毁不報、州縣官補缺時勒捐等多件細故。值得注意的是，該摺中有兩段：

該督當時與已革翰林院侍講學士張佩綸，並稱畿南魁傑，洎光緒五六年間前軍機大臣李鴻藻援之以進，蒙我皇太后、皇上虚衷延攬,不數年洊擢巡撫,晉授兼圻⋯⋯

該督之兄張之萬久居政府,中外臣工或礙於情面,不免存投鼠忌器之見,故無一陳奏於我皇上前者。臣迹其行事,采諸公評,據實參劾,事理昭彰,諒張之萬亦不能曲爲之庇⋯⋯[1]

前一條涉及清流領袖李鴻藻,後一條直指張之洞的族兄軍機大臣張之萬,兩人恰是張之洞在朝中的靠山,徐致祥言及於此的用意是清楚的,即這兩人不得"曲爲之庇"。

從當時的政治遊戲規則來看,徐致祥的彈章絶非個人行爲,但此中的背景很不清楚,京中似有政治大老對張之洞不滿。且從某種意義上説,徐致祥彈章的内容也是大體屬實,張之洞起居無時,個人好惡太重,又好大喜功,别出心裁,花錢如泥沙。[2] 但張的事業大多是傳統社會没有先例的,先行者自然會多走彎路,多付學費。若對此嚴加追究,張雖未必落馬,但受一個降革之類的處分,也是對其事業的極大打擊。李鴻藻、張之萬自然不能再出面幫忙説話,光緒帝當日下旨將徐致祥奏摺抄送給兩江總督劉坤一、兩廣總督李瀚章,"按照所參各節,確切查明,據實具奏"。[3]

"張之洞檔案"中存有一件稟帖,題名是《問答節略》,所言恰是劉坤一奉旨查辦張之洞之事,其全文如下:

初九日詣院,峴帥傳入簽押房,單見。

問:香帥近日公事想都順手?

對:鐵政局工程已十得八九,經費亦籌畫有著。此次沈道到鄂,傳奉大人口信,"張大人以辦事苦心,備荷大人鑒及。"極爲感

---

[1] 《軍機處録副》,03-9379-049,縮微號:671-1899,中國第一歷史檔案館藏。還需注意的是,據當日軍機處《隨手檔》,徐致祥上奏一摺一片,除此摺外,另一片軍機章京擬題爲"湖上(北)臬司陳寶箴所至有聲據實保奏由",即彈劾張之洞的同時又保舉了陳寶箴。

[2] 胡思敬稱:"⋯⋯聞其性情怪癖,或終夕不寐,或累月不薙發,或夜半呼庖人具饌,稍不愜,即呼行杖,或白晝坐内廳裸宣淫,或出門謝客,客肅衣冠出迎,偃卧輿中不起。其生平細行大節,鮮不乖謬者。"(《國聞備乘》,第84頁)胡思敬的説法,得自于傳聞,由此亦可知社會對張"細行"的一般性評價。

[3] 《光緒宣統兩朝上諭檔》,第19册,第19253頁。當日給劉坤一、李瀚章的諭旨也有所分别,劉坤一著重查張在湖廣任上諸事,李瀚章則查張在兩廣任上諸事。

激,屬爲請安致感。但此事非逐細詳查,難得底蘊,現仍靜候大人派員往查,公事爲重,請勿以有礙面子爲嫌。

問:陳右銘廉訪來信,亦以此爲言。其實我不派人細查,並非客氣,公事只配如此。前經派人赴鄂走過一次,亦不過公事面子如此。今欲逐件考求,則諭旨並非派我驗收工程;欲逐款勾稽,則諭旨並未派我辦理報銷。我躊躇再四,公事只問是非,煤、鐵爲中國開自有之利,立自強之基,無論如何,總應當辦。香帥勇於任事,力爲其難,若再從而苛求,實足寒任事者之心,以後國家事誰肯躭承?此事爲中國創辦,機器購自外洋,工匠雇自外洋,磅(鎊)價時有漲落,斷不能以中國例價相繩。即令多費若干,亦涓滴都歸公用,並未以分毫自肥其私。

對:張大人公忠體國,其心迹光明磊落,天下皆能相諒。所有開礦等事,銀錢都在本地方用,本地百姓個個沾光。如卑府即本省部民,那聞有擾民情事。至規模之閎大,工程之結實,機器之偉觀殊制,卑府在北洋年久,覺此實別開生面。

帥連稱善,並云:此間離鄂一水可通,都有人道及。記得那年陛見出京,即函致香帥,勸其做成一件,再接一件,不必兼營並騖。近見鄂詻,奏稿將造廠、煉鐵劃分兩事,並將槍炮廠經費挪歸鐵廠之用,皆至當不易辦法。總之,我此次覆奏,只就大處落墨。朝廷既信任于先,應信任到底。只責成一手辦成便得,若專就一事一物分晰辨別,轉授人以指摘之端。似此,決不令香帥有爲難處。至另參各款,全屬子虛,別人亂講亂說,我豈能跟隨一樣?香帥與我,交並不深,然所言公,公言之。此後遇事,我前亦有函致王方伯,屬令隨時匡救,亦是藩司應盡的道理。至覆疏,初三日已發,可密稟香帥,此間不便函致云云。

謹略。[1]

---

[1] 《張文襄公文件·關於工程練兵等四》,《張之洞公文函電稿》,所藏檔號:甲182-216。"王方伯",布政使王之春,當時也稱"方伯"、"藩司"。

這是與劉坤一在"簽押房"(正堂之外較爲私密的辦公室)裏"單見"的記錄,雖不是當時的筆錄,屬事後追記,然其可靠性是很強的。該《問答節略》没有簽名,但文内有幾條線索——"卑府即本省部民"、"卑府在北洋年久"——即湖北籍、曾在北洋任事、知府一級。劉坤一提到了陳寶箴的來信,查此期劉坤一給陳寶箴信件,稱其爲"周司馬",即姓周,官職爲知州,是"押犯到寧"。[1] 再查此期張之洞的公文與電報,可知此人是押解湖北所獲會黨首領匡世明去南京的官員——補用直隸州知州、候補知縣周耀崑。[2] 談話日期爲"初九日",查劉坤一上奏"遵旨確查摺"署日期爲二月二十九日,談話内稱"至覆疏,初三日已發",大約是摺差離開南京的時間,據此,談話的時間爲光緒十九年三月初九日(1893年4月24日)。

清代官員被劾受查,大多查無實據,關鍵在於幕後的種種交易,但極少能見到相關交易的確據,正因爲如此,此一《問答節略》顯得十分珍貴。劉坤一,中興名臣,做事不會下賤,張之洞以"公忠體國"自許,更不會自我作賤,兩人之間的交易,也絶不能將之與當時官場政以賄成的舉動相類比。從《問答節略》的内容來看,兩人更多是官官相護、心照不宣。

《問答節略》作者首先稱:"此次沈道到鄂,傳奉大人口信,'張大人以辦事苦心,備荷大人鑒及。'極爲感激。""沈道",我以爲很可能是沈瑜

---

[1] 劉坤一致陳寶箴信中,談到了對周的評價:"初二日貴委員周司馬押犯到寧,祇奉手教,具領一是⋯⋯務祈香帥、謹帥將全卷鈔諸來江以爲引證之地,是所盼禱。周司馬明白精細,通達政體,善識極宜,誠牧令中之錚錚者,仰見賞鑒有真,良深欣佩。"柳岳梅整理:《陳寶箴友朋書札》(二),《歷史文獻》,第4輯,第134—135頁。"謹帥",湖北巡撫譚繼洵,號敬甫。
[2] 《諮兩江督院委周耀崑押解匪犯匡世明等赴江寧隨同審訊》,《張之洞全集》,第5册,第404—406頁。張之洞亦有數電給周耀崑和劉坤一:"致江寧。江寧府轉交湖北委員周令耀崑:電悉。劉制臺電亦接到。速將細情電稟。該令寓何處? 即覆。鄂督院。歌。""致江寧。江寧府轉交湖北委員周令耀崑:電悉。匡匪服毒,是否已斃? 來電與桃黑認識,桃黑二字是否有誤? 是否係徐供認抑匡供認? 願與何人對質? 殊未明晰,即電覆。該令寓何處? 並覆。鄂督院。歌。亥。"(以上兩電皆光緒十九年三月初六日發)"致江寧評事街廣繁棧房湖北委員周令耀崑:稟與供摺均悉。巨案得破,大快人心。匪犯不必解還,聽江南劉制臺酌辦。前已電劉帥,茲再告該令遵照。鄂督院。蒸。"(光緒十九年三月初十日發)"致江寧劉制臺:咸電悉。匡匪世明與李洪商購軍火一案,即奏結懲辦,均遵尊示辦理。匡世明即在江寧懲辦。如委員周令現已無事,請飭該令帶其弟匡盛斌暨楊清和回鄂。洞。咸。亥。"(光緒十九年三月十五日發,以上四電見《張之洞電稿丙編》,第36册,所藏檔號:甲182-87)

慶,前兩江總督沈葆楨之子,江蘇候補道,此時由劉坤一委派宜昌加抽川鹽釐局的差使,經常往來武昌,與張之洞、陳寶箴等人很熟,已代劉坤一向張之洞表白了"備荷鑑及"的態度。劉坤一在"遵旨確查摺"中稱:

> 伏查原奏所參各節,事隸鄂省,江寧相距較遠,莫知底蘊。因即遴派妥員馳往該省,密爲訪察,並詳詢來往官紳,互證參觀……

又據陳夔龍的筆記,劉坤一派往湖北查辦的官員是江蘇候補道丁葆元。[1] 從《問答節略》中"現仍靜候大人派員往查"一句來看,周耀崑離開武昌時,丁葆元尚未到達;但劉坤一已經表示"其實我不派人細查,並非客氣,公事只配如此。前經派人赴鄂,走過一次,亦不過公事面子如此",即劉如此行事,爲的是覆奏時能有所交待。劉還提到"陳右銘廉訪來信",即湖北按察使陳寶箴亦有給劉的信件。劉自稱"香帥與我,交並不深",然陳本屬湘系,與劉交情甚深。陳寶箴爲此事給劉坤一的信,未見,而劉坤一的回信,今存世,稱言:

> 另奉長械,議論精卓,指示周詳,並承鈔寄香帥奏稿,無任感佩。第此篇文章當從大處著筆,方合事體而杜後言,若必縷晰條分,轉恐投間抵隙,籌之已熟,持之頗堅,僅將梗概面告周司馬代達清聽矣。鐵廠與煉鐵分爲兩截,以清眉目,是一定辦法,前覆王方伯書,微議及此。不審此次所請經費廿萬能應手否?以理勢揣之,當無異説也。[2]

此信表明了劉坤一覆奏中的主調,即"大處著筆",並稱他已將大體内容告訴了周耀崑,即前引《問答節略》中的内容。他給王之春另有去信,大概也是安撫的話。從周耀崑《問答節略》中可以隱略看出,劉坤一對張之洞的做事風格並不滿意,對布政使王之春也有意見,但表白了"決不令香帥有爲難處"的基本態度。

光緒十九年二月二十九日(1893年4月15日),劉坤一上奏"遵旨

---

[1]《夢蕉亭雜記》,第73—74頁。陳夔龍又稱,丁葆元此行得罪了張之洞,劉坤一去世後,張之洞再次署理兩江總督,曾向丁葆元發難。時任漕督的陳夔龍請沈瑜慶爲之緩頰。
[2]《陳寶箴友朋書札》(二),《歷史文獻》,第4輯,第135頁。又,該信是前一信的附信,前信署日期爲"十一",似發於光緒十九年三月十一日。《劉坤一遺集》亦錄有此信(見該書中華書局版,第5册,第2048頁),但不是全文,僅是摘錄。

確查摺",爲張之洞作了全面的辯護,也維護了王之春,但對趙鳳昌稍有微詞:

> 趙鳳昌籍隸江蘇,前以丁憂知縣,由粤(調鄂),辦理督署筆墨事件。其人工于心計,張之洞頗信用之。該員雖無爲人營謀差缺實據,而與在省寅僚廣爲結納,其門如市,迹近招搖,以致物議沸騰,聲名狼藉……保舉候補直隸州知州趙鳳昌不恤人言,罔知自愛,似應請旨即予革職,並勒令回籍,以肅官方。[1]

劉坤一的基本戰術是"丟卒保車",可能聽到了一些徐致祥彈章的背景。該摺於三月十六日到達御前。從《隨手檔》來看,光緒帝當時未批,而是下令暫時封存。兩廣總督李瀚章的查覆奏摺遲至三月二十八日才上,聲稱"查明湖廣督臣張之洞被參各款均係傳聞失實",完全否定徐致祥的指控,該摺於四月十六日到達御前。[2] 光緒帝當日下旨:

> ……張之洞、王之春均著毋庸置議。候補直隸州知州趙鳳昌不恤人言,罔知自愛,著即革職,勒令回籍,以肅官方。張之洞向來辦事尚屬認真,嗣後于應辦事宜,務當督率屬員,力求撙節,妥爲經理,用副委任。[3]

張之洞躲過了這一次政治危機,而趙鳳昌後來被張之洞派到上海,處理各類事務,成爲張的"坐滬"。[4]

---

[1] 《軍機處錄副》,03-9379-051,縮微號:671-1906,中國第一歷史檔案館藏。引文已與《劉坤一遺集》互校,見《劉坤一遺集》,第2册,第767頁。又,劉坤一於光緒十九年二月二十五日給王之春的信中,稱:"香帥之才足以振舉一世,其所辦煤鐵獨具手眼,實爲時務所急需。若因其稍有糜費,而合力撓之,擠之,使其功虧一簣,以快外國人之心,謂我無能爲役,沮中國人之氣,以後不敢擔當,似非計之得也……"(同上書,第5册,第2046頁)大體説明了他對此的處理原則。再又,劉坤一此後給陳寶箴的信中稱:"祗奉手教,具述香帥之語,讀之不勝慚悚。香帥爲國之重臣,上之信臣,不可毀,亦無待譽。惟鐵政一局,實爲時局所係,不可不辨得失,以明是非;否則吠影吠聲,未免重煩宸聽。治弟所欲力持者以此,其餘無所用其斤斤也。香帥取人所長,自略其所短,既經臺諫論列,則瑕瑜不掩之處,不敢不據實直陳,且欲藉此調停言路,以服其心而闢其口……"(同上書,第5册,第2057—2058頁)

[2] 《宫中檔硃批奏摺》,04-01-02-0154-009,中國第一歷史檔案館藏。

[3] 《光緒宣統兩朝上諭檔》,第19册,第60—61頁。

[4] 相關的内容,參見本書第三節第七節。又,趙鳳昌,江蘇武進人,委派在上海(時屬江蘇),也大體符合"勒令回籍"之旨令。

二、光緒二十年至二十一年起用容閎

容閎(1828—1912),廣東香山南屏(今屬珠海)人,字達萌,號純甫(又作純甫)。他的個人經歷極富傳奇,是最早在美國大學——耶魯大學完成學業的中國人。咸豐四年(1854)回國,曾爲曾國藩等人代購軍火、機器等項。同治十一年(1872),帶領中國留美學童去美學習,任管理學童的副監督,後任清朝駐美國副使。光緒八年(1882)任滿回國,到京敘職,命以二品頂戴、道員銜在江蘇候補。[1] 然此後不久,他又去了美國,一住便是十多年。

抵押臺灣的計畫 光緒二十一年(1895)甲午戰爭結束後,容閎六十七歲時再次回國,開始他人生的另一段經歷。他在回憶錄中稱:

1894—1895年,中日之間因朝鮮問題爆發了戰爭……我計畫中的首要步驟就是奔赴倫敦去協商借款1500萬美元,以購買已成鐵甲艦三四艘,並招募5000人的外國部隊,沿太平洋海岸從背部攻擊日本,從而產生一個牽制力量……當該步驟在落實中的時候,第二個步驟也同時並舉,就是政府應准許並委任專人將臺灣島抵押給西方某一強國,以借款4億美元,用來組建國家陸海軍,繼續進行戰爭。這些步驟陳述于我給蔡錫勇的兩封信中,當時蔡錫勇任湖廣總督張之洞的秘書。兩封信被譯成中文後呈交給張總督,那是1894年冬季的事。出乎我意料之外,張總督贊同我的第一步驟,他發來電報授權於我速赴倫敦商談借貸1500萬美元之事……我在倫敦不到一個月,則成功地將借款事項商談就緒,惟有其附屬擔保品

---

[1]《清代官員履歷檔案全編》,第4册,第97—98頁。

問題,我必須托中國駐倫敦公使發電報給朝廷,請以海關關稅爲抵押。然而,中國海關總稅務司羅伯特·赫德爵士和李鴻章總督拒不讓以海關關稅作抵押。理由是海關關稅幾乎不足以用作支付給日本的抵押款……這樣,借款之舉遂成爲泡影,而我卻險些遭到承商借款的英國銀行財團(London Banking Syndicate)的起訴。我回到紐約,致電張之洞,請他進一步指示還需要我做什麽。他覆電要我立即回國……[1]

容閎的自傳,如同當時許多人的自傳一樣,有着許多的誇張。他的這一段經歷,在"張之洞檔案"中存有許多材料,可以對之一一進行印證。

張之洞在光緒二十一年十一月十二日(1895年12月27日)上奏的"容閎留省差委片"中指出:

溯查上年六七月間,東洋兵事初興,該員在洋即函致使署翻譯官,謂抵押臺灣,可得美國銀十萬萬元,既保疆土,兼集巨款。計美銀一元抵中國銀一兩有奇。嗣於十二月間,又電致臣,議及此舉。是該員甚有先見之明。[2]

由此可見,容閎在甲午戰爭初期就向清朝駐美公使館翻譯官提出了"抵押臺灣"以獲取"美國銀"(似即爲美元)10億元的計畫,並在光緒二十年十二月,將此計畫電告正在南京的署理兩江總督張之洞。我不知道當時美元與銀兩的比價,但其回憶録所稱4億美元或電報中所稱10億"美國銀",對當時的美國政府或任何一家金融機構,都不是輕而易舉之事,絕非像容閎所稱的那麽簡單。[3] 張稱容閎"甚有先見之明",指此時臺

---

[1] 石霓譯注:《容閎自傳:我在中國和美國的生活》,百家出版社,2003年,第284—285頁。
[2] 《張文襄公奏疏未刊稿》函二,所藏檔號:甲182-398;又見《軍機處録副》,03-98-5333-013,縮微號:403-1232,中國第一歷史檔案館藏。
[3] 如果從美國政府歷次購買領土的歷史來看,絕無可能支付4億美元或10億"美國銀"。又,當《馬關條約》換約後,沈瑜慶曾發電翁同龢:"……臺紳聯名函屬轉懇吾師:造膝密陳,願照遼旅辦法,賠款贖臺。若倭奢求,亦可請各國公議價值。臺地富饒,力可求生發,加賦加稅,所不敢辭……且臺地去歲議押,美人告容閎,估值十萬萬兩,即贖回轉押,以抵賠款,所得尚多……"(光緒二十一年四月二十七日申刻發,《張之洞存來電稿原件》,第13函,所藏檔號:甲182-384)此時沈瑜慶在張之洞幕中,該電是通過惲祖祁的密電本發給翁的。"美人告容閎,估值十萬萬兩"之語,説明張之洞、沈瑜慶相信了容閎的説法。

灣被迫割讓日本而言。而容閎與張之洞之間連絡人是張之洞幕中的蔡錫勇和梁敦彥。[1] 容閎稱通過蔡錫勇給張之洞的兩信，"張之洞檔案"中未藏。

購買船炮 光緒二十年十二月二十日（1895年1月15日），清朝駐美公使楊儒代發容閎給張之洞的電報，該電稱：

> 美京楊欽差。容道電：巴西炮船名尼塞募連，十五寸炸炮一尊，炸藥五十罐，一律齊，價廿一萬鎊。西十二月内議購。再定炸藥百罐備用，價二萬鎊，四十五天可成。兩炸炮尚存，每尊美洋十二萬五千元，汽筒彈藥在外。炸藥每罐千元，如定百罐，六禮拜可成。炮須現款交易，宜速定。裝配、教演須雇人至華。又，巴西驗船、募水手、儲煤糧，在在需費，須先有銀行存款。募兵難辦。擬聘洋員赴華，招兵訓練。借款籌若干，用何作抵？如以臺灣全省作押，可借二萬萬鎊，即美洋十萬萬元云。囑轉電。儒。皓。[2]

當時越洋電報的費用極爲昂貴，容閎作爲個人開支無法承受，便請清朝駐美公使楊儒代發。這是"張之洞檔案"中容閎最早的一份電報。然該電包括的内容很多，有購買巴西軍艦、招募官兵水手和借款等項，也提到了"以臺灣全省作押"（2億英鎊、10億美元）一事；由此可見，在此電之前，容閎應該有詳細的信件（或電報）來說明此情，應與張之洞幕中建立了初步的聯繫，不然的話，僅是如此簡短的電文，很難讓人理解其全部意圖。其中"募兵難辦"，似爲答覆語；"借款籌若干"，又似反問語。對於容閎的這份來電，張之洞考慮了很久，過了將近一個月，光緒二十一年正

---

[1] 蔡錫勇（1847—1897），福建龍溪人，廣東同文館學生，曾任駐美公使館翻譯，與容閎相識。光緒十年入兩廣總督張之洞幕，此時任湖北候補道，管理湖北各項洋務事業，是張之洞最爲信任的洋務幕僚。（參見《清代官員履歷檔案全編》，第5冊，第714—715頁；第6冊，第236頁）梁敦彥（1857—1924），廣東順德人，留美學童，與容閎關係甚深，曾入耶魯大學。光緒十年入張之洞幕，此時爲候補知縣。（參見同上書，第6冊，第768—769頁）

[2] 華盛頓，光緒二十年十二月二十日辰刻發，二十日亥刻到，《張之洞存來往電稿原件》，第12函，所藏檔號：甲182-383。又，張之洞後來的"容閎留省差委片"，稱容閎光緒二十年十一月之後的開銷列入報銷，又稱其到過南美洲，此電亦有可能是容在南美轉發，然容在回憶錄中未提其到過南美。

月十八日(1895年2月12日),張之洞發電駐美公使楊儒,請轉告容閎:

  華盛頓楊欽差轉容道純甫:前來電言之巴西炮船,並炸炮、炸藥等件,擬即一並定購,祈速議定實價,電覆。如能多覓一兩艘,更佳。前致蔡道函言,洋海公司船改兵船,安炸炮,辦法甚妥。擬購數艘爲運船。能設法代購否?洞。嘯。[1]

從此電文可見,容閎提出的購買巴西軍艦、炸炮,並提出在遠洋輪船安設火炮以改爲軍艦,張都表示同意,而對"抵押臺灣"一事未作覆;"前致蔡道函"一語,說明容確有信給蔡錫勇。正月二十二日(2月16日),楊儒代發容閎回電給張之洞,稱言:

  華盛頓楊欽差。容道覆電:購船須人查驗。車、客寓、電報等費無力籌墊。又,銀行須匯存巨款,外人信我真心交易,方肯議實價,非空言可辦。囑轉達,速匯款。儒。箇。[2]

楊儒轉發容閎的電文,提出了相關的交通、食宿和電報費用,同時要求在其名下"匯存巨款"。與此同時,容閎亦從華盛頓發電:

  巴西船,現有人議購,實價廿一萬鎊。歐洲有炮船六艘可購,炸炮兩尊,須正月廿六前議定。以上船炮如決計購辦,求速覆、速匯款。又,派人驗船、募水手,須求電給全權辦理名目,方可代辦。容閎。養。[3]

在容閎的電報中,除了匯款一項外,還提出了"正月二十六日"的期限與"全權辦理"的授權。張之洞並沒有立即回復。正月二十七日,容閎再發電催促:"箇、養電計登鑑,專候覆電遵辦。閎。沁。"[4]二月初一日,張之洞回電說明情況:"華盛頓楊欽差轉容純甫:船炮事,已入告。一俟

---

[1] 光緒二十一年正月十八日未刻發,《張之洞存來往電稿原件》,第13函,所藏檔號:甲182-384;抄件見《張之洞電稿乙編》,第35册,所藏檔號:甲182-68。

[2] 華盛頓,光緒二十一年正月二十二日未刻發,二十三日巳刻到,《張之洞存來往電稿原件》,第21函,所藏檔號:甲182-392。

[3] 華盛頓容道,光緒二十一年正月二十二日亥刻發,二十三日亥刻到,《張之洞存來往電稿原件》,第21函,所藏檔號:甲182-392。

[4] 華盛頓容道,光緒二十一年正月二十七日亥刻發,二十九日巳刻到,《張之洞存來往電稿原件》,第21函,所藏檔號:甲182-392。

奉旨允准，即行撥款。洞。東。"[1]此時張之洞手中款項極緊，正謀借款，須得請旨批准。二月初九日(3月5日)，張之洞發電容閎，稱其借款已成，可以購船炮：

> 華盛頓楊欽差轉容道純甫：江南已與英京 Duncan Stewart 借到洋款一百萬鎊，合同早已定，將來尚可續借。船買成，即可撥價。外人當可信，似不必匯存美國，以省周折。先匯去托人、車船、電報等費銀一萬兩，祈查收。巴西等國及歐洲各船，確可購否？某國有某船，各實價若干，速電覆。船名須用洋字電知，以便查考。又，現需用外洋將弁，務望速代覓出色而曾經戰陣者，水陸各數十人。水師同船來，陸路先來，要緊。炸藥必須購。洞。佳。[2]

張之洞在該電中不僅提出了增加購買船炮，並提出聘雇"出色而曾經戰陣"的"外洋將弁"，海陸軍皆要，且陸軍將弁須"先來"。張此電還同意匯銀1萬兩，供容閎"托人、車船、電報等費"之用。[3]

商借洋款　然而，此期張之洞的借款並不順利，二月二十日(3月16日)，張之洞再發電：

> 華盛頓楊欽差轉容道：前電英國借款，定後忽又游移，美國有洋款可借否？擬借二三百萬鎊，已經奏明，奉旨允准，海關作保，分二十年還。望速詢明年息幾釐、行用若干？速電覆。洞。號。[4]

張之洞給容閎的使命，從購船炮、雇將弁，改爲在美國借款。容閎於二月二十六日覆電："款在美難借，須至歐洲商辦。應否前往，並乘便驗船？

---

[1]　光緒二十一年二月初一日酉刻發，《張之洞存來往電稿原件》，第13函，所藏檔號：甲182-384；抄件又見《張之洞電稿丙編》，第48冊，所藏檔號：甲182-89。

[2]　光緒二十一年二月初九日酉刻發，《張之洞存來往電稿原件》，第13函，所藏檔號：甲182-384；抄件又見《張之洞電稿乙編》，第36冊，所藏檔號：甲182-68。又，以該電文相核對，容閎在回憶錄中稱以戰艦三四艘、雇傭軍五千名襲擊日本太平洋地區，似爲其張揚之詞。增購船隻、雇傭洋將，是張的提議，且洋將數量僅是海陸軍"各數十人"。

[3]　光緒二十一年二月十五日，張之洞的幕僚"沈、王道致上海義昌樊時勳電。帥諭：發美國楊欽差轉交容純甫道臺，托人、船車、電報等費，規銀一萬兩，祈照規銀折美元，速電匯。虎威解款二十萬，明日可到。並告雪門。愛。雪。(該日未刻發，《張之洞電稿丙編》，第48冊，所藏檔號：甲182-89)"沈"、"愛"，沈瑜慶，號愛蒼。"王"、"雪"，王秉恩，字雪澄。

[4]　光緒二十一年二月二十日酉刻發，《張之洞存來往電稿原件》，第13函，所藏檔號：甲182-384。

祈速覆。閎。敬。"[1]容閎的這一答覆是很奇特的,他在美國居住了很多年,應說有較多的人脈關係,但他卻提出要去歐洲。張之洞的回電未見。

張之洞本有另建海軍攻擊日本本土的構想,但受制於軍費與艦船等項,不能進展,派容閎購買船炮只是其多項計畫中的一項。光緒二十一年二月初四日(1895年2月28日),當戰場局勢處於極端困難、軍費開支處於捉襟見肘之際,張之洞電奏:

> ……去臘洞托寓居美國之道員容閎借洋款,容覆電云,若肯以臺灣作押,可借美國銀元十萬萬元等語……又,上海英律師丹文來言,若中國需銀,可以臺灣押與英人,可借巨款等語……似可與英公使、外部商之,即向英借款二三千萬,以臺灣作保,臺灣既以保借款,英必不肯任倭人盜踞……

張之洞看來已聽進了容閎所言,準備以臺灣作押向英國借款,並提出"許英在臺灣開礦一二十年"。[2]然而,在戰爭期間一國政府若同意以臺灣作押而借出巨款,將違反中立,近乎於參戰。且各大國財政皆有預決算,如此之大數額也需經過議會,且也難於短期支付,對此只要考察美國購買阿拉斯加的案例便可知其程式。容閎提出"抵押臺灣"可借款10億美元,然從現有的資料來看,似為容的自我設計,或諮詢了某些不負責任的商人,並沒有得到美國或西方任何一強國政府或大資本財團的同意之約定。清廷收到張之洞此電後,詢問總稅務司赫德,覆以"勢不能行";遂回電張之洞,"究竟有無確實辦法,著詳細電覆。"[3]張之洞由此發電清朝駐英公使龔照瑗、駐俄公使許景澄,探尋英、俄兩國對"押臺借款"一策的反應,並覆電總理衙門,建議以國家的名義命龔、許與英、俄商議,

---

[1] 容道來電,自華盛頓來,光緒二十一年二月二十六日申刻發,二十七日午刻到,《張之洞存來往電稿原件》,第13函,所藏檔號:甲182-384。

[2] 《張之洞全集》,第4冊,第427頁。"丹文",又譯擔文(William Venn Drummond),英籍出庭律師,在上海開業40年,常代理清朝多個地方政府在上海租界內的事務。(參見陳同:《近代社會變遷中的上海律師》,上海辭書出版社,2008年,第61—68頁)

[3] 《張之洞全集》,第4冊,第427頁。

结果不甚了了。[1]

光绪二十一年三月初六日(1895年3月31日),容闳于华盛顿发电张之洞:

> 即日赴英,十四可以抵伦敦。祈电龚使,尊处电报往来须托转递。闳。微。[2]

"龚使",清朝驻英国公使龚照瑗。从电文来看,容闳此行似得到了张之洞的批准。三月十六日(4月10日),容闳又从伦敦来电:

> 闳到英,晤龚使,询知邓干司都活(Duncan Stewart)借款尚未定,富因治(Finch)未见龚。邓干司都活允龚今晚准有回音。此款如借不成,请电嘱龚转告闳。英银行闳已晤面,事有头绪。闳。铣。[3]

容闳的来电称其已与英国某家银行有了接洽,据其回忆录应是 London Banking Syndicate。三月二十四日,容闳再发电:

> 前寄龚使电已告知,闳现择可靠大银行,请电谕,议借之款不得少过九折,该款必列在西正月所借款后,在以后借款前,每百或可议加半釐或一釐行用,按款二釐,周息六釐,廿年还本利。详细章程仿照西正月借款。如照电覆准,事立即成功。闳。敬。[4]

当时的借款,其主要形式是由外国金融机构代售清政府的长期债券。

---

[1] 《张之洞全集》,第4册,第428页;第8册,第255—257、270页。龚照瑗答覆称:"押台事已密商英,以室碍甚多卻之,並云如各公司肯請,英可不阻。"许景澄答覆称:"各国互有牵制,万难用战国法约诘,前奉旨商俄以兵胁和,未允。倭事棘手在此。"总理衙门未就此事发电驻英、驻俄公使。

[2] 华盛顿容道来电,光绪二十一年三月初六日午刻发,初七日申刻到,《张之洞存来往电稿原件》,第7函,所藏档号:甲182-378。

[3] 伦敦容道来电,光绪二十一年三月十六日申刻发,十七日午刻到,《张之洞存来往电稿原件》,第7函,所藏档号:甲182-378。与此同时,龚照瑗亦覆电张之洞:"咸电悉。富因治未来见,邓无回音。派员至该行,见富因治,据云:款可办,俟办就来使馆,不能限期,其情形自电稟制台云。瑗知格裏无他,惟以无名洋商纷纷揽借款,去秋至今,十无一成,壞華聲名,且誤事。责之致招怨。瑗。十六。"(伦敦龚钦差来电,光绪二十一年三月十六日巳刻发,十八日午刻到,出处同上)对于富因治借款事,张之洞发电经此事的唐绍仪:"上海经道转交唐守绍仪:急。富因治款何以尚未匯到汕,所言是否可信?昨容道闳自轮墩来电,言富因治并未见龚钦差,其中显有虚诈。该守究竟实在亲见富因治自英来电否?即据實覆,不可含糊誤事。两江。嘯。"(光绪二十一年三月十八日巳刻发,《张之洞存来往电稿原件》,第13函,所藏档号:甲182-384)"轮墩",即伦敦。

[4] 伦敦容道来电,光绪二十一年三月二十四日午刻发,二十五日午刻到,《张之洞存来往电稿原件》,第7函,所藏档号:甲182-378。

"西正月借款"，即清朝户部與滙豐銀行達成的 300 萬英鎊借款（"滙豐金款"）；"九折"是指除去發行等各項費用後的實際得款；"周息"爲年利。此時張之洞需款甚急，英國金融機構也看準是機會，開出了較高的條件。三月二十六日（4月20日），張之洞回電容閎：

> 致倫敦龔欽差轉交容道閎：敬電悉。借款六釐息、廿年還，折扣行用共不得過八九折，早已疊次奉旨允准。此時不便再奏，若不須由總署告英使轉告該行，則此借款即借定，可列爲西正月借款之後，在以後借款之前。望與速商，即日電覆。洞。宥。[1]

張之洞完全同意了對方借款的條件，但要求不經過總理衙門轉告英國駐華公使再轉告該銀行，即由總理衙門出面通過英國駐華公使而向該銀行作出清朝中央政府的擔保。

從光緒二十年十二月起，張之洞四處借款，其主要有四端：一是"熾大借款"，二是"德華借款"，三是"瑞記借款"，四是"克薩借款"；除此之外，還有王之春在法國商議的借款和容閎在倫敦商議的借款。然張的借款計畫受到翁同龢等人及户部的限制，恐張濫借外債而最後由中央政府還款，在談判時外方皆要求由清朝中央政府出面並以海關稅收擔保，户部對此皆未同意，致使借款失敗。張在前電中稱"若不須由總署告英使轉告該行"，即是要繞過翁同龢之意。[2] 正當容閎在倫敦商談借款時，三月二十一日（4月15日），清朝駐英國公使龔照瑗發電張之洞，稱"克薩借款"取得進展，二十四日，張之洞回電命"速定"；二十五日，龔照瑗電稱其"簽草約"，二十六日，張之洞電奏："現已經龔使簽字立約，未便失信，仰懇天恩將此一百萬鎊准其借用"；二十八日，清廷下旨："即著准其借用，嗣後恪遵前旨，不得再借"。[3] 該電旨張之洞於二十九日收

---

[1] 光緒二十一年三月二十六日子刻發，《張之洞電稿丙編》，第51册，所藏檔號：甲182-90。
[2] 總理衙門相告前，須得到户部的同意，且翁同龢亦兼任總理衙門大臣。又，光緒二十一年三月初一日，張之洞因"熾大借款"失敗而電奏，要求按照"滙豐金款"的條件，允其借款，清廷於初四日覆電："著准其再行商借，惟數目不得過多，應以數百萬兩爲斷"。《張之洞全集》，第4册，第431頁）
[3] 《張之洞全集》，第4册，第435頁；第8册，第295、297—298頁。龔照瑗在三月二十一日電報中稱"容薦商未到"。

到,三十日,張發電龔,要求"即日先交銀十萬鎊應急"。[1] 也就是說,三月二十六日張之洞通過龔照瑗回電容閎時,已通過龔達成了"克薩借款";又根據三月二十八日的電旨,張已無權再辦借款,四月初三日(4月27日),張通過梁敦彥電告容閎,命其回國,解除其借款的使命。[2]

初次會面與銀行章程 光緒二十一年閏五月初一日(1895年6月23日),容閎到達上海,準備10天後赴南京與張之洞會面。[3] 此次會面的具體情節,容閎在其回憶錄中稱:

……我說,中國要想恢復她原有的聲譽並成爲一個富強的國家,那麼她將必須采取新政策。即中國必須行動起來,至少聘請四

---

[1] 張之洞發電龔照瑗:"有、宥、沁、勘、儉五電均悉。克薩借款一百萬鎊,二十八日奉旨照准,已於二十九日轉電尊處,想早達,務祈早催克薩速電上海麥加利即日先交銀十萬鎊應急。至感。洞。卅。"(致倫敦龔欽差,光緒二十一年三月三十日戌刻發,《張之洞電稿丙編》,第51冊,所藏檔號:甲182-90)

[2] 該電爲:"Yung Hung London Come to China by order. Liang Tunyen"(梁委員致容閎電,四月初三日申刻發,並用漢字注明"右電言:奉諭:請即回華。梁敦彥。"《張之洞電稿丙編》,第52冊,所藏檔號:甲182-90)又,容閎四月十一日仍發電:"款既奉旨,原不須再奏,但請署錄旨照英使、飭龔使,即覆示。容閎。"(倫敦容道,光緒二十一年四月十一日未刻發,十二日子刻到,《張之洞存來往電稿原件》,第20函,所藏檔號:甲182-391)此電尚不可解。按,召回容閎電報發於四月初三日,此時應收到,然此電仍是對張之洞三月二十六日電令的回電,其稱"請署錄旨照英使、飭龔使",即請總理衙門將諭旨照會給英國駐英公使,並電告駐英公使龔照瑗,即容還要再進行借款,且違背張三月二十六日電令的規定。再又,時任駐英使館參贊的宋育仁在四月二十八日寫密信給張之洞,稱言:"……爵使轉屬代訂百萬磅(鎊),照江南訂而未成,原息、原扣因價甚賤,難辦,該行欲預攬大款,始允減價,成此小款。育仁竊計,有此小款作樣,大款不致過昂,商於爵使,以爲一舉兩得,遂定合同簽押。旋聞容來英購款,疑scottishScotland蘇格蘭糖機行經手人分渠回洋所托,不知出自函丈所命。且聞與龔合局,稔知龔久,遂不敢與容相聞。四月初四會於龔座,出總署電禁並鈞電允克薩一款,停容借款令回華各節,容始嗒然自喪。育仁始悟容來因,急走訪容,印證前後,共悔始未同謀,誤墮彼術。其間明修暗度、李代桃僵,容歸,自面陳,不贅述……"(《外致張文襄公函件》,《張之洞公文函電稿》[一函三冊],所藏檔號:甲182-216)"爵使",王之春,字爵堂,此時奉使俄國,回程經法國等處。由此可知,王之春另命宋育仁辦理借款事,而宋育仁與龔照瑗有隙,所辦借款未成;四月初四日,宋育仁見到了容閎,容閎可知命其回國之電,也應知道"克薩借款"已成。由此亦可見,容閎在其回憶錄中稱其借款未成是未獲抵押批准,爲不實之語。

[3] "張之洞檔案"中有一電,稱:"督署梁:容師純甫由美昨安抵滬,擬十日內赴寧。乞代伊請憲安。俊。"(光緒二十一年閏五月初二日午刻發,申刻到,《張之洞存來往電稿原件》,第6函,所藏檔號:甲182-377)"俊",留美學童唐榮俊,此時在上海任怡行洋行買辦。"張之洞檔案"中有一電給唐榮俊:"致上海怡和唐道榮俊:委該員駐滬偵探洋務,務須確實,隨時電稟。至要。署督院。豔。"(光緒二十年十一月二十九日酉刻發,《張之洞電稿丙編》,第43冊,所藏檔號:甲182-88)

位外國人士分別擔任在外務、陸軍、海軍、財政這四個部門的顧問，聘用期不妨爲十年，任職期滿還可以連續聘用。而所聘之人必須是富於實踐經驗、有傑出的才能和純潔高尚的品格。因此，當所聘的這些人在各自部門提出最佳的見解時，朝廷應予以接受，且付諸實行。與此同時，選派才華出衆的中國青年學生在這些顧問手下工作。由此，將會使政府依照西方的方法重新組建内部機構，使之系統及規範化，從而使中國行政機構在西方的原則和觀念的基礎上逐步實現改革。[1]

由外國顧問來掌控清朝的外交、陸軍、海軍和財政，這一"新政策"對張之洞來說已不新鮮，在此之前英國傳教士李提摩太向張提議的"妙法"與之完全相同，不知兩人此時是否在上海見過面，有過商議。[2] 據容閎自稱，張没有表態，"始終保持沉默，像一塊乾燥的海綿一樣能吸水而不能向外吐水"。"張之洞檔案"中對此次會談没有相關的記錄，但可以肯定的是，容閎在會見中談到了銀行。容閎在此次會見後，住在上海。六月二十日(8月10日)，張之洞的幕僚梁敦彦奉命發電：

　　上海怡和唐轉容大人純甫。帥諭：請將前十數年所上銀行章程速抄，寄來寧。何日寄？祈覆。敦彦。[3]

張之洞所索，當爲容閎在會見中所言，即其自稱於光緒八年回國時曾上有"銀行章程"。六月二十二日，容閎回電稱："督署梁：前議設銀行章程稿已遺失，應否從新另議？代請示遵。閎。"[4] 梁敦彦回電未見。七月初五日，容閎又電，稱言："督署梁：銀行章程繁瑣，非可立就，俟議妥繕好寄呈。閎。"[5] 由此可見，張之洞已同意容的"從新另議"計畫，容要

---

[1] 《容閎自傳：我在中國和美國的生活》，第 288 頁。
[2] 關於李提摩太的"新政策"，詳見本章第三節。
[3] 光緒二十一年六月廿日戌刻發，《張之洞存來往函電原件》，第 8 函，所藏檔號：甲 182-379。"怡和唐"，唐榮俊。"帥"，張之洞。
[4] 上海，光緒二十一年六月二十二日未刻發，酉刻到，《張之洞存來往電稿原件》，第 14 函，所藏檔號：甲 182-385。
[5] 上海，光緒二十一年七月初五日申刻發、到，《張之洞存來往電稿原件》，第 20 函，所藏檔號：甲 182-391。

求給予時間。梁敦彥即於七月初六日(8月25日)回電:

> 上海怡和唐道轉容道電:帥盼銀行章程甚切,謂非他人所能知其詳,專候尊擬,飭再電。請早日擬就寄寧。何日可寄,祈示覆,以便稟慰。彥稟。[1]

梁敦彥在電報中表示了張之洞對容閎所擬銀行章程的極大興趣,並要求儘快完成。容閎也當即電覆,開出了具體條件:

> (督署)梁:電悉。現撥俗冗,專擬章程。查今昔不同,英美例繁,非可速就,須詳慎方知底蘊。故延兩友助譯,緩繕妥寄呈。閎。[2]

然此後容閎所擬銀行章程及其寄寧進呈張之洞的情況,"張之洞檔案"中不見記載。

第二次會面與鐵路計畫 光緒二十一年十月十八日(1895年12月4日),張之洞發電容閎:

> 致上海同文書局容道臺印閎:前接來稟,擬回江寧,極好。何以久未見到?望即速來爲盼。並先電覆。兩江。洽。[3]

從此電內容來看,容閎前有稟帖表示願去南京見張之洞,張對此表示了歡迎。儘管容閎在回憶錄中稱他與張之洞僅見過一面,但從下引"張之洞檔案"的內容來推測,容又去了南京。容、張第二次南京會見的情況,也沒有直接的材料,但可以認定,容閎在會見中談到了蘇滬鐵路。十一月初六日(12月21日),梁敦彥發電:

> 梁委員致上海同文書局容大人純甫:前聞大人言:蘇滬鐵路華商能辦,多有願承辦者。現帥詢:華商係何人?已集有成款、擬定章程否?何以不見具稟?祈速電覆,以便轉回爲盼。彥稟。初六。[4]

由此可見,容閎向張之洞提出了華商能承辦蘇滬鐵路,並同意由其招集

---

[1] 光緒二十一年七月初六日未刻發,《張之洞電稿丙編》,第58冊,所藏檔號:甲182-91。
[2] 上海,光緒二十一年七月初七日午刻發,未刻到,《張之洞存來往電稿原件》,第20函,所藏檔號:甲182-391。
[3] 光緒二十一年十月十八日寅刻發,《張之洞電稿丙編》,第62冊,所藏檔號:甲182-92。
[4] 光緒二十一年十一月初六日辰刻發,《張之洞存來往電稿原件》,第11函,所藏檔號:甲182-382;抄件又見《張之洞電稿丙編》,第63冊,所藏檔號:甲182-92。又,蘇滬鐵路,蘇州到上海。

款項、擬定章程上報。對此,容閎在該月內有數電回復:

> 督署梁松生:承詢鐵路事,因電簡難詳,即函達。純。[1]

> 督署梁松生:蘇滬鐵路商股,已集有眉目,本定今日來寧詳稟大帥,因重加感冒,腰痛頗甚,稍愈立即前來。祈代轉稟。閎。[2]

> 洽電謹悉。職現因感冒,擬月杪來寧。容閎稟。效。[3]

梁敦彥或張之洞回電皆未見。然從容閎以上三電可見,他對招集華股承辦蘇滬鐵路是主動的,並稱"已集有眉目",然其月底是否去過南京,尚不可知。光緒二十一年年底,張之洞即將離開兩江署任時,突然對建設蘇滬鐵路發生極大的興趣。十二月二十三日(1896年2月6日),張之洞命其大幕僚蔡錫勇發電容閎:

> 上海同文書局容道臺:帥諭:擬委閣下招商,承辦蘇滬鐵路,請即回。委辦洋務局札,想早已接到。勇。養。[4]

該電下加重點號者爲張之洞的親筆。同日,張之洞又發電黃遵憲、容閎、葉大莊:

> 鐵路屢奉旨,且有旨令劉峴帥接續辦理,斷無更變。今先辦蘇滬一段,洋員測量止二百里,估費約二百萬兩,今定議奏明,先辦此一段……委蘇臬司吳廉訪總辦,黃道遵憲、容道閎會同總辦。吳管地方交涉彈壓,黃管工作,容管招商。但此事只招華商,不得暗招洋股……[5]

---

[1] 容道致梁委員來電,光緒二十一年十一月初九日申刻發、到,《張之洞存來往電稿原件》,第6函,所藏檔號:甲182-377;又見抄本《張之洞電稿》,第十冊,《上海來電八》,中國社會科學院經濟研究所圖書館藏。

[2] 上海容道致梁委員,光緒二十一年十一月十三日未刻發,酉刻到,《張之洞存來往電稿原件》,第6函,所藏檔號:甲182-377。

[3] 上海,光緒二十一年十一月十九日申刻發,酉刻到,《張之洞存來往電稿原件》,第20函,所藏檔號:甲182-391;又見抄本《張之洞電稿》,第十冊,《上海來電八》,中國社會科學院經濟研究所圖書館藏。

[4] 光緒二十一年十二月二十三日子刻發,《張之洞存來往電稿原件》,第5函,所藏檔號:甲182-376;抄件又見《張之洞電稿乙編》,第10函第48冊,所藏檔號:甲182-71。又,"委辦洋務局札",指張之洞委派容閎爲金陵洋務局委員的札文,按當時的慣例,容閎每月將有一份酬金。

[5] 《張之洞全集》,第9冊,第88頁。當時的江蘇按察使吳承潞。又,這一段電文,根據張之洞的指示,有所加增:"上海黃道臺、黃道遵憲、容道閎、葉丞大莊:昨養電內,'吳管地方交涉(轉下頁)

張之洞如此安排，是以爲容閎確有招集華人商股的能力，而委此重任。十二月二十七日，張之洞又發電黃遵憲、容閎、葉大莊：「鐵路事，華商確實附股者已有幾家，可集若干，速覆……感。」[1]十二月二十九日，張之洞再發電黃遵憲、葉大莊兩從，不再有容閎：「感電想已接到，華商究竟實附股者幾家，可集若干？務將大概情形即刻電覆。兩江。勘。」[2]這實際上是拋開容閎，查問實情。然容閎實際上並無此招商能力，當日，黃遵憲、葉大莊兩人聯名回電，說了實話：「華商尚無人附股。遵憲、大莊謹稟。豔。」[3]光緒二十二年正月初一日（1896年2月13日），黃遵憲、容閎、葉大莊三人聯名回電：「感電謹悉。鐵路招股，遵諭宣布，滬商尚無人股。電詢粤商，亦無應者……」[4]蘇滬鐵路一事，至此也只能暫爲擱置。

張之洞回任之後　　在此之前，清廷已決定前在山海關督師的劉坤一回任兩江，張之洞回任湖廣。張對其在兩江的班底進行調整，對相關的人員予以安置。光緒二十一年十一月十二日，張之洞上有一片，說明對容閎此後的安排：

> 再，江蘇補用道容閎久寓美國，熟悉洋務，上年海氛方熾之時，經臣疊次電飭至南美洲巴西、秘魯等國購求戰艦，並匯寄經費應用。本年二月，又赴英、法各國商借洋款。重瀛跋涉，備極辛勞。旋值和

（接上頁）彈壓，黃管工作，容管招商'下，應添'但此事只招華商，不得暗招洋商附股，並請陸鳳石祭酒督率紳商等籌辦，兼招商股'三十三字，下接'日內出奏'云云。黃、容兩道，速將此段補入，方可刊報。切切。兩江。有。"（光緒二十一年十二月二十五日未刻發，《張之洞存來往電稿原件》，第5函，所藏檔號：甲182-376）又，"上海黃道臺"指時任蘇松太道（上海道）的黃祖絡。

[1]　《張之洞全集》，第9冊，第93頁；張之洞親筆原件見《張之洞存來往電稿原件》，第11函，所藏檔號：甲182-382，抄件又見《張之洞電稿甲編》，第51冊，所藏檔號：甲182-46。該書所錄有衍字，據原件訂正。

[2]　致上海黃道臺遵憲、松海防廳葉丞，光緒二十一年十二月二十九日丑刻發。《張之洞電稿乙編》，第48冊，所藏檔號：甲182-71。

[3]　上海，光緒二十一年十二月二十九日未刻發，申刻到，《張之洞存來往電稿原件》，第19函，所藏檔號：甲182-392。

[4]　《張之洞全集》，第9冊，第93頁。由於黃遵憲等人在該電中稱："察訪商情，意謂官商頗難合辦……職道等竊擬此事如專歸商辦，定能集股……"張之洞爲此於正月初七日發黃遵憲："鐵路事，商既不願與官合辦，假如全歸商辦，真正華商能集成巨款否？即使有人承辦，其言究可靠否？如商辦，係何人爲首承攬此事？速將實情確覆。"（同上書，第96頁）黃遵憲回電未見。但從後來的鐵路計畫來看，即便全歸商辦，也很難籌措資金。

議已成，購艦借款概從緩辦。因電飭該員來華，五月間到省。臣接見之下，察其才識博通，忠悃誠篤。溯查上年六七月間，東洋兵事初興，該員在洋即函致使署翻譯官，謂抵押臺灣，可得美國銀十萬萬元，既保疆土，兼集巨款。計美銀一元抵中國銀一兩有奇。嗣於十二月間，又電致臣，議及此舉。是該員甚有先見之明。又訪求新出之炸藥炮請購，均經臣先後電奏在案。如該員之深明時勢，識燭機先，洵不易觀。目前辦理洋務，需才孔急，該員本係江蘇候補人員，相應奏明，請旨留省差委，實于洋務諸要事，大有裨益。所有上年十一月起本年五月止，該員在外洋赴南美洲、歐洲往返川資，並隨帶洋員薪水，以及電報等費，共合銀八千八百五十二兩，應請在江南辦防軍需項下匯案報銷。理合附片陳明。伏祈聖鑑。[1]

這一份奏片，寫得很平穩，若對照張之洞平時對下屬的態度，可見他對容閎的評價是相當一般：其一是沒有保舉，這在當時已是很普遍之事；其二是沒有奏調，凡是張看中的人才，必會奏調湖北，爲其所用。他只是將容閎留在江南，交給即將回任的劉坤一來安置。至於容閎在美國、英國等處花銷共銀8 852兩（張之洞原寄銀一萬兩，已所剩無幾，這在當時的出使經費中也是一個大數字），張也將之交"江南辦防軍需"中"報銷"，即交劉坤一來最後核銷。從容閎此期的作爲來看，他不是張所需要的能辦事的人才，儘管後來還一再表示他在美國仍有著巨大的融資能力；另從年齡來看，他畢竟老了，在當時已屬近古稀之年了。容閎對張之洞的意思也是完全明白的，他在回憶錄中稱：

> 在他（張之洞）離開南京去武昌之前，他任命我爲江南洋務局委員（Secretary of Foreign Affairs for Kiang Nan）。劉坤一回任兩江總督之時，張之洞也回湖廣總督任，但他沒有邀我隨他一同前往武昌。這非常清楚明白地暗示我，他不再需要我爲他服務了，我不是那種

---

[1] "容閎留省差委片"光緒二十一年十一月十二日，《張文襄公奏疏未刊稿》函二，所藏檔號：甲182-398；又見《軍機處錄副》，03-98-5333-013，縮微號：403-1232，中國第一歷史檔案館藏。光緒二十一年十二月初三日該片奉硃批："著照所請。該部知道。欽此。"

适合他的目的之人……[1]

劉坤一回任兩江後,對容閎並沒有特加關注。容閎辭去了洋務局的差使,而在上海抛出了龐大的"銀行計畫"、"借款計畫"、"鐵路計畫",與梁啓超、康有爲等人建立了聯繫。[2] 光緒二十三年底,他進京活動,説服了翁同龢、張蔭桓等高官。陳其璋、宋伯魯先後上奏(由康有爲代擬奏稿)向光緒帝提議派容閎去美國,以礦産等項爲抵押借款數億美元[3];翁同龢等人更是上奏容閎的"津鎮鐵路計畫"。[4] 前者由於光緒帝未認可而罷議,後者得到了清廷的正式批准。但此後的事實表明,容閎並沒有相應的國際融資能力。[5] 戊戌政變之後,容閎的活動又從經濟領域轉向了政治領域。

三、光緒二十一年李提摩太的"妙法"

李提摩太(Timothy Richard, 1845 – 1919),英國傳教士,同治九年

---

[1]《容閎自傳:我在中國和美國的生活》,第289頁,其中容閎的職位原譯爲"江南交涉員",根據當時的名稱改。
[2] 光緒二十二年,梁啓超在上海結識他,寫信給康有爲稱:"容純甫在此見數次,非常才人也。可以爲勝、廣。"(《覺迷要録》,録四,第20頁)"勝、廣",陳勝、吳廣。陳寶箴亦於此年擬一摺,請派容閎赴美商辦借款、辦鐵路之事。(參見《陳寶箴集》,上册,第261—267頁)查軍機處《隨手檔》,該摺未上。光緒二十四年正月十七日,翁同龢在日記中記:"陳右銘致榮仲華函,一開礦,一派容閎、黄遵憲借美債、集南洋股,一以三十萬餉練湘兵五千。余以長篇答仲華。"(《翁同龢日記》,第6册,第3091頁)。"榮仲華",榮禄。以上兩事皆可能是梁啓超等人的暗中操作。相關的背景,又可參見本書第五章附録三。
[3] 陳其璋的奏摺上於光緒二十四年二月十六日,宋伯魯的奏摺上於光緒二十四年二月十七日,見孔祥吉編著:《康有爲變法奏章輯考》,第160—167頁。
[4] 總理衙門:"奏爲道員容閎請辦津鎮鐵路以廣商務摺",光緒二十四年正月二十一日,孫學雷主編:《清代孤本外交檔案》,全國圖書館文獻縮微複製中心,2003年,第28册,第11743—11745頁。
[5] 參見拙著《從甲午到戊戌:康有爲〈我史〉鑑注》,第343—355頁;張海榮:《津鎮鐵路與蘆漢鐵路之爭》,北京大學碩士論文,2008年。

(1870)來華,在山東、山西傳教。"丁戊奇荒"時,從事賑災活動,在拯救生命的同時亦"拯救靈魂",發展了大批教徒,也與曾國荃、李鴻章等高官拉上了關係。[1] 光緒十七年(1891),李提摩太到上海,主持廣學會,翻譯書籍,出版《萬國公報》,在宣傳宗教的同時也傳播了大量西方科技文化、政治學說與社會歷史知識。他與當時的政界與學界皆有著廣泛的聯繫。

"張之洞檔案"中存有一些與李提摩太相關的文件,其中比較完整的是甲午戰爭期間李提摩太與張之洞之間的來往電報與書信,涉及到他後來著名的"新政策"。查清楚此中的細節,可對戊戌歷史的關鍵之處能有較深的理解。

《泰西新史攬要》之資助與南京第一次會面 先看李提摩太一信,稱言:

英士李提摩太謹再拜言。尚書閣下:側聞玉節榮涖金陵,蔚此名區,端資偉望。矧士頻年羈旅,幸隸帡幪。燕賀之餘,彌殷雀躍。士在滬江經辦廣學會事務,仰蒙垂注慇勤,錫之以兼金,申之以墨寶。士仰體憲意,昕夕劬書,未敢稍暇。今幸《西國百年來大事記》(改名《泰西新史攬要》)業已譯畢,連舊作之《時事新論》,盡付手民。據云,明歲仲春時節可以畢事。知關廑念,先臚陳至。前承下問之《列國變通興盛記》一書,項已刷印齊全,又《富國捷徑》二十九章,今已成之;《農學新法》暨《生利分利之別》共二章,亦已蕆事。茲謹各奉十部,恭求斧誨。極知譾陋,曷勝慚惶,惟冀惠存,榮幸無似。再,二閱月前,士曾邦一箋,略陳和東之意,未蒙賜福,不識有當于萬一否?干冒尊嚴,惶恐惶恐。肅泐,恭賀任喜,並敬崇安,諸維霽鑑不愆。李提摩太謹上。

(附呈《中西年表圖》二幅,又《歐洲八大帝王傳》、《百年一覺》各十部,《列國變

---

[1] "丁戊奇荒",光緒二年至五年(1876—1879)發生於中國北方山西、河南、陝西、山東、直隸五省的大饑荒,其中以光緒三年(丁丑年)、四年(戊寅年)最為嚴重。死於此次饑荒的人數超過百萬。

通興盛記》十部)[1]

李提摩太的特點是愛用比較古雅的中國語文來寫信,但其寫手的水準不高,文字並不見好。這封信稱"側聞玉節榮涖金陵",當屬張之洞到達兩江署任後不久(張於光緒二十年十月十六日接任),此信似發於此時;又稱"二閱月前,士曾狃一箋,略陳和東之意,未蒙賜福",説明他在該年八月左右曾有信給張之洞,提議"和東",即與日本言和之策,而張沒有回信;再稱"錫之以兼金,申之以墨寶",即張之洞給予廣學會的資金資助並有題詞等件。關於這封信的背景,李提摩太在其回憶錄中稱:

> 在上海的這段時間裏,我完成了麥肯西的《泰西新史攬要》一書的翻譯,並付印出版,爲的是讓中國的政府官員們了解世界發展的最新進程,説明如果他們采取同樣的改革措施,他們的國家也還是有希望的。在緒言中,猶豫再三,我還是冒險提出了這樣的問題:"近六十年來,中國一再遭外敵入侵,割地賠款,飽受屈辱,原因何在?"我的觀點是:……他們不僅是在反對外國人,更是在反對上帝確立的宇宙規則。他們一再遭受的屈辱是上天對他們的懲罰。因而,如果對世界的排斥態度是中國遭受失敗的原因,她應當代之以一種善意的、友好的態度……我把本書和緒言寄給了一些督撫大員,焦急又不安地等待著對我這無忌憚之言的回應。但我並沒有等得太久,李鴻章拍來了電報,邀我北上天津同他會面;而其時我已答應了南京的張之洞,將前往同他討論中日戰爭問題……[2]

李提摩太的回憶錄,有着許多自我張揚和情節不確之處,這也是他個人性格的一部分。前引他給張之洞的信,即是其中的一例,李提摩太並沒有在該信中提出改變清朝對外政策的主張,而只是説明《泰西新史攬要》即將付印,並呈送了其他的印刷品。

而李提摩太所稱張之洞邀請其去南京,則非爲其信,而是起因於他

---

[1]《張之洞文件》,所藏檔號:甲182—218。另有名片及信封,其信封寫:"欽命署理兩江總督部堂張/大人安稟/英士李提摩太自上海寄呈,外書一包、圖一卷。"
[2] 李提摩太:《親歷晚清四十五年:李提摩太在華回憶錄》,第210—211頁。

的另一封電報。光緒二十一年正月初七日(1895年2月1日),李提摩太在上海發電給南京的張之洞:

> 華有新難,知者一二,獨公能救之。電覆。面稟。上海李提摩太。[1]

該電的基本意思是要求面見張之洞。在該電呈遞件上,有張之洞親筆批示:"速覆,全來。"當日,張之洞覆電:"致上海李提摩太:來電未甚解,請即來江面談。兩江。初七。"[2]李提摩太由此去了南京。

根據李提摩太的回憶錄,正月十一日(2月5日),他與張之洞進行了第一次會見。李提摩太在此次會談中要求儘快結束戰爭,也談到了教育與改革,並沒有太多緊要的內容。[3] 然而,在與張談話後的當日晚上,李提摩太沒有睡好,"反復思考拯救可憐的千千萬萬中國人的方案。淩晨時候,我把心裏形成的方案寫了下來"。其方案共有五點:

一、在一定年限之內,給予某一外國處理中國對外關係的絕對權力;

二、這個外國政府必須在中國實施各種形式的改革;

三、由該國的代表控制中國的鐵路、礦山、工業等各個部門;

四、中國皇帝應同過去一樣,授予外國代表各種官職爵位;

五、期限結束之時,外國政府把屬於中國的一切資產與負債轉交中國政府。[4]

這個一夜不眠的龐大計畫,實質是由外國政府來托管中國。他雖然沒有稱是何國政府,但應是指英國。而他設計這一計畫時,並沒有與英國政

---

[1] 上海來電,光緒二十一年正月初七日申刻發,酉刻到,《張之洞存來往電稿原件》,第21函,所藏檔號:甲182-392;抄件見《張之洞存各處來電》,乙未第1冊,所藏檔號:甲182-129;又見抄本《張之洞電稿》,第九冊,"上海來電三",中國社會科學院經濟研究所圖書館藏。

[2] 光緒二十一年正月初七日亥刻發,《張之洞存來往電稿原件》,所藏檔號:甲182-376;抄件見《張之洞電稿丙編》,第46冊,所藏檔號:甲182-89。

[3] 《親歷晚清四十五年:李提摩太在華回憶錄》,第212—217頁。他在回憶錄中稱:"1895年1月,當中國的主要當權者都爲對日作戰的連續敗績所震驚時,我被南京總督張之洞請去,商討使中國擺脱困境、安定秩序的最好辦法。"他回憶的時間稍有誤,而主動方是完全顛倒。

[4] 《親歷晚清四十五年:李提摩太在華回憶錄》,第217—218頁。

府或英國駐華公使進行任何聯絡；從現有的資料可以認定，英國政府當時並無任何托管中國的計畫——當時中國的困境是前線的敗局，英國托管的前提是中止戰爭，英國若不使用其武力，日本絕不會聽取其勸告而放棄戰爭中所獲的一切，即英國在托管中國之前須先準備與日本開戰。李提摩太的這一設計，完全是異想天開。

南京第二次會面 李提摩太剛回到上海，便於正月十三日（2月7日，即第一次會見的兩天後）再次發電張之洞。他在電報中賣了一個關子：

> 電。今日得妙法，救近救遠。法成，賞一百萬兩；不用，分文不費。可否奏上。李提摩太。[1]

他自稱有"妙法"，要求賞銀一百萬兩。"可否奏上"，似爲上奏朝廷。張之洞即命其洋務幕僚梁敦彥於次日覆電：

> 上海李提摩太。奉帥諭：事急，誠有妙法，不惜重賞，望明白函告。但須切實能辦，空談無補。特轉達，祈速覆。梁敦彥。十四。[2]

張之洞此電，一是讓李提摩太"明白函告"，即寫信詳細説明；二是提醒"空談無補"，即防其不著邊際地空談。李提摩太收到此電後，當日覆電：

> 所言妙法，救目前，亦救將來。所請酬銀百萬，但發一確電允給，即詳細告知。非空談，不成不取。李提摩太。[3]

正月十五日，梁敦彥再次奉張之洞命覆電，提出具體要求：

> 上海李提摩太。奉帥諭：妙法若值百萬，當不靳惜。但來電簡略，未明所指。如果有意相助，請再來寧訂議，或詳細函知：此係辦

---

[1] 李提摩太來電，光緒二十一年正月十三日酉刻發，戌刻到，《張之洞存來往電稿原件》，第21函，所藏檔號：甲182-392；抄件見《張之洞存各處來電》，乙未第2册，所藏檔號：甲182-130；又見抄本《張之洞電稿》，第九册，"上海來電三"，中國社會科學院經濟研究所圖書館藏。

[2] 光緒二十一年正月十四日巳刻發，《張之洞電稿》光緒二十一年正月，所藏檔號：甲182-482；抄件又見《張之洞電稿丙編》，第46册，所藏檔號：甲182-89。

[3] 李提摩太來電，光緒二十一年正月十四日申刻發，戌刻到，《張之洞存來往電稿原件》，第21函，所藏檔號：甲182-392；抄件見《張之洞存各處來電》，乙未第3册，所藏檔號：甲182-130；又見抄本《張之洞電稿》，第九册，"上海來電三"，中國社會科學院經濟研究所圖書館藏。

何事之妙法,或用此法即可陸戰大勝,或此法可水戰大勝,或此法可令倭國自亂,或此法可令倭兵自退,或此法可令倭船自毀,或此法可令各國相助,或此法可令中國船炮糧餉自然充足不窮? 須說出大意,成不成有何確據,即可立合同,決不食言等因。特轉達,望速覆。梁敦彥。[1]

張之洞最爲關心的是此時的戰局,希望能得到克敵制勝的法寶,他提到了陸戰與海戰,提到了各國相助,也提到了財源。李提摩太對此信心百倍地當日覆電:

電。水師、陸軍安内防外,富國、裕民罔不包,非空空講和救急可比。中國采用此法,立可試行。確據,一辦立見。總之,銀仍爲華而用,非入己也。太。[2]

張之洞對此的回電未見。正月十七日,李提摩太再次發電:

勢至急,遲無濟,事至繁,函難盡。公有意,請電付路費,迅到轅,面議。太。[3]

到了此時,李提摩太已不再強調"賞銀",主動要求去南京。張之洞當即于次日子時(前一日夜11時至當日1時)回電:"速來寧,已交百川通匯百元,作路費。梁敦彥。"[4] 李提摩太奉到此電後,當晚乘輪船趕往南京。[5] 前後五天,連發四電,李提摩太終於成行。他後來在回憶錄中稱:

回到上海不及一個禮拜,我正在煞費苦心地細化自己的方案,

---

[1] 光緒二十一年正月十五日巳刻發,《張之洞存來往電稿原件》,第5函,所藏檔號:甲182-376;抄件見《張之洞電稿乙編》,第35册,所藏檔號:甲182-68。
[2] 李提摩太來電,光緒二十一年正月十五日戌刻發,亥刻到,《張之洞存來往電稿原件》,第21函,所藏檔號:甲182-392;抄件見《張之洞存各處來電》,乙未第3册,所藏檔號:甲182-130;又見抄本《張之洞電稿》,第九册,"上海來電三",中國社會科學院經濟研究所圖書館藏。
[3] 李提摩太來電,光緒二十一年正月十七日未刻發,酉刻到,《張之洞存來往電稿原件》,第13函,所藏檔號:甲182-384;又見抄本《張之洞電稿》,第9册,"上海來電三",中國社會科學院經濟研究所圖書館藏。
[4] 梁委員致上海李提摩太,光緒二十一年正月十八日子刻發,《張之洞存來往電稿原件》,第13函,所藏檔號:甲182-384,該件用梁敦彥的名義,卻是張之洞的親筆;抄件見《張之洞電稿丙編》,第47册,所藏檔號:甲182-89。
[5] 李提摩太發電:"今夕遵乘安慶輪船趨轅。太。"(光緒二十一年正月十八日申刻發,亥刻到,《張之洞存來往電稿原件》,第21函,所藏檔號:甲182-392)

收到了張之洞發來的電報,要我立即動身前往南京,再交流一次,旅行費用由他支付。[1]

此時的李提摩太自然沒有什麼破敵制勝的法寶,只是乘此機會,兜售一些奇妙的想法。這也是他一貫的取巧手法。但清朝此時正處於危難之際,任何一種救急的可能性,都不會放過。張之洞於十八日(2月12日)子刻發電李提摩太匯款請其來寧,又于當日申刻(下午3—5時)收到了李鴻章從天津發來的密電:

> 密。英教士李提摩太頗忠於爲華,電稱有妙策,可救目前急,並救將來,索酬銀百萬,不成不取云。鴻已電署,旨飭:不妨一試。李又電稱,函難盡述,封凍不便來北,已由滬赴寧密稟,乞試詢之,酌度見示。……鴻。嘯。[2]

由此可見李提摩太神通廣大,不僅在張之洞一處兜售,且又在李鴻章處活動,而李鴻章也發電請其前往天津。然李鴻章與張之洞的關係未洽,恐張會不給面子,於是發電總理衙門請旨,光緒帝下旨"不妨一試"。由此,張之洞與李提摩太的會見,成了奉旨行事。而張之洞的"坐滬"趙鳳昌恐怕張會上當,也發電給張之洞和梁敦彥:

> ……滬洋人見李提摩太,如中國大和尚,以善説法,交華貴官,藉以誇洋人。又詆説洋人之貴官多與之密,以悠華官,其實爲洋人不齒,斷難辦事。聞憲臺又電召,幸勿信其言,乞以後拒之。以免空費精神。坦心在左右,故直陳。效。

> 崧兄:李提摩太如兄傳語,必知其欺妄,務據實稟憲拒之,免勞神。[3]

---

[1] 《親歷晚清四十五年:李提摩太在華回憶録》,第218頁。
[2] 李中堂來電,光緒二十一年正月十八日巳刻發,申刻到,《張之洞存各處來電》,乙未第3册,所藏檔號:甲182-130。又,李鴻章於正月十五日發電總理衙門:"上海英國教士李提摩太,素識,其人忠於爲華,來電有妙法救目前亦救將來,請酬銀百萬,但發一確電允給,即詳細告知,不成不取云。應否姑允,所請不成不取,似無妨礙。候電示。鴻。"(《李鴻章全集》,第26册,第43頁)
[3] 上海來電,光緒二十一年正月十九日亥刻發,二十日午刻到,《張之洞存來往電稿原件》,第6函,所藏檔號:甲182-377;抄件見《張之洞存各處來電》,乙未第3册,甲182-130。"坦",趙鳳昌。"崧兄",梁敦彥,字崧生。

趙鳳昌所言，自是其在上海之所聞，而他的這一提醒，很可能也起到了相應的作用。

據李提摩太的回憶錄，他於正月二十二日（2月16日）到達南京，與梁敦彥見了一面，約定次日上午8:30與張之洞會見，李提摩太"把關於延請外國監管中國的方案的大綱送給了梁先生，好讓他先跟總督提一下，以便總督有充裕的時間思考這個問題，會見時能有的放矢地進行批評"。[1] 正月二十三日上午，李提摩太準時到達總督署，但他等了很長時間，一直到了中午十二點左右，才入內與張之洞會見。李提摩太描繪了他們第二次會見的情景：

> 總督不像我第一次拜訪時那樣友好，看起來似乎臉上有一團陰雲。見面的寒暄過後，他問我要提供的"妙法"是什麽。我馬上講了三點。
>
> 在答覆我的建議時，總督聲明，他不主張將中國變成某個國家的暫時的保護國，但贊成在不超過十年的某個時期内，與某個國家結成互惠互利的盟友關係，爲此可以給予某些商業上的優惠條件，如增開通商口岸、修築鐵路、開采礦山和引進工業的收益權，但必須采取措施避免其他國家的忌妒。[2]

很顯然，李提摩太並沒有可以結束戰爭的方案，這才是張之洞最爲關心的。二月初四日，張之洞親筆起草了一份長電報，同時發送給總理衙門與李鴻章，稱言：

> 總署、天津李中堂：急。前接北洋電云：英教士李提摩太，自言有救急之法，已電總署奏明，奉旨不妨一試等因。查該教士屢向洞言，亦與致北洋電同。既奉旨一試，當即再約該教士來寧詳問。語多閃

---

[1]《親歷晚清四十五年：李提摩太在華回憶錄》，第218頁。李提摩太回憶的時間可能不准，按照其電報，他是在正月十八日晚上或十九日早上到達南京。

[2]《親歷晚清四十五年：李提摩太在華回憶錄》，第218—219頁。此次會見前的情景，李提摩太還稱："11點，梁先生進來了，並且拿過我的表看了看。我問梁先生，我是不是正好在約定的8:30到達的。他回答說，總督本來希望我早點來，但現在他正在花園裏，心情不好，不願被打擾。於是利用這段時間，我和他又談起了中國生死攸關的局勢和我提出的治療方案，以便他更清楚地理解我來南京將要向總督提出的建議。我們的談話持續了將近一個小時……"

爍,除最謬之語駁斥不論外,大意言此時只惟有設法懇英助中國,方能支持。問如何方肯助,李云須多與英國商務利益,如准英商在中國開鐵路、開礦,興各項化學工作、製造等事。此皆中國大有利益可致富強之事,無如中國拘於積習舊法,憚于變法大舉。工商拙鈍貧窘,不解興利,又無貲本,官亦無大力籌此巨款,以致坐棄大利。若與英國約定,准其在中國辦二十年,每年所出之利,酌量分與中國,二十年限滿後,仍交還中國自辦。風氣已開,始基已立,中國官民工商皆曉其作法,知其好處,自能擴充接辦,從此中華爲強國矣。當詰以二十年太久,答云或十數年。又詰以設不交還奈何,答云外國此等辦法,條約多有,從無不還者。又詰以英以何法助中國,答云極力勸和,不使倭人妄爲。詰以能助水師、陸軍幫我攻倭乎?答云不能助兵,只能脅和。並云此係該教士爲好之意,自出己見。至如何辦法,如何立約,英廷所重者何事,究願如何幫助,須總署與英公使、中國星使與外部自行商辦等語。稅務司穆和德來言,大意相似,惟增入添口岸一條。詰以許英利益,設各國欲均沾將如何?答云英商務最大,不患他國分其利等語。查兩人所言,皆係懸揣之詞,總歸於以利益與英,則英可助中國脅和。以洞管見論之,無論英、俄、法、德、美何國,此時能助我水師攻戰,則我必勝,倭必懾,中國自可重許以利益,如以上諸條皆無不可。國威能振,寇讎能殲,尚復何所吝惜。若能允以勢力脅倭,使其和平罷兵,不索地,不索重費,則我酌量許該國以利益,亦無不可。若僅空言勸和,則何必徒以利益與他國乎。惟幫助脅和,必須及早,趁此時和局尚未開議之時,方易爲力。若待大局糜爛,倭欲愈奢,又加各國乘機要求,則雖助亦無益矣。應否令總署與英使、外部商辦之處,恭候聖裁。遵旨詢問覆陳,請代奏。之洞肅。豪一。[1]

張之洞在此省略了李提摩太的由英國監管中國外交與政治的設想,稱之爲"最謬之語駁斥不論外",只是談到了中國允諾英國以商務利益,即在

---

[1] 光緒二十一年二月初四日午刻發,《張之洞全集》,第4冊,第426—427頁;張之洞親筆原件見《張文襄公電稿墨迹》,第1函第4冊,所藏檔號:甲182-219。引文與原件校過。

鐵路、開礦、工廠等方面給予英國二十年的"專營權"或"優先權",而由英國出面調解中日矛盾,脅迫日本講和。然而,對於這一設想,李提摩太也承認只是"自從己見",沒有英國政府的背景。他的這一"妙法"當然不能實行。李提摩太以其天馬行空般的思路,一本正經地與清朝政府官員進行交涉,恰恰說明其思維邏輯與處世方式。

南京第三次會面 根據李提摩太回憶錄,他後來又去了一次南京,目的是請張之洞爲《泰西新史攬要》作序。[1] "張之洞檔案"亦存有李提摩太關於此事的信件,稱言:

> 廣學會下士李提摩太敬載拜言大人閣下:自到鈴轅,中更月朏,欽遲依戀,靡刻能忘。前面呈拙譯之《泰西新史攬要》一書,恭求賜序。遙想賢勞椒著,未遑揮灑煙雲。用先裝訂問世,奉上十部,儲一木箱,至希莞納。如尚以爲可教,而錫之序言,一字之褒,榮逾華衮,謹當壽以梨棗,爲此書弁冕。太蓋日望之而不敢必者也。辰下和局恼定,善後事宜,多賴碩畫。伏念大人一身爲中外之所仰望,尤冀順時納祜,稍節憂勤,無任頌禱。肅泐。恭叩崇安,諸維霽照不宣。太謹稟。

> 再稟者:去年仰蒙惠賜捐銀壹千兩,如得藉手以成此書。查廣學一會,關乎國事之振興。學不廣,則利弊之途不辨,國家何自而興?是以泰西各國,往往有年費數千萬金者,然亦由漸而來。中華尚未到此地位,自難猝籌巨款。伏維大人博極今古,閎貫中西,若蒙籌款以助,敝會羊公之鶴,當不致貽誚氉氉。敢布區區,不敢請耳。載叩大安。名正肅。[2]

從信中可見,李提摩太曾索張之洞之序,但張未寫;在送書之際再次提出捐助之事。以該信中的內容參照李提摩太回憶錄,此信寫於光緒二十一

---

[1] 《親歷晚清四十五年:李提摩太在華回憶錄》,第221頁。
[2] 《張之洞文件》,所藏檔號:甲182-218。此信無信封。"氉氉",似爲氋氋之誤。又,光緒二十二年七月,張之洞爲上海約翰書院(聖約翰大學的前身)"掌教西士李氏,擬譯輯《列國史鑑》一書"捐銀一千元時,曾談到對《泰西新史攬要》的捐助與評價:"本部堂上年資助上海廣學會銀一千元,譯輯《泰西新史攬要》一書,凡泰西近百年中之新政,提綱挈領,犁然備載,海內爭相購閱。"(《張之洞全集》,第5册,第504頁)

年五六月間。張之洞對此的回信未見。

《新政策》 然而,李提摩太並沒有放棄由外國監管中國的大膽設想,而是將之發展擴充爲"新政策"。他從南京回到上海之後,曾向從廣島議和失敗回滬的總理衙門大臣張蔭桓介紹過這一計畫;是年秋,他爲保護教會等事務來到了北京,在長達四個月的活動中,拜見了李鴻章、翁同龢、恭親王奕訢、孫家鼐、剛毅等人,也結識了康有爲、梁啓超、陳熾等人,並向翁同龢等人再次推銷了他的設計。然翁對此態度並不積極。[1] 李提摩太在其回憶錄中稱:

> 這個改革方案由翁同龢上交給光緒帝,得到了他的首肯。不久就被發表在廣學會的報紙上。[2]

參照翁同龢日記,李提摩太稱其方案上呈光緒帝並得首肯的説法,似無其事;又稱發表一事,可見於光緒二十二年三月廣學會出版的《萬國公報》。李提摩太在這篇題爲《新政策》長篇文章中,提出"教民"、"養民"、"安民"、"新民"四法,然後指出"論中國目下應辦之事,有九條目":

---

[1] 李提摩太在其回憶録中稱:翁同龢"請我就中國急需改革的方面寫一個簡要的條陳。於是我準備了一個草案,要點如下:……1. 皇帝聘請兩名外國顧問;2. 成立由八位大臣組成的內閣,其中滿人與漢人占一半,通曉世界大勢的外國人占一半;3. 立即進行貨幣改革,奠立堅實的財政基礎;4. 立即興建鐵路,開采礦山,開辦工廠;5. 成立教育委員會,在全國廣泛引進西方現代學校及專門學院;6. 成立處理信息的通訊社,由外國有經驗的新聞工作者培訓中國的編輯記者,以啓蒙社會大衆;7. 爲保衛國家安全,訓練足夠的新式陸海軍。"(《親歷晚清四十五年:李提摩太在華回憶録》,第237頁)此中最爲關鍵者是第1、2條。翁同龢在日記中多次言及李提摩太。光緒二十一年九月初九日日記載:"未初晤英教士李提摩太,豪傑也,説客也。"並記李提摩太語:"……政有四大端。曰教民,曰養民,曰安民,曰新民。教之術,以五常之德推行于萬國。養則與萬國通其利,斯利大。安者弭兵。新者變法也。變法以興鐵路爲第一義,練兵次之。中國須參用西員,兼設西學科。(此兩事駁之)西人在中國者四種:一公使,爭權力者也;一商人,一工藝,斯兩者牟利者也;唯教士自食其力,不務功名,故心較平。"十月二十七日,"見李提摩太……余與之談道,次及政事,旋及教案。余以二要言之,教民何等人當斥,教士何等事應退,令彼擬條約共商。既而樵野入坐,遂駁詰,彼不甚服。李讀書明理人也"。十一月十八日,"未正見李提摩太、劉海瀾(民教相安事)"。光緒二十二年正月十二日,"未刻送英教士李提摩太,長談。伊言須富民、富官,歸於學人要通各國政事。其言切摯。贈以食物八匣、綢四端而別,留一照象贈余"。(《翁同龢日記》,第5册,第2843—2844、2858、2863、2878頁)"樵野",張蔭桓。從翁同龢日記來看,他見過李提摩太四次,若命李提摩太寫條陳,似在九月初九日第一次會見時,李提摩太若遞條陳,似在十月二十七日第三次會見時。從日記來看,翁對李提摩太所提出的"參用西員"、"設西學科",是當場"駁之",他們討論的主要內容是防止教案。

[2] 《親歷晚清四十五年:李提摩太在華回憶録》,第237頁。

一、宜延聘可信之西人二位，籌一良法，速與天下大國，立約聯交，保十年太平之局，始可及茲暇日，重訂新章。

二、宜立新政部，以八人總管，半用華官，半用西人。其當用英、美兩國者，因英、美早經立約，雖復失和，公請他國調處，絕不開戰。此兩國皆無忮心，皆不好戰，最宜裏助中朝耳。若某某者，英人之傑也，某某者，美人之英也。得此數人，總管新政，與中國四大臣合辦，如木之有根，水之有源也。其新政應辦各事，選訂各國專門名家之人，分任其責，均派中國大臣合辦，如水之有支流，木之有枝葉也。

三、中國地大物博，鐵路實富強之本源。刻下，創議興辦，到總理衙門條陳包攬者甚多。既不深知，何能別擇。應調西人某某，到京考校，仍電請西國辦理鐵路第一有名之人，年約四十歲者，與之商辦。因中國通國鐵路，非二十年不能成，必須年力富強，方能始終其事。派並（並派）中國二大臣，與之合辦。

四、某力強年富，心計最工，在新政部，應總管籌款借款之事，以中國管理財賦之大臣合辦。

五、中國應暫請英人某某、美人某某，隨時入見皇上，以西國各事，詳細奏陳。

六、國家日報，關係安危，應請英人某某，美人某某，總管報事。派中國熟悉中西情勢之人，為之主筆。

七、學部為人才根本，應請德人某某、美人某某總之，此二人名望甚高，才德俱備，可與中國大臣合辦。

八、戰陣之事，素未深諳，應請專精此事之人，保薦人材以備任使。

九、以上各事，應請明發諭旨，將新政有益於國，有益於民，不得不行，不可不行之處剴切宣示，令天下讀書明理之士，樂於從事，方能日起有功。[1]

---

[1]《萬國公報》，第87號，華文書局影印本，第25冊，第15935—15946頁。

由此可見，李提摩太的"新政策"比起他最初在南京構思時，增加了許多內容：其一是範圍，包括外交、鐵路、借款、報紙、教育、軍事和無所不包的"新政部"，而這個有八位"總管"的"新政部"，實際上是新政府；其二是人選，除了軍事部門外，李提摩太都有了具體的人選。[1] 其三是從原來的"某國政府"（英國政府），擴大到英、美、德等國人士。這表面是由英、美等國人士負責和指導下的國家改革運動，若從世界歷史來看，清朝若行此策將完全失去獨立與主權，後果不堪設想。李提摩太的"新政策"，署日期爲光緒二十一年九月二十五日（1895年11月11日），即他與康有爲見面的二十四天之後，與翁同龢第一次見面的十六天之後，在該文前另有序言，署日期爲光緒二十一年十一月二十七日（1896年1月11日），即他與翁同龢第三次見面的九天之後，皆是在北京完成的。其中第六項中，李提摩太設計了兩位在光緒帝身邊的英、美顧問，其中的一位很可能就是他本人吧。

康有爲請李提摩太任光緒帝顧問　我在這裏比較詳細地介紹李提摩太的"新政策"，一個重要的原因是他對康有爲的影響力。到了戊戌變法的最後時刻，李提摩太應康有爲之邀，再次來到北京，準備出任光緒帝的顧問。李提摩太在其回憶錄中稱：

> 就在這當口，我到了北京。夏天時，康有爲曾經向我諮詢改革的方式方法問題，並建議説，鑑於伊藤博文已經使日本變成了一個強盛的國家，對中國政府來説，最好的辦法就是請伊藤博文擔任皇帝的顧問。過了没多久，康有爲邀請我進京，擔任皇帝的另一位外國顧問。[2]

這一段回憶關於伊藤博文的部分似不可靠，但關於他本人的部分卻很可

---

[1] 李提摩太雖未在《萬國公報》上公開所擬聘人選的姓名，但也有人"在一封私人信件中發現，李提摩太建議的四位外國人內閣成員是英國人赫德（Sir Robert Hart）、查理·艾迪斯（Sir Charles Addis）和美國人福斯特（Foster）、德魯（Drew）"。（轉引自陳啓雲、宋鷗：《梁啓超與清末西方傳教士之互動研究：傳教士對於維新派影響的個案分析》，《史學集刊》2006年第4期，第92頁）這裏的"內閣成員"，可能指"新政部"。

[2] 《親歷晚清四十五年：李提摩太在華回憶錄》，第245頁。

能是真的。李提摩太此次到北京後,與康有爲等人有著密切的接觸。[1]光緒二十四年八月初五日(1898年9月20日),即戊戌政變的前一日,御史楊深秀上奏由康有爲起草的奏摺:

>……昨又聞,英國牧師李提摩太新從上海來京,爲吾華遍籌勝算,亦云今日危局,非聯合英、美、日本,別無圖存之策。臣素知該牧師歐洲名士,著書甚多,實能深明大略,洞見本原。況值日本伊藤博文遊歷在都,其人曾爲東瀛名相,必深願聯結吾華,共求自保者也。未爲借才之舉,先爲借箸之籌,臣尤伏願我皇上早定大計,固結英、美、日本三國,勿嫌合邦之名之不美,誠天下蒼生之福矣。[2]

八月初六日,即戊戌政變的當日,御史宋伯魯上奏由康有爲起草的奏摺:

>……昨聞英國教士李提摩太來京,往見工部主事康有爲,道其來意,並出示分割圖。渠之來也,擬聯合中國、日本、美國及英國爲合邦,共選通達時務曉暢各國掌故者百人,專理四國兵政稅則,及一切外交等事。別練兵若干營,以資禦侮……今擬請皇上速簡通達外務、名震地球之重臣,如大學士李鴻章者,往見該教士李提摩太及日相伊藤博文,與之商酌辦法。以工部主事康有爲爲參贊,必能轉禍爲福……[3]

康有爲提議與日本、英國、美國"合邦",由李提摩太任外國首席顧問;而李提摩太已"共選通達時務曉暢各國掌故者百人,專理四國兵政稅則,及一切外交等事",即由這百名外國顧問來接管中國。李提摩太在南京的那個"不眠之夜",至此化作了康有爲的最後一博。

需要說明的是,李提摩太不是一個帝國主義分子,也不爲英、美、日

---

[1] 光緒二十六年(1900),康有爲等人發動"勤王運動"失敗後,寫信給邱菽園,言及清朝之財政:"……此事須民政局既開、地方自治法既定、農工商學既辦,然後有下手。又須民皆信我之爲其身家也,然後可行之。彼輩(指清朝政府官員)安能行? 若能行之,則大省何止三千萬。李提摩太謂中國可歲得七十萬萬,不妄也。"(轉引自湯志鈞:《自立軍起義的一份原始材料——丘菽園家藏康有爲等信件評析》,《中華文史論叢》,2012年第3期)李提摩太的這一說法"七十萬萬",即銀七十億兩,是當時清朝財政收入的七十倍,是完全不可能的,但又可見李提摩太對康有爲的影響力。邱菽園身世及與康有爲的關係,詳見本章第八節。
[2] 孔祥吉編著:《康有爲變法奏章輯考》,第400頁。
[3] 《康有爲變法奏章輯考》,第404—405頁。

本政府服務,他那多達百人接管中國的外國顧問團,並沒有得到英國或其他任何列強政府同意之約定,很可能被列名的"顧問"本人都不知情。他只是一個思維想象力超過政治判斷力的人。[1]

庚子事變之後　光緒二十六年十月初三日(1900年11月24日),李提摩太在上海發電給武昌的湖廣總督張之洞,稱言:

> 督憲張:中國素講達道,永慶升平。今道仍無恙,曷不由兩孩角勝,良友解紛。今友現存,熟悉中外,曷不請?有益無損,全在斯。憲臺實圖利之。李提摩太。[2]

此時八國聯軍已占領北京,李鴻章等人在北京與各國開始談判,進展並不順利。"今友現存,熟悉中外",當屬自薦,他有意出面參預當時正在進行的中外談判,即"良友解紛"。張之洞的回電未見,很可能沒有理他。光緒二十七年六月十六日(1901年7月31日),張之洞發電兩江總督劉坤一:

> 致江寧劉制臺:商。陽電悉。李提摩太譯書,年捐難繼,且不可開端。然此人神通甚大,亦不宜全令觖望。鄂省擬酌籌二千元,捐助一次,聲明後不爲例,以免糾纏。尊意如何?祈示,以便覆方帥。洞。諫。[3]

方帥,兩廣總督陶模,字方之。張之洞收到了李提摩太的捐款請求,雖同意出手相助,但目的是"以免糾纏"。劉坤一當即回電:

> 張制臺:商。諫電悉。李提摩太款,昨已函覆作罷。尊意欲籌送三千元,江鄂自應一律,當再電方帥,亦送三千元。只能一次。坤。號。[4]

至於張之洞在電報中稱李提摩太"神通甚大",並非無來由。七月十九

---

[1] 關於李提摩太的生平與評價,可參見熊月之:《西學東漸與晚清社會》,上海人民出版社,1994年,第15章《李提摩太:"鬼子大人"》。
[2] 上海李提摩太來電,光緒二十六年十月初三日申刻發,戌刻到,《張之洞存各處來電》,庚子第26冊,所藏檔號:甲182-143。按照李提摩太的性格來分析,他很有可能同時發電給正主持談判的全權大臣、直隸總督李鴻章。
[3] 光緒二十七年六月十六日午刻發,《張之洞電稿丙編》,第95冊,所藏檔號:甲182-98。"商"是雙方約定的電碼。此件爲抄件,原文爲"二千元"。劉坤一"陽電"未見。
[4] 江寧劉制臺來電,光緒二十七年六月二十日午刻發,二十九日戌刻到,《張之洞存各處來電》,辛丑第29冊,所藏檔號:甲182-151。原件日期如此,該電爲何如此晚到,原因不詳。

日(9月1日),張之洞收到西安行在軍機處發給上海道袁樹勳的電報:

  上海道袁:宙。英教士李提摩太屢致樞電,其意憂中國之貧弱,力勸步武泰西,講求富強,具見遠人忠告。且聞其於山西教案頗持公論,可望和平了結,並欲將賠款留充晉省書院、善堂之用,尤見顧全大局,識解不凡,深堪嘉尚。該教士在滬創立廣學會,譯輯泰西史學、政治諸書,望即選購,呈送政務處,以備采擇。並希轉達該教士獎慰之。樞。嘯。[1]

此時清政府處於極弱狀態,對於英籍人士李提摩太的善意,尤其是在山西教案"持公論",不敢輕意怠慢,進行"獎慰"。七月二十四日(9月6日),張之洞亦發電上海道袁樹勳:

  上海袁道臺:英教士李提摩太募款譯書,用意甚善。敝處擬捐助三千元,應匯交何處?祈轉詢電覆。惟款絀,只能助一次。並希代達。洞。漾。[2]

張沒有直接發電給李提摩太,而是讓袁樹勳轉達,大約也是"以免糾纏"吧。[3]

四、光緒二十二年查驗劉鶚的假資產證明

劉鶚(1857—1909),江蘇丹陽人,寄籍山陽(今淮安),字雲摶,又字

---

[1] 西安樞致袁道電,光緒二十七年七月十八日未刻發,十九日午刻到,《張之洞存各處來電》,辛丑第30冊,所藏檔號:甲182-151。"樞",軍機處。從"張之洞檔案"來看,當時西安行在發出的電報,許多亦抄送張之洞。

[2] 光緒二十七年七月二十四日巳刻發,《張之洞電稿》光緒二十七年五至七月,所藏檔號:甲182-466;抄件見《張之洞電稿丙編》,第95冊,所藏檔號:甲182-98。

[3] 張之洞此後仍有一電給李提摩太:"致上海廣學會李提摩太:小孫厚琨不幸短折,承閣下悼惜致唁,本部堂不勝感泐。謹此覆謝。湖廣總督張。真。"(光緒二十七年十一月十一日申刻發,《張之洞電稿丙編》,第97冊,所藏檔號:甲182-99)這是一份禮節性的電報。

鐵雲、公約等,號老殘。他在中國近代文學史上有著很高的地位,所著《老殘遊記》被稱爲晚清四大譴責小説之一。其父劉成忠,咸豐二年(1852)進士,入翰林院,曾任御史、河南汝寧府知府、南汝光道道員等職,爲其在官場上交遊開闢了通道。劉鶚在科場失敗後,赴河南、山東等處投効河工,爲山東巡撫張曜所賞識。後因山東巡撫福潤的保舉,於光緒二十一年赴總理衙門考試,得以知府任用。由此開始了他人生的特殊經歷,以致今人對其進行評價時總是心情極爲複雜。[1]

清朝在甲午戰後"卧薪嘗膽"的振奮中,鐵路建設被置於相當重要的位置。光緒二十一年十月二十日(1895年12月6日)督辦軍務處上奏興建津蘆、蘆漢兩條鐵路的計畫,由於清政府資金極端困難,當日下發的諭旨稱:

>……至由蘆溝南抵漢口幹路一條,道里較長,經費亦巨,各省富商,如有能集股至千萬兩以上者,著准其設立公司,實力興築,事歸商辦,一切贏絀,官不與聞。如有成效可觀,必當加以獎勵,將此宣諭中外知之。[2]

這是清朝首次將重大工程招商承辦,而銀1 000萬兩又相當於當時清朝年財政收入的九分之一。有四位商人或官員向督辦軍務處提出申辦:許應鏘、方培垚、劉鶚、吕慶麟。光緒二十二年三月十二日(1896年4月24日),根據督辦軍務處的提議,光緒帝命直隸總督王文韶、湖廣總督張之洞會同辦理蘆漢鐵路,並命對具呈承辦的四商"詳加體察,不得有洋商入股爲要"。[3] 三月二十六日,王文韶、張之洞會銜發電督辦軍務處,要求四商迅赴武昌和天津,"以便面詢"。[4]

劉鶚早就有意承辦鐵路,下手亦早,光緒二十一年五月即爲此向督

---

[1] 本節作爲論文先行發表後,又見到戴海斌:《甲午後商辦鐵路的一例實證——姚錫光日記所見之劉鶚》(《社會科學》(上海),2012年第7期),讀者亦可參考。
[2] 《清實録》,第56册,第944頁。
[3] 《清實録》,第57册,第49—50頁。關於蘆漢鐵路及要求承辦四商等事情,可參見張海榮:《津鎮鐵路與蘆漢鐵路之爭》,北京大學碩士論文,2008年。
[4] 《張之洞全集》,第9册,第118—119頁。四月十五日,張之洞又發電督辦軍務處官員陳允頤詢問發電情況。(同上書,第124頁)

辦軍務處大臣、軍楊大臣翁同龢行賄,被拒。[1] 光緒二十二年三月,劉鶚到天津,直隸總督王文韶考查其資金來源,稱之"渺茫",命劉前去武昌。[2] 五月初九日(6月19日),張之洞發電王文韶:"……劉鶚昨由滬來稟云,'須俟方培垚到滬,即同赴鄂'等語。可怪。請尊處電上海道轉飭赴津,由尊處考察,亦無庸來鄂。"[3] 而當張之洞已不願見劉鶚時,他卻來到了武昌。

光緒二十二年五月十七日(1896年6月27日),張之洞發電上海道黃祖絡:

> 致上海江海關黃道臺:上海有履祥洋行存放知府劉鶚蘆漢鐵路股本銀一千萬兩,聲明無洋股在內,請詳查是否屬實。該洋行所操何業?是否殷實?行主何名?能簽押出字據保認,乃可爲憑?望速查覆。洞。冾。[4]

由此可見,劉鶚向張之洞呈交的是存放在上海履祥洋行華股銀一千萬兩的證明書。但從商業的角度來看,此一證明書似爲不可理解,存銀只能是數量,又如何讓"洋行"來證明確係"華股"而非"洋股"呢。而此時在張之洞幕中的姚錫光,恰在這一天的日記中記錄劉鶚與張之洞會見的情況:

> 午後,閱《陸操新義》。劉雲摶鶚太守來拜。雲摶,吾鄉劉子恕給諫之子,味秋之弟。味秋,余甲戌歲同案入學。雲摶現以承辦鐵路事來鄂見香帥。蓋中國將創辦鐵路,去年赴軍務處稟請承辦者四

---

[1] 翁同龢之重孫翁萬戈藏有翁同龢當年所寫一字據:"劉鶚者,鎮江同鄉,屢次在督辦處遞說帖,攜銀五萬,至京打點,營幹辦鐵路。昨竟敢托人以字畫數十件餂餘。記之以爲邪蒿之據。乙未五月廿一,燈下。"(孔祥吉:《劉鶚史料之新發現》,見《晚清佚聞叢考:以戊戌維新爲中心》,巴蜀書社,1998年,圖版二,又見第180頁)"乙未",光緒二十一年。
[2] 王文韶電報稱:"呂、劉先後到津。呂,山東人,在京開堆坊一、飯莊一,財東爲巨賈韋立森,直言不諱,亦殊可笑。劉更渺茫……大約許、方、呂、皆有洋東在其身後,洋東皆覬辦鐵路之人。劉則敢爲欺謾,但伊包攬而已。"(光緒二十一年三月二十八日丑刻收到,苑書義等主編:《張之洞全集》,第9册,第6975頁)"韋立森",係洋商。
[3] 《張之洞全集》,第9册,第129頁。
[4] 光緒二十二年五月十七日午刻發,《張之洞電稿乙編》,第50册,所藏檔號:甲182-71。

人,一劉、一許、一方、一呂,劉即雲摶也。雲摶才氣甚大,前以同知曾辦山東河工,見知于張勤果公。經勤果保奏,送部引見,後積勞薦保知府。自前年秋冬之交即經營中國開鐵路事,往來津、京、上海間,外商洋人,內謁當道,南北奔馳,再歷寒暑。現適朝廷決計開辦是事,命直隸王夔帥、湖督張香帥兩制軍督辦,遂將劉、許、方、呂四人稟請承辦之事,發即(該)兩制軍核定。故雲摶來鄂見香帥取進止焉。

雲摶於前日已見香帥,帥詢以已經集股有著之款幾何。雲摶對以:"已集有一千萬兩。"帥謂:"現擬辦之蘆漢鐵路非一千萬所能濟。"雲摶謂:"現在請辦者四人,每人集股一千萬,則蘆漢鐵路之事濟矣。"帥意復不以四人合辦爲然,因詢以:"汝已集股一千萬,尚能多集否?"雲鄂(摶)對以:"鐵路乃有利益之事,開辦以後,股份必旺,不患無股份"云云。因將上海履祥洋行所保一千萬華股保單呈上。帥云:"姑留閱,爾候定奪。"故雲摶於此候進止焉。[1]

姚錫光(1856—?),字石泉,江蘇丹徒人。曾任駐日本使館隨員、北洋武備學堂教習,甲午戰爭時在山東巡撫李秉衡幕中,由張之洞調來考察長江防禦,此時任職于湖北自強學堂,並準備開辦武備學堂。他並非張之洞的親信幕僚,日記中所錄會見時的場景與交談內容,自是劉鶚對其所言,可當作劉的自述來看待。該日記稱,劉鶚呈交張之洞的是"上海履祥洋行所保一千萬華股保單",然從商業角度而言,此單更不可理解,哪有一家洋行能開具擔保劉鶚有"招收華股一千萬"能力的"保單"。從此日起,姚錫光與劉鶚的交往甚多,日記中的記載亦多,與其他史料對照,頗見此中內情。五月十八日,姚錫光與劉鶚兩度交往,晚上的會面中提到了鐵路:

---

[1] 王凡、汪叔子整理:《姚錫光江鄂日記》(外二種),中華書局,2010年,第121—122頁。"張果勤公",張曜。又,張之洞曾爲姚錫光之事發電山東巡撫李秉衡:"知縣姚錫光,前充天津武備學堂提調,聞于春夏間經公調東,委充營務處。今該令來寧,欲求自效。其人才具性情如何?辦事有無實際?因何銷差?祈詳示。洞。支。"(光緒二十一年八月初四日巳刻發,《張之洞電稿丙編》,第60冊,所藏檔號:甲182-91)

雲摶之承辦鐵路，係從履祥洋行借洋債爲資本，立有一千萬合同。雲摶謂："洋債可借，洋股不可招。洋債，不攬我鐵路利權；一招洋股，則利權盡入彼掌握矣。"余曰："此說極當。惟鐵路開辦，必二三年始能大成，此二三年未有有（厚）利可收，而洋債利息虛糜可慮。愚意，鐵路與銀行相輔而行。何弗將借定洋債先行開一銀行，以爲鐵路根本，既無虛利之慮，而鐵路開辦諸費即於此周轉。日後有華商入股，即於此銀行出股份票，亦較易取信於人，似于計最得。"雲摶謂："此事余亦籌之久矣，固與君意合，且在上海與馬枚叔建忠有約，如以鐵路資本先立銀行，此銀行事即由伊主持。且非特此也，鐵路既成，日後尚須開五金、煤炭諸礦，並開冶煉諸廠，皆必以此銀行爲根本"云云。

　　余又謂："現所開者蘆漢鐵路，乃幹路。其枝路，則先開川楚鐵路爲第一要著。川楚輪船尚未大行，而川貨最多，此枝路成，必利盡西南。"雲摶極以余言爲然，且謂："君能認辦此事，余當助君集股"云云。[1]

到了此時，劉鶚又稱其借上海履祥洋行銀一千萬兩，若真是如此，其所出具的應是該洋行同意借款的信用證。"存款證明"、"保單"、"借款信用證"，概念多換，看來劉鶚自己也說不清楚手中所持文件又該當作何講。劉鶚講了一大套關於洋債、洋股的理念（和他後來在河南、山西的煤礦、鐵路的做法相反），而姚錫光卻以爲其真借到了銀一千萬兩，便建議其設立銀行；劉又搬出了馬建忠以顯示關係網絡之一端，並大度地表示將爲姚錫光"川楚鐵路"計畫"集款"。[2]

　　五月二十日（6月30日），張之洞收到上海道黃祖絡的電報：

---

[1]《姚錫光江鄂日記》，第122—123頁。又，在該日日記中，姚稱其與劉鶚曾大談學術、人才等項，並推崇陳慶年（善餘）、馬建忠，姚錫光從劉鶚處借走馬建忠的《適可齋紀言紀行》。馬建忠，曾留學於法國，是李鴻章的洋務大幕僚。

[2] "張之洞檔案"中還有一條材料，總理衙門大臣許景澄發電張之洞："停辦蘆漢，未有此說，乞紓廑。詳情另電。劉鶚未稟署請辦川楚路，稟必嚴駁。澄。宥。"（光緒二十四年十二月二十六日酉刻發，二十七日丑刻到，《張之洞存各處來電》，戊戌第14冊，所藏檔號：甲182-138）"署"，總理衙門。張之洞此時聽說了劉鶚欲承辦川漢鐵路的消息。

洽電敬悉。遵派員詳詢履祥洋行主貝履德,據稱,該行在滬,係伊獨開,專做疋頭生意。劉守鶚係素識,曾與商議,如稟准有承辦蘆漢鐵路明文,由伊行轉向外洋湊借一千萬兩,非真有股本存在伊處;現既未奉有核准明文,伊更不便簽押保認等語。查劉守在別埠有無招有股本未可知,惟履祥洋行開設未久,局面不大,縱使轉借洋股,恐亦未可靠。謹覆。祖絡稟。號。[1]

"專做疋頭生意",即批髮絲、棉紡織品之意。從這封電報可知,劉鶚與履祥洋行的行主勾結,由其出具銀一千萬兩的文件,這大約可歸爲假"資產證明",如果劉獲得修建蘆漢鐵路的特許權,再由行主貝履德轉借洋債。這是一個手段不高的騙局,劉鶚敢行此策,實屬膽大。儘管張之洞已收到了黄祖絡的電報,知道了劉鶚的底細,但也没有直接揭穿。在當時的官場中,此類人士神通廣大,也不知背後又藏有何路神仙,張也不想將事情鬧大,只是於五月二十六日發電給王文韶,通報了情況。[2] 從現有的材料來看,劉鶚當時的人脈亦廣,他與李鴻章的大幕僚馬建忠交往頗深,並與總理衙門内部的諸多人士有交往;而他後來任英商福公司的華買辦時,向慶親王奕劻、軍機大臣王文韶等人送禮行賄,門路很熟。[3]

姚錫光的日記,還記録了劉鶚在武昌的許多活動。五月二十一日,即張之洞收到黄祖絡電報的次日,姚錫光記:

(午)宴畢,雨愈甚。稍坐,冒雨往拜劉雲摶太守。太守正草上

---

[1] 上海黄道來電,光緒二十二年五月十九日亥刻發,二十日巳刻到,《張之洞存來往電稿原件》,第5函,所藏檔號:甲182-376。又,張之洞在原電上加擡頭、署名,於五月二十六日巳刻發給王文韶。

[2] "致天津王制臺:劉鶚已見,洋行保單無洋人簽字,已囑上海道查明,全不可信。此事關大局,斷難久延,望速會銜電覆,請催許應鏘赴鄂赴津爲要。務請譚文帥告許:如再不來,日内即具奏,不能再候矣。即明言弟不能再候,亦無妨也。洞。有一。""致天津王制臺:上海黄道來電云:'洽電敬悉。遵派員詳詢履祥洋行主貝履德,據稱……謹覆。祖絡稟。號'等語。特轉達。宥二。"(光緒二十二年五月二十六日巳刻發,《張之洞全集》,第9册,第132頁;兩電原件見《張之洞存來往電稿原件》,第5函,所藏檔號:甲182-376)

[3] 參見王守謙:《煤炭與政治——晚清民國福公司礦案研究》,社會科學文獻出版社,2009年,第42-49頁。

制府言鐵路稟,以商諸余,余爲商改數處。[1]

此是劉鶚上張之洞之鐵路稟帖,以說明其大體設想,當屬奉張之洞之命而寫。而並無鐵路經驗的姚錫光且能爲之"商改",又可見兩人皆非鐵路專才。五月二十九日(7月9日),姚錫光又記:

> ……劉雲摶太守來,將詢制府定奪鐵路意旨于錢念劬。于時念劬太守適來,因言制府之意,將以盛杏蓀觀察督辦鐵路,以軍務處奉旨交下承辦鐵路劉、呂、方、許分段認辦,不日即以出奏矣。蓋以劉、呂、方、許四人認辦,不過有此名目,實則專任盛杏蓀也。盛杏蓀之認辦湖北鐵廠,本意在鐵路,今果入其掌握。伊已專招商輪船、電線之利,今復將鐵路之利攘而有之。甚矣,其善據利權!而中國亦舍是人無此氣魄也。[2]

"念劬",奏調湖北分省補用知府錢恂,張之洞的親信幕僚,兼任自強學堂提調。劉鶚到自強學堂來,是找錢恂,以了解張之洞對此的最後決定。姚錫光此處所記,當屬得自于劉鶚及錢恂。看來張之洞給了一個面子,沒有再見劉鶚,而是派錢恂說明情況,且只說蘆漢鐵路歸盛宣懷辦理,沒有更多批駁言辭。又據姚錫光日記,劉鶚於六月初八日離開武昌,十一日由漢口搭船回鎮江。

此事本來可以到此結束,然從姚錫光日記中又可以看到另外一幕。六月二十八日(8月7日),張之洞突然召姚錫光至總督衙署,派其文巡捕候補知縣鄒履和,面詢劉鶚的家世與人品,並問劉鶚所集華股之數量與所借洋債之可能。姚錫光稱劉鶚家世甚好,所集鐵路股份亦有華股等語。鄒履和最後告訴姚,張之洞屬意由姚錫光發電召劉鶚再來湖北,姚立即從命辦理。當日,姚錫光又在其日記中對此分析道:

> 是事也,雖已從制府諭往召雲摶,而余心頗疑之。蓋鐵路一事,制府頗屬意盛杏蓀宣懷,將令其督辦,而何以命召雲摶?又如此之

---

[1] 《姚錫光江鄂日記》,第125頁。
[2] 《姚錫光江鄂日記》,第131頁。當日並記:"晚間,偕雲摶即念劬處晚飯,許靜山太守亦來,暢談至九點鐘,並訂明日遊洪山之約,乃散。"此後,劉鶚與錢恂等人同遊洪山。

急? 既而探之,乃知盛杏蓀要脅過當,制府已稍厭之。

先是湖北鐵政局,自開辦以來,歷年虧耗,勢不支。制府乃召盛杏蓀來鄂,命以招商股承辦鐵政。今年四、五月間,盛杏蓀來鄂接受鐵政局,即以鐵路要制府,云若不兼辦鐵路事,則鐵政局所煉出鋼條無處出售,則鐵政不能承辦云云⋯⋯其督辦鐵路,必由奏請朝命也,則必不受督撫節制,可單銜奏事,仿佛欽差督辦鐵路大臣矣。其請奏請開官銀行也,蓋欲盡攬中國利權。一經奏定,必請官本;既領官本,仍必多方將官本銷融淨盡,易名商本;而實則商本其名,蓋盡數攬爲盛家之本,仍其攬竊招商輪船、中國電報利權故智⋯⋯制府見其嗜利無厭,要求無已,頗厭苦之,故意將轉屬雲摶。因命召雲摶來鄂面議此事:一詢其能領受蘆漢鐵路全域事否?一詢伊能先領湖北鐵政局事否?蓋制府以不允盛杏蓀官銀行諸事,恐盛杏蓀即不辦蘆漢鐵路。伊既不辦鐵路,則鐵政局一事伊亦必即辭退,故須詢雲摶能否承辦鐵政局事。一詢雲摶究竟集有若干華股。制府之意,洋債可借,惟照鐵路資本,須有五分之一之華股以爲根本,方可開辦,故將詢雲摶究有若干華股。胥俟雲摶來鄂詢悉,則蘆漢鐵路一事,與盛與劉,方能定計。此制府屬余電召雲摶來鄂意也。[1]

根據姚錫光的分析,張之洞召劉鶚再來湖北,目的是以劉來制盛,使盛宣懷不能獅子開大口,增加掌管清朝官銀行等條件。第二天,六月二十九日,姚錫光來到自強學堂,提調錢恂對其說:

蘆漢鐵路一事,未知雲摶能承任否?萬一雲摶不能承任,則此事必屬盛杏蓀。鐵路既屬盛杏蓀,則盛杏蓀必要脅非奏請開官銀行不可,制府現在心頗慮之。蓋官銀行即國家銀行也,假國家銀行之名,而爲盛杏蓀盤踞。能操勝算,其利爲盛杏蓀攬去,自不待言;如不能操勝算,倒閉至幾萬萬之多中必有洋款,則國家不得不承認,甚至割地償債,俱未可知,其害有不可勝言者。制府以予究心世

---

[1]《姚錫光江鄂日記》,第139—140頁。

事，萬一不得不許爲盛杏蓀奏請開銀行，此中有防範之法否？特屬恂以問吾子。[1]

錢恂的話，説明了張之洞對盛宣懷操控官銀行（國家銀行）的擔憂，企圖以劉鶚來制約盛宣懷。又查張之洞此期與盛宣懷之間的往來電報，盛確有要求兼辦銀行之事，張之洞對此大爲光火，直接拒絶了。[2] 然以劉鶚與盛宣懷對抗，劉絶非是盛之對手，也不知是誰給張之洞出了這麽一個餿主意。

據姚錫光日記，七月初二日記，"接雲搏覆電，立即赴鄂云"。七月十一日（8月19日）又記：

> 入學堂，劉鐵雲太守來，蓋甫下輪船，即冒雨來省。余告以制府屬余電招之意。錢念劬太守亦至。鐵雲云，制府所詢諸端，伊俱能應允照辦。因屬念劬先爲告制府，再往稟見。[3]

劉鶚此時並無相應的財力，但一口答應辦理蘆漢鐵路、湖北鐵廠兩大項目，這也恰是他做事的風格。也就在這一天，盛宣懷來電，説明資金方面有三難，並稱其須先到北京説明情況，允其條件方辦其事，"免得進場後交白卷，致傷中國體面"。盛以撂挑子相逼迫，張之洞於七月十三日發電讓盛宣懷來鄂，"詳籌一切"。[4] 此後的結局當然是盛宣懷獲勝。劉鶚此期有一信，説明當時之情景：

> 子新表弟足下：兄十一日到漢口鎮。既過江，知香帥電召，爲欲將鐵政、鐵路二事並歸兄辦。及到，又變計矣。前日電召盛杏蓀來，令兄與盛商酌，或分辦，或合辦，議定即出奏。今日盛到，盛稱洋

---

[1]《姚錫光江鄂日記》，第141頁。
[2] 盛宣懷於六月十七日發電張之洞："鐵路之利遠而薄，銀行之利近而厚，華商必欲銀行、鐵路並舉，方有把握。如銀行權屬洋人，則路股必無成。聞赫德覬覦銀行，稍縱即逝。"（王爾敏等編：《盛宣懷實業函電稿》，香港中文大學中國文化研究所，1993年，下冊，第505頁）張之洞六月二十三日回電稱："鐵路、銀行爲今日最大利權，人所豔羨者，獨任其一，尚恐爲衆忌所歸，一舉兼營，羣喙有詞，恐非所宜。"王文韶也對此附議，於二十四日發電："鐵路、銀行，譬之隴蜀，隴尚未得，遂欲並蜀而有之，是衆射之的也。"（苑書義等主編：《張之洞全集》，第9冊，第7057—7058頁）相關的研究，可參見張海榮：《津鎮鐵路與蘆漢鐵路之爭》，北京大學碩士論文，2008年。
[3]《姚錫光江鄂日記》，第142，147頁。
[4]《張之洞全集》，第9冊，第143—144頁。

債借不動,香又變無主義矣。數日之間,業已三變,此後尚不知如何變法也。今早,王幼雲到,已囑其抄鐵路章程……兄鶚頓首。[1]

盛宣懷是商場巨猾兼官場老手,自然了解劉鶚的金錢底牌與政治後臺,對此根本不買賬。七月二十四日(9月1日),姚錫光在日記中稱:錢恂告,張之洞決定蘆漢鐵路由盛宣懷辦,劉鶚若集有華股,准其入股。[2]七月二十五日,王文韶、張之洞聯銜上奏將蘆漢鐵路交盛宣懷督辦。[3]

盛宣懷此後開辦了中國通商銀行,但不是官銀行(國家銀行),而是存有官本的商業銀行。盛此事未走張之洞的路線,而是走了翁同龢的門子。劉鶚此後的經歷更爲複雜,他幫助英國商人攫取了山西、河南的開礦權、鐵路築路權;八國聯軍占領北京後,他又到京與俄國軍官聯絡,將祿米倉之存米平糶;光緒三十四年(1908)他聽聞津浦鐵路消息,搶先購買浦口土地,準備以後建車站而大發利市,最後被清政府流放新疆。宣統元年四月二十二日(1909年6月9日),他寫信給甘肅布政使毛慶蕃,稱其有可能因新帝登極改元大赦恩詔而獲釋:

> 實君老哥親家垂鑒:自去年六月江子翁壽筵一晤後,忽忽已逾歲矣。弟江寧獲罪起解,七月初歷鄂境,晝夜兼行……去臘到獄,以讀書寫字爲消遣……本月中旬,聯大帥以奉改元大赦恩詔,將新疆所有京外發來監禁及效力贖罪人員,共計三十二名,一律開單奏諮請旨,聞十六日摺已拜發。如執政仍是項城,則無望矣,幸南皮仁厚長者,可有賜環之望。且觀於起用發廢員之詔,則攝政王之豁達大度,可見一斑,與南皮濟美。或者鶚竟獲生入玉門也乎。倘有此幸事,計部文到迪,當在七八月之交,彼時即可釋放。弟蒙釋即行,約到蘭州總在十月杪矣……姻愚小弟劉鶚頓首。[4]

---

[1] 致卞德銘,劉德隆整理:《劉鶚集》,吉林文史出版社,2007年,上册,第756頁。
[2] 《姚錫光江鄂日記》,第155—156頁。
[3] 《張之洞全集》,第3册,第388—392頁。
[4] 致毛慶藩(蕃),《劉鶚集》,上册,第759—760頁。"聯大帥",新疆巡撫聯魁。"項城",袁世凱,河南項城人。相關的分析可參見周軒:《劉鶚在新疆的最後一封書信》《故宮博物院院刊》1997年第1期。

他將"賜環"的希望,寄托在"南皮仁厚長者"張之洞的身上。這是他存世的最後一封信,三個月後,病故於迪化(今烏魯木齊)。

五、光緒二十二年爲李鴻藻治病

李鴻藻(1820—1897),字蘭蓀,直隸高陽人。咸豐二年(1852)進士,入翰林院,十一年授大阿哥讀,即爲同治帝的師傅。同治四年(1865)爲軍機大臣,光緒二年(1876)爲總理衙門大臣。甲申之變時他退出軍機處和總理衙門,甲午戰爭時重返政要。[1] 他是朝中的重臣,是學守程朱的理學大師,是光緒朝湧動朝野的清流領袖,有著很大影響力。前引徐致祥奏摺可見,是他將張之洞引上封疆大吏之路。

張之洞,清流出身,與李鴻藻的關係特殊,交往甚密。張給李的書信甚多,李氏後人臺灣大學歷史系教授李宗侗作《清李文正公鴻藻年譜》時稱:

> 文襄與先祖信札甚多,當時先君裝成兩大册,在天津時看過,不過未抄錄。現帶來臺者,皆購于祁君丹表兄者,兹錄於分年各事中。

該年譜所錄爲張在京及在山西巡撫任上給李的信件,數量達九十五通。[2] "張之洞檔案"中也有一些關於李鴻藻的文件,其中内容最爲集中、最引人注目者,是張之洞在光緒二十二年秋欲請江南名醫陳秉鈞進

---

[1] "甲申"年(光緒十年,1884),慈禧太后發布懿旨,全班罷免恭親王奕訢爲首的軍機處,並改組了總理衙門,起用醇親王奕譞等人,對當時的政治發生了極大的影響,稱甲申之變,或甲申易樞。參見本書導論第四節。

[2] 李宗侗、劉鳳翰:《清李文正公鴻藻年譜》,臺灣商務印書館,1981年,第256—257、263—270、301、307、310—320、322、331、333—334、351、357—366、381—383、398—401頁。"先祖",李鴻藻。"先君",李焜瀛。

第六章 戊戌前後諸政事　449

京爲其診病。

張之洞從署理兩江回到湖廣本任後，於光緒二十二年七月十一日（1896年8月19日）致信李鴻藻：

　　蘭孫宮保中堂閣下：塵冗叢集，久闕候書。昨聞柱躬違和，馳繫曷極。朝野熱望，禱祝同殷。旋覆慰悉，已愈十之八九。吉人天相，計日來全體康穌，已占勿藥之喜。惟值此炎威未斂，秋氣漸乘，眠食起居，諸希因時珍衛，藉釋馳恫。敬惟籌謨楙介，鼎福綏崇。潞國精神，懷四裔改容之問，溫公政事，副九重虛己之心。翹首臺衡，式孚忭頌。晚自春間回任鄂疆，瞬逾半載，時艱鮮補，栗碌滋慚。鐵廠因經費無出，遵旨招商，奏交津海關盛道，招商承辦，良非得已。該廠煉鋼造軌，足媲西制，將來鐵路鐵廠，必須聯爲一氣，我用我軌，方能自保利權、協政體。認辦鐵路之商人，昨已陸續來鄂，面加詢考，惟其中皆係洋股影射，殊覺令人索然。此事實難措手耳！沙市商埠，日前派員往商，日領事忽緩忽急，迄無成議。擬俟蘇、杭定局，援照辦理。鄂中羅田、麻城、潛江、江陵等縣，多被水災，亦經賑撫並施矣。目下秋汛已過，江水漸落，農田晚稻望雨甚殷。所幸湖湘轄境安謐如恒。頑軀叨庇善平，差堪告慰垂注耳。崇肅。敬請全安。諸惟亮鑑不備。晚生。七月十一日繕。[1]

此信是一底稿，下加重點號者爲張之洞親筆。就其內容來看，很可能是張之洞諸多定期彙報政務的信件之一，信中談到了湖北鐵廠交盛宣懷、認辦蘆漢鐵路者皆爲洋股影射、沙市開埠和湖北水災；除了政務外，還提到了私事——"柱躬違和"，即李鴻藻的身體出現了問題。不久之後，七月二十二日（8月30日），張之洞發電給其侄前任江蘇嘉定縣知縣張檢：

---

[1]《京信稿》，《張之洞函稿・光緒二十五年至三十一年》，所藏檔號：甲182-215。有人在該原件"七月十一日繕"前添加了"二十四年"四字，當誤；信中稱"晚自春間回任鄂疆"，指光緒二十二年春張之洞從署理兩江回任湖廣總督一事。苑書義等主編：《張之洞全集》錄有此信，僅是半封，見該書第12冊，第10239—10240頁，時間誤爲"七月十四日"。又，"潞國"，文彥博，"溫公"，司馬光，皆是宋朝四朝元老。

> 蘇州張子密：聞青浦陳蓮舫刑部醫理甚精，名望甚著。李高陽係痰火證，尚未大愈，擬請渠赴京爲高陽診治。聞吾侄與之熟識，務速致函敦請赴京一行。令子豫侄陪伴，並由汝處派兩僕送往京城。用度我當代備，川資約需若干，電知即匯寄。聞渠喜講交情，不索饋贈，汝可善爲說辭，代備酌選水禮數種送往，價照匯。高陽今世正人賢臣，若能醫好，爲功不細。即覆。筒。[1]

陳秉鈞(1840—1914)，字蓮舫，松江青浦(今上海)人，出生於醫學世家，是當時的江南名醫，曾任刑部主事。光緒二十四年戊戌政變後，他由盛宣懷推薦奉召入京，是光緒帝醫療班子的成員之一。[2] 從電文中可見，張之洞爲請動這位名醫也極爲禮敬，處處考慮周密。然陳秉鈞以"母年九旬，不能遠去爲辭"。[3] 而此時派往北京送《承華事略》的湖北委員候補知縣寶豐，奉張之洞之命探望李鴻藻，於八月初一日(9月7日)發電給張之洞的近身幕僚鄒履和：

> 頃謁高陽，坐談片刻，病可無慮，惟一切未能照常，命稟帥放心……豐。東。[4]

李鴻藻亦於八月初二日發電給張之洞：

> 承念並惠多珍，心感曷極。賤恙服黃者，諸症較減，惟舌强臂軟，步履未能照常，一時尚難銷假。藻頓。冬。[5]

從此電的內容來看，寶豐送去了張之洞的信件與禮物，李鴻藻爲解張之憂，破例地發電說明身體情況。

也就在此時，盛宣懷到了北京，活動承辦蘆漢鐵路之事。他自然要

---

[1] 光緒二十二年七月二十二日子刻發，《張之洞全集》，第9冊，第146—147頁；張之洞親筆原件見《張文襄公電稿墨迹》，第2函第9冊，所藏檔號：甲182—219。此處據原件校。

[2] 參見拙文《戊戌政變的時間、過程與原委：先前研究各説的認知、補證、修正》，《戊戌變法史事考》，第130、154—155、159—160頁。

[3] 張樞覆電，光緒二十二年八月初一日申刻到，《張之洞全集》，第9冊，第147頁。

[4] 寶令致鄒令電，光緒二十二年八月初一日申刻發，亥刻到，抄本《張之洞電稿》，第19冊，《北京來電一》，中國社會科學院經濟研究所圖書館藏。

[5] 李尚書來電，光緒二十二年八月初二日巳刻發，酉刻到，抄本《張之洞電稿》，第19冊，《北京來電一》，中國社會科學院經濟研究所圖書館藏。

走李鴻藻的門子,八月二十二日(9月28日)發電張之洞:

> 十八謁高陽,見病勢無礙,亟盼良醫,當即專電陳蓮舫勸駕。頃接其由皖來電,前張香帥為高陽電招,已以母老多病辭覆,望轉達此意云。其辭意似因鈞處往招未允,不便宣召即至,況既能至皖,何不能至京。國老病關大局,蓮舫義不應辭。請鈞處專弁攜帶川資赴皖,親筆函促,宣再派輪相迓,諒必可行。宣稟。禤。[1]

從此電來看,盛宣懷已發電陳秉鈞相邀,然陳以曾先辭相告,盛由此請張之洞再次出面。張之洞於二十三日丑刻(晨1—3時)收到此電,當日巳刻(上午9—11時)即發出兩電,其一給其友安徽布政使于蔭霖,讓其在省城安慶等處尋找,其二給其門生蕪湖道袁昶,也讓其在當時的重要商埠蕪湖尋找,"親往拜晤敦請",並稱其"派弁帶川資赴皖同行";為了說服陳秉鈞,張在電報中稱"高陽一身關係大局,病勢確無礙,有良醫數劑可愈",一陳大義,二減重責。兩電皆是張之洞的親筆。[2] 于蔭霖收到此電後,於當日戌刻(晚7—9時)發電,稱陳秉鈞已離開安慶。[3] 而袁昶在蕪湖報來了好消息:

> ……漾電敬悉。高陽樞相,昶受栽植有年,國工當得國工治之,朝野屬望,何止昶一人之私。陳蓮舫比部,福少帥延請來皖省,昨廿二晨始自皖附輪來蕪,小住昶署,兼為小門生梁肅治疾。據比部述及,鈞意拳拳,分當遵即束裝入京,以盡微忱;奈老母八十一,家無次丁侍奉,比部亦年六十一,晨昏子職,憚于遠行,不比皖省,可以

---

[1] 盛道來電,光緒二十二年八月二十二日申刻發,二十三日丑刻到,抄本《張之洞電稿》,第19冊,《北京來電一》,中國社會科學院經濟研究所圖書館藏

[2] 《張之洞全集》,第9冊,第153—154頁;張之洞親筆原件見《張之洞電稿》光緒二十一年七至八月,所藏檔號:甲182-482,整理者有誤,根據內容,該電發於光緒二十二年。

[3] 於電稱:"漾電敬悉。陳蓮舫與蔭素不相識。其此次來皖,蔭十九日始得知,當即聞憲臺有為高陽代請之說,蔭亦竊恐高陽關係大局,刻即面懇少帥務最敦請。少帥云:先已商過數次,伊以母命不許遠出,力辭,萬不肯往。少帥心亦歉然。陳於此即發赴蕪湖,茲奉電示,立即轉電袁道,求其婉懇北上,預祈事在必行,並將憲電轉致。聞袁道與陳交厚且重,以憲意殷懇,或當見從。先此電聞,俟憲覆電如何,再稟。蔭謹稟。漾。"(于藩來電,自安慶來,光緒二十二年八月二十三日戌刻發,二十四日午刻到,抄本《張之洞電稿》,第35冊,《各省來電一》,中國社會科學院經濟研究所圖書館藏)"少帥",前安徽巡撫福潤,字少農。

一兩日即回其青浦本籍。以上據比部面述云云。懇摯激切,自係實情。受業近患瘧新愈,遠懷高陽及公舊恩,再四切實勸駕。比部甚有難色,本以廿六由滬還青浦,現堅留住,候鈞命。受業昶稟。漾。[1]

從袁昶的電文可以看出,陳秉鈞的口風已松,張之洞當即再電:

蕪湖袁道臺:急。漾電悉。陳蓮舫比部母老丁單,憚于遠行,自係實情。惟聞其母年高體健,陳比部赴皖留蕪,往返須十餘日,如進京亦不過二十餘日,既可赴皖,何難進京?荷承堅留候信,想尚可作轉圜,務希設法勸駕,總以能允去爲度。如別有隱情,究應如何敦請,示知,無不照辦。請代致陳比部,如允進京,即專函敦請,致送川資,並電盛道派輪迎迓往返,以一月或二十餘日爲度,決不久留。高陽公一身關係大局,陳比部果能往診,早占勿藥,上慰宸廑,名動朝野,想其賢母亦必欣喜也,不特鄙人感頌已也。切盼佳音,不勝感禱。洞。有。[2]

爲了請動陳秉鈞,張言之大義,化忠爲孝,並允其一切條件。所有的努力終於獲有成效,袁昶覆電稱,陳秉鈞同意北上了:

袁道來電:昨廿六午刻奉有電,敬悉,當告陳蓮舫比部秉鈞。昶再三勸駕,據稱,前因親老難於遠離,實無別情。奉諄諭,義不復辭,勉遵。頻繁賜電督趣,惟須回家稟明堂上,料理行裝,可否賞准重陽左右到滬,乞先期派弁在滬招商局候行等語。受業昶素知比部與沈刑部曾植至交,到京即可住沈處。其人傅山之流,尚無近日江南馬培之、費伯融等索謝惡習,人品殊高。現已慨應鈞命,廿八晚昶派兩友送上蕪船宿,廿九早赴滬,回青浦。請函丈速派委員,並備鈞

---

[1] 袁道來電,自蕪湖來,光緒二十二年八月二十四日午刻發,申刻到,抄本《張之洞電稿》,第35冊,《各省來電一》,中國社會科學院經濟研究所圖書館藏。"比部",刑部官員之謂,陳秉鈞曾任職刑部。

[2] 八月二十五日亥刻發,《張之洞全集》,第9冊,第154頁;原件見《張之洞電稿》光緒二十一年七至八月,所藏檔號:甲182-482,整理者有誤,根據內容,該電發於光緒二十二年。引文與原件校過。

函幣聘,九月初來滬,徑赴青浦,送比部同行最妥。妙在有盛道派輪船送津達京,謁相國繩匠胡同邸第診視。昶要約以封河前十日,仍由杏孫兄派輪送還爲度。謹以稟,紓鈞廑。伏希涵鑒……受業職道昶稟。沁酉。[1]

張之洞收到此電後,立即安排一切:一、準備函幣,並派其侄張彬及兵弁護送陳秉鈞進京。二、發電盛宣懷,請其安排輪船及小輪,並電陳秉鈞勸駕,報告李鴻藻。[2] 三、發電袁昶請其再修書致陳秉鈞,勿誤期,並商議安排陳秉鈞在京的住處。[3] 盛宣懷奉到張之洞的電報後,立即向

[1] 自蕪湖來,光緒二十二年八月二十八日午刻發,申刻到,抄本《張之洞電稿》,第35册,《各省來電一》,中國社會科學院經濟研究所圖書館藏。次日,袁昶再發電張之洞,説明内情:"已遵漾、有電,派妥友及親信謹慎之家丁,嚴密伴送陳主事今早趁(乘)'江裕'下水,徑回青浦。沿途密戒妥友,毋許逗留招揺,理應嚴宓。將事專候鈞派之妥員亦徑到青浦,訂送護送該主事入京。再,沁電稟係給陳主事函閱,故不免詞費繁複,希心鑒。受業職道昶稟。豔。"(袁道來電,自蕪湖來,光緒二十二年八月二十九日午刻發,戌刻到。出處同上)與此同時,于薩霖亦來電:"本日接袁道電,陳主政一准入都,並云已稟憲鑒矣。薩稟。豔。"(于藩臺來電,自安慶來,光緒二十二年八月二十九日申刻發,戌刻到。出處同上)

[2] 張之洞接連給盛宣懷發去兩電:"京甜水井盛道臺:陳蓮舫初以母老辭,兩次托袁爽秋敦請,已允赴京,須先回家料理行裝,廿八日自滬返青浦。重陽前後自滬動身。敝處現專人齎書幣赴青浦,並派舍侄彬自滬陪送北上,約定封河前十日出京。請尊處速派輪迎送,到津後换輪赴鄂,並電商局照料。至禱。尊處可再致陳君一電,方爲接洽。並祈先達高陽。洞。豔。"(光緒二十二年八月二十九日巳刻發)"京甜水井盛道臺:陳蓮舫赴京,有舍侄彬同行,輪船價及到京各項費用,均由舍侄代備。但請尊處飭輪船妥爲照料,到津後遣派小輪送通州爲禱。洞。沃。"(光緒二十二年九月初二日辰刻發,兩電皆見《張之洞全集》,第9册,第154—155頁;張之洞親筆原件見《張之洞電稿》光緒二十一年七至八月、九月至十月,所藏檔號:甲182-482,整理者有誤,根據内容,該電發於光緒二十二年)

[3] 張之洞發電袁昶:"蕪湖袁道臺:沁電悉。陳蓮舫人品清高,素所深知,今慨允北行,諸賴鼎力,感甚謝甚。刻已專差賫書幣赴青浦敦請,已令舍侄在滬相候,陪送入都。望足下函懇陳君,務于重陽前到滬。至禱。盛道已派輪恭候矣。沈子培景况清苦,陳君到京住沈處便否?是否陳自願?抑應另備住處?必當妥爲照料。並示。洞。豔。"(八月二十九日巳刻發,《張之洞全集》,第9册,第154—155頁,張之洞親筆原件見《張之洞電稿》光緒二十一年七至八月,所藏檔號:甲182-482。整理者有誤,根據内容,該電發於光緒二十二年)"沈子培",沈曾植。袁昶覆電稱:"昨電稟江裕下水,派兩友一僕率親兵共八名,護送陳主事徑回青浦,專候使幣到青同行,想荷鈞覽。今日午刻奉鈞豔電,知子密已到滬相候,陪送入都,盛輪亦到。謹遵抄鈞電,即函告陳主事,重陽左右,必可起程。陳蓮舫到都,賤意以徑租繩匠胡同之伏魔寺屋後進十閒爲最妥最便,陳主事亦以爲允,望電子密辦理。昶散官冗秩,自奉漾電後,以孫文正係要軸,有援上之嫌,故徑送陳回青浦,而電總使幣亦赴彼,計重陽成行之約,必不致參差也。昶稟。卅。午上。"(袁道來電,光緒二十二年八月三十日戌刻發,九月初三日申刻到,抄本《張之洞電稿》,第35册,《各省來電一》,中國社會科學院經濟研究所圖書館藏)"孫文正",孫承宗,明朝大學士,高陽人,此處指李鴻藻。由於張之洞電報中未説明派張彬護送,袁昶誤以爲是張榲(子密)辦理此事。

李鴻藻稟報；而李得知此事後，卻下命停止。爲此，盛於九月初一日（10月7日）發電張之洞：

> 鈞電已抄送高陽，並電滬、津商局，派輪迎送照辦，仍致電蓮舫接洽……名心叩。

> 今午高陽函云：香帥來電，心感曷極。現在諸症漸平復，惟起跪未便。現擬初八銷假。蓮舫即無須北來，望速電香帥，代達謝忱云。宣午後往見，確比十八大好，覆述憲意，陳已允來，可資調理，並不費力。高陽云：現服方藥甚合，陳來無可更易。促令電辭。乞憲速電青浦暫止。東。稟。[1]

當時的電報線可能出了點問題，盛宣懷此兩電遲至九月初四日寅刻方到達。張之洞已爲陳秉鈞的北上做好了一切準備，然李鴻藻稱"現服方藥甚合，陳來無可更易"，即不準備采用陳的藥方，將使其北上只能無功而返。張之洞考慮再三後，於九月初五日（10月11日）午刻發電：

> 京甜水井盛道臺：東電悉。陳蓮舫係多方勸勉，始允北行，初二日專人持書幣往青浦，並遣舍侄名彬字黃樓在滬相候，計今日專人已到青浦，約初六七可偕陳到滬。如高陽初八日果銷假，望飛電示知，以便止其北上，並望一面電上海商局轉知黃樓舍侄，婉告陳君。此時高陽尚未銷假，未便阻之，擬仍照前議送其到京。到時高陽已全愈固好，如未復元，不妨令其一診，方藥用否，候高

---

[1] 盛道來電，光緒二十二年九月初一日午刻發，初四日寅刻到，抄本《張之洞電稿》，第19冊，《北京來電一》，中國社會科學院經濟研究所圖書館藏。又，中國社會科學院近代史研究所圖書館所藏李鴻藻之子"李焜瀛檔案"中存有盛宣懷一文件："謹錄陳蓮舫往來電報，恭呈鈞鑒：八月十八日電寄上海招商局沈嵩，專送陳蓮舫；頃見高陽相國，言語清楚，似類中而非中。國事攸關，甚盼閣下來京診治，必可速愈。聞已托陸鳳石、陸春江勸駕。乞公速來，當飭敝局輪船照料。宣。嘯。八月二十二日接上海招商局沈嵩轉到陳蓮舫覆電。陳蓮翁由皖來電：前張香帥爲高陽電招，已以母老多病辭覆，望轉達此意云。八月十九日接通州張小傳來電：電悉。春江電稱蓮舫以母老辭，展帥派人勸駕，行否未定。弟又電達高陽盼忱，催速覆。八月二十二日電寄張香帥：十八謁高陽中堂，見病勢無礙，亟盼良醫，當即專電陳蓮舫勸駕。頃接其由皖來電：前張香帥爲高陽電招，已以母老多病辭覆，望轉達此意云。其詞似因鈞處往招未允，不便宣召即至，況既能至皖，何不能至京，國老病關大局，蓮舫義不應辭。請鈞處專弁攜帶川資赴皖，親筆函促，宣再派輪相送，諒必可行。宣稟。禡。"（《李符曾存札》，第1函第1冊，所藏檔號：甲63-0）此四份電報當屬盛宣懷抄錄呈送李鴻藻者。

陽裁酌。在京小住數日,再送回滬,似較妥順。此時不必告高陽。
洞。歌。[1]

張以李鴻藻初八日是否銷假爲準。盛宣懷對此的覆電未見,然從後來的情況來看,李鴻藻初八日銷假,陳秉鈞也未北上。九月十七日,盛宣懷又從北京來電:

> 昨見高陽,謂:初八赴園,兩處跪皆撫掖而起,賞假一月,諸恙已愈,惟腿似木,難跪拜,今已起服鹿茸;陳蓮舫可勿請,病可醫而不可醫云。前鈞電仍擬送陳到京,遵未告知高陽。請即電商黄樓兄,婉告蓮舫,似來否皆可聽之。宣稟。霰。[2]

此時護送陳秉鈞北上的計畫已中止,張彬已奉命北上。[3] 張之洞爲此發電袁昶,以了解陳秉鈞之醫術所長。[4] 盛電中有李鴻藻"陳蓮舫可勿請"之語,袁昶覆電又有陳秉鈞"善處方劑"之評,張之洞深思熟慮後,未再請陳北上,而是於九月二十八日(11月3日)發電其侄吏部主事張檢:

> 京。張玉叔。聞高陽起跪不便,自云兩腿似發木,日來漸愈否?廣東活絡丸治此病似對證。其藥票云,治老年氣血虚弱,手足頑麻。前服黃耆奏效,明是氣虚。我曾寄去活絡丸數十丸,可見其世兄,勸試服此丸。或先服半丸,察其對否,徐徐進之。如對証,兩三丸即

---

[1] 光緒二十三年九月初五日午刻發,《張之洞全集》,第9册,第156頁,又見《張之洞電稿丙編》,第69册,所藏檔號:甲182-93。
[2] 盛京卿來電,光緒二十二年九月十七日亥刻發,十八日午刻到,抄本《張之洞電稿》,第19册,《北京來電一》,中國社會科學院經濟研究所圖書館藏。
[3] 光緒二十二年十月初一日,張之洞發電張彬:"京。張黄樓:知到京,全愈,慰甚。墊款及電費三百金、秋節五十金,百川已匯。以後如有必需用款,可向百川取。日内可往謁高陽,看可望全愈否。電告。壺。東。"(十月初一日辰刻發,《張之洞電稿》光緒二十四年九月至十月,所藏檔號:甲182-455,原整理者有誤,根據内容,此電當發於光緒二十二年)從當時的交通條件來看,九月十八日張之洞接到盛宣懷之電時,張彬似已北上。
[4] 九月十九日,張之洞收到袁昶電報:"陳比部善處方劑,常審病勢之消息爲進退,其奏效和緩而極穩實。病前能解化,病後能調理,此其所長也。孫文正雖已銷假,然似以能設法致比部處劑調理爲穩著。伏體鈞意,敢獻私忱……受業昶叩。皓。"(袁道來電,自蕪湖來,光緒二十二年九月十九日午刻發,酉刻到,抄本《張之洞電稿》,第35册,《各省來電一》,中國社會科學院經濟研究所圖書館藏)此電是覆電,張應有去電以了解陳秉鈞之醫術專長。

愈。此丸京師廣東丸藥店多有。即覆。壺。感。[1]
張檢的回電未見。從光緒二十二年七月二十二日至九月二十八日，在短短的兩個月中，張之洞爲請江南名醫陳秉鈞北上，用盡了心力，且全用其本家親侄——張樞、張彬、張檢。儘管陳秉鈞最後未能成行，然在"張之洞檔案"中，我還沒有看見張對何人能有如此心力之灌注。張之洞與李鴻藻的關係，由此可見一斑。

光緒二十三年四月初九日（1897年5月10日），張之洞發電張彬："京。樓。庚電悉。高陽病日見全愈，欣慰之至。……"[2]他對李鴻藻的病情好轉而感到高興。四月十七日（5月18日），張之洞再發電張彬：

京。樓。急。現與比國銀行議借盧漢鐵路之款，四百萬鎊，四釐息，九扣，絕不干預路事，較之他國來議者，便宜甚多，好在絕無流弊，亦不必寫國家擔保，已會同王夔帥、盛杏孫詳晰電奏，並將草合同稿電呈總署。多日未奉覆旨，實深焦急。現聞英、德皆向總署爭攬此路借款，俄國亦欲攬辦，聞之悚懼萬分。查各大國攬辦此路，居心皆不可問。曾見其條款，皆必欲干預路權，洞所深知。因俄占東三省路權，法占廣西路權，故別國效尤垂涎，藉此以爲瓜分中國之計，險惡非常。惟比係小國，並無兵船，其國素以工作致富，工匠有名，鐵廠極大。此借款專爲多售比國物料，多用比國工人，別無他意。合同細加推敲，杜絕流弊。此路盛本意借英、德款，因約內有一條云"必須兼辦由鄂至粵一路"。查香港係英界，此路若與英界接，其患不小。故洞力持不可，盛亦悟。英又來攬，亦欲干預路權，且利息太重，亦力拒之。現擬借比款，乃洞意堅持，幸盛、王

---

[1] 九月二十八日寅刻發，《張文襄公電稿墨迹》，第2函第11册，所藏檔號：甲182-219，原件無年份，根據内容當發於光緒二十二年。"世兄"，對其公子的尊稱，指李焜瀛。該原件原署日期"敬"、"沁"，皆被刪。"敬"是二十四日的代日，"沁"與"感"是二十七日的代日，可見張之洞此電是放了一段時間後才發，極爲謹慎。
[2] 四月初九日亥刻發，《張之洞電稿》光緒二十五年三月至四月，所藏檔號：甲182-456，整理者有誤，根據内容，該電發於光緒二十三年。

皆以爲然,乃總署游移不决,恐係英、德、俄、美諸大國爭攬,巧詞炫惑,又不敢明拒。此事關係國家安危,聞常熟以借比款爲然,而一人不能獨爭。衆議不定,恐日久必生枝節,爲大國攬去,則中國不可救矣。奉懇可否函致諸當道,力陳借款必須小國,勸令從速定議。若各國爭攬,總署可以此事歸公司商定爲詞,即可推出。並電飭公司早爲畫押,國事幸甚。鈞體違和,本不敢奉瀆,事關天下安危,伏望鑒諒。洞。諫。

此電速轉呈高陽公。

再,京城代各大國説話謀攬借款甚多,有專爲此事入京者,舉國若狂,皆重賄也。此賄必數十萬金,故不顧國家存亡矣。並望密稟高陽公。勿泄。切切。壺。諫。[1]

此時是張之洞、王文韶、盛宣懷準備借比利時商款修建蘆漢鐵路的關鍵時刻,張之洞恐其會銜奏摺遭駁,故發電轉交;"奉懇可否函致諸當道"一語,即請李鴻藻致信當時權勢最大諸要員,而"勸令從速定議"。[2] 這是張之洞通過李鴻藻以助其政務開展的重要證據之一。

光緒二十三年六月二十六日(1897年7月25日),李鴻藻於家中病逝。當日張彬立即發電相告。次日,張之洞親寫電報發給張彬:

京。樓。聞高陽公忽以變証薨逝,曷勝駭悼。時事艱危,失此賢輔,中外聞之,同聲痛惜。大局所關,非尋常變故也。速往晤其世兄,先爲致唁。挽聯、挽幛即寄。恩禮想必優渥。如有特旨賜諡,速電知。壺。感。[3]

---

[1] 光緒二十三年四月十七日丑刻發,《張文襄公電稿墨迹》,第2函第11册,所藏檔號:甲182-219。

[2] 翁同龢於光緒二十三年四月二十四日日記稱:"見起二刻,是日盧漢鐵路借款連銜奏到,邸意尚徘徊,余力贊批依議,以免各國窺伺。"(《翁同龢日記》,第6册,第2999頁)又,張之洞等人該摺,光緒帝硃批"依議"。(《張之洞全集》,第3册,第424—425頁)

[3] 光緒二十三年六月二十七日酉刻發,《張文襄公電稿墨迹》,第2函第11册,所藏檔號:甲182-219。張彬回電稱:"高陽卹典,贈太子太傅,特謚文正,兩子均賞郎中,孫賞舉人。餘同北池。樓。江。"(北京,光緒二十三年七月初三日亥刻發,初五日午刻到,《張之洞存來往電稿原件》,第15函,所藏檔號:甲182-386)"北池",指張之萬,其家住在京師北池子。

也就在一個多月前,前軍機大臣張之萬去世,相比之下,張之洞視李鴻藻遠重于其族兄張之萬。[1]

六、光緒二十四年清朝決策岳州自開通商口岸

"自開通商口岸"是戊戌變法期間清政府的重要改革舉措之一。光緒二十二年(1896),軍機章京陳熾在《續富國策》中最初提出"大興商埠説";光緒二十四年正月、二月,御史張仲炘、工部主事康有爲提議"海疆各地遍開商埠"、"遍地通商",以抵禦列强之强索。[2] 詹事府左春坊左中允黃思永、湖南巡撫陳寶箴和總理衙門的多次奏摺,使之成爲朝廷的

---

[1] 張之洞於光緒二十三年五月二十日發電張彬:"京。樓。頃讀電傳十六日邸抄,驚悉汝池五伯父蘦逝。曷勝震悼。前未聞病,何以忽致不起。望即先向蘭圃侄代我意致唁,並即送祭席一筵、紙紮幣帛數卓,如念經,酌送經一壇。速辦。即覆。"(五月二十日午刻發,《張之洞電稿》光緒二十五年五月至七月,所藏檔號:甲 182-456。整理者有誤,根據内容,該電當發於光緒二十三年)後又發數電:"京。樓。三四姪同覽。北池處喪事,汝等須常往照料,代我備寧綢祭幛一懸,文曰:'宗衰哀榮'。宗係宗族之宗,衰係衰冕之衰,語出《文選》謝元暉詩。勿誤。輓聯容撰就續寄。掄奎大太爺處,代爲送幛一懸,文酌擬,奠分已寄。壼。微。"(六月初五日辰刻發,《張之洞電稿》光緒三十年六至七月,所藏檔號:甲 182-470。原整理者有誤,根據内容,當發於光緒二十三年)"京。樓。北池奠分三百金,速向百川取送。謚法係何字? 壼。箇。"(六月二十一日酉刻發,《張之洞電稿》光緒二十五年五月至七月,所藏檔號:甲 182-456。整理者有誤,根據内容,該電當發於光緒二十三年)由此可見,張之洞是通過邸報方得知張之萬去世之消息,張彬等人都没有通報,前後時間長達一月。對於張之洞最後一電,張彬覆電稱:"五伯謚文達,奠分已送。高陽患痢,日數十次。服治痢藥,食輒禁。近數日服常熟薦醫藥。今日丑初逝。並稟聞。樓。徑。"(北京,光緒二十三年六月二十六日申發,酉刻到,《張之洞存來往電稿原件》,第15函,所藏檔號:甲 182-386)也正是這份電報,最快報告了李鴻藻去世的消息。張彬之所爲,正説明張之洞之所關注。九月二十九日,張彬再發電:"蘭浦兄屬代求叔父速撰五伯墓誌,何時能寄到,乞覆。樓。沁。"(北京,光緒二十三年九月二十九日亥刻發,三十日已刻到。出處同上)從五月至九月,張之洞爲張之萬所撰《墓誌》尚未完成。

[2] 參見趙樹貴等編:《陳熾集》,中華書局,1997年,第245頁;《德國占領膠州灣史料選編1897—1898》,第327—329頁;臺北中研院近代史研究所編印《膠澳專檔》,1991年,第253—255頁;孔祥吉編著:《康有爲變法奏章輯考》,第174—176頁。

正式決策。[1] 湖南岳州(今岳陽)恰是清朝第一個自開通商口岸,然從其開埠之經過,又可以清晰地看出該項改革舉措出臺的真實原因以及陳寶箴、張之洞和總理衙門的暗中操作。[2]

英國提出開湘潭爲通商口岸 光緒二十三年十月,德國以曹州教案爲藉口,派兵強占膠州灣(今青島);十一月,俄國以抵制德國爲幌子,派兵進駐大連、旅順;英國、法國也加快了對中國的侵略步驟。清朝所面對的國際形勢陡然嚴峻起來。爲了償還甲午戰敗對日本的巨額賠款,清朝此時須在國際資本市場上大舉債務,英、德、法、俄等國展開了競爭。十二月二十三日(1898年1月15日),英國公使竇納樂(Claude Maxwell MacDonald)向總理衙門提出貸款條件,其中包括闢大連灣、南寧、湘潭爲通商口岸。二十七日,總理衙門發電湖南巡撫陳寶箴,徵詢其意見:

> 發湘撫電:英擬借一萬萬兩,無折扣,周息四釐,還本在內,五十年期。擬開湘潭口岸。本署慮湘中人情作難。英使謂:湖南風氣大開,斷無齟齬,事在必行。究應如何開辦?希速電覆。沁、戌。[3]

湖南是一個思想相對保守的省份,此時若在湘潭開設通商口岸,將生波瀾;又時值年關,省城與湘潭官紳相互走動,更會促發人心浮動。十二月二十九日(1月21日),陳寶箴覆電總理衙門:

> 奉沁電敬悉。英借銀一萬萬兩,于我大局有益,至擬開湘潭口

---

[1] 光緒二十四年三月二十九日,黃思永奏稱:"凡在中國可爲通商口岸地方,不俟請立租界,先行照會各國,一律准其通商,有利均沾,有患共禦。照上海租界辦法,與各國明定條約,勿任一國專擅於其間。"(《戊戌變法檔案史料》,第432頁)當日光緒帝發下交片諭旨,令總理衙門"議奏"。(軍機處《洋務檔》,光緒二十四年三月二十九日)總理衙門於四月十八日覆奏,同意黃思永的辦法,光緒帝硃批:"依議。"(軍機處《隨手檔》,光緒二十四年四月十八日)陳寶箴的奏摺及總理衙門的議覆,後將詳述。

[2] 關於岳州開埠的相關研究較多,其中值得注意的有:楊天宏:《口岸開放與社會變革——近代中國自開商埠研究》,中華書局,2002年;翟曉美:《岳州商埠的建置及其成效探析(1899—1911)》(湖南師範大學碩士論文,2009年,導師李育民);陳珠培:《清末湖南岳、長開埠始末》,《雲夢學刊》1993年第1期;曾桂林:《岳長開埠與近代湖南社會經濟的發展》,《湖湘論壇》2003年第3期。然對於岳州開埠之起因,尚無細緻的敘述,本節即爲之補充。

[3] 綜合類-發電檔-光緒-023,檔號:2-03-12-023-0614,中國第一歷史檔案館藏。

岸,鈞署總權利害,既以英信謂事在必行,箴等身任地方,無論如何爲難,決不敢坐昧機宜,漫爲敷衍塞責。惟湘人負氣好勇,風氣實未大開,見有外人遊歷,動輒滋事,中外人所共知,若謂絕無齟齬,殊無把握。且湘潭腹地,開辦尤萬分爲難。容與紳士熟籌妥商,再行電覆。事屬創始,時日不能過促。又湖南地形逼窄,戶口稠密,無論何處,即令作爲通商場面,亦斷無餘地可以劃作租界。均務請告知英使,不勝懇禱。寶箴叩。勘戌。[1]

陳寶箴的電報雖沒有同意開設口岸,但口氣已有鬆動,且強調了不割租界。這也是他爲政方針與施政性格的體現——盡力執行上級的指令,同時注重本地的民情與利益。[2] 與此同時,陳寶箴發電張之洞,報告了情況,並稱將於光緒二十四年正月初三日與紳士進行會議,討論此事。[3] 張之洞當即覆電,反對舉借英款。[4]

陳寶箴以岳州易湘潭 光緒二十四年正月初一日(1月22日),陳寶箴再發電張之洞:

……鄙意莫如不借英款,而許以南寧、岳州兩埠通商,爲聯好計。緣官紳歷以湘潭萬分棘手,或以岳州易之,雖亦極難,當稍便設法……以上所陳,如憲意謂然,請即聯銜電奏,並乞速覆。[5]

以岳州易湘潭,很可能是陳寶箴與湖南紳士商討後做出的妥協。他們考慮到岳州位於長江邊,臨近湖北,有與外省做生意的傳統,民風較爲溫

---

[1] 光緒二十四年正月初一日收到,綜合類-未遞電信檔-光緒-024,檔號:2-07-12-024-0002,中國第一歷史檔案館藏。當年沒有年三十,二十九日爲年關。

[2] 此時在長沙的皮錫瑞,在光緒二十四年正月初一日的日記中稱:"昨電報到,云英國借中國二萬萬鎊,以五十年歸還爲期。湖南湘潭添設碼頭,總理衙門已議准矣。右帥請紳士初三日聚議,朝議如此,紳士何可能挽回? 特恐亂民假以爲名,煽動人心耳。"初二日記:"晚赴公度廉訪飲席,在座王壬老、江叔海、袁叔瑜、張伯純、易實甫、梁卓如,縱談時事及碼頭事。壬老云:'許開碼頭,不允保護。'所見亦是。"(《師伏堂未刊日記》,《湖南歷史資料》1958年第4期,第83—84頁) "右帥",陳寶箴,字右銘。"公度",黃遵憲。"王壬老",王闓運,字壬秋。"許開碼頭,不允保護",即許設口岸,不割租界之意。而黃遵憲于此時設席,當有說服湘紳之用意。

[3] 《陳寶箴集》,下册,第1543頁。

[4] 光緒二十三年十二月二十九日亥刻發,《張之洞全集》,第9册,第282頁,原件見《張之洞存來往電稿原件》,第14函,所藏檔號:甲182-385。

[5] 《陳寶箴集》,下册,第1548頁。

和,且保守勢力較小,較易對民衆進行開導。"聯好"指清朝與英國之間的合作,陳寶箴主張"聯英"以拒當時進逼極迫的德國與俄國。張之洞再次覆電,告知英借款條件不僅是新開口岸,尚有諸多不可接受之條款,對於以岳州易湘潭一事,張電稱:"鄙意先阻借款,再議口岸,請尊處先行酌辦酌覆",即不同意聯銜電奏。[1] 陳寶箴由此發電總理衙門,詢問英借款的相關條件,同時向張之洞報告。[2]

總理衙門收到陳寶箴十二月二十九日電報後,於光緒二十四年正月初三日(1898年1月24日)發電:

> 發湘撫電:勘戌電悉,具佩公忠,此事本不易辦,全賴藎籌。不能劃作租界,英使亦允,但通商則難卻。望將與紳士熟商情形電覆。江、酉。[3]

此時清朝的外交極爲軟弱,不敢與英國對抗。從電文可見,英國公使雖同意不劃租界,但堅持開埠;而總理衙門受此壓力,也希望湖南能開口。正月初六日(1月27日),陳寶箴經過深思熟慮後,同時發兩電致總理衙門。其一是正式電報,内容是公開的,强調湖南開埠之民情不

---

[1]《張之洞全集》,第9册,第283頁。
[2] 陳寶箴於正月初二日發總理衙門稱:"……昨奏沁電,擬借英債而許以口岸,不聯之聯,洵爲至善。惟不知所許是否僅湘撫一事?路透報稱,英借中債,所允有由金沙江造鐵路至漢口一條,果爾,是長江悉爲英有。德必由膠造山東鐵路,俄據大連不退,法亦必有瓊州,更由龍州開路内地,則與分裂無異矣。竊意如有此條,英債萬無可借之理。然此時樞紐在英,亦必有以處之,冀可資其排解。不審借債所必允者,果尚有何事,伏乞明以見告,俾得具悉本末,權量事勢輕重所繫,以便開導湘人,共知仰體。不勝跂望。寶箴叩。冬。"(光緒二十四年正月初四日子時收到,綜合類-未遞電信檔-光緒-024,檔號:2-07-12-024-0013;又見總理衙門清檔《收發電》,01-38-014-01-012)總理衙門初五日覆電稱:"發湖南巡撫署電:冬電悉。英借款並無由金砂(沙)江造鐵路至漢口明文,但援滇緬約,欲由緬路接進入滇後,再由兩國商定。所索通商口岸,大連灣礙於俄議,即與撇開,南寧有約可援,無可支展。湘潭一口,已具沁、江兩電,統望裁覆。現俄又欲强借,正煩酬對,電報機宜,尚祈慎密。歌。"(綜合類-發電檔-光緒-024,檔號:2-03-12-024-0006)陳寶箴發張之洞電,見《陳寶箴集》,下册,第1550—1551頁。
[3] 綜合類-發電檔-光緒-024,檔號:2-03-12-024-0004。又,光緒二十四年正月初五日,陳寶箴寫信給湖南鹽法道黄遵憲:"昨晚得總署電,不劃作租界一節,英使竟即允行,頗出意外,非灼見不及此。惟昨電詢借款事,除湘埠外,尚有何事?須得覆,再爲商覆也。"(《陳寶箴集》,下册,第1748頁)"非灼見不及此"一語,説明不劃租界是黄遵憲提議的;"再爲商覆"一語,説明陳寶箴將繼續與黄商議對策。由此可知,黄是陳主要的對外政策顧問。

協,要求過兩三年之後再議此事。[1] 其二是秘密電報,說明其暗中的設計:

頃陳湘紳所議通商爲難情形,人所共悉,而湘潭尤甚。道光初,因江西巡撫演戲啓釁,潭民與客商互鬥,經年戕殺無算。緣該處市肆最多,户口最密,船户泊船處碼頭約數十處,水手人等常不下二三萬人,類多强悍,哥會各匪雜處其中。又由鄂入湘,必經岳州、臨湘、巴陵、湘陰、長沙、善化數縣,始達湘潭,水涸時,即小輪船僅可至湘陰,以下往來,尤多不便,以言保護,實毫無把握。設有疏虞,深恐牽動全域。膠州之事,可爲前車。如必不得已,不如以岳州許其通商,以易湘潭,仍不劃租界。彼處濱臨大江,兵輪等船往來便易,爲湘鄂一大都會。粤漢鐵路既通,廣東、香港百貨皆必由此出口,實湘省第一大埠。又居民較少,且毗連湖北,洋人爲

[1] 該電稱:"前奉通商沁電,即與司道約紳會議。日間城紳畢集,告以國家安危大計,此時全賴英人排解,湘人素忠義,務當仰體,並以通商可不劃租界,不奪民利益,但當安靜,實爲兩利等語,剴切譬曉。諸紳僉稱,此事利害,與時局關係,我等頗知仰體,且各省多許通商,湖南豈敢獨違。第有必須上陳者,湘人好勇尚氣,久成風俗,自士農工商至婦孺皆然。又生長僻區,心目狹隘,少見多怪,遇有洋人遊歷,稍一流連,無不滋事,近數月間亦已屢見。教堂經地方官極力保護,猶刻刻可慮。又素有土客之見,常與客民鬥毆戕殺。今外人通商,本數千年僅見之事,又非鄰省客民之比,近年摺紳雖漸知公法,亦間有講求西學之人,然不過千百之什一。比來官紳倡設學會,講明公理,冀先以中外大義曉示士子,以次周知,而積習既久,豈能遽爾改觀。此時若即通商,竊慮亂出意外,防不勝防。且伏莽尚多,惟恐無所藉口,設有不虞,愈無以對外人,且恐牽動教堂全域。彼時即多辦數人,適激衆怒,民本無知,若更因之多殺,情殊可憫。英爲禮教之國,亦必不願。此皆實在情形,中外所知。紳等愚慮,目前且宜力行學會,推之各屬,使通省士子咸知鄰國交際之義,又知通商惠工師其所長、貨財相易有益無損之道,以遍及農工商賈,務使婦孺皆知。又,現在公司將造粤漢鐵路,經由湘地,必有西人辦理工作。鐵路既成,日與洋人相習,而學會又有成效,至時議開湖南商埠,自無齟齬。此爲萬穩之策,可不至求益反損,所爭遲速,大約不過二三年耳。如國家以爲必不可緩,即欲議行,紳等自應欽遵朝命,不敢稍有違言,第熟計利害,確是如此,不得不預爲陳明等語。箴等詳核所言,均係實情。好勝尚氣,少見多怪,即爲滋事之由,何況伏莽?且湘人惟以農爲業,兩年來,箴等始勸設電線、礦務、火柴、電燈、製造公司,並設學堂、學會報,使知取人所長補己之短,以藥其自是之見。然爲時未久,僅省紳稍有創興,其他商務,人情可以想見。諸紳擬俟學會通行,鐵路既辦,再議通商,雖時日稍遠,實局保全彼此起見,確非推諉。可否轉商英使,伏候鈞裁,並示悉。寔篴叩。語一。"(光緒二十四年正月初七日收到,綜合類-未遞電信檔-光緒-024,檔號: 2-07-12-024-0020;又見總理衙門清檔《收發電》,01-38-014-01-027) 皮錫瑞在正月初七日日記中記:"……云前會議後,電覆以通商不開碼頭,且請緩一二年,湖南稍開風氣,設巡捕、立洋房,即來奉邀……"(《師伏堂未刊日記》,《湖南歷史資料》1958年第4期,第85頁)此即是陳正式電報中對外公開的内容。

所習見,可期彼此相安,較湘潭危險萬狀,相去遠甚。可否由鈞署商之英使,以此易彼,兩有所便。倘承商允,乞先示覆。當懇鈞署密請明降諭旨,徑飭遵辦,以息浮言。一切開辦事務,宜請英國派一和平明白之員,與地方官紳隨時隨事熟籌妥商,勿過執他口通商成規,強令照辦,庶可永久無事。事關全域遠計,謹以密陳,乞裁示。箴再叩。語二。[1]

湘潭是當時湖南最大的商業城市,人口稠密,陳寶箴考慮到該處民風剽悍,對外態度激烈,很可能激發事端;而岳州人口較少,熟悉外情,易於控制,由此向總理衙門正式提出了以岳州易湘潭之議。然陳寶箴要求英國"派一和平明白之員",與地方官商辦開埠事宜,與"自開通商口岸"完全獨立自主制定政策的理念,尚有區別。

儘管總理衙門已決定不借英款,英國公使竇納樂仍以清朝"失信"而要求補償,正月十五日(2月5日),總理衙門同意英方的要求開放湖南,並在談判中提及"湘潭可換岳州"。[2] 正月十六日,張之洞發電陳寶箴:

英數日內必別有文章,湘省口岸恐終必開,莫如先以岳州搪抵。擬會銜電署,專論此事,若不先陳明,恐總署先行允許,後告外省,則無及矣。祈示覆。[3]

張之洞肯定聽到了相關的消息,主動提出會銜上奏。"恐總署先行允許,後告外省"一句,又說明他並不知道由總理衙門請旨命開,即"當懇鈞署密請明降諭旨,徑飭遵辦"是陳寶箴的政策設計。陳對此未覆電,而是向

---

[1] 光緒二十四年正月初七日收到,綜合類-未遞電信檔-光緒-024,檔號: 2-07-12-024-0021;又見總理衙門清檔《收發電》,01-38-014-01-029。關於擬建中的粵漢鐵路,參見本書第五章第二節。
[2] 翁同龢光緒二十四年正月十五日記:"未正英竇使來,言得外部電,責我何以借款旋散,仍索利益。曰長江不許別國占,曰輪船任行內河,曰南寧開口,曰湘潭開口。余等駁辯數四,卒不能回,乃允可行,須端節前定議。伊得允,乃要以發電告本國,惟南寧口氣略鬆,湘潭可換岳州耳。不借而失利權,孰為之耶,噫。"(《翁同龢日記》,第6冊,第3090頁)翁同龢在談判中提出以岳州替換湘潭,自是根據陳寶箴的電報。
[3] 《張之洞全集》,第9冊,第291頁。

總理衙門詢問情況。[1] 正月十九日,張發電再問此事,陳遂電告其初六日給總理衙門密電之大體內容。[2] 二月初二日(2月22日),總理衙門發電陳寶箴:

> 發湖南巡撫電:英廷借款已作罷,惟通商互市,係中外商利,岳州既可開埠,事在必行,自無庸拘定二年開辦。希預籌布置。電覆。冬。[3]

這是總理衙門下達的岳州開埠的電令,儘管還沒有確定開埠的具體時間。陳寶箴收到此電後,於二月初四日發電總理衙門:

> 冬電謹悉。湖南人情本均難通商,因慮時局關係重大,必不可已,則岳州近鄂,較湘潭稍便措手,故前上語電密陳以岳易潭之議。惟此議若云出自湘省官紳,岳州士民必袒湘薄岳爲疑,轉覺費手,既仍事在必行,應懇鈞署逕自以英人請往岳州通商爲言,請旨允准,飭下照辦,不復提及前議。鈞署亦先照此電示,俾早宣布,庶箴等不至下拂輿情,得以布置,是所切禱。至不能劃作租界各節,仍請查照前兩語電,預商英使。定議後當於何時開辦?乞先電示。寶箴。支。[4]

陳寶箴要求總理衙門出奏,説明岳州開埠是應英人所請,以避免"袒湘薄岳"之嫌,防止岳州士紳的反彈;他還重申了兩項條件:"請旨允准,飭下照辦"、"不能劃作租界"。總理衙門對此相當爲難——當時英、俄兩國競相向總理衙門施加壓力,若公開宣稱開放岳州爲通商口岸是應英國的要

---

[1] 陳寶箴正月十七日發電稱:"奉真電,英、俄款均不借。湘埠度可罷議,乞示覆爲盼。容閎以洋股由鎮江造路上京,與德路接,方孝傑、劉鶚又以洋股包辦山西鐵路,外間頗多疑懼,甚且妄肆揣測,不敢不以密陳。想鈞署必有權衡也。寶箴叩。篠。"(光緒二十四年正月十八日收到,綜合類-未遞電信檔-光緒-024,檔號:2-07-12-024-0066;又見總理衙門清檔《收發電》,01-38-014-01-088)

[2] 張之洞電稱:"尊意是否願以岳州易湘潭?速示,以便會電署。"陳寶箴覆電稱:"惟以岳易潭較易辦之説,署已具知,擬稍俟覆電再請鈞示,仍乞密之。"(《張之洞全集》,第9册,第292頁,《陳寶箴集》,下册,第1559頁;張之洞親筆原件見《張文襄公墨迹》,第2函第9册,所藏檔號:甲192-219)

[3] 綜合類-發電檔-光緒-024,檔號:2-03-12-024-0088。

[4] 光緒二十四年二月初五日收到,綜合類-未遞電信檔-光緒-024,檔號:2-07-12-024-0143;又見總理衙門清檔《收發電》,01-38-014-02-023。

求,俄國必另提要求——爲此於二月初六日覆電陳寶箴,稱"只應作爲本署籌拓商務之意",即是自行開設口岸;陳於二月初七日覆電,再次強調"請旨飭行",即以皇帝的聖旨來説服"素稱忠義"的湖南保守紳民。[1]

總理衙門奏准 根據陳寶箴的以上要求,光緒二十四年三月初三日(1898年3月24日),總理衙門上奏,請將湖南岳州、福建三都澳自開爲通商口岸,光緒帝當日硃批"依議"。[2] 此爲清朝自開通商口岸之始,其中可見陳寶箴、總理衙門曲折之用心。此後,張之洞與陳寶箴爲岳州開埠設立管理官員及機構——海關道等事務而協商。[3] 四月二十六日

---

[1] 總理衙門于二月初六日發電:"發湖南巡撫電:支電悉。以岳易潭,若云英請,適滋俄忌,只應作爲本署籌拓商務之意,庶幾兩全,但如何預爲布置,實煩籌畫。不劃租界一層,盡可堅持。魚。"(綜合類－發電檔－光緒－024,檔號:2-03-12-024-0102)陳寶箴初七日覆電:"魚電謹悉。設埠岳州,作爲鈞署發端,甚妥。但不出自湘官紳之意,則岳人自無詞耳。惟須請旨飭行,先由鈞署諭令,預爲籌畫,至時再陳一切。寶箴叩。陽。"(光緒二十四年二月初八日收到,綜合類－未遞電信檔－光緒－024,檔號:2-07-12-024-0157;又見總理衙門清檔《收發電》,01-38-014-02-035)

[2] 軍機處《隨手檔》,光緒二十四年三月初三日;王彥威、王亮編:《清季外交史料》,刊本,1934年,卷130,第14—15頁。三都澳位於福建北部的寧德,是一天然良港,德國在決定占領膠州灣前,一度打算占領此處。此後,意大利、美國也有占據此地的打算。清朝主動開放此港,也有抵制列强之用意。

[3] 光緒二十四年三月二十三日,張之洞發電陳寶箴:"……查岳州通商,事屬創始,所有曉諭紳民,查勘碼頭,建置關卡各事,亟應分别妥籌,並奏委大員監督。惟新開口岸,似不便派委候補道、府充當。而岳常澧道向駐澧州,能否兼顧,抑應如何辦理之處,均候卓裁……再,以後岳州關事,似應請尊處主政爲妥,並祈酌示。"(《張之洞全集》,第9册,第305頁)陳寶箴覆電稱:"……總署諸商岳州設埠事,已札行該府縣,告諭紳民。查勘口岸及建置關署地段,詳悉議覆。巴陵令周至德幹練老成,熟悉地方情形。李臬司過岳時,以通商事詢之,據稱:輿情尚不甚爲難,惟痞徒須有法彈壓。至湘中不劃租界之説,總署曾云英使已允。其一切辦法,似須彼國公使派人至鄂面訂。至時,黄道計已卸算篆,當委來鄂稟商憲臺,與之妥議。關道似可以岳常澧道往來兼顧。洋關奏諮各事,通例由鈞署主政,如涉地方聯銜之件,或有應由湘撫主稿者,隨時酌辦,似亦可行。昨與兩司所商,大致如此。伏候鈞裁。"(陳撫臺來電,光緒二十四年三月二十六日酉刻發,亥刻到,抄本《張之洞電稿》,第36册,《各省來電三(湖廣)》,中國社會科學院經濟研究所圖書館藏)閏三月十四日,張之洞又發電:"准總署諮:據總稅務司申稱,岳州地方爲湘、鄂交界第一要埠,似宜專派關道駐紮,經理一切……查總稅務司所擬辦法,尚爲周妥,諮行查照辦理……查前接尊處三月宥電,云關道似可以岳常澧道往來兼顧,今總署既議准專派關道駐紮,似可將岳常澧道移駐岳州,兼理關務,以免另設關道。或應另設關道,祈酌覆。"(《張之洞全集》,第9册,第312—313頁)陳寶箴次日電稱:"又奉願電,總署擬專設關道等因,似應如鈞示,以岳常澧道移往岳州爲宜,既有地方事權,府縣較易居用,且可節省經費,實爲兩得。仍乞裁示,俟諮文到湘,即遵照諮覆。"(陳撫臺來電,光緒二十四年閏三月十五日午刻發,亥刻到,抄本《張之洞電稿》,第36册,《各省來電三(湖廣)》,中國社會科學院經濟研究所圖書館藏)"關道",又稱海關道,是兼任海關監督的地方道員,同時處理當地的對外事務。當時各主要通商口岸(除天津外),皆由當地道員兼任此職。"黄道",黄遵憲。

(6月14日),陳寶箴上奏其改革方案,言及自開口岸,謂:

> 歐洲諸國通例,凡通商口岸,各國均不侵占,前兵部侍郎郭嵩燾使英時,英外部告以中國旅順口爲海濱形勝重地,亟須經營,勿爲他人據此要害。如力有不及,則令各國設埠通商,可免侵占之患。由今日觀之,是通商之益,轉更足自固藩籬。近日兩江總督臣劉坤一擬請以吳淞口爲商埠,蓋亦以此。宜請特降諭旨飭下總理各國事務衙門,與各省將軍督撫等會議,各省可以設埠地方,無論何國,悉准通商。惟須查照外國商埠通例,詳定節目,尤不准劃作租界,以保事權,而杜嫌釁。

此摺強調了各省皆自開口岸,可説明湖南非爲特例,亦可減少本省内部的反對壓力。陳同時另有一片:

> ……即如湖南,地居偏僻,雖省城爲總匯之地,湘潭、常德等處爲商賈聚集之區,而一見洋人,羣相怪詫,聚觀常數千人,風氣未開,易惑難曉。故上年總理各國事務衙門,以湘潭通商電詢,臣以爲宜稍從緩議,而岳州界連湖北,與漢口商埠相近,自聞通商之信,商民亦多知有益地方。若奉旨通飭各省一體舉行,又於開辦之處,屆時特降諭旨宣示,咸使周知,則人皆曉然于朝廷慈惠公溥、爲民興利之至意,自當蒸然向風矣。惟自我准令各國通商,當不令一國專利,不許劃作租界,其在我一切自主之權,皆不容有所侵損,由我委員及税務司爲之督率稽核……[1]

此片又強調了"特降諭旨"、"不許劃作租界"。五月二十四日(7月12日),光緒帝收到陳寶箴的該摺該片,當日硃批:"著總理各國事務衙門妥速籌議具奏,單并發"。[2] 六月二十三日(8月10日),總理衙門遵旨議覆,表示同意:

> 至廣開口岸,臣等亦早籌及,是以本年三月間,迭經奏請,將湖南之岳州府、福建之三都澳、直隸之秦王島,開作口岸,奉旨允准,業

---

[1] 《戊戌變法檔案史料》,第26、385頁。
[2] 軍機處《隨手檔》,光緒二十四年五月二十四日。

經諮行各該省遵照。並于議覆中允黃思永條陳摺內聲明,各該省如有形勢扼要、商賈輻輳之區,不妨廣設口岸,以均利益,而免覬覦。請飭各省將軍督撫,察看地方情形,諮會臣衙門核辦。[1]

光緒帝據此當日發出上諭:

> 歐洲通例,凡通商口岸,各國均不侵占。現當海禁洞開,強鄰環伺,欲圖商務流通,隱杜覬覦,惟有廣開口岸之一法……著沿江沿海沿邊各將軍督撫,迅就各省地方,悉心籌度,如有形勢扼要、商賈輻輳之區,可以推廣口岸、展拓商埠者,即行諮商總理各國事務衙門酌核辦理。惟須詳定節目,不准劃作租界,以均利益而保事權。該將軍督撫等籌定辦法,即著迅速具奏。[2]

由此可見清朝"自開通商口岸"之最終決策過程——其中最爲重要的決定性因素之一,竟然是湖南保守紳士的反對。歷史哲學的思考,由此再次證明其奇妙與必要。

沙市事件談判與岳州開埠時間　光緒二十四年閏三月十九日(1898年5月9日),湖北沙市事件發生。奉旨進京的張之洞,到達上海後又遵旨返回,處理該事件。[3]　由於此事件稍稍涉及英國,英國駐漢口領事霍必瀾(Pelham Laird Warren)在沙市事件的結案談判中,提出了湖南開埠事。四月二十七日(6月15日),張之洞發電陳寶箴:

> 英領事因沙案照請開辦湖南通商口岸,敝處覆以岳州原係奉准開埠,尚須體察情形,另行詳商辦理,已諮達。嗣又據照稱:不僅開辦湖南一帶,岳州立即辦,毋庸延緩。昨日又照稱,湖南每有滋鬧教會,謀害西人,惟有長沙最甚,而各府州縣以長沙省會地方尚且如此,以致均皆效尤。近來在長沙匿名揭帖遍黏滿壁,而岳州一口甚屬偏僻,即令開辦,亦不足以開湖南一省風氣。現在時勢必須首開長沙,次辦常德、湘潭口岸,庶幾湖南人民足以醒悟,不至再有滋鬧

---

[1]　《戊戌變法檔案史料》,第31—32頁。
[2]　軍機處《洋務檔》,光緒二十四年六月二十三日。
[3]　相關的背景,可參見本書導論第四節。

情事……

張之洞由此提出兩策:"似宜先行聯銜電奏,由總署與商緩",即由總理衙門與英國公使進行交涉;"一面密曉諭湘省紳民,從長計議,萬一彼必不肯緩,何以待之",即要做好被迫開口的準備。[1] 陳寶箴自然不能同意英方的要求,於四月二十九日(6月17日)覆電:

> 昨奉感電,因招致法員何利雅等四名,自廣西往鄂,日間即抵湘省,擬俟出境後,再將鈞電傳示諸紳。長沙通商甚難,大非岳比,惟總署尚無文電,或尚係領事藉此要脅。沙市賠款,擬請先由憲臺電詢總署,是否彼國公使堅有此意,一面與領事磋磨。賠款暫緩會奏,何如?沙市洋房究係延燒所致,非與洋人搆釁之案可比,不審總署能消弭否。此事全賴憲臺主持,不勝跂禱。寶箴叩。豔。[2]

此時因4位法國人在湖南過境引起小的騷亂,若再傳英逼長沙等處開埠,將會激起動蕩,故陳寶箴打算等法國人離開後,再與紳士商量開埠事;陳電還說明沙市事件與一般教案不同,提醒張之洞,長沙開埠很可能是英國領事霍必瀾的談判策略,非爲英國政府的正式要求。由於陳表示"暫緩會奏",張於五月初四日發電總理衙門,報告了英國領事要求另開長沙、常德、湘潭三處口岸,詢問英國公使是否有"議及"長沙通商一事,並請總理衙門與之商議"推緩"。總理衙門覆電稱,英國公使並無長沙通商之議,但"催辦"岳州開埠。[3] 在此期間,陳寶箴亦發電張,

---

[1] 《張之洞全集》,第9冊,第322—323頁。

[2] 光緒二十四年四月二十九日戌刻發,亥刻到,《張之洞存各處來電》,戊戌第1冊,所藏檔號:甲182-136。陳電文中的"沙市賠款",指關於沙市事件的結案談判。

[3] 張之洞電稱:"……但湘人亦甚悍,岳州、長沙兩處貿然開埠,必滋事端。明係有意藉端挑釁,設有波瀾,彼之要求不可問矣。查沙市洋房究係延燒,非與洋人搆釁之案可比。沙案賠款,疊催開失物單,該領事尚未開送,其語氣尚不甚多。長沙等處通商,彼國公使曾向鈞署議及,是否堅持此意?昨與南撫往復電商,據云,傳詢湘紳,長沙通商甚難,務祈鈞署設法推緩爲禱。"總理衙門覆電稱:英使"並無長沙通商之說,該領事一再照會,當因湘中匿名帖太多,激而爲此,亟應嚴禁,以免藉口。岳州奏准通商,英使催辦,本署仍照湘中覆電推緩"。(《張之洞全集》,第9冊,第324頁)

詢問詳情。[1]　五月二十五日(7月13日),張之洞發電陳寶箴:

英使電令領事以沙案催開岳州口岸,詞甚堅鷙。與以緩商,領事云究竟幾時可以開辦? 必有準期,若不早開口岸,即照總署新章,徑令洋輪駛往。看此情形,似非空言推展所能結案,亦斷不能待至兩年。臺端體察情形,究竟擬在何時? 望酌示。至長沙、衡州、常德三處,與之力辯,大約可不提矣。沙案日本已議妥,專待英國議定,即奏。有。[2]

英國公使及駐漢口領事以沙市事件為由,催開岳州口岸。而陳寶箴卻看出了其中的問題:岳州係自開口岸,其開埠時間應由總理衙門來決定,於是回電稱:

有電敬悉。岳州通商,春間電覆總署,只云時日不能過促,無兩年為期之說,想係總署自向英使言之。竊謂岳州係自許開埠,遲速應聽總署核示。擬電告總署,無論何時開埠,但須於定期四個月前告知湘省,屆時即當遵辦。惟不劃租界,必須執前議耳。乞核示。箴叩。宥。[3]

陳寶箴此電體現了主權意識,是當時的官員中難能可貴的,很可能是黃遵憲在此起到了作用;但該電沒有回答何時正式開埠。六月初六日(7月24日),張之洞再次發電詢問確切時間,陳寶箴一面請示總理衙門,一面回電張之洞,提出開埠具體時間當由總理衙門提前

---

[1]　陳寶箴電張之洞:"前上豔電,計蒙鈞覽。沙市已否就緒,前說曾電總署否? 至念……陽。"(光緒二十四年五月初七日酉刻發,戌刻到,《張之洞存各處來電》,戊戌第2冊,所藏檔號:甲182-136)張之洞回電:"陽電悉,沙市尚未定議,長沙開埠事,總署陽電已照轉,想已入覽……"(光緒二十四年五月初八日亥刻發,《張之洞電稿甲編》,第60冊,所藏檔號:甲182-46)陳再發電:"轉示總署電,謹悉。查近來自周漢收禁後,尚無此等匿名揭貼。岳州商埠,業經巴陵縣查勘測繪,尚未稟到。已札催矣。箴叩。佳二。"(光緒二十四年五月初十日巳刻發,未刻到,《張之洞存各處來電》,戊戌第2冊,所藏檔號:甲182-136)

[2]　光緒二十四年五月二十五日巳刻發,《張之洞全集》,第9冊,第330頁;原件見《張之洞電稿》,所藏檔號:甲182-406。"衡州",可能是張之洞筆誤,前稱是湘潭。

[3]　陳撫臺來電,光緒二十四年五月二十六日酉刻發、到,《張之洞存各處來電》,戊戌第2冊,所藏檔號:甲182-136。加點之文字,許同莘編《張文襄公全集》時刪去。

四個月預告。[1] 六月初八日(7月26日),張之洞發電總理衙門,請示岳州開埠時間:

  英領事議沙案賠款已有眉目,惟屢催岳州開埠,告以開導明白,即當照覆。昨來文甚急,謂我空言推宕,不但定期,尤須趕早。屢詢湖南,不肯定期,但云請鈞署示。查此埠乃我自開,遲早必辦,惟湖南民情,創辦口岸實屬懸心。前閱各報,云鈞署原議各口岸有兩年內開辦之說,不知確否。果有此說,似可提前數月,但有定期,或可允從。敢祈裁酌速示,以便了結沙案。若空言推緩,勢不能行。即候示覆。陽二。[2]

六月初九日,總理衙門分別覆電張之洞、陳寶箴,決定岳州於光緒二十五年二月開埠,並命認真準備。[3] 陳寶箴再次提醒張之洞,沙市事件的處

---

[1] 張之洞電稱:"急。致長沙陳撫臺。英領事詢岳州開埠事,告以湖南現正剀切曉諭士民,俟開導明白,情形能開辦時,即當照會云云。英領事云:漫無時日,仍是推宕,總應訂定期日,不但定期,尤須趕早,未便再遲。請即諮商南撫院,早定開辦日期等語。特奉達,即請酌核密示。洞。語。"(光緒二十四年六月初六日亥刻發,《張之洞電稿乙編》,第56冊,所藏檔號:甲182-72)六月初七日,陳寶箴發電總理衙門:"岳州通商事,據府縣稟稱:地方士民均經開導,惟前議不割租界一節,必須照辦理。至開辦之期,應請鈞署核定,必在定期前四個月以前告知湘省。無論何時,屆期必當遵辦。頃接鄂督電,以漢口領事催詢定期,亦以此覆之矣。寶箴。陽。"(光緒二十四年六月初八日收到,總理衙門清檔《收發電》,01-38-016-02-053)同日回電張之洞:"語電謹悉。岳埠事,前上宥電,擬電總署定期,但須四個月以前告知湘省,即當遵辦,乞憲臺核示等語。計已達覽。茲擬照前議,電請總署定期,如在四個月前示知,屆期必能遵辦。謹以奉聞。箴。陽。"(長沙陳撫臺來電,光緒二十四年六月初七日未刻發,申刻到,《張之洞存各處來電》,戊戌第3冊,所藏檔號:甲182-136)

[2] 光緒二十四年六月初七日亥刻發,《張之洞全集》,第9冊,第333頁。

[3] "總署來電:陽電悉。岳州開口岸,前與英使面議,須兩年開辦,該使意未甚愜。今英領事議沙案賠款,催早定期。湘撫電稱,地方士民均經開導,須於定期四個月以前告知。沙案宜速奏為妥,應如尊議,提前辦理,可允於來年正、二月間開辦,希會同湘撫,預爲妥籌。不割租界一節,必當力持……佳。"(光緒二十四年六月初九日戌刻發,初十日午刻到,《張之洞存各處來電》,戊戌第3冊,所藏檔號:甲182-136)張之洞隨即發電陳寶箴告知情況,並稱:"擬照署電,即許以明年二月開辦,祈即裁酌。如照此定議,請即預爲妥籌。至不割租界一節,此因係我自開口岸,故與他口不同,前署諮業經聲明,俟開辦時領事來議事再與面談,力持可也。望即示覆。真。"(光緒二十四年六月十一日亥刻發,《張之洞全集》,第9冊,第335頁)與此同時,陳寶箴亦發電張之洞:"昨接總署覆電,言岳州開埠,已允於明正、二月間開辦,希會商,預爲妥籌。岳常澧道應作爲關道,須明白洋務,幹練和平。不割租界,本署早與各使議及,但冀當事者籌畫周妥,設法力持云。鈞處想已得達……"(長沙陳撫臺來電,光緒二十四年六月十一日戌刻發,十二日丑刻到,《張之洞存各處來電》,戊戌第3冊,所藏檔號:甲182-136)

理不應牽涉到岳州開埠,以便日後能"全握自主之權"。[1] 六月十九日(8月6日),張之洞致電總理衙門:

> 岳州開埠事,英使屢催,當遵鈞署示,定以明年二月開辦,已函告英領事矣。惟此係奉旨自開通商口岸,未便牽入沙案,致令他事效尤。故于議結沙案照會不提此事。聲明此係另案,不與沙案相涉,另文告知,作爲我自行定期。再,沙案因英賠款糾纏甫清,日内具奏。效。[2]

岳州開埠的時間由此而最後決定。由於戊戌政變及興建港口、海關關舍等因,岳州開埠的時間推遲到光緒二十五年十月,而張之洞等人又將新商埠設於遠離府城的城陵磯,造成商民不便,致使該口岸發展較慢。

從岳州的實例可以看到"自開通商口岸"的内幕——這一看似主動的改革,實則出於無奈,是"被迫"的行動——由英方的進逼、湖南的保守兩項因素相加而所致。由此反觀戊戌變法時期的許多改革舉措,在其產生和實際操作諸層面,皆有衆多的制約因素。

---

[1] 陳寶箴電稱:"真電謹悉,昨將總署來電照轉,計已得達。應即遵照鈞電,于明年二月開辦。惟岳埠係我自開口岸,似仍應請由總署奏請定期開設,不因沙案要脅所致,庶以後辦理,可全握自主之權。伏乞裁奪,並示覆。箴叩。文。"(長沙陳撫臺來電,光緒二十四年六月十二日申刻發,戌刻到,《張之洞存各處來電》,戊戌第3冊,所藏檔號:甲182-136)又電稱:"奉真電,已遵飭妥爲保護。岳埠事尚未覆總署。應如何電覆,乞速示⋯⋯箴叩。寒。"(長沙陳撫臺來電,光緒二十四年六月十四日午刻發,酉刻到。出處同上)

[2] 光緒二十四年六月十九日巳刻發,《張之洞全集》,第9冊,第336頁。同日,張之洞發電陳寶箴,將原電告知。(光緒二十四年六月十九日巳刻發,《張之洞電稿乙編》,第56冊,所藏檔號:甲182-72)陳寶箴收到該電後,於六月二十日發電總理衙門:"岳埠事,鄂督商以明年二月開辦,謹當預爲勘酌。惟岳州係我自開口岸,似宜先由鈞署奏請示期,不由沙案爲脅所致,庶以後辦理,可全握自主之權。以此電商鄂督,已不牽沙案。惟鹽道黃遵憲既去,關道殊難其人耳⋯⋯寶箴叩。哿。"(光緒二十四年六月二十一日收到,總理衙門清檔《收發電》,01-38-016-02-0148)

七、光緒二十四年康有爲香港談話、來信及"密詔"在上海發表與張之洞等人對此的反應

戊戌政變時,康有爲恰從天津塘沽南下上海,後爲英人所救,英派艦護送其往香港。光緒二十四年八月二十一日(1898年10月6日)晚,康有爲接受香港最大的英文報紙《德臣報》(China Mail)記者的采訪。康在采訪中對慈禧太后大加攻擊,稱光緒帝已認識到慈禧太后不是他真正的母親,又稱光緒帝對其如何信任,頒給密詔,讓他去英國求救,恢復光緒帝的權力。儘管康可以自以爲是地認爲他在利用媒體向英國政府求救,但這些內容不屬實的談話,恰恰向慈禧太后證明了光緒帝仇恨慈禧太后,且不惜利用英國以能讓慈禧太后下臺。次日,《德臣報》以英文公布了康的談話。九月初一日(10月15日)上海《字林西報週刊》(North China Herald)轉載了該英文報導,並加了相關的消息。[1] 九月初三日,《字林西報週刊》再以英文刊出康有爲提供的兩道"密詔"之大意。上海的《申報》與天津的《國聞報》亦有相關的報導。[2] 九月初五日(10月19日),上海《新聞報》更是以中文刊出了康有爲的香港來信及兩道"密詔",康的來信稱:

---

[1] 該報導的中文譯本見《叢刊·戊戌變法》,第3冊,第499—513頁。內稱:"爲我們作翻譯的紳士,一位有名的買辦……"康有爲恰於當天從香港中環警署搬到了怡和洋行買辦何東的家中,在采訪時擔任翻譯者,似爲何東本人。

[2] 九月初二日,上海《申報》以中文發表了其中的主要內容。儘管《申報》予以聲明"以上乃由西報摘譯,其中所有干及皇太后之語,概節而不登",但任何一個人都能看出光緒帝向康有爲表白了其對慈禧太后的不滿。初七、初八兩日,天津《國聞報》也簡短報導了康有爲談話的內容。該報並加章節附注說明:"以上康主事之言,洋洋數萬字,本報不能盡述,只擇其要譯出。倉猝之間,言詞不無詰曲,未暇修削。想閱者必能共諒也。"二十二日,《國聞報》再刊《德臣報》報導中康有爲覲見時與光緒帝之交談言論。

善長大人足下：天禍中國，降此奇變，呂、武臨朝，八月初五日遂有幽廢之事。天地反覆，日月失明，天下人民，同心共憤。皇上英明神武，奮發自强，一切新法，次第舉行。凡我臣庶，額手懽躍。僞臨朝貪淫昏亂，忌皇上之明斷，彼將不得肆其昏淫，而一二守舊奸臣復環跪泣訴，請其復出以革懷塔布之故，此事皆榮與懷贊成之者。天地晦冥，竟致幽廢。僞詔徵醫，勢將下毒，今實存亡未卜。此誠人神之所共憤，天地之所不容者也。僞臨朝毒我顯后，鴆我毅后，憂憤而死我穆宗。今又幽廢我皇上，罪大惡極，莫過於此。僕與林、楊、譚、劉四君同受衣帶之詔，無徐敬業之力，只能效申包胥之哭。今將密詔寫出呈上，乞登之報中，布告天下中文報不能登，則西文報亦可。皇上上繼文宗，帝者之義，以嫡母爲母，不以庶母爲母。僞臨朝在同治則爲生母，在皇上則先帝之遺妾耳。春秋之意，文姜淫亂，不與莊公之念母。生母尚不與念，況以昏亂之宫妾而廢神明之天子哉！若更能將此義登之報中中西文皆可，遍告天下，則燕雲十六州未必遂無一壯士也。專候近安。弟某叩首。

同時刊出者，還有經康有爲改竄或自擬的兩道"密詔"，稱："今朕位幾不保，汝可與楊鋭、劉光第、譚嗣同、林旭諸同志妥速密籌，設法相救"；"期愛惜身體，善自調攝，將來更效馳驅"。[1] 此時，慈禧太后已有廢光緒帝再立之心，劉坤一等大臣爲保全光緒帝正竭盡心力，若康有爲談話、來信及"密詔"的内容爲慈禧太后所知，將會有大不測。

最初向張之洞報告此事的是在上海的趙鳳昌，於九月初一日發電：

督憲：京洋報：法使逼總署索四川餘匪，釋放教士，否則即由廣西進兵；及各公使照會，康案不得株連云。今日，字林刻康八月初一、二日兩奉硃諭，令出京籌保護聖躬等語。坦稟。東。[2]

---

[1] 《新聞報》，光緒二十四年九月初五日，《國事駭聞二十六志》。"顯后"，慈安太后（東太后）；"毅后"，同治帝皇后。關於康有爲"密詔"的研究，可參見黃彰健：《康有爲衣帶詔辨僞》，《戊戌變法史研究》，上海書店出版社，2007年，下册，第528-562頁；湯志鈞：《關於光緒"密詔"諸問題》，《乘桴新獲——從戊戌到辛亥》，江蘇古籍出版社，1990年，第39-56頁。其中湯志鈞完整引用了《新聞報》所刊康有爲發布的兩道密詔。

[2] 上海，光緒二十四年九月初一日亥刻發，初二日午刻到，《張之洞存來往電稿原件》，第14函，所藏檔號：甲182-385。"坦"，趙鳳昌。

趙鳳昌所報"京洋報"的消息，多有不確，而《字林西報週刊》關於"密詔"的內容很可能得自在該報任職的曾磐，然僅是短短一語，張之洞尚難以了解問題的嚴重性。九月初三日，趙鳳昌再發電：

> 督憲：京洋電：已選定慶王之孫、藍公之子十三歲，聞俟太后萬壽，嗣統。日公使前數日照會總署，如廢立，必竭力阻止。慶、禮兩邸即奏太后，故近日懿旨一切從寬云。另聞蔭桓賜死，尚不確。坦稟。江。[1]

趙鳳昌的這一繼位消息更不準確，慶王與藍（瀾）公並無關係，但由此可見光緒帝帝位不穩。當張之洞從《新聞報》看到康有爲的來信及所提供的"密詔"時，大爲震怒，於九月初十日（10月24日）發電兩江總督劉坤一、上海道蔡鈞：

> ……此報流傳，爲害甚烈。望飛速電囑上海道，速與該報館並領事切商，告以康有爲斷非端正忠愛之人，囑其萬勿再爲傳播，並將此報迅速設法更正。該報館秉筆係華人，當亦念食毛踐土之恩。即開報館之洋人，既望中國自強，亦必願中國安靜無事。倘謠言遠播，匪徒蜂起，中國大亂，即西人西商亦不得安居樂業，領事必能領會此理。至如何設法婉商更正，統望卓裁。大局安危所關，千萬盼禱。[2]

張之洞此電，以儒學的君臣大義立論，以西人的通商利益相勸，但對租界內的新聞自由似缺乏感受，也缺少干預的手段。劉坤一對此於十一日回電，同意張之洞的看法：

> ……此等誣衊君后之詞，豈宜登報傳播，揆之泰西報律，例禁亦甚嚴明。已飭滬道趕速會商該國領事、該報館主，設法更正，嗣後並不得再爲傳播。如果不允，即由道飭屬曉諭商民，不准閱看該報，郵

---

[1] 上海，光緒二十四年九月初三日酉刻發，亥刻到，《張之洞存來往電稿原件》，第14函，所藏檔號：甲182-385。

[2] 《張之洞全集》，第9冊，第349—350頁；張之洞親筆原件見《張文襄公電稿墨迹》，第2函第10冊，所藏檔號：甲182-219。

局、信局如代遞送，一並罰懲。[1]

劉坤一雖提出了西方報業之法律，但不適用於上海，無從采取法律行動；劉對此又提出兩策，即勸告商民不看該報，不准郵局、信局代送，這是中國官府可以采取的行政手段。但勸告商民不看，實際效果會很差，甚至是相反。上海道蔡鈞於十二日回電：

> 武昌督憲鈞鑒：蒸電敬悉。康有爲逆函登報，無非欲搖動大局，遂彼逆謀，神人共憤。日內正在商請英領事，知照該館洋人斐禮思，以後勿得再登亂説。奉憲電，尤徵遠慮，遵即照會英領事，並婉商斐禮思，設法更正。如何情形，俟英領事晤覆後，再行電稟。倘有齟齬，惟有禁止内地郵、信兩局，不准遞送該報，以遏邪説而示懲罰。鈞。[2]

蔡鈞的覆電，表明他將與英國領事商辦，並稱英人報主若不從命，將禁止内地郵局、信局代送，他沒有提出勸告中國商人不看此報。九月十八日，蔡鈞又發電：

> 武昌督憲鈞鑒：《新聞報》登逆函，遵諭會商查禁。頃英領照覆：早因有人指議該報，即已將館主飭懲，兹又傳案諭飭。今日該報登《讀〈勸善歌〉書後》一則，已切實頌揚聖德。惟仍未將逆函駁斥更正認錯。現又照覆，務令照辦，違則封禁究懲。謹聞。鈞。巧。[3]

---

[1] 《張之洞全集》，第 9 册，第 350 頁。劉在致林穎眉信中更明確表示態度："頃奉惠書並《新聞報》一紙，具見關懷大局，義正詞嚴。此報早經寓目，當飭蔡道照會英領事嚴行查禁，並將前報更正；該領事亦以爲然，可見公道自在人心。該犯用心至毒，爲計至愚，此等詆譏之辭，徒自彰其背叛之罪，不啻自畫供招也。西報每謂康黨止圖變法，並無逆謀，今有此書，正成確證。若因《新聞報》妄綴議論，遂與中報一律查禁銷售，轉不足以釋外人之疑，非徒鹿滋紛紜也。"(《劉坤一遺集》，第 5 册，第 2230 頁) 由此可見，劉坤一不同意查禁該報，以免引起糾紛。九月二十四日，《申報》刊《息邪説論》，對康的説法予以駁斥；該文在《申報》初刊時未署名，僅稱 "來稿照登未畢"，葉德輝輯入《覺迷要錄》時，改題爲《江督劉息邪説論》，即是稱該文由劉坤一所作。(《覺迷要錄》，錄三，第 1—3 頁)

[2] 上海蔡道來電，光緒二十四年九月十二日申刻發，十三日子刻到，《張之洞存各處來電》，戊戌第 7 册，所藏檔號：甲 182－137。

[3] 上海道臺來電，光緒二十四年九月十八日亥刻發，十九日子刻到，《張之洞存各處來電》，戊戌第 8 册，所藏檔號：甲 182－137。《勸善歌》，端方在戊戌政變後所作的通俗唱詞，歌頌清朝與慈禧太后的功德。

《新聞報》登一則《讀〈勸善歌〉書後》便算了事，這很可能是蔡鈞與《新聞報》英人報主商議互相妥協的結果。

此時，張之洞的大幕僚梁鼎芬已到達上海，他於九月十三日（10月27日）發電張之洞：

> 督憲：《新聞報》刻康逆書，憤極。今作書痛駁，明刻《申報》。公意許否？尚有文數篇續刻。歸少遲，院課稍曠，希鑒。並告雪城。芬。文。

梁鼎芬已按捺不住性子，作文與康對抗，其文即是《駁叛犯康有爲逆書》，刊於九月十三日的《申報》。梁還稱其"尚有文數篇續刻"，並表示爲此將會晚一點回武昌。梁鼎芬此電由趙鳳昌代發，趙在其後的附電稱：

> 真電悉。星海疊晤。康函並投洋報館，請登報。滬人共憤，不致爲惑。英領事今亦知其志在煽亂，允即令《新聞報》館不再刻康信。聞日本人亦因此疾之。初，英、日人多是康，逮此函出，而共非之。實其自暴逆迹……坦。元。[1]

趙鳳昌此論自是順著張之洞的思維邏輯而伸展，非爲英、日兩國人士的真實看法。由於此期張之洞與趙鳳昌、梁鼎芬之間的電報保存不全，以下的敍述，中間亦有不少遺漏之處，也請讀者予以注意。九月十五日（10月29日），張之洞發電：

> 急。上海趙竹君轉梁太史：密。咸兩電悉。小田可見。尊文刻何報，何日可讀，大意先見示。《昌言》挂洋牌，妥否？近滬上見聞祈示。焦山想尚未到。旅費、電費各一百，已交百川匯。電本十七日寄。純事無所聞。迂。翰。（此用司馬別號）[2]

---

[1] 上海，光緒二十四年九月十三日午刻發，戌刻到，《張之洞存來往電稿原件》，第14函，所藏檔號：甲182-385。"院課"，似指兩湖書院授課。"雪城"，王秉恩。"文"是十二日的代日，該電於次日由趙鳳昌發出。張之洞的"真電"未見。又，梁鼎芬另附電梁敦教："典午：送八旗會館在藩臺。邊公九日酉逝，可痛。芬。""于藩臺"，新任雲南布政使于蔭霖，此時赴任經武昌，因病停留。"邊公"，前閩浙總督邊寶泉。

[2] 光緒二十四年九月十五日亥刻發，《張之洞電稿》光緒二十四年九至十月，館藏檔號：甲182-455。"純"，指楊銳，"純事無所聞"，指張沒有關於楊銳的新消息。又，司馬光別號"迂叟"。

"咸",十五日的代日,梁鼎芬有兩電給張之洞,皆未見。"小田",日本駐上海代理總領事小田切萬壽之助,張之洞命梁鼎芬與其接觸。"尊文",似指梁《駁叛犯康有爲逆書》之外的批康文章。"焦山",鎮江城外之山,梁鼎芬過去曾長時間住在焦山的寺廟中,此時亦短期返回焦山。[1] 九月十七日(10月31日),張之洞又發電:

> 急。上海趙竹君轉梁太史:小田切想已見,所言何事?先電示大略。想勸練兵耳?他項緊要見聞祈示。雅。洽。[2]

"勸練兵",即當時日本提議的中日陸軍合作,由日本軍官訓練清朝陸軍。九月二十三日(11月6日),張之洞又發電:

> 上海趙竹君轉梁:急。漾電悉。于病癒十之八,已不告,即赴滇,本擬月底行,專待公回一晤。程雨亭亦到。請速回。尊文已讀,敬佩。以後文字,務望回鄂商酌再刊。小田須一晤。盼即覆。迂。漾。[3]

"漾",二十三日的代日,梁鼎芬該電未見。"尊文",似指梁《駁叛犯康有爲逆書》,張之洞要求梁其他駁康文章"商酌再刊",以免在文字上出差錯。他深知這一位幕友的清流本性,很可能犯起真性情,而在此政治微妙時刻,稍有不慎就有可能引出麻煩。九月二十六日(11月9日),張之洞再發電:

---

[1] 梁有一電給張之洞:"督署:安到,今返滬。請轉于:病癒未?赴滇抑在鄂?告,或往湘?念及。敷。漾。"(鎮江,梁太史。光緒二十四年九月二十三日酉刻發,亥刻到,《張之洞存來往電稿原件》,第14函,所藏檔號:甲182-385)"于",于蔭霖。"告",似爲告假之意。又,劉禺生稱:"戊戌前,張之洞由鄂省移督兩江,遊焦山,題長歌於松寥閣,頗有感慨時局,左袒維新諸賢之意。寺僧精裝懸壁。政變事起,節庵先生乘小兵輪由漢星夜抵焦,問寺僧張督題詩尚存否?寺僧出軸曰:不敢損壞。梁曰:張督欲再題跋於後,題好還汝。攜卷歸,裂而焚之。廣雅集中無此詩,夏口李逮聞居焦山,曾抄得。"(《世載堂雜憶》,第53—54頁)張之洞若有詩,當是光緒二十年至二十一年署理兩江任上之時,並於光緒二十一年九月見過康有爲。梁鼎芬此次去焦山,時間甚短,不知是否與此有關。

[2] 《張之洞電稿》光緒二十四年九至十月,九月十七日辰刻發。館藏檔號:甲182-455。該電原稿還删去一段:"電費、旅費皕到否?焦山已到否?如無費,先托趙電。"可見張對梁的關心。"皕",兩百,指銀200兩。

[3] 光緒二十四年九月二十三日亥刻發,《張文襄公電稿墨迹》,第2函第10册,所藏檔號:甲182-219。"于",于蔭霖。"程雨亭",程儀洛,江蘇候補道,此時由張之洞奏調主持漢口商務局。

上海趙竹君轉梁：急。兩長函悉，忠悃可敬。但文出一手，不宜太密，似宜隔數日，太密則人疑爲有心飾説。勸許筠庵言新法，極好，不知許肯暢言否。中西合璧報甚好，不易辦。損函未見。初十日見康逆書，即刻急電南洋及滬道，力言此書悖逆煽亂，宜速告報館阻止傳播，並令設法更正，不遵則禁華人看其報。劉、蔡均覆允，云該報館允以後不妄刻。因作《〈勸善歌〉書後》一篇，極力頌美東朝，以補前失，不知以後何如。冰。宥。[1]

梁鼎芬的"兩長函"，"張之洞檔案"中不存，未見。張之洞仍勸梁鼎芬發表文字需謹慎。爲了勸梁儘早返回，時在武昌的于蔭霖亦發一電。[2] 九月二十七日（11月10日），梁鼎芬發電張之洞：

　　督署：今晤田，言彼大臣有函，令面交，十月來。又勸本國電京使，告譯署，勿止鄂觀操，已許，敷慮譯後有疑謗。封河，俄兵來極多，日、英必干預，曙秦哥島上岸。逆事已允刻拙文，又允代列逆罪告本國，公許否？可行，速覆，詳示文字辦法。于行急電悉，此事更急，懇留數日。許將到，不待。《勸學書後》昨刻。敷。宥。[3]

"田"，小田切萬壽之助；"彼大臣"，似指日本外務大臣青木周藏；"十月

――――――――――

[1] 光緒二十四年九月二十六日亥刻發，《張之洞電稿》光緒二十四年九至十月，館藏檔號：甲182-455；抄件又見《張之洞電稿》甲編，第13函第62册，所藏檔號：甲182-47。"損"，喬樹楠，字損庵。"東朝"，慈禧太后。"不知許肯暢言否"一句，原電稿中由"許恐不敢，如渠允，稍緩亦可，隨時……"改。"許筠庵"，新任閩浙總督許應騤，前任禮部尚書，因阻撓該部主事王照上奏事，於光緒二十四年七月被罷免。從電文中可見，梁鼎芬有意勸許應騤上奏"言新法"，而張之洞認爲許"不敢"，即便有言也未必"肯暢言"。

[2] "上海趙竹君交梁太史：敬電悉。實勉强前行，中途能支否，尚不定。是以不克赴寧。請速來。薩。宥。"（光緒二十四年九月二十六日未刻發，《張之洞電稿》光緒二十四年九至十月，館藏檔號：甲182-455）

[3] 上海，光緒二十四年九月二十七日酉刻發，戌刻到，《張之洞存來往電稿原件》，第14函，所藏檔號：甲182-385。"又勸本國電京使，告譯署，勿止鄂觀操，已許，敷慮譯後有疑謗"一段，其意爲：又勸日本政府發電其駐北京公使，告訴總理衙門，不要阻止湖北派軍官觀看日本的陸軍演習，小田切已同意，但梁擔心總理衙門此後會有疑謗。"敷"，梁鼎芬，"譯"，總理衙門。總理衙門有意阻止湖北派員前往日本觀操，張之洞要求日方出面干預。"曙秦哥島"，原文如此，不明其地所在，但可見英、日對俄國的擴張不滿。"許將到"，似指新任閩浙總督許應騤將到上海。

來",指小田切將于十月赴武昌,此似由梁鼎芬代致邀請者,張之洞有意與小田切做交易。"逆事已允刻拙文",指日本政府同意在日本報刊上刊出梁鼎芬駁康有爲的文章,"又允代列逆罪告本國",指小田切同意由梁列出康有爲罪狀而轉交日本政府。梁鼎芬爲此請示辦法,並認爲其收穫重大,比與于蔭霖相見之事更急,還須在上海逗留數日。《勸學書後》,即《讀南皮張制軍〈勸學篇〉書後》,刊於《申報》九月二十六日。[1] 十月初一日(11月14日),張之洞發電梁鼎芬:

> 急。上海趙竹君轉梁:四函、宥電、卅電均悉。清恙未愈,念甚。小田列康罪告本國,極好,可贊成之。《〈勸學〉書後》已讀,日報《書會章疏後》必係大作。山海往返,跋涉重□,感佩萬分。餘文尚未見。《駁康書》極好,挽救人心時局,爲功不小。鄙意非謂不當作,因來示以後文字甚多,恐有須商酌處,且一手不宜屢見,故云回鄂再寄,非欲沮止也。于次公極欲行,本擬於初四日開船,僕強留之。盼速回,並電覆。百二係初二赴金陵。卅。[2]

從此電可見,梁鼎芬有多信多電給張之洞。張也同意梁開列康有爲罪狀給小田切,以告日本政府。梁此後即返回武昌。至於梁此期在上海所作"尚有文數篇續刻","張之洞檔案"中未見記載,我個人以爲,在九月十八日《申報》中刊出的署名"穗石閑人"《讀梁節庵太史駁叛犯康有爲逆書書後》、九月二十五日《申報》中刊出署名"香山徐可大"《記逆犯康有

---

[1] 張之洞的幕僚陳慶年在光緒二十四年九月初二日記稱:"梁節庵以字見邀,云有事要商。及去,朱強甫、陳叔伊均在,乃南皮師囑將《勸學篇》中暗攻康、梁者一一檢注,令我三人分任之。歸後,檢書爲之。"(《戊戌己亥見聞錄》,《近代史資料》總81號,第122頁)由此可見,此文是梁鼎芬去上海之前根據張之洞的指令而準備的,其目的是説明張之洞一派與康有爲的旨趣區别。相在的背景,可參見本書導論第三節。

[2] 光緒二十四年十月初一日寅刻發,《張之洞電稿》光緒二十四年九至十月,館藏檔號:甲182-455。趙鳳昌於九月三十日有一電給張之洞:"……梁候覆電再回鄂,祈示。"(上海,光緒二十四年九月三十日申刻發,亥刻到,《張之洞存來往電稿原件》,第14函,所藏檔號:甲182-385)又,《書會章疏後》一文,未見。會章,宗室,理藩院右侍郎,光緒二十四年八月二十二日上奏,請褒忠正不阿之漢員摺,請褒獎張之洞、王先謙片,稱言"近日外間浮言,頗有以誅戮皆屬漢人,遂疑朝廷有内滿外漢之意"。次日下旨。(參見《軍機處錄副·光緒朝》,03-168-9457-72、03-168-9457-73,軍機處《隨手檔》光緒二十四年八月二十二、二十三日,中國第一歷史檔案館藏;《光緒宣統兩朝上諭檔》,第24册,第449頁;並參見《覺迷要錄》,錄一,第24—25頁)

爲緣起》,或有可能是梁在上海所作。[1]

光緒二十四年十月,日本駐上海代理總領事小田切萬壽之助來到武昌,先後與張之洞有過五次會談。在此期間,他發電給日本外相青木周藏:

張之洞要求我秘密報告日本政府:康有爲及其同黨在日逗留,不僅傷害了兩國業已存在的友好情誼,而且也妨礙他實施諸如由日本軍事顧問訓練軍隊的計畫,由此應將他們逐出日本。[2]

張之洞提到了日方所期盼的中日兩國軍事合作,條件是將康有爲等人逐出日本。而小田切回到上海後,在給外務次官都築馨六的報告中稱:

……關於總督因康有爲、梁啓超、王照等滯留於本邦而與本邦士人交遊,此有礙兩國邦交,且有妨害自己計畫之虞,因此,希望帝國政府速將其送出國境一事,前回既已稟明。蓋總督對康黨之意見與政府內部之意見大不相同,于總督只是希望將康黨等送出國境,而政府內部則請求將彼等引渡,或者有殺害彼等之希望。由此總督意見及著眼點容易得知。總督曾送卑職一書,並囑托將其登載於本邦報紙,此乃其命兩湖書院山長梁鼎芬將總督收到的電報及自己的見聞編纂而成(即附件甲號)。其意蓋在於描述康之人物及其所爲,使本邦人士不信其言語舉動也。其文辭之間雖亦不免有鞭死尸貶生者而大爲過甚者,然卑職聞所未聞之事亦有不少(第二十九項即如是也。總督云,伊藤侯亦未必知悉此事)。閱覽後,若無不便時,望不注明其出處,將其登載

---

[1] 除此之外,還需注意的有:《申報》光緒二十四年九月十七日《再論康有爲大逆不道事》、九月三十日刊出以"京友來函"名義的《縷記保國會逆迹》,十月初一日刊出《慎防逆黨煽惑海外華人說》,亦有可能是梁的手筆。

[2] 1898年12月2日(光緒二十四年十月十九日)下午9時30分漢口發,3日晚12時30分收到,青木外相於6日覆電:"你可以答覆張之洞:帝國政府甚不願爲康有爲及其黨人提供政治避難,由於國際慣例,也不可能違背其意願將其遣送出境;但將盡一切努力以達此目的……"(鄭匡民、茅海建編選、翻譯:《日本政府關於戊戌變法的外交檔案選譯》(二),《近代史資料》第113期,中國社會科學出版社,2006年,第63頁)光緒二十四年十一月初七日,張之洞亦向清廷報告了他與小田切商議驅逐康有爲出日本的情況。(《張之洞全集》,第4冊,第475頁)

於報紙之上。

張之洞交給小田切的"附件甲號",即是由梁鼎芬撰寫、署名"大清光緒二十四年十月中國士民公啓"的《康有爲事實》,共列康有爲罪行32條。都築次官同意登載。[1] 此即梁鼎芬與小田切在上海商議的"代列逆罪告本國"。

從上述過程可見,康有爲的香港談話、來信及"密詔"在上海發表後,張之洞的態度有了很大的變化。他原先僅是視康爲政治上敵手,尚未真正出手予以直接打擊;從此時起,他將康當作清朝最大的禍患,開始采用極端手段。他本是鎮守一方的疆吏,逃亡在外的康有爲並非其應治應管之事,但他卻主動出擊,再三再四地要求日本政府對康、梁一派采取行動。這成爲張之洞此期對日外交的基本政策之一。此後,他還利用各種機會來壓制康有爲一派在海外各地的活動。光緒二十四年十二月十三日(1899年1月24日),張之洞的親信幕僚錢恂從上海發電張之洞:

> 武昌督憲:念遵真電,與小田談:……又密言,彼政府得星海所臚康罪,益恍然,設法令去,已有成議。不出數禮拜,與梁、王同往去美。小田望日去金陵,恂與同舟,可多半日談。恂稟。元。[2]

錢恂或小田切的説法,自是順着張之洞的思維邏輯而伸展,日本政府"禮送"康有爲出境,是考慮與清朝的關係及與張之洞的軍事合作,非爲看到了梁鼎芬的《康有爲事實》而"恍然"。

---

[1]《日本政府關於戊戌變法的外交檔案選譯》(二),《近代史資料》第113期,第66—83頁。
[2] 上海錢守來電,光緒二十四年十二月十三日亥刻發,亥刻到,《張之洞存各處來電》,戊戌第13册,所藏檔號:甲182-138。字下加點者,許同莘編《張文襄公全集》時删去。"梁",梁啓超。"王",王照。此一情報並不準確,梁啓超、王照並未去美國。在此之前,張之洞給錢恂一電:"須與小田切詢商者數事:……小田在鄂面告,日本政府有覆電,已允設法諷令康赴美,此時不知已行否,能催詢之否,梁、王諸人亦有去志否?"(《張之洞全集》,第9册,第364頁)又,此後未久,張之洞的密探巢鳳剛發電:"十七入都,探得胡侍郎被張翼密參撤差……又,佛於十六七召見溥字輩幼童十餘人。謹此密聞。岡稟。養。"(天津巢委員來電,光緒二十四年十二月二十三日巳時發,申時到,《張之洞存各處來電》,戊戌第14册,所藏檔號:甲182-138)"佛",慈禧太后。"召見溥字輩幼童"是光緒帝帝位不穩的迹象。

八、光緒二十六、七年策反邱菽園

邱菽園(1874—1941)，名煒萲，字菽娛，號菽園，福建省漳州府海澄縣(今屬龍海市)人，以號行。其父邱篤信經商南洋，成爲新加坡巨賈。邱菽園出生于海澄原藉，後隨父母居於澳門、新加坡等處。光緒十年(1884)回海澄原籍，應童子試，光緒二十年(1894)中舉人，次年進京參加會試。恰此年康有爲等人發起的聯省公車上書之事，給他留下深刻的印象。此後他再未參加科舉，捐内閣中書銜。光緒二十二年，他移居香港，後因其父去世而去新加坡，主持家業。

邱菽園到了新加坡之後，於光緒二十四年四月初七日(1898年5月26日)創辦了《天南新報》，鼓吹維新事業。次年三月，他又與林文慶合創新加坡華人女校。光緒二十六年正月初三日(1900年2月2日)，邱菽園迎康有爲來新加坡，並任保皇會新加坡分會會長，重金資助康有爲，以推動勤王起事。光緒二十七年七月三十日(1901年9月12日)，邱在《天南新報》發表啓事，宣布辭去該報"總理之席"。九月十一日(10月22日)，邱又在該報上發表《論康有爲》一文，表示與康決裂。邱菽園的這一變向，顯得十分突然，而論者又有發現，此後《天南新報》論旨雖因邱的離去而有變化，但邱與康有爲的關係並未中斷，仍有牽連。

關於邱菽園與《天南新報》、康有爲及其勤王(自立軍)起事的關係，已有許多頗有研究深度的論著。然而，邱菽園爲何在自立軍失敗後與康有爲分手，史家的説明大多稱邱菽園對康有爲的私德不滿，但僅此解釋，似未能完整詳盡；然而"張之洞檔案"涉及於此的材料甚多，由此可知，張之洞對邱進行了深入的策反工作，這可能是促邱轉向的重要原因之一

（甚至可能是主要原因）。[1]

張之洞的策動與通緝 張之洞最先注意到邱菽園，很可能是在光緒二十六年初。他於二月初七日（1900年3月7日）在給江漢關道的札文中，禁止武昌、漢口發賣康有爲、梁啓超一派所辦的報紙：

> ……查康、梁二逆在南洋造爲《天南新報》，在日本造爲《清議報》，該逆恃其遠在海外，且因洋人不知中國情事，莫能辨其虛實，得以欺朦洋人，任意誣捏，以掩其凶逆之罪……此二報傳入中國，各報館中……亦間有不明事理者，不免以訛傳訛，互相采錄，甚至托名京城西友來電，而京城各國使館並無所聞；托名某處訪事人來信，而本省並無其事……[2]

這是張之洞在公文中第一次提到《天南新報》，但他此時對該報總理邱菽園本人可能還不甚了解。是年七月二十八日（8月22日），張之洞在漢口破獲自立軍起義總機關，唐才常、林圭等人被捕被殺。在此之前，七月十八日（8月12日），湖南清軍在湖北嘉魚縣捕獲參與自立軍活動的

---

[1] 相關的研究，論文部分可見楊承祖：《丘菽園研究》，《南洋大學學報》（新加坡）1969年第3期；王慷鼎：《〈天南新報〉史實探源》，《亞洲文化》（新加坡）第16期，1992年6月；湯志鈞：《自立軍起義前後的孫、康關係及其他——新加坡丘菽園家藏資料評析》，《近代史研究》1992年第2期，《丘菽園與康有爲》，《近代史研究》2000年第3期，《自立軍起義的一份原始材料——丘菽園家藏康有爲等信件評析》，《中華文史論叢》，2012年第3期；趙令揚：《辛亥革命期間海外中國知識分子對中國革命的看法——梅光達、丘菽園與康梁的關係》，《近代史研究》1992年第2期；段雲章：《戊戌維新的"天南"反響：以新加坡天南新報和邱菽園爲中心》，《近代史研究》1998年第5期；余定邦：《邱菽園、林文慶在新加坡的早期興學活動》，《東南亞縱橫》2003年第6期；關曉紅：《陶模與清末新政》，《歷史研究》2003年第6期。涉及于此的著作有顏清湟著、李恩涵譯：《星馬華人與辛亥革命》，聯經出版事業公司（臺北），1982年，第二章；桑兵：《清末新知識界的社團與活動》，生活·讀書·新知三聯書店，1995年，第一、二、五章；《庚子勤王與晚清政局》第七章。其中，關曉紅2003年論文已經論及張之洞的追查與陶模有意護邱，已是相當深入；本節爲各位先進的論著作資料之補充與論說之補證。"邱"、"丘"本清初避諱而分，邱菽園在民國之後自其姓爲"丘"，然在清代的官方文獻上爲"邱"，本節亦用"邱"字。本節引用邱菽園在《天南新報》上的文字，轉錄自王慷鼎、湯志鈞的論文，並參考顏清湟的著作。

[2]《札江漢關道查禁悖逆報章》光緒二十六年二月初七日，《張之洞全集》，第6册，第309—310頁。"訪事人"，記者。又，光緒二十六年十月十一日，張之洞給劉坤一的電報中再次提到《天南新報》："上海各報多嚨雜，惟《蘇報》尤爲猖獗，查係常州舉人陳叔疇開，並自主筆，未挂名洋商，向來附和康黨，專發悖逆議論。捏造謡言，詆訐朝廷，專采康黨《清議報》及黨《天南新報》之説。述及慈聖，輒斥爲那拉，肆口毒罵……"（《張之洞電稿乙編》，第69册，所藏檔號：甲182-75）

會黨首領蔣幗才,在抄獲的文書中,邱菽園列名爲"正龍頭"。[1] 在此之後,唐才常之弟唐才中於八月在湖南瀏陽被捕,供認邱菽園是自立軍起事的主要資金資助人。[2]

張之洞得知邱菽園資助康有爲的消息後,決心去做邱的工作,以斷絕康有爲一派的資金來源。九月十二日(11月3日),他發電清朝駐英國公使羅豐祿,要求派新加坡總領事對邱開導勸諭。"張之洞檔案"有該電的底稿,張之洞親筆改動甚多,在此録之,下加重點號者爲張的親筆:

> 湖北省破獲富有票逆匪唐才常一案,供出係康有爲主使,擾亂沿江沿海地方,搜出匪單内列邱菽園爲正龍頭。湖南省緝獲唐才常弟唐才中,供稱邱菽園寄居新嘉坡,康有爲常寓其家,唐才常與康信札即交邱轉寄,此次滋事邱曾捐洋五六萬元等語。查邱菽園係福建舉人,在新嘉坡經商,家道殷實,何致甘心附逆,自覆宗邦。必因在外年久,不知中國實在情形,誤信康黨造謠捏誣之詞,以爲康黨真爲保中國、保皇上起見,是以慨助貲財。豈知康黨此次作亂,實係勾結會匪,妄覬非常,攪壞東南商務大局。其往來逆信中,于皇上蒙塵西幸,目爲西竄,有"此時此機萬不可失"等語。搜出洋文規條,有"指定東南各省爲自立之國,不認滿洲爲國家"之語。各國領事人人共見。搜出康有爲密札,又有"欲圖自立,必先自借尊皇權始"之語,"借"字可惡,明説是借保皇爲名,以作亂矣。悖逆詐僞,何嘗絲毫有爲皇上、爲中國之心。今詐謀敗露,逆迹昭彰,中外皆知。現又在廣東惠州作亂,供出確係康黨。諒邱菽園亦有所聞。務望臺端迅飭新嘉坡理事官,立傳邱菽園,告以康黨之狡詐欺人,剴切開導曉諭,萬勿爲其所愚。若以好義之心,反誤爲助逆之事,殊爲可惜。並令理事官轉告諸華商,嗣後勿再容留康黨,接濟鉅資,擾亂中國,至要

---

[1] 《岳州鎮呈報匪情諮》光緒二十六年八月初一日,《自立會史料》,第117—125頁。
[2] 《俞廉三奏報唐才常供詞二則》,《俞廉三奏拿獲富有票匪懲辦緣由摺》光緒二十六年閏八月二十一日,張篁溪輯:《戊戌政變後繼之富有票黨會》,《自立會史料》,第141—144、150—153、177—189頁。

至禱。餘另諮詳達。祈即電覆。洞。文。[1]

張之洞在由其幕僚起草的電文中，增改數量如此之大實爲少見，表明了他對此事的關注程度。電報雖是發給羅豐祿的，但電文的內容卻是要通過新加坡總領事轉給邱菽園看的。張之洞在電文中以儒家的"忠義"立言，指出康有爲以保皇爲名，行造反之實，要求邱菽園等人不再爲之提供資助。四天後，九月十六日（11月7日），張之洞再次發電羅豐祿：

> 致倫敦羅欽差：寒電悉，具仰公誼，感謝。邱聞勸諭，是否悔悟遵辦？確情如何？祈飭坡領事電覆，即賜電示。至盼。洞。諫。[2]

"寒"是十四日的代日，表明羅豐祿該日有電回復，從當時有線電報一站站接力的速度來看，羅似僅同意發電給駐新加坡總領事；而張之洞急欲知道邱菽園的態度，要求新加坡總領事直接發電給他。此時清朝駐新加坡總領事爲羅忠堯。[3] 九月二十日（11月11日），張之洞又發出致羅豐祿的兩件諮會，前一件的內容與九月十二日電報大體相同，再次要求派新加坡總領事對邱開導勸告；[4] 後一件請羅豐祿與英國外交部就相關事件進行交涉。[5] 然而，在"張之洞檔案"中，羅豐祿和羅忠堯的回

---

[1] 光緒二十六年九月十二日午刻發，《張之洞電稿》光緒二十六年九月上旬，所藏檔號：甲182-463。又參見《張之洞全集》，第10冊，第204頁。"理事官"即今領事官，《張之洞全集》作"領事官"，爲許同莘編《張文襄公全集》時改。又，"現又在廣東惠州作亂"，指孫中山領導的惠州起義，張之洞等人的情報稍有誤。再又，新加坡當時爲英國殖民地，清朝駐新加坡領事在具體事務上受命於清朝駐英公使。

[2] 光緒二十六年九月十六日子刻發，《張之洞電稿丙編》，第88冊，所藏檔號：甲182-97。

[3] 羅忠堯是羅豐祿之侄，曾就讀于船政學堂。邱菽園在《上粵督陶方帥書》中稱："羅君爲職夙友，己亥履任而還，花筵舞席，時共聽歌。此際位秩，縱判雲泥。而短衣怒馬挾彈少年之故人，詎便翻手不識。"（《清議報》，第80冊，《來稿雜文》）可見邱、羅兩人本是熟友。"己亥"，光緒二十五年（1899）。

[4] 張之洞在該諮文中稱："……諮請貴大臣照錄來文，札飭新嘉坡總領事官立傳邱菽園到案，剴切開導曉諭，俾曉然於康黨之狡詐欺人，勿再爲其所愚。若以好義之心反誤爲助逆之舉，擾亂中華，貽害桑梓，冒天下之不韙，爲公論所難容，想邱菽園斷不至始終執迷不悟若此也。"（《張之洞全集》，第6冊，第354頁）

[5] 《諮出使英國大臣切商英外部查禁匪黨》光緒二十六年九月二十日，《張之洞全集》，第6冊，第355頁。該諮會讓羅豐祿與英國外交大臣進行交涉，由英國政府下令在香港、新加坡等處總督，查禁康有爲一派的活動。其中還提到："其通曉文墨能到外洋各著匪姓名，一並黏單，諮請照會英外部轉飭南洋各埠暨駐華各口岸領事，于所在界內一體密查協捕……"不知這個名單中是否有邱菽園。

電或回文皆未見,此一勸説工作的具體情況與成效,還難以確定。十月初一日(11月22日),邱菽園在《天南新報》上刊出《閉門著書》的啓事,稱言:"弟近日謝絶人事,與林文慶博士每日相對,翻譯中國史記……藉以養痾。"由此看來,張之洞的工作似取得了一定的效果;從邱菽園後來的《上粤督陶方帥書》中又可知,羅忠堯命邱去領事館,而邱邀羅赴其寓樓,兩人並未相見。[1] 羅堅持邱須去領事館,自是張之洞電報、諮會中的要求,然邱在上書中大談唐才中等情事,可知羅已將張之洞的電報、諮會交示之。又從張之洞後來的情報來看,邱此時似未改變態度。[2]

由於自立軍的起事牽涉到海外華僑和留學生甚多,甚至還涉及到日本人,故張之洞一面諮會清朝駐日本公使李盛鐸,要求與日本政府進行交涉;[3] 一面撰寫《勸戒上海國會及出洋學生文》以及《兩湖自立會匪緊要情節示稿》、《著名匪徒單》,於九月十四日(11月5日)諮送清朝駐英、日本等國公使及沿海沿江各省督撫,要求廣爲張貼、散發。[4] 其中的《著名匪徒單》,今尚未見,張之洞稱之爲"將所有拿獲各匪供出在會逃逸最著名匪首通曉文墨、能到外洋者,摘刊一單",很可能與張篁溪所

---

[1] 邱菽園在《上粤督陶方帥書》中稱:"……漢口事起,鄂督張公電諮英倫使館,轉飭坡領事羅君,首舉才中供詞爲言,向職詰難。職覺波瀾太遠,有如天外飛來,又如一部十七史,不知從何處説起,甚欲詮述原委,而懇領事,托其代陳……乃自鄂電之來,蘭廉避面,欲語形慳。職嘗卑詞通使約會寓樓,而羅君必欲呼職使前,轅門聽命,職未知所以對也……用是引嫌未赴,羅君終不肯來……忽於是月晦夕,島人傳説,海澄邱族,已爲閩吏蕾捕,祖兆宗祠,毁焚始盡……"(見《菽園贅談》七卷本之附録,光緒二十七年刻。又見《清議報》,第80册,《來稿雜文》;《清議報全編》卷15)

[2] 此時康有爲給邱菽園的信中稱:"寄洞逆之電,《叻報》既登,公不可不一書與二羅以攻洞逆。"(轉引自湯志鈞:《自立軍起義的一份原始材料——丘菽園家藏康有爲等信件評析》,《中華文史論叢》2012年第3期。又,原信署日期爲"廿九",當爲九月二十九日)"寄洞逆之電",指康有爲給張之洞的電報。"二羅"指豐禄、羅忠堯。康有爲鼓動邱菽園與"二羅"抗争,似應聽説了羅忠堯奉命策反邱事。湯先生在該文中又稱,邱菽園後人所藏書札中"還有幾封斥責張之洞的信",説明此時康也正在加緊做邱的工作。

[3] 《諮出使日本國大臣請照會日本政府將甲斐靖按律治罪》、《諮出使日本國大臣請照會日本政府嚴禁匪人來華》光緒二十六年閏八月初六日,《張之洞全集》,第6册,第350—351頁。

[4] 《諮出使日本國大臣送勸戒國會文及示稿》光緒二十六年九月十四日,《張之洞全集》,第6册,第351—354頁。又,"張之洞檔案"中有《張之洞告示》抄件,稱:"……已將先後疊次查出、供出緊要各匪首姓名、籍貫,陸續開單分諮各省,一體嚴密懸賞查拿,務獲懲辦,以懲亂逆而安大局。"(所藏檔號:甲182-280)

錄湖北官方"通緝富有票各逸匪住姓名單"大體相似。而在後一個名單中，張篔溪稱言：

> 三、匪首蔣犪才荷包内搜獲會匪名單……正龍頭……邱菽園，廣東人，寄居新嘉坡，家資巨富，康有爲常寓其家，唐才常與康有爲信札即交邱菽園轉寄。唐才常之弟唐才中親筆供稱，唐才常此次滋事，邱菽園曾捐洋五六萬元等語。[1]

據此，邱菽園是湖北官方通緝的罪犯。張之洞對於他的這些做法，也事先向朝廷報告，作了具體說明。[2]

張之洞的情報與陶模的策動　光緒二十七年二月初二日（1901年3月21日），湖廣總督張之洞給新任兩廣總督陶模發去一電，通報情況：

> 廣州陶制臺：密。頃有人接新加坡密函云，臘月底，有多人由上海、香港來叻，多湘楚籍，分寓邱、林各處。邱由緬甸、暹羅籌多貲，遣人結粤匪，勢甚皇急等語。查邱即邱菽園，林名文慶，皆閩人之在新加坡者，與康有爲往來詭秘。此信確否未知。既有所聞，祈密查嚴防。洞。冬。[3]

陶模是張之洞于同治六年（丁卯科，1867）任浙江鄉試副考官時所拔之才，名分上屬師生，兩人歷來私交甚密，"張之洞檔案"中所藏來往電報亦多。在這份電報中，張之洞稱其收到了來自新加坡的情報，兩湖地區有多人前往新加坡，住在邱菽園、林文慶的家裏。如果張之洞的情報屬

---

[1]　《自立會史料》，第181頁。"廣東人"爲誤。
[2]　《宣布康黨逆迹並查拿自立會首片》光緒二十六年九月初九日，《張之洞全集》，第3册，第575—576頁。還需注意的是，清廷於光緒二十七年正月十九日下達諭旨："……孫汶、康、梁諸逆，托爲保國之説，設立富有票會，煽惑出洋華民，斂資巨萬，若不詳切開導，破其詭謀，使知該逆等藉詞保國，實圖謀逆，乘機作亂，誠恐華民受其蠱惑，仍紛紛資助款項，蔓延日盛，爲患實深。著呂海寰、李盛鐸、羅豐禄、伍廷芳選派妥員，前往各商埠詳察情形，剴切勸諭，務令各華民，曉然於該逆等並非真心保國，勿再聽其摇惑，輕棄貲財。"（《清實録》，第58册，第317頁）朝廷此旨的背景我還不太清楚，很可能張之洞於此中亦有所動作。
[3]　光緒二十七年二月初二日亥刻發，《張之洞電稿》光緒二十七年二月，所藏檔號：甲182-465。抄件又見《張之洞電稿丙編》，第98册，所藏檔號：甲182-99。"叻"，新加坡的别稱。張之洞此後給軍機處的電報中稱："……本月初，接新嘉坡密函，言康黨又斂巨資數十萬元，糾黨將自粤入湘，其中湘楚人居多等語。已電粤督陶密查嚴防矣。"（光緒二十七年二月十九日未刻發，《張之洞電稿乙編》，第71册，所藏檔號：甲182-75）

實,那麼,邱菽園並沒有如其所稱的那樣,"閉門著書"。陶模對此的回電未見。

兩廣總督陶模接到張之洞的電報後,進行了相關的工作,邱菽園也做出了相應的反應。陶模在給新加坡總領事羅忠堯的《札文》中稱:

> 照得本部堂訪聞,去年臘抄有多人由上海、香港前往叻埠,其人多湘楚籍,分寓邱菽園、林文慶各處。邱由緬甸、暹羅籌備多資,遣人隱結粵省會匪等情……札仰該總領事慎密查明,詳細申覆……至於湘楚等省之人,此次前往該埠者,想皆求新之士,或從前與康、梁有交,或去年為唐才常等所牽涉,所以畏罪遠引;抑或以中國未行新政,憤激出遊,求遂其志。凡此不得已之苦衷,皆本部堂所深悉……況得罪朝廷,奉旨訪拿者,只康有為、梁啓超數人,其餘人士,概無干涉。即當日偶有牽連,但使悔過自新,亦必在棄瑕錄用之列……古來盡多賢豪失志,縱不樂見用於時,亦惟閉戶著書,以待來哲……[1]

陶模的《札文》,前引張之洞的電報,說明本意;繼稱前往邱菽園處的兩湖人士,很可能僅是志在維新,因多故而出遊,未稱有意謀反,已有為邱開脫之意;最後又提到"閉戶著書",與邱先前的表態相吻合。這一文件看來是了解新加坡與邱本人情況的人士所擬。很有意思的是,陶模給羅忠堯的該《札文》,羅忠堯並未送給邱菽園、林文慶,而是由兩廣總督署刊登于新加坡、香港、上海等處的報刊上。[2] 邱菽園宣稱其在香港《華

---

[1] 該《札文》刊於光緒二十七年二月十四日(4月2日)上海《申報》、十六日(4日)新加坡《天南新報》。刊於其他報刊上的時間我尚未詳。
[2] 邱菽園的朋友曾昭琴作《刊刻答粵督書緣起》,稱言:"光緒二十七年辛丑二月新任兩廣總督秀水陶子方制軍模,寄札新嘉坡中國總領事府羅忠堯,查明流寓閩士邱、林兩人近日情形。乃羅領事得札後,並未知會邱、林兩君。事閱半月,粵港報館自向督署錄出原札底稿,刊印於外。邱時見之即行電覆,並作答書一通,凡三千言,大意將年來維新黨人心術行徑磊落寫出,而己之事迹附焉,以告天下,固不僅爲答粵督之問而發也。此書自行刊登天南新報,而後即由津滬閩廣港澳南洋日本新三藩市檀香山各華字報館紛紛選登,而外洋諸西文報館亦輾轉翻譯,不脛之馳遍九萬里。天下之士得觀原稿者,咸謂陶督善能下士,得大臣體,而邱君之披露肝膽,詞無隱遜,有以見英雄本色,不受人欺,亦從不欺人云。若林君者,少即遊學英京,壯年仕於英國,現爲星洲政局議員,及預官中醫師之選。與邱志行相合,雅相引重。每將歐美良法灌輸宗邦,冀臻盛治。暇則共譯中國古史及時事論說,播刊西報,冀通東西之驛騎。時人每兩賢而兩稱之,其在西人則曰林文慶、邱菽園,其在華人復曰邱菽園、林文慶。如車之輔,如驂之靳,莫能軒輊也。邱既答(轉下頁)

字報》上讀到陶模的《札文》，於二月十九日（4月7日）發電陶模表示委屈，稱將"當繕長稟"；[1]另寫了一篇洋洋灑灑數千言的《上粵督陶方帥書》，以維新變法、尊光緒帝、反對立大阿哥、反對朝中守舊勢力而立言（陶模、張之洞內心中對此也會同意），爲自己的行爲進行辯白；對於資助康有爲、唐才常等事，皆回避或否認。從該上書的基本傾向來看，雖未稱與康有爲決裂，但已無助康起事之意了。[2] 從某種意義上來說，陶模、張之洞的主要目的已經達到了。在此之後，邱菽園又於三月八日（4月26日）在《天南新報》刊出《寄函須知》，稱言：

> 弟以養病之故，杜門卻埽，除考古著書外，則藥爐經卷以消永夕，足迹罕至《天南新報》半載有餘矣。乃外埠諸友尚多未知，每每以寄弟之書件報紙，仍舊寄至《天南》報館轉交者，如此殊費周折。今特登報聲明與諸君子約：嗣後如有書件等項，祇欲惠弟自收，望即逕寄恒春公司。[3]

該則啓事對外表示，邱絕意於政治活動。

（接上頁）書，心迹大白，林以所志不替代言，遂不復有詞，聞將以英文短稟肅謝陶督而已。邱、林之言曰某等讀書問政，本非淡然忘世者，不幸而所懷久蘊，欲達無門，又不幸而世處泯棼，動輒得咎，甚至蜚語之來，亂其影響，而使人狪無自解。固惟學寒蟬之噤聲已耳。吾生有涯，人事無著，傷哉時也。其他能忍與終古。故自陶督劄之來，二君感其知己，愜於五中，又嘗言曰陶公盛意，某非不喻，特經此次險阻而後所謂時危出處，難者蓋已窺之至微，驗之至切。功名二字，於我浮雲，然即淡然忘世，又非初心所安。會有不恥下問之個臣，終當盡吾一得以作芻蕘也。邱、林之言如此，邱、林之志不亦遠哉。"（見《菽園贅談》七卷本之附錄，光緒二十七年刻）據此，新加坡總領事羅忠堯未將陶模的《札文》送達邱菽園、林文慶兩人，此事似不可解，然爲何如此，不詳。

[1] 該電文稱："兩廣制臺陶大人鑒：敬稟者，竊職近讀香港《華字報》，恭錄憲札，諭新嘉坡領事，查明邱菽園、林文慶情形等因。祇誦之餘，仰見憲臺仁明公恕，愛人以德，所以督責之者甚至，而期許之者甚厚。欽佩曷極。職少讀書，頗知義佢，儻來毀譽，漠不關心，況復素懷失言失人之訓，平生不妄以文字干請，亟亟自明。茲遇憲臺謙謙下問，相見以天，不圖空谷，聞此金玉，敢不披瀝腹心，以答憲臺之盛意。謹先具電奉聞，上慰仁廑，所有委屈之忱，當繕長稟，郵呈憲轅耳。惟冀俯恕不備。内閣中書銜福建舉人邱煒萲叩稟。再，菽園，茲繁職別號，合并聲明。"（見《菽園贅談》七卷本之附錄）

[2] 該上書首刊於《天南新報》光緒二十七年二月二十五日（1901年4月13日）；又刊於《清議報》，第80册，光緒二十七年四月十一日（1901年5月28日）。在其餘各報刊上發表時間未詳。

[3] 還須注意的是，在張之洞發電之前，光緒二十七年正月十七日（1901年3月7日）邱在《天南新報》上發表啓事《杜門養病》，稱言："鄙人以多病之故杜門卻埽，惟日肄書，高朋拜會，一切擋駕，前已登報聲明，當蒙諒諒，特恐尚有未知，空勞見顧，不免滋議。今再肅陳下情，諸希恕察，是禱。"此一告示説明，邱菽園在陶模進行工作之前，可能已與康有爲有隙，避客不見。

邱菽園的《上粵督陶方帥書》在當時南洋、港澳、日本、上海有多家報紙刊登。張之洞從上海報刊上看到該上書,於光緒二十七年三月二十八日(1901年5月16日)發電陶模:

> 廣州陶制臺:昨見滬報,載有邱煒萱即邱菽園上臺端一稟,意雖堅執,措詞尚屬和婉,似有悔悟之意,此皆閣下示諭有以感之。查邱煒萱在叻爲華商領袖,康即住邱恒春公司中,如邱不助康以貲財,各商自必解體,康失所助,逆黨自散,康之起滅視乎邱之從違。此事關係甚大,祈閣下乘機開導,或于原稟批發,或發電勸諭,俾不再爲所惑,則沿江沿海匪患自可潛消。祈酌辦示覆。洞。勘。[1]

張之洞認定,如果邱菽園能斷絕財務上的支持,康有爲一派將無所作爲;而于此時,在張之洞的情報系統中,認定康有爲及自立會還會再行舉事。[2] 陶模收到張之洞電報後,於三月二十九日(5月17日)回電:

> 邱與康詩酒應酬,偶助資財,似非同謀。邱志大難酬,擬暫置不理。南方會黨宗旨不一,亦有欲解散流血之謀者。湘楚少年托名保皇會,出洋訛索巨款,聞徐勤等不耐騷擾,暫多遠離。今少年不盡信康,而信革命黨之説。我不變法,若輩日多,非殺戮所能止。請吾師勿再捉拿。湖北書院事亦勿深求,恐爲叢驅爵。模。豔。[3]

陶模此電采信了邱菽園的自辯——"與康詩酒應酬,偶助資財,似非同謀";又稱"邱志大難酬,擬暫置不理",即邱的上書提出了難以回答的"高義",對之采取不回答的態度,這也無從著手張之洞所要求的"乘機開導"。更值得注意的是,陶模在該電中稱"我不變法,若輩日多,非殺

---

[1] 《張之洞全集》,第10册,第284頁;張之洞親筆原件見《張之洞電稿》光緒二十七年三月,所藏檔號:甲182-465。又,"叻"字,發表時改爲"彼"字。

[2] 張之洞於光緒二十七年四月十三日發電湖南巡撫俞廉三:"長沙俞撫臺:密。准兩江密諮,上海有票匪百餘人,專辦炸藥,運往上游,約期起事。最著者爲徐春山等,又有龍高一,係湖南湘鄉縣人,亦係著名巨匪,並應通飭嚴拿等語。特密達。請速飭密拿。再,龍高一係三字,勿誤爲龍高兩字。盼電覆。洞。元。"十六日又發電:"急。長沙俞撫臺:密。頃查獲逆信內稱,現與康主梁師會合,重新振作,共圖恢復,擬派絶技刺客,定五月節前,劫殺兩端當道,乘間起兵,兩湖可反手而得等語。其中情節甚多,除將逆信由六百里諮達查辦外,特先摘要電達,尚祈密拿嚴防爲要。洞。諫。"(《張之洞電稿》光緒二十七年四月,所藏檔號:甲182-465)

[3] 《張之洞全集》,第10册,第284—285頁。該電於次日收到。

戮所能止",竟以此來勸其師放下屠刀了。"爲叢驅爵"一語,聯繫到陶模給羅忠堯的《札文》,影影綽綽有張之洞的捕殺使兩湖志士逃亡于新加坡之意。當然,陶模的這番勸詞,不能入張之洞之耳。張已將追捕自立會作爲此時兩湖政務的第一等大事,他對此似無回電。

邱菽園破財免災與張之洞的態度 光緒二十七年五月十一日(1901年6月26日),兩廣總督陶模發電張之洞:

> 武昌制臺鑑:宙。據舉人邱煒萱即邱菽園稟稱,冤被株連,願捐銀二萬兩,祈原宥等情。模因邱係閩人,此款應歸閩用,擬請許筠帥具奏。查南洋康黨蟠結可虞,藉此散其黨與,未始非計。乞示覆。再,聞尊處訪拿沈翔雲、章炳麐、吳彥復、邱公恪,不知確否?上面不能變法,下面橫議日多,非嚴刑所能遏,恐激成黨禍。乞格外寬容。模。元。[1]

這一份電報有點突然,其中的背景我還不太清楚,陶模與邱菽園之間似有勾通。[2] 陶模在此電中宣稱,邱菽園有意"捐銀二萬兩"以免受"株連"。此中的"株連",當屬張之洞的通緝名單,即張之洞發往各國公使館、沿海沿江各省的《著名匪徒單》。陶模還稱,邱菽園屬福建人,捐款應交福建,由閩浙總督許應騤上奏。在該電中,陶模繼續勸說張之洞放棄追捕,稱"嚴刑"可能激成"黨禍"。陶模的後一番説詞很可能引起了張之洞的反感,張没有及時回電。過了幾天,五月十八日(7月3日),陶模再次發電張之洞:

> 張制臺:亥。元電諒達鑑,邱煒萱來稟,冤被株連,報效閩賑銀二萬兩,以明心迹。懇請諮閩具奏等情。款已匯港,宜允與否?乞覆。模。嘯。[3]

---

[1] 廣州陶制臺來電,光緒二十七年五月十三日巳刻發,酉刻到,《張之洞存各處來電》,辛丑第26册,所藏檔號:甲182-150。"宙",似爲約定的電碼代稱。"章炳麐",不知何人。

[2] 關曉紅的論文《陶模與清末新政》稱:"後來邱菽園在陶模的授意下,以報效賑災銀脱罪",但未示其證據。從常理分析,很可能邱氏族人在福建受到牽連,促卲決意花錢免災。張之洞後來的奏摺中稱,清朝駐古巴總領事陳鋼是其中的調人。(後將詳述)

[3] 廣東陶制臺來電,光緒二十七年五月十八日酉刻發,十九日子刻到,《張之洞存各處來電》,辛丑第27册,所藏檔號:甲182-150。"亥",似爲約定的電碼代稱。

這份電報中不再有勸詞,僅稱可否由福建上奏以取消邱菽園被通緝之案,看來陶模也猜出其師不願回電之意。又過了幾天,五月二十四日(7月9日),張之洞覆電陶模:

> 廣州陶制臺:兩電悉。邱炳萱本係爲人所愚,去年敝處電新嘉坡領事,傳諭勸導,本無惡意,乃該舉人一味負固。今年又助逆黨資財,深可怪嘆。今既知悔悟,懇求免累,甚屬可嘉,不在捐銀與否也,擬請臺端電告該舉人,令其作一稟與敝處,聲明以後斷不助康有爲等各逆黨資財作亂,即是真心改悔。或捐銀若干,寄交敝處,充秦晉賑,較爲得體,多少不拘。敝處當爲之奏請免罪,並諮閩省原籍及各省,以後可脫然無累矣。原案係由敝處奏請通緝,似須由鄂省具奏,方能銷案。祈示覆。洞。漾。[1]

張之洞此電強調了兩點:其一是讓邱菽園作出書面保證,以後不再資助康有爲;其二是表示只能通過湖北上奏,才能脫案免罪。對於捐銀數字,張之洞表現很大度,稱"多少不拘";且將這筆款項作爲"秦晉賑",即對陝西、山西當時大旱的賑災款,不留湖北。張之洞的這份回電,似乎出了一點差錯。五月二十七日(7月12日),陶模又一次發電張之洞:

> 武昌張制臺:宙……青、元、嘯連寄三電,一爲科舉,二爲邱煒萱。乞速覆。模。感。[2]

張之洞收到此電後,於五月二十八日(7月13日)立即回電:

> 急。廣州陶制臺:……邱煒萱事,漾電已覆,何尚未到?祈查閱酌示。洞。勘。[3]

張之洞對此仍不放心,當日深夜再發一電:

> 廣東陶制臺:感電悉。邱煒萱事,已由漾電詳覆,何尚未達,祈

---

[1] 光緒二十七年五月二十四日丑刻發,《張之洞電稿》光緒二十七年五至七月,所藏檔號:甲182-466;抄件又見《張之洞電稿乙編》,第73冊,所藏檔號:甲182-75。抄件將"炳萱"二字旁改爲"煒菱"。

[2] 廣東陶制臺來電,光緒二十七年五月二十七日辰刻發,申刻到,《張之洞存各處來電》,辛丑第28冊,所藏檔號:甲182-150。

[3] 光緒二十七年五月二十八日辰刻發,《張之洞電稿乙編》,第73冊,所藏檔號:甲182-75。

飭查。該舉應在敝處切實具一稟，即可奏請銷案。青電詢科舉事，尊慮極是……洞。勘。[1]

張在這份電報中再一次強調了他的條件，即邱菽園須向張之洞"具稟"，方可奏請銷此案。陶模的覆電及邱菽園的稟帖，"張之洞檔案"中皆未見。

光緒二十七年七月十六日（1901年8月29日），張之洞上了一道很長的奏摺，説明邱菽園完全轉變心意，並具稟保證等情，其全文如下：

奏爲南洋巨賈始爲康逆所愚，今經勸導悔悟，報效賑需巨款以明心迹，懇恩優予褒獎，恭摺仰祈聖鑒事。

竊查逆首康有爲逭逃海外，誑誘旅居南洋各埠華商，設會斂錢，以供作亂之資。於是僞稱新造自立之國，集資數十萬元，散放富有票，分遣死黨，勾結會匪，意圖占踞東南各省。自匪首唐才常等在漢口事敗後，本年三月間，又集資數十萬，改造回天票，號召各亂黨萃於上海，仍欲糾集鹽梟、遊勇、會匪，再擾長江，並賄買奸民徐春山等，及外國流氓，包辦沿江各省埋藏炸藥，轟毁官署營局。雖皆先期破獲，未遂奸圖，要其錢財充裕，運用不窮，則皆由海外華商誤信其虛捏保國、保皇之名目，而輸資接濟之。故康逆有恃無恐，爲患不已。

臣于上年擒誅唐才常後，訪悉情節，即刊刻告示及勸戒文，將康有爲、梁啓超逆信、僞檄中自稱自立之國、不認國家及借尊皇以復民權等語，悖逆狡詐情形，摘發宣布，剴切戒勸，諮送各省及出使各國大臣，飭發外洋各處商埠，廣爲傳布。並另托往來南洋之正經商人，多攜刊本，前往散給各商閲看。由是各華商始知康有爲陽托保皇，陰圖自立，確係悖逆之尤，絶非忠義之士。迨上年十二月間，欽奉明詔，變法自强，海外聞風，莫不歡欣鼓舞，益知康有爲從前獲罪，實因

---

[1] 光緒二十七年五月二十九日子刻發，《張之洞電稿》光緒二十七年五至七月，所藏檔號：甲182-466。抄件又見《張之洞電稿乙編》，第73册，所藏檔號：甲182-75。抄件將"萱"字旁改爲"菱"。又，該電於子刻發出，當時繫於次日。

其圖爲逆亂,於變法毫不相關,羣起詆斥而避遠之矣。

　　查上年唐才常破案後,搜獲匪單,内有邱菽園姓名。並據匪魁唐才中供,有邱菽園資助錢財之語。經臣刊入通緝匪單,分諮各省查拿在案。旋臣訪知邱菽園,即邱煒萲,係福建海澄縣擧人,内閣中書銜,向在南洋新嘉坡一帶經商,開設恒春公司,家資百餘萬;且文理頗優,夙負才名,素爲各華商之望。因思該職商身爲擧人,自必讀書明理,何至附和逆謀。因托出使大臣羅豐祿,轉飭新嘉坡領事,並托兩廣督臣陶模,就近在粵托人向之開導,諭以是非順逆。

　　現據邱煒萲稟稱,該職天南僻處,孤陋寡聞,前此康、梁輩逋逃過坡,始以文人窮竄海濱,偶與往還談論。嗣聞其有藉會斂錢、煽黨惑衆之事,立即深非痛恨,與之絶交,不意冤被株連,名罹匪籍。該職豈無人心,何肯甘心從逆,悖妄狂愚,一至於此。幸荷明察遠芘,曲予自新,用敢輸誠陳訴,報效秦晉賑捐銀一萬兩,懇於奏明銷案免累,俾得瑕玷重磨。以後如有資財助逆之事,斧鉞刀鐕,所不敢辭等語。托古巴總領事陳綱,呈交兩廣督臣陶模,轉寄來鄂。

　　臣查閲來稟,情詞痛切,悔悟實出至誠。屢次電詢陶模,亦謂其情可原,其言可信。近閲上海新聞等報,載有該職商表明心迹告白,于康有爲陰賊險狠之行徑、攀陷異己之狡謀,痛斥不留餘地。具見該職商確與康逆絶交,坦然明白。該職商素爲南洋各埠華商所信重,今有此擧,各商必相隨覺悟,從此無復有資助康逆之人。康逆無財可斂,其計立窮。即再欲謀亂,而資無所出,其黨羽亦勢必涣散離心,釜底遊魂,困斃可坐而待。是邱煒萲此擧,非但深明大義,實足默挽人心,關係極爲重大。且聞該職商現因福建原籍水災,已捐助賑需銀二萬兩,另由閩浙督臣具奏。玆以秦晉荒旱,復據報效庫平銀一萬兩,於賑務不無裨益,是其急公好義、倦倦不忘宗國之心,尤堪嘉尚。合無仰懇天恩,明降諭旨,將其輸誠拒逆各節,優予褒獎,以勸自新而弭巨惠,出自逾格鴻慈。除由臣通諮閩省曁各省,准予銷案免累,並將報效銀兩,分交秦晉賑捐局兌收充賑外,理合恭摺具陳。伏祈皇太后、皇上聖鑒訓示。謹奏。[1]

張之洞的奏摺中,值得注意的内容大體有四項:其一是邱菽園的稟帖,邱在稟帖中未承認與康有為交往、資助唐才常等情事,但也作出了今後不再資助康有為的保證,"以後如有資財助逆之事,斧鉞刀鑽,所不敢辭"。其二是邱菽園與陶模之間的調人,是清朝駐古巴總領事陳綱。[2]陳綱是邱菽園的同鄉(相鄰甚近),兼鄉試同科舉人,曾任駐菲律賓總領事,邱、陳之間應有著較多的交往。其三是邱菽園的捐銀數額為銀一萬兩,比先前的二萬兩有所減少,但在此之前已交福建銀二萬兩,可能是陶模與張之洞電報未及時銜接之故,邱已先交福建。其四是除了邱菽園的具稟外,在上海諸多報刊上刊出了邱菽園的"告白",與康有為"絕交"。在這一奏摺中,張之洞稱其已諮會福建等省將其"通緝"一事"准於銷案免累",並請求朝廷予以"褒獎"。

七月二十一日(9月3日),張之洞在上奏數天後,發電陶模:

> 廣州陶制臺:邱煒萲事,已於七月十六日具奏,聲明誤被康黨所愚,今悔悟自新,報效賑需,以明心迹。懇恩將其輸誠拒逆各節,優予褒獎。除通諮各省銷案、並將奏稿諮達外,先此奉聞。祈轉諭邱煒萲知。洞。箇。[3]

張之洞要求將此通知邱菽園。陶模的回電未見,但相關的消息肯定傳到邱菽園處,邱在此後有著一系列的公開表示。七月二十七日(9月9日),邱菽園在《天南新報》刊出《廣告》,稱言:

---

[1] 《張之洞奏稿》光緒二十七年七月,所藏檔號:甲182-413。抄件又見《張之洞督楚奏稿二編》十二,所藏檔號:甲182-203;《張文襄公奏疏未刊稿》函二,所藏檔號:甲182-398。

[2] 陳綱是福建同安(今廈門)人,其父陳謙善是菲律賓華人的甲必丹(頭人)。陳出生於菲律賓,後回同安原籍學習,於光緒二十年中舉人,二十四年中進士,授内閣中書。同年,陳綱獲命出任清朝首任駐菲律賓領事,是年底赴任。並於次年在領事館内開辦中西學堂。此時正值美西戰爭後美國統治菲律賓,由於菲律賓華僑中粵、閩兩籍的矛盾,英國等國商人對其父陳謙善的指責,美國對陳綱的領事人選表示質疑。清朝駐美國、西班牙公使伍廷芳將陳綱與駐古巴總領事黎榮耀對調。陳綱亦以母親病故而請求丁憂。又,陳綱中進士引見時,其單稱:"陳綱,福建人,年二十八歲,三甲一百十一名進士,覆試二等八十五名,朝考二等三十名。"(《光緒宣統兩朝上諭檔》,第24冊,第221頁)以此推算,陳綱出生於1871年,大邱菽園三歲,年齡也是很相近的。

[3] 光緒二十七年七月二十一日已刻發,《張之洞電稿》光緒二十七年五至七月,所藏檔號:甲182-466;抄件又見《張之洞電稿乙編》,第74冊,所藏檔號:甲182-76。

> 鄙人抱病載餘,肝膈時病,杜門習靜,只能著書。醫家勸説出遊節勞,兼得空氣,庶于衛生之道相宜。今擬於月中攜琴劍出遊近島各處,舒肅天風拍浮海,偷閑養病,聊遣光陰。

此處稱其將會出遊,以避友朋相見。其所避見者,當屬康有爲及其一黨。過了兩天,七月二十九日(9月11日),邱又在該報刊出《息遊絕交》的告示,稱言:

> 鄙人多病,本擬月底避地出遊,因事不果,然行裝已打疊一切,大有驪駒在門之感。所有朋友往來,尚祈恕諒,其酬酢不周,勿以爲怪,是幸。

邱表示雖不出遊,但閉門不見客。僅過了一天,七月三十日(9月12日),邱在該報發表《告辭總理》的啓事,稱言:

> 啓者:《天南新報》各股東原舉弟爲總理人,今弟自因多病,兩年以來,久不視事,情願辭總理之席,以待能者。謹此聲明,統惟亮察。

從此開始,邱菽園完全脱離了《天南新報》。他此後的生活,似乎離政治越來越遠,而對詩的興趣越來越大。

此時慈禧太后、光緒帝尚在西安,正準備回北京。八月初四日(9月16日),清廷在收到張之洞的奏摺後,則由内閣明發上諭:

> 張之洞奏出洋華商表明心迹,請准銷案免究並予褒獎一摺,據稱福建舉人内閣中書銜邱煒萲向在南洋新加坡一帶經商……既據該舉人輸誠悔悟,具見天良,殊堪嘉尚,邱煒萲著加恩賞給主事,並加四品銜,准其銷案,以爲去逆效順者勸。[1]

這一道上諭如何傳到張之洞,如何傳到陶模,又如何傳到邱菽園,從"張之洞檔案"中還看不到線索。但邱菽園肯定收到了該上諭。九月十一日(10月22日),邱在《天南新報》發表《論康有爲》一文,表示與康決裂,文稱:

---

[1]《光緒宣統兩朝上諭檔》,第27册,第177—178頁;抄件又見《張之洞督楚奏稿二編》十二,所藏檔號:甲182-203。

……乃論者不察,以去年康有爲之來星加坡,曾一爲延納,遂多昔年以黨康,今日拒康,而中間若留大段疑訝問題者,噫嘻如是云云……夫僕産閩中,家居海外,其與康無一面交,無杯酒歡……所以於其來坡而開闊見之者,固有如前上陶制軍書,以康爲皇上所識拔之人……大抵康之爲人,'結黨營私'四字,乃其死後不磨之謚,而其結黨之法,則以其學問爲招徠之術,以大帽子爲牢籠之方,善事之徒,一與之遊,無不入其彀中,此則戊戌以前在粵聚徒及在京結黨之手段也……

此一絕交書,完全符合張之洞在前引電報中提出的要求。

邱菽園在庚子、辛丑年間態度轉變一事,先前的研究對張之洞一方雖有注意,但因若干重要文獻尚未刊露而稍有缺失。如果將張之洞與羅豐祿、陶模等人的往來電報、張之洞奏摺及朝廷上諭,與邱菽園在《天南新報》及其他報刊上的各種告示、宣言相對照,大體可以看出兩者之間的關聯;且若無張之洞的策反工作,邱菽園已與康有爲一派交惡,大約也會遵循"君子絕交不出惡聲"之古意,不會在《天南新報》及其他報刊上公開指責康有爲。

九、光緒二十七年請獎梁慶桂等人赴西安報效事

"庚子事變"之際,在海外的康有爲、梁啓超一派,發動自立軍起義,孫中山一派發動惠州起義,在上海的許多官紳組織了"中國國會",對朝廷持激烈的反對態度。張之洞、劉坤一等人與列強合作,進行"東南互保",但在政治上仍擁護慈禧太后爲首的清朝政府。對於康、梁派的活動與影響,張之洞除在湘、鄂境內大力抓捕參與自立會活動的人員,勸說和策反參加上海、東京等地反清活動的官紳外,還需要一個正面的榜樣,以

提倡在此國難之際仍效忠于慈禧太后、效忠于清朝的精神。梁慶桂等人赴西安報效，由此成爲張之洞全力支持之事。

　　梁慶桂（1856—1931），字伯揚，號小山。廣東番禺人。祖上是廣東十三行的天寶行商，祖父梁同新、父親梁肇煌皆進士出身，入翰林院，皆曾任順天府尹。[1] 梁慶桂於光緒二年中舉人，捐內閣中書，京中多有熟人；在家鄉又與梁鼎芬、康有爲交善。[2] 光緒二十一年，梁慶桂與康有爲一同進京參加會試，同寓於位於今北京東城區韶九胡同的"金頂廟"。光緒二十四年，梁又列名康有爲組織的保國會。然到了庚子之際，梁慶桂出面，組織部分廣東官紳捐獻錢財，並率隊押送赴西安報效，表示效忠清朝。這對廣東官紳的政治傾向有一定的影響力，對康、梁一派也是一大刺激。

　　光緒二十六年十月三十日（1900年12月21日），署理兩廣總督、廣東巡撫德壽發電張之洞：

> 　　廣東德制臺來電。武昌張制臺鑒：儉電悉。梁中書等敬備方物，奔赴行在各節，昨經張野翁商及，已請其開具節略，據情入告。茲奉來電，自應遵辦。俟呈到、接見後，即具奏，並給護照，妥爲料理可也。方帥月初由鄂起程，此間盼望甚切，並請致意。壽。儉。[3]

"梁中書"，梁慶桂。"張野翁"，廣東學政張百熙，字埜秋，又作野秋。"行在"，皇上臨時駐蹕處。德壽此電屬回電，即答覆張之洞的"儉電"；他同意張在來電中的意見，即由其正式出奏向慈禧太后與光緒帝報告，

---

[1] 梁慶桂祖父梁同新，道光進士，入翰林院，後任湖南學政、內閣侍讀學士、通政使司副使、順天府尹。梁慶桂父親梁肇煌，隨父進京讀書，咸豐進士，入翰林院，後任翰林院侍講、雲南學政、順天府尹（任職爲 1870—1879）、江寧布政使（任職爲 1879—1886）等職。

[2] 康有爲《延香老屋詩集》中有兩首涉及梁慶桂，《梁小山中書愛姬隕落，述其美德清節，悼之至痛，以此塞其哀》、《秋病頭風連日，買舟與梁小山遊花埭半塘諸園，晚至河南萬松園，主人殷勤乞留題》，從詩中可見，康與梁私交甚篤。（《康有爲遺稿·萬木草堂詩集》，第 20—21 頁，第 31 頁）並可參見本書導論第一節。

[3] 光緒二十六年十月三十日亥刻發，寅刻到，《張之洞存各處來電》，庚子第 31 册，所藏檔號：甲 182-144。發電時間可能有誤，"儉"是二十八日的代日，該件是抄本。"方帥"，陶模，字子方，新任兩廣總督。

廣東官紳梁慶桂等人"敬備方物,奔赴行在"。十一月初一日(12月22日),梁慶桂等人發電張之洞:

> 廣州梁中書來電。張制軍鈞鑒:敬稟者。廿九日電局鈔示致德制府電,敬閱。桂等恭備貢獻,藉表血忱,辱承噓拂,感愧交並。益當激勵愚忱,勉酬高誼。初十日成行。先此稟謝。中書梁慶桂、郎中黎國廉、道員陳昭常謹稟。先。[1]

梁慶桂等人的來電,也是對張之洞給德壽"儉電"的覆電。他們表示將於十一月初十日出行。然而,在以上兩電中,又似可隱約地看出,張之洞的大幕僚梁鼎芬才是此中的推手。

梁慶桂一行到達武昌的時間,很可能是光緒二十七年的新年,張之洞接見其一行。光緒二十七年正月初五日(1901年2月23日),張之洞發電湖北襄陽的地方官,要求派馬隊護送:

> 致襄陽朱道臺:粵紳郎中黎國廉、中書梁慶桂等解貢赴行在,請派馬隊護送出境,並飭縣派差照料,暨知會前途州縣,一體妥爲護送。除諮行外,特電達,即電覆。督院。歌。[2]

與此同時,張之洞、梁鼎芬還發電給沿途河南等省的官員,亦請護送。[3] 梁慶桂一行到達西安後,二月十一日(3月30日),張之洞又發出兩電。其一給其姐夫、時任軍機大臣、戶部尚書的鹿傳霖:

> 致西安鹿尚書。泰密。廣東人自聞兩宮西幸,係懷行在,咸思盡臣子之心。梁中書慶桂,忠愛有才,集紳士四十餘人,敬備銀五萬

---

[1] 光緒二十六年十一月初一日申刻發,亥刻到,《張之洞存各處來電》,庚子第32冊,所藏檔號:甲182-144。黎國廉,廣東順德人,船政大臣黎兆棠之子,光緒十九年中舉人,二十二年報捐三品銜,二十六年報捐郎中。陳昭常(1868—1914),廣東新會人,光緒二十年中進士,入翰林院,散館爲分發刑部。二十二年報捐道員。二十三年隨特使張蔭桓出使英國,爲隨員,回國後由廣西巡撫黃槐森奏調廣西補用。

[2] 光緒二十七年正月初五日申刻發,《張之洞電稿丙編》,第98冊,所藏檔號:甲182-99。

[3] 時任河南巡撫的于蔭霖發電梁鼎芬:"張制臺轉星海鑒:歌、麻電均悉。粵貢已飛諮南鎮派馬隊護送,並飭地方官沿途照料矣。以後如有所聞,務祈隨時密示。霖。陽。"(于撫臺致梁太史電,光緒二十七年正月初七日申刻發,初八日寅刻到,《張之洞電稿》光緒二十三年至二十九年,所藏檔號:甲182-209)此是覆電,可見梁鼎芬有"歌"、"麻"兩電,請求河南省在沿途照顧。然從後來張之洞給陝西護理巡撫端方的電報來看,張之洞、梁鼎芬亦有可能發電陝西,請求照顧。

数千元，分辨贡献银、物。黎郎中国廉、陈道昭常佐之。黎售所居，得银二万，即以爲贡，其款最巨。此外二千、一千、数百、一百不等。富家固多，寒士亦不少，皆出於至诚，各省未有。梁、黎、陈三君远道奔赴，劳苦备尝，尤爲可敬。过鄂日，接见其人，面加奖励，派船派马队护送出境。闻初九日已到，贡即上呈。祈公提倡此举，以固忠爱之心，若得明旨优褒，先称广东百姓向来忠於国家，次奖备银贡献绅士，可否将四十余人全列姓名，次奖奔赴三人。旨发後，各省必闻风兴起，粤省必踊跃继来，海外粤商，近年每爲康逆保皇会所惑，敛钱无算。今读优旨，粤绅自能迎机劝导，悔悟必多。此举颇关大局。弟治粤年久，爱其人心甚厚。公曾抚粤，定有同情。三君因系部民，到陕拟即进诣。诸祈鉴谅。洞。真。[1]

由此可见此次报效的人数和大体数额。张之洞要求鹿传霖施加其影响力，让清廷下明诏予以优奖，以能歆动各省官绅，并影响到海外粤商。其二给护理陕西巡抚端方：

> 致西安端护抚台：粤绅梁中书庆桂、黎郎中国廉、陈道昭常闻驾西幸日，集众绅之力，贡献银物，顷已到陕。远道进贡，忠爱可风，各省未有。祈公照料一切。倘能陈粤人忠於国家、不辞劳苦之意，摺奏请奖，他省闻风兴起，於今日大局有益。希裁酌。洞。真。[2]

张之洞亦请端方上奏，爲梁庆桂等人请奖。端方将张之洞的来电，上呈行在军机处。[3] 光绪二十七年二月十六日（1901年4月4日），清廷明发上谕：

> 德寿奏广东绅士恭进方物，据呈代奏，恳恩赏收一摺。该绅等

---

[1] 光绪二十七年二月十一日亥刻发，《张之洞电稿乙编》，第71册，所藏档号：甲182-75。
[2] 光绪二十七年二月十一日亥刻发，《张之洞电稿乙编》，第71册，所藏档号：甲182-75。
[3] 端方回电称："武昌制宪鉴：粤绅贡献银物，忠悃可嘉，已将尊电代陈枢府，将来必有奖励。知念，先此电陈。方。咸。"（西安端护抚台来电，光绪二十七年三月十五日丑刻发，申刻到，《张之洞存各处来电》，辛丑第17册，所藏档号：甲182-148）该电爲抄件，时间似爲不确，当爲二月。又，以当时的政务处理程式而言，张之洞电报由端方上呈军机处，军机大臣自会上呈慈禧太后。

情詞懇摯,出於至誠,深明尊君親上之義,洵堪嘉尚。所進方物,即著賞收。同知楊澧等三十五員均屬急公奉上,著一體傳旨嘉獎。郎中黎國廉等五員,既集貲貢獻,復跋涉遠來,情殷瞻仰,尤徵忠愛之忱。三品銜候選郎中黎國廉,著以道員發往福建儘先補用,並賞加二品銜。五品銜內閣中書梁慶桂,著以侍讀升補。二品頂戴奏留廣西委用道陳昭常,著仍以道員分發廣西,儘先補用。同知銜分省補用知府譚學衡,著分發江蘇補用。廣西試用府經歷馬慶銓著以原官即補。南海縣學宮、番禺縣學宮、東莞縣明倫堂、順德縣青雲文社,著該督撫擬給扁額各一方,以示優異。[1]

這一道諭旨雖然沒有開列全部報效官紳的名單,但大體還是按照張之洞的提議擬就的,並用電報於當日亥刻發往上海、江寧、武昌等各地電報局,張之洞於二十日收到。[2] 還需說明的是,梁慶桂等人此次西安之行,多少也有政治投機的成分在內。[3]

在此之後,光緒二十七年三月,張之洞又奏報了漢口日本東肥洋行敬獻土產之事。[4]

───────────────

[1]《光緒宣統兩朝上諭檔》,第27冊,第43頁。
[2]"張之洞檔案"中存有該諭旨:"西安局來電。上海、江寧、武昌各局督辦憲、各局鑑:二月十六日上諭:德壽奏廣東紳士恭進方物,據呈代奏,懇呈賞收一摺。該紳等情詞懇摯,出於至誠,深明尊君親上之義洵堪嘉尚。所進……"(西安發,光緒二十七年二月十六日亥刻發,二十日午刻到,《張之洞存各處來電》,辛丑第12冊,所藏檔號:甲182-147)
[3] 此後諸人皆有升遷或有差事。梁慶桂赴美辦理僑校,後任學部參議等職。梁慶桂之子梁廣照,捐刑部主事,後留學日本,任法部員外郎。黎國廉後在鄉辦理鐵路等項,爲當地著名紳士,也是有名的燈謎家。陳昭常此後任京榆鐵路總辦、京張鐵路總辦,官至吉林巡撫。譚學衡可能是後來趕到西安的,至清末升至海軍部大臣。
[4] 張之洞電報稱:"致西安軍機處鈞鑑:據江漢關道稟,准日本領事函稱:漢口日商東肥洋行聞兩宮西幸,不勝酸楚,民雖異國,誼屬同文,立業在華,久沐天恩浩蕩,謹獻土產數品,以表誠悃。請代轉奉等情前來。查所呈貢品,係魚翅二箱、海參二箱、魷魚一箱、鮑魚一箱,裝潢精潔。物雖微細,係出至誠,其恭順之情,出自洋商,尤屬難得,擬請旨賞收嘉獎。當由鄂省派員齎進,並擬酌給賞物,由鄂代辦,總較原價從優,以示嘉獎。謹據情電達,請代奏之。洞肅。講。"(光緒二十七年三月初三日午刻發,《張之洞電稿乙稿》,第72冊,所藏檔號:甲182-75)對此,行在軍機處回電:"武昌張制臺:奉旨:張之洞電悉。日商東肥洋行進呈貢品,具見恭順之忱,即皆賞收,並由該督從優酌備賞件,傳旨頒賜嘉獎。欽此。賢。"(光緒二十七年三月初四日未刻發,戌刻到。《張之洞存各處來電》,辛丑第15冊,所藏檔號:甲182-148)

十、光緒二十七年請廢大阿哥

戊戌政變後,在保守勢力及利益集團的鼓噪下,慈禧太后多次有意廢光緒帝而另立,然爲重臣疆吏所阻。有私家記載稱,大學士徐桐、前吏部尚書崇綺、軍機大臣啓秀在慈禧太后的支持下進行密謀:由崇綺、徐桐擬奏摺,請榮祿聯銜上奏,提議廢帝另立。光緒二十五年十一月二十八日(1899年12月30日),啓秀退朝後,示之榮祿,榮表示拒絕。第二天,榮祿單獨見慈禧太后,以廢帝將招致列強干涉爲由,進行勸阻,並作了退讓,提議立"阿哥",即爲同治帝立嗣。慈禧太后同意了。[1] 此一私家記載的可靠性難以確定,清朝檔案中也難尋其確據。光緒二十五年十二月二十四日(1900年1月24日),清廷發布硃諭:"……欽承慈訓,封載漪之子溥儁爲皇子,以綿統緒。"[2] "硃諭"是皇帝親筆之諭,是諭旨中的最高等級。然此一硃諭不論是否出自光緒帝的親筆,表達的都是慈禧太后的決定。由於同治帝無後,光緒帝表明自己也將無後,讓溥儁過繼爲同治帝之子,雖無儲君之名,然有儲君之實。此即爲"己亥立儲"。消息傳出,輿論大嘩。汪康年、張通典等人於十二月二十七日(1900年1月27日)從上海發電張之洞:

張制臺鑒:宮府大變,天下洶洶,聞各國兵輪將悉北上,竊恐外憂內訌,一時並作。憲臺主持忠義,中外欽仰。乞酌奏慈聖,毋議傳

---

[1] 惲毓鼎:《崇陵傳信錄》,《叢刊·戊戌變法》,第1冊,第477—478頁。相同的説法又見王照《方家園雜詠紀事》,榮孟源等主編:《近代稗海》,第1輯,四川人民出版社,1985年,第6—8頁。

[2] 《光緒宣統兩朝上諭檔》,第25冊,第396—398頁。

位,以定國是而挽危局。康年、通典等謹稟。[1]

從"張之洞檔案"來看,張對此並無回電。而張在天津的坐探巢鳳岡,於光緒二十六年正月初七日(1900年2月6日)發電:

> 督憲鈞鑒:聞今上曾兩次乞退,未蒙慈允,每至瀛臺,痛泣,狂毀物件。廖宗伯恐勒休。岡稟。虞。[2]

巢鳳岡的消息未必可靠,但光緒帝的帝位及生命安危,確實在朝野引發了極大憂慮。張之洞派到日本的代表錢恂,此時亦從東京來電詢問:"聖躬安否?"[3]

清朝的政治形勢由此急轉直下。光緒二十六年(1900)五月初,義和團進入北京,"大阿哥"的父親端郡王載漪、大學士徐桐、軍機大臣剛毅等人占據了政治上的主導,利用義和團在北京燒殺。八國聯軍於七月二十一日攻占北京,慈禧太后率光緒帝、大阿哥出逃,至九月初四日,慈禧太后一行逃至西安。慈禧太后在逃亡途中,直隸懷來縣知縣吳永最先迎駕,由此深受寵信,一路隨行,爲前路糧臺會辦,隨同前往西安。由於吳永與岑春煊的矛盾,由岑奏派武昌坐催兩湖京餉,與張之洞接上了關係。光緒二十七年三月二十五日(1901年5月13日),張之洞上奏保舉人才,其中就有吳永。[4] 是年五月初六日(6月21日),慈禧太后在西安再一次召見吳永,下旨"本日召見之直隸候補道吳永著以道員發往湖北,交張之洞差遣委用,並交軍機處存記";十五日,又下旨吳永補授廣東遺缺道員。[5]

---

[1] 上海,光緒二十五年十二月二十七日戌刻發,二十八日申刻到,《張之洞存來往電稿原件》,第15函,所藏檔號:甲182-386。又,在此之前,上海等處的議論對張之洞多有譏評,稱其對"内禪"之事"騎牆"、"允其議",引起了張之洞的大怒。相關的情況,可參見本書第四章第七節。

[2] 天津,光緒二十六年正月初七日酉刻發,戌刻到,《張之洞存來往電稿原件》,第15函,所藏檔號:甲182-386。"廖宗伯",禮部尚書廖壽恒,他於光緒二十五年十一月初十日罷值軍機大臣。

[3] 東京,光緒二十六年正月二十五日申刻發,亥刻到,《張之洞存來往電稿原件》,第15函,所藏檔號:甲182-386。

[4] 張之洞奏稱:"……上年來鄂催餉,臣屢與晤談,察其識解通達,條理詳明,念念心存忠愛,尤爲難得。擬懇恩交部帶領引見,優予錄用。"(《張之洞全集》,第4册,第2頁)

[5] 《光緒宣統兩朝上諭檔》,第27册,第103、107頁。此時廣東雷瓊道出缺,清廷因該道緊要,命廣東督撫在該省現任道員中調補,所遺員缺由吳永補授。吳永的經歷參見《清代官員履歷檔案全編》,第6册,第618—620、649—650頁。

吴永並未立即上任，而是在西安伴隨慈禧太后等人。

吴永對張之洞的保舉心存感激，同時也爲其在湖北的前程，向張之洞提供情報。光緒二十七年四月二十九日（1901年6月15日），吴永發電張之洞：

"督憲鑑：川密。桂前奏請改步軍，仿員警，係恐外人侵地面權，乃郎中汪大燮具稿。回鑾后、妃同行，擬自衛輝舟行至德州登陸，因慈不願過津，電商慶、李，未覆。貢物太多，擬由龍駒涉漢達海。永召對，慈述蒙塵時復泣，垂詢憲躬健否？並諭：'憲臺爲國宣勤，維持大局，真是難得。聞辦公每至達旦，鬚髮皆白，信否？'永均奏對。覆對：'憲臺閱操，乘馬蓐食，領事觀陣者皆免冠直立，極佩悦。'慈云：'如此威望，足懾外夷。真大臣也。'又諭：'俞廉三亦好。'恩賞永銀二千，紬八卷，食八色。天恩優渥，不勝感泣。大哥眷衰，兩宮和。永稟。豔。[1]

吴永的這份電報，涉及内情甚多，但最關鍵的一句是"大哥眷衰，兩宮和"，即慈禧太后對大阿哥已不太感興趣，與光緒帝的關係出現了和緩。五月十五日（6月30日），吴永再次發電張之洞：

督憲鑑：川密。桂、何先回京，西人不允。上令桂候汴，何暫假歸晉。王鵬運劾榮，謂達斌送其眷出都，應酬勞，樊、譚皆先逃，何並得缺？語極迫確。近又有彈章。上爲不懌，榮頗竦動，請假□日。后日爲上梳一辮，不交言。后及大哥皆食于大廚房，不得内。妃亦異寢。上條陳者至多，悉未行。京官陸續有先

---

[1] 西安吴道來電，光緒二十七年四月二十九日亥刻發，五月初三日辰刻到，《張之洞存各處來電》，辛丑第25册，所藏檔號：甲182-150。"川密"，吴永與張之洞之間約定的密電碼。"桂"，桂春，長期任軍機章京，此時任總理衙門大臣、户部侍郎。"汪大燮"，此時任總理衙門章京。"慈"，慈禧太后。"慶"，慶親王奕劻，"李"，李鴻章，兩人作爲全權大臣在京與各國進行和約談判。俞廉三，時任湖南巡撫。又，吴永受張之洞保舉，也有意在湖北候補，在張之洞屬下謀發展；慈禧太后派其往湖北，自有吴本人之意願。再又，"貢物太多，擬由龍駒涉漢達海"一句，意指貢物數量太多，擬從西安陸路運至商州龍駒寨（今丹鳳縣），入丹江，經漢水，到漢口，然而再從長江入海，經天津運回北京。

行。永。咸。[1]

后,皇后。"后日爲上梳一瓣,不交言",説明光緒帝與皇后的關係十分緊張。"后及大哥皆食于大廚房,不得内",又説明皇后與大阿哥在宮中的地位下降。吴永這兩份電報非常重要,提示了大阿哥地位不穩。據吴永的回憶,他在武昌時,張之洞曾主動向他提出過廢除大阿哥一事:

> 予在湖北時,屢謁制府張文襄公,意頗親切,詢及出狩及行在情況,每感嘆不止。一日,忽談及大阿哥,公謂:"此次禍端,實皆由彼而起。釀成如此大變,而現在尚留處儲官,何以平天下之人心?且禍根不除,尤恐宵小生心,釀成意外事故。彼一日在内,則中外耳目,皆感不安,於將來和議,必增無數障礙。此時亟宜發遣出宫爲要著,若待外人指明要求,更失國體,不如及早自動爲之。君回至行在,最好先將此意陳奏,但言張之洞所説,看君有此膽量否?"予曰:"既是關係重要,誓必冒死言之。"曰:"如是甚善。"[2]

吴永的回憶,作於二十六年之後,且是由他人作的筆記,多有細節不準確之處。但上引張之洞有意廢大阿哥,並請吴向慈禧太后陳明,我以爲,應是大體可靠的。吴永電報中關於大阿哥的情報,正是張之洞的關注所在。從"張之洞檔案"來看,吴此後還有給張的電報,報告宫中内情。[3]

同是在光緒二十七年三月二十七日,張之洞保舉人才,首保即是其

---

[1] 西安吴道來電,光緒二十七年五月十五日未刻發,十六日辰刻到,《張之洞存各處來電》,辛丑第25册,所藏檔號:甲182-150。"桂",桂春,"何",何乃瑩,曾任順天府尹,此時任左副都御史。光緒二十七年四月二十七日、二十八日,清廷爲"回鑾"命諸多官員回京準備,桂春、何乃瑩因在義和團時期對外强硬而爲列强反對。"榮",軍機大臣榮禄。"達斌",榮禄的親信。"樊",榮禄的幕僚樊增祥。

[2] 吴永口述、劉治襄筆記:《庚子西狩叢談》,中華書局,2009年,第91頁。

[3] "張之洞檔案"中還存有吴永的兩份密電:"鞏縣行在報房吴道來電。督憲鈞鑑:川密。漾電敬悉。聖駕初一二抵汴,聞約駐半月。高枬劾徽撫,詞涉倡優,語甚猥褻。樞臣請ของ派江、鄂、漕督臣查辦,特派漕竺。榮力疾出。上極垂念。永稟。迴。"(光緒二十七年九月二十五日未刻發,二十六日子刻到)"汜水吴道來電。督憲鈞鑑:川密。醇邸至滬,請迎鑾。旨命回京料理。事畢來開封。英使一席,俟慶邸到汴再定。永稟。宥。"(光緒二十七年九月二十六日申刻發,戌刻到。以上兩電見《張之洞存各處來電》,辛丑第32册,所藏檔號:甲182-151)這些都是張之洞所關心的政治情報。"徽撫",安徽巡撫王之春。"榮",榮禄。"醇邸",小醇親王載灃。"英使",清朝駐英國公使。

大幕僚梁鼎芬。四月二十日奉旨,翰林院編修銜梁鼎芬"交吏部帶領引見"。張之洞先前屢保梁鼎芬未果,此次獲旨引見,是其起復的先聲。梁鼎芬於光緒二十七年七月到西安,二十八日由吏部帶領引見,慈禧太后于八月初二日(9月14日)、十九日兩次召見。[1] 而在召見時,梁鼎芬當面向慈禧太后提議廢黜大阿哥。梁後來作《辛丑西安行在奏對私記》,稱言:

> 大阿哥,載漪之子。漪信用拳匪,謀危先帝。故得立,天下不服。大阿哥不讀書,行爲不正,日以飲食爲事。到西安後,時時外出,孝欽心厭之。無人敢説。臣辛丑赴行在,面奏:"臣來時,聞外國人要待兩宮回鑾後,請廢大阿哥。臣思此時,國勢弱極,外人如此説,恐要照辦。若照辦,成何國體!以臣愚見,不如自己料理好。"兩宮均無語。臣又奏:"不知軍機大臣、議和大臣、各省督撫大臣有奏及否?"孝欽曰:"均未有。你在外面來,此事怕有邊。"後駕至汴梁,遂廢之。臣面奏後,未告一人。時鹿傳霖爲軍機大臣,問臣曰:"聽見你奏一大事。"臣説:"未有。"[2]

在辛丑條約的談判過程中,列強開出了"懲凶"的名單,清朝雖多有爭辯,但最後還是大體同意了;若列強真提出廢黜大阿哥之議,清朝必將再次陷於被動。梁鼎芬以"外國人"請廢爲題,實爲厲害的一著。然梁鼎芬面奏請廢大阿哥,事前是否徵求張之洞的意見,限於史料尚難以確定,但稱"到西安後,時時外出,孝欽心厭之",又似有吳永或其他人的情報。梁又稱"臣面奏後,未告一人",恐非爲事實,他肯定將此告訴了張之洞。

又據吳永的回憶,他回到西安行在後,根據張之洞的囑托,向榮禄報告此事。榮禄沉思許久,同意他向慈禧太后報告。吳永又回憶稱:

> ……一日召見奏對畢,見太后神氣尚悦豫,予因乘機上奏曰:"臣此次自兩湖來,據聞外間輿論,似對於大阿哥,不免有詞。"太后

---

[1] 《清代官員履歷檔案全編》,第6冊,第625—626頁,第7冊,第593頁。
[2] 楊敬安輯:《節庵先生遺稿》,該書前頁手稿照片,又見第65頁。"孝欽",慈禧太后。"此事怕有邊",即"此事恐怕有根據"之意。

色稍莊,曰:"外間何言?與他有何關?"予因叩頭奏曰:"大阿哥隨侍皇太后左右,當然無關涉於政治,但衆意以爲此次之事,總由大阿哥而起。現尚留居宫中,中外人民,頗多疑揣,即交涉上亦恐多增障礙。如能遣出宫外居住,則東西各强國,皆稱頌聖明,和約必易就範。臣在湖北時,張之洞亦如此説,命臣奏明皇太后、皇上,並言此中曲折,聖慮必已洞燭,不必多陳,第恐事多遺忘,但一奏明提及,皇太后定有區處。"太后稍凝思,曰:"爾且謹密勿説,到汴梁即有辦法。"予遂叩頭起立,默計這一張無頭狀子已有幾分告准也。[1]

吴永此處的回憶似有誇大之處,按照慈禧太后的性格,必不會對他説"到汴梁即有辦法"之類的話;但吴稱此事由張之洞"命臣奏明皇太后、皇上"一語,應引起注意。吴永若真向慈禧太后報告此事,當即向張之洞報告,而我在"張之洞檔案"中没有找到相關的電報;當然,也有可能兹事體大,張之洞未將其置入平常文件之中,也未能保存下來。又據吴永的回憶,他大約在七月間去了一次武昌接家眷,八月十八日方回到西安行在。[2] 他若向慈禧太后告狀,也有可能是在梁鼎芬之後。

光緒二十七年八月二十四日,慈禧太后與光緒帝從西安"回鑾",十月初二日,到達河南省城開封。十月十四日(11月24日),張之洞發電其姐夫軍機大臣鹿傳霖:

> 開封鹿尚書:萬急。泰密。九月内,德穆使自京來鄂晤談,擇密室屏人密語。問曰:大阿哥之本生父端王,經各國加以重罪,不知大阿哥將來究竟如何?言語甚多,大率深不悦而已。此事甚難對。當即答曰:此大事,臣下不敢知,但聞皇太后近來因大阿哥不好學,深不喜大阿哥而已。本擬即行密陳,因近日道路傳聞,朝廷於此事將有舉動,則爲外臣者,於此等事自不宜妄言。且上意已定,更不必再言。但恐朝廷或詢問樞廷諸公,疆臣中有所聞否。若不將德

---

[1] 《庚子西狩叢談》,第93—94頁。"汴梁",開封。
[2] 《庚子西狩叢談》,第105頁。

> 穆使此語奉達，朝廷萬一責疆臣以有聞不告，則更不能當此咎。故謹以密陳，如朝廷問及，則請以此語轉奏，如不問則不必矣。敢請密告略相，懇其妥酌。至禱。洞。鹽。[1]

這是一封分量極重的電報，張之洞用語也極爲謹慎。"德穆使"，即德國新任駐華公使穆默（Freiherr Mumm von Schwarzenstein）。"略相"，大學士榮禄，號略園。張之洞這一説法，與梁鼎芬"聞外國人要待兩宫回鑾後，請廢大阿哥"的説法是相同的，只是時間爲九月，即在梁鼎芬覲見之後；又與吳永的回憶相對照，大體情節也是對得起來的。儘管張在電文中表示"如不問則不必矣"，但鹿傳霖、榮禄肯定會將此消息轉告慈禧太后。十月二十日（11月30日），即張之洞發電六天之後，清廷下達慈禧太后懿旨：

> ……自上年拳匪之變，肇釁列邦。以致廟社震驚，乘輿播越。推究變端，載漪實爲禍首，得罪列祖列宗，既經嚴譴，其子豈宜膺儲位之重……溥儁著撤去大阿哥名號，並即出宫，加恩賞給入八分公銜俸，毋庸當差。至承嗣穆宗毅皇帝一節關係甚重，應俟選擇元良，再降懿旨，以延統緒……[2]

這一道諭旨雖廢黜了大阿哥，同時又表示將另擇"元良"，這是一個新的不祥之兆。而張之洞一得消息，即於當日再次發電鹿傳霖：

> 行在鹿尚書：急。冰密。聞已有旨廢儲，欽頌。此母子一心之實據也。惟此時只可暫虛此位，萬不宜又生枝節。切要。覆電請用

---

[1]《張之洞全集》，第10册，第318頁；張之洞親筆原件見《張文襄公電稿墨迹》，第3函第14册，所藏檔號：甲182-219。

[2]《光緒宣統兩朝上諭檔》，第27册，第217頁。此時在開封辦理送貢品等事務的湖北官員，得知消息後亦立即發電："武昌督撫憲鈞鑒：廢黜之大阿哥，由禮王帶出，住八旗會館。豫紳擬籲留聖駕，聞啓鑾改緩，有勸、支兩説。燕、皋稟。號。"（開封張、李委員來電，光緒二十七年十月二十日酉刻發，二十一日子刻到，《張之洞存各處來電》，辛丑第34册，所藏檔號：甲182-152）"禮王"，前任軍機大臣禮親王世鐸。吳永回憶稱："此事予前在西安面奏，太后曾有'爾且勿説，到開封即有辦法'之諭，予以爲一時權應之語，事過即忘。至此，果先自動撤廢，足見太后處事之注意。"（《庚子西狩叢談》，第135頁）"一時權應"、"事過即忘"等語，似説明吳永對慈禧太后的性格還了不解。

冰字本，較密。名心叩。哿。[1]

張之洞反對再立嗣，其意見當會由鹿傳霖轉達給慈禧太后。從當時的政治形勢來看，清廷也不便再立嗣，張之洞的意見似也代表了許多大臣的想法。由此直至光緒帝去世，慈禧太后一直未再立儲君。

張之洞晚年作《抱冰弟子記》，也將此事作爲其一生的大事而錄之。[2]

---

[1]《張之洞全集》，第10冊，第321頁；張之洞親筆原件見《張文襄公電稿墨迹》，第2函第14冊，所藏檔號：甲182-219。"哿"是二十日的代日，該電於二十一日子刻發，可見張之洞一得消息，立即擬電，子夜發出。又，張之洞得知廢儲後，曾發電鹿傳霖："致行在鹿尚書：冰密。……敝處電述穆使語，曾上達否？祈示。壼。號。"(光緒二十七年十月二十一日寅刻發，《張之洞電稿乙編》，第75冊，所藏檔號：甲182-76) 鹿傳霖回電未見。

[2] 張之洞後在《抱冰弟子記》中稱："庚子西幸以後，和局將定，朝廷掛酌回鑾之舉。外人來言，諸禍首雖已治罪，然某要事未辦，名位如故，到京後各國必力要之，得請乃已。乃密電樞廷，勸其面奏，趁兩宮未回京之先，出自慈斷發之，以全國體。此議遂定，時乘輿尚在汴也。"(《張之洞全集》，第12冊，第512頁) "某要事"即是此事。

徵引文獻

（未徵引的參考文獻未列入）

"張之洞檔案"
"李鴻藻檔案"
"李焜瀛檔案"
"李景銘檔案"
"梁鼎芬檔案"
《唐烜日記》
以上中國社會科學院近代史研究所圖書館藏

抄本《張文襄公督楚公牘》,共計17冊,
抄本《張之洞電稿》,共計47冊
以上中國社會科學院經濟研究所圖書館藏

趙德馨主編:《張之洞全集》,武漢出版社,2008年
苑書義等主編:《張之洞全集》,河北人民出版社,1998年
東方曉白:《張之洞(湖廣總督府)往來電稿》,《近代史資料》,第109期,中國社會科學出版社,2004年
許同莘編:《張文襄公年譜》,商務印書館,1946年

軍機處《隨手檔》
軍機處《上諭檔》
軍機處《洋務檔》

軍機處《電寄檔》
《軍機處錄副・光緒朝・內政類・職官項》
《軍機處錄副・光緒朝・內政類・戊戌變法項》
《軍機處錄副・補遺・戊戌變法項》
《軍機處錄副・光緒朝・軍務類・軍需項》
《軍機處錄副・光緒朝・綜合類》
《軍機處錄副・光緒朝・內政類・其他項》
《光緒二十四年外官召見單》,《宮中雜件》(舊整)第915包
《光緒二十四年京官召見單》,《宮中雜件》(舊整)第915包
《綜合類-發電檔》
《綜合類-未遞電信檔》
以上中國第一歷史檔案館藏

《總理衙門清檔・收發電》
《閏三月二十二日收日本國公使矢野文雄信一件：沙市匪徒滋鬧請飭實力辦理由》
以上(臺北)中研院近代史研究所檔案館藏

《軍機處檔》
軍機處《引見檔》
以上(臺北)故宮博物院文獻資料處藏

"盛宣懷檔案",上海圖書館藏

《申報》光緒二十四年,"愛如生"電子資料庫
《國聞報》光緒二十三、四年,北京圖書館膠卷
《知新報》,澳門基金會、上海社會科學院出版社影印本,1996年
《強學報・時務報》,中華書局影印本,1991年

《昌言報》,中華書局影印本,1991年

《萬國公報》,(臺北)華文書局影印本,1968年

《湘報》,中華書局影印本,2006年

　　國家檔案局明清檔案部編:《戊戌變法檔案史料》,中華書局,1958年

　　中國第一歷史檔案館編:《光緒朝硃批奏摺》,中華書局,1995年

　　中國第一歷史檔案館編:《清代軍機處電報檔彙編》,中國人民大學出版社,2005年

　　中國第一歷史檔案館編:《清代官員履歷檔案全編》,華東師範大學出版社,1997年

　　中國第一歷史檔案館編:《光緒宣統兩朝上諭檔》,廣西師範大學出版社,1996年

　　青島市博物館、中國第一歷史檔案館、青島市社會科學研究所編:《德國侵占膠州灣史料選編1897—1898》,山東人民出版社,1986年

　　北京大學、中國第一歷史檔案館編:《京師大學堂檔案選編》,北京大學出版社,2001年

　　故宮博物院明清檔案部編:《義和團檔案史料》,中華書局,1979年

　　(臺北)故宮文獻編輯委員會編:《宮中檔光緒朝奏摺》,臺北,故宮博物院,1973年

　　故宮博物院編:《清光緒朝中日交涉史料》,1932年

　　(臺北)中研院近代史研究所編印:《膠澳專檔》,1991年

　　《清代起居注册》光緒朝,(臺北)《聯合報》文化基金會國學文獻館,1987年

　　《清實錄》,中華書局,1987年

　　《清史稿》,中華書局,1977年

　　朱壽朋編:《光緒朝東華錄》,中華書局,1958年

蔣貴麟編:《萬木草堂遺稿外編》,(臺北)成文出版社,1978年

湯志鈞編:《康有爲政論集》,中華書局,1981年

姜義華等編校:《康有爲全集》,中國人民大學出版社,2007年

孔祥吉編著:《康有爲變法奏章輯考》,北京圖書館出版社,2008年

上海市文物保管委員會文獻研究部編:《康有爲遺稿・萬木草堂詩集》,上海人民出版社,1996年

上海市文物保管委員會編:《康有爲遺稿・戊戌變法前後》,上海人民出版社,1986年

梁啓超:《飲冰室合集》,中華書局,1989年

夏曉虹編,梁啓超:《飲冰室合集集外文》,北京大學出版社,2005年

梁啓超:《戊戌政變記》,《續修四庫全書》,上海古籍出版社,1995年,第446册,簡稱《戊戌政變記》續四庫版

梁啓超著、朱維錚導讀:《清代學術概論》,上海古籍出版社,1998年

中國科學院歷史研究所第三所主編:《劉坤一遺集》,中華書局,1959年

盛宣懷:《愚齋存稿》,刊本,思補樓藏版,1939年

王爾敏等編:《盛宣懷實業函電稿》,香港中文大學中國文化研究所,1993年

陳錚編:《黄遵憲全集》,中華書局,2005年

顧廷龍等主編:《李鴻章全集》,安徽教育出版社,2008年

劉光第集編輯組:《劉光第集》,中華書局,1986年

楊敬安輯:《節庵先生遺稿》,香港自印本,1962年

湯志鈞編:《章太炎政論選集》,中華書局,1977年

《章太炎先生自定年譜》,上海書店影印,1986年

汪叔子等編:《陳寶箴集》,中華書局,上册,2003年,中册、下册,2005年

黄興濤等譯編:《辜鴻銘集》,海南出版社,1996年

張謇研究中心、南通市圖書館編:《張謇全集》,江蘇古籍出版社,

1994年

中國蔡元培研究會：《蔡元培全集》，浙江教育出版社，1998年

趙樹貴等編：《陳熾集》，中華書局，1997年

蔡尚思、方行編：《譚嗣同全集》增訂本，中華書局，1981年

張元濟編：《戊戌六君子遺集》，商務印書館，1926年

虞和平編：《經元善集》，華中師範大學出版社，1988年

朱維錚、姜義華編注：《章太炎選集（注釋本）》，上海人民出版社，1981年

黃南津等點校，趙炳麟：《趙柏巖集》，廣西人民出版社，2001年

劉德隆整理：《劉鶚集》，吉林文史出版社，2007年

《楊叔嶠先生文集》，《續修四庫全書》，上海古籍出版社，1995年，第1568冊

胡珠生編：《宋恕集》，中華書局，1993年

于蔭霖：《悚齋奏議》、《悚齋日記》，沈雲龍主編：《近代中國史料叢刊》，第1輯，（臺北）文海出版社，1968年，第223—224冊

徐世昌：《退耕堂政書》，沈雲龍主編：《近代中國史料叢刊》，第1輯，文海出版社，1968年，第225冊

周育民整理：《瞿鴻禨奏稿》，《近代史資料》，第83期，中國社會科學出版社，1993年

陳義傑整理：《翁同龢日記》，中華書局，第5冊，1997年，第6冊，1998年

明光整理，陳慶年：《〈橫山鄉人日記〉選摘》，《近代史資料》，第76號，中國社會科學出版社，1989年

明光整理，陳慶年：《戊戌己亥見聞錄》，《近代史資料》，第81期，中國社會科學出版社，1992年

《師伏堂未刊日記》，《湖南歷史資料》，1958年第4期，1959年第2期，1981年第2輯，湖南人民出版社

王貴忱整理:《張蔭桓戊戌日記手稿》,(澳門)尚志書舍,1999年

孫寶瑄:《忘山廬日記》,上海古籍出版社,1983年

勞祖德整理:《鄭孝胥日記》,中華書局,1993年

繆荃孫:《藝風老人日記》,北京大學出版社,1986年

葉昌熾:《緣督廬日記》,江蘇古籍出版社,2002年

范旭侖、牟曉朋整理,譚獻:《復堂日記》,河北教育出版社,2001年

袁英光、胡逢祥整理:《王文韶日記》,中華書局,1989年

王凡、汪叔子整理:《姚錫光江鄂日記》(外二種),中華書局,2010年

《唐烜日記》光緒二十四年,中國社會科學院近代史研究所圖書館藏

上海圖書館編:《汪康年師友書札》,上海古籍出版社,第1、2冊,1986年,第3冊,1987年,第4冊,1989年

國家圖書館善本部編:《趙鳳昌藏札》,北京圖書館出版社,2009年

天津市博物館:《袁世凱致徐世昌函》,《近代史資料》總37期,中華書局,1978年

許全勝、柳岳梅整理:《陳寶箴遺文》,上海中山學社:《近代中國》第11輯,上海社會科學院出版社,2001年;《陳寶箴遺文(續)》,上海中山學社:《近代中國》第13輯,上海社會科學院出版社,2003年

許全勝整理:《陳寶箴友朋書札》一,上海圖書館歷史文獻研究所編:《歷史文獻》,第3輯,上海科學技術文獻出版社,2000年;柳岳梅整理:《陳寶箴友朋書札》(二),《歷史文獻》,第4輯,上海科學技術文獻出版社,2001年;柳岳梅整理:《陳寶箴友朋書札》(三),《歷史文獻》,第5輯,上海科學技術文獻出版社,2001年;柳岳梅整理:《陳寶箴友朋書札》(四),《歷史文獻》,第6輯,上海古籍出版社,2004年

許全勝整理:《海日樓家書》,《歷史文獻》,第6輯,上海古籍出版社,2004年

許全勝整理:《沈曾植與丁立鈞書》,上海圖書館歷史文獻研究所編:《歷史文獻》,第 16 輯,上海古籍出版社,2012 年

陳星整理,陳絳校注:《陳寶琛遺墨》,上海圖書館歷史文獻研究所編:《歷史文獻》,第 16 輯,上海古籍出版社,2012 年

翦伯贊等編:《中國近代史資料叢刊·戊戌變法》,神州國光社,1953 年,簡稱《叢刊·戊戌變法》

王彥威、王亮編:《清季外交史料》,刊本,1934 年

孫學雷主編:《清代孤本外交檔案》,全國圖書館文獻縮微複製中心,2003 年

上海圖書館編:《上海圖書館藏盛宣懷檔案萃編》,上海古籍出版社,2008 年

《清史稿》,中華書局,1977 年

葉德輝輯:《覺迷要錄》,光緒三十一年刊本

陳同等標點,蘇輿編:《翼教叢編》,上海書店出版社,2002 年

陳夔龍:《夢蕉亭雜記》,中華書局,2007 年

劉禺生:《世載堂雜憶》,中華書局,1960 年

胡思敬:《國聞備乘》,中華書局,2007 年

李吉奎整理,黃濬:《花隨人聖盦摭憶》,中華書局,2008 年

吳永口述、劉治襄筆記:《庚子西狩叢談》,中華書局,2009 年

《清國戊戌政變與亡命政客渡來之件》,《日本外交文書》,第 31 卷,第 1 分冊,(東京)日本國際連合協會,1954 年

鄭匡民、茅海建編選、翻譯:《日本政府關於戊戌變法的外交檔案選譯》(二),《近代史資料》總 113 期,中國社會科學出版社,2006 年

杜邁之等編:《自立會史料》,岳麓書社(長沙),2009 年

石霓譯注:《容閎自傳:我在中國和美國的生活》,百家出版社,2003 年

李憲堂、侯林莉譯,李提摩太:《親歷晚清四十五年:李提摩太在華

回憶録》，天津人民出版社，2005年

日本早稻田大學大學史資料センター編：《大隈重信関係文書》，みすず書房，2006年

丁文江、趙豐田編：《梁啓超年譜長編》，上海人民出版社，1983年

湯志鈞：《章太炎年譜長編》，中華書局，1979年

許全勝：《沈曾植年譜長編》，中華書局，2007年

李宗侗、劉鳳翰：《清李文正公鴻藻年譜》，臺灣商務印書館，1981年

清華大學歷史系編：《戊戌變法文獻資料繫日》，上海書店出版社，1998年

馮自由：《中華民國開國前革命史》，《民國叢書》，第2編，第76册，上海書店出版社，1990年

錢仲聯主編：《中國近代文學大系（1840—1919）·詩詞集一》，上海書店，1991年

《陳寅恪集·寒柳堂集》，生活·讀書·新知三聯書店，2001年

許姬傳：《許姬傳七十年見聞録》，中華書局，1985年

王照：《方家園雜詠紀事》，《近代稗海》，第1册，四川人民出版社，1985年

陳可冀主編：《清宫醫案研究》，中醫古籍出版社，2006年

盧經、陳燕平編選：《光緒帝被囚瀛臺醫案》，《歷史檔案》，2003年第2期

張達驤：《南皮張氏兄弟事迹述聞》，《天津文史資料選輯》，第35輯，天津人民出版社，1986年

齊協民：《我所知道的李鴻藻》，《天津文史資料選輯》，第35輯，天津人民出版社，1986年

李景銘：《三海見聞志》，北京古籍出版社，2005

李景銘：《一個北洋官員的生活實録》，《近代史資料》，第67號，中國社會科學出版社，1987年

黃彰健：《戊戌變法史研究》,(臺北)中研院歷史語言研究所專刊之五十四,1970年,上海書店出版社,2007年

黃彰健：《康有爲戊戌真奏議》,(臺北)中研院歷史語言研究所史料叢刊,1974年

湯志鈞：《康有爲與戊戌變法》,中華書局,1984年

湯志鈞：《戊戌變法人物傳稿》(增訂本),中華書局,1982年

湯志鈞：《戊戌時期的學會和報刊》,臺灣商務印書館,1993年

湯志鈞：《乘桴新獲——從戊戌到辛亥》,江蘇古籍出版社,1990年

孔祥吉：《戊戌維新運動新探》,湖南人民出版社,1988年

孔祥吉：《康有爲變法奏議研究》,遼寧教育出版社,1988年

孔祥吉：《救亡圖存的藍圖：康有爲變法奏議輯證》,(臺北)聯合報系文化基金會叢書,1998年

孔祥吉：《晚清佚聞叢考：以戊戌維新爲中心》,巴蜀書社,1998年

孔祥吉：《晚清史探微》,巴蜀書社,2001年

孔祥吉、村田雄二郎：《罕爲人知的中日結盟及其他》,巴蜀書社,2004年

孔祥吉：《康有爲變法奏章輯考》,北京圖書館出版社,2008年

姜義華：《章太炎思想研究》,上海人民出版社,1985年

李細珠：《張之洞與清末新政研究》,上海書店出版社,2003年

廖梅：《汪康年：從民權論到文化保守主義》,上海古籍出版社,2001年

蔣英豪：《黃遵憲師友記》,上海書店出版社,2002年

鄭海麟：《黃遵憲傳》,中華書局,2006年

熊月之：《西學東漸與晚清社會》,上海人民出版社,1994年

陳同：《近代社會變遷中的上海律師》,上海辭書出版社,2008年

劉夢溪：《陳寶箴與湖南新政》,故宮出版社,2012年

黎仁凱等：《張之洞幕府》,中國廣播電視出版社,2005年

陳漢才：《康門弟子述略》,廣東高等教育出版社,1991年

王守謙：《煤炭與政治——晚清民國福公司礦案研究》，社會科學文獻出版社，2009年

楊肅獻譯，蕭公權：《翁同龢與戊戌維新》，（臺北）聯經出版事業公司，1983年

黃啓臣、梁承鄴編著：《廣東十三行之一：梁經國天寶行史迹》，廣東高等教育出版社，2003年

林文仁：《南北之爭與晚清政局1861—1884：以軍機處漢大臣爲核心的探討》，中國社會科學出版社，2005年

楊天宏：《口岸開放與社會變革——近代中國自開商埠研究》，中華書局，2002年

李恩涵譯，顏清湟著：《星馬華人與辛亥革命》，（臺北）聯經出版事業公司，1982年

桑兵：《清末新知識界的社團與活動》，生活·讀書·新知三聯書店，1995年

桑兵：《庚子勤王與晚清政局》，北京大學出版社，2004年

馬衛中、董俊珏：《陳三立年譜》，蘇州大學出版社，2010年

鄧小軍：《詩史釋證》，中華書局，2004年

茅海建：《戊戌變法史事考》，生活·讀書·新知三聯書店，2005年

茅海建：《從甲午到戊戌：康有爲〈我史〉鑑注》，生活·讀書·新知三聯書店，2009年

茅海建：《戊戌變法史事考二集》，生活·讀書·新知三聯書店，2011年

李宗侗：《楊叔嶠光緒戊戌致張文襄函跋》，（臺北）《大陸雜誌》第19卷第5期，1959年9月15日出版

李宗侗：《楊銳致張文襄密函跋——高陽李氏所藏清代文獻跋之一》，（臺北）《大陸雜誌》第22卷第4期（1961年2月28日出版）

李宗侗：《我的先世與外家》，（臺北）《傳記文學》第5卷第4期，

1964年

紀果庵：《清史世家略記》，《古今》半月刊第57期，1944年10月

張遵逵：《南皮雙廟太僕寺卿銜張公諱鎮家譜世系表》，未刊

周傳儒：《戊戌政變軼聞》，《遼寧大學學報》（哲學社會科學版）1980年第4期

陳鳳鳴：《康有爲戊戌條陳彙錄——故宮藏清光緒二十四年內府抄本〈傑士上書彙錄〉簡介》，《故宮博物院院刊》1981年第1期

李侃、龔書鐸：《戊戌變法時期對〈校邠廬抗議〉的一次評論》，《文物》1978年第7期

湯志鈞：《自立軍起義前後的孫、康關係及其他——新加坡丘菽園家藏資料評析》，《近代史研究》1992年第2期

湯志鈞：《自立軍起義的一份原始材料——丘菽園家藏康有爲等信件評析》，《中華文史論叢》2012年第3期

湯志鈞：《丘菽園與康有爲》，《近代史研究》2000年第3期

楊天石：《袁世凱〈戊戌紀略〉的真實性及其相關問題》，《近代史研究》1998年第5期

楊天石：《翁同龢罷官問題考察》，《近代史研究》2005年第3期

楊天石：《黃遵憲與蘇州開埠交涉》，《學術研究》2006年第1期

孔祥吉、村田雄二郎：《一個日本書記官見到的康有爲與戊戌維新：讀中島雄〈隨使述作存稿〉與〈往復文信目錄〉》，《廣東社會科學》2009年第1期

孔祥吉：《"出淤泥而不染"的張之洞：讀稿本〈張文襄公辭世日記〉感言》，《歷史教學》2007年第11期

孔祥吉：《黃遵憲若干重要史實訂證》，《清史研究》2010年第2期

李吉奎：《因政見不同而影響私交的近代典型：康有爲、梁鼎芬關係索隱》，《廣東社會科學》2006年第2期

鄺兆江：《湖南新舊黨爭淺論並簡介〈明辨錄〉》，《歷史檔案》1997年第2期

桑兵：《陳季同述論》，《近代史研究》1999 年第 4 期

馬忠文：《戊戌"軍機四卿"被捕時間新證》，《歷史檔案》1999 年第 1 期

馬忠文：《戊戌時期李盛鐸與康、梁關係補正：梁啓超未刊書札釋讀》，《江漢論壇》2009 年第 10 期

張海榮：《關於引發甲午戰後改革大討論的九件摺片》，《廣東社會科學》2009 年第 5 期

張海榮：《甲午戰後改革大討論考述》，《歷史研究》2010 年第 4 期

張海榮：《津鎮鐵路與蘆漢鐵路之爭：甲午戰後中國政治的個案研究》，北京大學碩士論文，2008 年

李文杰：《晚清總理衙門的章京考試——兼論科舉制度下外交官的選任》，《近代史研究》2011 年第 2 期

戴逸：《戊戌變法時翁同龢罷官原由辨析》，《故宮博物院院刊》1995 年第 1 期

侯宜傑：《略論翁同龢開缺原因》，《清史研究》1995 年第 4 期

舒文：《翁同龢開缺原因新探》，《清華大學學報》(哲學社會科學版) 1998 年第 3 期

俞炳坤：《翁同龢罷官緣由考辨》，《歷史檔案》1995 年第 1 期

崔志海：《論汪康年與〈時務報〉：兼論汪梁之爭的性質》，《廣東社會科學》1993 年第 3 期

廖梅：《〈時務報〉三題》，《近代中國》，第 4 輯，上海社會科學院出版社，1994 年

馬勇：《近代中國知識分子的悲劇：試論〈時務報〉内訌》，《安徽史學》2006 年第 1 期

黃升任：《黃遵憲與〈時務報〉》，《學術研究》2006 年第 6 期

管林：《黃遵憲與陳三立的交往》，《學術研究》1995 年第 3 期

宗九奇：《陳三立傳略》，《江西文史資料》1982 年第 3 輯

劉夢溪：《慈禧密旨賜死陳寶箴考實》，《中國文化》2001 年第 17、

18 期

李開軍:《陳寶箴"賜死"考謬》,《文史哲》2011 年第 1 期

周康燮:《陳三立的勤王運動及其與唐才常自立會——跋陳三立與梁鼎芬密札》,《明報月刊》第 9 卷第 10 期,1974 年 10 月

戴海斌:《"題外作文、度外舉事"與"借資鄂帥"背後——陳三立與梁鼎芬庚子密札補證》,《近代史研究》2011 年第 2 期

戴海斌:《甲午後"商辦"鐵路的一例實證——姚錫光日記所見之劉鶚》,《社會科學》(上海)2012 年第 7 期

陳啓雲、宋鷗:《梁啓超與清末西方傳教士之互動研究:傳教士對於維新派影響的個案分析》,(長春)《史學集刊》2006 年第 4 期

楊承祖:《丘菽園研究》,《南洋大學學報》(新加坡)1969 年第 3 期

王慷鼎:《〈天南新報〉史實探源》,《亞洲文化》(新加坡)第 16 期,1992 年 6 月

趙令揚:《辛亥革命期間海外中國知識分子對中國革命的看法——梅光達、丘菽園與康梁的關係》,《近代史研究》1992 年第 2 期

段雲章:《戊戌維新的"天南"反響:以新加坡天南新報和邱菽園爲中心》,《近代史研究》1998 年第 5 期

余定邦:《邱菽園、林文慶在新加坡的早期興學活動》,《東南亞縱橫》2003 年第 6 期

關曉紅:《陶模與清末新政》,《歷史研究》2003 年第 6 期

周軒:《劉鶚在新疆的最後一封書信》,《故宫博物院院刊》1997 年第 1 期

翟曉美:《岳州商埠的建置及其成效探析(1899—1911)》,湖南師範大學碩士論文,2009 年

陳珠培:《清末湖南岳、長開埠始末》,《雲夢學刊》1993 年第 1 期

曾桂林:《岳長開埠與近代湖南社會經濟的發展》,《湖湘論壇》2003 年第 2 期

寧志奇:《楊銳家書暨楊聰墓誌銘》,《四川文物》1985 年第 4 期

高成英:《楊銳的詩草手迹》,《四川文物》1989 年第 4 期
胡昌健:《介紹楊銳的兩件遺物》,《四川文物》1989 年第 4 期
茅海建:《戊戌年徐桐薦張之洞及楊銳、劉光第之密謀》,《中華文史論叢》2002 年第 1 輯,總 69 輯